EL LIBRO EGIPCIO DE LOS MUERTOS

3ª edición: junio 2025

Título original: THE EGYPTIAN BOOK OF THE DEAD
Traducido del inglés por Miguel Iribarren Berrade
Diseño de portada: Editorial Sirio, S.A.

EDITORIAL SIRIO, S.A.
C/ Rosa de los Vientos, 64
Pol. Ind. El Viso
29006-Málaga
España

www.editorialsirio.com
sirio@editorialsirio.com

I.S.B.N.: 978-84-17030-50-6
Depósito Legal: MA-771-2017

Impreso en Imagraf Impresores, S. A.
c/ Nabucco, 14 D - Pol. Alameda
29006 - Málaga

Impreso en España

Puedes seguirnos en Facebook, X, YouTube e Instagram.

E. A. WALLIS BUDGE

EL LIBRO EGIPCIO DE LOS MUERTOS

EDITORIAL
SIRIO

PREFACIO

El papiro de Ani, que fue adquirido por los comisarios del Museo Británico en el año 1888, es el mayor, el más perfecto, el mejor preservado y el mejor iluminado de todos los papiros procedentes de la segunda mitad de la XVIII dinastía (aproximadamente entre el 1500 y el 1400 a. de C.). Sus peculiares viñetas, sus himnos, sus capítulos y sus rúbricas descriptivas e introductorias hacen que cobre una importancia única para el estudio del Libro de los Muertos, y asume un lugar distinguido entre los textos de la versión tebana de esta notable obra. Contiene menos de la mitad de los capítulos que habitualmente se asignan a esta versión, pero podemos concluir que la exaltada posición de Ani como contable de las rentas y donaciones eclesiásticas de Ábidos y Tebas habría asegurado que una selección de dichos capítulos sería suficiente para lograr su bienestar espiritual en la vida futura. Por tanto, podemos concluir que el papiro de Ani es el típico libro funerario de moda entre los nobles tebanos de su tiempo.

La primera edición del facsímil del papiro se publicó en 1890, y venía acompañada de una valiosa introducción a cargo del señor Le Page Renouf, entonces conservador del Departamento de Antigüedades Egipcias y Asirias. Pero, a fin de satisfacer la demanda ampliamente expresada de una traducción del texto, hemos preparado el presente volumen para publicarlo junto con la segunda edición del facsímil. Contiene el texto jeroglífico del papiro, con transliteraciones interlineales y una traducción palabra por palabra, una descripción completa de las viñetas y una traducción adaptada. En la Introducción se han intentado ilustrar, a partir de fuentes egipcias, los puntos de vista religiosos del maravilloso pueblo que hace más de cinco mil años proclamó la resurrección en un cuerpo espiritual y la inmortalidad del alma.

Los pasajes que contienen omisiones y las viñetas que presentan variaciones importantes sobre el tema, así como los textos complementarios que aparecen en los apéndices, han sido copiados, en la medida de lo posible, de otros papiros contemporáneos conservados en el Museo Británico.

La segunda edición del facsímil ha sido ejecutada por el señor F. C. Price.

E. A. Wallis Budge
Museo Británico
25 de enero de 1895

INTRODUCCIÓN

Las versiones del Libro de los Muertos

Las cuatro grandes versiones del Libro de los Muertos.

La historia de este gran cuerpo de composiciones religiosas que forman el Libro de los Muertos de los antiguos egipcios puede dividirse convenientemente en cuatro[1] periodos, que están representados por cuatro versiones:

I. La versión que fue editada por los sacerdotes de la escuela de Annu (el On de la Biblia y la Heliópolis de los griegos), y que se basaba en una serie de textos ahora perdidos, aunque existen pruebas de que fueron sometidos a una serie de revisiones en una época tan temprana como la V dinastía. Por lo que sabemos, siempre fue escrita en jeroglíficos, y puede dársele el nombre de versión heliopolitana. Es conocida por las cinco copias inscritas en las paredes de las cámaras y pasadizos de las pirámides[2] de los reyes de las dinastías V y

1. Véase Naville, *Todtenbuch,* Einleitung, p. 39.
2. A partir de aquí conocidos como los «textos de las pirámides».

VI en Sakara,[1] y algunas secciones de ella han sido encontradas inscritas en tumbas, sarcófagos, féretros y estelas y papiros de la XI dinastía hasta aproximadamente el año 200 d. de C.[2]

II. La versión tebana fue escrita habitualmente sobre papiro en lenguaje jeroglífico y dividida en secciones y capítulos, cada uno de los cuales tenía su título distintivo, pero no un lugar

---

1. Por ejemplo, Unas, Teta, Pepi I, Mentu-em-sa-f y Pepi II. Sus pirámides fueron limpiadas por M. M. Mariette y Maspero durante los años 1880-1894, y los textos jeroglíficos fueron publicados, con traducción francesa, en *Recueil de Travaux*, t. iii-xiv, París, 1882-1893.
2. En las dinastías XI, XII y XIII, muchos monumentos llevan inscritas secciones del libro de Unas. Así, las líneas 206-209 se encuentran en jeroglíficos dibujados sobre el féretro de Amanu (Museo Británico, n.º 6654. Véase Birch, *Egyptian Texts of the Earliest Period from the Coffin of Amamu*, 1886. Placas XVII-XIX); las líneas 206-214 y 268-284 en el féretro de , A-pa-ankh, de Sakkâra (véase Lepsius, *Denkmäller*, ii, Bl. 99b; Maspero, *Recueil*, t. iii, pp. 200 y 214 y siguientes); las líneas 206-210 y 268-289 en el ataúd de Antef (véase Lepsius, *Denkmäller*, ii, Bl. 145; Maspero, *Recueil*, t. iii, pp. 200 y 214); la línea 206 en un sarcófago de Menthu-hetep en Berlín (véase Lepsius, *Aelteste Texte*, Bl. 5), y las líneas 269-294 en el sarcófago de Heru-hetep (véase Maspero, *Mémoirs*, t. i, p. 144). Una de las secciones se encuentra en las paredes de la tumba de la reina Neferu (Maspero, *Recueil*, t. iii, pp. 201 y siguientes; *Mémoirs*, t. i, p. 134); otras secciones se encuentran en el sarcófago de , Taka (véase Lepsius, *Denkmäller*, ii, Bl. 147 y 148; Maspero, *Guide du Viseteur*, p. 224, n.º 1053; *Mémoirs*, t. i, p. 134); las líneas 5-8 pueden verse en la estela de Apa  (véase Ledrain, *Monuments Égyptiens de la Bibl. Nationale*, Paris, 1879, foll. 14 y 15); las líneas 166 y siguientes se encuentran en la estela de Nehi (véase Mariette, *Notice des Mon à Boulaq*, p. 190; Maspero, *Recueil*, t. iii, p. 195); y las líneas 576-583 en el ataúd de Sebek-Aa 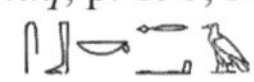 (véase Lepsius, *Aelteste Texte*, Bl. 37; Maspero, *Recueil*, t. iv, p. 68). En la dinastía XVIII, la línea 169 fue copiada en una pared del templo de Hatshepset en Dêr el-bahari (véase Dümichen, *Hist. Inschriften*, Bll. 25-37; Maspero *Recueil*, t. i, p. 195 y siguientes) y copias de las líneas 379-399 se reproducen en el papiro de Mut-hetep (Museo Británico, n.1 10010) y Nefer-uten-f (París, n.º 3092. Véase Naville, *Todtenbuch*, Bd. I. Bl 197; *Aeg. Zeitschrift*, Bd. XXXII, p. 3; y Naville, Einleitung, pp. 39 y 97). En la dinastía XXVI, encontramos textos de la V dinastía repetidos en la tumba de Peta-Amen-apt, el jefe *kher-heb* en Tebas (véase Dümichen, *Der Grabpalast des Patuamenap in der Thebanischen Nekropolis*, Leipzig, 1884-1885); y también en el papiro escrito para la señora Sais , en torno al año 200 d. de C. (véase Devéria, *Catalogue des MSS Égyptiens*, París, 1874, p. 170, n.º 3155). Las palabras del señor Schiaparelli son: «Esso è scritto in ieratico, di un tipo paleografico speciale: l'enorme abbondanza di segni espletivi, la frequenza di segni o quasi demotici o quasi geroglifici in greco che in egiziano, sono altrettanti caratteri del tipo ieratico del periodo esclusivamente romano, a cui il nostro papiro appartiene senza alcun dubbio». *Il Libro dei funerali*, p. 19. Sobre el trabajo de Devéria en conexión con este manuscrito, véase Maspero, «Le Rituel du sacrifice Funéraire», *Revue des Religions*, t. xv, p. 161.

definido en la serie. Esta versión se usó mucho desde la dinastía XVIII hasta la XIX.

III. Una versión muy vinculada con la anterior, que se encuentra escrita en papiro con caracteres hieráticos y también en jeroglíficos. En esta versión, que fue usada en torno a la XX dinastía, los capítulos no tienen un orden prefijado.

IV. La denominada versión saïta, en la que, durante algún periodo probablemente anterior a la XXVI dinastía, los capítulos se dispusieron en un orden definido. Comúnmente está escrita en jeroglífico y en hierático, y fue muy usada desde la XXVI dinastía hasta el final del periodo ptolemaico.

Los primeros monumentos con inscripciones y los primeros restos humanos encontrados en Egipto prueban que los antiguos egipcios ponían mucho cuidado en preservar los cuerpos de sus muertos mediante diversos procesos de embalsamamiento. El depósito de un cuerpo en la tumba iba acompañado de ceremonias de naturaleza simbólica, en el curso de las cuales los sacerdotes y parientes de los fallecidos cantaban o recitaban ciertas composiciones que incluían oraciones, letanías cortas, etc, y hacían referencia a la vida futura. A estas composiciones se les otorgaba una gran importancia, en la creencia de que su recitación aseguraba a los muertos un tránsito sin dificultades hacia Dios y hacia el mundo siguiente, permitiendo al fallecido superar la oposición de todos los enemigos fantasmales, y que dotaría al cuerpo depositado en la tumba del poder de resistir la corrupción, asegurándole así la vida en un cuerpo glorificado en el cielo. En alguna época muy remota, ciertos grupos de secciones o capítulos fueron asociados con algunas de las ceremonias que precedían al entierro, y éstas llegaron a convertirse en rituales diferenciados con límites bien definidos. Sin embargo, en paralelo con estos rituales, parece haber existido otra obra más amplia, dividida en un número indeterminado de secciones o capítulos y compuesta principalmente de oraciones; esta obra trataba extensamente del bienestar de los fallecidos en el otro mundo, describiendo su estado de existencia y los peligros que debían superar antes de alcanzarlo; dicho trabajo se basaba de manera general en los dogmas religiosos y en la mitología egipcia.

Primeras formas del Libro de los Muertos

El Libro de los Muertos

Los egiptólogos suelen dar el título de «El Libro de los Muertos» a las ediciones de la obra más amplia, elaborada en la dinastía XVIII y siguientes, pero, en esta introducción, este título incluye el cuerpo general de los textos que hacen referencia al enterramiento de los muertos y a su nueva vida en el mundo que está más allá de la tumba. Se sabe que existieron ediciones revisadas de estas obras y que los egipcios las usaron aproximadamente entre el año 4.500 a. de C. y los primeros siglos de la era cristiana.

Incertidumbre respecto a la historia de sus fuentes

Mientras una sola necrópolis egipcia permanezca inexplorada y sus inscripciones no hayan sido traducidas, el hogar, origen e historia temprana de la colección de antiguos textos religiosos que han llegado a nosotros —que hasta el presente son desconocidos— y todas las teorías al respecto, por más apoyadas que parezcan estar por hechos confirmados, deben clasificarse con todo cuidado únicamente como teorías. Sólo el posible descubrimiento de inscripciones pertenecientes a las primeras dinastías del Primer Imperio podrá decidir si estas obras fueron compuestas por los habitantes de Egipto, que las registraron en caracteres jeroglíficos y nos dejaron los monumentos (las únicas fuentes de información fiables a este respecto), si fueron llevadas a Egipto por los primeros emigrantes del continente asiático o si se trata de libros religiosos de los egipcios incorporados a los textos funerarios de algunos primitivos pobladores de las riberas del Nilo.

Su antigüedad

Las pruebas derivadas de la enorme cantidad de nuevos materiales que debemos a los importantísimos descubrimientos realizados por M. Maspero de las tumbas *mastaba* y de las pirámides, así como su publicación de los primeros textos religiosos, prueban más allá de toda duda que la mayor parte de los textos comprendidos en el Libro de los Muertos son muy anteriores al periodo de Mena (Menes), el primer rey histórico de Egipto.[1] Ciertamente, algunas secciones parecen pertenecer a una época indefinidamente remota y primitiva.

1. Les textes des Pyramides... nous reportent si loin dans le passé que je n'ai aucun moyen de les dater que de dire qu'elles étaient déjà vieilles cinq mille ans avant notre ère. Si extraoridinaire que paraisse ce chiffre, if faudra bien nous habituer à le considérer comme représentant une évaluation á minima toutes les fois qu'on voudra recherche les origenes de la religion Égyptienne. La religion et les textes qui nous la font conaître étaient déjà constiués avant la première dinastie: c'est à nous de nous mettre, pour les comprendre,

Los primeros textos contienen pruebas no sólo dc haber sido compuestos, sino también de haber sido revisados, o editados, mucho antes de los días del rey Mena, y a juzgar por muchos de los pasajes en las copias inscritas en jeroglíficos sobre las pirámides de Unas (el último rey de la v dinastía, en torno al 333 a. de C.), y de Teta, Pepi I, Mer-en-Ra y Pepi II (reyes de la VI dinastía, entre el 3300 y el 3166 a. de C.), parecería que, incluso en aquellos remotos tiempos, los escribas se sentían perplejos y apenas lograban entender los textos que tenían ante ellos.[1] Las estimaciones más moderadas sitúan ciertas secciones del Libro de los Muertos, tal como se conoce por estas tumbas, más de tres mil años antes de Cristo. En cualquier caso, está justificado estimar que los primeros ejemplares de esta obra serían contemporáneos de la fundación de la civilización[2] egipcia en el valle del Nilo.[3] Fijar un límite cronológico al arte y a la civilización egipcios es absolutamente imposible.[4]

Equivalencia interna de su antigüedad

---

dans l'état d'esprit ou était, il y a plus de sept mille ans, le peuple qui les a constitués. Bien entendu, je ne parle pas ici que des systèmes théologiques: si nous voulions remonter jusqu'à l'origine des éléments qu'ils ont mis en oeuvre, il nous faudrait reculer vers des âges encore plus lointaines.» Maspero, «La Mythologie Égyptienne», *Revue de l'Histoire des Religions*, t. xix, p. 12; y en *Études de Mythologie et d'Archéologie Égyptiennes,* t. ii, p. 236). Compárese también con: «dass die einzelnen Texte selbst damals schon einer alten heiligen Litteratur angehörten, unterliegt keinem Zweifel, sie sind in jeder Hinsicht alterhümlicher als die älstesten uns erhaltenen Denkmäler. Sie gehören in eine für uns "vorhistorische" Zeit und man wird ihnen gewiss kein Unrecht anthum, wenn, man sie bis in das vierte Jahrtausend hinein versetzt». Erman, «Das Verhältniss des aegyptischen zu den semistischen Sprachen», en *Z.D.M.G.*, Bd. XLVI, p. 94.

1. «Le nombre de prières et des formules dirigées contre les animaux venimeux montre quel effroi le serpent et le scorpion inspirait aux Égyptiens. Beaucoup d'entre elles sont écrites dans une langue et avec des combinaisons de signes qui ne paraissent plus avoir été complétement comprises des scribes qui les copiaient sous Ounas et sous Pepi. Je crois, quant à moi, qu'elles appartiennent au plus vieux rituel et remontent au delà du règne de Mînî». Maspero, «La Religion Égyptienne», *Revue de l'Histoire des Religions*, t. xii, p. 125). Véase también *Recueil de Travaux*, t. iv, p. 62.
2. «So sind wir gezwungen, wenigstens die ersten Grundlagen des Buches den Anfangen den Aegyptischen Civilization beizumessen». Véase Naville, *Das Aegyptische Todtenbuch,* Einleitung, Berlin, 1886, p.18.
3. La fecha atribuida a Mena, el primer rey de Egipto, varía entre el 5867 a. de C. (Champollion), el 5004 (Mariette), el 5892 a. de C. (Lepsius) y el 4455 a. de C. (Brugsch).
4. Véase Chabas, Aeg. Zeitschrift, 1865, p. 95. Para consultar de manera general el tema de la antigüedad de Egipto, véase Chabas, *Études sur l'Antiquité Historique d'après les Sources Égyptiennes*, Paris, 1873; Introducción, p. 9.

Pruebas de la antigüedad de ciertos capítulos.

La forma o edición más antigua del Libro de los Muertos, tal como lo hemos recibido, no nos proporciona ninguna información respecto al periodo en que fue compilado; pero una copia del texto hierático inscrito en un ataúd de Menthu-hetep, una reina de la XI dinastía,[1] aproximadamente el 2500 a. de C., realizada por el difunto J. G. Wilkinson,[2] nos informa de que el capítulo que, según el orden de Lepsius, lleva el número LXIV,[3] fue descubierto en el reino de Hesep-ti,[4] el quinto rey de la primera dinastía, en torno al año 4266 a. de C. En este ataúd hay dos copias del capítulo, y una sigue inmediatamente a la otra. En la rúbrica de la primera, se dice que el nombre del rey en cuyo reinado se «encontró» es Menthu-hetep, que, como Godwin señaló originalmente,[5] es un nombre erróneo de Men-kau-Ra,[6] el cuarto rey de la IV dinastía, aproximadamente 3633 a. de C.;[7] pero en la rúbrica del segundo documento el nombre que se da al rey es Hesep-ti. Por tanto, parece que en el periodo de la XI dinastía se creía que el capítulo podría remontarse hasta la primera dinastía. Además, se atribuye a Hesep-ti en un papiro de la XXI dinastía,[8] un periodo en que se prestó especial atención a la historia del Libro de los Muertos, por lo que parece que los egipcios del Imperio Medio creyeron que el capítulo procedía del periodo más remoto. Citando las palabras de Chabas, el capítulo se consideraba «muy antiguo, muy misterioso y muy difícil de entender», ya catorce siglos antes de nuestra era.[9]

1. El nombre de la reina y sus títulos se dan en la página 7 (margen), de este modo:

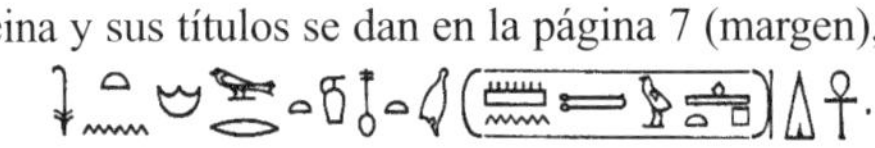

2. Fue presentado al Museo Británico en 1834, y ahora se encuentra en el Departamento de Antigüedades Egipcias y Asirias.
3. *Todtenbuch*, Bl. 23-25.
4. 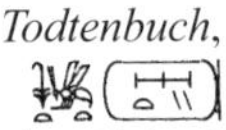 el Οὐσαφαῒς υἱός de Manetho.
5. *Aeg. Zeitschrift*, 1866, p. 54.
6. Véase Guieyesse, *Rituel Funéraire Égyptien*, cap. 64, París, 1876, p. 10, nota 2.
7. La reciente recensión del Libro de los Muertos publicada por Lepsius también da como nombre del rey el de Men-kau-Ra 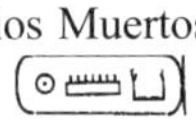 (*Todtenbuch*, Bl. 25, l. 31). En la misma recensión, el capítulo CXXX se adscribe al reino de Hesep-ti 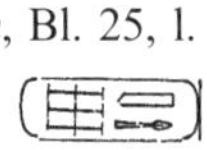 (Bl. 53, l.28).
8. Naville, *Todtenbuch*, Einleitung, pp. 33, 139.
9. Chabas, *Voyage d'un Égyptien*, p. 46. Según M. Naville, Einleitung, p. 138, que está de acuerdo con la opinión de Chabas, este capítulo es un resumen de todo el Libro de los Muertos y tenía, a pesar de no contener toda la doctrina religiosa de los egipcios, un valor equivalente al de la totalidad.

La antigüedad del capítulo LXIV

La rúbrica del sarcófago de la reina Menthu-hetep, que atribuye el capítulo a Hesep-ti, declara: «Este capítulo fue encontrado en los cimientos, debajo del bote de *hennu*, por el capataz de los constructores en los tiempos del rey del Norte y del Sur, Hesep-ti el triunfante»;[1] el papiro de Nebseni dice que «este capítulo se encontró en la ciudad de Khemennu (Hermópolis) sobre un bloque de hamatite [?] inscrito con letras de lapis lázuli, bajo los pies del dios»;[2] y el papiro de Turín (XXVI dinastía o posterior) añade que el nombre de quien lo encontró era Heru-ta-ta-f, 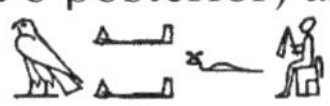, el hijo de Khufu o Keops,[3] el segundo rey de la IV dinastía, aproximadamente en el año 3733 a. de C., que en aquel tiempo estaba haciendo un viaje para inspeccionar los templos. Birch[4] y Naville[5] consideran que éste es uno de los capítulos más antiguos del Libro de los Muertos; el primero basa su opinión en la rúbrica y el

1. 

Véase Goodwin, *Aeg. Zeitschrift*, 1865, p. 55, y compárese la lectura del papiro de El Cairo de Mes-em-neter publicado por Naville, *Todtenbuch*, ii, p. 139.

2. Naville, *Todtenbuch*, Bd. I, Bl. 76, l. 52.
3. Lepsius, *Todtenbuch*, Bd. 25, l. 31.
4. «El capítulo más notable [...] es el 64 [...]. Es uno de los más antiguos de todos, y está atribuido, como ya hemos mencionado, a la época del rey Gaga-Makheru, 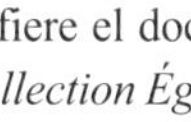 o Menkheres [...] Este capítulo disfrutó de una gran reputación hasta un periodo posterior, pues se halla sobre una piedra que el fallecido Emperador Nicholas regaló al General Perosfski, que debe haber venido de la tumba de Petemenophis,* en El-Assasif,** y fue hecha durante la XVIII dinastía [...] Es evidente que algún compilador más reciente de los libros herméticos lo ha parafraseado en el Ritual de Turin». Bunsen, *Egypt's Place in Universal History*, London, 1867, p. 142. El bloque de piedra al que se refiere el doctor Birch está descrito por Golénischeff, *Ermitage Impérial, Inventaire de la Collection Égyptienne*, n.º 1101, pp. 169, 170. M. Maspero piensa que estaba pensado para ser un «pretendu fac-similé» de la piedra original que, según la rúbrica, fue hallada en el templo de Thoth, *Revue des Religions*, t. xv, p. 299, y *Études de Mythologie*, t. i., p. 368.
5. *Todtenbuch*, Einleitung, p. 139. El señor Renouf también mantiene esta opinión, *Trans. Soc. Bibl. Arch.*, 1893, p. 6.

* Por ejemplo, 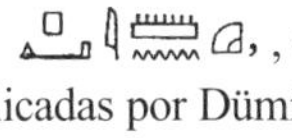, el «lector principal». Muchas de las inscripciones de su tumba han sido publicadas por Dümichen, *Der Grabpalast des Patuamenap*; Leipzig, 1884, 1885.

** Por ejemplo, Asasîf el-bahrîyeh, o Asasif del norte, detrás de Dêr el-baharî, en la orilla occidental del Nilo, frente a Tebas.

segundo en las pruebas derivadas de los contenidos y características del texto; pero Maspero, al tiempo que admitía que el capítulo es muy antiguo, no atribuye una gran importancia a la rúbrica para fijar la fecha exacta de su composición.[1] De Herutataf, quien encontró el bloque de piedra, sabemos por textos posteriores que era considerado un hombre erudito y que su discurso sólo se entendía con dificultad;[2] también conocemos el papel predominante que desempeñó en su condición de hombre de letras para llevar a la corte de su padre Khufu al sabio Tetteta.[3] Por lo tanto, no es improbable que la capacidad de aprender de Herutataf sugiriera la conexión de su nombre con el capítulo, ya que posiblemente también fue su revisor literario; en eventos tan tempranos como los de la tradición del Imperio Medio ya se le asociaría con el documento.

---

1. «On explique d'ordinaire cette indication comme une marque d'antiquité extrême; on part de ce principle que le Libre des Morts est de composition relativement moderne, et qu'un scribe égyptien, nommat un roi des premières dynasties memphites, ne pouvait entendre par là qu'un personnage d'époque très reculée. Cette explication me paraît pas être exacte. En premier lieu, le chapitre LXIV se trouve déjà sur des monuments contemporains de la X y de la XI dinastie, et n'était certainement pas nouveau au moment où on écrivait les copies les plus vieilles que nous en ayons aujourd'hui. Lorsqu'on le rédigea sous sa forma actuelle, le règne de Mykérinos, et même celui d'Housapaïti, ne devaient pas soulever dan l'esprit des indigènes la sensation de l'arcaïsme et du primitif: on avait pour rendre ces idées des expressions plus fortes, qui renvoyaient le lecteur au siècles des Serviteurs d'Horus, à la domination de Ra, aux âges où les dieux régnaient sur l'Égypte». *Revue de L'Histoire des Religions*, t. xv, p. 299.
2. Chabas, *Voyage*, p. 46; Wiedemann, *Aegyptische Geschichte*, p. 191. En el papiro número 10060 del Museo Británico (Harris 500), se menciona a Herutataf junto con I-em-hetep como un autor bien conocido, y el escriba del canto funerario dice: «He oído las palabras de I-em-hetep y de Herutataf, cuyos numerosos dichos se recitan y se cantan; pero, ahora, ¿dónde están sus lugares?». El texto hierático fue publicado por Maspero con una transcripción jeroglífica en *Journal Asiatique*, Series VII, t. xv, p. 404, y *Études Egyptiennes*, t. i, p. 173; véanse la traducción al inglés en *Trans. Soc. Bibl. Arch.*, vol. iii, p. 386, y *Records of the Past*, primer volumen, iv, p. 117.
3. Según el papiro Westcar, Herutataf informó a su padre Khufu de la existencia de un hombre de ciento diez años de edad que vivía en la ciudad de Tettet-Seneferu. Este hombre era capaz de volver a unir a su cuerpo la cabeza que le había sido cortada, poseía influencia sobre el león y estaba familiarizado con los misterios de Thoth. Por orden de Khufu, Herutataf le llevó el sabio por barca, y, al llegar, el rey ordenó que a un prisionero se le cortara la cabeza para que Tetteta pudiera volver a unirla. Al haberse excusado de realizar este acto a un hombre, se trajo un ganso y se le cortó la cabeza, que se llevó a un lado de

El Libro de los Muertos en la II dinastía

Yéndonos de las regiones de la tradición egipcia, las pruebas encontradas en los monumentos de la II dinastía nos permiten tocar tierra firme. Un bajorrelieve conservado en Aix en Provence menciona a Aasen y Ankef,[1] dos de los sacerdotes de Sent o Senta , el quinto rey de la II dinastía, aproximadamente en el año 4000 a. de C.; y una estela que se conserva en Oxford[2] y otra en el Museo Egipcio de Gizeh[3] registran el nombre de un tercer sacerdote, Shera , o Sheri , un pariente real . En la estela de Oxford vemos representado al difunto y a su esposa sentados, uno a cada lado del altar ,[4] que está cubierto de ofrendas funerarias de parientes piadosos; encima, en líneas perpendiculares a los jeroglíficos en relieve, se hallan los nombres de los objetos ofrecidos,[5] y debajo hay una inscripción que dice:[6] «Miles de hogazas de pan, miles de jarras de cerveza, miles de prendas de lino, miles de mudas de ropa y miles de bueyes».[7] Por las pruebas facilitadas por este monumento, es indudable que a partir de la II dinastía en Egipto ya se daba un sacerdocio que contaba entre sus miembros con algunos parientes de la familia real, y que ya existía y estaba operativo un sistema religioso que prescribía el deber de proveer a los muertos de

---

la habitación, mientras el cuerpo era llevado al otro lado. El sabio pronunció ciertas palabras de poder, , y seguidamente el ganso se puso de pie, empezó a andar y su cabeza comenzó a ir hacia él; cuando la cabeza se hubo reunificado con el cuerpo, el pájaro se alzó y cacareó . Para acceder al texto hierático completo, con su transcripción y traducción, véase Erman, *Die Märchen des Papyrus Westcar*, Berlin, 1890, p. 11, placa 6.

1. Wiedemann, *Aegyptische Geschichte*, p. 170, En una mastaba de Sakkâra, tenemos una estela de Sheri, , un superintendente de los sacerdotes de *ka* , donde se ven los cartuchos de Senta y Per-ab-sen . Véase Mariette y Maspero, *Les Mastaba de l'ancien Empire*, París, 1882.
2. Véase Lepsius, *Auswahl*, Bl. 9
3. Véase Maspero, *Guide du Visiteur au Musée de Boulaq*, 1883, pp. 31, 32 y 213 (n.º 1027).
4. Puede hallarse un comentario de Borchardt sobre el método de representar este altar en los monumentos egipcios en *Aeg. Zeitschrift*, Bd. XXXI, p. 1 (Die Darstellung innen verzierter Schalen auf aeg. Denkmälern).
5. Entre otros, ; la palabra incienso, , está escrita dos veces. Algunos de ellos aparecen en las listas de ofrendas hechas en favor de Unas (l. 147) y de Teta (ll. 125, 131, 133; véase *Recueil de Travaux*, 1884, placa 2).
6. .
7. El escultor no tenía sitio para el perteneciente a .

carne y bebida. La ofrenda de objetos específicos nos da una prueba contundente de la existencia de un ritual o servicio religioso en el que se indicaría el uso de dichos bienes; la coincidencia de estas palabras y de la ofrenda de «miles de hogazas de pan, miles de jarras de cerveza», etc., con la promesa de que «Anpu-khent-Amenta te dará tus miles de hogazas de pan, tus miles de jarras de cerveza, tus miles de vasijas de ungüentos, tus miles de cambios de ropa, tus miles de bueyes y tus miles de toros», nos permite reconocer este ritual en el texto inscrito en la pirámide de Tetâ, de la v dinastía, de la que se ha tomado la anterior promesa.[1] Así, el texto inscrito en el sarcófago de Menthu-hetep y la escena inscrita sobre el monumento de Shera se sustentan mutuamente, y juntas prueban más allá de toda duda que ya en un periodo tan temprano como el de las primeras dinastías se usaba algún tipo de Libro de los Muertos y se realizaban debidamente las ceremonias vinculadas a él.[2]

1. 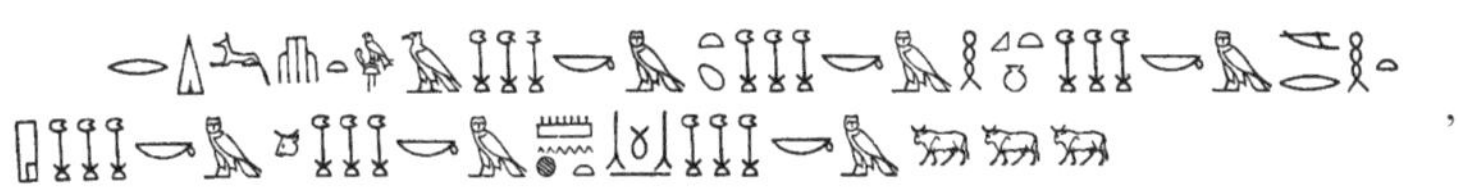,
Teta, ll. 388, 389, *Recueil*, ed. Maspero, t. v, p. 58.

2. Los argumentos que aquí se presentan para probar la gran antigüedad de un sistema religioso en Egipto están complementados de manera notable por las inscripciones encontradas en la mastaba de Seker-kha-baiu, 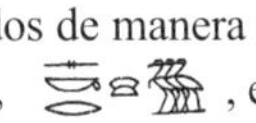, en Sakkara. Aquí tenemos a un hombre que, como Shera, era «pariente real» y sacerdote, pero que, a diferencia de él, ejerció algunas de las funciones más elevadas del sacerdocio egipcio en virtud de su título , *xerp hem*. (En el ,* véase Max Müller, *Recueil des Travaux*, t. ix, p. 166; Brugsch, *Aegyptologie*, p. 218; y Maspero, *Un Manuel de Hiérarchie Égyptienne*, p. 9. Entre las ofrendas que se mencionan en la tumba, se encuentran las sustancias 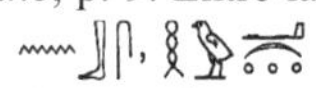 y , que también se mencionan en la estela de Shera, de la ii dinastía, y en los textos de la vi dinastía. Pero la tumba de Seker-kha-baiu es diferente de cualquier otra que conozcamos, tanto en cuanto a su contorno como en cuanto al trazado, orden y agrupamiento de los jeroglíficos, que están en relieve. El estilo de todo el monumento es rudo y muy primitivo, y no puede ser atribuido a ninguna dinastía posterior a la segunda, ni incluso a la segunda misma; debe, por tanto, de haber sido construido durante la i dinastía, o en palabras de M. M. Mariette y Maspero, «L'impression generale qu'on reçoit au premier aspect du tombeau n. 5, est celle d'une extrême antiquité. Rien en effect de ce que nous sommes habitués à voir dans les autres tombeaux ne se retrouve ici [...] Le monument [...] est certainement le plus ancien de ceux que nous connaissons dan la plaine de Saqqarah, et il n'y a pas de raison pour qu'il ne soit pas de la Iere dinastie». *Les Mastaba de l'ancien Egypte*,

* Ptah-shepses llevó este título; véase Mariette y Maspero, *Les Mastaba*, p. 113.

El Libro de los Muertos en la IV dinastía

En la IV dinastía tenemos un mayor número de monumentos, principalmente sepulcrales, que dan detalles sobre el sistema sacerdotal egipcio y las ceremonias funerarias que realizaban los sacerdotes.[1] Las inscripciones encontradas en los primeros monumentos prueban que muchos de los altos sacerdotes seguían siendo parientes de la familia real, y las tumbas de los señores feudales, escribas y otros conservan una serie de títulos oficiales, junto con los nombres de algunos de sus festivales religiosos. El subsiguiente incremento del número de edificios durante este periodo puede deberse al desarrollo natural de la religión en aquel tiempo, pero es muy probable que la mayor seguridad y prosperidad aseguradas por las vigorosas guerras de Seneferu,[2] el primer rey de esta dinastía, aproximadamente en el año 3766 a. de C., animara a los hombres a incurrir en gastos más elevados, a construir moradas mayores y mejores para los muertos, y a celebrar el ritual completo en los festivales prescritos. En esta dinastía se honró a los fallecidos de la familia real con monumentos sepulcrales de mayor tamaño y magnificencia que nunca antes, y había grupos de sacerdotes en las capillas adosadas a las pirámides cuya única tarea consistía en celebrar los servicios religiosos. Seneferu,[3] que llamó a su pirámide Kha, relanzó la moda de construir pirámides en lugar de mastabas de tejados planos para las tumbas reales,

París, 1882, p. 73. Como no existen pruebas incontrovertibles de que esta tumba pertenezca a la I dinastía, los textos de la estela de Shera, un monumento de una dinastía posterior, han sido propuestos como la primera prueba de la existencia de un sistema religioso y literario fijo en el antiguo Egipto.

1. Muchos de los monumentos habitualmente atribuidos a esta dinastía deberían ser adscritos más correctamente a la obra de la II dinastía; véase Maspero, *Geschichte der Morgenländinschen Völker in Alterthum* (trad. Pietschmann), Leipzig, 1877, p. 56; Wiedemann, *Aegyptische Geschichte*, p. 170.
2. Él conquistó a los pueblos de la península del Sinaí, y, según un texto de fecha posterior, construyó un muro para mantener alejados a los Aamu de Egipto. En la historia de Saneha, se menciona una , «piscina de Seneferu», lo que muestra que su nombre era bien conocido en las fronteras de Egipto. Véase Golénischeff, *Aeg. Zeitschrift*, p. 110; Maspero, *Mélanges d'Archeologie*, t. iii, Paris, 1876, p. 71, l. 2; Lepsius, Denkmälier, ii, 2a.
3. La construcción de la pirámide de Mêdum ha sido atribuida generalmente a Seneferu, pero las excavaciones hechas en 1882 no aclararon la incertidumbre existente respecto a este punto; para consultar más datos de las excavaciones, véase Petrie, *Medum*, Londres, 1892, cuarto.

y su ejemplo fue seguido por sus inmediatos sucesores, Khufu (Keops), Khaf-Ra (Kefren), Men-kau-Ra (Micerinos) y otros.

Revisión de ciertos capítulos de la IV dinastía

En el reino de Micerinos parecen haberse emprendido importantes trabajos relacionados con ciertas secciones del texto del Libro de los Muertos, pues las rúbricas de los capítulos XXX y CXLVIII[1] afirman que estas composiciones fueron halladas inscritas en un «bloque de hierro [?] del sur, en letras de verdadero lapislázuli, a los majestuosos pies del dios, en el tiempo del rey del Norte y del Sur, Men-kau-Ra, por el hijo real, Herutataf el triunfante». Que se diera un nuevo impulso a la observancia religiosa y que se llevara a cabo la revisión de los textos existentes durante el reinado de Micerinos son hechos esperables si creemos en la tradición griega, porque tanto Herodoto como Diodoro Sículo le retratan como un rey justo, ansioso por borrar de las mentes de los hombres el recuerdo de las supuestas crueldades de su predecesor mediante la reapertura de los templos, y dejando que cada hombre celebrara sus propios sacrificios y llevara a cabo sus deberes religiosos a su manera.[2] Su pirámide es la que ahora conocemos como «la tercera pirámide de Gîzeh»; fue enterrado dentro de ella en una cámara situada justo debajo del ápice de la pirámide y unos veinte metros por debajo del nivel del suelo. Tanto si la pirámide estaba acabada cuando murió el rey como si no,[3] sin duda su cuerpo fue enterrado en ella, y a pesar de todos los intentos de destruirla de los gobernantes musulmanes de Egipto[4] hacia finales del siglo XII de nuestra era, ha sobrevivido para revelar hechos importantes con relación a la historia del Libro de los Muertos.

---

1. Para el texto véase Naville, *Todtenbuch*, Bd. II, Bl. 99; Bd. I, Bl. 167.
2. Herodoto, ii, 129, I; Diodoro, i, 64, 9.
3. Según Diodoro, murió antes de que se completara (i, 64, 7).
4. Según Abd el-Latif, el nombre del califa era Mâmûn, pero M. de Sacy dudaba que fuera el primero en intentar hacer este trabajo; menciona a las autoridades en esta área en su *Relation de l'Egypte*, Paris, 1810, pp. 215-221. La tradición, representada por «Arabian Nights», cuenta que a Al-Mâmûn se le pidió echar abajo las pirámides, y que se gastó bastante en el intento; sin embargo, sólo consiguió abrir un pequeño túnel en una de ellas, en el que se dice que encontró un tesoro valorado exactamente en la misma cantidad de dinero que se había gastado en el trabajo, ni más ni menos. El escritor árabe Idrîsî, que escribió en torno al año 623 A. H. (1226 d. de C.), dice que hace unos pocos años la pirámide roja, la de Micerinos, fue abierta en su lado norte. Después de pasar por varios pasadizos,

En 1837 el coronel Howard Vyse consiguió forzar la entrada. El 29 de julio comenzó las operaciones, y el primero de agosto se abrió camino hasta la cámara sepulcral, donde, sin embargo, no encontró nada más que un sarcófago[1] rectangular de piedra sin tapa. Las grandes losas de piedra del suelo y de las paredes habían sido retiradas muchas veces por los ladrones buscadores de tesoros. En una cámara inferior, conectada por un pasaje con la cámara del sepulcro, encontró la mayor parte de la tapa del sarcófago,[2] junto con porciones de un ataúd de madera y partes del cuerpo de un hombre: las costillas, vértebras y huesos de las piernas y los pies, envueltos en una pieza de lana basta de color amarillo, que tenía adherida una pequeña cantidad de sustancia resinosa y goma.[3] Por tanto, parece que, como el sarcófago no pudo ser retirado, los ladrones

Pruebas de la inscripción en el sarcófago de Micerinos

---

se llegó a una cámara donde se encontró una gran vasija de color azul que estaba vacía. Esta apertura de la pirámide fue realizada por personas que estaban buscando tesoros; trabajaron en ello con mazas durante un periodo de seis meses, y eran muchos. En aquel recipiente, después de romper su sello, encontraron los restos de un hombre, pero ningún tesoro, excepto unas tabletas doradas que tenían inscritos algunos caracteres en una lengua que nadie podía entender. La participación de cada hombre en estas tabletas ascendía a un importe de cien dinares (aproximadamente cincuenta libras). Otra historia legendaria cuenta que la pirámide occidental contiene treinta cámaras de sienita multicolor llenas de gemas preciosas y costosas armas untadas con ungüentos para que no se oxiden hasta el día de la resurrección. Véase Howard Vyse, *The Pyramids of Gizeh*, vol. ii, pp. 71 y 72; y Burton, *The Book of the Thousand Nights and a Night*; 1885, vol. 5, y vol. x, p. 150.

1. Vyse, *The Pyramids of Gizeh*, vol. ii, p. 84. Un fragmento de este sarcófago se exhibe en el Museo Británico, Primera Sala Egipcia, caja A, n.º 6646.
2. El señor Raven extrajo este notable monumento de la pirámide con notable curiosidad y, después de embalarlo con gruesas maderas, lo envió al Museo Británico. En otoño de 1838 fue embarcado en Alejandría a bordo de un mercante, que se supone que naufragó frente a las costas de Cartagena. Tras su partida de Leghorn el 12 de octubre de aquel año, no se volvió a saber nada de él hasta que fueron recogidas algunas piezas del naufragio cerca del puerto mencionado. El sarcófago ha sido dibujado por Vyse, *Pyramids*, vol. ii, p. 84.
3. Como ha habido un malentendido considerable en torno al hallazgo de estos restos, será de interés el relato de las circunstancias en las que fueron hallados: «Señor, a petición suya, le envío los detalles del hallazgo de los huesos, la tela de la momia y partes del ataúd de la Tercera Pirámide. Al limpiar la basura de la gran sala de entrada, después de que los hombres trabajaran allí durante varios días y hubieran avanzado cierta distancia hacia la esquina sudeste, se descubrieron algunos huesos en el fondo de las basuras; y los huesos y las partes del ataúd restantes fueron descubiertos a continuación. En la cámara no se hallaron otras partes del ataúd o de los huesos; por lo tanto, hice reexaminar cuidadosamente la basura que había salido anteriormente de dicha sala, encontrándose diversas piezas del ataúd y diversos huesos; pero en ninguna otra parte de la pirámide se hallaron nuevas

sólo se habrían llevado la caja de madera que contenía el cuerpo al aposento de mayores dimensiones para poder examinarla. Ahora bien, tanto si los restos humanos[1] allí hallados son los de Micerinos como si son los de otra persona, como algunos han sugerido, esto no afecta en ningún sentido a la cuestión de la propiedad del sarcófago, porque sabemos por la inscripción jeroglífica que aparece sobre él que fue hecho para albergar el cuerpo momificado del rey. Esta inscripción, que está dispuesta en dos líneas perpendiculares en la parte anterior del sarcófago, dice:[2]

Àusàr suten net[3] *Men-kau-Rā ānχ t'etta mes en pet āur*

[Saludos] Osiris, [el rey del norte y del sur] Men-kau-Ra, que vive eternamente, nacido en el cielo, concebido por

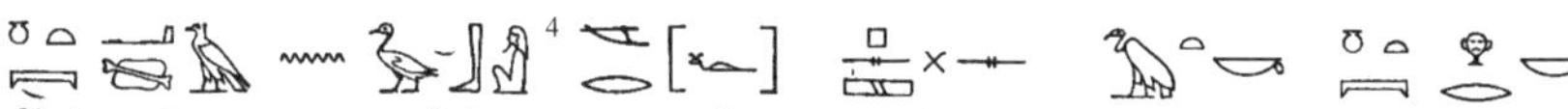

Nut āa en Seb[4] *mer - f peseś - s mut - k Nut ḥer - k*

Nut, heredero de Seb, su amado. Extendiose ella, tu madre, Nut, sobre ti,

em ren - s en śeta pet erṭāt - nes un - k em neter

en nombre del «misterio del cielo», ella garantizó que tú pudieras existir como dios,

---

piezas, a pesar de que cada lugar fue examinado cuidadosamente, para que el ataúd estuviera tan completo como fuera posible. Sobre él había como un metro de basura; y por la circunstancia de que los huesos y parte del ataúd fueron hallados conjuntamente, parecía que el ataúd había sido llevado a aquel punto, donde fue desempaquetado. H. Raven». Vyse, *Pyramids*, vol. ii, p. 86.

1. Se exhiben en la Primera Sala Egipcia, estantería A, y los fragmentos del ataúd en la estantería de pared número 1 (n.º 6647), en la misma sala.
2. Véase Lepsius, *Auswahl*, Taf. 7.
3. O *suten bat*; véase Sethe, *Aeg. Zeitschrift*, Bd. XXVIII, p. 125; y Bd. XXX, p. 113; Max Müller, *Aeg. Zeitschrift*, Bd. XXX, p. 56; Renouf, *Proc. Soc. Bibl. Arch.*, 1893, pp. 219 y 220; y Lefébure, *Aeg. Zeitschrift*, Bd. XXXI, p. 114.
4. Parece que deberíamos escribir el nombre de este dios así: Keb (véase Lefébure, *Aeg. Zeitschrift*, Bd. XXXI, p. 125); se ha retenido el antiguo nombre para mantener la uniformidad.

àn χeft - k suten net Men-kau-Rā ānχ t'etta

sin tus enemigos, [o rey del norte y del sur] Men-kau-Ra, ¡que vives eternamente!

Debe tenerse en cuenta que el pasaje: «Tu madre Nut se extendió a sí misma sobre ti en nombre del "Misterio del Cielo", ella garantizó que tú pudieras "estar sin enemigos"», está presente en los textos inscritos sobre las pirámides construidas por los reyes de la VI dinastía,[1] y esto prueba que se usó la misma versión del texto religioso en la IV y en la VI dinastías.[2]

Aunque tuviéramos que admitir que el ataúd es una falsificación de la XXVI dinastía, y que la inscripción que hay sobre él fue tomada de una edición del texto del Libro de los Muertos, el valor del monumento como prueba de la antigüedad del Libro de los Muertos permanece intacto, puesto que aquellos que añadieron la inscripción ciertamente la habrían elegido de un texto de los tiempos de Micerinos.

1. Véanse los textos de Teta y Pepi I, en Maspero, *Recueil de Travaux*, t. v., pp. 20, 38 (ll 175 y 279), y pp. 165, 173 (ll 60 y 103), etc.
2. Tan temprano como en 1883, M. Maspero, al lamentarse (*Guide du Visiteur de Boulaq*, p. 310) de que el Museo Boulaq sólo poseyera porciones de ataúdes de madera del Antiguo Imperio y ningún ejemplar completo, se dio cuenta de que algunos egiptólogos habían declarado que el ataúd de Micerinos, preservado en el Museo Británico, era una «restauración» de la XXVI dinastía más que un trabajo de la IV, de acuerdo con la inscripción que hay sobre él; pero, como el doctor Birch, él opinaba que el ataúd ciertamente pertenecía a la IV dinastía, y adujo para apoyar su hipótesis la existencia de porciones del ataúd similar de Seker-em-sa-f, un rey de la VI dinastía. Sin embargo, recientemente se ha vuelto a realizar un intento (*Aeg. Zeitschrift*, Bd. XXX, p. 94) de probar por el acuerdo entre las variantes del texto del ataúd de Micerinos con las de los textos de la XXVI dinastía, que el texto de Micerinos es de este periodo posterior o, en todo caso, no es anterior a la época de Psammético. Pero se admite de manera general que los egipcios de la XXVI dinastía resucitaron los textos de las primeras dinastías del Primer Imperio, y que copiaron el arte y la literatura de ese periodo en la medida de lo posible. Siendo esto así, los textos de los monumentos que han sido tomados como modelos de comparación con el texto del ataúd de Micerinos pueden tener fallos en sus variantes. Si se pudiera probar que el texto de la cubierta difiere mucho de uno perteneciente a la IV dinastía como difiere de los textos de la VI dinastía, el argumento filológico podría tener algún peso; pero ni siqueira esto nos libraría del hecho de que la cubierta misma es una reliquia genuina de la IV dinastía.

El Libro de los Muertos en la v dinastía

En la v dinastía encontramos —en un creciente número de mastabas y otros monumentos— pruebas de que las ceremonias religiosas se extienden e incluyen la celebración de rituales funerarios. Pero no hay un texto que contenga la totalidad del Libro de los Muertos hasta el reinado de Unas (3333 a. de C.), el último rey de la dinastía, que según el papiro de Turín reinó treinta años. En la llanura de Sakkara este monarca construyó una pirámide de piedra de unos veinte metros de altura, cuyos lados medían unos sesenta metros en la base. En tiempos de Perring y Vyse estaba rodeada por montones de piedras rotas y basura, resultado de los repetidos intentos de abrirla, y también de piedras de envoltura, compactas piedras calizas provenientes de las canteras de Tura.[1] En febrero de 1881, M. Maspero empezó a limpiar la pirámide, y poco después consiguió abrir una entrada a las cámaras más internas, cuyas paredes estaban cubiertas de inscripciones jeroglíficas, dispuestas en líneas perpendiculares y pintadas de verde.[2] El estado del interior indicaba que en algún momento los ladrones ya habían conseguido horadar una entrada, porque la cubierta de basalto negro del sarcófago de Unas había sido arrancada y llevada cerca de la puerta de la cámara del sarcófago; las piedras del pavimento estaban removidas en un vano intento de encontrar tesoros enterrados, mientras que la momia había sido rota en pedazos, y no quedaba nada de ella excepto el brazo derecho, una tibia y algunos fragmentos del cráneo y del cuerpo. Las incripciones que cubrían ciertas paredes y pasillos de la tumba fueron publicadas posteriormente por M. Maspero.[3]

Pruebas de los textos de la pirámide de Unas

La aparición del texto de Unas[4] marca una era en la historia del Libro de los Muertos, y su traducción debe ser considerada uno de los grandes triunfos en el proceso de descifrar los símbolos egipcios, porque la falta de determinantes en muchos lugares del texto, y la escritura

1. Vyse, *Pyramids of Gîzeh*, p. 51
2. Maspero, *Recueil de Travaux*, t. iii, p. 178.
3. Véase *Recueil de Travaux*, t. iii, pp. 177-224; t. iv, pp. 41-78.
4. En 1881, el doctor Brugsch describió dos pirámides de la vi dinastía que tenían inscritos textos religiosos similares a los encontrados en la pirámide Unas, y tradujo ciertos pasajes (*Aeg. Zeitschrift*, Bd. XIX, pp. 1-15); véase también Birch en *Trans. Soc. Bibl. Arch.*, 1881, p. 111.

arcaica de muchas de las palabras y pasajes, presentaron dificultades que no fueron fáciles de superar.[1] Aquí, por primera vez, se puso de relieve que el Libro de los Muertos no es una compilación de un periodo relativamente posterior de la historia de la civilización egipcia, sino un trabajo perteneciente a la remota antigüedad; y la consecuencia natural fue que algunos textos que entonces eran conocidos, y de los que se pensaba que eran antiguos textos originales, demostraron ser únicamente versiones que habían pasado dos o más revisiones sucesivas.

El Libro de los Muertos en la VI dinastía

Continuando con sus excavaciones en Sakkâra, M. Maspero abrió la pirámide de Teta,[2] rey de Egipto en el 3300 a. de C.; Vyse creía[3] que nadie había entrado nunca en ella y en aquel tiempo, sólo se podía ver la mampostería en uno de los lados. Aquí también se descubrió que los ladrones ya habían hecho de las suyas, pues habían destrozado paredes, suelos y muchas otras partes de las cámaras en su frenética búsqueda de tesoros. Como en el caso de la pirámide de Unas, ciertas cámaras de su tumba estaban cubiertas con inscripciones y jeroglíficos, pero de menor tamaño.[4] Un breve examen del texto mostró que estaba formado por una serie de extractos del Libro de los Muertos, algunos de los cuales eran idénticos a los de la pirámide de Unas. Así se trajo a la luz un texto del Libro de los Muertos de la época del primer rey[5] de la VI dinastía.

Pruebas del texto de la pirámide de Teta

y de la pirámide de Pepi I, Mer-en-Ra y Pepi II.

La pirámide de Pepi I, rey de Egipto en el 3233 a. de C. aproximadamente, se abrió a continuación.[6] Está situada en el grupo central de Sakkâra, y se conoce comúnmente como la pirámide de Shêkh Abu-

1. En 1858 Mariette excavó la pirámide que tenía el nombre de Mastabat el-Far'ûn, o «Banco del Faraón» entre los árabes y, como encontró el nombre de Unas pintado en ciertos bloques de piedra, concluyó que era la tumba de éste. Como observa el doctor Lepsius, las excavaciones de M. Maspero ha puesto las cosas al derecho.
2. La momia del rey había sido sacada del sarcófago por un agujero perforado por los ladrones; la rompieron en pedazos y los únicos restos hallados por M. Maspero fueron un brazo y un hombro. Partes del ataúd de madera se conservan en el Museo de Gîzeh.
3. *The Pyramids of Gîzeh*, vol. iii, p. 39.
4. Fueron copiados en 1882, y publicados por M. Maspero en *Recueil des Travaux*, t. v, pp. 1-59.
5. Se encontró la momia rota de este rey tirada en el suelo junto con fragmentos de sus vendajes.
6. Véase Vyse, *Pyramids of Gîzeh*, vol. iii, p. 51.

Mansûr.[1] Se descubrió que ciertas cámaras y otras partes de la tumba estaban cubiertas de textos jeroglíficos que no sólo repetían parcialmente los hallados en las pirámides de Unas y Teta, sino que también contenían un número considerable de secciones adicionales del Libro de los Muertos.[2] En la misma zona Maspero limpió la pirámide de Mer-en-Ra, el cuarto rey de la VI dinastía, que reinó en torno al 3200 a. de C.;[3] y la pirámide de Pepi II, el quinto rey de la VI dinastía, que reinó en torno al 3166 a. de C.[4]

Resumen de las pruebas encontradas en los monumentos

Así, antes de la clausura de la VI dinastía, tenemos cinco copias de una serie de textos que formaron el Libro de los Muertos de ese periodo, y un extracto de un pasaje bien conocido de esa obra sobre el ataúd de madera de Micerinos; también hemos visto que existe una serie de mastabas y estelas que demuestran que las ceremonias funerarias conectadas con el Libro de los Muertos ya se realizaban en un época tan temprana como la II dinastía, y casi con idéntica certeza en la I dinastía. Resulta fácil mostrar que ciertas secciones del Libro de los Muertos de ese periodo fueron copiadas y usadas en las dinastías siguientes hasta una época en torno al año 200 d. de C.

---

1. Había sido abierta parcialmente por Mariette en mayo de 1880, pero no se limpió de arena hasta comienzos de 1881.
2. Maspero da el texto completo en *Recueil des Travaux*, t. v, pp. 157-158, Paris, 1884; t. vii, pp. 145-176, Paris, 1886; y t. viii, pp. 87-120, Paris, 1886.
3. Mariette la abrió en enero de 1880 y, al ver que la cámara del sarcófago tenía inscripciones, abandonó su teoría de que las pirámides nunca contenían inscripciones, o que, si las tenían, no eran tumbas reales. Los textos jeroglíficos fueron publicados por Maspero en *Recueil des Travaux*, t. ix, pp. 177-191, Paris, 1887; t. x, pp. 1-29, Paris, 1888; y t. xi, pp. 1-31, Paris, 1889. El jarrón de alabastro número 4493 del Museo Británico vino de esta pirámide.
4. Esta pirámide es un poco más grande que las demás del mismo periodo, y está construida por pasos con piedras pequeñas; los árabes llamaban Haram el Mastabat, porque está cerca del edificio habitualmente llamado Mastabat el Far'ûn. Véase Vyse, *Pyramids*, vol. iii, p. 52. Los textos jeroglíficos fueron publicados por Maspero en *Recueil de Travaux*, t. xii, pp. 53-59, y pp. 136-195, Paris, 1892; y t. xiv, pp. 125-152, Paris, 1892. No hay duda de que se penetró en esta pirámide más de una vez en tiempos cristianos, y de que los primeros coleccionistas de antigüedades egipcias obtuvieron los preciosos jarrones de alabastro que tenían inscritos los cartuchos y títulos de Pepi II de quienes habían accedido a sus cámaras funerarias. Entre los jarrones conservados en el Museo Británico, los números 4492, 22559, 22758 y 22817 son ejemplos notables.

El Libro de los Muertos es una colección de obras diferenciadas

El hecho de que encontramos pasajes seleccionados no sólo en las pirámides de Unas y Teta, sino también en las de Pepi I y sus inmediatos sucesores, sugiere que el Libro de los Muertos era, incluso en aquellas épocas tan tempranas, tan extenso que hasta los reyes se limitaban únicamente a seleccionar aquellos pasajes que más se adaptaban a su gusto individual, o que consideraban suficiente para asegurar su bienestar en el otro mundo. En las pirámides de Teta, Pepi I, Mer-en-Ra y Pepi II se encuentran muchos textos idénticos a los empleados por sus predecesores, y un examen de la inscripción de Pepi II mostrará que aproximadamente tres cuartos del total puede encontrarse en los monumentos de sus antecesores. Es imposible saber qué criterio guiaba a cada rey en la selección de sus textos, o si las sucesivas adiciones representan desarrollos religiosos; pero, como la religión egipcia no puede haber permanecido estacionaria en todos sus detalles, es probable que algunos textos reflejen los cambios de opinión de los sacerdotes en materia de doctrina.[1] Los «Textos de las Pirámides» prueban que cada sección de los libros religiosos de los egipcios fue originalmente una composición independiente y separada, que fueron escritas con un propósito definido, y que pueden estar ordenadas de maneras diferentes en una serie de textos similares. Lo que las precedía y lo que las seguía nunca fue tenido en cuenta por los escribas, aunque parece que, a veces, es como si la tradición hubiera asignado un orden a ciertos textos.

Referencias históricas

La prueba siguiente demuestra que a veces los acontecimientos de la historia contemporánea se reflejaban en los Libros de los Muertos de las primeras dinastías. En la inscripción de la tumba de Heru-khuf  en Aswan[2] leemos que a este gobernador de Elefantina se

1. En los planes de ornamentación de los interiores de las pirámides de las dinastías v y vi se observa un desarrollo. En la de Unas, aproximadamente un cuarto de la cámara del sarcófago está cubierta de decorados arquitectónicos, y los jeroglíficos son grandes, están bien espaciados y encerrados en anchas líneas. Pero, a medida que avanzamos en la vi dinastía, el espacio reservado para propósitos decorativos se reduce, los jeroglíficos son más pequeños, las líneas están más pegadas y las inscripciones rebosan hacia las cámaras y pasillos, que en la v dinastía se dejaron en blanco. Véase Maspero, *Revue des Religions*, t. xi, p. 124.

2. Schiaparelli ofrece el texto completo de esta tumba y una discusión sobre sus contenidos en «Una tomba egiziana inedita della IV dinastia con inscrizioni storiche e geografiche,

le ordenó llevar un pigmeo[1] 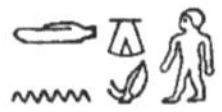 para el rey Pepi II[2] del interior de África, para que bailara delante del rey y le divirtiera; y se le prometió que, si conseguía llevar al pigmeo vivo y en buena salud, su majestad le conferiría un rango y dignidad superiores a los que el rey Assa había otorgado a su ministro Ba-ur-Tettet, que también realizó este servicio tan preciado para su señor.[3] Ahora bien, Assa fue el octavo rey de la V dinastía, y Pepi II fue el quinto rey de la VI dinastía, y entre los reinados de ambos hubo, según M. Maspero, un intervalo de al menos sesenta y cuatro años, aunque más probablemente ochenta. Pero, en el texto de la pirámide de Pepi I, que debe de haber sido escrito en algún periodo entre los reinados de estos dos monarcas, leemos el pasaje siguiente: «Salve a ti que [a tu voluntad] haces pasar sobre el Campo de Aaru el alma que es justa y sincera con respecto al cielo y a la tierra, o la haces naufragar. Ra-meri [es decir, Pepi] es justo y sincero con respecto al cielo y a la tierra, Pepi es justo y sincero con respecto a la isla de la tierra hasta la que nadó y a la que llegó. Aquel que está entre los muslos de Nut [es decir, Pepi] es el pigmeo que danzó [como] el dios, y que agradó al corazón del dios [Osiris] ante su gran trono [...]. Los dos seres que están sobre el trono del gran dios proclaman que Pepi está sano y saludable, [por lo tanto] Pepi navegará en la barca hacia el precioso campo del gran dios, y allí hará aquello que hacen los que merecen veneración».[4] Aquí tenemos

Atti della R. Accademia dei Lincei, anno CCLXXXIX, ser. 4.ª, Classe di Scienze Morali, etc. t. x, Roma, 1893, pp. 22-53. Este texto ha sido tratado por Erman (*Z.D.M.G.*, Bd. XLVI, 1892, p. 574), que apuntó por primera vez la referencia a los pigmeos en los textos de las pirámides, y por Maspero en *Revue Critique*, Paris, 1892, p. 366.

1. Para más información sobre los pigmeos, véase Stanley, *Darkest Africa*, vol. i, p. 198; vol. ii, p. 40; Schweinfurth, *Im Herzen von Africa*, Bd. II., Kap. 16, p. 131. Que los pigmeos pagaban tributos a los egipcios queda claro en el pasaje: 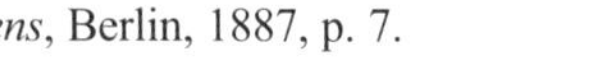 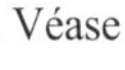 »Los pigmeos llegaron a él desde las tierras del sur llevando cosas útiles para su palacio»; véase Dümichen, *Geschichte des alten Aegyptens*, Berlin, 1887, p. 7.
2. Véase Erman en *Aeg. Zeitschrift*, Bd. XXXI, p. 65.
3. 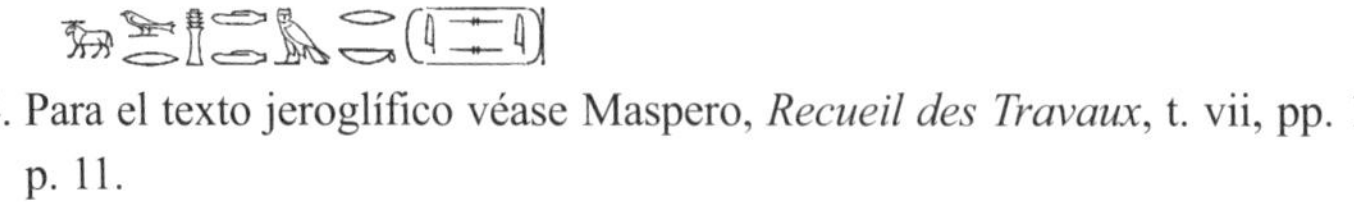
4. Para el texto jeroglífico véase Maspero, *Recueil des Travaux*, t. vii, pp. 162, 163; y t. xi, p. 11.

una clara referencia al hecho histórico de que se importó un pigmeo de las regiones que quedan al sur de Nubia; y la idea que parecía ocupar un lugar preeminente en la mente de quien escribió el texto era que, así como el pigmeo había agradado al rey para el que fue traído a este mundo, el difunto rey Pepi también pudiera agradar al dios Osiris[1] en el otro mundo; así como el pigmeo había sido llevado ante el rey por barco, que del mismo modo Pepi fuera llevado en barca a la isla donde habitaba el dios, y así como las condiciones impuestas por el rey habían sido cumplidas por quien llevó el pigmeo, las impuestas por Osiris con respecto a los muertos también habían sido satisfechas por quien llevaba a Pepi ante su presencia. La estructuración del párrafo justifica ampliamente la suposición de que este pasaje se añadió al texto después de Assa, y durante la VI dinastía.[2]

Autoría del Libro de los Muertos

No obstante, como otras obras de similar naturaleza, los textos de las pirámides no nos revelan ninguna información respecto a sus autores. En las versiones posteriores del Libro de los Muertos se dice que ciertos capítulos[3] son obra del dios Thoth. Ciertamente, pertenecen al tipo de literatura que los griegos llaman «hermética»,[4] y es muy seguro que fueron incluidos en la lista de los cuarenta y dos trabajos que, según Clemente de Alejandría,[5] constituían los libros sagrados de los egipcios.[6] Como los textos egipcios llaman a Thoth, el Hermes de los griegos, «señor de los libros divinos»,[7] «escriba en compañía de los dioses»[8] y «señor del divino discurso»,[9] esta atribución está bien fundada. Los textos

1. Pietschmann piensa (Aeg. Zeitschrift, Bd. XXXI, p. 73) que los sátiros, a los que se refiere Diodoro (i., XVIII) como compañeros y asociados de Osiris en Etiopía, tienen su origen en los pigmeos.
2. Toda la cuestión de los pigmeos en el texto de Pepi I ha sido comentada por Maspero en Recueil de Travaux, t. xiv., p. 186
3. Chapp. 30B, 164, 37B y 148. Aunque estos capítulos fueron hallados en Hermópolis, la ciudad de Thoth, no debe inferirse que fueran escritos allí.
4. Véase Birch, en Bunsen, Egypt's Place in Universal History, vol. v, p. 125; Naville, Todtenbuch (Einleitung), p. 26.
5. Stromata, VI., 4, 35, ed. Dindorff, t.iii, p.155.
6. Para información sobre los libros sagrados de los egipcios véase también Iamblichus, De Mysteriis, ed. Parthey, Berlin 1857, pp. 260, 261; Lepsius, Chronologie, p. 45; y Brugsch, Aegyptologie, p. 149.

7. 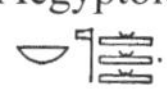 8. 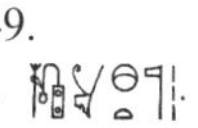 9. 

Influencia de los sacerdotes de Annu en esta compilación

de las pirámides son versiones de antiguas composiciones religiosas que los sacerdotes de la escuela de Annu[1] consiguieron establecer como la versión autorizada del Libro de los Muertos en las primeras seis dinastías.

Ra, la forma local del dios sol, usurpó el lugar ocupado por la forma más antigua, Tmu; y parecía que cuando la escuela de Annu promulgaba un dogma, era aceptado por el sacerdocio de todas las grandes ciudades egipcias. La gran influencia de los sacerdotes de la escuela de Annu incluso en la época de Unas queda probada por el siguiente pasaje del texto hallado en su pirámide: «Oh Dios, tu Annu es Unas; oh Señor, tu Annu es Unas. O Ra, Annu es Unas, tu Annu es Unas, oh Ra. La madre de Unas es Annu, el padre de Unas es Annu; Unas mismo es Annu, y nació de Annu».[2] En otro lugar se nos dice que Unas «vino al gran toro surgido de Annu,[3] y que pronunció palabras de gran importancia mágica en Annu».[4] En Annu, el dios Tmu produjo a los dioses Shu y Tefnut,[5] y en Annu habitaba la mayor y más antigua compañía de los dioses: Tmu, Shu, Tefnut, Seb, Nut, Osiris, Isis, Set y Neftis.[6] La morada de los benditos

---

1.  Annu, la metrópolis del treceavo nomo del Bajo Egipto; véase Brugsch, *Dict. Géogr.*, p. 41; de Rougé, *Géographie Ancienne de la Basse-Égypte*, p. 81; y Amélineau, *La Géographie de l'Égypte à l'Époque Copte*, p. 287. Annu es אן, Génesis xli, 45; און, Génesis xli, 50; אָוֶן Ezequiel xxx., 17; y Bêth Shemesh בֵּית שֶׁמֶשׁ, Jeremías xliii, 13; y la Heliópolis de los escritores griegos (letras griegas, Strabo, XVII, I, 27 y 28; Herodoto, II, 3; Diodoro, I, 57, 4).

2. 

Maspero, *Unas*, ll. 591 y 592; y compárese con Pepi I, ll. 690 y 691.

3. Véase línea 596.

4.  (1455).

5. 

Maspero, *Pepi* I, l465, 466.

6. *The Pyramid of Pepi* II, l665.

en los cielos se llamaba Annu,[1] y se decía que las almas de los justos se unían a sus cuerpos espirituales o glorificados y vivían allí, cara a cara con la deidad, toda la eternidad.[2] A partir del hecho de que los textos de las tumbas de Heru-hetep y Neferu, y los inscritos en el sarcófago de Taka —todos ellos de las dinastías XI y XII— sólo difieren en extensión, y no en carácter ni en contenido, de los de las pirámides reales de Sakkâra de la V y VI dinastías, se ha declarado que tanto la religión como el arte del Primer Imperio tebano no son más que una copia de los del norte de Egipto.[3]

La versión tebana, muy usada en el Alto Egipto desde la XVIII a la XX dinastías, habitualmente estaba escrita en papiros con caracteres jeroglíficos. El texto se escribe con tinta negra en líneas perpendiculares de jeroglíficos, separados unos de otros por líneas negras; los títulos de

La versión tebana

1. Al leer los textos religiosos egipcios, debemos recordar la existencia de la Annu celestial, que era para los egipcios lo que Jerusalén para los judíos y La Meca para los musulmanes. La Annu celestial era la capital del mundo mitológico (véase Naville, *Todtenbuch*, Einleitung, p. 27), y era también, para los espíritus de los hombres, lo que la primera Annu fue para sus cuerpos, es decir, la morada de los dioses y el centro y fuente de toda instrucción divina. Como muchas otras ciudades mitológicas, como Abtu, Tattu, Pe, Tep, Khemennu, etc, la Annu celestial no tenía ubicación geográfica.
2. La importancia de Annu y sus dioses en la I dinastía queda bien indicada por una oración hallada en la pirámide de Pepi II (el texto en Maspero, *Recueil*, t. x, p. 8, y t. xii, p. 146), que dice: «Salve a vosotros, los nueve grandes dioses que vivís en Annu, concedednos que Pepi pueda florecer, y garantizad que esta pirámide de Pepi, esta construcción construida para la eternidad, pueda florecer, y también que el nombre del dios Tmu, el jefe de la gran compañía de nueve dioses, florezca. Si el nombre de Shu, el señor del altar celestial en Annu floreciera, entonces Pepi florecería, y ésta, su pirámide, florecerá, y éste, su trabajo, perdurará durante toda la eternidad. Si el nombre de Tefnut, la señora del altar celestial en Annu, perdurase, el nombre de Pepi perdurará, y esta pirámide perdurará toda la eternidad. Si el nombre de Seb floreciera [...] el nombre de Pepi florecerá, y esta pirámide florecerá y, éste, su trabajo, perdurará toda la eternidad. Si el nombre de Nut floreciera en el templo de Shenth, en Annu, el nombre de Pepi florecerá, y esta pirámide florecerá y, éste, su trabajo, perdurará toda la eternidad. Si el nombre de Osiris floreciera en éste, el nombre de Pepi florecerá, y esta pirámide florecerá y, éste, su trabajo, perdurará toda la eternidad. Si el nombre de Osiris Khent-Amenta floreciera, el nombre de Pepi florecerá, y esta pirámide florecerá y, éste, su trabajo, perdurará toda la eternidad. Si el nombre de Set floreciera en Nubt, el nombre de Pepi florecerá, y esta pirámide florecerá y, éste, su trabajo, perdurará toda la eternidad».
3. Maspero, «La Religion Egyptienne d'après les Pyramides de la V et de la VI dynastie», *Revue des Religions*, t. xiii, pp. 138 y 139.

los capítulos o secciones, y ciertas partes de los capítulos y de las rúbricas que les pertenecen, están escritos con tinta roja. En los papiros de este periodo se observa una creciente iluminación de las viñetas. A comienzos de la XVIII dinastía, éstas tienen perfiles negros, pero vemos en el papiro de Hunefer (Museo Británico, n.º 9901) que era un supervisor de los rebaños de Seti I, rey de Egipto en torno al año 1370 a. de C., que están pintadas con los colores rojo, verde, amarillo, blanc, etc., y que la totalidad de los textos y viñetas están rodeados por un borde rojo y amarillo.

Paleografía de la versión

Originalmente, el texto era la parte más importante del trabajo, y tanto él como las viñetas eran obras del escriba; sin embargo, gradualmente se fueron cuidando más las viñetas brillantemente iluminadas y, cuando la habilidad del escriba fallaba, se llamaba al artista. En muchos papiros del periodo tebano queda claro que la distribución de las viñetas sobre el papiro era obra de los artistas, que a menudo no dejaban suficiente espacio para los textos a los que pertenecían; por lo tanto, frecuentemente se omiten muchas líneas de los capítulos, y las últimas de algunos textos están tan amontonadas que casi son ilegibles. Los frecuentes errores doctrinales también muestran que, aunque se pudiera emplear los mejores artistas para dibujar las viñetas, la ejecución del texto se dejaba a un escriba ignorante o descuidado. Una vez más, el artista a veces disponía sus viñetas en un orden equivocado, y ocasionalmente se evidencia que ni el artista ni el escriba entendían el tema que estaban tratando. Según M. Maspero,[1] los escribas de la VI dinastía no entendían los textos que copiaban y, en la XIX dinastía, el escriba de un texto que ahora se conserva en Berlín desconocía tanto, o le importaba tan poco, el texto que estaba copiando que transcribió el capítulo LXXVII desde el extremo equivocado, y aparentemente nunca descubrió su error, aunque concluyó el capítulo poniéndole el título.[2] Originalmente, cada copia del Libro de los Muertos se escribía por encargo, pero pronto se extendió la costumbre de hacer copias con espacios en blanco para insertar el nombre del comprador; y muchos de los errores ortográficos y la

1. *Recueil de Travaux*, t. iv, p. 62.

2. Naville, *Todtenbuch,* Einleitung, pp. 41-43.

mayoría de las omisiones de palabras se deben, sin duda, a la prisa con que los miembros de la casta sacerdotal, copiadores profesionales, escribían estas copias «almacenables».

El papiro de Tebas

Los papiros sobre los que se escribieron las copias de la versión tebana varían en cuanto a su longitud entre seis y treinta metros aproximadamente, y en anchura entre treinta y cinco y cuarenta y cinco cms; en la XVIII dinastía, las capas de los papiros son de textura más gruesa y de un color más oscuro que en las dinastías subsiguientes. El arte de fabricar grandes tiras de papiro de colores claros y textura fina alcanzó su más alto grado de perfección en la XIX dinastía. Un examen de los papiros tebanos muestra que el trabajo de escribir e iluminar una buena copia del Libro de los Muertos se distribuía frecuentemente entre dos o más grupos de artistas y escribas, y a continuación se unificaban las secciones. Ocasionalmente, por error, dos grupos de hombres transcribían el mismo capítulo; de ahí que en el papiro de Ani el capítulo XVIII aparezca dos veces (véase p. 171).

Selección y disposición de los capítulos

Las secciones o capítulos de la versión tebana son una serie de composiciones separadas y diferenciadas que, como las secciones de los textos de las pirámides, no mantienen un orden fijo en los ataúdes ni en los papiros. Sin embargo, a diferencia de estos textos, y con muy pocas excepciones, cada composición tenía un título especial y una viñeta que indicaba su propósito. La selección general de los capítulos para los papiros parece haber dependido de la intención individual del comprador o del escriba, pero no cabe duda de que algunos de ellos eran absolutamente necesarios para la preservación del cuerpo del fallecido en la tumba, y para el bienestar de su alma en este nuevo estado de existencia. Las selecciones tradicionales probablemente se respetarían, y sin duda se aceptarían las recientes selecciones aprobadas por la escuela de pensamiento religioso que marcara las tendencias en el antiguo Egipto.

Cambio en las formas

Mientras que en el periodo de los textos de las pirámides las diversas secciones eran recitadas o cantadas por los sacerdotes, probablemente ayudados por algunos miembros de la familia del fallecido, y el bienestar de su cuerpo y de su mente eran proclamados como un hecho incuestionable, en la versión tebana los himnos y oraciones se ponían en boca del difunto. Como únicamente los grandes y los prósperos podían costearse las ceremonias celebradas en las primeras dinastías, la economía probablemente fue la principal razón de este cambio, que se produjo en Tebas en época tan temprana como la XII dinastía. Poco a poco, las porciones rituales del Libro de los Muertos fueron desapareciendo, hasta que, finalmente, en la versión tebana, los únicos capítulos de este tipo que se conservan son el XXII, el XXIII, el CV y el CLI.[1] Cada capítulo y oración de esta versión tenían que ser repetidos en el otro mundo, donde las palabras, adecuadamente usadas, capacitaban al fallecido para superar a todos los enemigos y alcanzar la vida de las almas perfectas, que habitan en cuerpo espiritual en la morada de los benditos.

Título tebano del Libro de los Muertos

El nombre común del Libro de los Muertos en el periodo tebano, y probablemente también antes de esa fecha, es 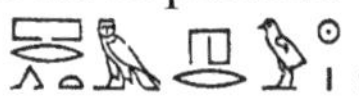, *pert em hru*, palabras que han sido traducidas de diversas maneras: «manifestado en la luz», «procedente del día», «manifestándose de día», «la manifestation au jour», «la manifestation à la lumière», «[Kapitel von] der Erscheinung im Lichte», «Erscheinen am Tage», «[Caput] egrediendi in lucem», etc. Sin embargo, este nombre probablemente tenía un significado para los egipcios que no se ha traducido al lenguaje moderno, y existe otro título[2] que explica una idea importante en conexión con la totalidad del trabajo, llamado «el capítulo de fortalecer (o perfeccionar) el *khu*».

En la versión tebana, los principios más importantes de la religión egipcia que estaban en vigor cuando se escribieron y conservaron los textos de las pirámides, así como las visiones relacionadas con la existencia eterna del alma, permanecieron inalterados. Sin embargo, muchos pasajes de la obra muestran que se han producido modificaciones y desarrollos en algunos detalles, y aparecen muchas cosas que no estaban presentes en la primera dinastía; por lo que sabemos, se muestran ahora por primera vez. Las viñetas son adiciones al trabajo y, aunque describen escenas de la vida de ultratumba, no parecen formar una serie conectada, y cabe la duda de si su disposición sigue un orden determinado. En

1. Véase Naville, *Todtenbuch*, Einleitung, p. 20. Sobre los títulos «Libro de los Muertos» y «Ritual Funéraire» que se han dado a estos textos, véase Lepsius, *Todtenbuch*, p. 3; De Rougé, *Revue Archeologique*, N. S., t. i, 1860, pp. 69-100.
2. Véase Naville, Einleitung, p. 24.

la siguiente lista de capítulos se puede obtener una idea general de los contenidos de esta versión:[1]

Versión tebana: lista de capítulos

Capítulo I. Aquí empiezan los capítulos sobre «manifestarse de día», sobre la canción de alabanza y glorificación,[2] y sobre el ir y venir del submundo.[3]

Viñeta: La procesión funeraria desde la casa de los muertos hasta la tumba.

Capítulo Ib. El capítulo de hacer que la momia vaya al *Tuat* ,[4] el día del funeral.[5]

Viñeta: Anubis de pie junto al féretro donde se deposita la momia del fallecido.

Capítulo II. [El capítulo de] salir a la luz del día y vivir después de la muerte.

Viñeta: Un hombre de pie sosteniendo un bastón.

Capítulo III.* Otro capítulo como el anterior (como el capítulo II).[6]

Este capítulo no tiene viñeta.

Capítulo IV.* Otro capítulo de atravesar el camino sobre la tierra.

Este capítulo no tiene viñeta.

Capítulo V. El capítulo de no dejar que el fallecido trabaje en el submundo.

Viñeta: El fallecido arrodillado sobre una rodilla.

Capítulo VI. El capítulo de hacer que las figuras *ushabtiu* hagan el trabajo del hombre en el submundo.

---

1. Lepsius numeró los capítulos del Libro de los Muertos en su edición del papiro de Turín, en 1842. Sin embargo, este papiro es un producto del periodo ptolemaico, y contiene una serie de capítulos que faltan en la versión tebana. Por conveniencia se han retenido los números de Lepsius, y los capítulos pertenecientes a la versión saïta están indicados por un asterisco. Para consultar el texto jeroglífico, véase Naville, Einleitung, p. 193.
2. Otro título dice: «El Capítulo de entrar ante los divinos representantes de Osiris el día del funeral, y de entrar después de haberse manifestado». Este capítulo tenía que ser recitado el día del funeral.
3. *neter xert*, el nombre más común para una tumba.
4. El submundo egipcio.
5. *sam ta*, «la unión con la tierra».
6. En algunos papiros, los capítulos II y III están unidos, y sólo tienen un título; véase Naville, *Todtenbuch*, Bd. I, Bl. 6.

Versión tebana: lista de capítulos

Viñeta: Una figura *ushabti* .

Capítulo VII. El capítulo de pasar sobre la espalda de Apep, el malvado.

Viñeta: El fallecido clavando una lanza a una serpiente.

Capítulo VIII. Otro capítulo del *Tuat*, y de manifestarse durante el día.

Viñeta: El fallecido arrodillándose ante un carnero .

Capítulo IX. El capitulo de atravesar el *Tuat*.

Viñeta: El fallecido arrodillándose ante un carnero.

Capítulo X. (Este capítulo es conocido como capítulo XLVIII.)

Capítulo XI.* El capítulo de enfrentarse a sus enemigos en el submundo.

Este capítulo no tiene viñeta.

Capítulo XII. Otro capítulo de entrar y salir del submundo.

Este capítulo no tiene viñeta.

Capítulo XIII. El capítulo de entrar y salir de Amentet.

Este capítulo no tiene viñeta.

Capítulo XIV. El capítulo de alejar la vergüenza del corazón del difunto.

Este capítulo no tiene viñeta.

Capítulo XV. Un himno de alabanza a Ra cuando se alza en el horizonte oriental del cielo.

Viñeta: El fallecido adorando a Ra.

Capítulo XVb1. Un himno de alabanza a Ra cuando se establece en la tierra de la vida.

Viñeta: El fallecido adorando a Ra.

Capítulo XVb2. Un himno de alabanza a Ra-Harmachis cuando se pone en el horizonte occidental del cielo.

Viñeta: El fallecido adorando a Ra.

Capítulo XVb3. Otro capítulo oculto del *Tuat*, de pasar por los lugares secretos del submundo y de ver el Disco cuando se pone en Amentet.

Viñeta: El dios o el fallecido clavando una lanza a una serpiente.

Capítulo XVIa. (No tiene texto: sólo es una viñeta.) Escena de adoración del amanecer solar a cargo de seres mitológicos.

Capítulo XVIb. Sin texto ni título.

Viñeta: Escena de adoración de la puesta solar a cargo de seres mitológicos.

Versión tebana: lista de capítulos.

Capítulo XVII. Aquí empiezan las alabanzas y glorificaciones de salir y entrar en el submundo del hermoso Amenta; de salir de día y de hacer transformaciones y de transformarse en cualquier forma que al difunto agrade; de jugar a las damas en la cámara *seh*, y de manifestarse en forma de alma viviente: debía ser dicho por el fallecido después de su muerte.

Viñeta: El fallecido jugando a las damas, el fallecido adorando a los dioses-leones de ayer y de hoy, el féretro de Osiris con Isis y Neftis a sus pies y cabeza respectivamente, y una serie de seres mitológicos nombrados en el texto.

Capítulo XVIII. Sin título.

Viñeta: El fallecido adorando a grupos de dioses pertenecientes a diversas ciudades.

Capítulo XIX.* El capítulo de la corona [?] de la victoria.

Este capítulo no tiene viñeta.

Capítulo XX. Sin título.

Este capítulo no tiene viñeta.

Capítulo XXI.* El capítulo de dar la boca a un hombre en el submundo.

Este capítulo no tiene viñeta.

Capítulo XXII. El capítulo de dar la boca al fallecido en el submundo.

Viñeta: El guardián de la balanza tocando la boca del fallecido.

Capítulo XXIII. El capítulo de abrir la boca a un hombre del submundo.

Viñeta: El sacerdote *sem* tocando la boca del fallecido con el instrumento .

Capítulo XXIV. El capítulo de llevar las palabras de poder mágico al fallecido en el submundo.

Este capítulo no tiene viñeta.

Capítulo XXV. El Capítulo de hacer que un hombre recuerde su nombre en el submundo.

Viñeta: Un sacerdote de pie ante el fallecido.

Capítulo XXVI. El capítulo de dar un corazón al fallecido en el submundo.

Viñeta: Anubis dando un corazón al fallecido en el submundo.

Capítulo XXVII. El capítulo de no permitir que el corazón del hombre le sea arrebatado en el submundo.

Versión tebana: lista de capítulos

Viñeta: un hombre atando un corazón a la estatua del fallecido.[1]

Capítulo XXVIII. [El capítulo de] no permitir que el corazón de un hombre le sea arrebatado en el submundo.

Viñeta: El fallecido tocándose el corazón sobre el pecho con la mano izquierda, arrodillado frente a un demonio que sostiene un cuchillo.

Capítulo XXIXa. El capítulo de no llevarse el corazón de un hombre en el submundo.

Este capítulo no tiene viñeta.

Capítulo XXIXb. Otro capítulo de un corazón de cornalina.

Viñeta: El fallecido sentado en una silla ante su corazón, que descansa sobre un soporte .

Capítulo XXXa. El capítulo de no permitir que a un hombre se le quite el corazón en el submundo.

Viñeta: Un corazón .[2]

Capítulo XXXb. El capítulo de no permitir que a un hombre se le quite el corazón en el submundo.

Viñeta: El fallecido es pesado contra su corazón en la balanza en presencia de Osiris, «el gran dios, el príncipe de la eternidad».

Capítulo XXXI. El capítulo de repudiar al cocodrilo que vino a llevarse las palabras mágicas  de un hombre en el submundo.

Viñeta: El fallecido clavando una lanza a una serpiente.

Capítulo XXXII. [El capítulo de] venir a llevar las palabras mágicas de un hombre en el submundo.

Este capítulo no tiene viñeta.

Capítulo XXXIII. El capítulo de los reptiles repulsivos de todo tipo.

Viñeta: El fallecido atacando cuatro serpientes con un cuchillo en cada mano.

Capítulo XXXIV. El capítulo de un hombre que no está siendo mordido por una serpiente en la sala de la tumba.[3]

Este capítulo no tiene viñeta.

---

1. Dos variantes (Naville, *Todtenbuch*, Bd. I, Bl. 38) muestran al fallecido sentado ante su corazón, y al fallecido presentando su corazón a una tríada de dioses.
2. O el fallecido adorando su corazón ; véase también Naville, *Todtenbuch*, Bd. I, Bl. 42.
3.  *amihat*.

Versión tebana: lista de capítulos

Capítulo XXXV. El capítulo de no ser comido por los gusanos en el submundo.

Viñeta: Tres serpientes.

Capítulo XXXVI. El capítulo de rechazar a la tortuga (, *apsai)*.

Viñeta: El fallecido clavando una lanza a un escarabajo.[1]

Capítulo XXXVII. El capítulo de rechazar a los dos *merti* 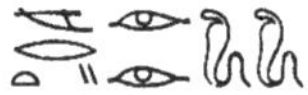.

Viñeta: Dos *uraei*, que representan los dos ojos de Ra.

Capítulo XXXVIIIa. El capítulo de vivir sobre el aire que hay en el submundo.

Viñeta: El fallecido sosteniendo una vela , símbolo del aire.

Capítulo XXXVIIIb. El capítulo de vivir sobre el aire y rechazar a los dos *merti*.

Viñeta: El fallecido atacando tres serpientes, con un cuchillo en la mano derecha y una vela en la izquierda.

Capítulo XXXIX. El capítulo de rechazar la serpiente en el submundo.

Viñeta: El fallecido clavando una lanza a una serpiente.

Capítulo XL. El capítulo de rechazar al comedor del asno.

Viñeta: El fallecido clavando una lanza a una serpiente que está mordiendo el cuello del asno.

Capítulo XLI. El capítulo de eliminar las heridas de los ojos en el submundo.

Viñeta: El fallecido sosteniendo un cuchillo en la mano derecha y un rollo en la izquierda.

Capítulo XLII. [El capítulo de] eliminar la matanza en Suten-henen.

Viñeta: Un hombre sosteniendo una serpiente.[2]

Capítulo XLIII. El capítulo de no permitir que al hombre se le corte la cabeza en el submundo.

Este capítulo no tiene viñeta.

Capítulo XLIV. El capítulo de no morir por segunda vez.

Este capítulo no tiene viñeta.

Capítulo XLV. El capítulo de no ver corrupción.

1. O el fallecido sosteniendo un cuchillo y un bastón, y de pie ante .
2. Para la viñetas variantes, véase Naville, *Todtenbuch*, Bd. I, Bl. 57.

Versión tebana: lista de capítulos

Este capítulo no tiene viñeta.

Capítulo XLVI. El capítulo de no decaer, y de vivir en el submundo.

Este capítulo no tiene viñeta.

Capítulo XLVII. El capítulo de no llevarse el lugar [o el sitio] del trono de un hombre en el submundo.

Este capítulo no tiene viñeta.

Capítulo XLVIII. [El capítulo de un hombre yendo contra] sus enemigos.

Este capítulo no tiene viñeta.

Capítulo XLIX.* El capítulo de un hombre yendo contra sus enemigos en el submundo.

Viñeta: Un hombre erguido con un bastón en la mano.

Capítulo L. El capítulo de no ir al bloque divino una segunda vez.

Viñeta: Un hombre de pie con la espalda hacia el bloque.[1]

Capítulo LI. El capítulo de no caminar cabeza abajo en el submundo.

Viñeta: Un hombre de pie.

Capítulo LII.* El capítulo de no comer porquerías en el submundo.

Este capítulo no tiene viñeta.

Capítulo LIII. El capítulo de no dejar que un hombre coma porquerías ni beba agua contaminada en el submundo.

Este capítulo no tiene viñeta.

Capítulo LIV. El capítulo de dar aire en el submundo.

Este capítulo no tiene viñeta.

Capítulo LV. Otro capítulo de dar aire.

Viñeta: El fallecido sosteniendo una vela en cada mano.[2]

Capítulo LVI. El capítulo de oler el aire de la tierra.

Viñeta: El fallecido arrodillado y sosteniendo una vela a la altura de la nariz.

Capítulo LVII. El capítulo de oler el aire y adquirir maestría sobre las aguas del submundo.

Viñeta: Un hombre sosteniendo una vela, de pie sobre un curso de agua.

Capítulo LVIII.* El capítulo de oler el aire y adquirir poder sobre el agua que hay en el submundo.

---

1. Lepsius, *Todtenbuch*, Bl. 21.
2. Una viñeta diferente de los capítulos LV y XXXVIII representa a Anubis llevando al fallecido ante la presencia de Osiris: véase Naville, *Todtenbuch*, Bd. I, Bl. 68.

Versión tebana: lista de capítulos

Viñeta: El fallecido sosteniendo una vela.

Capítulo LIX. El capítulo de oler el aire y adquirir poder sobre el agua que hay en el submundo.

Viñeta: El fallecido de pie con las manos abiertas.

Capítulo LX, LXI, LXII. Los capítulos de beber agua en el submundo.

Viñeta: El fallecido sosteniendo un loto, el fallecido sosteniendo su alma en los brazos y el fallecido llevando agua de una piscina a su boca.

Capítulo LXIIIa. El capítulo de beber agua, y no ser quemado por el fuego.

Viñeta: El fallecido bebiendo agua de un arroyo.

Capítulo LXIIIb. El capítulo de no ser hervido [escaldado] en el agua.

Viñeta: El fallecido de pie junto a dos llamas.

Capítulo LXIV. El capítulo de manifestarse de día en el submundo.

Viñeta: El fallecido adorando el disco, que está en lo alto de un árbol.

Capítulo LXV. [El capítulo de] manifestarse de día, y de adquirir dominio sobre los enemigos.

Viñeta: El fallecido adorando a Ra.

Capítulo LXVI. [El capítulo de] manifestarse de día.

Este capítulo no tiene viñeta.

Capítulo LXVII. El capítulo de abrir las puertas del *Tuat*, y de manifestarse de día.

Este capítulo no tiene viñeta.

Capítulo LXVIII. El capítulo de manifestarse de día.

Viñeta: El fallecido arrodillado al lado de un árbol ante una diosa.[1]

Capítulo LXIX. Otro capítulo.

Capítulo LXX. Otro capítulo.

Capítulo LXXI. El capítulo de manifestarse de día.

Viñeta: El fallecido con las dos manos alzadas en adoración, arrodillado ante la diosa Meh-urt.[2]

Capítulo LXXII. El capítulo de manifestarse de día y atravesar la sala de la tumba.

1. Para ver la variante de la viñeta, consúltese Naville, *Todtenbuch*, Bd. I, Bl. 80.
2. Una de las dos variantes de las viñetas muestran al fallecido en el acto de adorar a Ra 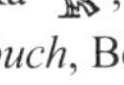, y en la otra el fallecido se arrodilla ante Ra, Thoth y Osiris; véase Naville, *Todtenbuch*, Bd. I, Bl. 83.

Versión tebana: lista de capítulos

Viñeta: El fallecido adorando a tres dioses.

Capítulo LXXIII. (Este capítulo se conoce como el capítulo IX.)

Capítulo LXXIV. El capítulo de levantar las piernas y manifestarse en la tierra.

Viñeta: El fallecido puesto en pie.

Capítulo LXXV. El capítulo del viaje a Annu (On), y de recibir morada allí.

Viñeta: El fallecido de pie ante la puerta de una tumba.

Capítulo LXXVI. El capítulo de [un hombre] transformándose en cualquier forma que desee.

Este capítulo no tiene viñeta.

Capítulo LXXVII. El capítulo de transformarse en un halcón dorado.

Viñeta: Un halcón dorado .

Capítulo LXXVIII. El capítulo de transformarse en un halcón dorado.

Viñeta: Un halcón.

Capítulo LXXIX. El capítulo de estar en compañía de los dioses, y de convertirse en príncipe entre los poderes divinos.

Viñeta: El fallecido adorando a tres dioses.

Capítulo LXXX. El capítulo de transformarse en dios, y de enviar luz hacia la oscuridad.

Viñeta: Un dios.

Capítulo LXXXIa. El capítulo de transformarse en un lirio.

Viñeta: Un lirio.

Capítulo LXXXIb. El capítulo de transformarse en un lirio.

Viñeta: La cabeza del difunto surgiendo de un lirio .

Capítulo LXXXII. El capítulo de transformarse en Ptah, de comer pasteles, de beber cerveza, de soltar el cuerpo y de vivir en Annu (On).

Viñeta: El dios Ptah en un altar.

Capítulo LXXXIII. El capítulo de transformarse en fénix.

Viñeta: Un fénix.

Capítulo LXXXIV. El capítulo de transformarse en una garza.

Viñeta: Una garza.

Capítulo LXXXV. El capítulo de transformarse en alma, de no ir al lugar de castigo: quien lo conozca nunca perecerá.

Este capítulo no tiene viñeta.

Capítulo LXXXVI. El capítulo de transformarse en golondrina.

Versión tebana: lista de capítulos

Viñeta: Una golondrina.

Capítulo LXXXVII. El capítulo de transformarse en la serpiente Sa-ta.

Viñeta: Una serpiente.

Capítulo LXXXVIII. El capítulo de transformarse en un cocodrilo.

Viñeta: Un cocodrilo.

Capítulo LXXXIX. El capítulo de hacer que el alma esté unida con su cuerpo.

Viñeta: El alma visitando el cuerpo, que yace sobre un sarcófago.

Capítulo XC. El capítulo de dar memoria a un hombre.

Viñeta: Un chacal.

Capítulo XCI. El capítulo de no permitir que el alma de un hombre se quede encerrada.

Viñeta: Un hombre erguido en un pedestal.

Capítulo XCII. El capítulo de abrir la tumba al alma y a la sombra del hombre, de modo que él pueda emerger y dominar sus piernas.

Viñeta: El alma del fallecido volando a través de la puerta de la tumba.

Capítulo XCIII. El capítulo de no navegar hacia el este en el submundo.

Viñeta: Las manos de un ciervo agarrando al fallecido por el brazo izquierdo.

Capítulo XCIV. El capítulo de orar pidiendo un tintero y una paleta.

Viñeta: El fallecido sentado frente a un pupitre sobre el que hay un tintero y una paleta.

Capítulo XCV. El capítulo de estar cerca de Thoth.

Viñeta: El fallecido de pie ante Thoth.

Capítulos XCVI y XCVII. El capítulo de estar cerca de Thoth, y de dar [...]

Viñeta: El fallecido de pie cerca de Thoth.

Capítulo XCVIII. [El título de este capítulo está incompleto.]

Capítulo XCVIX. El capítulo de llevar una barca al submundo.

Viñeta: Una barca.

Capítulo C. El capítulo de hacer perfecto el *khu*, y hacerle entrar en la barca de Ra, junto con sus seguidores divinos.

Viñeta: Una barca que contiene una compañía de dioses.

Capítulo CI.* El capítulo de proteger el barco de Ra.

Viñeta: El fallecido en el barco de Ra.

Capítulo CII. El capítulo de ir en el barco de Ra.

Versión tebana: lista de capítulos

Viñeta: El fallecido en el barco de Ra.

Capítulo CIII. El capítulo de seguir a Hathor.

Viñeta: El fallecido de pie detrás de Hathor.

Capítulo CIV. El capítulo de sentarse ante los grandes dioses.

Viñeta: El fallecido sentado entre dos dioses.

Capítulo CV. El capítulo de satisfacer el *ka* .

Viñeta: El fallecido quemando incienso ante su *ka*.

Capítulo CVI. El capítulo de causar alegría cada día a un hombre en Het-ka-Ptah [Menfis].

Viñeta: Un altar con ofrendas de carne y bebida.

Capítulo CVII.* El capítulo de ir a y de salir por la puerta de los dioses del oeste, estando entre los seguidores de los dioses, y de conocer las almas de Amentet.

Viñeta: Tres deidades: Ra, Sebek y Hathor.

Capítulo CVIII. El capítulo de conocer las almas del oeste.

Viñeta: Tres deidades: Tmu, Sebek y Hathor.

Capítulo CIX. El capítulo de conocer las almas del este.

Viñeta: El fallecido en adoración ante Ra-Heru-khuti.

Capítulo CX. El principio de los capítulos de los Campos de Paz, y de los capítulos de manifestarse de día, y de entrar y salir del submundo, y de llegar hasta los Campos de Juncos, y de estar en los Campos de Paz.

Viñeta: Los Campos de Paz.

Capítulo CXI. (Este capítulo es conocido actualmente como capítulo CVIII.)

Capítulo CXII. El capítulo de conocer las almas de Pe.

Viñeta: Horus, Mestha y Hapi.

Capítulo CXIII. El capítulo de conocer las almas de Nekhen.

Viñeta: Horus, Tuamautef y Qebhsennuf.

Capítulo CXIV. El capítulo de conocer las almas de Khemennu [Hermópolis].

Viñeta: Tres dioses con cabezas de ibis.

Capítulo CXV.* El capítulo de salir al cielo, de pasar a través de la sala de la tumba, y de conocer las almas de Annu.

Viñeta: El fallecido adorando a Thoth, Sau y Tmu.

Capítulo CXVI. [El capítulo de] conocer las almas de Annu.

Versión tebana: lista de capítulos

Viñeta: El fallecido adorando a tres dioses con cabezas de ibis.

Capítulo CXVII. El capítulo de tomar un camino en Re-stau.

Viñeta: El fallecido, sosteniendo un bastón en la mano, ascendiendo a las colinas occidentales.

Capítulo CXVIII. El capítulo de salir de Re-stau.

Viñeta: El fallecido sosteniendo un bastón en la mano izquierda.

Capítulo CXIX. El capítulo de conocer el nombre de Osiris, y de entrar en y salir de Re-stau.

Viñeta: El fallecido adorando a Osiris.

Capítulo CXX. (Ahora este capítulo es conocido como capítulo XII.)

Capítulo CXXI. (Ahora este capítulo es conocido como capítulo XIII.)

Capítulo CXXII.* El capítulo del fallecido volviendo a entrar después de haber salido del submundo.

Viñeta: El fallecido inclinándose ante su tumba, que está en una colina.

Capítulo CXXIII. El capítulo de entrar en la gran casa [la tumba].

Viñeta: El alma del fallecido de pie frente a una tumba.

Capítulo CXXIV. El capítulo de presentarse ante el príncipe Osiris.

Viñeta: El fallecido adorando a Mestha, Hapi, Tuamautef y Qebhsennuf.

Capítulo CXXV. Las palabras que han de ser pronunciadas por el difunto cuando llegue a la sala de Maati, que le separa de sus pecados y que le hace ver a Dios, el Señor de la humanidad.

Viñeta: La sala de Maati, en la que el corazón del fallecido es pesado en una balanza en presencia de los grandes dioses.

Capítulo CXXVI. [Sin título.]

Viñeta: Un lago de fuego, en cada una de cuyas esquinas se sienta un simio.

Capítulo CXXVIIa. El libro de la alabanza a los dioses del *qerti* .

Este capítulo no tiene viñeta.

Capítulo CXXVIIb. El capítulo de las palabras que han de pronunciarse al ir ante los jefes de Osiris, y la alabanza a los dioses que son líderes en el *Tuat*.

Este capítulo no tiene viñeta.

Capítulo CXXVIII.* El capítulo de alabar a Osiris.

Viñeta: El fallecido adorando a tres deidades.

Versión tebana: lista de capítulos

Capítulo CXXIX. (Este capítulo es conocido como capítulo C.)

Capítulo CXXX. El capítulo de perfeccionar el *khu*.

Viñeta: El fallecido de pie entre dos botes.

Capítulo CXXXI.* El capítulo de hacer que un hombre vaya al cielo al lado de Ra.

Este capítulo no tiene viñeta.

Capítulo CXXXII. El capítulo de hacer que el hombre dé una vuelta para ver su casa.

Viñeta: Un hombre de pie ante una casa o tumba.

Capítulo CXXXIII. El capítulo de perfeccionar el *khu* en el submundo en la presencia de la gran compañía de los dioses.

Viñeta: El fallecido adorando a Ra, sentado en la barca.

Capítulo CXXXIV. El capítulo de entrar en la barca de Ra, y de estar entre aquellos que están en su séquito.

Viñeta: El fallecido adorando a Shu, Tefnut, Seb, Nut, Osiris, Isis, Horus y Hathor.

Capítulo CXXXV.* Otro capítulo que debe ser recitado cada mes con luna menguante.

Este capítulo no tiene viñeta.

Capítulo CXXXVIa. El capítulo de navegar en la barca de Ra.

Viñeta: El fallecido de pie con los brazos elevados en adoración.

Capítulo CXXXVIb. El capítulo de navegar en la barca de Ra, para rodear la fogosa órbita del sol.

Este capítulo no tiene viñeta.

Capítulo CXXXVIIa. El capítulo de prender el fuego que debe encenderse en el submundo.

Este capítulo no tiene viñeta.

Capítulo CXXXVIIb. El capítulo del fallecido encendiendo el fuego.

Viñeta: El fallecido sentado, encendiendo una llama.

Capítulo CXXXVIII. El capítulo de hacer que el fallecido entre en Ábidos.

Viñeta: El fallecido adorando el estandarte  .

Capítulo CXXXIX. (Ahora este capítulo se conoce como capítulo CXXIII).

Capítulo CXL.* El libro que debe ser recitado en el segundo mes de *pert*, cuando el *utchat* esté lleno en el segundo mes de *pert*.

Viñeta: El fallecido adorando a Anpu, el *utchat*, y Ra.

Capítulos CXLI-CXLIII. El libro que debe ser recitado por un hombre para su padre y para su hijo en los festivales de Amentet. Le hará perfecto ante Ra y ante los dioses, y él habitará con ellos. Será recitado el noveno día del festival.

Versión tebana: lista de capítulos

Viñeta: El fallecido haciendo ofrendas ante un dios.

Capítulo CXLIV. El capítulo de entrar.

Viñeta: Siete pilones.

Capítulo CXLVa. [Sin título]

Este capítulo no tiene viñeta.

Capítulo CXLVb. [El capítulo] de salir a los pilones ocultos.

Este capítulo no tiene viñeta.

Capítulo CXLVI. [El capítulo] de conocer los pilones en la casa de Osiris en el Campo de Aaru.

Viñeta: Una serie de pilones guardados por cada dios.

Capítulo CXLVII. [Un capítulo] que debe ser recitado por el difunto cuando llegue a la primera sala de Amentet.

Viñeta: Una serie de puertas, cada una guardada por un dios.

Capítulo CXLVIII. [El capítulo] de nutrir el *khu* en el submundo, y de apartarlo de toda cosa mala.

Este capítulo no tiene viñeta.

Capítulo CXLIX. [Sin título.]

Viñeta: Las divisiones del otro mundo.

Capítulo CL. [Sin título.]

Viñeta: Ciertas divisiones del otro mundo.

Capítulo CLI. [Sin título.]

Viñeta: Escena de la cámara de la momia.

Capítulo CLIa. [El capítulo] en el que las manos de Anpu, el habitante de la cámara sepulcral, están sobre el señor de la vida [la momia].

Viñeta: Anubis de pie junto al sarcófago del fallecido.

Capítulo CLIb. El capítulo del jefe de las cosas ocultas.

Viñeta: Una cabeza humana.

Capítulo CLII. El capítulo de construir una casa en la tierra.

Viñeta: El fallecido de pie junto a los cimientos de su casa.

Capítulo CLIIIa. El capítulo de salir de la red.

Viñeta: Una red dibujada por una serie de hombres.

Versión tebana: lista de capítulos

Capítulo CLIIIb. El capítulo de salir de la red de pescador.

Viñeta: Tres simios tirando de una red de pescar.

Capítulo CLIV. El capítulo de no dejar que el cuerpo de un hombre se pudra en la tumba.

Este capítulo no tiene viñeta.

Capítulo CLV. El capítulo en que se pone un *tet* de oro en el cuello de *khu*.

Viñeta: Un tet .

Capítulo CLVI. El capítulo de un broche de amatista que ha de ponerse en el cuello del *khu*.

Viñeta: Un broche  .

Capítulo CLVII.* El capítulo de un buitre de oro que ha de ponerse en el cuello del *khu*.

Viñeta: Un buitre.

Capítulo CLVIII.* El capítulo de un collar de oro que ha de ponerse en el cuello del *khu*.

Viñeta: Un collar.

Capítulo CLIX.* El capítulo de un cetro de madre de esmeralda que ha de ser puesto en el cuello del *khu*.

Viñeta: Un cetro .

Capítulo CLX. [El capítulo] de colocar una lámina de madre de esmeralda.

Viñeta: Una lámina.

Capítulo CLXI. El capítulo de la apertura de las puertas del cielo a cargo de Thoth, etc.

Viñeta: Thoth abriendo cuatro puertas.

Capítulo CLXII.* El capítulo de hacer que haya calor bajo la cabeza del *khu*.

Viñeta: Una vaca.

Capítulo CLXIII.* El capítulo de no dejar que el cuerpo de un hombre se pudra en el submundo.

Viñeta: Dos *utchats*, y una serpiente con piernas.

Capítulo CLXIV.* Otro capítulo.

Viñeta: Una diosa de tres cabezas, con alas, de pie entre dos pigmeos.

Capítulo CLXV.* El capítulo de llegar a puerto, de no ser invisible y de hacer que el cuerpo germine, y de satisfacerlo con el agua del cielo.

Viñeta: El dios Min o Amsu con cuerpo de escarabajo, etc.

Capítulo CLXVI. El capítulo de la almohada.

Versión tebana: lista de capítulos

Viñeta: Una almohada.

Capítulo CLXVII. El capítulo de traer el *utchat*.

Este capítulo no tiene viñeta.

Capítulo CLXVIIIa. [Sin título.]

Viñeta: Las barcas del sol, etc.

Capítulo CLXVIIIb. [Sin título.]

Viñeta: Hombres vertiendo libaciones, dioses, etc.

Capítulo CLXIX. El capítulo de preparar la cámara de las ofrendas.

Este capítulo no tiene viñeta.

Capítulo CLXX. El capítulo del tejado de la cámara de las ofrendas.

Este capítulo no tiene viñeta.

Capítulo CLXXI. El capítulo de atar al *abu*.

Este capítulo no tiene viñeta.

Capítulo CLXXII. Aquí empiezan las oraciones que han de ser rezadas en el submundo.

Este capítulo no tiene viñetas.

Capítulo CLXXIII. Horus se dirige a su padre.

Viñeta: El fallecido adorando a Osiris.

Capítulo CLXXIV. El capítulo de hacer que el *khu* salga por la gran puerta del cielo.

Viñeta: El fallecido saliendo por una puerta.

Capítulo CLXXV. El capítulo de no morir una segunda vez en el submundo.

Viñeta: El fallecido adorando a un dios con cabeza de ibis.

Capítulo CLXXVI. El capítulo de no morir una segunda vez en el submundo.

Este capítulo no tiene viñeta.

Capítulo CLXXVII. El capítulo de elevar el *khu*, y hacer que el alma viva en el submundo.

Este capítulo no tiene viñeta.

Capítulo CLXXVIII. El capítulo de levantar el cuerpo, de hacer que los ojos vean, de hacer que los oídos oigan, de establecer firmemente la cabeza y darle sus poderes.

Este capítulo no tiene viñeta.

Capítulo CLXXIX. El capítulo de emerger del ayer, de emerger de día y de rezar con las manos.

Este capítulo no tiene viñeta.

Versión tebana: lista de capítulos.

Capítulo CLXXX. El capítulo de emerger de día, de alabar a Ra en Amentet, y de adscribir alabanzas a aquellos que están en el *Tuat*.

Viñeta: El fallecido adorando a Ra.

Capítulo CLXXXI. El capítulo de acudir a los jefes divinos de Osiris, que son los líderes en el *Tuat*.

Viñeta: El fallecido adorando a Osiris, etc.

Capítulo CLXXXII. El capítulo de establecer la columna vertebral de Osiris, de dar aliento a aquel cuyo corazón está inmóvil y de la repulsa de los enemigos de Osiris por Thoth.

Viñeta: El fallecido tumbado en un sarcófago en un cofre funerario, rodeado de diversos dioses.

Capítulo CLXXXIII. Un himno de adoración a Osiris; adscribiéndole gloria, y adoración a Un-nefer.

Viñeta: El fallecido, con las manos elevadas en adoración, y el dios Thoth.

Capítulo CLXXXIV. El capítulo de estar con Osiris.

Viñeta: El fallecido de pie al lado de Osiris.

Capítulo CLXXXV. La adscripción de una alabanza a Osiris, y de adoración al señor eterno.

Viñeta: El fallecido adorando a Osiris.

Capítulo CLXXXVI. Un himno de alabanza a Hathor, señora de Amentet, y a Meh-urt.

Viñeta: El fallecido se acerca a la montaña de los muertos, en la que aparece la gran diosa Hathor.

La versión similar a la tebana

La versión similar a la tebana estuvo vigente desde la XX dinastía hasta la XXVI; es decir, desde el 1200 a. de C. hasta el 550 a. de C. aproximadamente, y, como la tebana, generalmente estaba escrita en papiro. Los capítulos no tienen un orden fijo, y están escritos en líneas con caracteres hieráticos; las rúbricas, cartuchos y ciertos nombres, como el de Apep, están en rojo. Las viñetas están repasadas de manera cruda con perfiles negros y carecen de ornamentos; pero al final de los mejores papiros a menudo hay escenas bien pintadas en las que se retrata al fallecido adorando a Ra o a Horus. Los nombres y los títulos de los fallecidos están escritos en filas perpendiculares de jeroglíficos. El tipo de escritura manual va cambiando a lo largo de los periodos: en los papiros de la princesa Nesi-Khonsu (aproximadamente en el año 1000 a. de C.) es claro y legible, y se parece mucho al hermoso estilo hallado en el gran papiro Harris;[1] pero cien años después el estilo fluido desaparece, y la escritura se hace mucho más pequeña y algo apretada; el proceso de reducción del tamaño continúa hasta la XXVI dinastía, aproximadamente en el 550 a. de C., cuando los pequeños caracteres escritos de manera descuidada suelen ser difíciles de descifrar. Los papiros sobre los que se escriben estos textos son de longitud variable, generalmente entre uno y seis metros, y su anchura varía entre los treinta y cinco y los cuarenta y cinco centímetros aproximadamente. A medida que nos aproximamos al periodo de la XXVI dinastía, la textura se hace más rugosa y el color del material oscurece. Los papiros tebanos de esta época son de color más claro que los hallados en el norte de Egipto, y menos quebradizos; ciertamente sufren menos cuando se los desenrolla. Paleografía

La versión saïta y ptolemaica

La versión saïta y ptolemaica probablemente estuvo de moda desde el periodo de la XXVI dinastía, aproximadamente en el año 550 a. de C., hasta el final del gobierno de la dinastía de los Ptolomeos en Egipto. Los capítulos tienen un orden fijo y definido, y parece que se llevó a cabo una revisión cuidadosa de todo el trabajo, introduciéndose varias alteraciones importantes. En este periodo aparecen una serie de capítulos que no se encuentran en papiros más antiguos, pero no se trata necesariamente de nuevas creaciones, porque, teniendo en cuenta que los reyes de la XXVI dinastía son famosos por haber revivido las ciencias y las artes de dinastías anteriores, es muy probable que muchos de los capítulos

1. Los Libros de los Muertos escritos en caracteres jeroglíficos y hieráticos que pertenecen al periodo en que gobernaron los sacerdotes-reyes de la hermandad de Amen forman una categoría en sí mismos y tienen relativamente poco en común con las versiones más antiguas. Un ejemplo notable de este tipo de papiro es el de Nesi-Khonsu, publicado por Maspero (*Les Momies Royales de Déir el-baharî*, p. 600). El texto está dividido en párrafos que no contienen plegarias ni himnos, sino un verdadero contrato entre el dios Amen-Ra y la princesa Nesi-Khonsu. Después de la lista de nombres y títulos de Amen-Ra con la que empieza, siguen once secciones en las que el dios declara en fraseología legal que él había deificado a la princesa (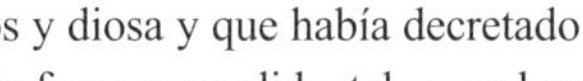) en Amenta y en Neter-khert, que había deificado su alma y su cuerpo para que ninguno de ellos fuera destruido, que la había hecho como cada dios y diosa y que había decretado que cualquier cosa que necesitara en su nueva existencia le fuera concedida, tal como hacen todos los demás dioses y diosas.

adicionales no sean más que nuevas ediciones de trabajos previos. Muchas copias de esta versión fueron realizadas por escribas que no sabían qué estaban copiando, y es muy común encontrar omisiones de signos, palabras e incluso de pasajes enteros; en los papiros del periodo ptolemaico es imposible leer muchos pasajes sin la ayuda de los textos de las épocas anteriores. El color de los papiros de este periodo varía entre el marrón claro y el oscuro, y generalmente están hechos de varias capas de tiras que miden unos cinco centímetros de ancho y entre treinta y cinco y cuarenta centímetros de largo. La longitud de los mejores ejemplos de esta versión del Libro de los Muertos varía entre los siete metros (n.º 10479 del Museo Británico, escrito para el *utcheb* Heru, por el hijo del *utcheb* Tchehra 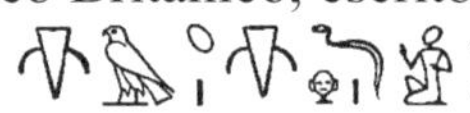) hasta aproximadamente los veinte metros de longitud. Los textos jeroglíficos estaban escritos en negro, en hileras perpendiculares entre reglas, mientras que los hieráticos lo estaban en líneas horizontales; tanto los caracteres jeroglíficos como los hieráticos carecen de la escritura remarcada del periodo tebano, exhibiendo las características convencionales. Los títulos de los capítulos, los cartuchos, las palabras  que introducen una lectura alternativa, etc., están escritos en rojo. Las viñetas suelen estar trazadas con rebordes negros, y forman una especie de borde continuo encima del texto. Sin embargo, en los papiros de calidad, la escena que forma el capítulo XVI, la de los Campos de Paz (capítulo CX), la del Juicio (capítulo CXXV), la viñeta del capítulo CXLVIII, la escena que forma el capítulo CLI (la cámara sepulcral) y la viñeta del capítulo CLXI llenan toda la anchura de la porción inscrita del papiro, y están pintadas con colores un tanto crudos. En algunos papiros, el disco de la cabeza del halcón de Horus está cubierto de hojas doradas en lugar de pintado de rojo, como suele ser habitual en papiros anteriores. En el periodo greco-romano, tanto los textos como las viñetas se ejecutan muy descuidadamente, y es evidente que fueron escritos y dibujadas por trabajadores ignorantes de la manera más rápida y descuidada posible. En este periodo, ciertos pasajes del texto fueron copiados en hierático y demótico en pequeñas piezas de papiro enterradas con porciones de los cuerpos de los muertos, y sobre las estrechas vendas de áspero lino que se usaban para vendarlos.

La leyenda de Osiris

> Los principales rasgos de la religión egipcia se mantienen constantes

Los principales rasgos de la religión egipcia permanecieron inalterados desde las dinastías v y vi hasta el periodo en que los egipcios abrazaron el cristianismo, después de que el apóstol San Marcos predicara en Alejandría en el año 69 d. de C. Así de firmemente se habían adueñado de la mente egipcia aquellas primeras creencias; y los cristianos egipcios, a los que se suele llamar coptos, descendientes raciales de los antiguos egipcios, parece que nunca consiguieron deshacerse completamente de las supersticiones y extrañas creencias mitológicas heredadas de sus antepasados. No es necesario repetir aquí las pruebas de estos hechos reunidas por M. Amélineau,[1] o aducir pruebas de las vidas de los santos, mártires y ascetas; pero es interesante indicar de pasada que los traductores del Nuevo Testamento al copto traducían el término griego ᾅδης como ⲁⲙⲉⲛϯ,[2] *amenti*, el nombre que los antiguos egipcios daban a la morada del hombre después de la muerte,[3] lugar que los coptos poblaron de seres cuyos prototipos se encuentran en los antiguos monumentos.

1. «Le Christianisme chez les anciens Coptes», *Revue des Religions*, t. xiv, Paris, 1886; pp. 308-345.
2. 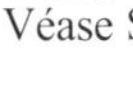
3. Véase San Mateo xi, 23; Hechos ii, 27, etc.

Persistencia de la leyenda de Osiris y de la creencia en la resurrección

Los principales dioses mencionados en los textos de las pirámides son idénticos a los que aparecen en las tumbas, ataúdes y papiros de las últimas dinastías. Y si bien es cierto que los nombres de los grandes dioses cósmicos, como Ptah y Khnemu, apenas aparecen, debemos recordar que son los dioses de los muertos los que deben ocupar de manera natural el lugar principal en la literatura asociada con los fallecidos.

Además, comprobamos que la doctrina de la vida eterna y de la resurrección de un cuerpo glorificado o transformado, basada en la antigua historia de la resurrección de Osiris después de una muerte cruel y de una horrible mutilación infligida por los poderes del mal, fue la misma en todos los periodos, y que las leyendas de los tiempos más antiguos se aceptaban sin alteraciones ni adiciones en los textos de dinastías posteriores.

Versión de Plutarco de la leyenda

En ninguna parte de la literatura egipcia hallamos una versión coherente y completa de la historia de Osiris, pero su vida, sus sufrimientos, su muerte y su resurrección se aceptan como hechos universales en los textos de todos los periodos. Los escritores griegos han preservado en sus obras tradiciones relacionadas con este dios, y debemos a Plutarco una versión de la leyenda tal como se relataba en su época. Está claro que yerra en algunos puntos, pero esto es excusable cuando se trabaja con una serie de tradiciones que ya tenían unos cuatro mil años de antigüedad.[1]

Según este escritor, la diosa Rhea (Nut), la esposa de Helios (Ra), era amada por Kronos (Seb). Cuando Helios descubrió la intriga, maldijo a su esposa y declaró que no daría luz a su hijo en ningún mes de ningún año. Entonces el dios Hermes, que también amaba a Rhea, jugó a juegos de mesa con Selene y le ganó la setentava parte de cada día del año que, sumadas, formaban cinco días completos. Juntó estos cinco días a los trescientos sesenta que entonces tenía el año.[2] Osiris fue dado a luz

1. Para el texto, véase *De Iside et Osiride*, ed. Didot (Scripta Moralia, t. iii, pp. 429-469), xii.
2. Los días tienen nombres jeroglíficos  «los cinco días adicionales del año», ἐπαγόμενπι ἡμέραι πέντε ; véase Brugsch, *Thesaurus Inscriptionum Aegyptiacarum*, Abt. ii, (*Kalendarische Inschriften*), Leipzig, 1883, pp. 479 y 480; Brugsch, *Aegyptologie*, p. 361; Chabas, *Le Calendrier*, Paris (sin fecha), p. 99.

en el primero de estos cinco días,[1] y en el momento de su nacimiento se oyó una voz que anunciaba el nacimiento del señor de la creación. Con el tiempo se convirtió en rey de Egipto, y se dedicó a civilizar a sus súbditos y a enseñarles el arte de la agricultura; estableció un código legal y ordenó a los hombres que adoraran a los dioses. Después de pacificar Egipto y hacerlo florecer, se dispuso a instruir a las demás naciones del mundo. Durante su ausencia, su esposa Isis gobernó tan bien el estado que Tifón (Set), el malvado, no podía hacer ningún daño al reino de Osiris. Cuando éste volvió, Tifón planeó matarlo contando para ello con la ayuda de setenta y dos camaradas, y también de Aso, la reina de Etiopía. Consiguió secretamente las medidas del cuerpo de Osiris y le fabricó un cofre, que llevó a la sala de banquetes cuando Osiris estaba agasajando a sus invitados. Mediante un engaño, lo indujeron a tumbarse en el cofre, que Tifón y los demás conspiradores cerraron inmediatamente, y en el que fue llevado a la boca tanáitica del Nilo.[2] Todo esto ocurrió el diecisieteavo día del mes de Hathor,[3] cuando Osiris estaba en el vigésimo octavo año de su reinado, o bien cuando tenía esa edad. Los primeros en enterarse de lo ocurrido fueron Pan y los sátiros, que habitaban cerca de Panópolis. Finalmente las noticias llegaron hasta Isis, que se encontraba en Coptos, y al saberlo se cortó un mechón del cabello[4] y se puso vestimentas de duelo.

Versión de Plutarco

1. Osiris nació el primer día, Horus el segundo, Set el tercero, Isis el cuarto y Neftis el quinto; el primero, tercero y quinto de estos días eran considerados poco afortunados por los egipcios.
2. Strabo, XVII, i, 18 (ed. Didot, p. 681) comenta las bocas del Nilo; y Diodoro, I, 33, 7 (ed. Didot, p. 26).
3. En el calendario del cuarto papiro de Sallier (n.º 10184), este día está marcado como triplemente desafortunado  , y se dice que en esa fecha tuvo lugar la gran lamentación por Un-nefer (Osiris) a cargo de Isis y Neftis. Véase Chabas, *Le Calendrier*, p. 50. Aquí vemos que la afirmación de Plutarco queda confirmada por pruebas documentales. Loret da algunos detalles muy interesantes relacionados con los festivales de Osiris en el mes de Choiak en *Recueil de Travaux*, t. iii, p. 43; t. iv, p. 21; y t. v, p. 85. Describe detalladamente los misterios que tuvieron lugar allí.
4. Sobre cortarse el pelo como señal de duelo, véase W. Robertson Smith, *The Religion of the Semites*, p. 395; y para consultar otras creencias respecto al cabello, véase Tylor, *Primitive Culture*, vol. ii, p. 364, y Fraser, *Golden Bough*, pp. 193-208.

Versión de Plutarco

Entonces, en profundo duelo, ella se dispuso a buscar el cuerpo de su marido, y en el curso de sus andanzas descubrió que Osiris se había unido con su hermana Neftis, y que Anubis, el fruto de dicha unión, había sido abandonado por su madre en el momento de nacer. Isis le siguió con ayuda de perros, y le crió para que fuese su guardián y sirviente. Poco después supo que el mar había llevado el cofre hasta Biblos, donde las olas lo habían encallado suavemente entre las ramas de un taray, que en un tiempo muy breve creció hasta alcanzar un tamaño magnífico, encerrando el cofre con su tronco. El rey del país, admirando el árbol, cortó la parte que contenía el cuerpo de Osiris e hizo con él un pilar para el tejado de su casa. Cuando Isis lo oyó, fue a Biblos y consiguió entrar en palacio haciéndose amiga de las sirvientas reales, que le asignaron el trabajo de amamantar a uno de los hijos del rey. Pero, en lugar de amamantarlo de la manera habitual, Isis le daba a chupar su dedo, y cada noche lo ponía al fuego para que consumiese sus partes mortales, transformándose durante ese tiempo en golondrina y lamentándose de su destino. En una ocasión la reina vio a su hijo en llamas y lanzó un grito, privándole de la inmortalidad. Entonces Isis contó su historia a la reina, rogándole que le diera el pilar que sostenía el tejado. A continuación lo cortó y sacó de él el pecho y el cuerpo de su marido;[1] sus lamentos eran tan terribles que uno de los niños reales murió de miedo. Entonces llevó el cofre por mar hasta Egipto, donde lo abrió y abrazó el cuerpo de su marido, llorando con amargura.

Seguidamente, después de haber escondido el cofre en un lugar secreto, buscó a su hijo Horus en Buto, en el Bajo Egipto. Una noche, mientras Tifón cazaba a la luz de la luna, encontró el cofre y, reconociendo el cuerpo, lo desmembró en catorce partes que distribuyó por

1. La historia cuenta que entonces Isis envolvió el pilar con lino fino y lo untó con aceite, para devolvérselo después a la reina. Plutarco añade que, hasta el día de hoy, la pieza de madera se preserva en el templo de Isis, y es adorada por el pueblo de Byblos. El profesor Robertson sugiere (*Religion of the Semites*, p. 175) que el rito de envolver y aceitar un tocón sagrado nos ofrece la respuesta a la pregunta irresuelta sobre la naturaleza de las prácticas rituales conectadas con Ashera. En 2 Reyes xxiii, 7, queda claro que cierto tipo de tapicería pertenece a Ashera. Véase también Tylor, *Primitive Culture*, vol. ii, p. 150; y Fraser, *Golden Bough*, vol. i, p. 304.

todo el país. Cuando Isis se enteró, tomó una barca de papiro[1] —planta aborrecida por los cocodrilos— y se puso a navegar, volviendo a reunir los fragmentos del cuerpo de Osiris.[2] Dondequiera que hallaba un pedazo dc su cuerpo, construía una tumba. A estas alturas, Horus, el hijo de Osiris, ya había crecido, y su padre volvió del otro mundo para animarle a luchar con Tifón y vengar su muerte. La lucha se prolongó muchos días, y Tifón acabó siendo capturado. Isis, a quien se concedió el cuidado del prisionero, lejos de ayudar a su hijo Horus, dejó a Tifón en libertad. En un ataque de cólera, Horus rasgó de su cabeza la diadema real, pero Thoth le ofreció un casco con forma de cabeza de vaca. En otras dos batallas entre Horus y Tifón, el primero salió victorioso.[3]

La identidad del fallecido Osiris

Ésta es la historia de los sufrimientos y de la muerte de Osiris tal como la contó Plutarco. Los egipcios esperaban que, mediante los sufrimientos y la muerte de este dios, su cuerpo volviera a surgir transformado o glorificado, y apelaban en oración a su poder, pidiéndole la vida eterna por haber conquistado la muerte y ser rey del otro mundo. En todas las inscripciones funerarias que conocemos, desde los textos de las pirámides hasta las oraciones burdamente escritas sobre los ataúdes del periodo romano, lo que se hizo originalmente por Osiris se siguió haciendo por los fallecidos, puesto que el estado y la condición de Osiris

1. Sin duda, el arca de juncos tenía como fin preservar a Moisés de los cocodrilos.

2. Μόνον δὲ τῶν μερῶν τοῦ Ὀσίριδος τὴν Ἶσιν οὐχ εὑρεῖν τὸ αἰδοῖον· εὐθὺς γὰρ εἰς τὸν ποταμὸν ῥιφῆναι, καὶ γεύσασθαι τόν τε λεπιδωτὸν αὐτοῦ καὶ τὸν φάγρον καὶ τὸν ὀξύρυγχον. κ.τ.λ.

Probablemente debemos equiparar el festival celebrado por los egipcios en honor del modelo del miembro perdido de Osiris con la ceremonia de «establecer el *Tet* en Tattu» 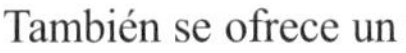 , que, según sabemos, tenía lugar el último día del mes de Choiak; véase Loret, «Les Fêtes d'Osiris au mois de Khoiak», *Recueil de Travaux*, t. iv, pp. 32, 87); Plutarco, *De Iside*, xviii.

3. También se ofrece un relato de la batalla en el IV papiro Sallier, en el que se nos dice que tuvo lugar el vigésimo sexto día del mes de Thoth. Horus y Set lucharon con la forma de dos hombres, pero después se transformaron en osos, y pasaron tres días y tres noches con esta forma. La victoria se inclinaba primero hacia un bando y después hacia el otro, y el corazón de Isis sufría amargamente. Cuando Horus vio que ella había aflojado los grilletes que él había impuesto a Set, «se puso tan furioso como una pantera del sur», y ella huyó de él. Pero él la persiguió y le cortó la cabeza, que Thoth transformó en cabeza de vaca con sus palabras de poder mágicas y volvió a poner sobre su cuerpo. En los calendarios, el vigésimo sexto día del mes de Thoth estaba marcado como triplemente mortal  . Véase Chabas, *Le Calendrier*, p. 28.

son el estado y condición de aquéllos; en una palabra, se identifica al fallecido con Osiris. Si Osiris vivió eternamente, el fallecido vivirá eternamente. Si Osiris pereció, entonces el fallecido perecerá.[1]

1. El origen de la historia de Plutarco sobre la muerte de Osiris y el concepto que tenían los egipcios de su naturaleza y atributos pueden deducirse del siguiente notable himno (el texto fue publicado por Ledrain, *Les Monuments Égyptiens de la Bibliotèque Nationale*, Paris, 1879, pp. xxi-xxvii. Chabas publicó su traducción francesa con notas en *Revue Archéologique*, Paris, 1857, t. xiv, p. 65; y la versión inglesa salió a la luz en *Records of the Past*, serie I, vol. iv, p. 99. La estela sobre la que se basa pertenece a los comienzos de la XVIII dinastía, con lo que nos referimos a la época anterior al reinado de Amenofis IV; esto queda probado por el hecho de que el nombre del dios Amen ha sido borrado: un acto de vandalismo que sólo pudo haber sido perpetrado en el fanático reinado de Amenofis IV):

Himno de Osiris

(I) «Salve, Osiris, señor de la eternidad, rey de los dioses, tú que tienes muchos nombres, tú que dispones de las cosas creadas y asumes formas ocultas en los templos, tú el sagrado, tú, Ka que habitaste en el Tattu, tú que eres poderoso (2) en Sekhem, señor cuyas invocaciones se hacen en Anti, tú que recibes las ofrendas en Annu, tú, señor de justicia y verdad, tú, alma oculta, señor de Qerert, tú que dispones los asuntos en la ciudad de los Muros Blancos, tú eres el alma de Ra, tú eres el cuerpo mismo de Ra que descansó en Suten-henen, (3) y se te adora en la región de Nart. Tú haces que el alma se alce, señor de la Gran Casa de Khemennu, poderoso que engendraste temor en Shashetep, tú eres señor de la eternidad, tú eres jefe de Abtu, tú que te sientas sobre el trono en Ta-tchesert, y tu nombre se pronuncia en las bocas de los hombres. (4) Tú eres la materia informe del mundo, tú eres el dios Tum y ofreces alimento a los *ka* que están en compañía de los dioses, tú que eres el perfecto *khu* entre los *khus*, tú que provees las aguas de Nu, tú dador del viento, tú que generas el viento de la tarde con tus fosas nasales para satisfacción de tu corazón. Tú hiciste (5) que las plantas crecieran a tu voluntad, tú que diste luz a [...]; te obedecen las estrellas de lo alto, y tú abres las poderosas puertas. Tú eres el señor al que se elevan himnos de alabanza en el cielo del sur, y se te adora también en el cielo del norte. Las estrellas que nunca se ponen (6) están ante tu rostro, y son tus tronos, como también lo son ésas que nunca descansan. Vino a ti una ofrenda por orden de Seb. La compañía de los dioses te adora, las estrellas del *tuat* se inclinan ante la tierra para adorarte, [todos] los dominios te rinden homenaje, desde los extremos de la tierra se levantan súplicas a ti. Cuando te ven quienes se hallan entre los seres sagrados, (7) tiemblan, y todo el mundo te alaba al ver tu majestad. Eres glorioso *sahu* entre los *sahus*; se te ha conferido la dignidad, tu dominio es eterno, oh tú, preciosa Forma de la compañía de los dioses; tú, ser grácil que eres amado por todo aquel que te contempla. (8) Tú impusiste tu temor en todo el mundo y, por el amor que te profesan, todos recitan tu nombre antes que el de los demás dioses. Toda la humanidad te presenta sus ofrendas, oh tú, señor al que se conmemora tanto en el cielo como en la tierra. Muchos son los gritos de alegría que se elevan a ti en el festival de Uak,*

* Este festival tenía lugar los días 17 y 18 del mes de Thoth; véase Brugsch, *Kalendrische Inschriften*, p. 215.

Posteriormente, en la XVIII dinastía o a comienzo de la XIX, encontramos que a Osiris se le llama «rey de la eternidad, el señor sempiterno, que viajó millones de años durante su vida, el primer hijo del vientre de Nut, concebido de Seb, el príncipe de los dioses y de los hombres, el dios de dioses, el rey de reyes, el señor de señores, el príncipe de príncipes,

Osiris investido con los atributos de Ra

y los gritos de deleite ascienden a ti desde todo el mundo (9) con una sola voz. Tú eres el jefe y príncipe de tus hermanos, tú eres el príncipe de la compañía de los dioses, tú estableciste el derecho y la verdad en todas partes, tú pones a tu hijo sobre tu trono, tú eres el objeto de alabanzas de tu padre Seb, y el amor de tu madre Nut. Tú que eres enormemente poderoso, desbancas a todos cuantos se oponen a ti; tú eres de mano poderosa, y acabas con tu enemigo. (10) Tú haces que te tema tu enemigo, tú eliminas sus fronteras, pues tu corazón es firme y tus pies cuidadosos. Tú eres el heredero de Seb, y el soberano de toda la tierra; Seb vio tu glorioso poder, y te encargó dirigir el (11) universo eternamente y siempre por tu mano.

»Tú hiciste esta tierra con tu mano, y así como las aguas que contiene, y el viento, y la hierba, y todos los ganados vacunos, y todas las aves del cielo, y todos los peces del mar, y todas las criaturas que reptan y las bestias que caminan a cuatro patas. (12) O tú, hijo de Nut, todo el mundo se sintió gratificado cuando ascendiste al trono de tu padre Ra. Tú que brillabas en el horizonte, enviaste tu luz en medio de la oscuridad; tú iluminaste la oscuridad con tu doble pluma e inundaste el mundo de luz con la forma del Disco (13) del amanecer. Tu diadema perforó el cielo, y se convirtió en amiga de las estrellas, oh tú, forma de cada dios. Eres grácil cuando das órdenes y cuando hablas, siendo el favorito de la gran compañía de dioses, y el más querido por las pequeñas compañías de dioses.

»Tu hermana esgrimió para ti su poder protector, desparramó a tus enemigos por el extranjero, (14) rechazó a los malvados, pronunció poderosas palabras de poder y, como usó su lengua con astucia, sus palabras no fallaron. La gloriosa Isis era perfecta en autoridad y en discurso, y vengó a su hermano. Ella le buscó sin cesar, (15) deambuló incesantemente por la tierra gritando de dolor, y no descansó* hasta encontrarlo. Ella lo cubrió con sus plumas, haciendo viento con sus alas, y gritó en el funeral de su hermano. (16) Isis levantó la forma postrada de aquel cuyo corazón estaba inmóvil, tomó de él su esencia, concibió, y dio a luz un hijo,** que amamantó en secreto [?] y nadie sabía dónde estaba. El brazo del niño se fortaleció en la gran casa de Seb. (17) La compañía de los dioses se regocijó y se sintió contenta con el hijo de Osiris, Horus, pues firme de corazón y triunfante es el hijo de Isis, el heredero de Osiris».***

*Literalmente, «ella no se posó»,  ; aquí todo el pasaje justifica la declaración de Plutarco (*De Iside de Osiride*, 16) con respecto a Isis: Αὐτὴν δὲ γενομένην χελιδόνα τῇ κίονι περιπέτεσθαι καὶ θρηνεῖν.

** Compárese Plutarco, *op. cit.*, 19: Τὴν δ' Ἶσιν μετὰ τὴν τελευτὴν ἐξ Ὀσίριδος συγγενομένου, τεκεῖν ἠλιτόμηνον καὶ ἀσθενῆ τοῖς κάτωθεν γυίοις τὸν Ἁρποκράτην.

*** El resto del himno hace referencia a Horus.

el gobernador del mundo, nacido del vientre de Nut, cuya existencia es eterna,[1] Unnefer de muchas formas y de muchos atributos, Tmu en Annu, el señor de Akert,[2] el único, el señor de la tierra a cada lado del celestial Nilo».[3]

Osiris, el dios de la resurrección

En la XXVI dinastía y posteriormente se desarrolló un tipo de literatura especial, representada por trabajos como «El Libro de las Respiraciones»,[4] «Las Lamentaciones de Isis y Neftis»,[5] «Las Canciones del Festival de Isis y Neftis»,[6] «Las Letanías de Seker»[7] y parecidas, cuyos himnos y plegarias están dirigidos a Osiris más como dios de los muertos y prototipo del resucitado[8] que como sucesor del gran dios cósmico Tmu-Ra. Se le llama «el alma que volvió a vivir»,[9] «el ser que volvió a ser niño», «el primer hijo de la materia no formada, el señor de las multitudes de aspectos y formas, el señor del tiempo y el que concede los años, el señor de la vida para toda la eternidad».[10] Él es el «dador de la vida desde el principio»;[11] la vida «surge a nosotros de su destrucción»,[12] y el germen procedente de él engendra vida tanto en los vivos como en los muertos.[13]

1. Para el texto, véase el papiro de Ani, pl. ii, y pl. xxxvi, l, 2.
2. El submundo.
3. 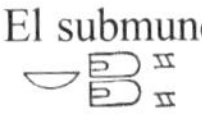 *neb atebui*; véase Ani, pl. xix, l, 9.
4. 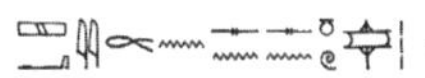 . El texto de este trabajo, transcrito en jeroglíficos, fue publicado con traducción latina por Brugsch bajo el título de *Sai an Sinsin sive liber Metempsychosis veterum Aegyptiorum*, Berlin, 1851; y P. J. Horrack dio una traducción inglesa del mismo trabajo publicada en París en *Records of the Past*, primera serie, vol. iv, p. 121.Véase también Birch, *Facsimiles of Two Papyri*, Londres, 1863, p. 3; Devéria, *Catalogue des MSS. Egyptiens*, Paris, 1874, p. 130, en el que se describen varias copias de este trabajo.
5. P. J. Horrack publicó el texto hierático de esta obra con una traducción al francés en *Les Lamentations d'Isis et de Nephthys*, Paris, 1886.
6. Se dio una trascripción jeroglífica de estas obras, con traducción inglesa, en Archaeologia, vol. ii, Londres, 1891.
7. Lo que dice Devéria con relación a «El Libro de las Respiraciones» es aplicable a todas estas obras: «Toutefois, on remarque dans cet écrit une tendence à la doctrine de la résurrection du corps plus marquée que dans les compositions antérieures» (*Catalogue*, p. 13).
8.  . «Las canciones del Festival», iv, 33.
9.  . *Ibid.*, viii, 21, ix, 8.
10. «Las letanías de Seker», col. xviii.
11. 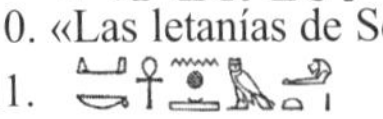 . «Las canciones del Festival», vi, 1.
12.  . *Ibid.*, iii, 18.
13. 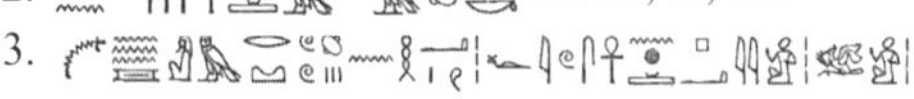 . *Ibid.*, ix, 26.

La doctrina de la Vida Eterna

Creencia egipcia en una vida futura

Las ideas y creencias que tenían los egipcios con respecto a la vida futura no son fáciles de definir debido a las numerosas dificultades que se presentan a la hora de traducir los textos religiosos y de armonizar las afirmaciones hechas en obras de distintos periodos. También parece que ha existido cierta confusión en las mentes de los propios egipcios, confusión que no puede aclararse hasta que la literatura sobre estos temas se haya estudiado más, y hasta que se hayan publicado más textos. Es cierto que los egipcios creían en algún tipo de vida futura: la doctrina de la vida eterna es el rasgo determinante de su religión, y se enuncia con la mayor claridad en todos los periodos. No está claro si esta creencia tuvo su origen en Annu, la principal ciudad de adoración al dios sol, aunque es muy probable porque ya en los textos de las pirámides encontramos la idea de una vida eterna asociada con la existencia del sol, y se dice que Pepi I es el «Dador de vida, estabilidad, poder, salud y toda alegría del corazón, y, como el Sol, vive eternamente».[1] El sol salía cada mañana con renovada fuerza y vigor, y la renovación de la juventud en una vida

1. . *Recueil de Travaux*, t. v, p. 167 (l. 65).

La doctrina de la vida eterna en la VI dinastía

futura era la meta y el objetivo de todos los creyentes egipcios. Con este fin se compuso toda la literatura egipcia. Examinemos los siguientes extractos de los textos e ilustraciones de la VI dinastía:

1.

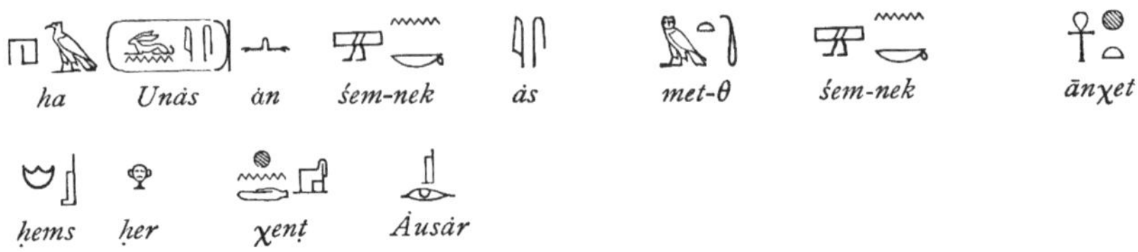

Salve Unas, tú no te has ido, contempla, [como] un muerto, tú te has ido [como] un ser viviente para sentarte en el trono de Osiris.[1]

2.

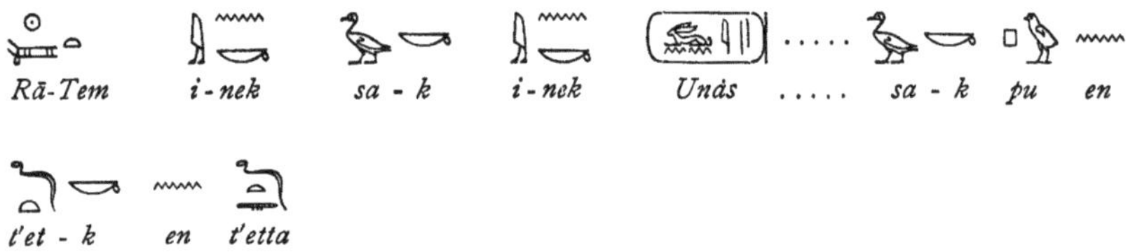

Oh, Ra-Tum, vino a ti tu hijo, vino a ti Unas [...] tu hijo es éste, de tu cuerpo para siempre.[2]

3.

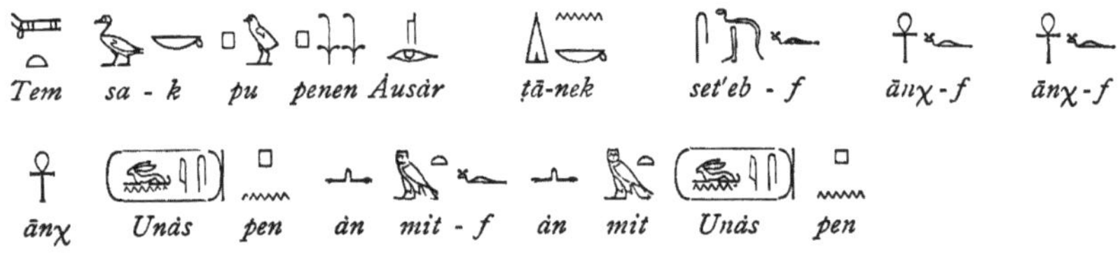

Oh, Tum, tu hijo es este Osiris; tú le diste tu sustancia y él vivió; él vivió, y vivió este Unas; él no murió, no murió este Unas.[3]

---

1. *Recueil de Travaux*, t. iii, p. 201 (1206). El contenido dice: «Tu cetro está en tu mano, y tú mandas sobre los seres vivos. Los cetros de Mekes y Nehbet están en tu mano, y tú das órdenes a aquellos que viven en las moradas secretas».
2. *Recueil de Travaux*, t. iii, p. 208 (ll. 232 y 233).
3. *Ibid.*, t. iii, p. 209 (ll. 240).

4. 

ḥetep Unȧs em ānχ em Ȧmenta

Estableciéndose Unas en vida en Amenta.[1]

5. 

ȧu ām - nef sȧa en neter neb āḥāu pȧ neḥeḥ t'er - f

pȧ t'etta em sāḥ - f pen en merer - f ȧri - f mest'et' - f

ȧn ȧri - nef

Él[2] había comido el conocimiento de cada dios, [su] existencia es para toda eternidad y por siempre en este sah;[3] lo que él quiso, él hizo, [lo que] él detestó, no hizo él.[4]

6. 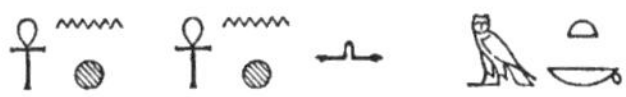

ānχ ānχ ȧn mit - k

Vive vida, tú no morirás.[5]

En el papiro de Ani se representa al fallecido cuando ha llegado a un lugar remoto y lejano, donde no hay aire para respirar ni agua para beber, pero donde puede conversar con Tmu. En respuesta a su pregunta: «¿Cuánto tiempo me queda para vivir?»,[6] el gran dios Annu responde:

La doctrina de la vida eterna en la XVIII dinastía

---

1. *Recueil de Travaux*, t. iv, p. 50 (l. 455). Aquí se hace alusión al sol poniente.
2. Unas.
3. Véase página 66.
4. *Recueil de Travaux*, t. iv, p. 61 (ll 520 y 521).
5. *Ibid.*, t. v, p. 170 (Pepi, l. 85).
6.  . Placa XIX, l. 16 (Libro de los Muertos, capítulo CLXXV).

Tú existirás millones de millones de años, un periodo de millones de años.

En el capítulo LXXXIV, tal como se da en el mismo papiro, Ani proclama la duración infinita de la existencia pasada y futura del alma, así como su naturaleza divina, con las siguientes palabras:

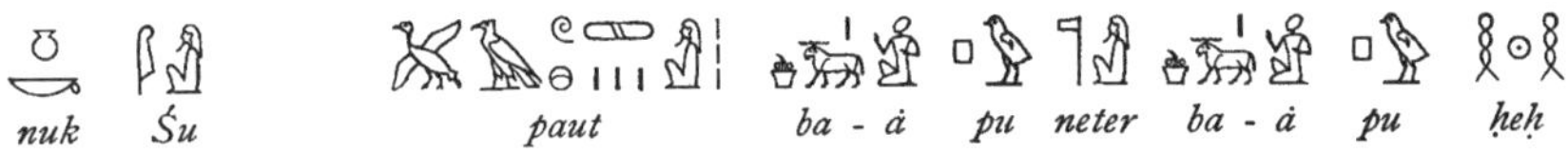

Yo soy Shu [el dios] de la materia no formada. Mi alma es Dios, mi alma es eternidad.[1]

Cuando el fallecido se identifica con Shu, hace que el periodo de su existencia coincida con el de Tmu-Ra, que existió antes que Osiris y otros dioses de su compañía. Estos dos pasajes prueban la identidad de la creencia en la vida eterna de la XVIII dinastía con las creencias de las dinastías V y VI.

Pero aunque tenemos pruebas de la creencia egipcia en la vida eterna, no se nos dice en ningún lugar que el cuerpo corruptible del hombre volverá a alzarse; los extractos siguientes muestran claramente la idea prevaleciente de que el cuerpo se queda en la tierra mientras el alma o espíritu vive en el cielo.

1. 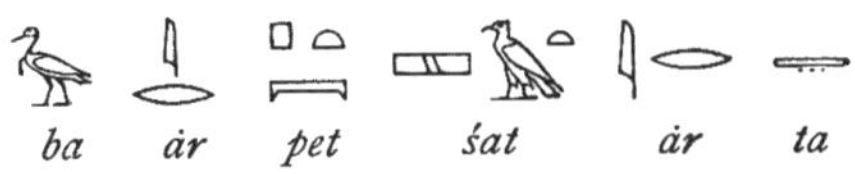

Alma al cielo, cuerpo a la tierra[2] [V dinastía].

1. Placa XXVIII, l. 15.
2. *Recueil de Travaux*, t. iv, p. 71 (l. 582).

2. 

mu - k er pet χa - k er ta

Tu esencia está en el cielo, tu cuerpo en la tierra[1] [VI dinastía].

3. 

pet χer ba - k ta χeri tut - k

El cielo tuvo tu alma, la tierra tuvo tu cuerpo[2] [Periodo ptolemaico].

Constancia de la creencia en la resurrección

Sin embargo, no cabe duda de que desde el primero hasta el último egipcio creían firmemente en que, además del alma, había algún otro elemento del hombre que volvería a la vida. La conservación del cuerpo estaba conectada de algún modo con la vida en el mundo futuro, y era necesario preservarlo para asegurarse la vida eterna; de otro modo, las oraciones recitadas con este fin hubieran sido inútiles, y la costumbre inveterada de momificar a los muertos no habría tenido sentido. La existencia eterna del alma se afirma en un pasaje citado anteriormente que no hace referencia a Osiris; pero la repetida mención de la unificación de sus huesos, de la reunificación de sus miembros[3] y de la eliminación de toda las corrupciones de su cuerpo parecen demostrar que los egipcios piadosos conectaban estos procesos con la resurrección de su propio cuerpo, y a Osiris se le hace argumentar que lo que se había hecho por él, que era proclamado dador y fuente de vida, debía ser aplicable al hombre mortal.

El *khat* o cuerpo físico

El cuerpo físico del hombre, considerado en su totalidad, recibía el nombre de *khat* , una palabra aparentemente conectada con la idea de algo que puede descomponerse. Este vocablo también se aplica al cuerpo momificado en la tumba, tal como sabemos por la frase: «Mi cuerpo (*khat*) está enterrado».[4] Este cuerpo se asociaba con el dios

1. *Recueil de Travaux*, t. v, p. 45 (l. 304).
2. Horrack, *Lamentations d'Isis et de Nephthys*, Paris, 1866, p. 6.
3. Ya en los textos de las pirámides tenemos:  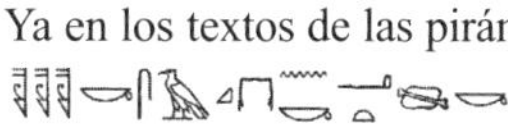, «Álzate, Oh tú, Teta, Tú que has recibido tu cabeza, tú que has cosido tus huesos, tú que has reunido tus miembros». *Recueil de Travaux*, t.v, p. 40 (l.287).
4. . Libro de los Muertos, capítulo LXXXVI, l. 11.

Osiris;[1] en el capítulo CLXII del Libro de los Muertos se dice: «Su gran cuerpo divino descansaba en Annu».[2] En este sentido, el dios y el fallecido estaban en igualdad de condiciones. Como hemos visto antes, el cuerpo ni deja la tumba ni reaparece sobre la tierra; sin embargo, era necesario preservarlo. Así, el fallecido se dirige a Tmu con estas palabras:[3] «Saludos a ti, oh mi padre Osiris, he venido y he embalsamado esta carne mía, para que mi cuerpo no se descomponga. Estoy completo, tal como mi padre Khepera estaba completo, pues él es imperecedero. Ven entonces, oh Forma, y dame aliento, oh Señor del aliento, tú que eres más grande que tus compañeros. Establéceme, y fórmame, oh tú, que eres el señor de la tumba. Garantízame la duración eterna, tal como garantizaste la duración a tu padre Tmu; y su cuerpo no murió ni se descompuso. No he hecho las cosas que tú detestas, no, he dicho lo que tu *ka* ama; no me repulses, ni me eches detrás de ti, oh Tmu, a descomponerme, tal como haces con todos los dioses y con todas las diosas, y con todas las bestias y con todas las cosas que reptan, que perecen cuando su alma sigue adelante y se separa de ellos después de su muerte, y que se desmoronan al descomponerse [...]. Homenaje a ti, oh mi padre Osiris, tu carne no se descompuso, no hubo gusanos en ti, no te deshiciste, no te marchitaste, no te convertiste en corrupción y gusanos; y yo mismo soy Khepera, poseeré mi carne durante toda la eternidad, no me pudriré, no me descompondré, no me marchitaré, no me convertiré en corrupción».

El *sahu* o cuerpo espiritual

Pero el cuerpo no queda inoperante en la tumba, porque las oraciones y ceremonias del día del funeral le dotan del poder de transmutarse en *sahu*, o cuerpo espiritual. Así, tenemos frases como: «Yo germino como las plantas»,[4] «Mi carne germinó»,[5] «Yo existo, yo existo, yo vivo, yo vivo, yo germino, yo germino»,[6] «tu alma vivió, tu cuerpo  germinó

1. Papiro de Ani, pl. vii, l. 28, y pl. xix, l. 8.
2. 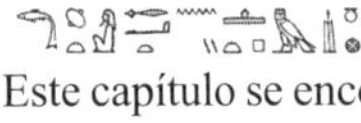. Lepsius, *Todtenbuch*, Bl. 77, l. 7.
3. Este capítulo se encontró escrito en una de las envolturas de lino de la momia de Thothmes III, y Naville da una copia del texto (*Todtenbuch*, Bd. I, Bl. 179); para una versión posterior, véase Lepsius, *Todtenbuch*, Bl. 75, aquí se producen muchas variantes interesantes.
4. . Capítulo LXXXIII, 3.
5. . Capítulo LXIV, l. 49 (Naville, *Todtenbuch*, Bd. I, Bl. 76).
6. . Capítulo CLIV (Lepsius, *Todtenbuch*, Bl. 75).

por orden de Ra, él mismo sin disminución y sin defecto, eternamente como Ra».[1] La palabra *sahu* , aunque a veces se escribe con el determinante de una momia tumbada sobre un sarcófago como *khat*, «cuerpo», indica un cuerpo que ha obtenido un grado de conocimiento,[2] poder y gloria que lo ha hecho imperecedero e incorruptible. El cuerpo que se ha convertido en un *sahu* es capaz de asociarse con el alma y de mantener conversación con ella. De esta forma puede ascender al cielo y morar con los dioses, con el *sahu* de los dioses y con las almas de los justos. En los textos de las pirámides encontramos estos pasajes:

1.

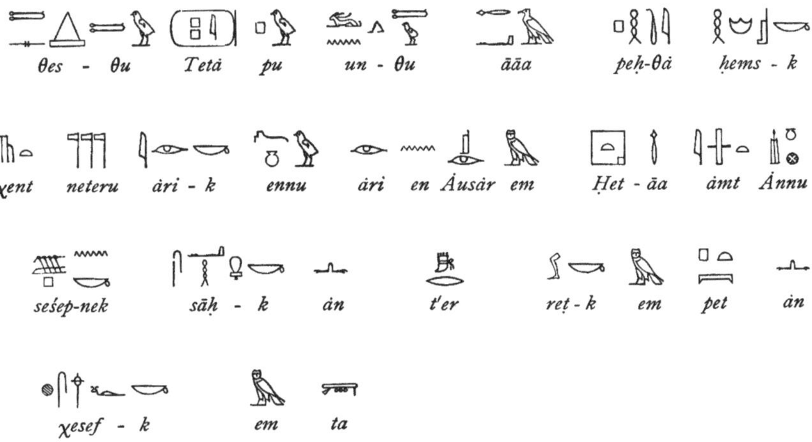

Levántate tú, Teta este. Ponte de pie tú, poderoso, ser fuerte. Siéntate con los dioses, haz tú lo que hizo Osiris en la gran casa en Annu. Tú has recibido tu sah, no estará tu pie engrilletado en el cielo, ni serás devuelto a la tierra.[3]

---

1. . Brugsch, *Liber Metempsychosis*, p. 22.
2. Compárese con el copto , "maestro".
3. *Recueil de Travaux*, t. v, p. 36 (l. 271). Por lo que se dice en la línea 143 del mismo texto, podría parecer que un hombre tenga más de un *sahu*, porque aparecen las palabras «todos tus sahus», . Sin embargo, es posible que esto sólo se deba al plural mayestático.

2. 

ànet' ḥrà-k Tetà em hru - k pen āḥā - θà χeft Rā

per - f em àabt t'eba - θà em sāḥ - k pen àm baiu

Saludos a ti, Teta, en este tu día [cuando] tú estás de pie ante Ra que viene desde el este [cuando] tú estás dotado de ésta, tu *sah*, entre las almas.[1]

El *ab* o corazón

3. 

āḥāu pà neḥeḥ t'er - f pà t'etta em sāḥ - f

[La] duración de [su] vida es la eternidad, su límite de vida es la duración eterna en su sah.[2]

4. 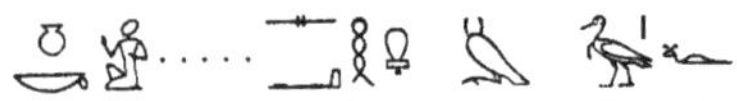

nuk sāḥ em ba - f

Yo soy un *sah* con su alma.[3]

En la edición posterior de El Libro de los Muertos publicada por Lepsius, se dice que el fallecido «mira a su cuerpo y descansa en su *sahu*»,[4] así como que las almas «entran en su *sahu*»;[5] y un pasaje existente tanto en esta versión como en la edición tebana anterior hace que el fallecido reciba el *sahu* del dios Osiris.[6] Pero queda muy claro que a veces los escritores egipcios confundían el *khat* con el *sahu* a partir de un pasaje de El Libro de las Respiraciones donde se dice: «Saludos, Osiris, tu nombre duró, tu cuerpo está establecido, tu *sahu* germinó»;[7] en otros textos la palabra «germinar» sólo se aplica al cuerpo natural.

1. *Recueil de Travaux*, t. v, p. 59 (l. 384).
2. *Ibid.*, t. iv, p. 61 (l. 521).
3. El Libro de los Muertos, capítulo LXXVIII, l. 14.
4 . Capítulo LXXXIX, l. 6.
5. *Ibid.*, l. 5.
6. . Capítulo CXXX, l. 38 (ed. Naville).
7. . Véase Brugsch, *Liber Metempsychosis*, p. 15.

El corazón estaba muy conectado con los cuerpos natural y espiritual, o más bien con esa parte de ellos donde se asienta la fuerza de vida y que es la fuente de los pensamientos buenos y malos. Además de los cuerpos natural y espiritual, el hombre también tenía una individualidad abstracta o personalidad dotada con todas sus características y atributos. Esta personalidad abstracta tenía una existencia absolutamente independiente. Podía moverse libremente de un lugar a otro, separándose del cuerpo o uniéndose a él a voluntad, y también disfrutando de la vida con los dioses en el cielo.

El *ka* o doble

Éste era el *ka* 𓂓,[1] una palabra que a veces transmite el mismo significado que su equivalente copto κω, y εἴδωλον: imagen, genio, doble, carácter, disposición y atributos mentales. Las ofrendas funerarias de carne, pasteles, cerveza, vino, ungüentos, etc., eran para el *ka*, que agradecía

1. El primer erudito que examinó seriamente el significado de la palabra 𓂓 fue el doctor Birch, que recogió varios ejemplos de su uso y los comentó en su *Mémoire sur une Patère Égytienne du Musée du Louvre*, Paris, 1858, p. 59 (extraído de t. xxiv, des *Mémoirs de la Société impériale des Antiquaires de France*). El doctor Birch tradujo la palabra por *être, personne, emblème, divin, génie, principe, esprit.* En septiembre de 1878, M. Maspero explicó a los miembros del congreso de Lyons sus opiniones con respecto a esta palabra, las mismas que había estado enseñando a lo largo de los últimos cinco años en el College de France, y dijo: «Le ka est une sorte de double de la personne humaine d'une matière moins grossère que la matière dont est formé le corps, mais qu'il fallait nourrir et entretenir comme le corps lui-même; ce double vivait dans le tombeau des offrandes qu'on faisait aux fêtes canoniques, et aujourd'hui encore un grand nombre des génies de la tradition populaire égyptienne ne son que des doubles, devenus démons au moment de la conversion des fellahs au christianisme, puis à l'islamisme». Repitió estos puntos de vista en la Sorbona en febrero de 1879. Véase *Comptes Rendus du Congrès provincial des Orientalistes*, Lyons, 1878, t. i, pp. 235-263; *Revue Scientifique de la France et de l''Etranger*, 2ª serie, año 8, n.º 35, marzo de 1879, pp. 816-820; *Bulletin de l'Association Scientifique de France*, n-º 594, 1879, t. xxiii, pp. 373-384; Maspero, *Études de Mythologie et d'Archéologie*, t. i, pp. 1, 35 y 126. En marzo de 1879 el señor Renouf leyó una comunicación titulada "Sobre el verdadero sentido de una importante palabra egipcia", *Trans. Soc. Bibl. Arch.*, vol. vi, Londres, 1879, pp. 494-508, en la cual llegó a conclusiones similares a las de M. Maspero; y en septiembre del mismo año M. Maspero volvió a tratar el tema en *Recueil de Travaux*, t. i, p. 152. Los diversos matices del significado de la palabra han sido comentados posteriormente por Brugsch, *Wörtebuch* (Supl.), pp. 997 y 1230; Dümichen, *Der Grabpalast, des Patuamenap*, Abt. i, p. 10; Bergmann, «Der Sarkophag des Panehemisis» *Jarhrbuch der Kunsthistorischen Sammlungen des allerhöchsten Kaiserhauses*, Viena, 1883, p. 5; Wiedemann, *Die Religion der alten Aegypter*, p. 126.

el aroma del incienso quemado. El *ka* del hombre habitaba en la estatua del hombre, tal como el *ka* del dios habitaba en la estatua del dios. En este respecto, parece ser idéntico al *sekhem* o imagen. En los tiempos más remotos, las tumbas tenían cámaras especiales donde se adoraba al *ka* y se le presentaban ofrendas. Los sacerdotes designaban entre ellos una orden especial que llevaba el nombre de «sacerdotes del *ka*», y que realizaban servicios en honor del *ka* en la capilla del *ka*».

En el texto de Unas se dice que el fallecido es «feliz con su *ka*»[1] en el siguiente mundo, y que su *ka* se une a su cuerpo en «la gran morada»;[2] al haber sido enterrado su cuerpo en la cámara inferior, «su *ka* vino a él».[3] De Pepi I, se dice:

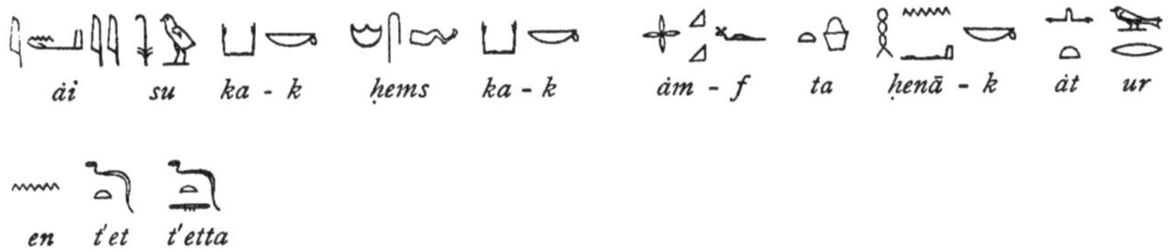

> Lavado está tu *ka*, se sentó tu *ka* [y] comió pan contigo incesantemente, por siempre.[4]
> Tú eres puro, tu *ka* es puro, tu alma es pura, tu forma es pura.[5]

El *ka*, como hemos visto, podía tomar alimentos, y había que proveérselos. En la XII dinastía y posteriores se suplica a los dioses que ofrezcan carne y bebida al *ka* de los difuntos; y parece como si los egipcios

1. , l. 472.
2. , l. 482.
3. , l. 483.
4. *Recueil de Travaux*, t. v, p. 166, l. 67.
5. *Ibid.*, l. 112.

pensaran que el bienestar futuro del cuerpo espiritual dependiera del abastecimiento constante de ofrendas sepulcrales. Cuando las circunstancias hacían imposible continuar con el abastecimiento material de alimentos, el *ka* se alimentaba de las ofrendas pintadas en las paredes de la tumba, que se transformaban en el alimento adecuado gracias a las oraciones de los vivos. Cuando no había ni ofrendas materiales ni símiles pintados de los que alimentarse, parece que el *ka* debe perecer; pero los textos no son definitivos en este punto.

Una oración por el *ka*

Lo que sigue es un ejemplo de la petición de alimento que hace el *ka* escrita en tiempos de la XVIII dinastía:

> «Que los dioses garanticen que pueda entrar y salir de mi tumba, que la Majestad refresque con su sombra, que pueda yo beber agua de mi cisterna cada día, que mis miembros crezcan, que Hapi me dé pan y flores de todo tipo en su estación, que pueda pasear por mi propiedad cada día sin cesar, que mi alma pueda posarse sobre las ramas de los árboles que planté, que pueda refrescarme bajo los sicómoros, que pueda comer el pan que ellos proveen. Que pueda yo disponer de mi boca a fin de hablar allí con los seguidores de Horus, que pueda llegar al cielo, que pueda descender a la tierra, que nunca me quede fuera en el camino, que nunca se me haga aquello que mi alma aborrece, que mi alma no esté prisionera, que pueda yo estar entre los venerables y favorecidos, que pueda arar mis tierras en el Campo de Aaru, que pueda llegar al Campo de Paz, que alguien salga a recibirme con jarras de cerveza y pasteles y el pan de los señores de la eternidad, que pueda yo recibir carne de los altares de los grandes, yo, el *ka* del profeta Amsu».[1]

El *ba* o alma

Los egipcios daban el nombre de *ba* , a esa parte del ser humano de la que, sin sombra de duda, se creía que podía disfrutar una existencia eterna en un estado de gloria; esta palabra significa algo así como «sublime», «noble», y hasta la fecha siempre ha sido traducida como «alma». El *ba* no es corpóreo, porque, aunque habita en el *ka* y es, en

1. Véase *Trans. Soc. Bibl. Arch.*, vol. VI, pp. 307 y 308.

ciertos aspectos, como el corazón, el principio de la vida en el ser humano, todavía posee sustancia y forma: en cuanto a su forma se le retrata como un halcón  con cabeza humana, y en naturaleza y sustancia se dice que es extremadamente etéreo y refinado. Volvía a visitar el cuerpo en la tumba, lo reanimaba y conversaba con él; podía asumir cualquier forma que deseara, y tenía el poder de ir al cielo y de habitar allí con las almas perfectas. Era eterno. Como el *ba* estaba fuertemente asociado con el *ka*, participaba de las ofrendas funerarias, y al menos un aspecto de su existencia podía descomponerse si no se le alimentaba adecuada y suficientemente. En los textos de las pirámides, la morada permanente del *ba* o alma está en el cielo con los dioses, cuya vida comparte:

1. 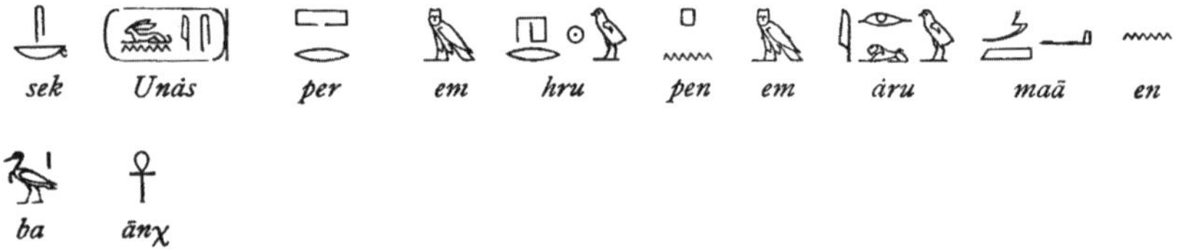

Contempla a Unas emergiendo en este día en la forma exacta de un alma viviente.[1]

2. 

Su [de ellos][2] alma está en Unas.[3]

3. 

Se alza tu alma entre los dioses.[4]

---

1. *Recueil de Travaux*, t. iv, p. 52 (l. 455).
2. El alma de los dioses.
3. *Recueil de Travaux*, t. iv, p. 61, (l. 522).
4. *Ibid.*, t. v, p. 55 (l. 350), y véase Pepi I, ll. 19 y 20.

4. 

ha Pepi pu i-nek maat Ḥeru meṭu-s θu

i-nek ba-k àm neteru

Salve, este Pepi, viene a ti el ojo de Horus, él habla contigo. Viene a ti tu alma, que está entre los dioses.[1]

5. 

uāb ba-k àm neteru

Pura es tu alma entre los dioses.[2]

6. 

ānχ Àusàr ānχ ba àm Neṭàt ānχ Pepi pen

Como vivió Osiris, y como vivió el alma de Netat, así vivió Pepi este (este Pepi).[3]

7. 

ṭā-s baiu-k Pepi pen χent paut neteru em

tut ārāt àm-θà ḥāt-k

Ello[4] puso tu alma, Pepi este (este Pepi), entre los ciclos mayores y menores de los dioses, en la forma de los *uraei* [que] están sobre tu entrecejo.[5]

---

1. *Recueil de Travaux*, t. v, p. 160 (l. 13).
2. *Ibid.*, t. v, p. 175, (l. 113).
3. *Ibid.*, t. v, p. 183 (l. 116).
4. El ojo de Horus.
5. *Ibid.*, t. v, p. 184 (l. 167).

8. 

ha Pepi pen ba - k baiu Ánnu ás ba - k baiu

Neχen ás ba - k baiu Pe ás ba - k seb ānχ ás

χent senu - f.

Contempla, Pepi este, tu alma es el alma de Annu; contempla, tu alma es el alma de Nekhen; contempla, tu alma es el alma de Pe; contempla tu alma es una estrella viviente, contempla, entre sus hermanos.[1]

El *khaibit* o sombra

En conexión con el *ka* y el *ba*, debemos mencionar el *khaibit*  o sombra del hombre, que según los egipcios formaba parte del ser humano. Puede compararse con el σκιά y el *umbra* de los griegos y romanos. Supuestamente tenía una existencia por completo independiente y también estaba separada del cuerpo; era libre de moverse por donde quisiera y, como el *ka* y el *ba*, tomaba parte en las ofrendas funerarias en la tumba, que visitaba a voluntad. La mención de una sombra, bien de un ser humano o de un dios, no es frecuente en los textos de las pirámides, y no resulta fácil evaluar cuáles eran las visiones al respecto; pero, a partir de un pasaje del texto de Unas,[2] donde se la menciona a la vez que las almas, espíritus y huesos de los dioses, es evidente que ya en aquella temprana época su posición y su relación con el ser humano estaban bien definidas. A partir de la colección de ilustraciones que el doctor Birch incluyó en su obra *On the Shade or Shadow of the Dead,*[3] queda claro que, al menos en tiempos posteriores, la sombra siempre estaba asociada con el alma, y se creía que en todo momento se hallaba

1. *Recueil de Travaux*, t. v, p. 184 (l. 168).

2. 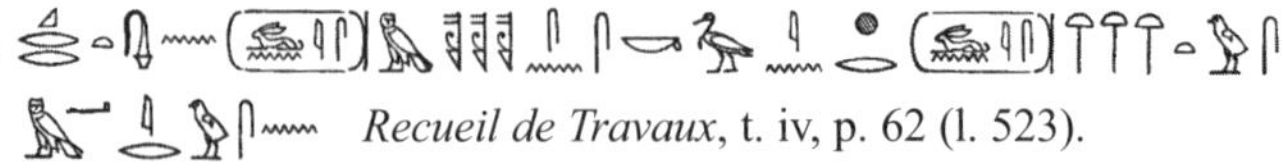 *Recueil de Travaux*, t. iv, p. 62 (l. 523).

3. Véase *Trans. Soc. Bibl. Arch.*, vol. viii, pp. 386-397.

cerca de ella; esta visión está sustentada por un pasaje del capítulo XII del Libro de los Muertos,[1] donde se dice:

Que no quede encerrada mi alma, que no sea prisionera mi sombra, que esté abierto el camino para mi alma y para mi sombra, que pueda ver al gran dios.

Y también en el capítulo LXXXIX, el difunto dice:

Pueda contemplar yo mi alma y mi sombra.[2]

El *khu* o inteligencia

Otra parte importante y aparentemente inmortal del hombre es el *khu* , que, a juzgar por el significado de la palabra, podría definirse como «brillante» o «translúcido», un recubrimiento intangible que encapsula o rodea al cuerpo, frecuentemente retratado con forma de momia. A falta de otra palabra mejor, *khu* generalmente ha sido traducido como «el brillante», «glorioso», «inteligencia» y similares, pero en ciertos casos puede traducirse con tolerable precisión por «espíritu». Los textos de las pirámides nos muestran que el *khu* de los dioses vive en los cielos, y que allí iba el del hombre en cuanto las oraciones pronunciadas sobre su cuerpo muerto le permitían hacerlo. Así, se dice: «Unas estaba con los *khus*»,[3] y a uno de los dioses se le pide: «Dale su cetro entre los *khus*»;[4]

1. Naville, *Todtenbuch*, Bd. I, Bl. 104, ll. 7 y 8.
2. *Ibid.*, Bd. I, Bl. 101.
3. *Recueil de Travaux*, t. iii, p. 188 (l. 274).
4. *Ibid.*, t. iii, p. 215 (l. 274).

cuando las almas de los dioses entran en Unas, sus *khus* están con él y a su alrededor.[1] Esto es lo que se le dice al rey Teta:

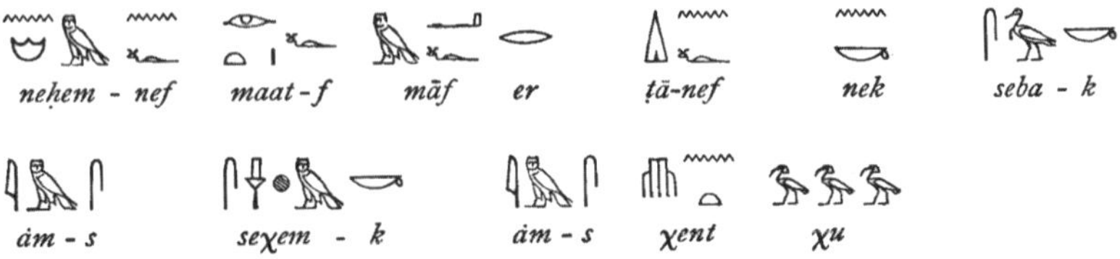

> Él[2] ha arrancado su ojo de si mismo, él te lo había dado a ti para que te fortalezcas, para que puedas prevalecer con él entre los *khus*.[3]

Y, una vez más, cuando el dios Khent-mennut-f ha transportado al rey al cielo, se dice que el dios Seb, que se alegra de verle, le da las dos manos, le da la bienvenida como a un hermano, lo cuida y lo sitúa entre los *khus* imperecederos.[4] En el capítulo XII, al fallecido se le hace orar por la liberación de su alma, sombra y *khu* del aprisionamiento de la tumba, y para poder librarse de aquellos «cuyas moradas están ocultas, que aprisionan las almas, que aprisionan las almas y *khus,* y que encierran a las sombras de los muertos».[5] En el capítulo CXI[6] hay una fórmula especialmente preparada para permitir que el *khu* pase de la tumba a los dominios donde habitan Ra y Hathor.

El *sekhem* o forma

Sin embargo, supuestamente, en el cielo existe otra parte del hombre a la que los egipcios llaman *sekhem* . La palabra ha sido traducida como «poder», «forma» y similares, pero resulta muy difícil encontrar una expresión que represente el concepto egipcio de *sekhem*. Se menciona en conexión con el alma y el *khu*, como se verá por los pasajes siguientes de los textos de las pirámides:

---

1.  *Recueil de Travaux*, t. iv, p. 61 (l. 522).
2. Horus.
3. *Recueil de Travaux*, t. v, p. 19 (l. 174).
4. 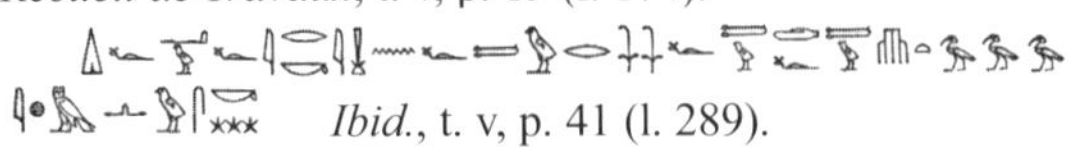 *Ibid.*, t. v, p. 41 (l. 289).
5. Véase más adelante, p. 312.
6. Véase más adelante, p. 310.

1. 

i-nek seχem - k àm χu

Vino a ti tu *sekhem* entre los khus.[1]

2. 

uāb seχem - k àm χu

Puro es tu *sekhem* entre los *khus*.[2]

3. 

āḥā uāb - k uāb ka - k uāb ba - k uāb

seχem - k

Tú eres puro, puro es tu *ka*, pura es tu alma, puro es tu *sekhem*.[3]

Uno de los nombres de Ra era  [4] *sekhem ur*, el «Gran Sekhem», y a Unas se le identifica con él y se le llama:

seχem ur seχem em seχemu

Gran *sekhem*, *sekhem* entre los *sekhemu*.[5]

Finalmente, se creía que el nombre  *ren* de un hombre existía en el cielo, y en los textos de las pirámides se nos dice que: El *ren* o nombre

nefer en Pepi pen ḥenā ren - f ānχ Pepi pen ḥenā ka - f

Feliz es Pepi este (este Pepi) con su nombre, vivió Pepi este (este Pepi) con su *ka*.[6]

1. *Recueil de Travaux*, t. v, p. 160 (l. 13).
2. *Ibid.*, t. v, p. 175 (l. 113).
3. *Ibid.*, p. 175 (l. 112).
4. *Ibid.*, t. iv, p. 44 (l. 393).
5. *Ibid.*, p. 60, ll. 514 y 515.
6. *Ibid.*, t. v, p. 185, l. 169.

Así, como hemos visto, la totalidad del hombre consistía en un cuerpo natural, un cuerpo espiritual, un corazón, un doble, un alma, una sombra, una envoltura etérea intangible o espíritu, una forma y un nombre. No obstante, todos ellos estaban indisolublemente unidos, y el bienestar de cualquiera de ellos influía en el bienestar de todos los demás. Para el bienestar de las partes espirituales era necesario preservar el cuerpo natural de la descomposición; y ciertos pasajes de los textos de las pirámides parecen mostrar que en las primeras dinastías existía una creencia en la resurrección del cuerpo natural.[1]

Los textos guardan silencio en cuanto al tiempo en el que la parte inmortal comienza su existencia beatificada, pero es probable que el Osiris[2] de un hombre sólo llegara al pleno disfrute de la felicidad espiritual después de que las ceremonias funerarias hubieran sido debidamente realizadas, y se hubiera recitado el ritual. Comparativamente se saben pocas cosas de la vida del alma en el cielo, y aunque puede extraerse una serie de datos interesantes de los textos de todos los periodos, resulta muy difícil armonizarlos. Por una parte, estos resultados se deben a las distintas visiones sostenidas por las diferentes escuelas de pensamiento del antiguo Egipto, y por otra al hecho de que en algunos puntos los egipcios mismos parecen no tener decididas sus opiniones. Dependemos de los textos de las pirámides para conocer sus primeros conceptos sobre la vida futura.

La existencia en el cielo

La vida del Osiris de un hombre en el cielo es al mismo tiempo material y espiritual; y parece como si los egipcios nunca lograran apartarse

1. 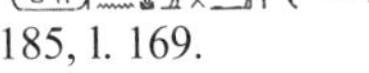, «Este Pepi fue adelante con su carne». *Recueil de Travaux*, t. v, p. 185, l. 169.

2. El Osiris consistía en todas las partes espirituales de un hombre juntas en una forma que se le parecía con exactitud. Cualquier honor que se rindiera al cuerpo momificado era recibido por su Osiris, las ofrendas que se le hacían eran aceptadas por su Osiris y los amuletos que se ponían sobre él eran usados por su Osiris para su propia protección. El *sahu*, el *ka*, el *ba*, el *khu*, el *khaibit*, el *sekhem* y el *ren* en los tiempos primitivos eran partes separadas e independientes de la naturaleza inmortal del hombre; pero en los textos de las pirámides están fundidos, y al dirigirse al rey muerto Pepi se le denomina «Osiris Pepi». La costumbre de llamar al difunto Osiris continuó hasta el periodo romano. Sobre el Osiris de un hombre, véase Wiedemann, «Die Osirianische Unsterblichkeitslehere», *Die Religion der alten Aegypter*, p. 128.

de un antiguo hábito de confundir las cosas del cuerpo con las del alma. Creían en una parte del hombre que era incorpórea e inmortal, y sus elementos constituyentes volaban al cielo después de la muerte y del embalsamamiento; sin embargo, los teólogos de la VI dinastía decidieron que había una parte del difunto que sólo podía subir al cielo en escalera. En la pirámide de Teta se dice: «Cuando Teta se hubo purificado en los límites de esta tierra donde Ra se había purificado, oró y colocó la escalera, y aquellos que habitan en los grandes lugares empujaban a Teta hacia delante con sus manos».[1] En la pirámide de Pepi I, se identifica al rey con esta escalera: «Isis dijo: "Felices son aquellos que ven al padre", y Neftis dijo: "Los que ven al padre descansan", mientras hablaban al padre de este Osiris Pepi, que vino al cielo que está entre las estrellas, entre las luminarias que nunca se ponen. Con el *uraeus* en su ceño, con el libro en ambos lados y las palabras mágicas a sus pies, Pepi se dirigió hacia su madre Nut, y entró allí en su nombre de Escalera».[2] Los dioses que presidían esta escalera son una vez Ra y Horus, y otra Horus y Set. En la pirámide de Unas, se dice: «Ra enderezó la escalera para Osiris, y Horus se elevó por la escalera para su padre Osiris, cuando Osiris fue a [encontrarse con] su alma; uno estaba a un lado, el otro estaba al otro lado, y Unas estaba en medio de ellos. Unas se alzó y era Horus; él se sentó y era Set».[3] Y en la pirámide de Pepi I, leemos: «Salve a ti, Escalera de Dios, Saludos a ti, Escalera de Set. Ponte de pie, Escalera de Dios, ponte de pie, Oh Escalera de Set, ponte de pie, Oh Escalera de Horus, por la que Osiris subió al cielo [...]. Este Pepi es tu hijo, este Pepi es Horus, tú has dado a luz a este Pepi, del mismo modo que has dado a luz al dios que es señor de la Escalera. Tú le has dado la Escalera de Dios, y tú le has dado la Escalera de Set, por la que Pepi ascendió al cielo [...]. Cada *khu* y cada dios estiró su mano hacia Pepi cuando él ascendió al cielo por la Escalera de Dios [...] aquello que oyó y aquello que vio le

1. 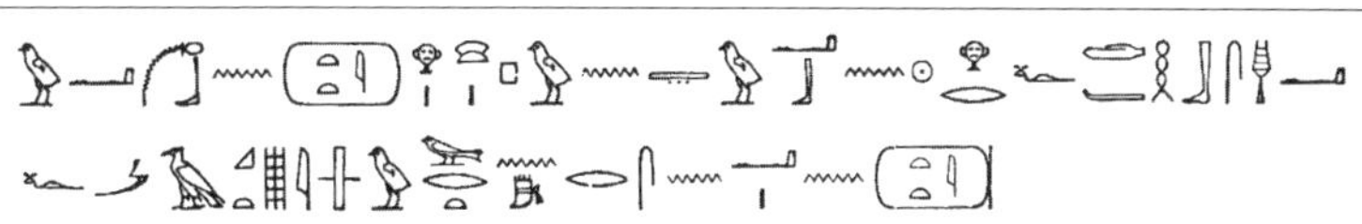

Maspero, *Recueil de Travaux*, t. v, p. 7, l. 36.

2. *Recueil de Travaux*, t. v, p. 190, ll. 181, 182.

3. *Ibid.*, t. iv, p. 70, l. 579.

hizo sabio, y le sirvió de alimento cuando llegó al cielo subiendo por la Escalera de Dios. Pepi se alzó como el *uraeus* que está en el ceño de Set, y cada *khu* y cada dios estiraron la mano hacia Pepi cuando estaba en la escalera. Pepi había reunido sus huesos, había recogido su carne, y llegó directamente al cielo gracias a los dos dedos del dios que es el Señor de la Escalera».[1] En otra parte se nos dice que Khonsu y Set «llevan la escalera de Pepi, y la instalan».

La deificación del cuerpo espiritual.

Cuando el Osiris de un hombre ha entrado en el cielo como alma viviente,[2] se le considera uno de aquellos que «han comido el ojo de Horus»;[3] él camina entre los vivos ,[4] y se convierte en «Dios, el hijo de Dios»,[5] y todos los dioses del cielo se convierten en sus hermanos.[6] Sus huesos son los dioses y diosas celestiales;[7] su lado derecho pertenece a Horus, y su lado izquierdo a Set;[8] la diosa Nut le hace alzarse como un dios cuyo nombre «Dios» no tiene enemigos;[9] y Dios le llama por su nombre.[10] Su rostro es el rostro de Ap-uat, sus ojos son los más grandes entre las almas de Annu, su nariz es Thoth, su boca es el gran lago, su lengua pertenece a la barca de la justicia y la verdad, sus dientes son los espíritus de Annu, su mentón es Khert-khent-Sekhem, su espina dorsal es Sema, sus hombros son Set, su pecho es Beba,[11] etc.; cada uno de sus miembros se identifica con un dios. Y lo que es más, la totalidad de su cuerpo lo hace con el Dios del Cielo. Por ejemplo, esto es lo que se dice con relación a Unas:

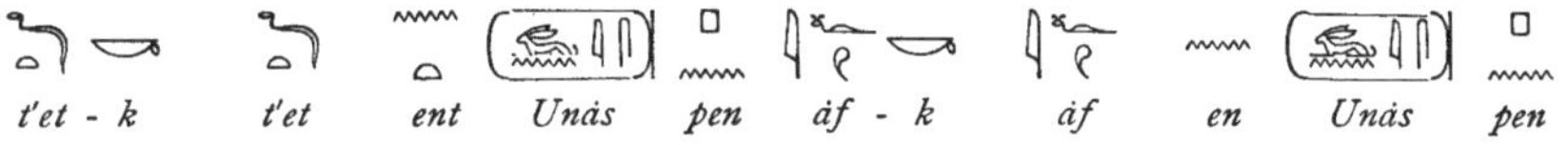

1. *Études de Mythologie et d'Archeologie*, t. i. p. 344, nota 1.
2.  *Recueil de Travaux*, t. v, p. 52, l. 456.
3. 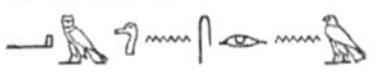 *Ibid.*, t. iii, p. 165, l. 169.
4. *Ibid.*, t. v, p. 183, l. 166.
5.  . *Ibid.*, t. viii, p. 89, l. 574.
6.  . Véase pirámide de Teta (*Recueil*, t. v), ll. 45, 137, 197 y 302.
7.  . *Ibid.*, t. iii, p. 202 (l. 209).
8. *Ibid.*, t. v, p. 23 (l. 198).
9. 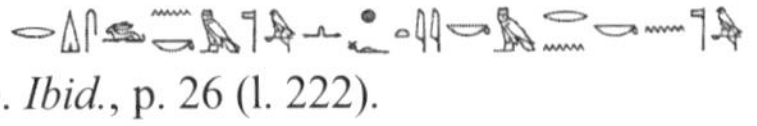 *Ibid.*, t. v, p. 38.
10. *Ibid.*, p. 26 (l. 222).
11. *Ibid.*, t. viii, p. 88 (l. 565).

ḳesu - k *ḳesu* *Unȧs* *pen* *seb - k* *seb* *Unȧs* *pen*

seb *Unȧs* *pen* *seb - k*

Tu cuerpo es el cuerpo de Unas este (este Unas). Tu carne es la carne de Unas este. Tus huesos son los huesos de Unas este. Tu tránsito es el tránsito de Unas este. El tránsito de Unas este es tu tránsito.[1]

Además, esta identificación del fallecido con el Dios del Cielo le sitúa en la posición de regente supremo. Por ejemplo, tenemos una oración para que Unas «pueda regir sobre los nueve dioses y completar la compañía de los nueve dioses»,[2] y Pepi I, en su progreso por el cielo, se encuentra con la doble compañía de los dioses, que le extienden los brazos, suplicándole que vaya a sentarse entre ellos.[3]

Una vez más, el fallecido es transformado en Horus, el hijo de Osiris e Isis. De Pepi I se dice: «Contempla, no es Pepi quien pide verte en la forma que tienes  , oh Osiris, que suplicó verte con la forma que tienes, oh Osiris; sino que es tu hijo quien suplicó verte con la forma que tienes, oh Osiris, es Horus quien suplicó verte en la forma que tienes»;[4] y Horus no sitúa a Pepi al frente de los muertos, sino entre los dioses divinos.[5] En otra parte se nos dice que Horus ha tomado su ojo y se lo ha dado a Pepi, y que el olor del cuerpo de Pepi es el olor del ojo de Horus.[6] En los textos de las pirámides, el Osiris del fallecido es el hijo de Tmu, o Tmu-Ra, Shu, Tefnet, Seb y Nut, el hermano de Isis, Neftis, Set y Thoth, y el padre de Horus;[7] sus manos, brazos, vientre, espalda, Identificación con Horus

1. *Recueil de Travaux*, t. iii, p. 214 (l. 268).
2. 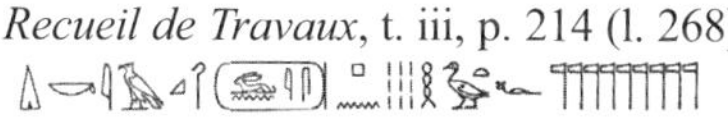 *Ibid.*, t. iii, p. 217 (l. 283).
3.  *Ibid.*, t. vii, p. 150 (l. 263). 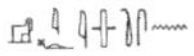
4. *Ibid.*, t. vii, p. 155 (l. 315).
5.  *Ibid.*, t. v, p. 194 (l. 190).
6. *Ibid.*, t. vii, p. 169 (l. 457).
7. *Ibid.*, t. iii, pp. 209-211.

caderas, muslos y piernas son el dios Tmu, y su rostro es Anubis.[1] Él es el hermano de la luna,[2] él es el hijo de la estrella Sothis,[3] él da vueltas en el cielo como Orión y Sothis ,[4] y él se eleva en su lugar como una estrella.[5] Los dioses, masculinos y femeninos, le rinden homenaje,[6] todos los seres del cielo le adoran. Y en un pasaje muy interesante se dice de Pepi: «Cuando llegó al cielo, encontró a Ra de pie, cara a cara ante él, y, tras sentarse sobre los hombros de Ra, Ra no le dejó que volviera a bajar al suelo; porque sabe que Pepi es más brillante que los brillantes, más perfecto que los perfectos, y más estable que los estables [...]. Cuando Pepi se alzó en el norte del cielo con Ra, se convirtió en señor del universo como rey de los dioses».[7] Horus da a los fallecidos su propio *ka,*[8] también aleja los *ka* de los enemigos del fallecido para su beneficio y sujeta a sus adversarios.[9] Por el poder divino así concedido al fallecido, subyuga los *ka* de los dioses[10] y otros *ka,*[11] e impone su yugo sobre el de la triple compañía de dioses.[12] También se convierte en Thoth,[13] la inteligencia de los dioses, y juzga los corazones;[14] y los corazones de aquellos que se llevaron su alimento y el aliento de sus fosas nasales se convierten en presa de sus manos.[15]

La vida divina de los benditos

El sitio del fallecido en el cielo está al lado de Dios,[16] en el lugar más sagrado,[17] y llega a ser Dios y un ángel de Dios;[18] él mismo es

1. *Recueil de Travaux*, p. 201 (l. 207).
2. *Ibid.*, t. v, p. 198 (l. 203).
3. *Ibid.*, t. iv, p. 44 (l. 390).
4. *Ibid.*, t. iii, p. 205 (l. 221).
5. *Ibid.*, t. iv, p. 44 (l. 391).
6. *Recueil de Travaux*, t. v, p. 23 (l. 197).
7. *Ibid.*, t. v, p. 171 (l. 91).
8. *Ibid.*, t. v, p. 33 (l. 265).
9. *Ibid.*, t. v, p. 40 (l. 287).
10. *Ibid.*, p. 45 (l. 306).
11. *Ibid.*, t. iv, p. 51 (l. 451); t. iii, p. 208 (l. 234).
12. *Ibid.*, t. v, p. 46 (l. 307).
13. *Ibid.*, t. vii, p. 168 (l. 452).
14. *Ibid.*, t. iii, p. 208 (l. 233)
15. *Ibid.*, t. iv, p. 49 (l. 430)
16. *un-k ar kes neter*; *ibid.*, t. iii, p. 202 (l. 209).
17. *Ibid.*, t. v, p. 189 (l. 178).
18. *Ibid.*, t. v, p. 187 (l. 175).

triunfante,[1] y su *ka* es triunfante.[2] Él se sienta sobre un gran trono al lado de Dios.[3] El trono es de hierro, ornamentado con cabezas de leones y pezuñas de toros.[4] Está vestido con las vestiduras más refinadas, parecidas a las de aquellos que se sientan en el trono de la justicia y la verdad vivientes.[5] Él recibe la corona *urerit* de los dioses,[6] y de la gran compañía de dioses de Annu.[7] Él no pasa sed, ni hambre, ni se siente triste;[8] come el pan de Ra y bebe lo mismo que él bebe diariamente,[9] y su pan también es aquello que dice Seb, y todo aquello que sale de las bocas de los dioses.[10] Él come lo que comen los dioses, el bebe lo que ellos beben, vive como ellos viven y habita donde ellos habitan;[11] todos los dioses le

---

1. 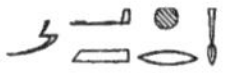 *maa-xeru*; *Recueil de Travaux*, t. v, p. 186 (l. 172). En tiempos posteriores estas palabras se añaden siempre al nombre del fallecido, y parecen significar algo como «aquel cuya voz, o discurso, es justa y verdadera»; esta expresión ha sido traducida como «disant la verité», «véridique», «juste», «justifié», «vainqueur», «waltend des Wortes», «mächtig der Rede», «vrai de voix», «juste de voix», «victorioso», «triunfante» y otros similares. Con respecto a este tema, véase Maspero, *Études de Mythologie et d'Archeologie*, t. i, pp. 93-114; Devéria, «L'Expression Màâ-xerou», *Recueil de Travaux*, t. i, p. 10. Virey da un significado ligeramente diferente de *maakheru* en «Tombeau de Rekhmara», Paris, 1889, p. 101, publicado en *Mémoires publiés par les Membres de la Miss. Arch. Française au Caire*, t. v, fasc. i. El fallecido disfrutaba verdaderamente en su nuevo estado de ser de las ofrendas pintadas en los muros de la tumba. Los egipcios las llamaban *per kheru*, es decir, «las cosas que se presentan ante la palabra» o «ante la demanda» del fallecido. Entonces al fallecido se le llamaba *maa kheru*, es decir, «aquel que realiza su palabra», o «aquel que realiza mientras habla», o «cuya voz o demanda se realiza», o «cuya voz o demanda hace verdad, o hace que sea verdadero y real» aquello que sólo está pintado en las paredes de las tumbas. M. Amélineau combate esta interpretación, y está de acuerdo con la traducción de M. Maspero como «juste de voix»; véase «Un Tombeau Égyptien», *Révue de l'Histoire des Religions*, t. xxiii, pp. 153 y 154. Es posible que *maakheru* simplemente signifique «bendito».
2. *Recueil de Travaux*, t. v, p. 189 (l. 179).
3.  *Ibid.*, t. iv, p. 58 (l. 494).
4. 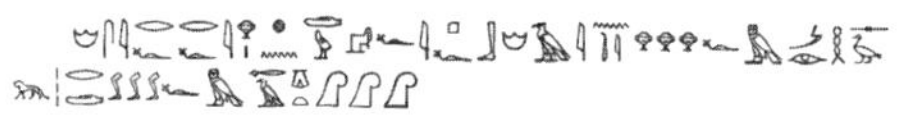 *Ibid.*, t. vii, p. 154 (ll. 309 y 310).
5. *Ibid.*, t. v, p. 148 (l. 239).
6. *Ibid.*, t. iv, p. 56 (l. 480).
7. *Ibid.*, t. v, p. 176 (l. 117).
8. *Ibid.*, t. iii, p. 195 (l. 172).
9. *Ibid.*, t. v, p. 52 (l. 335).
10.  *Ibid.*, t. iii, p. 208 (l. 175).
11. *Ibid.*, t. iii, p. 198 (l. 191).

dan su alimento para que no muera.[1] Y él no sólo come y bebe su alimento, sino que viste las vestimentas que ellos visten,[2] el lino blanco y las sandalias;[3] él está vestido de blanco,[4] y «va al gran lago que hay en medio del Campo de la Paz, donde se sientan los grandes dioses; y estos grandes dioses que nunca fallan le dan [de comer] del árbol de la vida, del que ellos mismos comen , para que él también pueda vivir».[5] El pan que come nunca se descompone, y su cerveza nunca se pone rancia.[6] Él come el «pan de la eternidad» y bebe de la «cerveza de la eterna vida», que es lo que los dioses comen y beben;[7] y se alimenta del pan que el ojo de Horus ha vertido sobre las ramas del árbol de olivo.[8] Él no sufre hambre ni sed como los dioses Shu y Tefnut, porque está lleno del pan de trigo del que Horus mismo ha comido; y los cuatro hijos de Horus, Hapi, Tuamautef, Qebhsennuf y Amset, han apaciguado el hambre de su vientre y la sed de sus labios.[9] Él aborrece el hambre que no puede satisfacer, y maldice la sed que no puede saciar;[10] pero está libre del poder de aquellos que querrían robar sus alimentos.[11] Él es lavado hasta quedar limpio y su *ka* también lo es, y ambos comen pan juntos para siempre.[12] Él es uno de los cuatro hijos de Horus que viven de la justicia y la verdad,[13] y ellos le dan su porción de alimento, del que han sido abastecidos abundantemente por el dios Seb, de modo que aún no han conocido el hambre. Él va dando vueltas por el cielo tal como hacen ellos, y comparte su alimento de higos y vino.[14]

1. *Recueil de Travaux*, t. v, p. 164 (l. 56).
2.  *Ibid.*, t. v, p. 190 (l. 180).
3.  *Ibid.*, t. v, p. 163 (l. 408).
4. *Ibid.*, t. iv, p. 45 (l. 394).
5. *Ibid.*, t. vii, p. 165 (l. 430).
6. 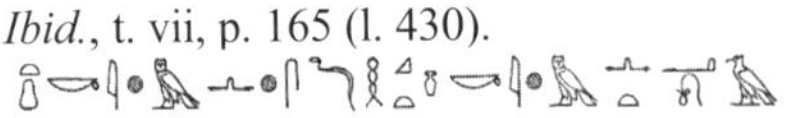 *Ibid.*, t. v, p. 41 (l. 288), y t. vii, p. 167 (l. 442).
7.  *Ibid.*, t. vii, p. 160 (l. 390).
8. *Ibid.*, t. iii, p. 199 (l. 200).
9. *Ibid.*, t. v, p. 10 (l. 54).
10. *Ibid.*, t. iii, p. 199 (l. 195).
11. *Ibid.*, t. iv, p. 48 (l. 429).
12. *Ibid.*, t. v, p. 167 (l. 66).
13. *Ibid.*, t. viii, p. 106 (l. 673).
14. 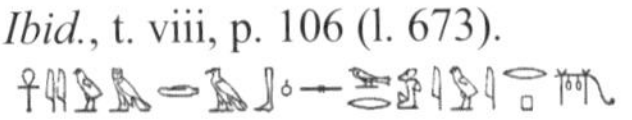 *Ibid.*, t. viii, p. 110 (l. 692).

Aquellos que se mostrarían hostiles ante el fallecido se convierten así en enemigos del dios Tmu, y todas las heridas que le sean infligidas son infligidas a dicho dios;[1] él habita sin miedo bajo la protección de los dioses,[2] de cuyos muslos ha emergido.[3] Para él, «la tierra es abominación, y él no quiere entrar en Seb; porque su alma ha hecho estallar para siempre los lazos del sueño en su casa que está sobre la tierra. Sus calamidades han llegado a su final, porque Unas ha sido purificado por el ojo de Horus; Isis y Neftis han acabado con las calamidades de Unas. Unas está en el cielo, Unas está en el cielo, en forma de aire, en forma de aire; él no pereció, y nada de lo que está en él pereció».[4] Él está firmemente «establecido en el cielo, y ocupó su lugar puro en los arcos de la barca de Ra. Los que llevan remando a Ra hasta el cielo también le llevan a él, y los que llevan remando a Ra más allá del horizonte también le llevan a él».[5] Se dice que, en general, la vida que lleva el fallecido es la de aquel que «entró en el cielo occidental, y salió por el cielo oriental».[6] En breve, la condición de los benditos se resume en el siguiente extracto de la pirámide de Pepi I:[7]

> «Salve, Pepi, tú has venido, tú eres glorioso, y tú posees poder como el dios que se sienta en este trono, que es Osiris. Tu alma está contigo en tu cuerpo, tu forma de fuerza está detrás de ti, tu corona está sobre tu cabeza, tu diadema sobre tus hombros, tu rostro está ante ti, y a ambos lados de ti están los que entonan canciones de alegría; los que te siguen en el séquito de Dios están detrás de ti, y las formas divinas que hacen venir a Dios están a tus lados. Dios vino, y Pepi vino al trono de Osiris. El brillante que vivió en Netat, la forma divina que habitó en Teni, había venido. Isis te habló, Neftis mantuvo una conversación contigo, y los brillantes vinieron

1. *Recueil de Travaux*, t. iv, p. 74 (l. 602).
2. *Ibid.*, t. iv, p. 46 (l. 405).
3. *Ibid.*, t. iii, p. 202 (l. 209).
4. *Ibid.*, t. iv, p. 51 (l. 447).
5. *Ibid.*, t. v, p. 53 (l. 340).
6.  *Ibid.*, t. 8, p. 104 (l. 665).
7. *Ibid.*, t. v, p. 159 (ll. 1-21).

a ti inclinándose hasta el suelo en adoración, a tus pies, por motivo de las incripciones que tú tenías, oh Pepi, en la región de Saa. Tú viniste a tu madre Nut, y ella fortaleció tu brazo, y te abrió un camino a través del cielo hasta el lugar donde habita Ra. Tú has abierto las puertas del cielo, tú has abierto las puertas del pozo celestial; tú has encontrado a Ra y él ha cuidado de ti, tomándote de la mano te ha llevado por las regiones del cielo, y te ha puesto sobre el trono de Osiris. Por tanto, salve, oh Pepi, porque el ojo de Horus vino a mantener conversación contigo; tu alma que está entre los dioses vino a ti; tu forma de poder que habitaba entre los brillantes vino a ti. Tal como el hijo lucha por su padre, tal como Horus vengó a Osiris, así defendió Horus a Pepi de sus enemigos. Y tú quedaste vengado, dotado de todas las cosas propias de un dios, y equipado con todas las formas de Osiris sobre el trono de Khent-Amenta. Tú haces aquello que él hizo entre los brillantes inmortales; tu alma se sentó sobre su trono siendo provista con tu forma, e hizo eso que tú haces en presencia de Aquel que vive entre los vivientes, por orden de Ra, el gran dios. Ella [tu alma] cosechaba el trigo, cortaba la cebada y te los daba. Por tanto, oh Pepi, aquel que te dio vida y todo poder y eternidad, y el poder de hablar y tu cuerpo, es Ra. Tú te has dotado de las formas de Dios, y de este modo te has hecho grande ante los dioses que habitan en el Lago. Salve, Pepi, tu alma se alzaba entre los dioses y entre los brillantes, y el miedo a ti impacta en sus corazones. Salve, Pepi, tú te pusiste sobre el trono de Aquel que vive entre los vivientes, y es tu escritura [la que produce terror] en sus corazones. Tu nombre vivirá sobre la tierra, tu nombre florecerá sobre la tierra, tú nunca perecerás ni serás destruido por toda la eternidad».

Placeres corporales

Sin embargo, al lado de los pasajes que hablan de los disfrutes materiales y espirituales del fallecido, tenemos otros que parecen significar que los egipcios creían en una existencia corpórea,[1] o al menos en

1. Compárese , «Oh carne de Teta, no te corrompas, no te descompongas, no apestes». *Recueil de Travaux*,

la capacidad de disfrute corporal en el futuro estado. Esta creencia pudo haberse basado en la visión de que la vida en el mundo siguiente no era más que una continuación de la vida en la tierra, que se le parecía mucho, o puede haberse debido a la supervivencia de ideas burdas y semisalvajes incorporadas en los textos religiosos egipcios. Sea como fuere, lo que es seguro es que en la V dinastía, el difunto rey Unas come con la boca y ejercita otras funciones corporales habituales, y gratifica sus pasiones.[1] Pero el pasaje más notable en este sentido es el de la pirámide de Unas. Aquí se dice que toda la creación queda aterrorizada cuando el difunto rey se levanta como alma con la forma de un dios que devora a «sus padres y madres»; él se alimenta de hombres y también de dioses. Él caza a los dioses en los campos y los deja atados; y cuando están atados y preparados para ser ejecutados, les corta la garganta y les vacía las entrañas. Asa y se come lo mejor de ellos, pero usa a los dioses

t. v, p. 55 (l. 347).

 «Pepi fue adelante con su carne»; *Recueil de Travaux*, t. v, p. 185 (l. 169).

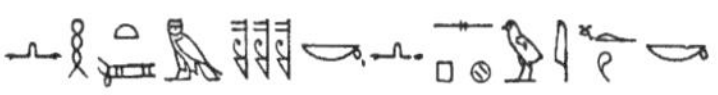 «Tus huesos no serán destruidos, y tu carne no perecerá»; *ibid.*, p. 55 (l. 353).

1. Compárense los siguientes pasajes:

a) 

Ibid., t. iv, p. 76 (ll. 628 y 629).

b) 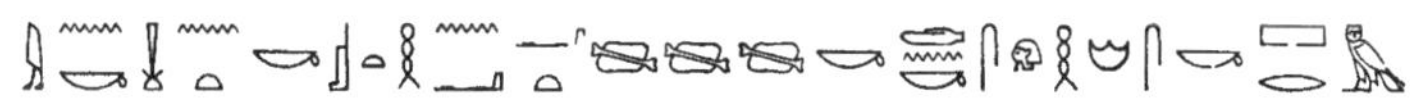

 *Ibid.*, t. v, p. 37 (l. 277).

c) 

 *Ibid.*, t. iii, p. 197 (l. 182).

d) 

Ibid., t. v, p. 40 (l. 286), y véase la nota de M. Maspero en la misma página.

y diosas viejos como combustible. Al comerlos, se embebe tanto de sus poderes mágicos , como de su *khu* . Él se convierte en la «gran Forma, la forma entre formas, y el dios de todos los grandes dioses que "existen en formas visibles"»,[1] y está a la cabeza de todos los *sahu*, o cuerpos espirituales del cielo. Él se lleva los corazones  de los dioses, y devora la sabiduría de cada dios; por lo tanto, la duración de su vida es eterna, y vive durante toda la eternidad, porque las almas de los dioses y sus *khus* están en él. La totalidad del pasaje dice así:[2]

> (496) «Los cielos sueltan agua, las estrellas pulsan, (497) los arqueros dan vueltas, los (498) huesos de Akeru tiemblan, y los que están atados a ellos huyen cuando ven a (499) Unas alzarse como alma, en la forma de un dios que vive de sus padres y que hace alimento de sus (500) madres. Unas es el señor de la sabiduría, y (501) su madre no sabía su nombre. Los regalos de Unas están en el cielo, y él se hace poderoso en el horizonte (502) sobre Tmu, el padre que le dio nacimiento, y después de que Tmu le diera nacimiento (503) Unas se hizo más fuerte que su padre. Los *ka* de Unas están detrás de él, la suela de su pie está debajo de sus pies, sus dioses están sobre él, su *uraei* están (504) sobre su ceño, las serpientes guías de Unas están delante de él, y el espíritu de la llama mira sobre [su] alma. Los (505) poderes de Unas le protegen; Unas es un toro en el cielo, él dirigía sus pasos donde quería, él vivía con la forma que (506) cada dios ha tomado para sí, y comía la carne de aquellos que vinieron a llenarse el estómago con los encantos mágicos en el Lago de Fuego. Unas está (507) dotado de poder contra los espíritus resplandecientes que allí habitan, y se alza con la forma del poderoso, el señor de aquellos que habitan en poder [?]. Unas tomaba asiento con un costado vuelto hacia Seb. (508) Unas pesó sus palabras ante

1. 
Pirámide de Teta, l. 327; *ibid.*, t v, p. 50.

2. Véase Maspero, *Recueil*, t. iv, p. 59, t. v, p. 50; y *Revue de l'Histoire des Religions*, t. xii, p. 128.

el dios oculto [?] que no tiene nombre, el día quc hizo trizas al primer nacido. Unas es el señor de las ofrendas, el que desata el nudo, y él mismo hace abundantes ofrendas de carne y bebida. (509) Unas devoró a los hombres y vivió de los dioses, él es el señor a quien se presentan ofrendas, y él cuenta las listas de ofrendas. Él, que corta los cueros cabelludos y habita en los campos, enreda a los dioses en sus redes; (510) el que dispone su cabeza los considera [buenos] para Unas, y se los lleva; y el señor de la cuerda los ata para sacrificarlos. Khonsu el matador de [sus] señores les corta las gargantas (511) y extrae sus partes internas, porque fue a él a quien Unas envió para traerlos; y Sheshem los corta en pedazos y hierve sus miembros en sus rugientes calderos. (512) Unas come sus poderes mágicos, y se traga sus espíritus; los grandes de entre ellos le sirven de comida al amanecer, y los menores le sirven para comer al atardecer, y los más pequeños le sirven de comida por la noche. (513) Los dioses y diosas viejos se convierten en combustible para sus hornos. Los poderosos del cielo avivan el fuego bajo los calderos que están a rebosar con las caderas del primer nacido; y aquel que hizo que los que viven en el cielo (514) dieran vueltas alrededor de Unas arroja a los calderos las caderas de sus mujeres; él recorre completamente los dos cielos y también recorre las dos orillas del celestial Nilo. Unas es la gran Forma, la Forma (515) de formas, y Unas es el jefe de los dioses que tienen formas visibles. Se come todo lo que encuentra en su camino, y el poder mágico de Unas está por delante del de todos los (516) *sahu* que habitan en el horizonte. Unas es el primer nacido de los primeros nacidos. Unas ha dado miles de vueltas y ha ofrecido oblaciones por cientos; él manifiesta su poder como la Gran Forma a través de Sah [Orion, que es mayor] que (517) los dioses. Unas repite su alzamiento en el cielo, donde él es la corona del señor del horizonte. Él calcula las bandas y anillos de brazo, él toma posesión de los corazones de los dioses. (518) Unas come la corona roja, y traga la corona blanca; el alimento de Unas está en las partes internas, y su carne son aquellos que viven de (519) encantos mágicos en sus corazones. Contempla, Unas come de aquello que la corona roja le envía, así crece, y los encantos mágicos de los dioses están en su vientre; (520) aquello que le pertenece no le ha sido negado. Unas come todo el conocimiento de cada dios, y el periodo de su vida es la eternidad, y la duración de su existencia es (521) eterna, en cualquier forma que desee adoptar; [y] cualquier forma que deteste, él no la cultivará en el horizonte por siempre, por siempre, por siempre. El alma de los dioses está en Unas, sus espíritus están con Unas, (522) y las ofrendas hechas a él son mayores que las presentadas a los dioses. El fuego de Unas (523) está en sus huesos, porque su alma está con Unas, y sus sombras están con aquellos a quienes pertenecen. (524) Unas estuvo con los dos dioses Kha [?] escondidos [?] que están sin poder [?] [...]; (525) el corazón de Unas se asienta entre aquellos que viven sobre esta tierra por siempre, por siempre, por siempre».

La idea de que, comiendo la carne, y especialmente bebiendo la sangre de otro ser vivo, un hombre absorbe su naturaleza o vida en sí mismo está presente de muchas maneras entre los pueblos primitivos. Reside en la base de la extendida práctica de beber la sangre fresca de los enemigos: una costumbre familiar entre ciertas tribus árabes antes de Mahoma, y que la tradición aún adscribe a la raza salvaje de Cahtân, y también en el hábito, practicado por muchos cazadores salvajes, de comer alguna parte (por ejemplo, el hígado) de los carnívoros peligrosos para incorporar en sí mismos el coraje del animal.[1] La carne y la sangre de los hombres valientes también son comidas y bebidas para inspirar coraje[2] entre las tribus salvajes y semisalvajes. Pero la idea de cazar, matar, asar y comerse a los dioses, como se describe anteriormente, no parece ser muy común entre las antiguas naciones; el principal objetivo del rey muerto al hacer esto era asegurarse la vida eterna, el atributo particular de los dioses.

1. Robertson Smith, *The Religion of the Semites*, p. 259; Fraser, *Golden Bough*, vol. ii, p. 86.
2. Los negros australianos matan a un hombre, le cortan la grasa del omento y se frotan con ella, «siendo la creencia que todas las cualidades, tanto físicas como mentales, del anterior dueño de la grasa, se le comunican a quien la use»; véase Fraser, *Golden Bough*, vol. ii, p. 88.

Las ideas egipcias sobre Dios

Los egipcios dieron el nombre de *neter* [1] al gran poder que creó la tierra, los cielos, el mar, los hombres y las mujeres, los animales, los pájaros y las criaturas que reptan, así como todo lo que es, ha sido y será. Esta palabra sobrevive en el cópto ⲛⲟⲩϯ, pero su significado exacto se ha perdido tanto en el lenguaje antiguo como en su pariente moderno. El señor Pierret,[2] siguiendo a Rougé, la conecta con la palabra , y dice que significa «renovación» (*renouvellement*), pero Brugsch[3] la traduce como «göttlich», «heilig», «divin», «sacré» y como tres palabras árabes que significan «divino», «sagrado o puesto aparte» y «santo», respectivamente. Recurriendo a una cita en la estela de Canopus, muestra que en tiempos ptolemaicos significaba «santo» o «sagrado» cuando se aplicaba a los animales de los dioses. El señor Renouf[4] dice que «la noción expresada por *nutar* como nombre, y *nutra*

La palabra *neter* y su significado

1. Maspero da varios ejemplos de distintos modos de escribir la palabra, «Notes sur différents points de Grammaire», *Mélanges d'Archeologie*, t. ii, Paris, 1873, p. 140).
2. Pierret, *Essai sur la Mythologie Égyptienne*, Paris, 1879, p. 8.
3. *Wörterbuch*, p. 825.
4. *Hibbert Lectures*, p. 95.

como adjetivo o verbo, debe buscarse en el copto ⲛⲟⲙϯ, que en la traducción de la Biblia se corresponde con las palabras griegas δύναμις, ἰσχύς, ἰσχυρός, ἰσχυρόω "poder", "fuerza", "fuerte", "fortificar", "proteger",[1] y continúa mostrando que la palabra *neter* significa "fuerte" o "poderoso". Sin embargo, M. Maspero piensa que el copto *nomti* no tiene nada en común con *neter*, la palabra egipcia para designar a Dios, y que los pasajes citados por el señor Renouf en apoyo de su teoría pueden explicarse de otro modo.[2] En su opinión, el significado de «fuerte», si existió alguna vez, es un derivado y no el significado original, y cree que esa palabra es tan antigua que su primer sentido nos es desconocido. El hecho de que los traductores coptos de la Biblia usaran la palabra *nouti* como nombre del Ser Supremo muestra que ningún otro vocablo evocaba este concepto en sus mentes, y sustenta el punto de vista de Maspero. Otra definición dada por Brugsch le atribuye el siguiente significado: «El poder activo que produce y crea las cosas en recurrencia regular; que les otorga nueva vida y que les restaura el vigor de su juventud»,[3] y añade que el concepto innato de la palabra cubre completamente el significado original del griego φύσις y del latín *natura*.

Neteru, los dioses

Pero junto con *neter*, signifique lo que signifique, en los textos de todas las edades se mencionan una serie de seres o existencias llamadas *neteru* 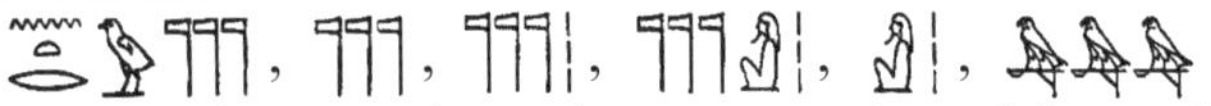 o , que los egiptólogos traducen universalmente por la palabra «dioses». Entre éstos, debemos incluir los grandes poderes cósmicos y los seres que, aunque se tienen por sobrenaturales, aún son finitos y mortales, y a los que los egipcios dotan de amor, odio y pasiones de todo tipo. La diferencia entre los conceptos de *neter*, el Dios supremo, y *neteru* se aprecia mejor apelando a los textos egipcios.

En la pirámide de Unas, se dice de los muertos:

1. Se dan una serie de ejemplos en Tatham, *Lexicon*, Oxford, 1835, pp. 310 y 806.
2. *La Mythologie Égyptienne*, t. ii, p. 215.
3. «Die thätige Kraft, welche in periodischer Wiederkehr die Dinge erzeugt und erschafft, ihnen neues Leben verleiht und die Jugendfrische zurückgiebt», *Religion und Mythologie*, p. 93.

un - k ȧr ḳes neter

Tú exististe al lado de Dios.[1]

En la pirámide de Teta, se dice de los muertos:

ut'ā - f meṭ neter ȧs set'em - nef meṭu

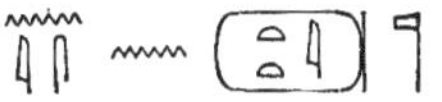

nȧs en Tetȧ neter

Visiones mantenidas en las primeras seis dinastías

Él pesó palabras y, contempla, Dios prestó atención a las palabras[2] Dios había llamado a Teta[3] [por su nombre, etc.].

En la pirámide de Pepi I, un escrito dirigido al rey difunto dice:

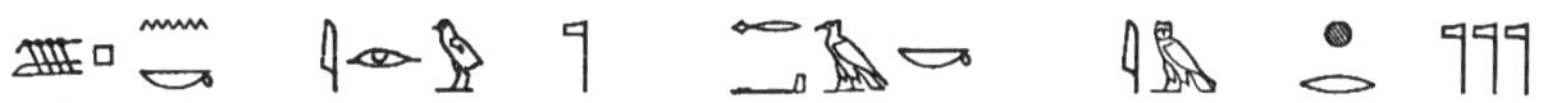

seśep - nek ȧru neter āāa - k ȧm χer neteru

ṭā en mut - k Nut un - nek em neter en χeft - k em ren - k en neter

ṭua Pepi pen neter

Pepi pu ȧr neter sa neter

Tú recibiste la forma de Dios, tú llegaste a ser grande ante los dioses.[4] Te puso tu madre Nut a ti, a ser como un Dios para tus enemigos, en el nombre de Dios.[5]

1. Maspero, *Recueil de Travaux*, t. iii, p. 202 (l. 209).
2. *Ibid.*, t. v, 27 (ll. 231 y 232).
3. *Ibid.*, p. 26 (l. 223).
4. *Ibid.*, t. v, p. 160 (l. 19).
5. *Ibid.*, p. 162 (l. 33).

Visiones mantenidas en las primeras seis dinastías

Adoró este Pepi a Dios.[1]
Pepi este es entonces Dios, el hijo de Dios.[2]

Todos estos extractos proceden de la V y VI dinastías. Se podría sugerir que tradujéramos *neter* por «un dios» o «el dios», pero el papiro Prisse[3] aporta nuevas pruebas del concepto de *neter* en los primeros tiempos, puesto que, aunque pertenecía a los principios de la XI dinastía, contiene copias de los Preceptos de Kaqemna, escritos durante el reinado de Seneferu, rey de la IV dinastía, y de los Preceptos de Ptah-hetep, escritos durante el reinado de Assa, rey de la V dinastía.[4]

1. 

àn reχ - entu χepert àrit neter

No conocidas son las cosas que hará Dios.[5]

2. 

àm - k àri ḥer em reθ χesef neter

Tú no causarás terror en hombres y mujeres, [porque] es opuesto a Dios [además].[6]

3. 

àu àm ta χer seχer neter

Comer pan está de acuerdo con el plan de Dios.[7]

1. *Recueil de Travaux*, p. 191 (l. 185).
2. *Ibid.*, t. viii, 89 (l. 574).
3. Véase *Fac-simile d'un papyrus Égyptien en caractères hiératiques*, encontrado en Thebas, donado a la Biblioteca Real de Paris y publicado por E. Prisse d'Avenues, Paris, 1847, fol. La última traducción de la obra completa fue realizada por Virey, *Études sur le Papyrus Prisse*, Paris, 1887.
4. M. Amélineau piensa (*La Morale Égyptienne*, p. xi) que el papiro Prisse fue copiado en torno al periodo de la XVII dinastía, y que las obras que contiene sólo datan de la XII dinastía; pero muchos egiptólogos asignan la composición de la obra a la era de Assa. Véase Wiedemann, *Aegyptische Geschichte*, p. 201; Petrie, *History of Egypt*, p. 81.
5. Placa II, l. 2.
6. Placa IV, l. 8.
7. Placa VII, l. 2.

Visiones mantenidas en las primeras seis dinastías

4. 
àr seka - nek ṭer em seχet ṭā set neter

Si eres granjero, trabaja [?] los campos que [te] han sido dados por Dios.[1]

5. 
àr un-nek em sa àqer àri - k sa en smam neter

Si eres un hombre sabio, haz tú [que tu] hijo sea agradable a Dios.[2]

6. 
seḥetep āqu - k em χepert nek χepert en

ḥesesu neter

Satisface a los que dependen de ti, en la medida que pueda ser hecho por ti; esto debería ser hecho por los favorecidos por Dios.[3]

7. Si tras haber sido desconocido te has hecho grande y si tras haber sido pobre te has hecho rico, cuando seas gobernador de la ciudad no seas de corazón duro a cuenta de tu progreso, porque

χeper - nek mer septu neter

tú te has convertido en el guardián de las provisiones de Dios.[4]

8. 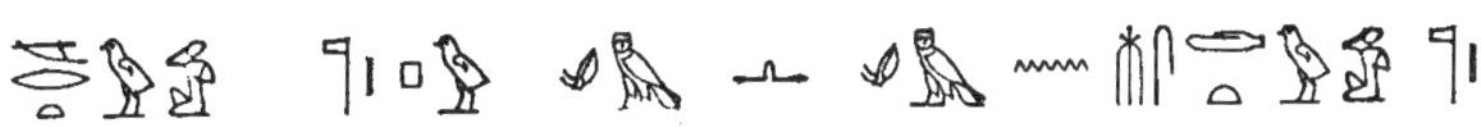
mertu neter pu setem àn setem en mesṭetu neter

Lo que es amado por Dios es la obediencia; la desobediencia es detestada por Dios.[5]

1. Placa VII, l. 5.
2. Placa VII, l. 11.
3. Placa XI, l. 1.
4. Placa XIII, l. 8.
5. Placa XVI, l. 7.

9. 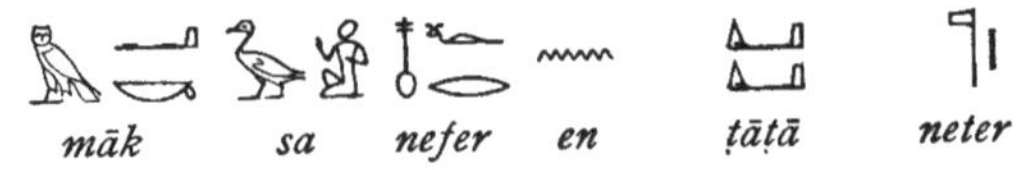

Verdaderamente un buen hijo es un regalo de Dios.[1]

Visiones mantenidas en la XVIII dinastía

Después del papiro Prisse, nuestra siguiente fuente de información es el famoso papiro[2] que contiene las «máximas de Ani», bien conocidas gracias al trabajo de Rougé,[3] Maspero,[4] Chabas[5] y Amélineau.[6] Sin embargo, sería más correcto llamarlas las máximas de Khonsu-hetep.[7] Probablemente, el papiro fue copiado en torno a la XXII dinastía, pero la obra misma puede proceder de la XVIII dinastía. Lo que sigue son ejemplos del uso de la palabra *neter*:

1. 

El Dios es para engrandecer su nombre.[8]

2. 

---

1. Placa XIX, l. 6.
2. Se encontró en el suelo de la tumba de un monje cristiano en Dêr el-Medinet. El texto fue publicado por Mariette en *Papyrus Égyptiens du Musée de Boulaq, publiés en fac-simile sous les auspices de S.A. Ismäil-Pacha, Khédive d'Égypte.*
3. En el *Moniteur*, 15 de agosto de 1861; y en *Comptes Rendus des séances de l'Academie des Inscriptions et Belles Lettres*, Paris, 1871, pp. 340-350.
4. En el *Journal de Paris*, 15 de marzo, 1871; y en la *Academy*, 1 de agosto, número 29, p. 386, 1871.
5. *L'Égyptologie*, Série I, tt. i, ii, Chalons-sur-Saône y Paris 4to., 1876-1878. Esta obra contiene el texto hierático dividido en secciones para su análisis, y acompañado de una transcripción jeroglífica, comentario, etc.
6. *La Morale Égyptienne quinze siècles avant notre ère-Étude sur le Papyrus de Boulaq*, n.º 4, Paris, 1892. Esta obra contiene una transcripción jeroglífica más precisa del texto hierático, traducción completa, etc.
7. Maspero, *Lectures Historiques*, p. 16; Amélineau, op. cit., p. ix.
8. Amélineau, *La Morale*, p. 13.

em àb mert àu meṭet - f nebt àmennu àri - f

χeru - tuk setemu - f à t'eṭ - tuk seśep uṭennu tu-k

La casa de Dios lo que odia es que se hable mucho. Reza tú con un corazón amoroso las peticiones de las cuales todas permanecen secretas. Él hará tus encargos, él oirá aquello que tú digas y aceptará tus ofrendas.[1]

3. 

àu ṭāu neter - kuà unnu

Dio tu Dios existencia.[2]

4. 

pa neter àput pa maā

El Dios juzgará a los justos.[3]

5. 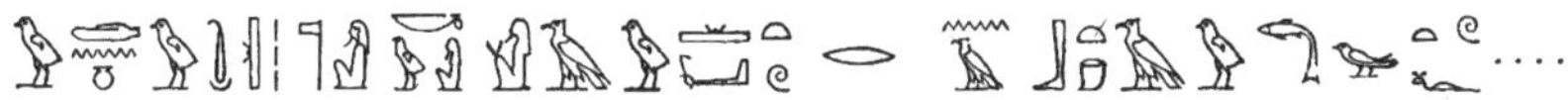

uṭennu neter - ku sau - tu er na betau - tuf

à ennu maat - k er paif seχeru qenṭet emtuk

senenti - tu em ren - f su ṭāt baiu ḥeḥ en àaru

se - āāauà pa enti seāāauà - f àr neter ta pen

en pa Śuu ḥer χut àu nai - f màtui

1. Amélineau, *La Morale*, p. 36.
2. *Ibid.*, p. 103.
3. *Ibid.*, p. 138.

ḥer ṭep ta ṭāṭā - θā neter sentrā em kai - set emment

Al ofrendar a tu Dios, guárdate tú de las cosas que Él abomina. Oh, contempla con tu ojo Sus planes. Dedícate a adorar Su nombre. Es él quien dio almas a millones de formas, y él engrandeció a todo aquel que le engrandeciera a él. Ahora el Dios de esta tierra es el sol, que es regente del horizonte, [y] sus similares están sobre la tierra; es entregado incienso junto con sus ofrendas de alimento a ellos diariamente.[1]

6. 

faāu - s āāui - set en pa neter emtuf setemu

sebeḥu - set

Si ella [p. e., tu madre] alzara sus manos a Dios, él escuchará sus plegarias[2] [y te reprendería a ti].

7. 

āmmā su en pa neter sauu - k su emment en

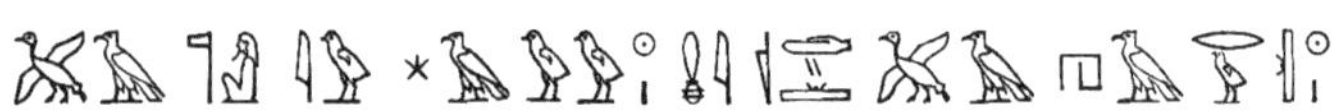

pa neter āu ṭuauu mā qeṭi pa haru

Date a Dios, mantente a ti mismo diariamente para Dios; y deja que mañana sea como hoy.[3]

Dios y los dioses

Los pasajes procedentes de la pirámide de Pepi muestran al mismo tiempo la diferencia entre *neter* como Dios, y los «dioses» *neteru*; los otros pasajes, que podrían multiplicarse casi infinitamente, prueban que el Ser del que se habla es Dios. Los *neteru* o «dioses» que Unas cazó, mató, asó y comió son seres que podían morir; se les atribuían cuerpos,

1. Amélineau, *La Morale*, p. 141.
2. *Ibid.*, p. 149.
3. *Ibid.*, p. 172.

almas, *kas*, cuerpos espirituales, etc. En un notable pasaje del capítulo CLIV del Libro de los Muertos (Naville, *Todtenbuch*, Bd. I, Bl. 179, l. 3), el fallecido rey Thotmes III, reza:

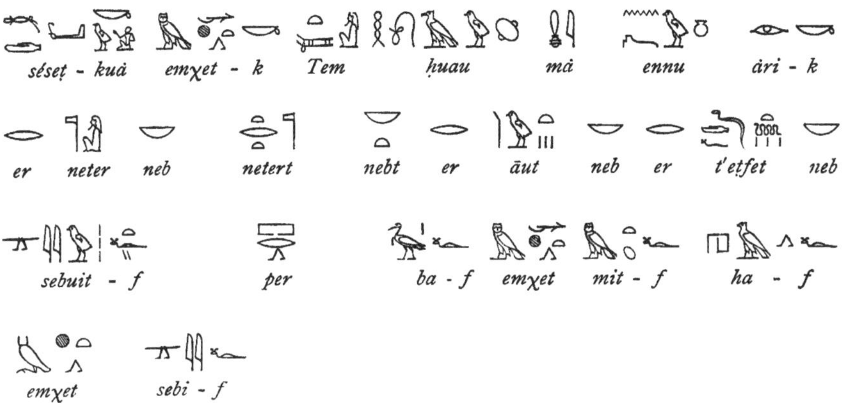

Los dioses mortales

Presérvame detrás de ti, oh Tmu, de la corrupción tal como ésa que tú provocaste para cada dios, para cada diosa, para todos los animales, para todos los reptiles; porque cada uno falleció cuando se fue su alma después de su muerte, él pereció después de haber fallecido.

De estos dioses mortales nos han llegado algunas leyendas curiosas; de ellas podemos elegir la siguiente para ilustrar su posición inferior.

La leyenda de Ra e Isis

Ahora bien, Isis era una mujer que poseía palabras de poder; su corazón estaba cansado de los millones de hombres y ella eligió a los millones de dioses, pero estimaba aún más a los millones de *khus*. Y meditó en su corazón, pregunta: «¿No puedo yo, mediante el sagrado nombre de Dios, hacerme señora de la tierra y llegar a ser diosa como Ra, que reina sobre el cielo y la tierra?». Ahora bien, cada día, Ra entraba en la cabeza de sus sagrados marineros y se establecía sobre el trono de los dos horizontes. El sagrado había envejecido, babeaba por la boca, su saliva caía en la tierra y sus

Leyenda de Ra e Isis

babas sobre el suelo. Entonces Isis la amasaba con tierra en la mano, y a partir de ella formó una serpiente sagrada con forma de lanza; no puso la serpiente erguida ante su rostro, sino que la dejó estirada sobre la tierra, en el camino por el que pasaba el gran dios, de acuerdo con el deseo de su corazón, cuando transitaba entre su doble reino. Entonces el dios sagrado se alzó, y los dioses que le seguían como si fuera un faraón fueron tras él; y él salió de acuerdo con su costumbre diaria; y la serpiente sagrada le mordió. La llama de la vida partió de él, y aquel que vivía entre los cedros [?] fue superado. El santo dios abrió la boca, y el grito de su majestad llegó hasta el cielo. Su compañía de dioses preguntó: «¿Qué ha ocurrido?», y sus dioses exclamaron: «¿Qué es esto?». Pero Ra no podía responder, porque sus mandíbulas temblaban y todos sus miembros se estremecían; el veneno se extendió rápidamente por su carne, tal como el Nilo invadía sus tierras. Cuando el gran dios hubo apaciguado su corazón, gritó a quienes le acompañaban, diciendo: «Venid a mí, oh vosotros que habéis nacido de mi cuerpo, vosotros, dioses salidos de mí, haced saber en Khepera que me ha ocurrido una calamidad terrible. Mi corazón la percibe, pero mis ojos no la ven; mi mano no la provocó, y tampoco sé quién me ha causado esto. Nunca antes he sentido un dolor parecido, y la enfermedad no puede causar una aflicción mayor que ésta. Yo soy un príncipe, hijo de un príncipe, una esencia sagrada procedente de Dios. Yo soy un grande, soy hijo de un grande, y mi padre planeó mi nombre; tengo multitudes de nombres y multitudes de formas, y mi existencia está en cada dios. He sido proclamado por los heraldos de Tmu y Horus, y mi padre y mi madre pronunciaron mi nombre; pero mi nombre fue escondido dentro de mí por aquel que me engendró, que no quería que las palabras de poder de ningún vidente tuvieran dominio sobre mí. Yo salí a ver qué era lo que había hecho, estaba pasando por el mundo que había creado, cuando, de repente, algo me picó, pero no sé qué. ¿Es fuego? ¿Es agua? Mi corazón está abrasado, mi carne se estremece y el temblor sacude todos mis miembros. Que sean traídos ante mí los hijos de los dioses con palabras curativas, con labios sabios y con un poder que llega hasta el cielo». Los hijos de los dioses llegaron a él con lágrimas en los ojos; Isis fue a él con palabras curativas y con la boca llena del aliento de vida, con sus encantamientos que destruyen la enfermedad, y con sus palabras de poder que hacen vivir a los muertos. Y ella habló, diciendo: «¿Qué te ha ocurrido, oh padre santo? ¿Qué ha ocurrido? Una serpiente te ha mordido, una creación tuya ha levantado la cabeza contra ti. Verdaderamente será expulsada por mis curativas palabras de poder, y la alejaré de la vista de tus rayos de sol». Leyenda de Ra e Isis

El dios sagrado abrió la boca y dijo: «Iba paseando por mi camino y me desplazaba entre las dos regiones de mis tierras de acuerdo con el deseo de mi corazón, para ver lo que había creado, cuando fui mordido por una serpiente que no llegué a ver. ¿Es fuego? ¿Es agua? Estoy más frío que el agua, estoy más caliente que el fuego. Toda mi carne suda, estoy temblando, mi ojo no tiene fuerza, no puede ver el cielo, y el sudor se extiende por mi cara, como si fuera verano». Entonces Isis dijo a Ra: «Oh, dime tu nombre, santo padre, porque quien quiera que sea salvado por tu nombre vivirá». [Y Ra dijo:] «Yo he hecho los cielos y la tierra, yo he ordenado las montañas, yo he creado todo lo que está sobre ellas, yo he creado el agua, yo he hecho venir a ser al ancho mar, yo he hecho el "Toro de su madre", del que manan los deleites del amor. Yo he hecho los cielos, yo he extendido los horizontes como una cortina, y yo he puesto el alma de los dioses dentro de ellos. Yo soy aquel que, si abriera los ojos, haría la luz y, si los cerrara, la oscuridad vendría a ser. A su orden el Nilo sube, y los dioses no saben su nombre. Yo he hecho las horas, yo he creado los días, y traigo los festivales del año; yo creo la inundación del Nilo. Yo hago el fuego de la vida, y proveo alimento para las casas. Yo soy Khepera por la mañana, yo soy Ra a mediodía, y yo soy Tmu por la tarde». Entre tanto, el veneno no fue sacado de su cuerpo, sino que penetró más profundamente, y el gran dios ya no podía caminar.

Entonces Isis dijo a Ra: «Lo que tú has dicho no es tu nombre. Oh, dímelo, y el veneno desaparecerá; porque aquel cuyo nombre sea revelado vivirá». Ahora el veneno quemaba como fuego, y era más fiero que la llama y el horno, y la majestad de dios dijo: «Consiento en que Isis busque dentro de mí, y en que mi nombre pase de mí a ella». Entonces el dios se escondió de los dioses, y el lugar que había ocupado en la barca durante millones de años quedó vacío. Y cuando llegó el momento de que emergiera el corazón de Ra, Isis habló a su hijo Horus diciéndole: «El dios se comprometió mediante un juramento a renunciar a sus dos ojos» [es decir, el sol y la luna]. Así, el nombre del gran dios fue tomado de él, e Isis, la señora de los encantamientos, dijo: «Parte, veneno, vete de Ra. Oh, ojo de Horus, sal del dios y brilla por su boca. Soy yo quien trabaja, soy yo quien ha hecho caer a la tierra el veneno derrotado; porque el nombre del gran dios había sido tomado de él. ¡Viva Ra! y muera el veneno, que muera el veneno y que viva Ra». Estas son las palabras de Isis, la gran diosa, la reina de los dioses, que conoció a Ra por su propio nombre.[1]

La creencia en un solo Dios

Así vemos que hasta al gran dios Ra se le atribuían todas las debilidades y fragilidades de los hombres mortales, y que los «dioses» y «diosas» eran clasificados junto con bestias y reptiles, que podrían morir y perecer. Consecuentemente, parece que la palabra «Dios» debería preservarse para el Creador del Universo, y que *neteru*, generalmente traducida como «dioses», debería traducirse por alguna otra palabra, pero es casi imposible decir cuál habría de ser esa otra palabra.[2]

A partir de los atributos divinos descritos en los textos egipcios de todos los periodos, el doctor Brugsch, de Rougé y otros egiptólogos eminentes han llegado a la opinión de que los habitantes del valle del Nilo, desde los primeros tiempos, conocían y adoraban a un Dios sin nombre, incomprensible y eterno. En 1860, de Rougé escribió: «La unidad de un

1. El texto hierático de esta historia fue publicado por Pleyte y Rossi, *Le Papyrus de Turin*, 1869-1876, pp. 31-77 y 131-138; una traducción francesa fue publicada por M. Lefébure, que antes reorganizó el verdadero carácter de la composición en *Aeg. Zeitschrift*, 1883, p. 27; y Wiedeman sacó a la luz una traducción alemana en su colección de «Sonnensagen», *Religion der alten Aegypter*, Münster, 1890, p. 29.
2. En hebreo existe una dificultad similar, puesto que אֱלֹהִים significa tanto «Dios» como «dioses»; compárese el Salmo lxxxii, I.

ser supremo y autoexistente, su eternidad, su omnipotencia, y su reproducción externa por tanto como Dios; la atribución de la creación del mundo y de todos los seres vivos a este Dios supremo; la inmortalidad del alma, completada por el dogma de los castigos y recompensas: tal es la sublime y persistente base que, a pesar de todas las desviaciones y de todos los embellecimientos mitológicos, debe asegurar a las creencias de los antiguos egipcios el lugar más honorable entre las religiones de la antigüedad».[1] Nueve años después desarrolló su visión, comentó la dificultad de reconciliar la creencia en la unidad de Dios con el politeísmo existente en Egipto desde los primeros tiempos y repitió su convicción de que los egipcios creían en un Dios autoexistente que era Un Ser, que había creado al hombre y que le había dotado de un alma inmortal.[2] De hecho, de Rougé amplía lo que Champollion-Figeac (basándose en la información de su hermano) escribió en 1839: «La religión egipcia es un puro monoteísmo que se manifiesta externamente como politeísmo simbólico».[3] M. Pierret adopta la visión de que los textos nos muestran que los egipcios creían en un Dios infinito y eterno, sin segundo, y repite la declaración de Champollion.[4] Pero el más reciente partidario de la teoría monoteísta es el doctor Brugsch, que ha reunido una serie de sorprendentes pasajes de los textos. De dichos pasajes, podemos seleccionar el siguiente:

> «Dios es uno y único, y ningún otro existía con Él: Dios es el Uno, el Uno que hizo todas las cosas; Dios es un espíritu, un espíritu oculto, el espíritu de espíritus, el gran espíritu de los Egipcios, el espíritu divino; Dios es desde el principio, y Él había sido desde el

---

1. «Études sur le Rituel Funéraire des Anciens Égyptiens», *Revue Archéologique*, Paris, 1860, p. 72.
2. «La croyance à l'Unité de Dieu suprême, à ses attributs de Créateur et de Législateur de l'homme, qu'il a doué d'une âme immortelle; voilà les notions primitives enchâssées como des diamants indestructibles au milieu des superfétations mythologiques accumulées par les siècles qui ont passé sur cette vieille civilization. Véase Conférence sur la Religion des anciens Égyptiens», *Annales de Philosophie Chrétienne*, 5 serie, t. xx, Paris, 1869, pp. 325-337).
3. *Égypte*, Paris, 1839, p. 245, col. I.
4. *Le Panthéon Égyptien*, Paris, 1881, p. 4.

principio; Él existió desde la antigüedad y era cuando nada más era. Él existió cuando nada más existía, y Él creó lo existente después de haber venido a ser; Él es el padre de los principios: Dios es el Uno eterno, Él es eterno e infinito, y perdurará por siempre; Dios está escondido y ningún hombre tiene conocimiento de Su forma. Ningún hombre ha sido capaz de parecerse a Él; Él permanece oculto a los dioses y a los hombres, y es un misterio para sus criaturas: Ningún hombre sabe cómo conocerlo: Su nombre permanece oculto; Su nombre es un misterio para Sus hijos. Sus nombres son innumerables, son múltiples y nadie conoce su número; Dios es verdad y Él vive por la verdad y de ella se alimenta. Él es el rey de verdad, y ha establecido la tierra sobre esto; Dios es vida, y sólo a través de Él vive el hombre. Él dio vida al hombre, Él alentó el aliento de vida en sus fosas nasales; Dios es padre y madre, el padre de padres, la madre de madres. Él concibió, pero nunca fue concebido; Él produjo, pero nunca fue producido; Él se engendró a sí mismo y se produjo a sí mismo. Él creó, pero nunca fue creado; Él es el fabricante de Su propia forma, y el diseñador de Su propio cuerpo; Dios Mismo es existencia, Él perduró sin incremento ni disminución, Él se multiplicó millones de veces, y Él es múltiple en formas y en miembros; Dios hizo el universo y todo lo que contiene; Él es el creador de lo que hay en el mundo, y de lo que fue, ha sido y será. Él es el creador de los cielos, y de la tierra, y de lo profundo, y del agua, y de las montañas. Dios estiró los cielos y fundó la tierra; Lo que su corazón concibió ocurrió inmediatamente, y cuanto Él dijo ocurrió y perduró eternamente; Dios es el padre de los dioses; Él diseñó a los hombres y creó a los dioses; Dios es misericordioso hacia quienes le reverencian, y escucha a quienes le invocan. Dios sabe quién le reconoce, y recompensa a quien le sirve, y protege a quienes le siguen.[1]

1. Brugsch, *Religion und Mythologie*, pp. 96-99. Todo el capítulo sobre el concepto de Dios en el antiguo Egipto debe leerse con los comentarios de M. Maspero sobre él en «La Mythologie Égyptienne», *Études de Mythologie*, t. ii, p. 189.

Monoteísmo y politeísmo coexisten

Sin embargo, como el politeísmo coexistía en Egipto con el monoteísmo, M. Maspero cree que las palabras «Dios Uno» no significan «un Dios», en el sentido que nosotros le damos; y el señor Renouf piensa que el «*nutar* egipcio nunca llegó a ser un nombre propio».[1] No nos aventuraremos a decir si en Egipto el monoteísmo creció del politeísmo o viceversa, puesto que las pruebas halladas en los textos de las pirámides muestran que ya en la v dinastía ambos florecían conjuntamente. Tiele opina que la religión egipcia en un principio fue politeísta, pero que se desarrolló en dos direcciones opuestas: en una dirección, los dioses se multiplicaron por la adición de dioses locales, y en la otra los egipcios se acercaron cada vez más al monoteísmo.[2]

El sol, el emblema de Dios

A partir de una serie de pasajes extraídos de textos de todos los periodos, queda claro que el modo en que Dios se manifestaba al hombre sobre la tierra era el sol, que los egipcios llamaban Ra 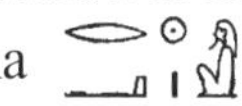,[3] y que todos los demás dioses y diosas eran formas de él. Las principales autoridades en cuanto a los epítetos aplicados a Dios y a Su emblema visible, el sol, son los himnos y letanías inscritos en las paredes de las tumbas,[4] estelas y papiros[5] de la XVIII dinastía; y éstos prueban que los egipcios atribuían los atributos del Creador a la criatura. Las ideas religiosas

1. *Hibbert Lectures*, p. 99.
2. «Hypothezen omtrent de wording van den Egyptischen Godsdienst», *Geschiedenis van der Godsdienst in de Oudheid*, Amsterdam, 1893, p. 25; y véase Lieblein, *Egyptian Religion*, Leipzig, 1884, p. 10.
3. Véase el capítulo «Dieu se manifestant par le soleil», *Pierret, Essai sur la Mythologie Égyptienne*, pp. 18 y 19.
4. Por ejemplo, la letanía de la tumba de Seti I, publicada por Naville, *La Litanie du Soleil*, Leipzig, 1875, p. 13.
5. Por ejemplo, *Hymn to Amen-Ra*, traducido por Goodwin del papiro número 7, ahora preservado en el Museo Gîzeh (véase *Les Papyrus Égyptiens du Musée de Boulaq*, ed. Mariette, Paris, 1872, pp. 11-13; *Records of the Past*, vol. i, p. 127 y sig., y *Trans. Soc. Bibl. Arch.*, vol. ii, p. 250), y Grébaut, *Hymne à Amon-Ra*, Paris, 1874; *Hymns to Amen*, traducidos por Goodwin (véase *Records of the Past*, vol. vi, p. 97 y sig.; *Trans. Soc. Bibl. Arch.*, vol. ii, p. 353), y Chabas (*Mélanges Égyptologiques*, 1870, p. 117); *Hymn to Osiris*, traducido por Chabas (*Revue Archeologique*, t. xiv, Paris, 1857, p. 65), y Goodwin (*Records of the Past*, vol. iv, p. 97). Las diversas versiones del capítulo XV del Libro de los Muertos, consistentes en una serie de himnos, se dan en la edición tebana de Naville (*Todtenbuch*, Bd. I, Bll. 14-23), y el texto de la versión posterior de Saïta está comentado y traducido por Lefébure en *Traduction comparée des hymnes au Soleil*, Paris, 1868, 4to.

que encontramos en los escritos de la XVIII dinastía son, sin duda, el resultado de la religión de tiempos anteriores, porque todas las pruebas de que disponemos actualmente demuestran que los egipcios de periodos posteriores inventaron comparativamente poco en lo tocante a la literatura religiosa. Por desgracia, se sabe muy poco sobre dónde, cómo y de qué modo consiguieron preservar sus textos más antiguos. A lo largo del tiempo vamos viendo que los atributos de un dios en un periodo se aplican a otros dioses en otro. A veces se forma un nuevo dios por la fusión de dos o más dioses; los dioses locales, en circunstancias favorables o a consecuencia de una guerra, casi llegan a convertirse en nacionales; y los compañeros de Osiris son dotados por los piadosos de todos los atributos de los grandes dioses cósmicos: Ra, Ptah, Khnemu, Khepera y similares. Así, los atributos de Ra son otorgados a Khnemu y Khepera; y el dios Horus posee múltiples aspectos, como Heru-maati, Heru-khent-an-maa, Heru-Khuti, Heru-nub, Heru-behutet, etc. Los atributos de cada uno de ellos se confunden en distintos periodos y localidades: Tmu-Ra, Menthu-Ra y Amen-Ra están compuestos de Tmu y Ra, Menthu y Ra y Amen y Ra respectivamente, y hemos visto a partir del himno citado anteriormente (p. 58) que ya en la XVIII dinastía el dios Osiris había absorbido los atributos que en anteriores dinastías sólo pertenecían a Ra.

Confusión de dioses

No obstante, aún es más notable el progreso del dios Amen en la teología egipcia. En el Primer Imperio, es decir, durante las primeras once dinastías, este dios sólo estaba clasificado como dios local, aunque su nombre se remonta como mínimo a los tiempos de Unas.[1] Amen no fue reconocido como dios de, al menos, todo el sur de Egipto hasta que los reyes tebanos de la XVII dinastía, que lo habían elegido como su gran dios y cuya adoración se negaron a abandonar cuando los conminó a hacerlo el rey hicso Apepi,[2] hubieron expulsados de Egipto a los hicsos. Al haber alcanzado la posición de presidir a los demás dioses egipcios por ser el dios de los conquistadores, recibió los atributos de los dioses

Historia del dios Amen

1. «Amen y Ament»  son mencionados en 1558 de la inscripción de este rey; véase Maspero, *Recueil*, t. iv, p. 66.
2. La literatura relacionada con el fragmento del papiro Sallier que registra este hecho fue publicada por Wiedemann en *Aegyptische Geschichte*, p. 299.

más antiguos, y poco a poco fue absorbiendo todos sus epítetos. Así, Amen se convirtió en Amen-Ra, y la gloria de los antiguos dioses de Annu, o Heliópolis, se concentró en el que originalmente había sido un oscuro dios local. Su adoración en Egipto fue continuada por los sacerdotes del gran colegio de Amen, que según parece fue establecido a comienzos de la XVIII dinastía por los reyes que eran sus devotos adoradores. Este extracto de un papiro escrito para la princesa Nesi-Khonsu,[1] miembro del sacerdocio de Amen, es un ejemplo del exaltado lenguaje con el que sus devotos se dirigían a él:

> «Éste es el dios sagrado, el señor de todos los dioses, Amen-Ra, el señor del trono del mundo, el príncipe de Apt,[2] el alma sagrada que vino a ser en el principio, el gran dios que vivió con rectitud y verdad, la primera enéada que dio a luz a las otras dos enéadas,[3] el ser en el que todos los dioses existen, el Uno de Uno,[4] el creador de las cosas que vinieron a ser cuando la tierra tomó forma al principio, cuyos nacimientos están escondidos, cuyas formas son múltiples y cuyo crecimiento no puede ser conocido. La forma Sagrada, amada, terrible y poderosa en sus dos manifestaciones [?], el señor del espacio, el poderoso de la forma de Khepera, que vino a existir a través de Khepera, el señor de la forma de Khepera; cuando él vino a ser, no existía nada más que él.
>
> Él brilló sobre la tierra en los tiempos primigenios [en forma de disco], siendo príncipe de luz irradiante. Él daba luz irradiante. Él dio la luz a todos los pueblos. Navega por el cielo sin descansar nunca, y al día siguiente tiene tanto vigor como el anterior; después de haber envejecido [hoy], vuelve a rejuvenecer mañana. Él domina las fronteras de la eternidad, da vueltas por el cielo y entra en el Tuat para iluminar los dos países que ha creado. Cuando el divino

1. Maspero publicó el texto hierático con una transcripción jeroglífica en *Mémoires publiés par les Membres de la Mission Archéologique Française au Caire*, t. i, p. 594, y pp. 25-27.
2. Un distrito de Tebas en la orilla oriental del Nilo, el moderno Karnak.
3. Véase más adelante, p. 110.
4. 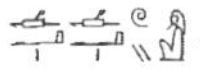.

o poderoso Dios[1] se moldeó a sí mismo, los cielos y la tierra fueron hechos por su concepción.[2] Él es el príncipe de príncipes, el más poderoso de los poderosos; él es superior a los dioses; es el toro joven con cuernos afilados, y protegió al mundo en su grandioso nombre, "la Eternidad llegó mediante su poder, trayendo consigo los confines de la eterna duración". Él es el primer nacido entre los dioses, el dios que existió desde el principio, el gobernador del mundo a causa de su fuerza, el terrible de los dos dioses-leones,[3] el anciano, la forma de Khepera que existió en todos los dioses, el león de mirada impresionante, el terrible gobernador a causa de sus dos ojos,[4] el señor que lanzó la llama [desde sí] contra sus enemigos. Él es el agua primigenia que fluyó a su debido tiempo para hacer vivir todo lo que surgió de su rueda de alfarero.[5] Él es el disco lunar, cuya belleza interpenetra el cielo y la tierra, el rey benéfico e infatigable cuya voluntad germinó desde el amanecer hasta el atardecer, de cuyos ojos divinos surgen los hombres y las mujeres, y de cuya boca vienen los dioses, y [por quien] el alimento y la carne y la bebida son hechos y provistos, y [por quien] son creadas las cosas que existen. Él es el señor del tiempo y atravesó la eternidad; es el anciano que renovó su juventud; él tenía multitudes de ojos y miríadas de oídos; sus rayos son los guías de millones de hombres; él es el señor de la vida y dio toda la tierra a quienes le aman, y ellos están bajo la protección de su rostro. Cuando él avanza, trabaja sin oposición, y nadie puede limitar los efectos de sus actos. Su nombre es grácil y su amor es dulce; y, al amanecer, todo el pueblo le suplica, clamando a su inmenso poder y a su terrible fuerza, y todos los dioses le temen. Él es el joven toro que destruyó a los malvados, y su fuerte brazo luchó contra sus enemigos. A través de él, la tierra

1. *neter netra*. M. Maspero «dieus exerçant sa fonction de dieu, dieu en activité de service», o «dieu déisant».

2. Literalmente, «su corazón», *ab-f*.

3. Shu y Tefnut.

4. El Sol y la Luna, *ut'ati*.

5. *nehep*; Brugsh da otros ejemplos del uso de esta palabra en *Wörterbuch* (Suppl., p. 690).

vino a ser al principio. Él es el Alma que brilló a través de sus ojos divinos, él es el Ser dotado de poder y el creador de todo lo que ha venido a ser; él ordenó el mundo y no puede ser conocido. Él es el Rey que hace reinar a los reyes, y dirige el mundo para que siga su curso; los dioses y diosas se inclinan en adoración ante su Alma, a causa del imponente terror que causa. Él se fue anteriormente, y dispuso todo aquello que debía seguirle, y al principio creó el universo mediante sus consejos secretos. Él es el ser que no puede ser conocido, y está más oculto que todos los dioses. Él creó el Disco para que fuera su vicario, y él mismo no puede ser conocido, y se ocultó de aquello que había surgido de él. Él es una brillante llama de fuego, de poderoso esplendor, y sólo puede ser visto con la forma que muestra, y sólo puede ser mirado cuando se manifiesta, y lo que hay en él no puede ser comprendido. Al amanecer del día, todos los pueblos le suplican, y cuando se eleva con tonos naranjas y azafrán entre la compañía de los dioses, se convierte en el más deseado de cada dios. El dios Nu apareció con el aliento del viento del norte en este dios oculto, que creó para incontables millones de hombres los decretos que éstos han de observar siempre; sus decretos son gráciles y hacen el bien, y no se caen al suelo hasta haber cumplido su propósito. Él dio larga vida y multiplicó los años de aquellos a los que favorece; él es el gracioso protector de quienes lleva en su corazón, y es quien ha ideado la eternidad y la eterna duración. Él es el rey del Norte y del Sur, Amen-Ra, rey de los dioses, el señor del cielo y de la tierra, de las aguas y de las montañas, con cuyo venir a ser la tierra comenzó su existencia, el poderoso, más principesco que todos los dioses de la primera compañía».

Teorías sobre el origen de los dioses

Con respecto al origen de los dioses egipcios, se puede obtener mucha información útil de los textos de las pirámides. A partir de dichos textos parece que, en los primeros tiempos, los egipcios habían intentado elucidar y explicarse a sí mismos el origen de sus dioses y grupos de dioses. Según M. Maspero,[1] lo reducían todo a una especie de materia

1. «La Mythologie Égyptienne», *Études*, t. ii, p. 237.

primigenia que, según creían, lo contenía todo de forma embrionaria; esta materia era agua, *Nu*, a la que deificaban, y todo lo que surgía de ella era un dios. Muy al principio, los sacerdotes de Annu agruparon a los nueve dioses mayores de Egipto, formando lo que se denomina *paut neteru* , o «compañía de los dioses», o tal como está escrito en el texto de las pirámides, *paut aat* , «la gran compañía de los dioses»; los textos también muestran que había una segunda compañía de nueve dioses llamada *paut net eset* , o «compañía menor de dioses»; y también se conoce una tercera compañía. Cuando nos dirigimos a estos tres *pauts* de dioses, aparecen como .[1] El gran ciclo de los dioses de Annu estaba compuesto por Tmu, Shu, Tefnut, Seb, Nut, Osiris, Isis, Set y Neftis; pero, aunque *paut* significa «nueve», los textos no siempre limitan un *paut* de dioses a ese número, porque a veces llegan a doce, y en otras ocasiones, aunque el número sea nueve, hay otros dioses que sustituyen a los dioses originales del *paut*. Naturalmente, debemos esperar que Ra se alce a la cabeza del gran *paut* de los dioses; pero hemos de recordar que el principal dios local de Annu era Tmu, y, a medida que los sacerdotes de esa ciudad revisaron y corrigieron los textos de las pirámides que hemos llegado a conocer, lo sustituyeron de manera natural por su propia forma del dios Ra, o en el mejor de los casos unieron a Tmu con Ra, llamándole Tmu-Ra. El dios Tmu vivía en la materia primigenia o agua, y cuando se alzó por primera vez en forma de sol, creó el mundo. Aquí tenemos a Tmu asimilado con Nu. Un curioso pasaje de la pirámide de Pepi I nos muestra que aunque de momento no había ni cielo ni tierra, y cuando no había nacido ninguno de los dioses, ni los hombres habían sido creados, el dios Tmu era el padre de los seres humanos,[2] incluso antes de que la muerte llegara al mundo. El primer acto de Tmu fue crear de su propio cuerpo al dios Shu y a la diosa

1. Véase Pirámide de Teta, l. 307 (Maspero, *Recueil de Travaux*, t. v, p. 46).

2. *Recueil de Travaux*, t. viiii, p. 104 (l. 664). El pasaje dice así:

mes *Pepi* *pen* *ȧn* *ȧtf* *Tem* *ȧn* *χepert* *pet* *ȧn*

Tefnut;[1] y después Seb, la tierra, y Nut, el cielo, vinieron a ser. A éstos los siguieron Osiris e Isis, Set y Neftis.

La versión del doctor Brugsch sobre el origen de los dioses tal como la expone en su último trabajo sobre el tema[2] es algo diferente. Según él, al principio no había cielo ni tierra, y no existía nada más que una masa primigenia e ilimitada de agua que estaba velada por la oscuridad y contenía en sí misma los gérmenes o principios, masculino y femenino, de todo lo que había de ser en el futuro mundo. El divino espíritu primigenio que formaba parte esencial de la materia primigenia sintió dentro de sí el deseo de empezar el trabajo de la creación, y su palabra despertó a la vida al mundo, cuya forma y contornos ya había delineado para sí mismo. El primer acto de creación comenzó con la formación de un huevo[3] a partir del agua primordial, del que surgió Ra, la causa inmediata de toda la vida sobre la tierra. El poder omnipotente del espíritu divino se encarnó en su forma más brillante en el sol naciente. Cuando la masa inerte de materia primigenia sintió el deseo del espíritu primigenio de empezar el trabajo de creación, comenzó a moverse, y las criaturas que iban a constituir el mundo futuro se formaron de acuerdo con la divina inteligencia *Maa*. Bajo la influencia de Thoth, esa forma de la inteligencia divina que creó el mundo mediante la palabra, surgieron de la Nu primordial ocho elementos, cuatro masculinos y cuatro femeninos,

---

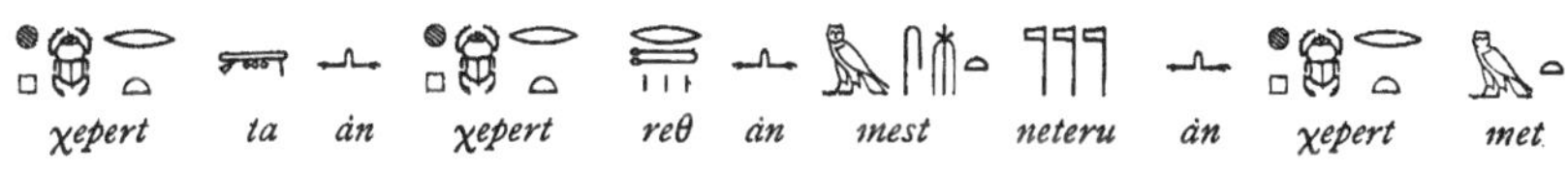

Dio a luz a Pepi este padre Tmu [cuando] no había sido creado el cielo, no había sido creada la tierra, no habían sido creados los hombres, no habían nacido los dioses, no había sido creada la muerte.

1. 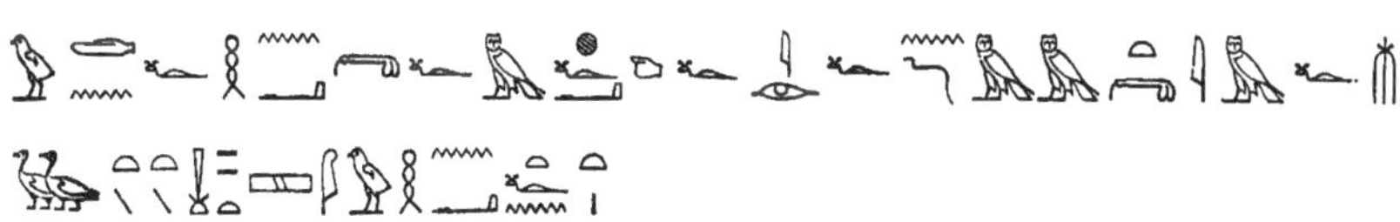

Recueil de Travaux, t. viii, p. 170 (l. 466).

2. *Religion und Mythologie*, p. 101.
3. Lefébure ha reunido una serie de datos valiosos relacionados con el lugar del huevo en la religión egipcia, *Revue de l'Histoire des Religions*, t. xvi, Paris, 1887, p. 16.

que poseían las propiedades de ambos géneros. Estos ocho elementos fueron llamados Nu y Nut.[1] Heh y Hehet,[2] Kek y Keket,[3] y Enen y Enenet,[4] o *Khemennu*, los «Ocho», que eran considerados los padres y madres primigenios.[5] A menudo se los representa con la forma de cuatro simios masculinos y otros cuatro femeninos , que están de pie en actitud de adoración, y saludan la salida del sol con canciones e himnos de alabanza,[6] pero también aparecen como formas humanas masculinas y femeninas, con cabezas de sapos o serpientes.[7] El nacimiento de la luz a partir de las aguas, del fuego a partir de la humedad de la masa de materia primigenia y de Ra a partir de Nu fue el punto de partida de todas las especulaciones, conjeturas y teorías mitológicas de los sacerdotes egipcios.[8] La luz del sol se engendró a sí misma a partir del caos, y la concepción del mundo futuro estaba retratada en Thoth, la divina inteligencia; cuando Thoth pronunció la palabra, sus órdenes se plasmaron inmediatamente por medio de Ptah y Khnemu, los representantes visibles del poder que convirtió la orden deThoth en acto. Khnemu creó el huevo del sol,[9] y Ptah dio al dios de la luz un cuerpo acabado.[10] El primero *paut* de dioses estaba compuesto por Shu, Tefnut, Seb, Nut, Osiris, Isis, Set, Neftis y Horus, y su gobernador, Tmu o Atmu.[11]

Relato egipcio de la creación

En una copia posterior de una obra titulada el «Libro del conocimiento de las evoluciones de Ra», el dios Neb-er-tcher, el «señor de la compañía de los dioses», cuenta la historia de la creación y del nacimiento de los dioses: «Yo soy aquel que ha evolucionado bajo la forma del dios Kephera, Yo, el evolucionador de las evoluciones evolucioné en mí mismo, el evolucionador de todas las evoluciones, después de

1. Brugsch, *Religion*, pp. 128 y 129.
2. *Ibid.*, p. 132.
3. *Ibid.*, p. 140.
4. *Ibid.*, p. 142.
5. *Ibid.*, p. 148.
6. *Ibid.*, p. 149 y 152.
7. *Ibid.*, p. 158.
8. *Ibid.*, p. 160.
9. *Ibid.*, p. 161.
10. *Ibid.*, p. 163.
11. *Ibid.*, p. 187.

muchas evoluciones y desarrollos que surgieron de mi boca.[1] No existían los cielos, ni la tierra, ni los animales terrestres o reptiles habían venido al ser. Yo los formé a partir de la masa inerte de materia acuosa; Yo no encontré lugar en el que estar [...]. Yo estaba solo, y los dioses Shu y Tefnut aún no habían surgido de mí; no había nadie más trabajando conmigo. Yo puse los cimientos de todas las cosas por mi voluntad, y a partir de ahí todas las cosas evolucionaron.[2] Yo me uní a mi sombra, e hice surgir de mí a Shu y Tefnut; así, de ser un dios me convertí en tres, y Shu y Tefnut dieron nacimiento a Nut y Seb, Nut dio nacimiento a Osiris, Horus-Khent-an-maa, Sut, Isis y Neftis, a partir de un nacimiento, y un nacimiento tras otro, sus hijos se multiplicaron sobre esta tierra».[3]

Resumen de teorías

El lector tiene ahora ante él los principales datos con relación a las nociones egipcias sobre Dios, los poderes cósmicos y sus fases, así como las creaciones antropomórficas con las que poblaron el otro mundo, todas ellas derivadas de la literatura nativa del antiguo Egipto. Las diferentes interpretaciones que distintos egiptólogos atribuyen a los hechos demuestran la dificultad del tema. Hablando en líneas generales, los intérpretes pueden dividirse en dos clases: los que otorgan a los egipcios una serie de ideas abstractas respecto a Dios, la creación del mundo y la vida futura, esencialmente similares a las ideas de las modernas naciones cristianas, y quienes consideran la mente egipcia como la de un ser semisalvaje que tenía ocasionalmente algunos vislumbres espirituales. Todas las naciones orientales tienen dificultades a la hora de separar los conceptos espirituales de los corpóreos, y la egipcia no es la excepción a esta regla; pero si preservó la burda idea de una existencia primigenia junto con la idea sublime del Dios que se manifiesta en los escritos de épocas posteriores, parece que esto se debe más al respeto por la tradición hereditaria que a la ignorancia. Sin tratar de elucidar cuestiones que

1. La versión alternativa dice: «Yo me desarrollo de la materia primigenia que Yo he hecho», y añade: «Mi nombre es Osiris 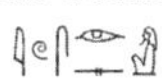, la sustancia de la materia primigenia».
2. La versión alternativa dice: «He traído a mi propia boca mi nombre como palabra de poder, y vine directamente a ser».
3. El papiro del que han sido tomados estos extractos se halla en el Museo Británico, n.º 10. 188. Su transcripción jeroglífica y traducción se encuentran en *Archeologia*, vol. iii, pp. 440-443. Para los pasajes citados, veáse Col. 26, l. 22; Col. 28, l. 20; Col. 29, l. 6.

han presentado dificultades a los grandes egiptólogos, se puede decir sin temor a equivocarse que el egipcio cuya mente concibió la existencia del Dios desconocido, inescrutable, eterno e infinito, que era Uno —cualquiera que sea el significado de la palabra Uno en este caso— y que creía en una vida futura que había de transcurrir en un cuerpo glorificado en el cielo no era un ser cuyas necesidades espirituales quedarían satisfechas con la creencia en dioses que podían comer, beber, amar y odiar, luchar, envejecer y morir. Dicha mente fue incapaz de describir al Dios infinito, siendo ella misma finita, y no debe sorprendernos que, en algunos aspectos, creara a Dios a su propia imagen.

La morada de los benditos

El cielo egipcio

Los dioses egipcios moraban en el cielo con sus *kas, khus* y sombras, y eran recibidos por los benditos muertos para que habitaran con ellos. Este cielo estaba situado sobre la tierra y los egipcios creían que era como un techo de hierro, plano o abovedado, y que se correspondía en forma y extensión con la tierra que tenía debajo. Este techo era rectangular, y estaba sostenido en cada esquina por un pilar ; en esta idea tenemos, como ha observado Maspero, la supervivencia del árbol-tejado de las naciones más primitivas. En una época muy temprana los cuatro pilares se identificaron con «los cuatro antiguos *khus* que habitan en el cabello de Horus»,[1] de los que también se decía que eran «los cuatro dioses que se yerguen junto a los pilares-cetros del cielo».[2] Estos cuatro dioses son los «hijos de Horus», ,[3] y sus nombres son Amset , Hapi , Tuamautef y Qebhsennuf

1. *Recueil de Travaux*, t. iv, p. 55 (l. 473); y compárese con .
Recueil de Travaux, t. v, p. 186 (l. 171).
2. . *Ibid.*, t. v, p. 27 (l. 233).
3. *Ibid.*, p. 39 (l. 281).

El cielo egipcio

[hieroglyphs].[1] Supuestamente presidían los cuatro rincones del mundo, y posteriormente fueron reconocidos como los dioses de los cuatro puntos cardinales. Los egipcios llamaron al cielo *pet* [hieroglyphs]. Una visión menos primitiva hacía que los cielos tuvieran la forma de la diosa Nut [hieroglyphs], representada como una mujer con el cuerpo encorvado hacia atrás, y con los pies y las manos descansando en el suelo [hieroglyph]. En este caso, los dos brazos y las dos piernas forman los cuatro pilares sobre los que se sostienen los cielos. Nut, la diosa del cielo, era la esposa de Seb, el dios de la tierra, de cuyo abrazo fue separada por Shu, el dios del aire; cuando se produjo esta separación, la tierra, el aire y el cielo (físico) vinieron a ser. El señor Lanzone ha reunido una serie de ilustraciones de este evento procedentes de los papiros y otros documentos,[2] donde vemos a Seb tumbado en el suelo y a Shu levantando a Nut con los brazos estirados.

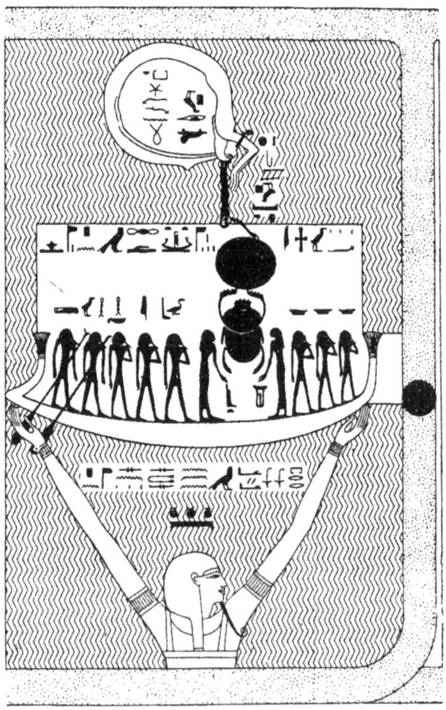

Figura 1

1. *Recueil de Travaux*, p. 10 (l. 60).
2. *Dizionario di Mitologia Egizia*, tavv. 150 y ss.

El cielo egipcio.

Los pies de la diosa descansan sobre el este, y sus manos sobre el oeste; esto se muestra en la escena donde Shu está acompañado por dos mujeres que tienen sobre sus cabezas el «este» y el «oeste» respectivamente.[1] El hijo de la unión de Seb y Nut fue el sol, que nació en el este por la mañana e hizo su recorrido a lo largo del cuerpo de su madre hasta que se puso por la tarde en el oeste.

La luna siguió el curso del sol a lo largo del cuerpo de su madre, pero a veces se representa a una segunda mujer inclinada debajo de Nut[2] (fig. 2), y se cree que representa el cielo nocturno por el que viaja la luna.

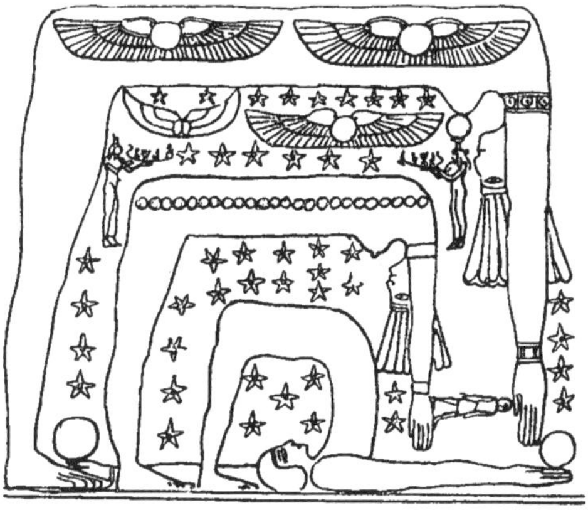

Figura 2

En una imagen interesante publicada por M. Jéquier,[3] se retrata a la diosa tumbada con los brazos plenamente estirados sobre la cabeza; sobre su pecho está el disco solar y sobre su estómago el disco lunar. Quienes creían que el cielo era una plancha de hierro imaginaban que las estrellas eran una serie de lámparas que colgaban de ella, y quienes lo retrataban como una diosa llenaban su cuerpo de estrellas. En una de las escenas, las barcas matinales y nocturnas de Ra navegan por la espalda de Nut;[4] otra escena retrata a Shu sosteniendo la barca del sol en la que se

1. *Dizionario di Mitologia Egizia*, tav. 158.
2. *Ibid.*, op. cit., tav. 155.
3. *Le Livre de ce qu'il y a dans l'Hadès*, p. 3.
4. *Ibid.*, tav. 157.

inserta el disco sobre el horizonte .[1] En una tercera imagen procedente del sarcófago de Seti I se representa a Nu, el dios del agua primigenia, sosteniendo la barca del sol, donde vemos al escarabajo con el disco solar frente a él y acompañado por Isis y Neftis, que están de pie a ambos lados; detrás de Isis se alzan los dioses Seb, Shu, Hek, Hu y Sa, y detrás de Neftis se encuentran tres deidades que representan las puertas a través de las cuales el dios Tmu se ha abierto camino hacia el mundo.[2]

El Tuat, o morada de los muertos

Dentro de las dos figuras femeninas inclinadas que representan el día y la noche, a las que nos hemos referido antes (fig. 2), hay una tercera figura que está doblada en redondo formando un círculo; según el doctor Brugsch, el espacio contenido por ella representa el Tuat [3], o submundo egipcio, donde viven los dioses de los muertos y las almas que han partido. La escena del sarcófago de Seti I (fig. 1) apoya este punto de vista. En el espacio acuoso sobre la barca está la figura del dios doblado en círculo con los dedos de los pies tocándole la cabeza, y sobre su cabeza se alza la diosa Nut con los brazos estirados recibiendo el disco solar.[4] En el espacio encerrado por el cuerpo del dios se puede leer: «Éste es Osiris; su circuito es el Tuat».[5] Aunque prácticamente todos los egiptólogos están de acuerdo en que el significado de la palabra es «el lugar de las almas que han partido», ha sido traducida de diversas maneras, pues los diferentes eruditos sitúan el Tuat en distintos lugares de la creación. El doctor Brugsch y otros lo emplazan debajo de la tierra,[6] y otros suponen que está en el espacio existente entre los brazos de Shu y el cuerpo de Nut,[7] pero una teoría propuesta más recientemente dice que no estaba ni por encima ni por debajo de la tierra, sino más allá de Egipto en dirección norte, separado por la cordillera que, según los egipcios, sostenía el cielo.[8] La región del Tuat era un largo valle montañoso recorrido

1. *Le livre de ce quil y a dans l'Hadès*, tav. 158.
2. Brugsch, *Religion und Mythologie*, p. 216.
3. *Ibid.*, p. 211.
4. La leyenda dice , «Ésta es Nut, ella recibió a Ra».
5. .
6. *Wörtenbuch*, p. 1622.
7. Lanzone, *Domicile des Esprits*, p. 1; *Dizionario*, p. 1292.
8. Maspero, «La Mythologie Égyptienne», *Études*, t. ii, p. 207; Jéquier, *Le Livre*, p. 3. El pico montañoso oriental se llamaba Bakhatet, y el occidental Manu.

por un río; partiendo del este, se abría paso hacia el norte y, después, tomando la dirección circular, volvía al este. En el Tuat vivían todo tipo de terribles monstruos y bestias, y éste era el país que el sol recorría durante las doce horas de la noche; según una de las visiones, el sol recorría esta región esplendorosamente, y según otra moría y se convertía en sirviente del rey Osiris, dios y juez del reino de los que han partido.

Los campos de Aaru y Hetep

Según una visión muy antigua, las almas de los muertos se abrían camino hasta su morada en el «otro mundo» con ayuda de una escalera, y, según otra, lo hacían a través de una apertura en las montañas de Ábidos llamada Peka . Fuera cual fuese su modo de irse de la tierra, su destino era una región del Tuat que en los textos de la pirámide y posteriores recibe el nombre de Sekhet-Aaru,[1] y estaba situada en el Sekhet-Hetep,[2] que supuestamente se encontraba al norte de Egipto. Allí habitaban Horus y Set, puesto que los campos de Aaru y Hetep son sus dominios;[3] aquí entra el fallecido con dos de los hijos de Horus a un lado y otros dos al otro,[4] y «los dos grandes jefes que presiden el trono del gran dios proclaman su poder y su vida eterna».[5]

Aquí el alma se identifica con el Dios supremo, se declara que es «uno»[6] y los cuatro hijos de Horus proclaman su nombre ante Ra. Tras ir al norte del Campo de Aaru, hace su recorrido hacia la porción oriental del Tuat, donde, según una leyenda, se vuelve como la estrella de la mañana, estando cerca[7] de su hermana Sothis.[8] Aquí vivió en la forma de la estrella Sothis, y «las grandes y pequeñas compañías de los dioses le purifican en la Osa Mayor».[9] Los teólogos egipcios concebían que era necesaria una escalera para que las almas ascendieran al mundo siguiente,

1. El campo de plantas de junco.
2. El Campo de Paz.
3. . *Recueil de Travaux*, t. v, p. 191. (l.182).
4. 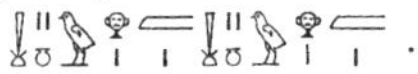. *Ibid.*, p. 150 (l. 262).
5. *Ibid.*, t. vii, p. 163 (l. 402).
6. . *Ibid.*, t. iv, p. 49 (l. 432).
7. *Ibid.*, t. v, p. 186 (ll. 80, 172, 177).
.
8. *Ibid.*, t. iv, p. 55 (l. 475).
9. 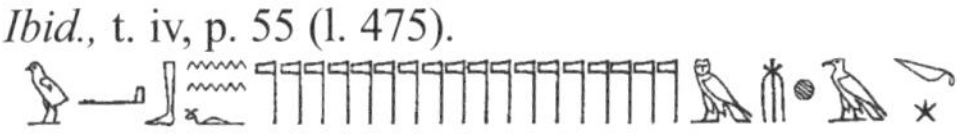. *Ibid.*, t. iv, p. 68 (l. 567).

Los campos de Aaru y Hetep

y también les ofrecían una instrucción que debían pronunciar al llegar arriba. Tal como aparece en la pirámide de Unas, se lee así:[1] «Salve a Ti, oh Nau, que estás [sentado] sobre la orilla del Lago de Kha, abre un camino a Unas, déjale pasar. Salve a ti, oh tú toro de cuatro cuernos, tú que tienes un cuerno hacia el oeste, y otro hacia el este, y otro hacia el norte y otro hacia el sur [...], deja pasar a Unas, puesto que él es un ser procedente del Amenta purificado, procedente del país de Baqta. Salve a ti, oh, Sekhet-Hetep, salve a ti, y a los campos que están en ti, los campos de Unas están en ti, porque las ofrendas puras están en ti».

El poder de los dioses de Annu

Los dioses de Annu también podían encargar el cuidado de las almas de los muertos a los dioses superiores; esto es lo que se dice en la pirámide de Unas: «Oh dioses del oeste, oh dioses del este, oh dioses del sur, oh dioses del norte, vosotras cuatro [órdenes de dioses] que abrazáis los cuatro extremos sagrados del universo y que garantizasteis a Osiris la llegada al cielo, y la navegación por sus aguas con su hijo Horus a su lado para protegerle y para hacerle elevarse como un gran dios del abismo celestial, decid vosotros a Unas: "Contempla, Horus, hijo de Osiris, contempla a Unas, el dios de los dioses antiguos, el hijo de Hathor, contempla la semilla de Seb, porque Osiris ha ordenado que Unas se eleve como el segundo de Horus, y los cuatro *khus* que están en Annu han remitido por escrito esta orden a los grandes dioses que están en las aguas celestiales"».[2] Y también: «Cuando se entierra a los hombres y reciben sus miles de pasteles y sus miles de jarras de cerveza sobre la mesa de aquel que gobierna en Amenta, el ser que no disponga de un decreto por escrito se verá en serios apuros: ahora bien, el decreto de Unas está bajo los más grandes, y no bajo el pequeño sello».[3]

El plano de Sekhet-Hetep, que encontramos en el Libro de los Muertos durante el periodo tebano, se describirá seguidamente y, por tanto, baste con decir aquí que las ideas sobre la vida feliz que disfrutaba el fallecido tuvieron su origen en los textos de las pirámides, como puede verse en el pasaje siguiente: «Unas ofreció incienso a las grandes

1. *Recueil de Travaux*, t. iv, p. 69 (l. 576).
2. *Ibid.*, t. iv, p. 69 (ll. 572-575).
3. *Ibid.*, t. iv, p. 71 (l. 583).

y pequeñas compañías de dioses, y su boca es pura, y la lengua que ésta contiene es pura. Oh vosotros, jueces, que habéis llevado a Unas ante vosotros, dejad que coma lo que vosotros coméis, dejad que beba lo que vosotros bebéis, dejad que viva de aquello que vosotros vivís, dejad que vuestro sitio sea su sitio, dejad que su poder sea vuestro poder, dejad que la barca en la que navegue sea vuestra barca, dejad que atrape pájaros con su red en Aaru, dejad que posea arroyos en Sekhet-Hetep, y que pueda conseguir su carne y su bebida de vosotros, Oh dioses. Que el agua de Unas sea del vino que es de Ra, que pueda dar vueltas por el cielo como Ra, y que pueda volar en el cielo como Thoth».[1]

Sobre el estado de aquellos que no consiguieron asegurarse una vida de beatitud con los dioses en el Sekhet-Aaru del Tuat, los textos de las pirámides no dicen nada, y parece como si la doctrina del castigo de los malvados y del juicio que tuvo lugar después de la muerte fuese un desarrollo característico de un periodo posterior.

---

1. *Recueil de Travaux*, t. iii (l. 191-195).

Los dioses del Libro de los Muertos

Los que siguen son los principales dioses y diosas mencionados en los textos de las pirámides y en las versiones posteriores del Libro de los Muertos:

Nu representa la primitiva masa acuosa de la que evolucionaron todos los dioses, y sobre la que flota la barca de «millones de años», que contiene al sol. Los principales títulos de este dios son «Padre de los dioses», y «engendrador de la gran compañía de dioses». Se le retrata en forma de una deidad sentada que tiene sobre su cabeza un disco y plumas.[1]

Nut es el principio femenino de Nu; a ella se la retrata con una cabeza de serpiente sobre la que va montado un disco, o con cabeza de gato.[2]

1. Lanzone, *Dizionario*, tav. 166, n.º 2. Para una descripción más completa de los dioses y sus títulos y atributos, véase Brugsch, *Religion und Mythologie*, Leipzig, 1884-1888; Pierret, *Le Panthéon Égyptien*, Paris, 1881; Wiedemann, *Die Religion der alten Aegypter*, Münster, 1890; Strauss and Corney, *Der alteraegyptische Götterglaube*, Heidelberg, 1889. Véanse ilustraciones de las diversas formas en que se retrata a los dioses, en *Dizionario di Mitologia Egizia*, Turin, 1881 (aún no está completo).
2. Lanzone, op. cit., tavv. 168-171.

Ptah estaba asociado con el dios Khnemu para llevar a cabo los mandatos de Thoth, la inteligencia divina, en la Creación; su nombre significa «abridor», y los griegos le identificaban con Ἥφαιστος y los latinos con Vulcano. Fue adorado en época muy temprana en Menfis, ciudad a la que en los textos egipcios se la llama «La Casa del Ka de Ptah», y, según Herodoto, su templo en dicha ciudad fue fundado por Mena o Menes.[1] Se le llama el «dios extremadamente grande», , «el padre de padres y poder de poderes», ; y se dice que «él creó su forma y engendró su cuerpo, estableciendo interminable e inmutable verdad y justicia sobre la tierra». Como dios solar, se le llama «Ptah, el Disco del cielo, que ilumina el mundo con el fuego de sus ojos», ; y en el Libro de los Muertos se dice que él «abre» la boca de los fallecidos con la misma herramienta con la que abre las bocas de los dioses.[2] Se le retrata con forma de momia erguida sobre *maat* , y lleva en sus manos un cetro rematado en su extremo por los símbolos , , , emblemas de poder, vida y estabilidad; de la parte posterior de su cuello cuelga el *menat* (*véase* p. 1, nota 2).[3] En Menfis, Ptah era el miembro principal de la tríada **Ptah-Sekhet** y **Nefer-Tmu**.

En muchos textos se suele asociar al dios Ptah con el dios **Seker** , cuyos atributos individuales no resultan fáciles de describir; Seker es el nombre egipcio de la encarnación del toro Apis en Menfis. Está claro que Seker era un dios solar, pero lo que no se sabe es si «cerraba» el día o la noche. Originalmente, su festival se celebraba por la tarde noche, por lo que parece haber representado alguna forma del sol nocturno; pero, en tiempos posteriores, la ceremonia de dibujar la imagen del dios Seker sobre la barca *hennu* alrededor del santuario se realizaba al amanecer, y así, unido a Ptah, se convirtió en el cerrador de la

1. Τοῦτο δὲ τοῦ Ἡφαίστου τὸ ἱρὸν ἱδρύσασθαι ἐν αὐτῇ (ii., 99).

2. 

Naville, Todtenbuch, Bd. I, Bl. 34, ll. 4 y 5.

3. Lanzone, op. cit., tav. 87-91.

noche y el abridor del día. Se le retrata como un cuerpo momificado con cabeza de halcón y a veces sostiene en sus manos , , , emblemas de poder, soberanía y gobierno.[1]

Otra forma de Ptah era **Ptah-Seker-Ausar** , en la que están representados el creador del mundo, el sol, y Osiris, el dios de los muertos. Un gran número de figuras de cerámica *(faïence)* de este dios tríno han sido halladas en las tumbas, y existen especímenes en todos los museos. Se le representa como un enano de pie sobre un cocodrilo, y tiene un escarabajo sobre la cabeza, símbolo de la nueva vida en la que el fallecido está a punto de entrar, mientras que el cocodrilo es símbolo de la oscuridad de la muerte que ya ha sido superada. Según algunos, en la tríada, Ptah personifica el periodo de incubación que sigue a la muerte y precede la entrada en la vida eterna, y los símbolos que le acompañan explican el carácter atribuido a este dios.[2]

El dios Ptah también está asociado a los dioses Hapi, Nu y Tanen cuando representa las diversas fases de la materia primordial.

Khemu trabajó con Ptah llevando a cabo la creación ordenada por Thoth, siendo, por tanto, una de las deidades más antiguas de Egipto; su nombre significa «moldear» o «modelar». Su conexión con el agua primigenia hizo que se le considerase el principal dios de la inundación y señor de las cataratas en Elefantina. Habitaba en Annu, pero era señor de Elefantina , y «el constructor de los hombres, creador de los dioses y padre desde el principio». En otras partes se dice que era:

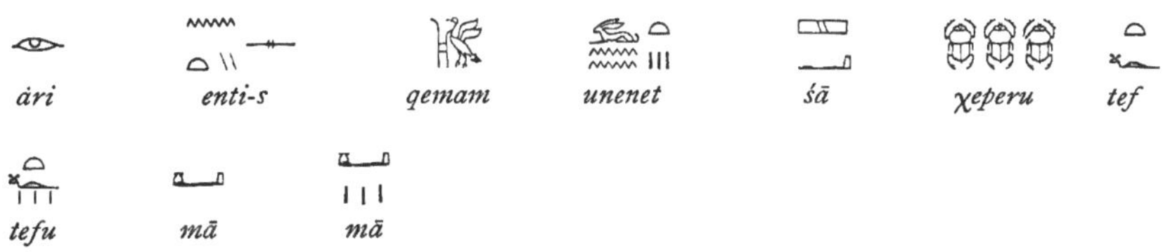

El creador de las cosas que son, el creador de lo que será, el principio de los seres, el padre de padres y madre de madres.

1. Lanzone, op. cit., tav. 368.
2. Lanzone, op. cit., p. 244.

Al principio sostenía los cielos sobre sus cuatro pilares, y la tierra, el aire, el mar y el cielo son obras suyas. Se le retrata en forma de hombre con cabeza de carnero y cuernos rematados con plumas, *ureai* con discos, etc.; en una mano sostiene el cetro y en la otra el emblema de la vida. Ocasionalmente se presenta con cabeza de halcón, y en una de las representaciones sostiene el emblema del agua en cada mano. En un bajorrelieve posterior hallado en el templo de Filae le encontramos sentado ante una mesa de alfarero sobre la que vemos un ser humano que acaba de crear.[1]

Khepera era una forma del sol naciente, y era tanto un tipo de materia que está a punto de pasar de la inercia a la vida como un cuerpo muerto que está a punto a abrirse a una nueva vida en una forma glorificada. Se le retrata con la forma de un hombre con cabeza de escarabajo. Dicho insecto era su tipo y emblema entre las antiguas naciones, porque se creía que el escarabajo se autoengendraba y autoproducía; a esta idea debemos las miríadas de escarabajos que encontramos en las tumbas egipcias de todas las épocas, así como en las islas y asentamientos griegos del Mediterráneo, en Fenicia, Siria y en otras partes. El asiento del dios Khepera estaba en la barca del sol, y las imágenes que nos presentan este hecho[2] tan sólo ilustran una idea que es tan antigua, al menos, como la pirámide de Unas, porque en dicho monumento se dice del rey:

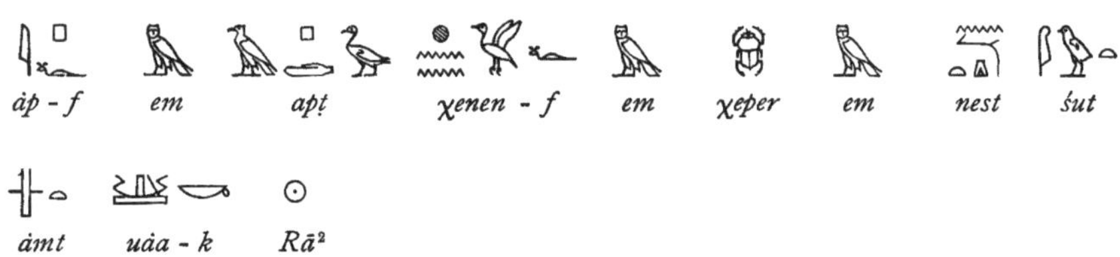

Él voló como un pájaro, él se posó como un escarabajo sobre el trono vacío en tu barca, oh Ra.[3]

1. Lanzone, op. cit., tav. 336, n.º 3.
2. Lanzone, op. cit., tav. p. 330.
3. *Recueil de Travaux*, t. iv, p. 57 (l. 477).

En la XVIII dinastía, la reina Hatshepset se declaró «la creadora de las cosas que vinieron a ser como Khepera» ,[1] y en épocas posteriores, a los escribas les encantaba jugar con esta palabra usada como sustantivo, adjetivo, verbo y nombre propio.[2]

Tum o **Atemu** , «el más cercano», era el gran dios de Annu y cabeza visible de la gran compañía de dioses de ese lugar. Parece que usurpó el lugar de Ra en la mitología egipcia, o al menos que los sacerdotes de Annu consiguieron que su dios local, bien por separado o unido a Ra, fuera aceptado como líder el grupo divino. Él representaba la noche o el sol nocturno y, como tal, en el capítulo XV del Libro de los Muertos se le llama «dios divino», «autocreado», «hacedor de dioses», «creador de hombres», «el que se extiende hasta los cielos», «el que ilumina el *tuat* con sus dos ojos», etc.[3] Las «brisas frescas del viento del norte», por las que todo fallecido rezaba, supuestamente procedían de él. Como ha indicado M. Lefébure, siempre se le retrataba con forma de hombre; llevaba corona y sostenía tanto el cetro como el emblema de la vida ☥. En una momia conservada en Turín se le retrata en la barca del Sol, en compañía del dios Khepera; entre ellos están el escarabajo y el disco solar .[4] En tiempos posteriores, los egipcios llamaron Temt a la forma femenina de Tmu.[5]

Ra era el nombre que los egipcios daban al sol en la remota antigüedad, pero el significado de la palabra, o el atributo que adscribían al sol, nos es desconocido. Ra era el símbolo visible de Dios, se le consideraba el dios de esta tierra y se le hacían sacrificios diariamente. Cuando apareció sobre el horizonte en la creación, empezó el tiempo. En los textos de la pirámide, el alma del fallecido se abre camino hasta el lugar donde está Ra en el cielo, y se implora a éste que le conceda un

1. Lepsius, *Denkmäler*, Abth, iii, Bl. 22.
2. Compárese . Maspero, *Mémoires de la Mission*, t. i, p. 595; y en el relato de la Creación encontrado en el papiro n.º10188, Col. xxvi, del MB.

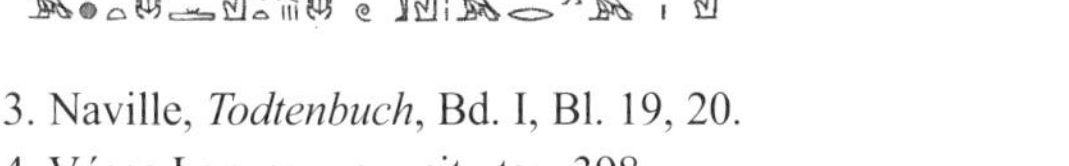

3. Naville, *Todtenbuch*, Bd. I, Bl. 19, 20.
4. Véase Lanzone, op. cit., tav. 398.
5. *Ibid.*, p. 1255.

lugar en la «barca de millones de años», en la que navega por el cielo. Los egipcios atribuían al sol una barca de mañana y otra de tarde, y el dios se sentaba en ellas acompañado por Khepera y Tmu, sus propias formas de la mañana y de la tarde respectivamente. En su recorrido diario, vencía la noche y la oscuridad, y las nieblas y nubes desaparecían ante sus rayos; subsiguientemente, los egipcios inventaron la concepción moral del sol que representaba la victoria del bien sobre el mal, y de la verdad sobre la falsedad. Desde un punto de vista natural, el sol era sinónimo de movimiento; en este sentido representaba la vida humana, y el establecimiento de la luz simbolizaba la muerte de la oscuridad. Generalmente se retrata a Ra con forma humana, unas veces con cabeza de halcón y otras sin ella.[1] En época tan temprana como los textos de la pirámide encontramos a Ra unido a Tmu formando el principal dios de Annu, y en el mismo periodo se le asignó una contraparte femenina, Rat .[2]

Shu , el segundo miembro de la compañía de los dioses de Annu, era el primer hijo nacido de Ra, Ra-Tmu o Tum, y de la diosa Hathor, el cielo, y el hermano gemelo de Tefnut. Simbolizaba la luz; él levantaba el cielo Nut de la tierra Seb, y lo ponía sobre los escalones que estaban en Khemennu. Se le suele retratar con la forma de un hombre que lleva sobre la cabeza una pluma , o plumas , y sostiene un cetro en la mano. En otros momentos aparece con la forma de un hombre con los brazos levantados; sobre la cabeza tiene el emblema , y suele estar acompañado por , los cuatro pilares del cielo, los puntos cardinales.[3] Entre los muchos amuletos de cerámica (*faïence*) que se han encontrado en las tumbas hay dos que hacen referencia a Shu: los pequeños modelos de escaleras representan las escaleras sobre las que Shu hacía descansar el cielo en Khemennu ; y la figura agachada de un dios sosteniendo el disco solar simboliza su acto de levantar el disco solar en el espacio entre el cielo y la tierra, en el momento en que separa a Nut de Seb.

1. Lanzone, op. cit., tav. 178.
2. *Pyramid of Unas*, l. 253.
3. Véase Lanzone, op. cit., tav. 385.

Tefnut , tercer miembro de la compañía de los dioses de Annu, era la hija de Ra, Ra-Tmu o Tmu, y hermana gemela de Shu; en una de sus formas representa la humedad, y en otra parece personificar el poder de la luz solar. Se la retrata con forma de mujer, generalmente con una cabeza de leona rematada por un disco, un *uraeus* o ambos;[1] en (*faïence*), no obstante, los dos hermanos gemelos tienen cabeza de león. En los textos de la pirámide desempeña una función curiosa, pues se supone que Shu transporta el hambre de los fallecidos y Tefnut su sed.[2]

Seb o **Qeb** , el cuarto miembro de la compañía de los dioses de Annu, era el hijo de Shu, marido de Nut y, por ella, padre de Osiris, Isis, Set y Neftis. Originalmente era el dios de la tierra, y se le llama tanto «padre de los dioses» 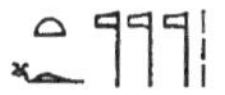 como «*erpa*  [cabeza tribal hereditaria] de los dioses». Se le retrata con forma humana, a veces con una corona sobre la cabeza y un cetro  en la mano derecha, y en ocasiones tiene un ganso sobre la cabeza,[3] pájaro que era sagrado para él. En muchos lugares se le llama el «gran cacareador» , y se supone que puso el huevo del que surgió el mundo. Ya en los textos de la pirámide se le convierte en dios de los muertos por representar la tierra donde se extendía al fallecido.

Ausar u **Osiris** , el sexto miembro de la compañía de los dioses de Annu, era hijo de Seb y Nut, y marido de su hermana Isis, padre de Horus, el hijo de Isis, y hermano de Set y Neftis. Ya se ha descrito la versión que da Plutarco de sus sufrimientos y muerte (véase p. 54). Cualquiera que fuera el fundamento de la leyenda, está muy claro que su carácter de dios de los muertos estaba bien definido mucho antes de que fueran escritas las versiones que conocemos de los textos de las pirámides. Posteriormente, el único cambio importante que tuvo lugar en la mentalidad egipcia con relación a él fue que se le adjudicaron los atributos que en las primeras dinastías se consideraban propiedad exclusiva de Ra o Ra-Tmu. Originalmente Osiris era una forma del dios sol y, hablando en general, se puede decir que representaba al sol después de

1. Véase Lanzone, op. cit., tav. 395.
2. 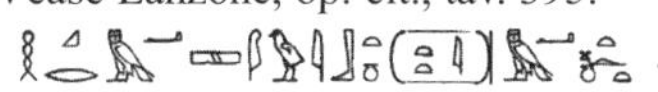. *Recueil de Travaux*, t. v, p. 10 (l. 61).
3. Véase Lanzone, op. cit., tav. 346.

su puesta. Como tal, era símbolo de los muertos inmóviles, aunque los textos posteriores le identifican con la luna. Los egipcios afirmaban que era el padre de los dioses que le habían dado nacimiento, y, como era tanto el dios de ayer como el de hoy, se convirtió en símbolo de la vida eterna y de la inmortalidad. De este modo, usurpó no sólo los atributos de Ra, sino los de muchos otros dioses, y a la larga llegó a ser tanto el dios de los muertos como el de los vivos. Como juez de los muertos se creía que ejercía funciones similares a las atribuidas a Dios. Único entre todos los dioses de Egipto, Osiris fue elegido símbolo de aquello en lo que el fallecido esperaba convertirse cuando, después de que su cuerpo hubiera sido momificado de la manera prescrita, y después de que se hubieran celebrado las ceremonias adecuadas y recitado los rezos preceptivos, su cuerpo momificado debía entrar en su presencia en los cielos. A él clamaban los fallecidos como «Señor de la eternidad» y juez de los muertos para que su carne pudiera germinar y para que su cuerpo se salvara de la corrupción.[1] Las formas en que se retrata a Osiris son demasiado numerosas para describirlas, pero, hablando en general, se le representa con forma de momia coronada, y sostiene en sus manos los emblemas de soberanía y poder. En su *Dizionario*, tavv. 258-299, Lanzone ofrece una serie muy completa de ilustraciones de las formas de Osiris. Las ceremonias conectadas con la celebración de los sufrimientos, muerte y resurrección de Osiris ocuparon un lugar muy destacado en las prácticas religiosas egipcias, y parece que en el mes de Choiak se celebraban representaciones en diversos templos. M. Lorte ha publicado el texto con una pequeña descripción de ellos en *Recueil de Travaux*, t. iii, p. 43, y volúmenes siguientes. Una lectura detenida de esta obra explica el significado de muchas de las ceremonias conectadas con el enterramiento de los muertos, el uso de amuletos, y ciertas partes del ritual funerario; y, de esta forma, como la obra es de una época avanzada, prueba que la doctrina de la inmortalidad, obtenida a través del dios que era «señor de los cielos y de la tierra, del submundo y de las aguas, de las montañas y

1. Compárese 
Naville, *Todtenbuch*, Bd. I., Bl. 179.

de todo aquello que el sol recorre a lo largo de su curso»,[1] ha permanecido inmutable durante al menos cuatro mil años de su existencia.

Auset o **Isis**, séptimo miembro de la compañía de los dioses de Annu, era la esposa de Osiris y la madre de Horus; sus desdichas han sido descritas tanto por los escritores egipcios como por los griegos.[2] Sus nombres más comunes son «la gran diosa, la madre divina, la señora de los encantos y encantamientos»; en épocas posteriores se la llama «madre de los dioses» y «la viviente». Se la suele retratar con forma de mujer, con una diadema en forma de asiento, el jeroglífico del que se realiza su nombre. El animal sagrado para ella era la vaca, por lo que a veces lleva sobre la cabeza los cuernos de este animal, acompañados de plumas. En uno de sus aspectos se la identifica con la diosa Selk o Serq, y entonces lleva sobre la cabeza un escorpión, que también es el emblema de esta diosa;[3] en otro de sus aspectos está unida a la estrella Sothis, y entonces se añade una ★ estrella a su corona. No obstante, comúnmente se la representa como madre amamantando a su hijo Horus, y existen miles de figuras de este aspecto de ella, en bronce y cerámica de Faenza. Como diosa de la naturaleza, puede vérsela de pie en la barca del sol, y probablemente era la deidad del amanecer.

Heru u **Horus**, el dios sol, era originalmente un dios por completo distinto a Horus, el hijo de Osiris e Isis, pero desde los primeros tiempos parece que se confundía a ambos dioses, y que los atributos de uno se adjudicaban al otro; la lucha que Horus, el dios sol, libró contra la noche y la oscuridad, también se identificó desde una época muy temprana con el combate entre Horus, hijo de Isis, y Set, su hermano. Muy al principio el emblema del dios sol era el halcón, que probablemente fue el primer ser vivo adorado por los egipcios; ya en los textos de las pirámides se usa indiscriminadamente al halcón sobre un apoyo con para escribir la palabra «dios». Las principales formas de Horus, el dios sol, que probablemente representan al sol en diversos

1. .

2. Chabas, «Un Hymne à Osiris», *Revue Archologique*, t. xiv, p. 65; Horrack, *Les Lamentations d'Isis et de Nephtys*, Paris, 1866; «The Festival Songs of Isis and Nehpthys» *Archeologia*, vol. lii, Londres, 1891, etc.

3. Véase Lanzone, op. cit., tav. 306.

momentos del día y de la noche, son: Heru-ur , «Horus el Grande»; Heru-merti , «Horus de los dos ojos», es decir, del sol y de la luna;[1] Heru-nub , «el Horus dorado»; Heru-khent-khat ; Heru-Kehnt-an-maa , «Horus que mora en ceguera»; Heru-khuti «Horus de los dos horizontes»,[2] cuyo símbolo en la tierra era la Esfinge; Heru-sam-taui , «Horus el unificador del norte y del sur»; Heru-hekenu , «Horus de Heken»; y Heru-behutet , «Horus de Behutet».[3] Los cipos de Horus, que se hicieron tan habituales en Egipto en un periodo posterior, parecen unificar los conceptos físicos y morales de Horus, el dios sol, con los de Horus, el hijo de Osiris e Isis.

Horus, el hijo de Osiris e Isis, , aparece en los textos egipcios generalmente como Heru-p-khart , u «Horus el niño», que más adelante llegó a ser el «vengador de su padre Osiris» y ocupó su trono, como se nos dice en muchos lugares del Libro de los Muertos. En los textos de las pirámides, al fallecido se le identifica con Heru-p-khart y se menciona que al dios siempre se le representa con un dedo en la boca.[4] La curiosa leyenda relatada por Plutarco con relación a Hipócrates y la causa de su cojera[5] probablemente está basada en la historia de Osiris e Isis recogida en un himno a Osiris de la XVIII dinastía.[6]

1. Una figura muy interesante de este dios le representa sosteniéndose los ojos en las manos; véase Lanzone, op. cit., p. 618.
2. Es decir, Horus entre las montañas de Bekhatet y Manu, los puntos más oriental y occidental del curso del sol, y los lugares donde salía y se ponía.
3. Para ver figuras de las diversas formas del dios Horus, véase Lanzone, op. cit., tav. 214.
4. 

   Recueil de Travaux, t. v, p. 44 (l. 301).
5. Τὴν δ' Ἶσιν μετὰ τὴν τελευτὴν ἐξ Ὀσίριδος συγγενομένου, τεκεῖν ἠλιτόμηνον καὶ ἀσθενῆ τοῖς γυίοις τὸν Ἁρποκράτην.

   De Iside et Osiride, xix.
6. 

   Ledrain, *Monuments Égyptiens*, p. xxv, ll. 2, 3.

Set  o **Sutekh** , el octavo miembro de la compañía de los dioses de Annu, era el hijo de Seb y Nut, y el marido de su hermana Neftis. La adoración de este dios es extremadamente antigua, y en los textos de las pirámides vemos que a menudo se le menciona con Horus y otros dioses de la compañía de Heliópolis en términos reverenciales. También se creía que llevaba a cabo servicios amistosos para los fallecidos, y que era un dios del Sekhet-Aaru, o morada de los muertos benditos. Generalmente se le retrata en forma humana y con la cabeza de un animal que aún no ha sido identificado; en periodos posteriores dicha cabeza se confundió con la del asno, pero las figuras en bronce de este dios que se conservan en el Museo Británico y otros lugares prueban sin lugar a dudas que la cabeza de Set es la de un animal desconocido para nosotros. En las primeras dinastías era un dios benéfico, cuyo favor buscaban tanto los vivos como los muertos, y así, a finales de la XIX dinastía, los reyes se deleitaban en hacerse llamar «amados de Set». Sin embargo, en torno a la época de la XXII dinastía se puso de moda considerarlo el origen de todo mal, y sus estatuas e imágenes fueron destruidas con tanta eficacia que sólo unas pocas han escapado accidentalmente y han llegado a nosotros. Originalmente, Set, o Sut, representaba la noche natural y era el opuesto de Horus;[1] que Horus y Set eran aspectos opuestos o formas del mismo dios queda probado por la figura que nos presenta Lanzone (*Dizionario*, tav. 37, n.º 2), donde vemos la cabeza de Set y la de Horus sobre el mismo cuerpo. La oposición natural entre el día y la noche en los primeros tiempos se confundió con la batalla librada entre Horus, el hijo de Isis, y Set, en la que intervino aquélla. Parece que la idea moral de una batalla del bien contra el mal[2] se asoció con el combate emprendido por Horus para vengar la muerte de su padre asesinado por Set.

Nebt-het o **Neftis** 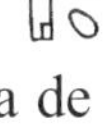, último miembro de la compañía de los dioses de Annu, era la hija de Seb y Nut, la hermana de Osiris e Isis, y la hermana y esposa de Set. Cuando el sol surgió en la creación a partir de

1. En la pirámide de Unas, l. 190, se los llama , o «dos combatientes»; véase pirámide de Teta, l. 69, donde vemos la ortografía .
2. Sobre la personificación del mal por parte de Set, véase Wiedemann, *Die Religion*, p. 117.

las aguas primigenias, Neftis ocupó un lugar en su barco, junto con Isis y otras deidades; como diosa de la naturaleza, representa el día antes del amanecer o después del atardecer, pero no una porción de la noche. Se la retrata con forma de mujer y tiene sobre la cabeza los jeroglíficos que forman su nombre, «señora de la casa»  . Una leyenda preservada por Plutarco[1] hace de ella la madre de Anpu o Anubis, mientras que el padre es Osiris. En los textos egipcios a Anpu se le llama hijo de Ra.[2] En los textos religiosos Neftis aparece como la compañera de Isis en medio de sus tribulaciones, y la pena que siente por la muerte de su hermano es tan grande como la de su propia esposa.

Anpu o **Anubis**  , el hijo de Osiris o Ra; su madre unas veces es Isis, y otras Neftis, es otro dios de la naturaleza, y parece representar la parte más oscura del alba o el primer amanecer. Se le dibuja con forma humana y cabeza de chacal, o bien con forma de chacal. En la leyenda de Osiris e Isis, Anubis desempeñó un papel importante en conexión con el cuerpo muerto de Osiris, y en los papiros le vemos como guardián y protector del difunto, tumbado sobre su sarcófago; en la escena del juicio le encontramos como guardián de la balanza, cuyo fiel observa con gran diligencia. Llegó a ser reconocido como dios de la cámara sepulcral, y finalmente presidió la totalidad de la «montaña funeraria». Siempre se le considera el mensajero de Osiris.

Otra forma de Anubis era el dios **Ap-uat**, el 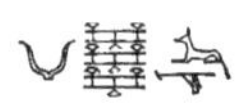 de los textos de las pirámides,[3] o «el abridor de caminos», a quien también se retrata con forma de chacal; a menudo se confunde a ambos dioses. En las estelas funerarias y otros monumentos, frecuentemente se retratan dos chacales: uno representa a Anubis y el otro a Ap-uat, y probablemente tienen alguna conexión con las partes norte y sur del mundo funerario. Según M. Maspero, el dios Anubis conducía las almas de los muertos a los Campos Elíseos en el Gran Oasis.[4]

Entre los dioses primitivos hay dos, **Hu**  y **Saa** , a quienes se ve en la barca del Sol durante la creación. Son los hijos de

1. *De Iside et Osiride*, p. 14.
2. Véase Lanzone, op. cit., p. 65.
3. Pirámide de Unas, l. 187.
4. Véase «Le Nom antique de la Grande Oasis», *Journal Asiatique*, IX Série, t. i, pp. 233-240).

Tmu o Tmu-Ra, pero la función exacta que desempeñan como dioses de la naturaleza aún no ha sido, según parece, satisfactoriamente descifrada. La primera mención que se hace de ellos en los textos de las pirámides habla de que son subyugados por los fallecidos,[1] pero en el Libro Tebano de los Muertos aparecen entre la compañía de dioses que están presentes cuando el alma del difunto está siendo pesada en la balanza.

Tehuti o **Thoth** representaba la divina inteligencia que en el momento de la creación emitió las palabras que Ptah y Khnemu se encargaron de cumplir. Él se había producido a sí mismo, era el gran dios de la tierra, el mar y el cielo (físico) y unía en sí mismo los atributos de muchos dioses. Era el escriba de los dioses, y, como tal, se le consideraba el inventor de todas las artes y ciencias conocidas por los egipcios; algunos de sus títulos son «señor de la escritura», «maestro de los papiros», «creador de la paleta y del tintero», «el poderoso orador» o «el de la lengua dulce». Las palabras y composiciones que recitaba en nombre de los fallecidos los preservaba de la influencia de los poderes hostiles, haciéndolos invencibles en el «otro mundo». Él era el dios de justicia y verdad, en las que vivía y por las que estableció el mundo y todos sus contenidos. Como cronólogo del cielo y de la tierra, se convirtió en el dios de la luna; y como reconocedor del tiempo, obtuvo el nombre de *Tehuti*, «el medidor»; con estas capacidades tenía el poder de otorgar vida a los fallecidos durante millones de años. Cuando tuvo lugar el gran combate entre Horus, el hijo de Isis, y Set, Thoth estuvo presente como juez, y dio a Isis una cabeza de vaca para reemplazar la que Horus, en su ira por haber intervenido en la lucha, le había cortado; haciendo referencia a este hecho, se le llama Ap-rehui , «el juez de los dos combatientes». Uno de los nombres egipcios del ibis era *Tehk*, y la similitud entre el sonido de esta palabra y Tehu, el nombre de la luna como medidora del tiempo, probablemente llevó a los egipcios a retratar al dios con forma de ibis, a pesar de que el simio con cabeza de perro era considerado un animal sagrado para él. Se ha pensado que hubo dos dioses diferentes llamados Thoth, uno de ellos una forma de Shu; pero los atributos pertenecientes a cada uno aún no han sido definidos satisfactoriamente.

---

1. . Pirámide de Unas, l. 439.

En los monumentos y papiros, Thoth aparece en forma de un hombre con cabeza de ibis, a veces rematada por una corona , , o , o por un disco con cuernos , o ; en la mano izquierda sostiene un cetro , y en la derecha ; a veces se le retrata sosteniendo el tintero y la luna creciente, y en ocasiones aparece con forma de simio sosteniendo una paleta llena de juncos para escribir.[1] En los textos de las pirámides se menciona a Thoth[2] como hermano de Osiris, pero cabe la duda de si se trata del mismo Thoth a quien se llama «Señor de Khemennu» y «Escriba de los dioses».

Maat , la esposa de Thoth, era hija de Ra, y es una diosa muy antigua; parece haber ayudado a Ptah y a Khnemu a llevar a cabo con exactitud el trabajo de la creación ordenado por Thoth. No hay una única palabra que describa exactamente el concepto egipcio de Maat desde el punto de vista físico y moral, pero la idea fundamental es «rectitud», y a partir de los textos egipcios queda claro que *maat* significa justo, verdadero, verdad, real, genuino, recto, correcto, apropiado, permanente, inalterable, etc. Así, ya en el papiro Prisse se dice: «Grande es *maat*, la poderosa e inalterable, y nunca ha sido quebrado desde los tiempos de Osiris»,[3] y Ptah-hetep aconseja a quien le escucha que «haga que *maat*, justicia y verdad, germine».[4] El hombre justo y recto es *maat* , y en un libro de preceptos morales se dice: «Dios juzgará lo justo (*maa*)»[5] .[6] Maat, la diosa de las leyes inalterables del cielo e hija de Ra, es retratada con forma humana, con la pluma emblemática de *maat* sobre la cabeza, o con sólo la pluma por cabeza, y con el cetro en una mano y el en la otra.[7] En la escena del juicio aparecen dos diosas Maat; probablemente una es la personificación de la ley física, y la otra de la rectitud moral.

1. Véase Lanzone, op. cit., tav. 304, n.º 1.
2. Pirámide de Unas, l. 236.
3. Página 17, l. 5, .
4. Página 18, l. 1, .
5. Amélineau, *La Morale*, p. 138.
6. Brugsch ha ilustrado los distintos significados de *maat* en abundantes pasajes de textos egipcios, *Wörterbuch* (Supl.), p. 329.
7. Véase Lanzone, op. cit., tav. 109.

Het-heru o **Hathor** , la «casa de Horus», era la diosa del cielo en el que Horus, el dios sol, salía y se ponía. Posteriormente, a partir de ella se desarrollaron muchas otras diosas del mismo nombre, que se identificaron con Isis, Neith, Iusaset y otras cuyos atributos absorbieron. También se menciona un grupo de siete Hathors, que parecen haber compartido la naturaleza de las hadas buenas. En una de sus formas, Hathor era la diosa del amor, de la belleza, de la felicidad, y los griegos la identificaban con su Afrodita. A menudo se la retrata con la forma de una mujer con un disco y unos cuernos sobre la cabeza; a veces tiene cabeza de león rematada por un *uraeus*. Frecuentemente presenta forma de vaca —un animal sagrado para ella— y así aparece como la diosa de la tumba o Ta-sertet, y provee carne y bebida para los fallecidos.[1]

Meh-urt  es la personificación de la parte del cielo en la que sale el sol, y también de ésa que recorre su curso diario; se la retrata con forma de vaca, a lo largo de cuyo cuerpo navegan las dos barcas del sol. Ya en los textos de las pirámides encontramos que a Meh-urt[2] se le atribuye el papel de juez, y hasta una fecha muy posterior se creía que el juicio de los fallecidos en la sala de la doble Maat y en presencia de Thoth y los demás dioses tenía lugar en la morada de Meh-urt.[3]

Net o **Neith** 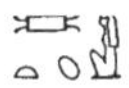, o , «la madre divina, la señora del cielo, la dama de los dioses», era una de las deidades más antiguas de Egipto, y en los textos de las pirámides aparece como madre de Sebek.[4] Como Meh-urt, personifica el lugar del cielo donde sale el sol. En una de sus formas era la diosa del telar, y también de la caza; en este aspecto, los griegos la identificaban con Atenea. Se la retrata con forma de mujer, y porta sobre la cabeza la lanzadera del telar , o las flechas , o bien lleva puesta una corona  y sostiene flechas , un arco y un cetro en la mano izquierda; también aparece con forma de vaca.[5]

1. En Lanzone, op. cit., tav. 314, encontramos un buen conjunto de ilustraciones de esta diosa.
2. 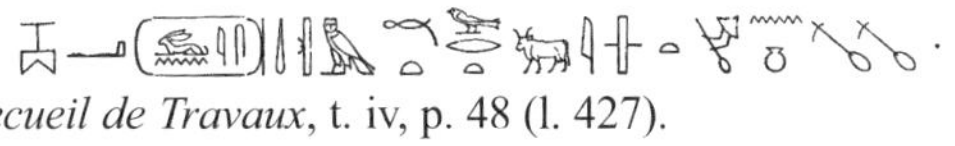.
Recueil de Travaux, t. iv, p. 48 (l. 427).
3. Pleyte, *Chapitres supplémentaires du Livre des Morts*, (caps. 162, 162* y 163), p. 26.
4. *Recueil de Travaux*, t. iv, p. 76 (l. 627).
5. Véase Lanzone, op. cit., tav. 177.

Sekhet era la esposa de Ptah en Menfis, y también la madre de Nefer-Tmu y de I-em-hetep. Era la personificación del calor ardiente del sol, y como tal era la destructora de los enemigos de Ra y Osiris. Cuando Ra decidió castigar a la raza humana con la muerte por haberse burlado de él, envío a Sekhet, su «ojo», a llevar a cabo la venganza; existe una figura que ilustra este aspecto de ella en la que se le retrata con el ojo del sol por cabeza.[1] Generalmente tiene cabeza de león y sobre ella se superpone el disco solar, circundado por un *uraeus*; generalmente sostiene un cetro , y a veces un cuchillo.

Bast , según una leyenda, era la madre de Nefer-Tmu. Se trataba de la personificación del calor solar suave y fructífero, en oposición a Sekhet. El gato era sagrado para Bast, y generalmente se la retrata con cabeza de este animal. Su lugar de culto más conocido era la ciudad de Bubastis, la moderna Tell Basta, en el delta.

Nefer-Tmu era el hijo de Sekhet o Bast, y personificaba alguna forma del calor del sol. Generalmente se le retrata con forma de hombre con un ramo de flores de loto sobre la cabeza, aunque a veces tiene cabeza de león; en las pequeñas figuras de cerámica de él que son tan comunes, se alza a lomos de un león.[2] Sin duda, representa al dios sol en la leyenda que le hace surgir del loto, porque en la pirámide de Unas, el rey dice:

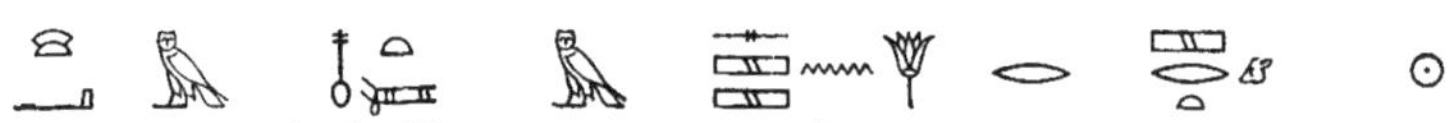

χāā em Nefer-Tmu em seššen er šert Rā

Levántate como Nefer-Tmu desde el loto (lirio) hacia las narices de Ra,

y también que «sale cada día sobre el horizonte».[3]

1. Lanzone, op. cit., tav. 364.
2. *Ibid.*, tav. 147
3. *Recueil de Travaux*, t. iv, p. 45 (l. 394).

Neheb-ka es el nombre de la diosa que se suele representar habitualmente con cabeza de serpiente, y con la que se identifica el fallecido.

Sebak, una forma de Horus, el dios sol, que debe distinguirse de Sebak, el compañero de Set, el oponente de Osiris. El animal sagrado de estos dos dioses era el cocodrilo, y probablemente por eso se los confundía. Se suele retratar a Sebak-Ra, el señor de Ombos, con cuerpo humano y cabeza de cocodrilo, rematada por , , o .[1]

Amsu [2] o **Amsi** es uno de los dioses más antiguos de Egipto. Personificaba el poder de la generación, o la fuerza reproductiva de la naturaleza; él era el «padre de su propia madre», y se le identificaba con «Horus el poderoso», o con Horus el vengador de su padre Un-nefer u Osiris. Los griegos le identificaban con el dios Pan, y llamaron Khemmis,[3] que es uno de sus nombres, a la principal ciudad donde se le adoraba. Generalmente se le retrata con la forma de un hombre erguido sobre ; porta sobre la cabeza las plumas , y sostiene el mayal en la mano derecha, que se eleva por encima del hombro.[4]

Neb-er-tcher, un nombre que significaba originalmente «el dios del universo», y que después le fue dado a Osiris, e indicaba que la reconstrucción del cuerpo del dios se había completado, después de haber sido despedazado por Set.

Un-nefer, un nombre de Osiris en su capacidad de dios y juez de los muertos en el submundo. Algunos dan a estas palabras el significado de «buen ser», y otros el de «hermosa liebre».

Astennu, uno de los nombres dados al dios Thoth.

Mert o **Mer-sekert**, «el amante del silencio», es un nombre de Isis o Hathor como diosas del submundo. Se la retrata con forma de mujer, con un disco y cuernos sobre la cabeza.[5]

1. Lanzone, op. cit., tav. 353.
2. Léase también Min y Khem.
3. En egipcio la ciudad se llama Apu .
4. Véase Lanzone, op. cit., tav. 332.
5. *Ibid.,* tav. 124.

Serq o **Selk** es una forma de la diosa Isis. Se la suele retratar con forma de mujer, con un escorpión sobre la cabeza; ocasionalmente aparece como un escorpión con una cabeza de mujer, llevando el disco y los cuernos superpuestos.[1]

Ta-urt , el Thoueris de los griegos, era identificada como esposa de Set o Tifón; también se la conoce con los nombres de Apt y Sheput . Sus títulos más comunes son «dama de los dioses» y «portadora de los dioses» . Se la retrata con la forma de un hipopótamo de pie sobre las patas traseras, con la panza distendida y los pechos colgando, y una de las patas anteriores descansa sobre el ; a veces tiene cabeza de mujer, pero siempre lleva puestos el disco, los cuernos y las plumas .

Uatchit era una forma de Hathor, y se la identificaba con la aparición del cielo del norte al salir el sol. Se la retrata o con cuerpo de mujer que tiene ceñida la corona del norte y un cetro , alrededor del cual se entrelaza una serpiente, o como un *uraeus* alado que lleva puesta la corona del norte.

Beb, Bebti, Baba o **Babu**, , , , o , mencionado tres veces en el Libro de los Muertos, el es «primer nacido de Osiris», y parece ser uno de los dioses de la generación.

Hapi es el nombre del gran dios del Nilo que era adorado en Egipto bajo dos formas, «Hapi del Sur», , y «Hapi del Norte», ; el papiro era el emblema del primero y el loto el del segundo. Desde los primeros tiempos, los egipcios consideraron que el Nilo era la fuente de su prosperidad, y se le honraba como el agua vivificadora de la cual habían nacido los dioses y todas las cosas creadas. Asimismo, se le identificó con todos los dioses de Egipto, nuevos y antiguos, y su influencia llegó a ser tan grande en las mentes egipcias que desde los primeros días retrataban un cielo material en el que las Islas de los Benditos eran lavadas por las aguas del Nilo, y la forma de acercarse a ellas era seguir la corriente hacia el norte. Otros dioses vivían imaginariamente en las orillas del Nilo celestial, donde construían ciudades...

1. Lanzone, op. cit., tav. 362.

Parece que los egipcios nunca consiguieron imaginarse el cielo sin el Nilo y sus canales. Se representa al Nilo con forma de hombre que lleva sobre la cabeza un rollo de papiros o un racimo de flores de loto; tiene pechos de mujer, que indican fertilidad. Lanzone reproduce una interesante escena[1] en la que los dioses del norte y del sur del Nilo atan un papiro y un tallo de loto alrededor del emblema de la unión, para indicar la unidad del Alto y el Bajo Egipto, y este emblema se encuentra reproducido sobre los tronos de los reyes egipcios para indicar su soberanía sobre las regiones atravesadas por los Nilos del norte y del sur. Ya se ha dicho que a Hapi se le identificaba sucesivamente con todos los dioses, y consecuentemente puede deducirse que se le asignaron todos los atributos de cada uno de ellos; no obstante, en un aspecto es diferente de todos los demás, porque de él se escribió:

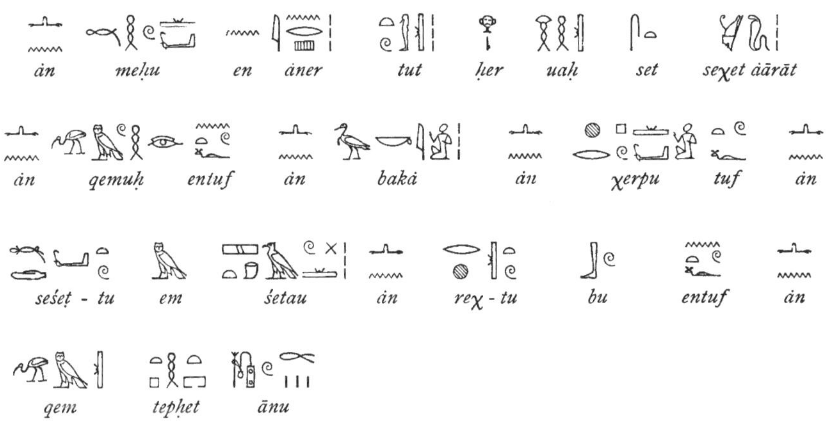

> Él no puede ser esculpido en piedra; en las imágenes sobre las que los hombres ponen coronas y *uraei*, él no se manifiesta; no se le puede rendir servicio ni hacérsele ofrendas; nada puede ser extraído de [su] misterio; y no puede ser conocido el lugar donde está; no se encuentra en el altar pintado.[2]

1. *Dizionario*, tav. 198.
2. Para el texto hierático del que está tomado este extracto, véase Birch, *Select Papyri*, pp. 20 y 134; véase también Maspero, *Hymne au Nil, publié et traduit d'après les deux textes du Musée Britannique*, Paris, 1868.

Aquí, el escriba dio al Nilo los atributos del gran Dios desconocido, su Creador.

En los textos de las pirámides encontramos un grupo de cuatro dioses con los que los fallecidos están muy conectados en el «otro mundo»; se trata de los cuatro «hijos de Horus» , cuyos nombre se dan en el orden siguiente: **Hapi** , **Tuamautef** , **Amset** y **Qebhsennuf** .[1] Al fallecido se le llama su «padre».[2] Sus dos brazos se identificaban con Hapi y Tuamautef, y sus dos piernas con Amset y Qebhsennuf;[3] cuando el fallecido entraba en el Sekhet-Aaru, estos dioses le acompañaban como guías, y entraban con él, dos a cada lado.[4] Ellos se llevaban todo el hambre y la sed del difunto,[5] le daban vida en el cielo y le protegían,[6] y le llevaban el barco del Ojo de Khnemu[7] desde el Lago de Khemta. En un pasaje se los llama los «cuatro *Khus* de Horus» ,[8] y representaban originalmente los cuatro pilares que sostenían el cielo, u Horus. Se supone que cada uno de ellos era el señor de una de las cuatro esquinas del mundo, y finalmente se convirtieron en los dioses de los puntos cardinales. Hapi representaba el norte, Tuamautef el este, Amset el sur y Qebhsennuf el oeste. En la XVIII dinastía, entre los egipcios se inició la costumbre de embalsamar los intestinos del cuerpo por separado; los ponían en cuatro jarrones y cada uno de ellos era dedicado a la protección de uno de los hijos de Horus, es decir, al cuidado de los dioses de los cuatro puntos cardinales. El dios del norte protegía las vísceras pequeñas, el del este el corazón y los pulmones, el del sur el estómago y el intestino grueso, y el del oeste el hígado y la vesícula biliar. Neftis, Neith, Isis y Selk eran las diosas asociadas con estos cuatro dioses.

1. Pirámide de Unas, l. 219; Pirámide de Teta, ll. 60, 286; Pirámide de Pepi I, ll. 444 y 593, etc.
2. Pirámide de Pepi I. l. 593.
3. *Recueil de Travaux*, t. iii, p. 905 (l. 219).
4. *Ibid.,* t. vii, p. 150 (ll. 261-263).
5. *Ibid.,* t. v, p. 10 (ll. 59).
6. , *ibid.* t. viii, p. 91 (l. 593).
7. *Ibid.,* t. vii, p. 167 (l. 444).
8. *Ibid.,* t. vii, p. 150 (l. 261).

Existe una serie de seres mitológicos conectados con el dios Horus llamados los **Heru shesu**[1] (o *shemsu*, como algunos lo leen), que ya aparecen en la pirámide de Unas en conexión con Horus y Set en la ceremonia de purificar y «abrir la boca»; y en la pirámide de Pepi I son ellos quienes lavan al rey y le recitan el «capítulo de los que siguen adelante» y el «[capítulo de] los que ascienden».[2]

En la escena del juicio del Libro de los Muertos, agrupados en torno al plato de la balanza que contiene el corazón del fallecido (véase placa III), hay tres seres con forma humana que tienen los nombres de **Shai, Renenet** y **Meskhenet**.

Shai es la personificación del destino, y **Renenet** de la fortuna; estos dos nombres suelen encontrarse juntos. Se dice que ambos estaban en manos de Thoth, la divina inteligencia de los dioses; y Ramases II anuncia que él mismo es «señor de Shai y creador de Renenet».[3] Originalmente, Shai era la deidad que «decretaba» lo que debía acontecerle a un hombre, y Renenet, como se puede ver en los textos de las pirámides,[4] era la diosa de la abundancia, de la fortuna, etc. Por tanto, no se establecía una distinción entre estas deidades y las ideas abstractas que representaban. En el papiro de Ani, Shai se alza en solitario cerca del pilar del Equilibrio, y Renenet está acompañado por Meskhenet, que parece ser la personificación de todas las concepciones subyacentes a Shai y Renenet, y también algo más. En la historia de los hijos de Ra, tal como se cuenta en el papiro Westcar, encontramos a la diosa **Meskhenet** mencionada junto con Isis, Neftis, Heqet y el dios Khnemu como asistentes al nacimiento de los niños. Disfrazadas con formas femeninas, las cuatro diosas van a la casa de Ra-user y, cuando dicen que conocen el arte de las comadronas, se las deja pasar a la cámara donde el niño está a punto de nacer. Isis se sitúa frente a la mujer,

1. *Recueil de Travaux*, t. iii, p. 182 (l. 17).

2. 

Ibid., t. vii, p. 170 (l. 463).

3. Véase Maspero, *Romans et Poésies du Papyrus Harris*, n.º 500, Paris, 1879, p. 27.

4. Pirámide de Unas, l. 564.

Neftis detrás de ella, y Heqet acelera el parto. Cuando el niño nace, Meskhenet viene a verle y dice: «Un rey; él gobernará toda esta tierra. Que Khnemu dé salud y fuerza a este cuerpo».[1] La palabra *meskhenet* es de la época de las pirámides, y parece que entonces tenía el significado de suerte, destino, etc.[2]

El dios **Amen** , su esposa Mut  y su asociado Khonsu  no tienen nada que ver con el Libro de los Muertos; pero debemos mencionar a Amen, el primer miembro de la gran tríada tebana, con los otros dioses, porque habitualmente se le identificaba con uno o más de ellos. El nombre Amen significa «el oculto», y la fundación del primer templo de este dios que ha quedado registrada históricamente tuvo lugar en Tebas durante la XII dinastía; desde aquel tiempo hasta la conclusión de la XVII dinastía, Amen sólo fue el dios principal de Tebas. Sin embargo, cuando los últimos reyes de la XVII dinastía lograron expulsar a los hicsos y liberaron al país del yugo extranjero, su dios asumió una importancia hasta entonces desconocida, y sus sacerdotes se esforzaron por hacer que su adoración fuera la primera en el país. Pero Amen nunca fue considerado el dios principal en la totalidad del país, aunque sus devotos le llamaban rey de todos los dioses. El concepto que los tebanos tenían de su dios como dios del submundo quedó modificado cuando lo identificaron con Ra y le llamaron Amen-Ra; en general, en tiempos de la XVIII dinastía y posteriormente, el dios se convirtió en la personificación del misterioso poder que crea y sustenta el universo, representado en su forma material por el sol. Gradualmente le fueron adscritos los atributos de todos los antiguos dioses de Egipto, y los títulos que le son otorgados a Dios entre las naciones occidentales se añadieron a los epítetos panteístas que Amen había usurpado. Los extractos siguientes de un hermoso himno[3] manifiestan los puntos de vista del sacerdocio de Amen-Ra con relación a su dios:

1. 

 Erman, *Die Märchen des Papyrus Westcar*, Berlin, 1890, Bl.10, ll. 13, 14.

2. Compárese , «la noche de tu nacimiento, y del día de tu *meskhenet*»; véase *Recueil de Travaux*, t. vii, p. 161 (l. 397).
3. Véase Grébaut, *Hymne à Ammon-Ra*, Paris, 1874; y Wiedemann, *Die Religion*, p. 64.

«Adoración a ti, oh Amen-Ra, el toro de Annu, el regente de todos los dioses, precioso y querido dios que diste vida mediante todo tipo de alimento y ganado vacuno.

»Salve a ti, oh Amen Ra, señor del trono del mundo, tú que habitas en Tebas, tú, toro de tu madre que viviste en tu campo, que extendiste tus viajes por las tierras del sur, tú señor de los que viven en el oeste, tú gobernador de Punt, tú rey del cielo y gobernador de la tierra, tú señor de todo cuanto existe, tú que has establecido la creación, tú que sustentas el universo. Tú eres único entre los dioses por tus atributos, tú, precioso toro de la compañía de los dioses, tú jefe de todos los dioses, señor de Maat, padre de los dioses, creador de hombres, de bestias y ganado vacuno, señor de todo cuanto existe, tú que has hecho el bastón de la vida, creador de las hierbas que dan vida a las bestias y al ganado vacuno [...]. Tú eres el creador de las cosas celestiales y terrenales, tú iluminas el universo [...] los dioses se arrojan a tus pies cuando te perciben [...]. Himnos de alabanza a ti, oh padre de los dioses, que has extendido los cielos y creado la tierra [...] tú, maestro de la eternidad y de la eterna duración [...]. Salve a ti, oh Ra, señor de Maat, tú que estás escondido en tu templo, señor de los dioses. Tú eres Khepera en tu barca, y cuando emitiste la palabra, los dioses fueron creados. Tú eres Tmu, el creador de los seres dotados de razón, y, por numerosas que sean sus formas, tú les diste vida, y distingues la forma y altura de cada uno de ellos de las de su vecino. Tú escuchas la plegaria de los afligidos y eres grácil con aquel que te implora; tú libras al débil del opresor y medias entre el fuerte y el débil [...]. El Nilo asciende a tu voluntad [...]. Tú forma única, el creador de todo lo que es, el Uno único, el creador de todo lo que será. La humanidad surgió de tus ojos, los dioses han venido a ser de tu palabra, tú has hecho la hierba para uso de las bestias y ganados, y el bastón de la vida para que cubra la necesidad humana. Tú has dado vida a los peces del arroyo y a las aves del cielo, y has alentado el germen dentro del huevo; tú diste vida al saltamontes, y has hecho vivir a las aves salvajes, a los animales que reptan y vuelan, y a todas las cosas que les pertenecen. Tú has provisto de alimento a las ratas en sus agujeros, y a los

> pájaros que se posan en las ramas [...] tú Uno, tú el Uno único cuyos brazos son muchos. Todos los hombres y las criaturas te adoran, y las alabanzas te llegan desde las alturas del cielo, desde los grandes espacios abiertos de la tierra y desde las profundidades del mar [...] tú Uno, tú Uno único que no tiene segundo [...] cuyos nombres son diversos e innumerables».

Hemos visto anteriormente[1] que, entre otros títulos, al dios Amen se le llama «el único» 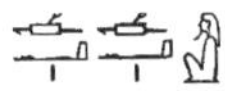, pero la adición de las palabras «que no tiene segundo»  es notable porque muestra que los egipcios ya concebían la existencia de un dios que no tenía semejante ni igual, y no dudaban en proclamar este hecho junto con las descripciones de sus manifestaciones. Mirando el significado simple de estas palabras queda muy claro que cuando los egipcios declararon que su dios era Uno y no tenía segundo, presentaban la misma idea que los judíos y musulmanes cuando proclamaban que su Dios era «Uno»[2] y único. Se ha dicho que los egipcios nunca avanzaron hasta el monoteísmo puro porque nunca lograron liberarse de la creencia en la existencia de otros dioses, pero cuando dicen que un dios «no tiene segundo», aunque mencionan a otros «dioses», es muy evidente que, como los judíos, lo concebían como un ser completamente diferente a las existencias que, a falta de mejor palabra, o porque poseían atributos sobrehumanos, llamaban «dioses».

Los poderes de la oscuridad o del mal

Los dioses enumerados anteriormente representan a los poderes que guiaban, protegían y daban vida y felicidad a los fallecidos en la nueva vida, pero, desde los primeros tiempos, queda claro que los egipcios imaginaron la existencia de otros poderes que se oponían a los muertos, y a quienes en muchos lugares se los llama sus «enemigos». Como tantos otros de los antiguos dioses, originalmente, estos poderes eran ciertas fuerzas de la naturaleza consideradas opuestas a las que eran beneficiosas para el hombre, como por ejemplo la sombra para la luz y la noche para el día; también se asociaba con la noche y la oscuridad a los poderes que contribuían del modo que fuera a oscurecer la luz del sol

1. Véase *supra*, p. xcv.

2. אֶחָד , Deut., vi, 4. Compárese con כִּי יְהוָה הוּא הָאֱלֹהִים אֵין עוֹד מִלְבַדּוֹ , Deut. iv, 35; y וְאֵין עוֹד זוּלָתִי אֵין אֱלֹהִים , Isaías xlv, 5.

o a impedirle brillar. Pero como al fallecido se le identificaba con Horus, Ra y sus dioses acompañantes, los enemigos de unos se convertían en los enemigos del otro, y la suerte que corrieran los dioses era también la que le aguardaba al fallecido. Cuando los egipcios personificaban los poderes benéficos de la naturaleza, es decir, sus dioses, generalmente les daban forma humana y los concebían a su propia imagen; pero cuando personificaban los poderes opuestos, les daban las formas de animales nocivos y reptiles, como serpientes y escorpiones. A medida que pasó el tiempo, las ideas morales de bondad y justicia fueron asociadas con los primeros, y las de maldad y mala intención con los segundos. Las primeras personificaciones de la luz y de la oscuridad fueron Horus y Set, y en el combate —prototipo de las leyendas siguientes de Marduk y Tiamat, Bel y el Dragón, San Jorge y el Dragón, y muchos otros— que tuvo lugar entre ellos, el primero siempre salía victorioso. Pero, aunque al fallecido se le identificaba con Horus o Ra, la victoria que su dios obtenía sobre Set sólo beneficiaba al cuerpo espiritual que habitaba en el cielo, y no preservaba el cuerpo natural que quedaba en la tumba. El principal enemigo del cuerpo natural era el gusano, y parece que desde los primeros tiempos los egipcios eligieron a un gran gusano o serpiente como representante de los poderes hostiles a los muertos, y también como el enemigo contra el que luchaba el dios Sol. Ya en la pirámide de Unas hallamos una larga sección de texto que contiene únicamente fórmulas cuya recitación tenía como fin proteger a los fallecidos de los diversos tipos de serpientes y gusanos.[1] Estos textos son muy antiguos, y podemos decir con seguridad que forman una de las partes más antiguas de la literatura funeraria de los egipcios, y en las ediciones posteriores del Libro de los Muertos y en ciertas obras coptas encontramos que el temor a la serpiente como símbolo del mal físico y moral existió entre los egipcios de todas las generaciones, y que, como se verá más adelante, la creencia en un limbo lleno de serpientes turbaba sus mentes mucho después de su conversión a la cristiandad.

Los encantamientos contra las serpientes en los textos de las pirámides de las dinastías V y VI tienen sus equivalentes en los capítulos XXXI y XXXIII del Libro de los Muertos, encontrados en los ataúdes de las XI y

1. Maspero, *Recueil de Travaux*, t. iii, p. 220.

XII dinastías;[1] Y en la XVIII dinastía encontramos viñetas en las que se retrataba a los fallecidos en el acto de alancear un cocodrilo[2] y de matar serpientes.[3] En las versiones tebana y saïta hay varios pequeños capítulos[4] cuya recitación aleja a los reptiles; de ellos, el más importante es el capítulo XXXIX,[5] que preservaba a los fallecidos del ataque de la gran serpiente Apef o Apep o , a la que se representa con cuchillos clavados en sus pliegues .[6] En tiempos de las dinastías posteriores se celebraba diariamente un servicio religioso en el templo de Amen-Ra, en Tebas, para librar al dios sol del ataque de su enemigo, y siempre estaba acompañado por una ceremonia en la que se quemaba una figura de cera de Apep; a medida que el fuego fundía la cera, el poder de Apep quedaba destruido.[7] Otro nombre de Apep era Nak , al que el ojo de Horus clavaba una lanza, haciéndole vomitar todo lo que había tragado.[8]

El devorador de los muertos

La escena del juicio en la edición tebana del Libro de los Muertos revela la creencia en la existencia de un triple monstruo que era parte cocodrilo, parte león y parte hipopótamo, al que los egipcios llamaban Am-mit , es decir, «el comedor de los muertos», y que vivía en Amenta; su lugar está al lado de los platillos de la balanza donde se pesa el corazón del fallecido, y está claro que devoraba aquellos corazones que sobrepasaban el peso de la pluma de Maat. En uno de los papiros se le representa agazapado a la orilla de un lago.[9] Otros tipos de mal eran los insectos Apshai ,[10] confundidos posteriormente con una tortuga[11] , que muere cuando Ra vive;[12] el cocodrilo Sebak, que después se identificó con Ra; el hipopótamo, el asno, etc.

1. Goodwin, *Aeg. Zeitschrift*, 1866, p. 54; véase también Lepsius, *Aelsteste Texte*, Bl. 35, l. 1.
2. Naville, *Todtenbuch*, Bd. I, Bl. 44.
3. *Ibid.*, Bd. I, Bl. 46.
4. Por ejemplo, capítulos 32, 34, 35, 36, 37, 38, etc.
5. Para el texto, véase Naville, *Todtenbuch*, Bd. I, Bl. 53; y Lepsius, *Todtenbuch*, Bl. 18.
6. Véase Lanzone, *Dizionario*, p. 121.
7. El servicio para *Desbancar a Apepi* está impreso en *Archeologia*, vol. lii, pp. 393-608.
8. Grébaut, *Hymne*, p. 10.
9. Véase más adelante, p. 466.
10. Naville, *Todtenbuch*, Bd. I, Bl. 49.
11. Lepsius, *Todtenbuch*, Bl. 17.
12. . Naville, *Todtenbuch*, Bd. I, Bl. 184.

Los diablos del submundo

Los textos de las pirámides ofrecen poca información sobre los enemigos y diablos con los que los egipcios de épocas posteriores poblaban ciertas partes del Tuat, donde el sol nocturno seguía su curso y habitaban las almas de los muertos; para ello debemos remitirnos a la composición titulada el «Libro de lo que está en Tuat», del que nos han llegado varias copias inscritas en tumbas, ataúdes y en los papiros de la XVIII dinastía y siguientes. El Tuat estaba dividido en doce partes, correspondientes a las doce horas de la noche, y este libro afirmaba ofrecer a los fallecidos los medios que les permitirían atravesarlas con éxito. En una de estas divisiones, que se hallaba bajo la regencia del dios Seker, la entrada estaba guardada por la serpiente de cuatro piernas con cabeza humana, y dentro tenía una serpiente con tres cabezas, escorpiones,[1] víboras y monstruos alados de aspecto terrorífico; su morada era un gran lugar desierto, y, aparentemente, allí la oscuridad era tan densa que hasta podía sentirse. En las otras divisiones encontramos serpientes vomitando fuego, leones, dioses con cabeza de cocodrilo, una serpiente que devora a los muertos, un cocodrilo enorme, y muchos otros reptiles de diversas formas y contornos.

Tradiciones sobre el infierno preservadas en tiempos coptos

Por las descripciones que acompañan a las escenas, es evidente que los egipcios de la XVIII dinastía consideraban el Tuat desde un punto de vista moral, además del físico.[2] Ahí era donde Apep, el símbolo del mal, era vencido y superado, y ahí habitaban las almas de los malvados y de los justos, recibiendo sus premios o castigos, impuestos sobre ellas por decreto de Ra y su compañía de dioses. Los principales instrumentos de castigo empleados por los dioses eran el fuego y las bestias que devoraban las almas y cuerpos de los enemigos de Ra; y en la literatura copta de los egipcios que se cristianizaron podemos ver cuánto tiempo sobrevivió la creencia en un infierno de fuego y de enemigos torturadores.

Así, en *Vida de Abba Shenuti*[3] un hombre se le dice que los «ejecutores de Amenti no mostrarán compasión por tu alma desdichada»,[4] y en la historia de Pisentios, un obispo copto del siglo VII de nuestra era, tenemos

1. Véase Maspero, *Les Hypogées Royaux de Thèbes*, p. 76.
2. Véase Lefébure, «Book of Hades», *Records of the Past*, vol. x, p. 84.
3. Véase Amélineau, *Monuments pour servir à l'Histoire de l'Égypte Chrétienne*, p. 167.
4. ⲙⲡ ⲥⲉⲛⲁϯⲁⲥⲟ ⲉⲧⲉⲕⲯⲩⲭⲏ ⲛ̄ⲧⲁⲗⲁⲓⲡⲱⲣⲟⲥ ⲛ̄ϫⲉ ⲛⲓⲇⲏⲙⲱⲣⲓⲥⲧⲏⲥ ⲛⲧⲉ ⲁⲙⲉⲛϯ

una serie de detalles que reflejan de manera notable el Tuat de los antiguos egipcios. El obispo, después de haber establecido su residencia en una tumba llena de momias, hace que una de ellas cuente su historia.[1] Después de decir que sus padres eran griegos que adoraban a Poseidón, declara que cuando estaba muriendo, ya los ángeles vengadores se precipitaron sobre él con cuchillos de hierro y espuelas afiladas como lanzas que le clavaron en los costados, mientras rechinaban sus dientes sobre él; cuando abrió los ojos, vio la muerte en todas sus múltiples formas a su alrededor; y, en ese momento, los ángeles llegaron sin piedad (ⲡⲓⲁⲅⲅⲉⲗⲟⲥ ⲛ̀ ⲁⲑⲛⲁⲓ), arrancaron su alma desdichada del cuerpo y, atándola a la forma de un caballo negro, se la llevaron a Amenta (ⲉⲙⲉⲛⲧ = 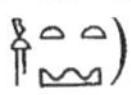). A continuación, fue entregado a los crueles atormentadores, que le torturaron en un lugar donde había abundantes bestias salvajes; y, cuando fue arrojado al lugar de oscuridad externa, vio un agujero en el suelo de más de treinta metros de hondo lleno de reptiles, cada uno de los cuales tenía siete cabezas, y todos sus cuerpos estaban cubiertos por lo que parecían ser escorpiones. También había serpientes, cuya simple contemplación aterrorizaba al espectador, y el desdichado le fue dado a una de ellas con dientes como estacas de hierro; durante cinco días a la semana, la serpiente le aplastó con sus dientes, pero el sábado y el domingo le daba un respiro. Otra imagen de los tormentos del Hades se da en el martirio de Macario de Antioquía, en el que el santo, tras devolver la vida a un hombre que llevaba muerto seis horas, se enteró de que cuando estaba a punto de morir se vio rodeado por enemigos, ϩⲁⲛⲇⲏⲕⲁⲛⲟⲥ, algunos de los cuales tenían caras de dragón ⲛ̀ϩⲟ ⲛ̀ⲇⲣⲁⲕⲱⲛ, otros de león ⲛ̀ϩⲟ ⲛ ⲙ̀ ⲙⲱⲟⲩⲓ, otros de cocodrilo ⲛ̀ϩⲟ ⲛ̀ⲉⲙⲥⲁϩ, y otros de oso ⲛ̀ϩⲟ ⲛ̀ⲗⲁⲃⲟⲓ. Ellos le separaron el alma del cuerpo con gran violencia, y huyeron con ella sobre un poderoso río de fuego, al que la lanzaron a la profundidad de cuatrocientos codos; a continuación la sacaron y la situaron ante el Juez de la Verdad, ⲙ̀ ⲡⲓⲕⲣⲓⲧⲏⲥ ⲙ̀ ⲙⲏⲓ. Después de escuchar la sentencia del Juez, los enemigos la llevaron a un lugar de oscuridad externa donde no había luz, y la lanzaron al frío,

1. Véase Amélineau, *Études sur le Christianisme en Égypte au Septième Siècle*, Paris, 1887, p. 147.

donde había rechinar de dientes. Allí vio una serpiente que nunca dormía, ϥⲉⲛⲧ ⲛ̀ ⲁⲧ ⲉⲛⲕⲟⲧ, con una cabeza como de cocodrilo y rodeada de reptiles que le lanzaban almas para que las devorase, ⲉⲣⲉ ⲛⲓϭⲁⲧϥⲓ ⲧⲏⲣⲟⲩ ϧⲁⲧⲟⲧϥ ⲉⲩⲥⲓϯ ⲛ̀ ⲛⲓⲯⲩⲭⲏ ϩⲓⲧϩⲏ ⲙ̀ⲙⲟϥ ; cuando la boca de la serpiente estaba llena, permitía que otros reptiles comieran, y aunque destrozaban el alma en pedazos, ésta no moría. Después de esto, llevaban el alma a Amenta para siempre ⲁ̀ⲙⲉⲛϯ ϣⲁ ⲉ̀ⲛⲉϩ .[1] El mártir Macario sufrió en el reino de Diocleciano, y el documento del que se copió el anterior extracto data del año 634 de los mártires, es decir, 918 d. de C. Así, las viejas ideas paganas del Tuat egipcio se aplicaron a la construcción del infierno copto.

1. Véase Hyvernat, *Les Actes des Martyrs de l'Egypte*, Paris, 1886, pp. 56 y 57.

Principales lugares geográficos y mitológicos que aparecen en El Libro de los Muertos

Abtu , el Ábidos de los griegos (Strabo, XVII, i, 42), la capital de la octava provincia del Alto Egipto. Era la sede de la adoración de Osiris, y por ello era llamada Per-Ausar , o Busiris, «la casa de Osiris»; los coptos le dieron el nombre de ⲉⲃⲱⲧ.[1] La tradición egipcia hacía que el sol acabara su curso en Ábidos, y que entrara en el Tuat por este lugar a través de una «abertura» en las montañas llamada en egipcio *peq*, .[2] Estas montañas estaban cerca de la ciudad, y en la XII dinastía se creía que las almas de los muertos se abrían camino hasta el otro mundo por el valle que conducía a través de ellas hasta el gran Oasis, donde algunos situaban los Campos Elíseos.[3]

Amenta o **Amentet** o era originalmente el lugar donde se ponía el sol, pero más tarde el nombre se aplicó a los cementerios y tumbas que, por regla general se construían u horadaban en algunas llanuras de piedra y montañas de la orilla occidental del Nilo. Algunos creen que Amenta fue, al principio, el nombre de un pequeño distrito, sin

1. Véase Amélineau, *La Géographie de l'Égypte à Époque Copte*, p. 155.
2. Véase Brugsch, *Dict. Géog.* p. 227.
3. Véase Maspero, *Études de Mythologie*, t. i, p. 345.

más significado funerario o mitológico. Los cristianos egipcios o coptos usaron la palabra Amenti para traducir el vocablo griego Hades, al que atribuyeron todas las ideas que sus antecesores paganos habían asociado con el Amenta del Libro de los Muertos.

Annu, la Heliópolis de los griegos (Herodoto, II, 3, 7, 8, 9, 59, 93; Strabo, XVII, I, 27) y la capital de la decimo tercera provincia del Bajo Egipto. Los hebreos la llamaron On (Génesis xli, 45 y 50; xlvi, 20), Aven (Ezequiel, xxx, 17), y Bêth-Shemesh (Jeremías, xliii, 13); este último nombre es una traducción exacta del egipcio *per Ra*, «casa del sol», que también designaba a Annu. Los coptos han preservado el nombre más antiguo de la ciudad bajo la forma ⲱⲛ.[1] Un obispo copto de este lugar estuvo presente en el Concilio de Éfeso. La ciudad de Annu parece haber estado asociada con la adoración al sol en tiempos prehistóricos. Ya en la V dinastía sus sacerdotes habían conseguido que sus puntos de vista religiosos y sus creencias tuvieran la supremacía en todo Egipto, y desde el principio hasta el final consiguió mantener su posición como sede principal del aprendizaje teológico en Egipto. El cuerpo del Anciano, un nombre de Osiris, reposaba en Annu, y allí habitaba el Ojo de Osiris. El fallecido se abría camino hasta Annu, donde las almas se unían a sus cuerpos por miles, y donde los benditos muertos vivían eternamente del alimento celestial.

An-rutf o **Naarutf**, es una sección o puerta del Tuat que queda al norte de Re-stau; el significado de la palabra es «nunca germinó».

An-tes (?) (véase más adelante, p. 539), una localidad desconocida donde se adoraba a , una torre de luz (?).

Apu, la Panópolis de los griegos (Πανῶν πόλις, Strabo, XVII, i, 41), la metrópolis de la novena provincia del Alto Egipto y sede de la adoración del dios , cuyo nombre se lee de diversas maneras, como Amsu, Khem y Min. En los antiguos días era famoso por sus canteras, donde se tallaba la piedra, y por sus telares, donde se tejía el lino, y esta última dedicación aún sobrevive entre la población copta moderna,

1. Véase Amélineau, *La Géographie de l'Égypte à Époque Copte*, p. 287.

que siguiendo las tradiciones de sus antepasados llamó a la ciudad ϣⲙⲓⲛ, que los árabes pronuncian «Akhmîm».

Aqert, un nombre común para la morada de los muertos.

Bast, más plenamente Pa-Bast o Per-Bast, el Bubastis de los escritores griegos (Herodoto, II., 59, 137, 156 y 166; Strabo, XVII, I, 27), la metrópolis de la décimo octava provincia del Bajo Egipto y la sede de la adoración de Bast, una diosa a la que se identificaba con el alma de Isis, *ba en Auset*. Esta ciudad se menciona en la Biblia con el nombre de פִּי בֶסֶת (Ezequiel, xxxx, 17), Pi-beseth, que los coptos han preservado en su nombre de la ciudad, ⲡⲟⲩⲃⲁⲥϯ; y los árabes llamaron al lugar Tell Basta, تل بسطة.

Het-benbent, el nombre dado a muchos templos del sol en Egipto, y también a uno de los lugares del otro mundo donde habitaban los difuntos.

Het-Ptah-ka, nombre sagrado de la ciudad de Menfis, la metrópolis de la primera provincia del Bajo Egipto; significa la «Casa del *ka* de Ptah», y probablemente ya estaba en uso en el periodo de la primera dinastía. Otros nombres de Menfis eran Aneb-het'et, «la ciudad de la muralla blanca»; Men-nefer; y Kha-nefert.

Kem-ur, un nombre dado al distrito de las provincias cuarta y quinta del Alto Egipto.

Khemennu, es decir, la ciudad de los ocho grandes dioses cósmicos, la Hermópolis de los escritores griegos (Ερμοπολιτικὴ φυλακή, Strabo, XVII, I, 41), y la metrópolis de la décimo quinta provincia del Alto Egipto. El viejo nombre egipcio de la ciudad se preservó en los nombres copto y árabe, ϣⲙⲟⲩⲛ ⲃ̄ y Eshmûnên.

Kher-aba, una ciudad muy antigua situada en la ribera derecha del Nilo, un poco al sur de Annu, cerca del lugar donde se construyó la «Babilonia de Egipto»[1] (Βαβυλών, φρούριον ἐρυμνόν, de Strabo, XVII, i, 30).

Manu o es el nombre que se da a la región donde se pone el sol, que, según se cree, estaba directamente enfrente del distrito

1. ⲃⲁⲃⲩⲗⲱⲛ ⲛ̀ⲧⲉ ⲭⲏⲙⲓ; véase Amélineau, op. cit., p. 75.

de Bekha , donde se alzaba por el este; Manu es un sinónimo de oeste, tal como Bekha lo es del este.[1]

Nekhen o , el nombre del templo de la diosa Nekhbet, que se supone que estuvo cerca de Nekheb, la capital de la tercera provincia del Alto Egipto y la Eileitiápolis de los griegos.

Neter-khertet o , un nombre común de la morada de los muertos; significa «divino lugar subterráneo».

Pe , un distrito de la ciudad de Per-Uatchet , el Buto de los griegos (Βοῦτος , Strabo, XVII, i, 18), que estaba situada en el delta.

Punt , la zona tropical que quedaba al sur y al este de Egipto, y que probablemente incluía una parte de la península arábiga y de la costa oriental de África, a lo largo y al sur de la tierra somalí.

Re-stau o , un nombre dado a los pasajes de las tumbas que llevan de este al otro mundo; originalmente designó tan sólo al cementerio de Ábidos, y su dios era Osiris.

Sa , el Saïs de los griegos (Σάϊς , Strabo, XVII, i, 23), la metrópolis de la quinta provincia del Bajo Egipto y sede de la adoración de la diosa Neith.

Sekhem o , o la Letópolis de los griegos, y capital de la provincia de Letopolites (Strabo, XVII, i, 30); era la sede de la adoración de Heru-ur , «Horus el viejo», y uno de los centros religiosos más importantes de Egipto.

Sekhet-Aanru , el «Campo de las plantas de Aanru», fue el nombre dado originalmente a las islas del delta, donde se suponía que vivían las almas de los muertos. Allí estaba la morada del dios Osiris, que concedía propiedades en ellas a los que habían sido sus seguidores. En este lugar los muertos beatificados llevaban una nueva existencia y se regalaban con todo tipo de alimentos, que les era dados en abundancia. Según la viñeta del capítulo CX del Libro de los Muertos, el Sekhet-Aanru es la tercera división del Sekhet-hetepu, o «Campos de Paz», que son comparables a los Campos Elíseos de los griegos.

1. Véase Brugsch, *Dict. Géog.*, pp. 199 y 260; Maspero, *Études de Mythologie*, t. i, p. 332; y *Aeg. Zeitschrift*, 1864, pp. 73-76.

Set Amentet , «la montaña del submundo», un nombre común del cementerio, que solía estar situado en las montañas o desiertos de la orilla occidental del Nilo.

Suten-henen , más correctamente Henen-su, la metrópolis de la vigésima provincia del Alto Egipto, llamada por los griegos Heracleópolis Magna (Strabo, XVII, i, 35). Los hebreos mencionan la ciudad (חָנֵס , Isaías xxx, 4) de Hanes como la representante del Alto Egipto, y en tiempos coptos aún era de considerable tamaño e importancia; los coptos y los árabes han preservado el antiguo nombre de la ciudad bajo las formas ϩⲛⲏⲥ y اهناس, *Ahnas*.

Tanenet , un distrito sagrado para los dioses Osiris y Ptah; probablemente estaba situado cerca de Menfis.

Ta-sert o Ta-tchesertet, un nombre común de la tumba.

Tep , un distrito de la ciudad de Per-Uatchet , la Buto de los griegos (Strabo, XVII, i, 18), que estaba situada en el delta.

Tettet , un nombre dado tanto a la metrópolis[1] de la novena provincia como a la ciudad principal[2] de la sexta provincia del Bajo Egipto.

Tuat , un nombre común de la morada de los fallecidos.

1. Pa-Ausar, o Per-Ausar, el Busiris de los griegos.

2. Ba-neb-Tettet, el Mendes de los griegos.

Ceremonias funerarias

Para ilustrar las ceremonias que acompañaban al entierro de los muertos, el lector hallará extractos de diferentes textos en el Apéndice de la página 264. Se les puede añadir un extracto del curioso ritual que estaba de moda en las dinastías V y VI, y que conmemoraba las ceremonias celebradas para el dios Osiris. Debe tenerse en cuenta que al fallecido se le identificaba íntimamente con Osiris, arquetipo de incorruptibilidad, que asume sobre sí «todo lo que es odioso» del fallecido, es decir, acarrea la carga de sus pecados; y el difunto queda purificado cuando se le rocía agua por encima. Mientras que a los dioses sólo les acompañan sus *kas*, al fallecido, por su derecho a identificarse con un poder superior, también le acompaña su Tet,[1] es decir, su Osiris.

A lo largo de la ceremonia, el Ojo de Horus,[2] representado por diversas sustancias, desempeña un papel prominente, porque es lo que

1. Hace unos cincuenta años, M. Reuvens expresó su creencia de que 𓊽 representaba las cuatro esquinas del mundo y, según M. Maspero, este símbolo une en sí mismo los cuatro pilares que sostienen el cielo y Osiris, a quien ellos preservan del caos; véase *Recueil de Travaux*, t. xii, p. 79, nota 3; y *Études de Mythologie*, t. ii, p. 359.
2. Sobre el Ojo de Horus, véase Lefébure, *Le Mythe Osirien-Les Yeux d'Horus*, Paris, 1874; y Grébaut, «Les deux du Disque Solaire», *Recueil de Travaux*, t. i, pp. 72, 87 y 112-131).

da vigor al corazón del muerto y le conduce al dios. Esta porción de la ceremonia, en la que se creía que se destrababa el mentón y se abría la boca del fallecido, o de la estatua que a veces le representaba, se realizaba después de llevar a cabo la purificación por el agua y el incienso; y de este modo se le permitía tomar parte de las ofrendas de carne y bebidas, en las que también participaban los amigos y parientes, a fin de poder cementar y sellar su unión mística con el fallecido y con el dios con el que se había identificado.[1]

Había ciertas fórmulas que se repetían cuatro veces: esto nos devuelve a los tiempos en que los egipcios dividieron originalmente el mundo en cuatro partes que se correspondían con los cuatro pilares que sostenían el cielo, es decir, con los cuatro puntos cardinales: este, sur, oeste y norte, presididos respectivamente por un dios especial. El fallecido trataba de obtener ayuda de cada uno de los cuatro dioses de los puntos cardinales, y de tener derecho a deambular libremente en su distrito; de ahí que la fórmula se repitiera cuatro veces. Originalmente también se sacrificaban cuatro animales, o cuatro gansos, uno para cada dios, pero posteriormente se juntó al este con el norte y al oeste con el sur, y sólo se sacrificaban dos toros (o pájaros), a uno de los cuales se le llamaba el Toro del Norte,* y al otro el Toro del Sur. La costumbre de la cuádruple repetición continuó hasta los tiempos de Ptolomeo,** e incluso en épocas posteriores.

El sacerdote, cuyo título oficial era *kher heb*, , recitaba las plegarias, y el sacerdote *sem* o *setem*  presentaba las ofrendas prescritas. Las instrucciones se indican en el margen para mayor claridad.

1. Discutir el origen y desarrollo de los sacrificios de animales entre los primeros egipcios queda fuera del ámbito de la presente obra. Para más información sobre el significado del sacrificio entre los semitas, en cuyas costumbres probablemente sobrevivieron muchas ideas originalmente egipcias, véase Robertson Smith, *Religion des Semites*, p. 294. Sobre el origen de los actos de sacrificio, véase Max Müller, *Natural Religion*, Londres, 1889, p. 184; y E. B. Tylor, *Primitive Culture*, vol. ii, p. 340. Resulta muy difícil decidir si los egipcios consideraban el sacrificio de toros, gansos, etc. en la tumba como ofrendas expiatorias.

* Este tema ha sido comentado lúcidamente por Maspero, *Recueil de Travaux*, t. xii, pp. 78 y 79.

** Véase *Archeologia*, vol. lii, p. 453, al pie.

«Oh Osiris,* todo lo que es odioso en Unas ha sido puesto ante ti,[1] y todas las palabras malas que han sido dichas en su nombre. Ven, oh Thoth, y llévaselas a Osiris, lleva todas las palabras malas que se han dicho y ponlas en la palma de tu mano;[2] tú no escaparás de ahí, tú no escaparás de ahí. Quienquiera que marchó, marchó con su *ka*. Horus marchó con su *ka*, Set marchó con su *ka*, Thoth marchó con[3] su *ka*, Sep marchó con su *ka*, Osiris marchó con su *ka*, Khent-maati marchó con su *ka*; y tu *tet* marchará con su *ka*. Salve, Unas, la mano de tu *ka* está ante ti. Salve, Unas, la mano de tu *ka* está detrás de ti. Salve, Unas, la pierna de tu *ka* está ante ti. Salve, Unas, la pierna de tu *ka* está detrás de ti. Osiris Unas, te he dado el Ojo de Horus, y ahora llena tu rostro, y su perfume se extiende sobre ti. Las libaciones vertidas por tu hijo,[4] que son vertidas por Horus, son para ti, oh Osiris, y ellas son para ti, oh Unas. He venido y te he traído el Ojo de Horus para que puedas refrescarte el corazón con él, lo he puesto a tus pies, y te ofrezco cualquier cosa que haya salido de tu cuerpo para que tu corazón no cese de latir [por desearlo].[5] Tu voz nunca se irá de ti, tu voz nunca se irá de ti.

Dirigiéndose a la estatua del fallecido, el sacerdote setem dice:

»[Aquí hay] ungüento, [aquí hay] ungüento. Abre tu boca, oh Unas,[6] y saborea el aroma de las habitaciones santas. Este aroma es el destilado de Horus, este aroma es el que se destiló de Set, y es el que estabilizó los dos corazones de los dos dioses Horus.[7] Tú te purificaste con el Heru-shesu**; y estás purificado con natron, y Horus está purificado con natron; tú estás purificado con natron, y Set está purificado con natrón;[8] tú estás purificado con natrón, y Thoth está purificado con natron; tú estás purificado con natrón, y Sep está purificado con natrón; tú estás purificado con natrón; y te has establecido entre ellos, y tu boca es [tan pura] como la boca de un ternero el día de su nacimiento. Tú estás

1. Aquí se rociará agua.
2. Repítase cuatro veces.
3. Repítase cuatro veces y quémese incienso.
4. Aquí [verter] agua fresca, y [quemar] dos porciones de incienso.
5. Repítase cuatro veces.
6. Aquí [ofrezco] perfume del sur, tres granos.
7. Repítase cuatro veces.
8. Aquí [ofrezco] natrón del norte.
* Para el texto y la traducción francesa, véase Maspero, *Recueil de Travaux*, p. 179.
** , «los seguidores de Horus».

purificado con natrón, y Horus está purificado con natrón; tú estás purificado con natrón, y Set está purificado con natrón;[1] [tú estás purificado con natrón] y Thoth está purificado con natrón; tú estás purificado con natrón, y Sep está purificado con natrón; tu *ka* está purificada con natrón y tú eres puro, tú eres puro, tú eres puro, tú eres puro. Tú estás establecido entre los dioses, que son tus hermanos; tu cabeza ha sido purificada para ti con natrón, tus huesos han sido lavados con agua, y tú mismo has alcanzado la perfección junto con todo lo que te pertenece. Oh Osiris, te he dado el Ojo de Horus, tu rostro está lleno de él, y el perfume que de él emana se extiende sobre ti.

»Salve, Unas, tus dos mandíbulas están destrabadas.[2] Salve, Unas, los dos dioses han abierto tu boca.[3] Oh Unas, el Ojo de Horus te ha sido dado, y Horus ha venido a él; ha sido traído a ti, y puesto en tu boca.[4] Salve, Unas, los pezones del pecho de Horus te han sido dados, y tú has tomado en tu boca[5] el pecho de tu hermana Isis, y la leche que fluyó de tu madre es vertida en tu boca.[6]

»Tú has tomado posesión de los dos ojos de Horus, el blanco y el negro, tú los has tomado sobre ti y ellos iluminan tu rostro.[7] El día te ha hecho un ofrecimiento en el cielo, y el este y el oeste están en paz contigo; la noche te había hecho una ofrenda,[8] y el norte y el sur están en paz contigo. Éstas son las ofrendas que te son presentadas, las ofrendas que ves, las ofrendas que viste, las ofrendas que oíste, las ofrendas que están ante ti, las ofrendas que están detrás de ti, las ofrendas que están contigo. Oh Osiris Unas, los dientes blancos de Horus te han sido dados para que puedas llenar tu boca con ellos.[9] Una ofrenda real del *ka* de Unas.[10] Osiris Unas, el Ojo de Horus te ha sido dado, y tú vives, y tú eres.[11] Oh

1. Aquí [quemo] un grano de incienso.
2. Aquí [traigo] el *Pesesh-kef.*
3. Aquí [ofrezco] dos piezas de hierro del norte y del sur.
4. Aquí [ofrezco] ungüento del norte y ungüento del sur.
5. Aquí [ofrezco] leche.
6. Aquí [ofrezco] dos vasos de leche.
7. Aquí traigo dos jarras, una negra y una blanca.
8. Aquí [ofrezco] un pastel.
9. Aquí [ofrezco] dos cestas de cebollas.
10. Repítase cuatro veces.
11. Aquí [ofrezco] un pastel.

Osiris Unas, el Ojo de Horus que luchó con Set te ha sido dado, y tú lo has levantado[1] hasta tus labios, y tu boca ha sido abierta por él. Oh Osiris Unas, tu boca está abierta por aquello de lo que tú estás lleno.[2] Oh Osiris Unas, aquello que destiló de ti te ha sido devuelto.[3] Oh Ra, que todas las alabanzas que has recibido en el cielo sean en alabanza de Unas, y que todo lo que pertenece a tu cuerpo pertenezca al *ka* de Unas, y que todo lo que pertenece a su cuerpo te pertenezca a ti.[4] Oh Unas, el Ojo de Horus te ha sido dado, para que puedas saborear,[5] y para que puedas iluminar la noche. Oh Unas, el Ojo de Horus te ha sido dado para que pueda abrazarte.[6] Oh Unas, el Ojo de Horus que luchó contra Set te ha sido dado, para que él pueda producir la apertura de tu boca.[7] Oh Unas, aquello que fluyó de Osiris te ha sido dado.[8] Oh Unas, el Ojo de Horus te ha sido dado, para que sin la ayuda del hierro, tu boca pueda ser liberada.[9] Oh Unas, el Ojo de Horus te ha sido dado para que puedas adornar tu rostro con él.[10] Oh Osiris Unas, el Ojo de Horus ha vertido aceite sobre ti.[11] Oh Osiris Unas, aquello que con presión ha salido de tu cara te ha sido dado.[12] Oh Osiris Unas, el Ojo de Horus te ha sido dado, para que te pueda afeitar [?].[13] Oh Osiris Unas, el Ojo de Horus te ha sido dado para que pueda ungirte.[14] Oh Osiris Unas, el Ojo de Horus te ha sido dado para que pueda conducirte hasta los dioses.[15] Oh, todos vosotros ungüentos, extendeos ante Horus[16] y fortalecedle. Haced que consiga la maestría sobre su cuerpo, y haced que abra sus ojos. Que todos los seres resplandecientes

1. Aquí [se ofrecen] dos jarras de vino blanco.
2. Aquí [se ofrecen] dos jarras de vino tinto.
3. Aquí [se ofrece] un vaso de cerveza negra.
4. Aquí [se ofrece] un altar.
5. Aquí [se ofrece] un pastel.
6. Aquí [se ofrece] un pecho.
7. Aquí [se ofrece] una jarra de vino blanco.
8. Aquí [se ofrece] un vaso de cerveza negra.
9. Aquí [se ofrece] un vaso de cerveza de hierro.
10. Aquí [se ofrece] un vaso de cerveza.
11. Repetir cuatro veces y [ofrecer] ungüento del festival.
12. Aquí [se ofrece] aceite *heken*.
13. Aquí [se ofrece] una jarra de *seft*.
14. Aquí [se ofrece] aceite de *nishnem*.
15. Aquí [se ofrece] una jarra de *tuat*.
16. Aquí [se ofrece] ungüento *ash*.

puedan verle, que puedan oír su nombre, porque el Ojo de Horus ha sido traído, para poder ser puesto ante Osiris Unas.[1] Oh Osiris Unas, los dos Ojos de Horus han sido puestos como pintura sobre tu rostro.[2]

»¡Vístete en paz! ¡Ponte tus ropas en paz! ¡Que Tatet se ponga[3] sus ropas en paz! ¡Salve, Ojo de Horus, en Tep, en paz! Salve, Ojo de Horus, en las casas de Nit, en paz. Recibe tus ropas blancas. Oh, otórganos que las dos tierras que se regocijaban de rendir culto a Horus puedan rendirlo también a Set; y otórganos que las dos tierras que admiraban a Set puedan admirar a Unas. Habita tú con Unas como su dios, abre una senda para él entre los seres resplandecientes, y establécele entre ellos».

1. Aquí [se ofrece] ungüento.
2. Aquí [se ofrecen] estibio y cobre.
3. Aquí [se traen] dos prendas de vestir.

El papiro de Ani

Descripción general

El papiro de Ani, , se encontró en Tebas y fue comprado por los representantes del Museo Británico en 1888. Mide unos veinticuatro metros de largo por treinta y ocho centímetros de ancho, y es el papiro más largo que se conoce del periodo tebano.[1] Está hecho de distintas tiras de papiro, que varían en longitud entre algo más de ocho metros las más largas y casi dos las más cortas. El material está compuesto por tres capas de papiros creados de plantas cuyos tallos medían aproximadamente once centímetros de diámetro. Las distintas piezas han sido unidas con mucho cuidado, y la reparación e inserción de nuevas piezas (véanse placas XXV y XXVI) se ha hecho con destreza. Cuando se encontró originalmente, el papiro era de color claro, similar al papiro de Hunefer (Museo Británico, n.º 9901), pero se oscureció después de desenrollarlo, y algunas secciones han encogido algo.

1. El papiro de Nebseni, de la XVIII dinastía (M. B., n.º 9900), mide 23,38 metros de largo y 33 centímetros de ancho; y el papiro de Hunefer, de la XIX dinastía (M. B. n.º 9601), 5,74 metros de largo por 40 centímetros de ancho; el papiro Leyden de Qema, de la XVIII dinastía, unos quince metros, y el papiro de Dublín (*Da* de la edición de M. Naville), de la XVIII dinastía, 7,5 metros.

Contiene una serie de capítulos del Libro de los Muertos, casi todos ellos acompañados por viñetas, y en la parte superior e inferior hay un borde de dos colores: rojo y amarillo.[1] Al comienzo y al final del papiro se han dejado espacios en blanco de quince y veintiocho centímetros. La porción escrita está completa, y la pérdida de algunos caracteres al desenrollarlo[2] no interrumpe el texto. Fue escrito por tres o más escribas, pero la uniformidad con que se han ejecutado las viñetas sugiere que en sus ilustraciones intervinieron menos artistas. Los títulos de los capítulos, rúbricas, cartuchos, etc., están en rojo. En algunos casos, el artista ha ocupado tanto espacio que el escriba se ha visto obligado a comprimir el texto (por ejemplo, en la placa XI), y a veces lo ha escrito en el borde (véanse placas XIV y XVII). Esto prueba que las viñetas se dibujaron antes de escribir el texto.

No fue Ani quien escribió originalmente las distintas secciones del papiro, porque otra mano ha añadido su nombre posteriormente en diversos lugares.[3] No obstante, como dichas adiciones no se producen en la primera sección, que mide casi cinco metros (4,97 m) de largo, debe concluirse que esta primera sección se escribió expresamente para él, y que las demás eran de esas copias escritas en las que se dejaban espacios en blanco para insertar los nombres del fallecido para el que se compraban. El escriba que rellenó el nombre de Ani en dichos espacios escribió apresuradamente, porque en el capítulo XXXb, línea 2 (pl. XV), no dejó espacio para escribir la palabra «Osiris» en la frase, «Ani victorioso ante Osiris» (compárese 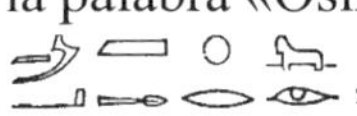, pl. I, línea 5); en el capítulo XLIII, líneas 1 y 2 (pl. XVII), lo ha escrito dos veces; en el capítulo IX, l, I (pl. XVIII), ha omitido el determinante ; en el capítulo XV, línea 2 (pl. XX) quiso escribir «Ani, victorioso en paz»  (pl. 19), pero escribió «Ani triunfante» ; en el capítulo CXXV, línea 18 (pl. XXX), la palabra  está escrita dos veces, aunque es probable que con la intención de rellenar la línea; en el capítulo CLI (pl. XXXIV),

1. En algunas secciones el borde está pintado de amarillo y naranja.
2. Véanse placas I, XV y XXIV.
3. Véase capítulo XXVI, l. I (pl. XV); capítulo XLV, l. I (pl. XVI); capítulo IX, l. 6 (pl. XVIII); capítulo CXXXIV, l. 15 (pl. XXII); capítulo LXXVIII, l. I (pl. XXV); capítulo LXXX., l. I (pl. XXVIII); capítulo CLXXXV, l. 15 (pl. XXXVI).

el nombre está torcido, y el determinante omitido, y en los capítulos XVIII (Introducción, pl. XII) y CXXXIV (pl. XXII), el escriba ha omitido el nombre en dos lugares. Parece bastante seguro que todas las secciones del papiro se escribieron hacia la misma época, y que son obra de escribas de la misma escuela; las variaciones de profundidad en el espacio ocupado por el texto y las diferencias en los colores del borde sólo muestran que incluso los mejores escribas no se ataban a ningún plan o método para preparar las copias del Libro de los Muertos. El texto presenta muchos errores serios: por algún despiste importante incluye dos copias del capítulo XVIII, una de ellas con una introducción inusual, y la otra sin introducción; y una gran sección del capítulo XVII, uno de los más importantes de toda la obra, ha sido omitida completamente. Estos errores y omisiones también ocurren en papiros más antiguos que el de Ani, porque en el papiro de Nebseni (Museo Británico, n.º 9900), que se escribió en Menfis a comienzos de la XVIII dinastía, hay dos copias de los capítulos L, LVI, LXIV, CLXXX, tres copias de los capítulos C y CVI, y del capítulo XVII se dan dos extractos en distintas partes del papiro.[1]

Rango de Ani

El papiro de Ani no tiene fecha, y en él no se dan datos con relación a la vida de Ani que permitan fijar su lugar exacto en las series de papiros ilustrados del periodo tebano al que pertenece. Sus títulos completos son:

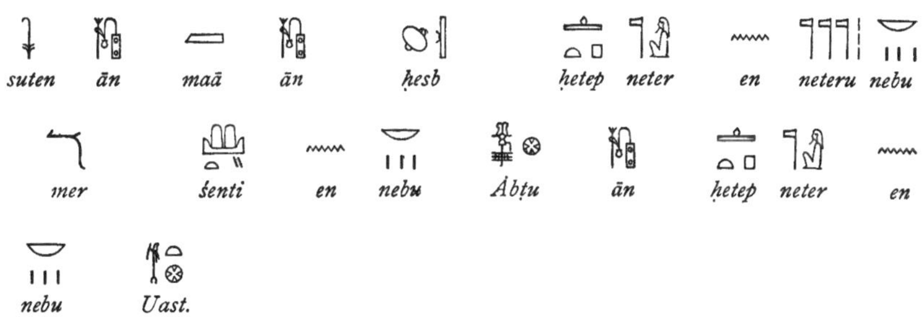

> Real escriba verdadero, escriba y contable [de las ofrendas divinas] de todos los dioses.
> El gobernador del granero de los señores de Ábidos, escriba [de las ofrendas divinas] de los señores de Tebas.

1. Naville, *Einleitung*, pp. 48-54.

y se dice que es el «amado del señor del norte y del sur»  y que «le ama» 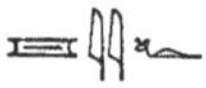. No puede decirse cuál es el nombre del rey al que se refiere este símbolo. Que el rango de Ani como «escriba real»[1] no era únicamente un título se muestra en la adición de la palabra «verdadero», dado que su cargo como escriba y contable de todos los dioses posiblemente era el más alto que un escriba podía ocupar.[2] Sus otros cargos de «gobernador del granero de los señores de Ábidos» y «escriba de las ofrendas divinas de los señores de Tebas» confirman su rango e importancia, puesto que Ábidos y Tebas eran las ciudades más antiguas

La esposa de Ani

y sagradas de Egipto. Se describe a la esposa de Ani, Thuthu  como «la señora de la casa, la *qematet* de Amen» .[3] Aún no se ha decidido qué significa el título de «señora de la casa», pero *qemat* es el aplicado a las señoras nobles que cantaban o tocaban instrumentos en el templo de un dios.[4] La señora Thuthu pertenecía a las sacerdotisas de Amen-Ra de Tebas, y siempre lleva en las manos el sistro y otro instrumento llamado *menat* , los emblemas de su cargo. Así, Ani y su esposa eran grandes dignatarios eclesiásticos conectados con la famosa confraternidad de los sacerdotes de Amen.

Copias del Libro de los Muertos en el periodo tebano

Un examen de los papiros del periodo tebano conservados en el Museo Británico muestra que existían dos tipos distintos de papiros del Libro de los Muertos en la XVIII dinastía. En el primero, tanto los textos como las viñetas están subrayados con negro,[5] y sólo están en rojo las rúbricas, los cartuchos, etc.; en el segundo, el texto está únicamente en negro, las rúbricas y cartuchos en rojo, y las viñetas hermosamente pintadas con una serie de colores brillantes. El papiro de Ani pertenece a este último tipo, pero si se comparan los textos y viñetas con los encontrados en cualquier otro papiro de principios del periodo tebano, se comprobará

1. Véase Brugsch, *Aegyptologie*, p. 223.
2. En la lista de altos oficiales del sacerdocio dada por Brugsch (*Aegyptologie*, p. 218), nos encontramos con un oficial cuyo título es 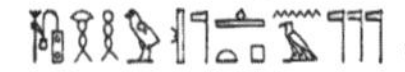, «el escriba establecido sobre la propiedad sagrada de los dioses»; Ani tenía un título similar.
3. Placa XIX; su nombre no se menciona en ningún otro lugar del papiro.
4. En la estela de Canopus 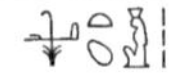 es traducido como τὰς ἱερὰς παρθένους; véase Brugsch, *Wörterbuch*, p. 1454.
5. Compárese el papiro de Nebseni (MB, n.º 9900).

que ocupa una posición diferenciada en todos los aspectos. Aunque está de acuerdo en lo principal con los papiros de la XVIII dinastía con respecto a las lecturas textuales, el papiro de Ani presenta particularidades en su ortografía, etc., que no se hallan en los demás. La escritura manual de la primera sección recuerda al mejor periodo de la XVIII dinastía; pero como el escriba anota algunos de los caracteres de una manera particular, la evidencia paleográfica sobre este punto no es decisiva. Es casi seguro que el papiro pertenece al periodo que produjo documentos como el papiro de Neb-qet,[1] y el papiro de Qenna,[2] hasta algún periodo de la XVIII dinastía. Podemos asumir que es más antiguo que el papiro de Hunefer, que se escribió durante el reinado de Seti I, puesto que, perteneciendo a la misma clase de papiros altamente decorados, la ejecución de las viñetas es más cuidada y fina, y las formas libres y remarcadas de los jeroglíficos en sus mejores secciones se parecen más a los de los textos inscritos en piedra bajo los grandes reyes de la XVIII dinastía. El «señor de las dos tierras», el Alto y el Bajo Egipto, del Norte y del Sur, mencionado en la placa IV, es probablemente uno de los reyes Thotmes o Amenhetep, y por tanto podemos situar el periodo de nuestro papiro entre los años 1500 y 1400 a. de C. Edad del papiro

El texto puede dividirse en dos partes. La primera contiene las habituales versiones de dos himnos a Ra y Osiris, la viñeta del amanecer (capítulo XVIa) y la escena del juicio acompañada por textos, algunos de los cuales son únicos de este papiro. La segunda parte comprende unos sesenta y dos capítulos de la edición tebana del Libro, en el orden siguiente: I XXII, LXXII, rúbrica, XVII, CXLVII, CXLVI, XVIII, XXIII, XXIV, XXVI, XXXb, LXI, LIV, XXIX, XXVII, LVIII, LIX, XLIV, XLV, XLVI, L, CXIII, XLIII, LXXXIX, CXI, CXII, LXXIV, VIII, II, IX, CXXXII, X, [XLVIII], XV, CXXXIII, CXXXIV, XVIII, CXXIV, LXXXVI, LXXVII, LXXVIII, LXXXVII, LXXXVIII, LXXXII, LXXXV, LXXXIII, LXXXIV, LXXXIa, LXXX, CLXXV, CXXV, introducción y confesión negativa, XLII, CXXV, rúbrica, CLV, CLVI, XXIXB, CLXVI, CLI, VI, CX, CXLVIII, CLXXXV Y CLXXXVI. Los títulos de estos capítulos dispuestos según la numeración introducida por Lepsius son como sigue: El texto

1. *Le Papyrus de Neb-Qued*, ed. Devéria, Paris, 1872. M. Pierret, su traductor, dice: «Il appartient à la plus ancienne époque des exemplaires sur papyrus».
2. *Papyrus Égyptien Funéraire Hiéroglyfique* (t. ii), ed. Leemans, Leyden, 1882.

Lista de capítulos

Capítulo I. «Aquí empiezan los capítulos de emergiendo de día, y de la canción de alabanza y de glorificación, y de salir de y de ir al glorioso Neter-khert en el hermoso Amenta; para ser dicho el día del enterramiento; entrando después de salir. (Véanse pp. 202 y 482 y placas V y VI).

Los papiros pertenecientes a la primera parte de la XVII dinastía llaman a este capítulo el «capítulo de ir a los jefes divinos de Osiris», . La gran cantidad de hombres que atendían el sarcófago y de plañideras es peculiar del papiro de Ani.

Capítulo II. «El capítulo de emerger de día y vivir después de la muerte.» (Véanse p. 534 y pl. XVIII).

Este capítulo se encuentra solamente en otro papiro del periodo tebano (MB, n.º 9964). Hay otra copia de él inscrita en una venda de momia conservada en el Louvre, n.º 3097.[1]

Capítulo VI. (Véase el capítulo CLI, del cual forma parte, pp. 440 y 534 y pl. XXXII). En el papiro de Nebseni (MB, n.º 9900) este capítulo está solo, y lleva el título de «capítulo de hacer las figuras *ushabti* para realizar el trabajo para un hombre en el Neter-khert», 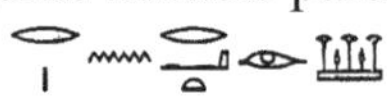 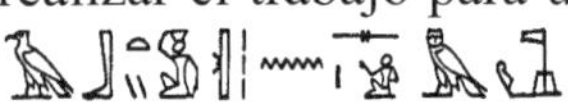.

Capítulo VIII. «El capítulo de pasar por el Amenta, y de emerger de día.» (Véanse pp. 314 y 534 y placa XVIII).

Como composición aparte, este capítulo se halla únicamente en otros dos papiros de la XVIII[2] dinastía.

Capítulo IX. «El capítulo de emerger de día, habiendo pasado a través de la tumba.» (Véanse pp. 315 y 535 y placa XVIII).

La viñeta en el papiro de Ani es similar a la que se alza a la cabeza de los capítulos VIII y IX en otros papiros de este periodo.

Capítulo X. (Véase capítulo XLVIII, pp. 319 y 537 y pl. XVIII).

Capítulo XV. 1. «Un himno de alabanza a Ra cuando surgió en el cielo oriental.» (Véanse pp. 183 y 444 y placa I).

Esta versión no se encuentra en otros papiros.

1. Véase Naville, *Einleitung*, p. 103.
2. En el papiro n.º 9964 del Museo Británico y en un papiro de Roma; véase Naville, Einleitung, p. 118.

Lista de capítulos

Capítulo XV. 2. «Un himno de alabanza a Osiris Unefer, el gran dios de Ábidos»,[1] etc. (Véanse pp. 191 y 460 y pl. II).

Capítulo XV. 3. «Un himno de alabanza a Ra cuando se alzó en el cielo oriental y cuando se puso en la [tierra de la] vida.» (Véanse pp. 318 y 538 y placas XVIII-XXI.)

La letanía a Osiris (placa XIX) y el himno a Ra (placas XXIV y XXV) que siguen son variantes del capítulo XV, similares a las publicadas por M. Naville.[2]

El Capítulo XVIa. consiste únicamente en una viñeta. (Véase p. 460 y placa II.) Hablando estrictamente, debería formar la viñeta del capítulo XV, o de esa parte de él que se refiere al sol naciente. Como muchos otros papiros antiguos, el papiro de Ani no tiene viñetas que se refieran a la puesta de sol.

Capítulo XVII. «Aquí comienzan las alabanzas y glorificación de salir de y entrar en el glorioso Neter-khert en el hermoso Amenta, de emerger de día en todas las transformaciones que agradan al fallecido, de jugar a las damas, de sentarse en la sala de Sekh y de emerger como alma viviente.» (Véanse pp. 211 y 492 y placas VII-X.)

Éste es uno de los más antiguos e importantes de los capítulos del Libro de los Muertos, y contiene las declaraciones más completas con respecto a la cosmogonía egipcia, tal como la formulaba la escuela sacerdotal de Heliópolis. El escriba parece haber omitido accidentalmente una gran sección.

Capítulo XVIII. Este capítulo no tiene título.

El papiro de Ani contiene dos copias de este capítulo. En la primera, los dioses de las localidades están agrupados separadamente, y está precedido por una extraña introducción en la que los sacerdotes An-mut-f y Sa-mer-f presentan a Ani a los dioses, a los que él se dirige en dos discursos. (Véanse pp. 260 y 515 y placas XII-XIV). En el segundo, el texto no está dividido en secciones, y los dioses no se encuentran agrupados. (Véase p. 547 y placas XXIII-XXIV).

---

1. Este himno puede no formar parte del capítulo XV, y puede haber sido insertado después del himno a Ra teniendo en cuenta la conexión oficial de Ani con los colectivos eclesiales de Ábidos.
2. *Todtenbuch*, Bd. I, Bll. 14-20.

Lista de capítulos

Capítulo XXII. «El capítulo de dar una boca a Osiris Ani, el escriba, y contador de las sagradas ofrendas a los dioses.» (Véanse pp. 209 y 486 y placa VI.)

Según la viñeta del papiro de Nebseni, la ceremonia de dar una boca al fallecido era realizada por el «Guardián de la Balanza»  . En el papiro de Ani no hay viñeta, y es notable que este capítulo viene inmediatamente después del capítulo I.

Capítulo XXIII. «El capítulo de abrir la boca de Osiris, el escriba de Ani.» (Véanse pp. 275 y 520 y placa XV.)

Capítulo XXIV. «El capítulo de llevar los encantos a Osiris Ani en Neter-khert.» (Véanse pp. 277 y 520 y placa XV.)

Igual que otros antiguos papiros tebanos, el papiro de Ani no lleva viñeta.

Capítulo XXVI. «El capítulo de dar un corazón a Osiris Ani en Nether-khert.» (Véanse pp. 280 y 522 y placa XV.)

Probablemente la viñeta es única.

Capítulo XXVII. «El capítulo de no dejar que el corazón de un hombre le sea arrebatado en el Nether-khert.» (Véanse pp. 282 y 526 y placa XV.)

La viñeta es inusual.

Capítulo XXIX. «El capítulo de no dejar que el corazón de un hombre le sea arrebatado en el Nether-khert.» (Véanse pp. 290 y 526 y placa XV.)

Actualmente no se conoce ninguna otra copia de este capítulo.

Capítulo XXIXb. «El capítulo de un corazón de cornalina.» (Véanse pp. 435 y 580 y placa XXXIII).

Capítulo XXXb. «El capítulo de no dejar que el corazón de Osiris-Ani le sea arrebatado en el Neter-khert.» (Véanse pp. 194, 282, 466 y 523 y placa XV.)

Capítulo XLII. Este capítulo no tiene título (véase pp. 419 y 574 y pl. XXXII), pero en otros papiros antiguos se le llama «Repulsar la matanza en Suten-henen»  .

Capítulo XLIII. «El capítulo de no dejar que la cabeza de un hombre le sea cortada en el Neter-khert.» (Véanse pp. 305 y 532 y placa XVII.)

Como en otros antiguos papiros tebanos, este capítulo no tiene viñeta.

Lista de Capítulos

Capítulo XLIV. «El capítulo de no morir una segunda vez en el Neter-khert.» (Véanse pp. 298 y 530 y placa XVI.)

La viñeta es peculiar del papiro de Ani.

Capítulo XLV. «El capítulo de no sufrir corrupción en el Neter-khert.» (Véanse pp. 300 y 530 y placa XVI.)

Sólo se conoce otra copia del texto de este capítulo.[1] Entre los papiros tebanos la viñeta es peculiar del papiro de Ani.

Capítulo XLVI. «El capítulo de no perecer y cobrar vida en el Neter-khert.» (Véanse pp. 301 y 531 y placa XVI.)

Sólo se conoce otra copia del texto de este capítulo (MB, n.º 9900). Entre los papiros tebanos la viñeta es particular del papiro de Ani.

Capítulo XLVIII. «Otro capítulo de uno que emergió de día ante sus enemigos en el Neter-khert.» (Véanse pp. 317 y 537 y placa XVIII.)

Sólo se conoce otra copia del texto de este capítulo (MB, n.º 9900). Entre los papiros tebanos la viñeta es particular del papiro de Ani.

Capítulo L. «El capítulo de no entrar en el bloque.» (Véanse pp. 301 y 531 y placa XVI.)

El texto de este capítulo está más de acuerdo con la segunda versión del papiro de Nebseni que con la versión del papiro n.º 9964 del Museo Británico. Como el papiro de Ani es de origen tebano, esto era esperable.

Capítulo LIV. «El capítulo de dar aliento en el Neter-khert.» (Véanse pp. 287 y 525 y placa XV.)

Sólo se conoce una copia del capítulo, y está sin viñeta.[2]

Capítulo LVIII. «El capítulo de respirar aire y de tener poder sobre el agua en Neter-khert.» (Véanse pp. 296 y 529 y placa XVI.)

No se conoce ninguna otra copia de este capítulo.

Capítulo LIX. «El capítulo de respirar aire y de tener poder sobre el agua en Neter-khert.» (Véanse pp. 298 y 529 y placa XVI.)

No se conoce ninguna otra copia de este capítulo.

Capítulo LXI. «El capítulo de no dejar que el alma de un hombre le sea arrebatada en el Neter-khert.» (Véanse pp. 283 y 523 y placa XV.)

---

1. Naville, *Einleitung*, p. 134.
2. *Ibid.*, p. 136.

Lista de capítulos

La viñeta es similar a la del papiro de Sutimes, que M. Naville cree que no se remonta más allá de la XIX dinastía.[1]

Capítulo LXXII. Rúbrica. (Véanse pp. 210 y 487 y placa VI.)

Capítulo LXXIV. «El capítulo de caminar con piernas y emerger sobre la tierra.» (Véanse pp. 313 y 536 y placa XVIII.)

Capítulo LXXVII. «El capítulo de transformarse en un halcón dorado.» (Véanse pp. 351 y 549 y placa XXV.)

Capítulo LXXVIII. «El capítulo de transformarse en un halcón divino.» (Véanse pp. 353 y 550 y placas XXV y XXVI.)

Capítulo LXXX. «El capítulo de transformarse en el dios que da luz en la oscuridad.» (Véanse pp. 384 y 559 y placa XXVIII.)

Capítulo LXXXIa. «El capítulo de transformarse en loto.» (Véanse pp. 384 y 559 y placa XXVIII.)

La piscina de agua en la viñeta es poco común.

Capítulo LXXXII. «El capítulo de transformarse en Ptah.» (Véanse pp. 371 y 555 y placa XXVII.)

Como en otros papiros de la XVIII dinastía, este capítulo tiene una viñeta.

Capítulo LXXXIII. «El capítulo de transformarse en un pájaro *bennu*» (fénix?). (Véanse pp. 378 y 557 y placa XXVII.)

Como otros papiros de la XVIII dinastía, este capítulo carece de la adición hallada en el papiro de Sutimes.

Capítulo LXXXIV. «El capítulo de transformarse en una garza.» (Véanse pp. 380 y 558 y placa XXVIII.)

Capítulo LXXXV. «El capítulo de transformarse en el alma de Tmu.» (Véanse pp. 374 y 556 y placa XXVII.)

La viñeta de este capítulo es similar a la del papiro de Tura, llamada Nefer-uben-f, de la XVIII dinastía.[2]

Capítulo LXXXVI. «El capítulo de transformarse en golondrina.» (Véanse pp. 348 y 548 y placa XXV.)

Capítulo LXXXVII. «El capítulo de transformarse en Seta.» (Véanse pp. 370 y 555 y placa XXVII.)

1. Naville, *Einleitung*, p. 100.
2. *Ibid.*, p. 97.

Lista de Capítulos

Capítulo LXXXVIII. «El capítulo de transformarse en cocodrilo.» (Véanse pp. 371 y 555 y placa XXVII.)

Capítulo LXXXIX. «El capítulo de hacer que el alma se una a su cuerpo en el Neter-khert.» (Véanse pp. 306 y 533 y placa XVII.)

Los dos quemadores de incienso que están uno a la cabeza y otro a los pies del ataúd son peculiares del papiro de Ani.

Capítulo XCI. «El capítulo de no dejar que el alma de un hombre quede cautiva en el Neter-khert.» (Véanse pp. 309 y 534 y placa XVII.)

Capítulo XCII. «El capítulo de abrir la tumba al alma y la sombra, de emerger de día y obtener poder sobre las piernas.» (Véanse pp. 310 y 534 y placa XVII.)

La viñeta de este capítulo es inusual y de gran interés, porque en ella el alma de Ani acompaña a su sombra.

Capítulo XCIII. «El capítulo de no dejar a un hombre pasar hacia el este en el Neter-khert.» (Véanse pp. 303 y 532 y placa XVII.)

La viñeta que aquí aparece es peculiar del papiro de Ani.

Capítulo XCIIIa. «Otro capítulo.» (Véanse pp. 304 y 532 y placa XVII.)

Capítulo CX. «Aquí comienzan los capítulos del Sekhet-hetepu, y los capítulos de emerger por el día, y de entrar y salir del Neter-khert, y de llegar a Sekhet-Aanru, y de estar en paz en la gran ciudad de las brisas frescas» (Véanse pp. 444 y 584 y placa XXXIV.)

Este texto está incompleto.

Capítulo CXXIV. «El capítulo de ir a los divinos jefes de Osiris.» (Véanse pp. 344 y 547 y placa XXIV.)

En esta viñeta deberíamos esperar cuatro dioses en lugar de tres.

Capítulo CXXV. «El capítulo de entrar en la Sala de la doble Rectitud y Verdad: un himno de alabanza a Osiris.» (Véanse pp. 392 y 563 y placa XXX.)

La introducción a este capítulo no se encuentra en ninguna otra parte tal como se halla en el papiro de Ani; el texto que suele seguir a la «Confesión Negativa» ha sido omitido. La viñeta que aquí se da es peculiar del papiro de Ani.

Capítulo CXXXII. «El capítulo de hacer que un hombre retorne a ver otra vez su hogar en la tierra.» (Véanse pp. 317 y 537 y placa XVIII.)

Lista de capítulos

Capítulo CXXXIII. «[Un capítulo] que ha de decirse el día del mes.» (Véanse pp. 335 y 543 y placa XXI.)

Capítulo CXXXIII. Rúbrica. (Véanse pp. 339 y 545 y placa XXII.)

Capítulo CXXXIV. «Un himno de alabanza a Ra el día del mes en que él navegó en la barca.» (Véanse pp. 339 y 545 y placa XXII.)

Capítulo CXLVI. «El capítulo de renovar los pilones en la Casa de Osiris que está en Sekhet-Aanru.» (Véanse pp. 252 y 508 y placas XI y XII.)

Capítulo CXLVII. «Un capítulo que ha de ser dicho cuando Ani venga al primer *Arit*.» (Véanse pp. 244 y 504 y placas XI y XII.)

Capítulo CXLVIII. Sin título. (Véanse pp. 446 y 588 y placa XXXV.)

Capítulo CLI. Escena en la cámara de la momia. (Véanse pp. 436 y 582 y placas XXXIII y XXXIV.)

Capítulo CLV. «El capítulo de un *Tet* de oro.» (Véanse pp. 432 y 579 y placa XXXIII.)

Capítulo CLVI. «El capítulo de un colgante de cornalina.» (Véanse pp. 433 y 579 y placa XXXIII.)

Capítulo CLXVI. «El capítulo de la almohada que se pone bajo la cabeza.» (Véanse pp. 435 y 581 y placa XXIX.)

Sólo se conoce otra copia muy mutilada de este importante capítulo. En ella se declara que ni los dioses ni los hombres pueden concebir la gran gloria que se ha dado a Ani en su existencia en el otro mundo, y que su vida allí durará «millones de millones de años».

Capítulo CLXXXV. «Un himno de alabanza a Osiris, el que habita en Amenta, Un-nefer dentro de Abtu (Ábidos).» (Véanse páginas 448 y 589 y placa XXXVI.)

Capítulo CLXXXVI. «Un himno de alabanza a Hathor.» (Véanse páginas 450 y 591 y placa XXXVII.)

LISTA DE CAPÍTULOS

Placa n.º	Página

Placa n.º	Página

EL LIBRO DE LOS MUERTOS

PLACA I

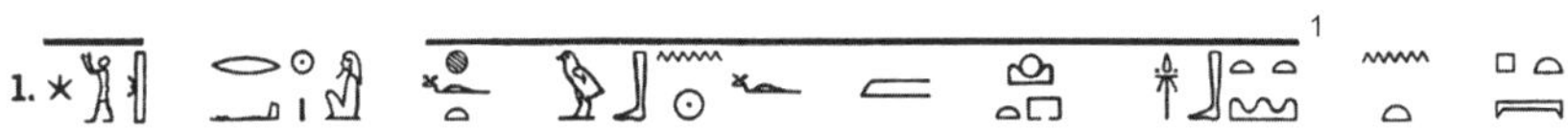

ṭua Rā χeft uben - f em χut ȧbtet ent pet[1]

Adoración a Ra cuando surge en el horizonte oriental del cielo.

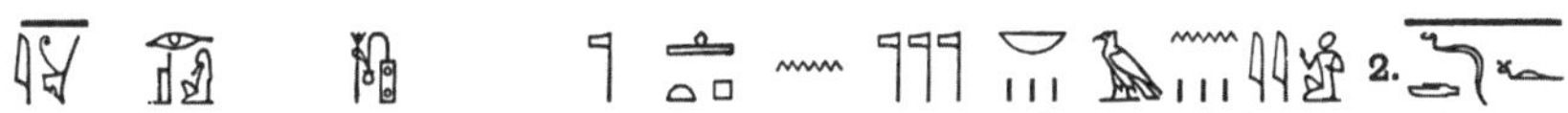

ȧn Ȧusȧr ān neter ḥetep en neteru nebu Ani t'eṭ - f

Contempla a Osiris, el escriba de las ofrendas sagradas de todos los dioses, Ani. Dijo él:

ȧnet' - ḥrȧ - k ī - θȧ em χeperȧ χeperȧ em qemam neteru

Homenaje a ti, que has venido como Khepera, Khepera como creador de los dioses.

χāā - k uben - k pesṭ mut - k χāā - θȧ em suten neteru

Tú te alzaste, tú brillaste, haciendo brillante a tu madre, coronado rey de los dioses,

ȧri - nek mut Nut āāui - s em ȧrit nini seśep - tu

a ti te hizo [tu] madre Nut [con] sus dos manos el acto de adoración. Te recibió

1. Los caracteres sobre los que se ha impreso una línea están escritos en rojo en el papiro.

Manu em ḥetep ḥept - tu Maāt er trȧ ṭā - f χu

Manu con alegría, te abrazó Maat en la doble estación. Que pueda él dar esplendor

us em maā-χeru 5. *pert em ba ānχi er maa*

y poder junto con triunfo, [y] un emerger como alma viviente para ver

Ḥeru-χuti en ka en Ȧusȧr ān Ani maā-χeru χer Ȧusȧr

[a Horus del doble horizonte] el *ka* de Osiris, el escriba Ani, triunfante ante Osiris.

6. *t'eṭ - f ȧ neteru nebu nu Ḥet-ba ut'āu pet ta em*

Dijo él, Salve a todos los dioses del Templo del Alma, [vosotros] pesáis el cielo [y] la tierra en

māχait ṭāṭāu ka t'efa Ta - tu - nen uā 7. *ȧri*

la balanza, dais comida [y] abundancia de carne. [Salve] Tatunen, Uno, hacedor

tememu paut neteru resi meḥtet ȧmentet ȧbtet

de la humanidad [y de] la sustancia de los dioses del sur, norte, oeste [y] este.

ȧmmā ȧau en Rā neb pet 8. *ȧθi ānχ ut'a senb*

Dirigid alabanzas a Ra, el señor del cielo, el Príncipe, Vida, Fuerza, Salud,

ȧri neteru ṭua - ten su em ȧru - f nefer em χāā - f em

Creador de los dioses. Adora su hermosa Presencia en su salida en

āṭtet 9. *ṭua - tu* *ḥeru* *ṭua - tu* *χeru*

la barca *atet.* Te adorarán los seres dc las alturas, te adorarán [los seres de las profundidades]

ān *nek* *Teḥuti* *Maāt* *ment* *rā* *neb* *χeft - k* *erṭāu*

Escriben para ti Thoth [y] Maat cada día. Tu enemigo [es] dado

10. *en* *set* *Sebàu* *χer* *āāui - f* *qaus* *neḥem* *en*

al fuego, el malvado ha caído; sus brazos [están] atados, había retirado

Rā *reṭ - f* *mesu* 11. *beṭeś* *àn* *un - sen*

Ra sus piernas; los hijos de la impotente revuelta nunca [de nuevo] volverán a alzarse.

ḥet ser *em* *ḥeb* *χeru* *nehem* *em* *àuset*

La Casa del Príncipe está de fiesta, el sonido de aquellos que se alegran [suena] en la morada

urt 12. *neteru* *em* *ḥāā* *maa* *en* *sen* *Rā* *em* *χāā-f*

poderosa. Los dioses [se] regocijan [cuando] ven a Ra en su salida;

satetu - f *ḥer* *bāḥ* *taiu* *ut'a* 13. *ḥen* *neter* *pen*

sus rayos inundan de luz los países. Avanza la majestad de este dios

śeps *χnem - nef* *ta* *en* *Manu* *ḥet'* *ta* *er* *mest - f*

venerable, él llega [a] la tierra de Manu, [él] ilumina la tierra en su nacimiento

rā neb peḥ - nef er ā - f en sef 14. *ḥetep - k nȧ*

cada día, él llega a su región de ayer. Que estés tú en paz conmigo,

maa-ȧ neferu-k ut'a - ȧ[1] *ṭep ta ḥu - ȧ āāu*

que vea yo tus bellezas, que pueda progresar yo sobre la tierra, que pueda yo abatir el burro,

beḥen - ȧ 15. *Sebȧu se - ḥetem - nȧ Āpep em at - f maa-nȧ*

que pueda yo aplastar al malvado, que pueda yo destruir a Apep en su momento; que pueda yo ver

ȧbṭu sep - f χeper ȧnt[2] *s* 16. *ȧnt*

el pez *abtu* [en] su momento [de] [revolución, o venida a la existencia] y al pez *ant* [...] y la barca *ant*

em mer - s maa-nȧ Ḥeru em ȧri ḥemu Teḥuti Maāt

en su estanque; que pueda yo ver a Horus como guardián del remo [con] Thoth [y] Maat

ḥer āāui - f seśep-nȧ ḥātu 17. *em sektet pehuitu em āṭtet*

a sus dos lados; que pueda yo agarrar los arcos de la barca *sektet* y la popa de la barca *atet*.

ṭā - f [*maa*] *ȧθen ṭekek Āḥ ȧn ȧbu rā neb*

Que él conceda una visión del disco y una visión del dios Luna sin cesar, cada día,

1. El papiro tiene [jeroglíficos].
2. En el papiro de Leyden de [jeroglíficos], en el pasaje correspondiente pone [jeroglíficos]; [jeroglíficos] entonces, probablemente deberíamos añadir en el texto de Ani, después de [jeroglíficos], las palabras [jeroglíficos] «en revolución». Véase Naville, *Das aeg. Todtenbuch*, Bl. xiv, ll. 13 y 14.

per ba-à er setut - tu er bu neb merer-f

y el emerger de mi alma para caminar por cualquier lugar que le plazca;

nàstu ren - à qem - f em χet uṭeb

que sea proclamado mi nombre [cuando] me encuentre a bordo para que se ofrezcan

χet ṭātu - nà ḥetepu em-baḥ-à mà šesu Ḥeru

cosas, que se pongan para mí ofrendas de comida en mi presencia, como a los seguidores de Horus;

àritu - nà àuset em uàa hru t'a neter

que prepare él para mí un asiento en la barca [en] el día del avance del dios;

sešep - à em-baḥ Àusàr em ta en maāχeru en ka en

que sea yo recibido en presencia de Osiris en la tierra del triunfo, el *ka* de

Àusàr Àni

Osiris Ani.

APÉNDICE

Papiro número 10471 del Museo Británico

ṭua Rā àn suten ān mer menfitu Neχt

Adoración a Ra por el real escriba, el capitán de soldados, Next.

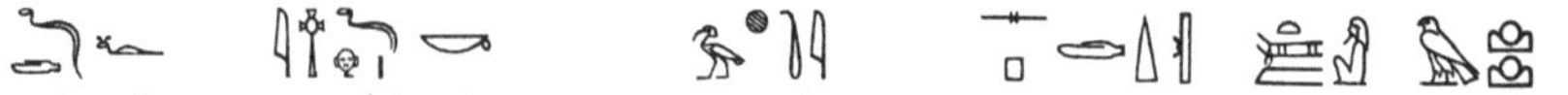

t'eṭ - f *ȧnet' ḥrȧ-k* *χu - θȧ* *sepṭ* *Tem* *Ḥeru - χuti*

Él dice: Homenaje a ti, oh tú, ser glorioso, bien dotado. Tmu-Harmachis,

ȧuk *χāāt* *em* *χut* *ent* *pet* *ȧ* *nek* *em* *re* *en*

[cuando] tú te elevas en el horizonte del cielo, un grito de alegría [se eleva] a ti de la boca de

ḥrȧ - nebu *nefer - θȧ* *renp - trȧ - θȧ* *em* *ȧten* *em* *χennu*

todos los pueblos. Ser precioso, que te hace joven en [tu] momento en [o como] el disco dentro

ṭeṭ *mut - k* *Ḥet-Ḥeru* *χāā* *ȧrek* *em* *ȧuset* *nebt* *ȧb* *neb* *āu*

de la mano de tu madre Hathor. Elevándote, por tanto, en todos los lugares, cada corazón dilatas

en *t'etta* *iu - nek* *ȧterti* *em* *kes* *ṭā - sen* *ȧ* *en*

por siempre. Vengan a ti los dos *ater* con homenaje, que den un grito de alegría a

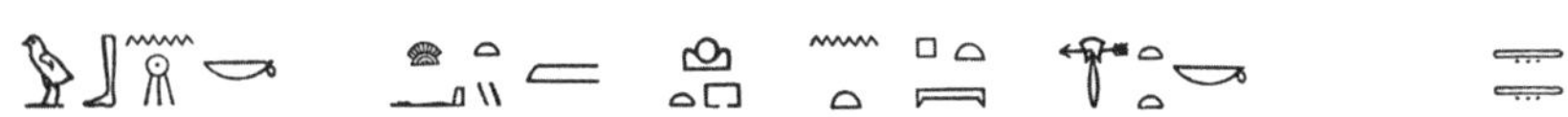

uben - k *χāāti* *em* *χut* *ent* *pet* *satet - k* *taui*

tu salida. [Tú] te alzaste en el horizonte del cielo, tú te derramaste [sobre] las dos tierras

māfekt *Rā* *pu* *Ḥeru-χuti* *pa* *ḥun* *neteri* *uā* *ḥeḥ*

de luz esmeralda, Ra, que es Harmachis, el joven poderoso, el heredero de la eternidad,

1. Compárese  . Naville, *Todtenbuch*, I, Bl. xv. l. 13.

tut - su mes - su t'esef suten ta pen ḥeq ṭuat

él se engendró [y] se dio a luz a sí mismo, el rey de esta tierra, príncipe del submundo,

ḥer set Åuḳert per em māu seta - su

presidente de las montañas de Aukert, emergiendo del agua, sacándose a sí mismo

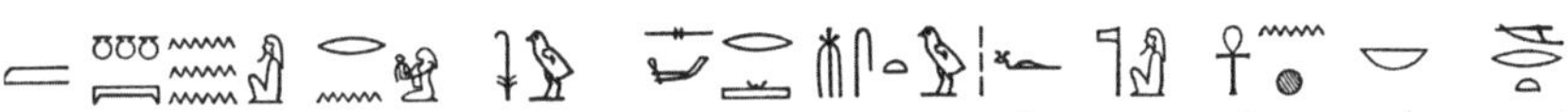

em Nu ren - su ser mestu - f neter ānχ neb mert

de Nu, amamantándose a sí mismo, creciendo en sus miembros corporales. Oh dios de vida, señor de amor,

ānχ ḥrā - nebu pesṭ - k χāā - θā em suten neteru

viven todos los pueblos [cuando] tú brillas, oh coronado rey de los dioses.

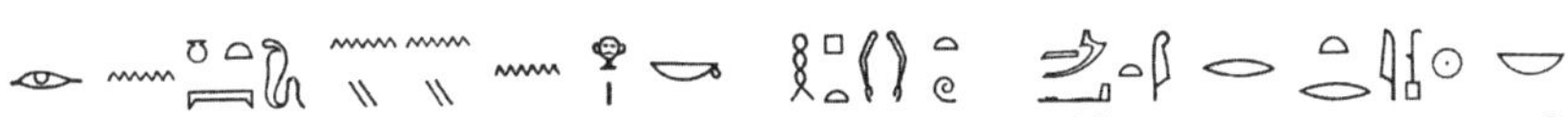

āri en Nut nini en ḥrā - k ḥept - tu Maāt er trā neb

Que te haga Nut un homenaje, que te abrace Maat en cada estación.

ḥāi - nek āmi - χet - k ṭehen - sen ḥer ta em

Te cantan alabanzas aquellos que te siguen, se inclinan sobre la tierra

χesef - k neb pet neb ta suten maāt neb

al encontrarse contigo, el señor del cielo, el señor de la tierra, el rey de la rectitud, el señor

ḥeḥ ḥeq t'etta āθi neteru nebu neter ānχ āri ḥeḥ

de la eternidad, príncipe de lo imperecedero, gobernador de todos los dioses, dios de vida, hacedor de la eternidad,

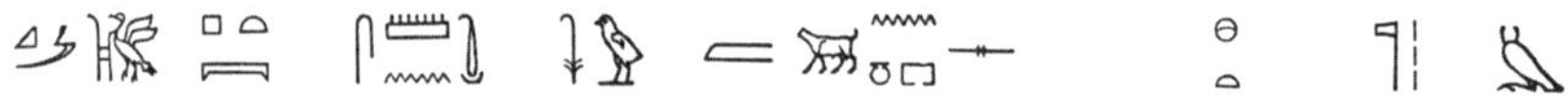

qemam pet smen su em χennu - s paut neteru em

creador del cielo, que establece [lo que] está dentro del cielo. El ciclo de los dioses

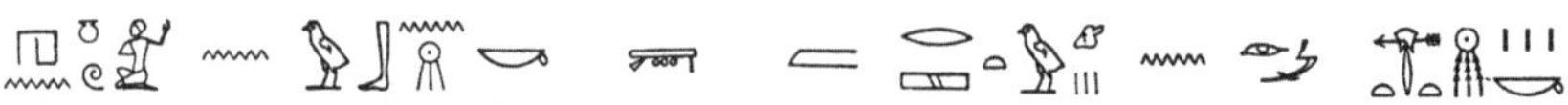

ḥennu en uben - k ta em reśtu en maa satet - k

se regocija de tu salida; la tierra está contenta de ver tus rayos;

per pāt em ḥāi er maa neferu - k rā neb t'a - k

surgen los ancestros con gritos de alegría para ver tus bellezas cada día. Tú marchas adelante

ḥert ta rā neb s - ut'a - θà en mut - k Nut nemà - k

sobre el cielo y la tierra cada día fortalecido por tu madre Nut. Tú atraviesas

ḥert àb - k āu mer en ṭes-ṭes χeper em ḥetep

las regiones superiores, tu corazón está dilatado de alegría, el Estanque de Testes se queda satisfecho.

Sebà χer āāui - f qasu ḥesq en ṭemt

Seba ha caído, sus dos manos están cortadas, corta en pedazos el cuchillo

θes - f un en Rā em maā nefer sektet sek - nes peḥ - s

sus articulaciones. Vive Ra en *maa* la hermosa. La barca *sektet* siguió adelante, y arribó.

seta - tu qemāi meḥti àmentet àbtet ḥer ṭua - k pauti ta

Llegan [del] sur, norte, oeste, este a alabarte, oh sustancia de la tierra,

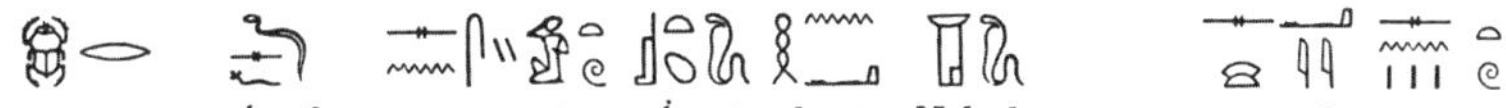

χeper t'esef senes - tu Àuset ḥenā Nebt-ḥet seχāāi - sen - tu

el creador de sí mismo. Te saludan Isis y Neftis; ellas te cantan canciones de alegría

em uàa pui āāui - sen em sa ḥa - k śes - tu baiu

en esa barca, sus manos te [están] protegiendo detrás de ti. Te siguen las almas

àbta hennu - nek baiu àmenta ḥeq - k neteru nebu seśep - k

del este, te alaban las almas del oeste. Tú gobiernas a todos los dioses, tú recibiste

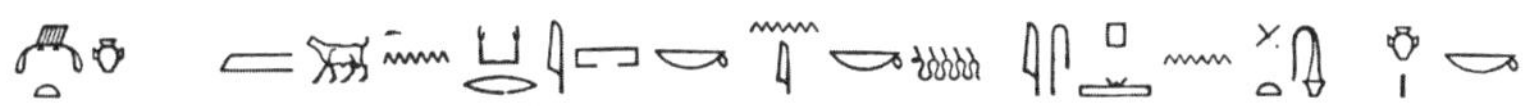

āut àb em χen kerà - k Nàk àsp en set àb - k

expansión de corazón dentro de tu templo. Nak (el enemigo) es juzgado al fuego, tu corazón

āu en t'etta àp - tu mut - k Nut en àtef - k Nu

se dilata de alegría para siempre. Es adjudicada tu madre Nut a tu padre Nu.

PLACA II

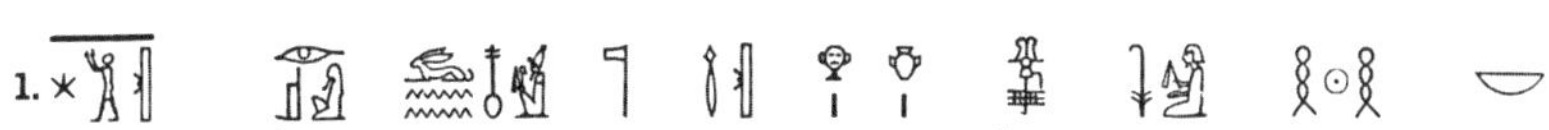

ṭua Àusàr Un-nefer neter āa ḥer àb Àbṭu suten ḥeḥ neb

Adoración a Osiris, Un-nefer, gran dios de Ábidos, rey de eternidad, señor de

t'etta sebebi ḥeḥ em āḥā - f se ṭep en χat

duración ilimitada, que atraviesa millones de años en la duración de su vida, hijo mayor del útero de

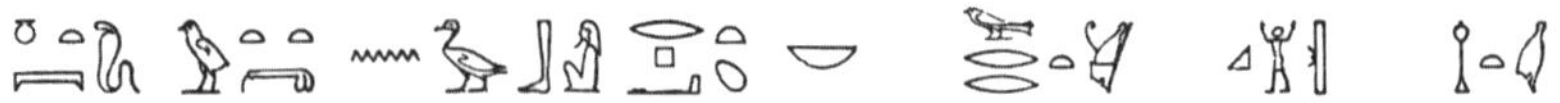

Nut utet en Seb erpāt neb ureret qa ḥet'

Nut, engendrado por Seb el jefe, señor de la corona *ureret*, elevado de la blanca corona,

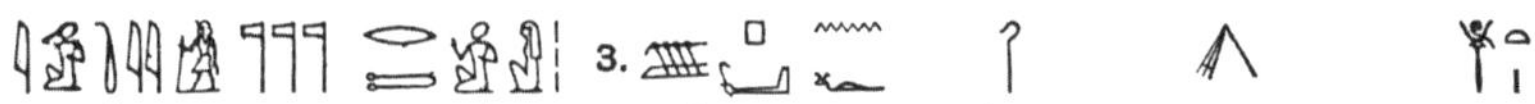

ȧθi neteru reθ seśep - nef ḥeq χu ȧaut

príncipe de dioses y de hombres, él había recibido el bastón, el mayal y la dignidad de

ȧtef - f āu ȧb - k enti em Set[1] *se - k Ḥeru men*

sus padres. Gratificado [está] tu corazón que [se halla] en Set, [porque] tu hijo Horus [está] establecido

ḥer nest - k ȧu - k χāā - θȧ em neb Ṭeṭṭeṭu em ḥeq ȧmm

sobre tu trono. Tú eres coronado señor de Tattu [y] gobernador en

Ȧbṭu uat' - nek taui em maā - χeru embaḥ ā

Ábidos. Se vuelve verde [a través] de ti la tierra triunfante ante la mano de

Neb-er-t'er seta - nef enti ȧn χeper em ren - f

Neb-er-tcher. Él lleva en su séquito [aquello que existe y aquello que] aún no ha venido a ser en su nombre

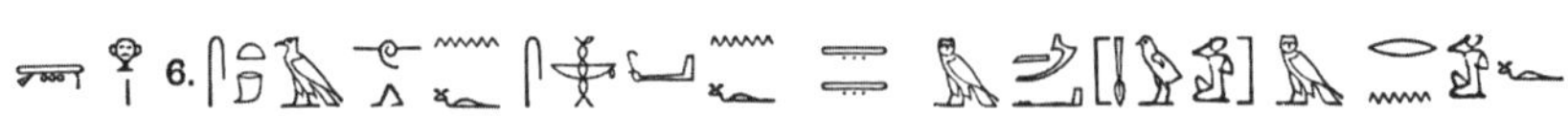

ta ḥer seta - nef sek - nef taui em maā - χeru em ren - f

«Ta-her-seta-nef»; él remolca la tierra triunfante en su nombre,

1. 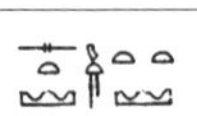 Set Amentet, «la región montañosa en la orilla occidental del Nilo». Véase Brugsch, *Wörterbuch*, p. 1148.

pui en Seker us - f 7. *āu āā sent em ren - f*

ése de «Seker». Poderoso [es] él en exceso y gran terror suscita su nombre

pui en Ȧusȧr untet - f ḥenti ḥeḥ em ren - f en Un - nefer

de «Osiris». El permanece para siempre y eternamente en su nombre de «Un-nefer».

8. *ȧnet' ḥrȧ - k suten suteniu neb nebu ḥeq ḥequ θet*

Homenaje a ti, rey de reyes, señor de señores, príncipe de príncipes, poseedor de

taui em χat Nut ḥeq - nef 9. *taui Ȧkert smu ḥāt*

la tierra desde el útero de Nut, él ha gobernado [todas] las tierras [y] Akert. Miembros dorados,

χesbeṭ tep mājkia ḥer tep āāui - f Ȧn en ḥeḥ 10. *useχt*

de cabeza azul, esmeralda sobre sus dos lados. An de millones de años, extendido

šenbet nefer ḥrȧ ȧmm Ta - sert ṭā - k χu em pet us

de cuerpo, hermoso de cara en Ta-sert. Tú das esplendor en el cielo, poder

em ta maāχeru em Neter-χert χeṭ 11. *er Ṭeṭṭeṭu em ba* 12. *ānχ*

en la tierra, triunfo en Neter-khert, navegando a Tettetu como un alma viviente,

χentiθi 13. *er Ȧbṭu em bennu āq per* 14. *ȧn šenār - tu*

navegando a Ábidos como un fénix, yendo y viniendo sin ser rechazado

ḥer seba nebu en Ṭuat àu ṭātu - nà tau em

en los pilones de todo el Tuat, que me puedan dar rebanadas de pan en

pa qebḥ ḥetepu em Ànnu seḥ men em Seχet-Àrui

la casa de frescura, [y] ofrendas en Annu, un campo duradero en Sekhet-Arui,

[per] beti àm - f en ka en Àusàr ān Ani

y trigo [y] cebada en él, para el *ka* de Osiris, escriba Ani.

PLACA III

t'eṭ àn Àusàr ān Ani t'et - f àb-à en mut - à

Discurso de Osiris, el escriba Ani. Dijo él: Mi corazón, mi madre,

sep sen ḥāti - à en χeperu - [à] em āḥā er - à em

dos veces. Mi corazón de mi venir a ser. [Que] no [haya] resistencia a mí en

meter em χesef er - à em t'at'at

el juicio; [que] no [haya] repulsa de mí por parte de los jefes divinos;

em arit req - k er - à embaḥ àri māχait

[que ellos] no te separen de mí en la presencia del poseedor de los platillos.

entek ka - à àm χat - à 9. *χnem seut'a* 10. *āt - à*

Tú eres mi *ka* dentro de mi cuerpo [que] formó y fortaleció mis miembros.

per 11. *- nek er bu nefer ḥen* (?) *à*[1] *àm* 12. *em*

[Que] surjas tú al lugar de felicidad [al cual] avanzo yo. [Que] no

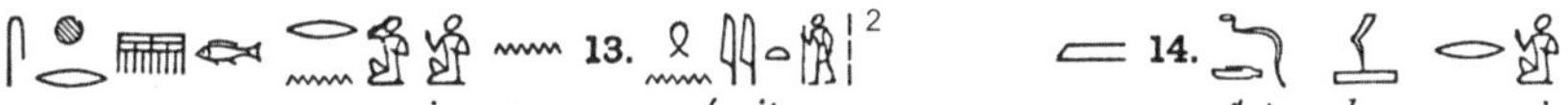

seχer ren - à en 13. *šenit*[2] *em* 14. *t'eṭ ḳer er - à*

haga apestar mi nombre el Shenit; [que] no se digan mentiras contra mí

erma 15. *neter neferui nefer setem-k*

cerca de dios. Bueno, bueno es para ti oír [...]

---

1. Una variante interesante de este pasaje se presenta en el rollo de cuero número 10473 del Museo Británico; dice:  

2. En el papiro de Hunefer (número 9901 del Museo Británico), este capítulo acaba con las palabras: «el Shenit, en la presencia del gran dios, señor de Amenta», pero en varios otros, todos posteriores, el capítulo, en este lugar, tiene las palabras:

šenit àriu reθ em āḥāu nefer - en - n

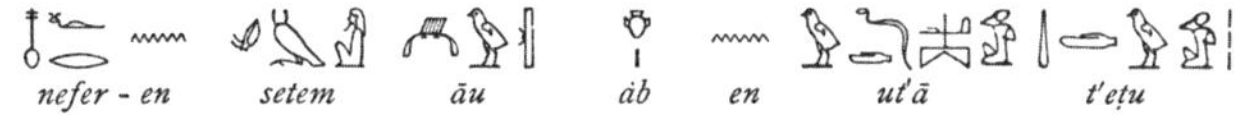

nefer - en setem āu àb en ut'ā t'eṭu

el Shenit que hace a hombres y mujeres tener estabilidad. Agradable [es] para nosotros agradable [es] oír el contento de corazón al pesar las palabras.

Aquí sigue la petición «que no sean dichas mentiras ( igual a ) contra mí cerca del gran dios, en la presencia del gran dios, señor de Amenta», y el capítulo termina con

māk θenθ - k un - θà em maāχeru

¡Verdaderamente qué grande serás alzándote en triunfo!

[Sobre la cabeza de Anubis]

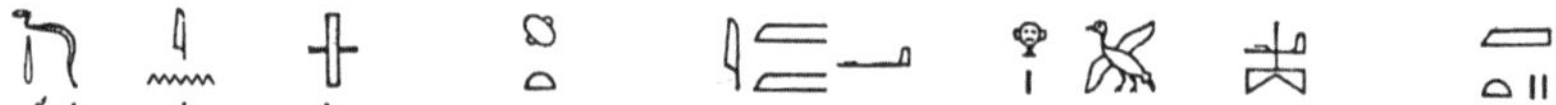

t'eṭ àn àm ut àmmā ḥrà pa ut'ā maāt

Dijo él que está en la tumba: Graciosamente otórgame, oh pesador de la rectitud,

...... en māχait er āḥāu - s

el equilibrio para establecerlo.

APÉNDICE

De un papiro de Parma (Naville, Todtenbuch, *Bd. II, Bl. 99)*

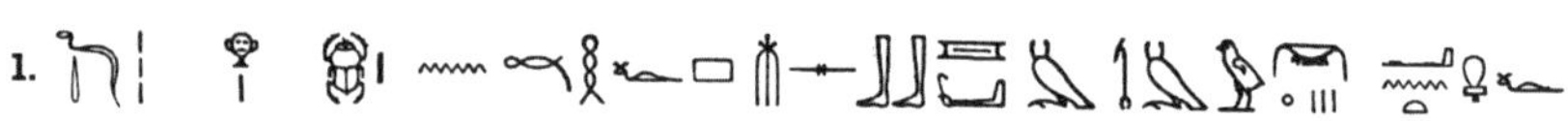

t'eṭu ḥer χeper en meḥf mesbeb em smu ānt - f

Para que se diga sobre un escarabajo de piedra verde rodeado de metal *smu*, [con] su anillo [?]

em ḥet' erṭāu en χu er χeχ - f qementu re pen em

de plata, [y] puesto sobre la persona fallecida, en el cuello. Se encontró este capítulo en

χemennu χer reṭ en ḥen en neter pen - s ḥer tebt

Hermópolis bajo los pies de la majestad de este dios. Él [estaba inscrito] sobre una plancha

en bàt qemāu em ān neter t'esef em ha ḥen

de hierro del sur con la escritura del mismo dios en el tiempo de la majestad

1. Compárese con la leyenda del papiro de Anhai (número 10471 del Museo Británico).

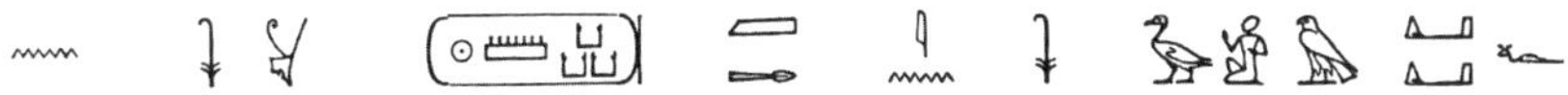

en suten net Men-kau-Rā maāχeru àn suten se Ḥeru - ṭāṭā - f

de [el rey del Norte y del Sur], Men-kau-Ra, triunfante, por el hijo real, Heru-tata-f;

qem su em ua - f er àrit sàpt em er - pau

[él] lo encontró en su marcha para hacer una inspección en los templos.

De un papiro de París (Naville, Todtenbuch, *Bd. I, Bl. 167, ll. 14-27).*

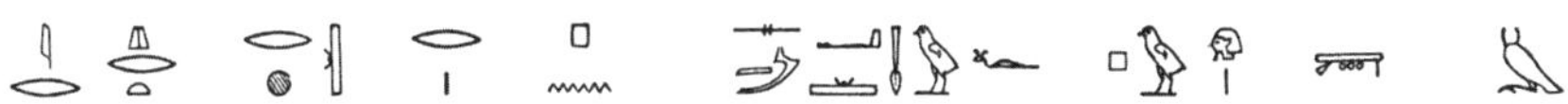

àr χert reχ re pen semaāχeru - f pu ṭep ta em

Cuando se conoce este capítulo, hace que un hombre triunfe sobre la tierra [y] en

neter χert àu - f àri - f àrit ānχu em ket pu χert

el submundo. Él realiza trabajos [y] vive sobre las cosas según la manera

āāaṭ ent neter qem-entu re pen em χemennu ḥer teb ent

especial del dios. Fue encontrado este capítulo en Hermópolis sobre una plancha de

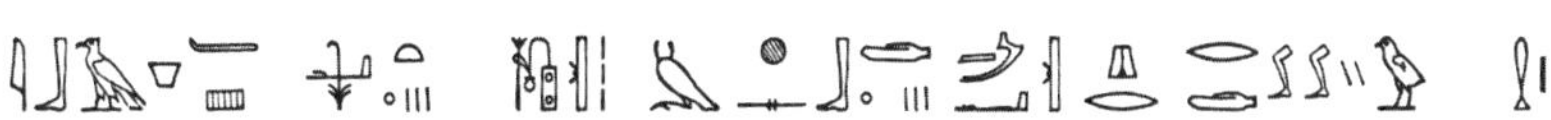

bàa qemāt ān em χesbeṭ maā χer reṭui ḥen

hierro del sur inscrita con lapis-lázuli real bajo los dos pies de la majestad

en neter pen em hau ḥen en suten net Men-kau-Rā, àn

de este dios, en el tiempo de la majestad del [rey del Norte, rey del Sur] Men-kau-Ra, por

suten se Ḥeru-ṭāṭā-f maāχeru qem - nef su em menmen - f er årit

el hijo real Heru-tata-f, triunfante. Él lo encontró en su viaje para hacer

såpti em er - pau åu neχtu ḥenā - f ḥer seṭebḥ - nef

una inspección en los templos. La fuerza estuvo con él para hacerle diligente

su em sesai ån - nef su em båau en suten

en entenderlo. Él lo llevó como una cosa maravillosa al rey

χeft maa - f entet śetau pu āāa ån maa

cuando vio que era un misterio grande, no visto [y]

ån petrå séseṭ - entu re pen ābu turå

no contemplado. Será recitado este capítulo por una persona purificada [y] lavada, [una que]

ån åm ātu meḥit ås tu åri - nek χeper en

no haya comido carne animal [o] pescado. Mira, tú harás un escarabajo de

meḥ - f en qeṭu - s āb em χennu[1] åb en

piedra verde con el borde (?) chapado [en oro y puesto] dentro del corazón de

1. Compárese , Naville, *Todtenbuch*, Bd. II, Bl. 99.

se ȧrit - nef ȧp - re mesu em ānta

una persona; eso realizará para él la «apertura de la boca», untada con ungüento *ant*.

PLACA III *(continuación)*

16. *Ṭeṭ ȧn Teḥuti*[1] 17. *ȧp maā en paut neteru āat* 18. *enti embaḥ*

Dijo Thoth, el recto juez del ciclo de los dioses grandes que están en la presencia de

Ȧusȧr 19. *setem-ten t'eṭet pen* 20. *em un maā ȧu ut'ā en ȧb en*

Osiris: Oíd vosotros esta decisión. En gran verdad se pesa el corazón de

Ȧusȧr 21. *ȧu ba - f āḥā em meter er - f sep - f maā her*

Osiris, su alma está alzada como un testigo para él; su sentencia es justa sobre

māχait ur ȧn qem 22. *- entu betta - f neb ȧn χeb - f*

los grandes platillos. No se ha encontrado maldad [en] él alguna; él no ha echado a perder

1. En el papiro número 9901 del Museo Británico, el discurso de Thoth dice:

mȧk - ȧ ḥer metru ren en Ȧusȧr suten ān Hunefer ȧu ȧb - f

Verdaderamente yo estoy justificando el nombre de Osiris, el escriba real Hunefer.

ḥer māχa bu qem - nef t'ai

Su corazón ha emergido sobre la Balanza, no ha sido él hallado malvado.

śebu em er - pau ȧn ḥet' - f ȧrit ȧn

las ofrendas de alimento en los templos; él no ha hecho daño de acto; él no

śem - f χer re - f nekau t'er un - nef ṭep ta

ha soltado con su lengua cosas malas mientras estuvo sobre la tierra.

t'eṭ ȧn paut neteru āā en Teḥuti ȧm χemennu . . . . en set

Dijo el ciclo de los dioses grandes a Thoth, [que habita] en Hermópolis: Decretado está

enen pert em re - k maā met Ȧusȧr ān

eso que surge de tu boca. Verdad [y] rectitud [es] Osiris, el escriba

Ani maāχeru ȧn beta - f ȧn seχer - f χer - n

Ani triunfante. Él no ha pecado, él no ha hecho mal con respecto a nosotros.

ȧn erṭāt seχem Āmemet ȧm - f ȧmmā ṭā-tu - nef

Que no se permita prevalecer a Amemet sobre él. Que se le den

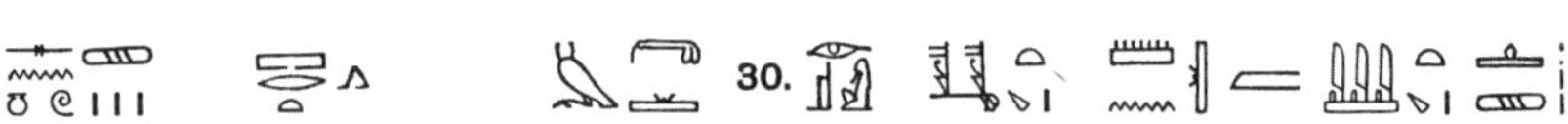

sennu pert embaḥ Ȧusȧr seḥ men em seχet - ḥetepu

pasteles, y un emerger en presencia de Osiris, y un campo [para] que resida en Sekhet-hetepu

mȧ śesu Ḥeru

como los seguidores de Horus.

---

1. Las variantes son 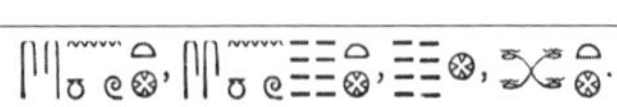

PLACA IV

1. *t'eṭ ȧn Ḥeru se Ȧuset ī - nȧ χer - k Un-nefer ȧn-nȧ-*

Dijo Horus el hijo de Isis: He venido a ti, Un-nefer, [y] he traído

nek Ȧusȧr Ani ȧb - f maā 2. *pert em māχait ȧn*

ante ti a Osiris Ani. Su corazón es recto al salir de la balanza, no

beta - f χer neter neb netert neb ut'ā en su Teḥuti em

ha pecado contra dios alguno [o] diosa alguna. Ha pesado [su corazón] Thoth de acuerdo con

ȧn t'eṭ 3. *en paut neteru er - f met maāt ur*

el decreto impuesto por el ciclo de los dioses sobre él; [es] verdadero [y] muy recto.

ȧmmā ṭātu - nef tau ḥeq per embaḥ

Garantiza que le den pasteles [y] cerveza, y un emerger en la presencia de

Ȧusȧr[1] 4. *un - nef mȧ šesu Ḥeru t'etta*

Osiris; que pueda ser como los seguidores de Horus para siempre.

---

1. El el papiro número 9901 del Museo Británico, el discurso de Horus dice:

t'eṭ ȧn Ḥeru net' tef - f uā menχ en Un-nefer mākuȧ

her bes - nek Ȧusȧr Hu-nefer ȧu - f sȧp mā māχa ȧu pa

teχ hui er ȧuset-f

Dice Horus el vengador de su padre, heredero verdadero de Un-nefer: yo he venido a guiarte a ti Osiris Hu-nefer. Él ha sido juzgado en las balanzas, el peso de la balanza descansó [?] en su lugar.

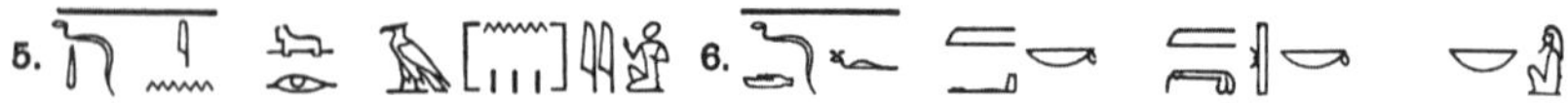

àn Àusàr Ani t'eṭ - f māk embaḥ-k neb

Contempla, Osiris Ani. Él dijo: Yo estoy en tu presencia, oh señor de

Àmentet àn àsef em χat - à àn t'eṭ - nà ḳer em reχ

Amentet. No hay falta en mi cuerpo, yo no he dicho mentiras con conocimiento,

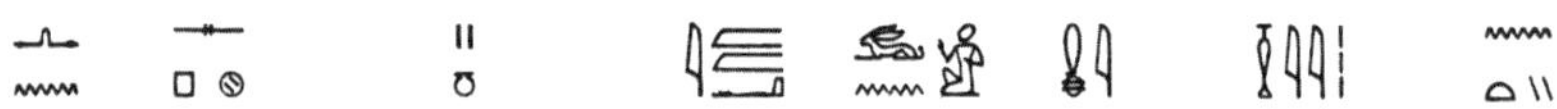

àn sep sen àmmā un - à mà ḥesi enti

no he actuado con doble intención. Garantiza que yo pueda ser como los favorecidos que están

àm-χet-k Àusàr ḥesi āā en neter nefer mer en neb

en torno a ti, un Osiris favorecido en gran medida por el dios hermoso, amado del señor

taui suten ān maā meri - f Ani maāχeru

del mundo, el real escriba verdadero [que] le amó, Ani, triunfante

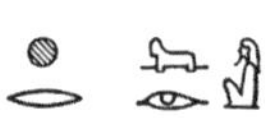

χer Àusàr

ante Osiris.

PLACA V

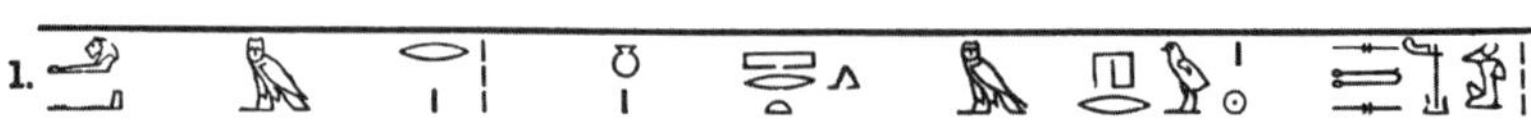

ḥā em reu nu pert em hru seθes

El principio de los capítulos del emerger de día, y de oraciones

seχu *pert* *hait* *em* *Neter-χert* *χut* *em*

y glorificaciones, de emerger desde el sub-mundo glorioso y entrar en él en

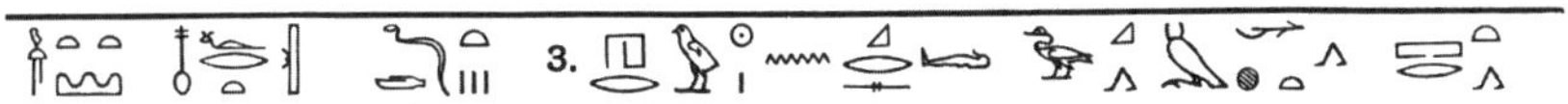

Ȧmentet *nefert* *t'eṭet* *hru* *en* *qeres* *āq* *emχet* *pert*

Amentet bello; para que sea dicho [en] el día del enterramiento, entrando después de emerger.

t'eṭ *ȧn* *Ȧusȧr* *Ani* *Ȧusȧr* *ān* *Ani* *ȧnet'* *ḥrȧ-k* *ka*

Dice Osiris Ani, Osiris, el escriba Ani: Homenaje a ti, toro de

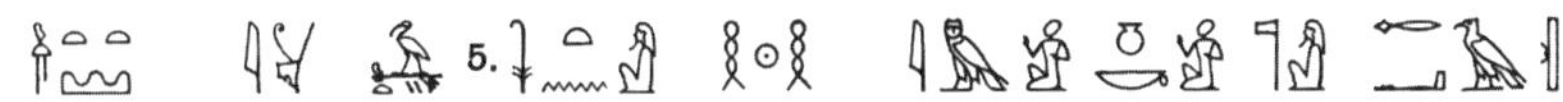

Ȧmentet *ȧn* *Teḥuti* *suten* *ḥeḥ* *ȧm - ȧ* *nuk* *neter* *āāa*

Amentet, contempla, Thoth, el rey de la eternidad, [está] conmigo. Yo soy el gran dios

enma *ṭepet* *ābai - nȧ* *ḥer - k* *nuk* *uā* *em* *ennu* *en* *enen*

en la barca. Yo he luchado por ti. Yo soy uno de esos

neteru *t'ta'at* *semaāχeru* *Ȧusȧr* *er* *χefta - f* *hru*

dioses, los jefes divinos [que] hacen victorioso a Osiris sobre sus enemigos [en] ese día

pui *en* *ut'āṭ* *t'eṭet* *nuȧ* *ȧmṭu*[1] *- k* *Ȧusȧr* *nuk* *[uā]*

de pesar las palabras. Yo soy tu abogado, Osiris. Yo soy [uno]

1. O *temtu*; véase Brugsch, *Wörterbuch* (Supl.), p. 76.

em ennu en neteru 9. *mesu Nut semaāiu χeft nu*

de esos dioses nacidos de Nut, que matan a los enemigos de

Ȧusȧr 10. *χenrȧ sebȧu ḥer - f nuȧ ȧmṭu - k Ḥeru*

Osiris, [quien] encerró a los enemigos para él. Yo soy tu abogado, Horus.

11. *āba - nȧ ḥer - k sebi - nȧ ḥer ren - k nuk Teḥuti*

Yo he luchado por ti, he derrotado [al enemigo] en tu nombre. Yo soy Thoth,

semaāχeru. 12. *Ȧusȧr er χefta - f hru pui en ut'ā*

que hace victorioso a Osiris sobre sus enemigos [en el] día ese de pesar

t'eṭet 13. *em Ḥet ur ur ȧmmi Ȧnnu nuk Ṭeṭṭeṭi se*

las palabras en la morada del Anciano poderoso en Heliópolis. Yo soy Tetteti, el hijo de

Ṭeṭṭeṭi 14. *āu ȧm - ȧ em Ṭeṭṭeṭu mesi - ȧ em* 15. *Ṭeṭṭeṭu un - ȧ ḥenā*

Tetteti; Yo fui concebido en Tettetu, nací en Tettetu. Estoy con

ḥai ȧakebit 16. *Ȧusȧr em .... Reχtet*[1] *semaāχeru*

las plañideras [y las mujeres que lloran por] Osiris en la doble tierra de [?] Rekhet, [haciendo que sea victorioso]

1. Las variantes son (Papiro número 9964 del Museo Británico) = de Lepsius, Todtenbuch, Bl. L, l. 5. Véase Birch, Aeg. Zeitschrift, 1869, p. 115.

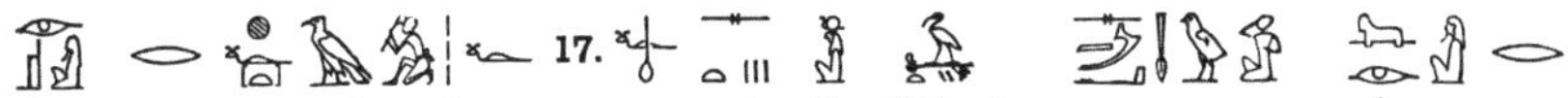

Ȧusȧr er χefta - f 17. *.... set Rā Teḥuti semaāχeru Ȧusȧr er*

Osiris sobre sus enemigos. Ra ordena a Thoth que haga victorioso a Osiris sobre

*χefta - f .... * 18. *tu ȧri - nȧ Teḥuti un - ȧ ḥenā Ḥeru hru*

sus enemigos; lo que se ordena lo hace por mí Thoth. Yo estoy con Horus [en] el día

ḥebs 19. *Teśteś un tepḥetu en ȧāu urṭ*

de vestir a Teshtesh, abriendo los almacenes de lavar, el aquietado

ȧb 20. *seś re en seśit em Re - stau un - ȧ ḥenā Ḥeru*

de corazón, abriendo la puerta de las cosas escondidas en Re-stau. Yo estoy con Horus

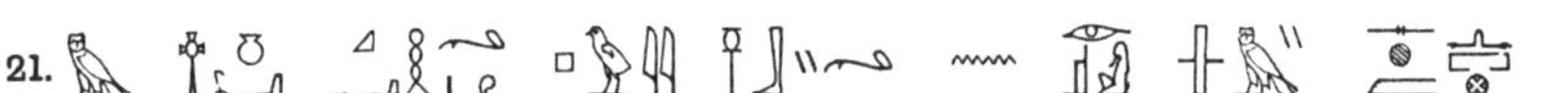

21. *em net' qāḥ pui ȧbi en Ȧusȧr ȧmmi Seχem*

protegiendo [el] hombro de Osiris que se quedó en Sekhem.

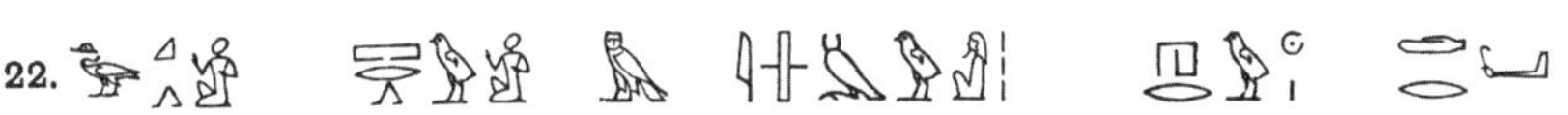

22. *āq - ȧ peru - ȧ em ammu hru ṭer*

Yo entro [y] salgo de las llamas [en] el día de destruir

23. *sebȧu em Seχem un - ȧ ḥenā Ḥeru hru* 24. *ḥebu*

los enemigos en Sekhem. Yo estoy con Horus [en] el día de los festivales

nu Ȧusȧr ȧri ābet hru VI *ent ḥeb ṭenȧt em* 25. *Ȧnnu*

de Osiris, haciendo las ofrendas [en] el día seis del festival Tenat en Heliópolis.

nuk āb em Ṭeṭṭeṭu Rere ȧmmi pa Ȧusȧr 26. *seqai*

Yo soy el sacerdote *ab* en Tettetu, Rere [?] en el templo de Osiris, elevando

ta nuk maa śeta em Re - stau pen 27. *nuk*

la tierra. Yo veo las cosas escondidas en este Re-stau. Yo

seśeṭ ḥebet en Ba em Ṭeṭṭeṭu nuk sem 28. *em*

leo el libro del servicio del Alma en Tettetu. Yo soy el sacerdote *sem* en

ȧri - f nuk ur χerp āb hru erṭāt ḥennu

sus pertenencias. Yo soy el gran jefe del trabajo del día de colocar la barca *hennu*

29. *Seker ḥer māχait - tuf nuk seśep χebasi*

de Seker sobre su trineo. Yo he recibido la espada

30. *hru χebes ta em Suten-ḥenen ȧ setekeni baiu*

[en] el día de cavar la tierra en Suten-henen. Oh vosotros que hacéis entrar las almas

PLACA VI

31. *menχu em pa Ȧusȧr seteken - ten ba ȧqer en Ȧusȧr*

perfeccionadas en la casa de Osiris, haced entrar el alma perfecta de Osiris,

32. *ān Ani maāχeru ḥenā - ten er pa Ȧusȧr setem - f ten*[1]

el escriba Ani, victorioso, con vosotros en la casa de Osiris. Que él oiga [como] vosotros [oís];

33. *maa - f mȧ maa - ten āḥā - f mȧ āḥā-ten ḥems - f mȧ*

que vea como vosotros veis; que se alce como vosotros os alzáis; que se siente como

34. *ḥems - ten ȧ ṭāṭāiu tau ḥeq en baiu menχu em*

vosotros os sentáis. Oh dadores de pasteles [y] cerveza a las almas perfeccionadas en

35. *pa Ȧusȧr ṭā - ten tau ḥeq er trȧui en ba en Ȧusȧr*

la casa de Osiris, dad pasteles [y] cerveza en la doble temporada al alma de Osiris

36. *Ani maāχeru χer neteru nebu Ȧbṭu maāχeru ḥenā - ten*

Ani, victorioso ante todos los dioses de Ábidos, victorioso con vosotros.

37. *ȧ uniu uat ȧpui mātennu en baiu*

Oh abridores del camino [y] abridores de las rutas para las almas

38. *menχu em pa en Ȧusȧr un ȧref - ten - nef uat*

perfeccionadas en la casa de Osiris, abridle por tanto el camino,

---

1. Debemos leer [jeroglíficos].

ȧpu ȧref - ten mātennu 39. *en ba en Ȧusȧr ān*

abrid por tanto las rutas para el alma de Osiris el escriba

ḥesb neter ḥetepu neteru nebu Ani 40. *ḥenā - ten āq - f*

[y] contable de las divinas ofrendas de todos los dioses, Ani [triunfante] con vosotros. Que pueda él entrar

em ṭenṭ per - f em ḥetep em pa Ȧusȧr ȧn

con confianza, que pueda emerger en paz de la casa de Osiris. No

41. *χesef - tuf ȧn śenār - tuf āq - f ḥesu*

sea rechazado, no sea echado atrás, que pueda entrar [tal como] desee,

peru - f 42. *meru maā-χeru - f ȧru uṭeṭet - f em*

que pueda entrar [tal como] quiera, que sea victorioso. Que se cumplan sus órdenes en

pa Ȧusȧr 43. *śem - f t'eṭet - f ḥenā - ten χu - f*

la casa de Osiris, que pueda caminar, que pueda hablar contigo, que pueda ser un alma glorificada

ḥenā - ten ȧn qementu un - f 44. *ȧm ȧu māχat*

contigo. No se ha hallado su defecto allí. Los platillos

sesu-θȧ em sep-[f]

han sido vaciados de [su] juicio.

Re en erṭāt re en Ȧusȧr ān ḥesb neter ḥetepu neteru

Capítulo de dar boca a Osiris, escriba [y] contable de las divinas ofrendas de todos los dioses

nebu Ani maāχeru - nef em Neter-χert

Ani; sea él victorioso en el submundo.

T'eṭṭu ȧu - ȧ uben - kuȧ em suḥt ȧmt ta śeta ȧu

Que se diga: Yo emerjo del huevo en la tierra oculta. Que

erṭāu - nȧ re - ȧ t'eṭu - ȧ ȧm - f embaḥ neter āā neb

me sea dada mi boca, que pueda yo hablar con ella ante el gran dios, el señor

ṭuat ȧn χesef - tu ā - ȧ em t'at'at en neter neb

del submundo. Que no sea rechazada mi mano y mi brazo por los divinos jefes de dios alguno.

nuk Ȧusȧr neb Re - stau peseś Ȧusȧr ān Ani maāχeru

Yo soy Osiris, señor de Re-stau, compartí yo, Osiris, el escriba Ani, triunfante,

em ennu enti ṭep - f (sic) *χet ī - nȧ er merer ȧb - ȧ*

con ese ser que [está en] lo alto de las escaleras. Yo he venido según el deseo de mi corazón

em Śe nesert āχem - nȧ ȧnet' - ḥrȧ - k neb seśep χenti

desde el Estanque de doble Fuego, lo he saciado. Homenaje a ti, señor de irradiación, cabeza

ḥet ḥert keku samau ī - nȧ χer - k

de la Gran Casa, [dentro de la] noche y oscuridad. Yo he venido a ti,

χu - k [uȧ] āb - kuȧ āāui - ȧ ḥa - k ṭenȧ - k

Yo soy glorioso, soy puro, mis dos manos [están] detrás de ti; tu porción

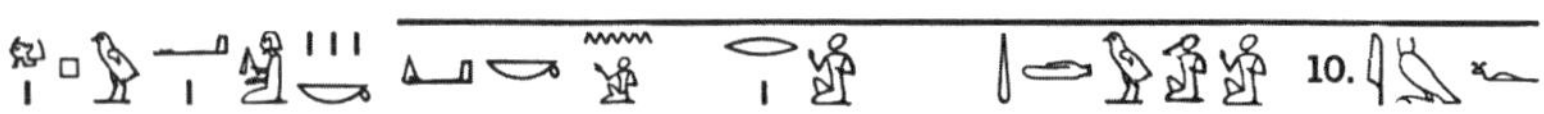

ṭepu - ā - k ṭā - k nȧ re - ȧ t'eṭu - ȧ ȧm - f

[está con] tus ancestros. Dame mi boca [para que] yo pueda hablar con ella.

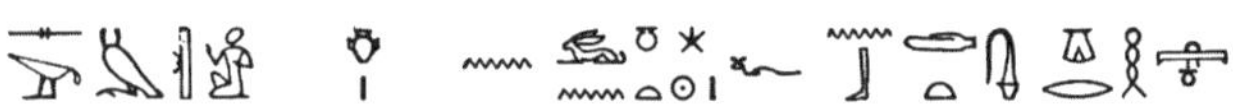

sem - ȧ ȧb-ȧ en unnut - f nebṭet kerḥ

Que pueda yo seguir a mi corazón en su hora de fuego y noche.

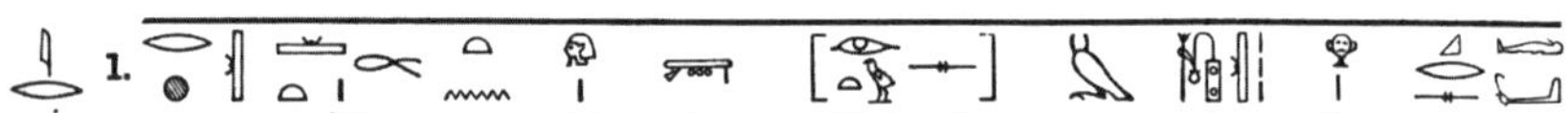

Ȧr reχ šāt ten ṭep ta [ȧritu-s] em ānu ḥer qeres

Si fuera conocido este libro en la tierra, [y se] escribiera sobre el ataúd

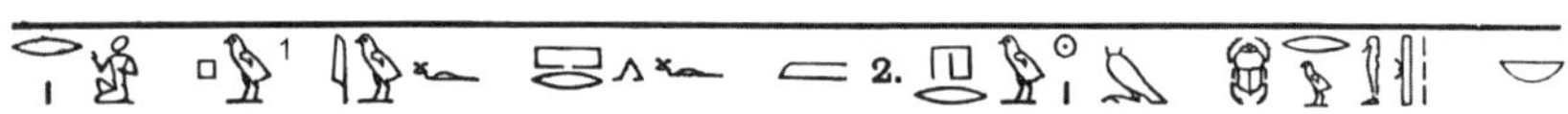

re - ȧ pu ȧu - f per - f em hru em χeperu neb

que mi boca es, él emergerá de día en todas las formas de existencia

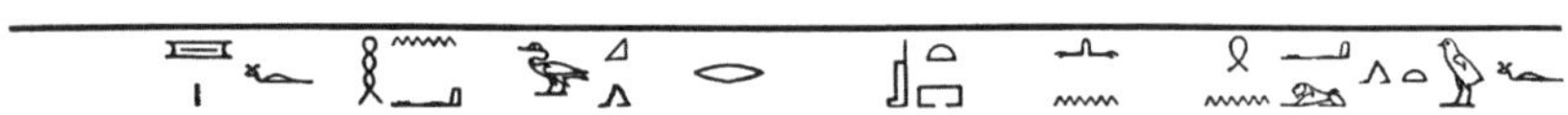

mer - f ḥenā āq er ȧuset ȧn šenār - tu - f

[que] a él agraden, y entrará a [su] lugar, y no será rechazado.

1. Léase  *re pen*, «este capítulo» (?).

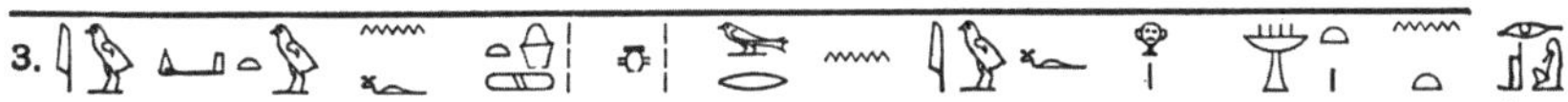

àu ṭā - tu nef ta ḥeq ur en àuf ḥer χaut ent Àusàr

Le darán a él pasteles, cerveza, y lo mejor de la carne sobre el altar de Osiris.

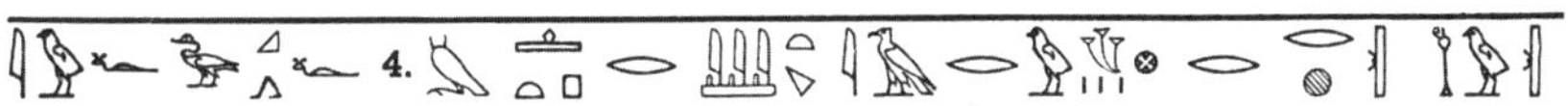

àu-f āq - f em ḥetep er Seχet - Àaru er reχ utu

Él entrará en paz en Sekhet-Aaru para conocer este mandato

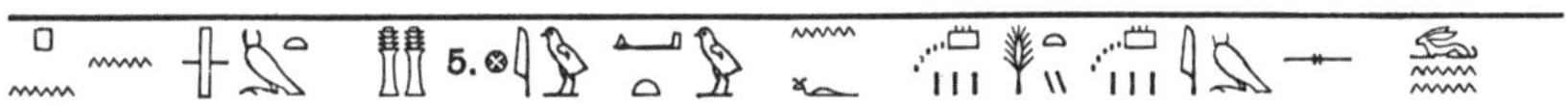

pen en àmt Ṭeṭṭeṭ àu ṭā-tu nef pert beti àm - s unen

de [el que está en] Tettetu; le darán trigo y cebada; habrá

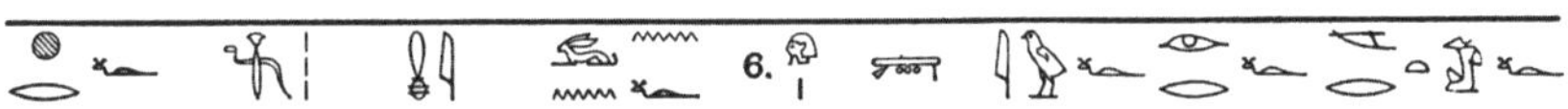

χer-f uaṭ' mà un - nef ṭep ta àu-f àri - f mert - f

con él cosas verdes como las que había con él en la tierra. Él hará su voluntad,

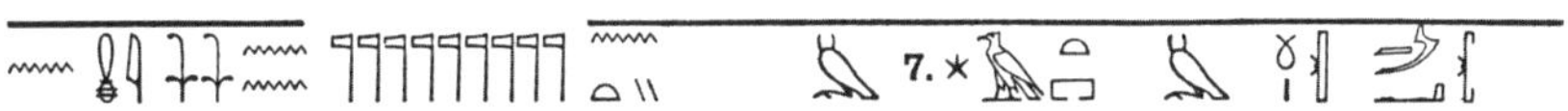

en mà enen neteru enti em ṭuat em ṡes maā

como aquellos dioses que [están] en el submundo, con toda regularidad

ḥeḥ en sep àu Àusàr ān Ani

millones de veces, Osiris escriba, Ani.

PLACA VII

Ḥā em seθes seχu pert hait em

Los comienzos de las oraciones [y] glorificaciones, de salir fuera y entrar en

Neter-χert χut em Ȧmentet nefert 2. *pert em hru em*

Neter-khert glorioso, en Amentet el hermoso, de emerger de día en

χeperu neb meri - f ḥebā er sent ḥems em

todas las formas de existencia [las que] a él le agradan, de jugar a las damas [y] sentarse en

seḥ 3. *pert em ba ānχi*

la sala, [y] emerger como un alma viviente.

T'eṭ ȧn Ȧusȧr ān Ani 4. *emχet menȧ - f ȧu χut*

Dice Osiris, escriba Ani, después de que él llegara a puerto, siendo glorioso

en ȧri - s ṭep ta χeperu t'eṭet 5. *nebt Tem nuk*

lo que había sido hecho sobre la tierra, convirtiéndose todas en palabras de Tmu. Yo soy

Tem em un uā - kuȧ χeper - nȧ em 6. *Nu*

Tmu elevándome. Yo soy el único Uno. Yo vengo a la existencia en Nu.

nuk Rā em χāāi - f em śaā ḥeq pen 7. *nef pu trȧ*

Yo soy Ra en su elevarse en el principio, él había regido esto. ¿Quién, entonces,

eref su Rā pu em śaā χāā - f em 8. *Suten-ḥenen em suten*

es él? Ra es, en el principio, [cuando] se alzó en Suten-henen como un rey

em unt àn χeper seθes Śu àu-f 9. *ḥer*

elevándose; no habían venido a la existencia los pilares de Shu, cuando él se hallaba sobre

qaqa en àmi χemennu nuk neter ãã χeper

la altura de aquel que está en Khemennu. Yo soy el fran dios [que] vino a la

t'esef Nu 10. *pu qemam ren - f paut*

existencia por sí mismo, Nu. Yo soy [quien] creó su nombre *paut*

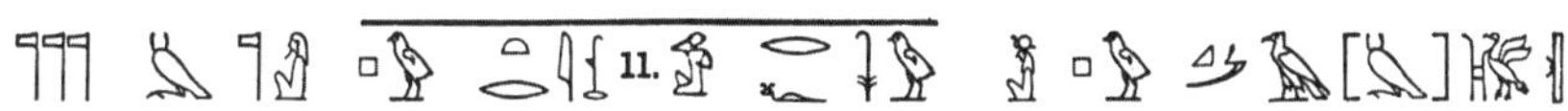

neteru em neter pu trà 11. *eref su Rā pu qemam*

neteru como dios. ¿Quién, entonces, es él? Ra es el creador

ren en āt - f χeper enen pu 12. *em neteru*

del nombre de sus miembros; han venido a la existencia éstos en la forma de los dioses

àmi χet Rā nuk àti χesef - f em neteru

que están en el séquito de Ra. «Yo soy sin repulsa» es él entre los dioses.

13. *pu trà eref su Tem pu àmi àten - f*

¿Quién, entonces, es él? Es Tmu en su disco;

ki t'eṭ 14. *Rā pu em uben - f em χut àbti ent pet*

dicho de otro modo, es Ra en su elevarse en el horizonte oriental del cielo.

nuk sef rex - kuà ṭuau pu trà eref su

Yo soy el Ayer, yo conozco el Mañana. ¿Quién, entonces, es él?

àr sef Àusàr pu àr ṭuau Rā pu hru pui en

Ahora, Osiris es el ayer, ahora, Ra es el mañana, en ese día de

seḥetem xefta - f nu Neb-er-t'er àm - f ḥenā seḥeq - tu

la destrucción de sus enemigos de Neb-er-tcher en él, y el nombramiento como príncipe

se - f Ḥeru ki t'eṭ hru pui en àu - n men ḥeb

de su hijo Horus; dicho de otro modo, ese día en el que nosotros establecimos el festival

ṭehen - entu qeres pu ent Àusàr àn àtef - f Rā

del reencuentro del cuerpo muerto de Osiris con su padre Ra,

àri - entu āba neteru xeft uṭ - n Àusàr er neb

cuando batallaron los dioses, cuando nos mandaba Osiris como señor de

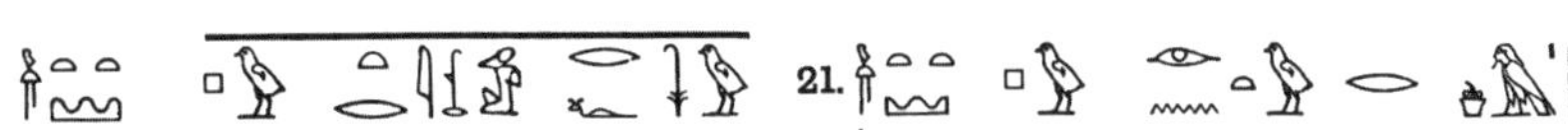

Àmentet pu trà eref su Àmentet pu àri-entu er baiu

Amentet. ¿Qué, entonces, es esto? Esto es Amentet, fueron creadas las almas

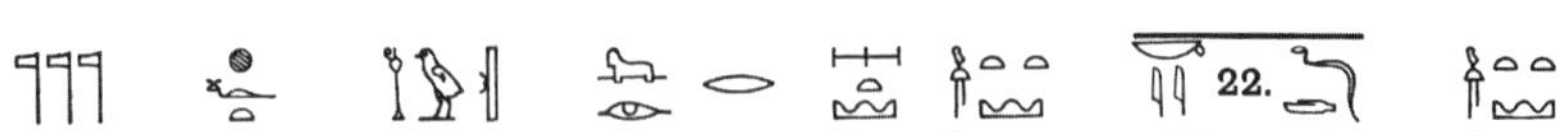

neteru xeft utu Àusàr er Set - Àmentet ki t'eṭ Àmentet

de los dioses cuando mandaba Osiris en Set-Amentet; dicho de otro modo, eso es Amentet

pu ennu pu erṭā en ... Rā hai neter neb er - s

es eso [lo que] hizo Ra [cuando] cualquier dios avanzó hacia eso,

āḥā 23. *āba - nef ḥer - s ȧuȧ* (sic) *reχ - kuȧ neter pui*

[él] se alza [y] lucha por ello. Yo conozco a ese dios

enti ȧm - s 24. *pu trȧ eref su Ȧusȧr pu ki t'eṭ Rā*

que [está] allí. ¿Quién, entonces, es él? Es Osiris; dicho de otro modo, Ra

ren - f 25. *ḥennu pu en Rā nek - f ȧm - f t'es-f*

[es] su nombre, [o] es el falo de Ra cuando él [se] unió consigo mismo.

nuk bennu 26. *pui enti em Ȧnnu nuk ȧri sȧpu*

Yo soy *bennu*, el que [está] en Heliópolis. Yo soy el guardián del libro

en enti unen pu 27. *trȧ eref su*

de lo que es, y de lo que será. ¿Quién, entonces, es él?

Ȧusȧr pu ki t'eṭ χat-f pu ki t'eṭ 28. *ȧr*

Él es Osiris; dicho de otro modo, es su cuerpo muerto; dicho de otro modo,

setat - f ȧr en enti unen χat pu

sus excrementos. [Ahora eso que es y eso que será] es su cuerpo muerto;

ki t'eṭ en er neḥeḥ pu ḥenā t'etta àr neḥeḥ pu

dicho de otro modo, es eternidad y duración eterna, eternidad es

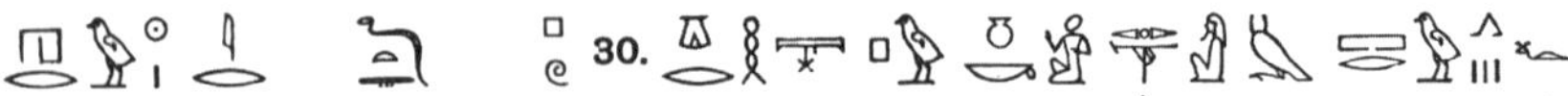

hru àr t'etta pu ḳerḥ pu nuk Àmsu em peru - f

el día, duración eterna es la noche. Yo soy Amsu en su aparición;

àu erṭā - nà śuṭi - f em ṭep - à pu trà eref su

que me sean dadas sus plumas sobre mi cabeza. ¿Quién, entonces, es éste?

àr Àmsu Ḥeru pu net' - ḥrà àtef - f àr peru - nef mesu - f

Amsu es Horus, el vengador de su padre; es su aparición, su nacimiento.

pu àr śuṭi - f em ṭep - f śemt Àuset ḥenā Nebt - ḥet

Las plumas sobre su cabeza son el marchar de Isis y Neftis

erṭā en sen su ḥert - f un - sen em t'ertutu

para colocarse a sí mismas sobre su cabeza, cuando están en la [forma de] protectoras,

sàka - sen ḥer men ṭep - f ki t'eṭ ārut urt

ellas proveen eso que falta a su cabeza; dicho de otro modo, los dos *uraei* excesivamente grandes

āāt pu àmt ṭep àtef - sen

que están sobre la cabeza de su padre

PLACA VIII

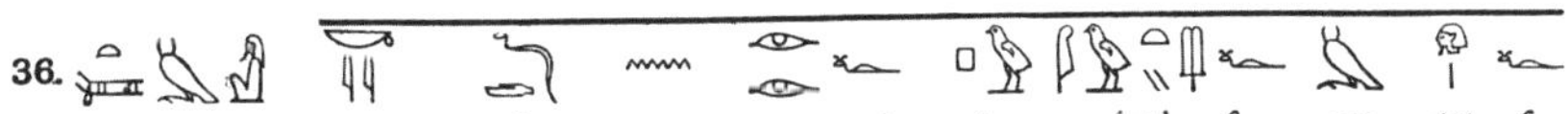

Tem ki t'eṭ en maa - f pu śuti - f em ṭep - f

Tmu; dicho de otro modo, sus dos ojos son sus plumas sobre su cabeza.

unen Ȧusȧr ān ḥetep neteru nebu Ani em maāχeru

Se alzó Osiris, el escriba de las ofrendas de todos los dioses, Ani, en triunfo

em ta - f ī - nef em nut - f pu trȧ eref su χut

en su tierra, él vino a su ciudad. ¿Qué, entonces, es esto? Es el horizonte

pu ent ȧtef - f Tem ṭer - ȧ āut - ȧ χersek - ȧ

de su padre Tmu. Yo he puesto fin a mis fracasos, he retirado

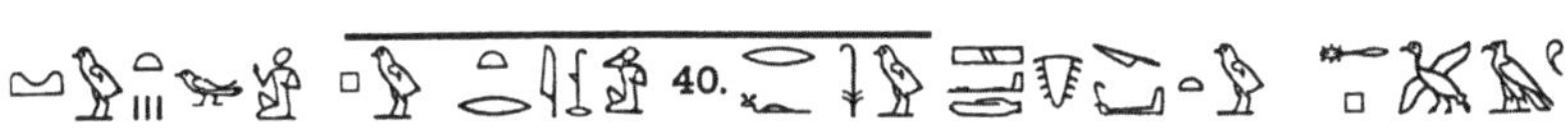

ṭut - ȧ pu trȧ eref su śāṭ - tu χapaa

mis defectos. ¿Qué, entonces, es esto? Es el cortar de la materia corruptible

pu en Ȧusȧr ān Ani maāχeru χer neteru nebu seḥerȧ - tu

de Osiris, el escriba Ani, triunfante ante todos los dioses. Alejados

ṭut neb ȧri - f pu trȧ eref su āb

están todos los defectos que le pertenecían. ¿Qué, entonces, es esto? Es la purificación

pu em hru en mes - tuf ābu - à em seś - ui - à

en el día de su nacimiento. Yo soy purificado en exceso en mi doble gran nido

āāt urt enti em Suten-ḥenen ḥru pui en ābetet

que [está] en Suten-henen, [en] este día de ofrendas de

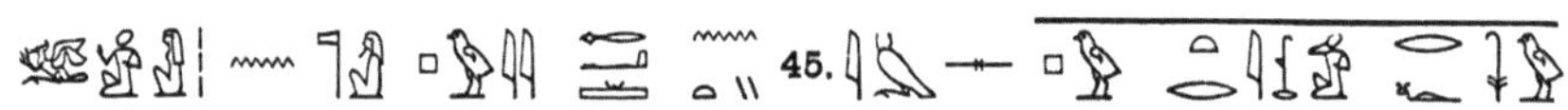

reχit en neter pui āā enti àm - s pu trà eref su

la gente a ese gran dios que [mora] allí. ¿Qué, entonces, es esto?

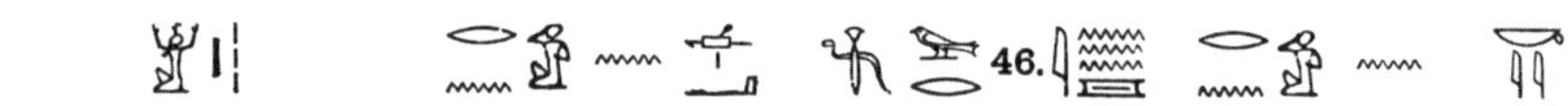

ḥeḥ ren en uā uat' urà ren en ki

«Millones de años» [es] el nombre de uno, «Verde Lago» [es] el nombre del otro;

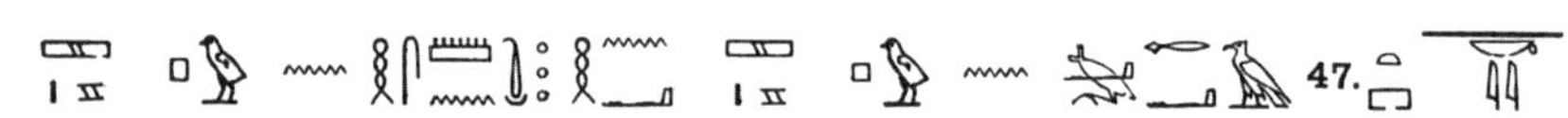

śe pu en ḥesmen ḥenā śe pu en Māāāat ki

un estanque es de natrón, y otro estanque es de nitro; dicho de otro modo

t'eṭ semu ḥeḥ ren en uā uat' urà

«Atravesador de Millones de Años» [es] el nombre de uno, «Verde Lago» [es]

ren en ki ki t'eṭ utet ḥeḥ ren

el nombre del otro; dicho de otro modo, «Engendrador de Millones de Años» [es] el nombre

en uā uat' urà ren en ki àr χert neter āā

de uno, «Verde Lago» [es] el nombre del otro. En lo concerniente al gran dios

enti àm - s Rā pu 50. *t'esef śem - nà ḥer uat reχ - nà*

que [está] allí, es el mismo Ra. Yo paso sobre el camino, conozco

ṭep em Śe - Maāat 51. *pu trà eref su àr*

las cabezas [?] de She-Maata. ¿Qué, entonces, es esto?

Re - stau pu ṭuaut pu 52. *rest Naàrutf sebaut*

Esto es Re-stau, el submundo al sur de Naarutf, la puerta

meḥti en àat àr χert 53. *Śe - maāat Àbṭu pu*

norte de la tumba. En lo concerniente a la Maaat, esto es Ábidos;

ki t'eṭ uat pu śemt en àtef 54. *- f Tem*

dicho de otro modo, es el camino [esto] [por el que] viajó su padre Tmu

ḥer - s χeft ut'a - f er Seχet - Àaru pu 55. *mest*

cuando fue a Sekhet-Aaru, [lo cual] produjo

t'efaui en neteru ḥa kerà 56. *àr χert sebat*

el alimento *tchefa* de los dioses detrás del templo. Ahora [eso] es la Puerta

pu sert seba pu en seθes Śu 57. *àr seba meḥti*

Sert es la puerta de los pilares de Shu, la puerta norte

en ṭuat pu ki t'eṭ āāui rei pui

del submundo; dicho de otro modo, a través de las dos hojas de esa puerta

58. *ut'a en Temu ḥer-f χeft uta-f χut àbti*

fue Tmu cuando emergió desde el horizonte oriental

ent pet 59. *àmiu-baḥ àmmā-nà āāui-ten nuk*

del cielo. Oh, vosotros, dioses en la presencia, otorgadme vuestros dos brazos. Yo soy

neter pui 60. *en χeper-nà àm-ten pu trà eref su*

el dios que vendrá a la existencia entre vosotros. ¿Qué, entonces, es esto?

senf pu 61. *per em ḥenenu en Rā emχet*

Son las gotas de sangre [que] surgieron del falo de Ra después

ua-f er àrit 62. *šāt àm-f ṭesef āḥā-nu χeper*

de que se dispuso a realizarse la mutilación a sí mismo. Ellos vinieron a la existencia

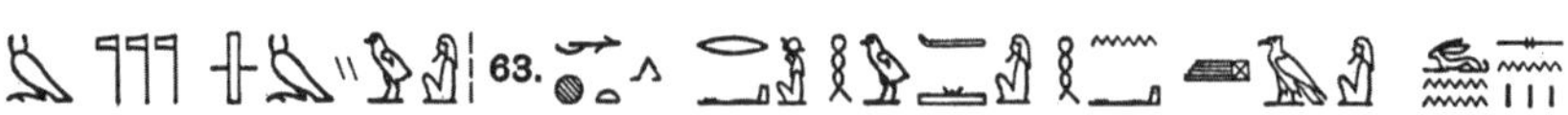

em neteru àmiu- 63. *χet Rā Ḥu ḥenā Sa unen-sen*

como los dioses [quie] son los seguidores de Ra, Hu y Sa, [y] son

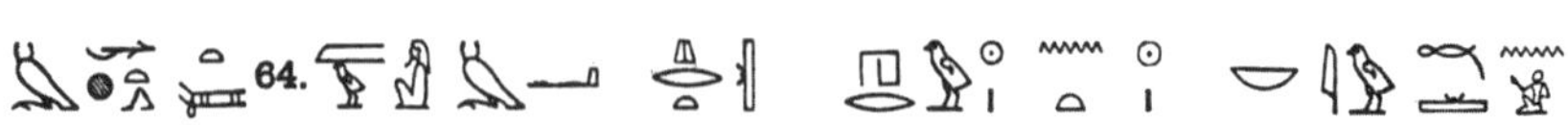

emχet 64. *Temu mā χert hru ent hru neb àu meḥ-nà*

seguidores de Tmu en el curso del día, de cada día. Yo llené,

Ȧusȧr ān Ani maāχeru nek ut'at emχet

Osiris, el escriba Ani, triunfante, para ti el *utchat* después

hab - s hru pui en āba Reḥu pu

[de que esto] hubiera fallado [en] ese día de la batalla de los dos luchadores. ¿Qué,

trȧ eref su hru pui en āba Ḥeru ȧm - f

entonces, es esto? [Esto] es el día de la lucha de Horus

ḥenā Set em uṭ setau em ḥrȧ Ḥeru θet

con Set, lanzando excrementos en la cara de Horus, y se llevó

Ḥeru χerui en Set ȧn χert Teḥuti ȧri enen em t'ebā- f t'esef

Horus los testículos de Set, porque Thoth hizo esto con los dedos, él mismo.

em se - θes - nȧ šen em trȧ en nešeni pu trȧ

Yo levanto el pelo cuando es tiempo de tormentas en el cielo. ¿Qué, entonces,

eref su maat pu ȧmt en Rā em nešeni - s eref

es esto? [Esto] es el ojo derecho de Ra en su furia contra él

emχet

después de

PLACA IX

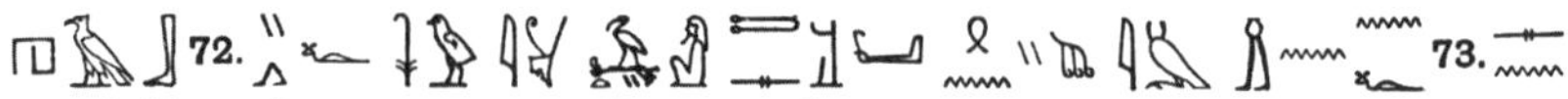

habi - f su àn Teḥuti θes śeni àm àn - nef - s en

que él ha hecho [que] esto se vaya, [y] Thoth encrespó el pelo allí, y él lo llevó

ānχ ut'a senb àn beḳa en neb ki t'eṭ

[p. e., el ojo] viviente, sano y salvo, sin defecto a [su] señor; dicho de otro modo,

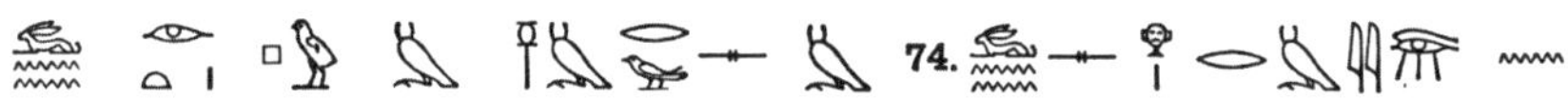

unen maat pu em mer - s em unen - s ḥer remi en

esto es el ojo cuando está enfermo, cuando [él] está llorando por

sen - f āḥā àref àn Teḥuti er pesaḳ nes àu

su compañero; se alza entonces Thoth para lavarlo.

maa - nà Rā mes em sef er χepṭet en

Yo veo a Ra nacido ayer de los cuartos traseros de

Meḥ-urt ut'a - f - ut'a - à θes rer pu trà eref su

Meh-urt; su fuerza [es] mi fuerza, y viceversa. ¿Qué, entonces, es esto?

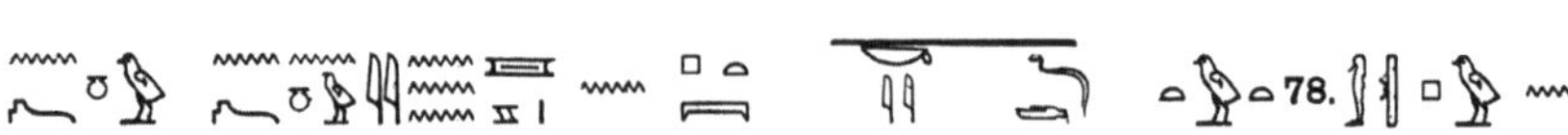

ennu ennui en pet ki t'eṭ tut pu en

Esto es el agua del cielo; dicho de otro modo, esto es la imagen del

maat Rā ṭuau - tu er mesu - tu - f hru neb àr 79. *Meḥ-urt*

ojo de Ra por la mañana, en su nacimiento cada día. Meh-urt es

ut'at pu en Rā ḥerenti[1] *àr Ausàr* 80. *ān Ani maāχeru*

el ojo de Ra. Por lo tanto Osiris el escriba Ani, triunfante,

uā ur em ennu neteru àmiu 81. *χet Ḥeru*

[es] uno de esos dioses grandes que están en el séquito de Horus.

t'eṭu ḥer ṭep-f meriu neb - f pu 82. *trà eref su*

Dicho por él, que amó a su señor. ¿Qué, entonces, es esto?

Mesθà Ḥāpi Ṭuamāutef Qebḥsennuf 83. *ànet' ḥrà - ten nebu*

Mestha, Hapi, Tuamautef y Qebhsennuf. Homenaje a vosotros, señores de

maāt t'at'at ḥa Ausàr ṭāṭāiu 84. *śāt em*

justicia y verdad, seres divinos [que estáis] detrás de Osiris, causando que sean aniquilados

àsfat àmiu - χet ḥetep - seχus 85.

los defectos, [que estáis] en el séquito de Hetep-sekhus,

1. El papiro de Nebseni tiene

mā - ten - uȧ ī - kuȧ χer - ten ṭer - ten ṭut neb

otorgadme que yo pueda venir a vosotros. Destruid todos los defectos

ȧri - ȧ mȧ ennu ȧri - en - ten en χu VII

que me pertenecen de acuerdo con eso que vosotros forjasteis para estos hermosos siete seres

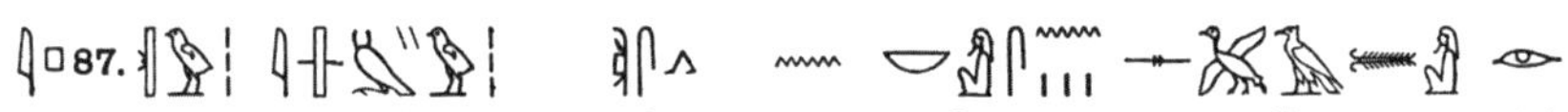

ȧpu ȧmiu śes en neb - sen Sepa ȧri

que están entre los seguidores de su señor Sepa, hicieron a

en Ȧnpu ȧuset-sen hru pui en māȧi ȧrek ȧm

Anubis su lugar [en] ese día de «venir, por lo tanto, allí».

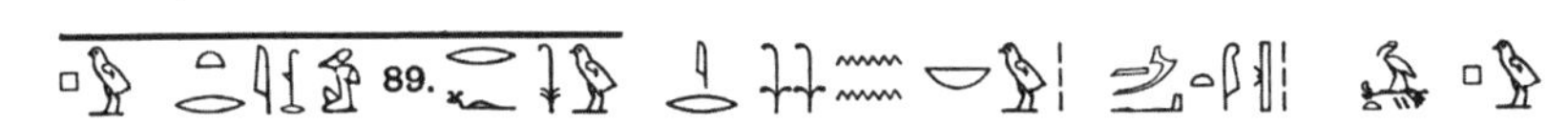

pu trȧ eref su ȧr enen nebu maāt Teḥuti pu

¿Qué, entonces, es esto? Estos señores de rectitud y verdad son Thoth

ḥenā Ȧsṭes neb Ȧmentet ȧr t'at'at ḥa Ȧusȧr Mesθȧ

y Astes, señor de Amentet. Los seres divinos detrás de Osiris, Mestha,

Ḥāpi Ṭua - māut - f Qebḥ-sennu-f na pu enti em - sa

Hapi, Tuamautef y Qebhsennuf, son éstos que [están] detrás

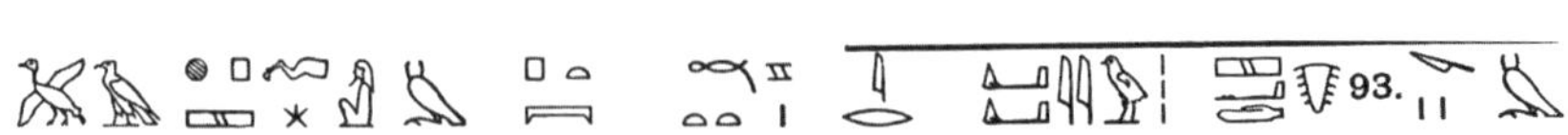

pa χepeś em pet meḥtet ȧr ṭāṭāiu śāṭ em

del Muslo en el cielo del norte. Ahora, el que causa aniquilación de

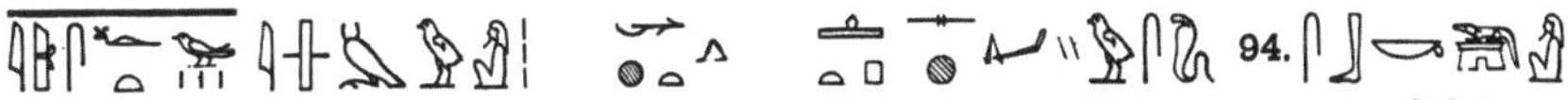

àsfet àmu - χet Ḥetep - seχius Sebek

defectos y está en el séquito de Hetep-sekhius es Sebek

pu àmi māa àr Ḥetep - seχius maat pu ent Rā

se halla en las aguas. Ahora Hetep-sekhius es el ojo de Ra;

ki t'eṭ nesert unen - s em - χet Àusàr ḥer samt

dicho de otro modo, la llama que está siguiendo a Osiris para quemar

baiu nu χefta - f àr χert ṭut neb àri

las almas de sus enemigos. En lo concerniente a todos los defectos que pertenecen a

Àusàr ān neter ḥetepu en neteru nebu Ani maāχeru t'er

Osiris, escriba de ofrendas divinas de todos los dioses, Ani, triunfante, desde que

hai - f em χat en mut - [f] (sic) àr χert

él surgió del útero de [su] madre. En lo concerniente

χu àpu VII *Mesθà Ḥāpi Ṭuamāutef Qebḥsennuf*

a los seres beatificados, a estos siete, Mestha, Hapi, Tuamautef, Qebhsennuf,

Maa - àtef - f χeri - beq - f Ḥeru - χenti - maa erṭāt - sen

Maa-atef-f, Kheri-beq-f, Heru-Khenti-maa, los situó entonces

àn. Ànpu em sau qeres ent Àusàr ki t'eṭ em sa

Anubis como protectores del cuerpo muerto de Osiris; dicho de otro modo, detrás

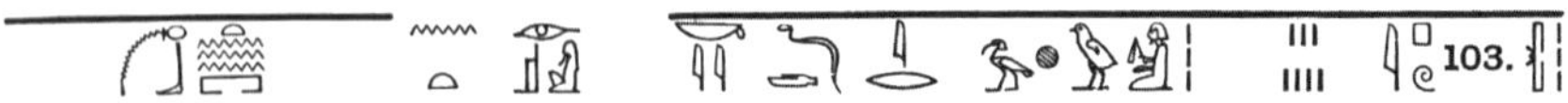

àbt ent Àusàr ki t'eṭ àr χu VII *àpu*

del lugar de purificación de Osiris; dicho de otro modo, éstos siete seres beatíficos

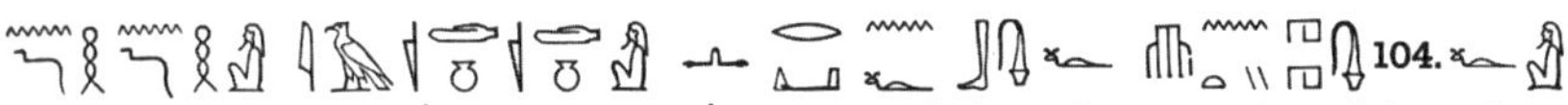

Net'eḥ-net'eḥ Àaqeṭqeṭ Àn - ertā - nef - bes - f - χenti - heh - f

[son] Netcheh-netcheh, Aaqet-qet, An-erta-nef-bes-f-khenti-heh-f,

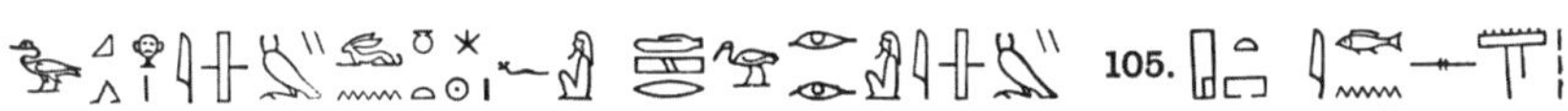

Āq - ḥer - àmmi - unnut - f Ṭeśer - maa - àmmi - ḥet - Ànes

Aq-her-ammi-unnut-f, Tesher-maa-ammi- het-Anes.

PLACA X

Ubes - ḥrà-per - em - χetχet Maa - em - ḳerḥ - àn - nef - em - hru

Ubes-hra-per-em-khetkhet, Maa-em-kerh an-nef-em-hru.

àr ḥeri t'at'at en na en àruṭ - f Ḥeru net' ḥrà

Ahora el jefe de los seres divinos de ésos de su salón es Horus, el vengador de

àtef - f àr χert hru pef māi àrek àm t'eṭ Àusàr pu

su padre. En lo concerniente a ese día de «Ven, entonces, allí», se ha dicho a Osiris

en Rā māāi ārek ām maa - tu . . . . set ā er Āmentet nuk

por [parte de] Ra «Ven entonces allí»; ves, eso está decretado para mí en Amentet. Yo soy

ba - f ḥer - āb T'afi pu trā eref su Āusār pu

su alma dentro de los dos *Tchafi*. ¿Qué, entonces, es esto? Esto es Osiris [cuando]

āq - f er Ṭeṭṭeṭu qem - nef ba ām en Rā āḥā en ḥept

fue a Tattu, y encontró allí el alma de Ra, se abrazaron el [uno]

en ki ām āḥā enu χeper em baiu ḥer-āb T'afi

al otro allí, y vinieron a la existencia almas dentro de los dos *Tchafi*.[1]

ār χer T'afi Ḥeru pu net' ḥrā tef - f ḥenā

En lo concerniente a los dos *Tchafi*, esto es Horus, el vengador de su padre, y

Ḥeru - em χent - en - maa ki t'eṭ ār ba - f ḥer-āb T'afi

Horus-em-khent-en-maa; dicho de otro modo, su doble alma dentro del *Tchafi*

ba pu en Rā ba pu en Āusār ba pu en ām Śu

el alma es de Ra, el alma es de Osiris, el alma es la que [está] en Shu,

1. El texto siguiente entre corchetes ha sido omitido accidentalmente por el escriba del papiro de Ani, y aquí ha sido sustituido por el del papiro de Nebseni (n.º 9900 del M. B.).
2. Papiro, placa XIV, l. 16.

ba pu en àm Tefnut ba - f pui en àmu Ṭeṭṭet

el alma es la que [está] en Tefnut, su doble alma [es] eso que [está] en Tattu.

nuk màu pui peśeni àśeṭ 19. *erma - f em Ànnu*

Yo soy el gato que luchó [?] por el árbol Persea cerca de él en Heliópolis,

ḳerḥ pui en ḥetem χefta nu Neb-er-t'er àm - f peti trà

[en] esa noche de destruir a los enemigos de Neb-er-tcher. ¿Qué, entonces,

eref su màu pui t'a Rā pu 20. *t'esef t'eṭṭu - nef màu em*

es esto? Ese gato macho es Ra, él mismo, y es llamado «Gato» por

t'eṭ Sa eref màu su em enen àri - nef χeper

la palabra de Sa acerca de él, «Él es como eso [que] ha hecho", y se convirtió

ren - f pu en màu ki t'eṭ unen 21. *Śu pu ḥer àrit*

su nombre [en] «Gato»; dicho de otro modo, Shu traspasó

àmt en Seb en Àusàr àr χer peśen àśeṭ

la propiedad de Seb a Osiris. En lo concerniente a la lucha [?] por el árbol Persea

1. Esta restauración es cierta, porque aún quedan rastros de los caracteres en rojo en el papiro.

`erma - f em Ȧnnu un mesu beṭeśet pu ḥer maā

cerca de él en Annu, son los hijos de impotente revuelta cuando se hace justicia

22. *ḥer ȧri en sen ȧr χert ḳerḥ pef en āba - ā*

por lo que ellos han hecho. Ahora, en lo concerniente a esa noche de batalla,

āq - sen pu em ȧbti pet āḥā en ā en āba

[cuando] ellos entran en la parte oriental del cielo, allí directamente tuvo lugar una batalla

em pet em ta er t'er - f ȧ ȧm suḥt - f 23. *pesṭ*

en el cielo [y] sobre la tierra en la totalidad de su extensión. Salve en su huevo, brillando

em ȧten - f uben em χut - f nub ḥer bȧ

desde su disco, elevándose desde su horizonte, resplandeciendo sobre el cielo

ȧti sen - f em neteru seqṭeṭ ḥer seθesu 24. *Śu ṭāṭā*

sin su segundo entre los dioses, navegando sobre los pilares de Shu, dando

nifu em heh en re - f seḥet' taui em χu - f

vientos de fuego de su boca, haciendo brillar las dos tierras con su irradiación,

[1] 25.
neḥem - k Neb-seni neb ȧmaχ mā neter pui śeta

libra tú, Nebseni, el señor de devoción, de dios ese secreto

ȧru unen ȧnḥ - f em āāui māχa ḳerḥ

de forma, al ser sus dos cejas como los dos brazos de la balanza, en la noche

pfi en ḥesebt āuaa peti trȧ eref su Ȧn - ā - f

esa del recuento de la diosa destructora. ¿Qué, entonces, es esto? Esto es An-a-f

26.
pu ȧr χert ḳerḥ pef en ḥesebt āuaa ḳerḥ

En lo que concierne a la noche esa del recuento de la diosa destructora, esto es la noche

pu en nesert en χerit ṭāṭā serḥu em

de quemar a los enemigos, de causar la destrucción de

27.
ȧsfet er nemmet - f ṭenṭ baiu peti trȧ

los malvados en su bloque [y] de la matanza de almas. ¿Quién, entonces,

eref su Nemu pu sȧṭi pu en Ȧusȧr ki t'eṭ

es este? Éste es Nemu, el matador de Osiris; dicho de otro modo,

Āpep pu un-nef em ṭep en uā χer maāt

éste es Apep, [cuando] se alzó con una cabeza teniendo [sobre ella] *maat*;

1. Provisto por Naville, *Todtenbuch*, Bd. II, Bl. 60.

28. *ki t'eṭ Ḥeru pu un - nef em ṭepui unen uā χer*

dicho de otro modo, éste es Horus [cuando] se alzó con dos cabezas, una que tenía

maāt ki χer àsfet ṭāṭā - f àsfet en àri - s

maat, la otra tenía maldad. Él dio maldad al trabajador de allí,

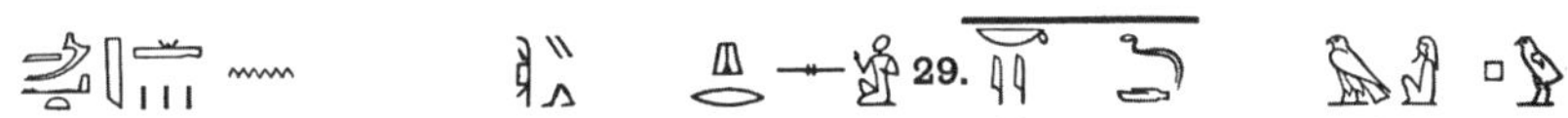

maāt en šes χer - s 29. *ki t'eṭ Ḥeru pu*

[y] *maat* a [aquel] que siguió después [de ello]; dicho de otro modo, éste es Horus,

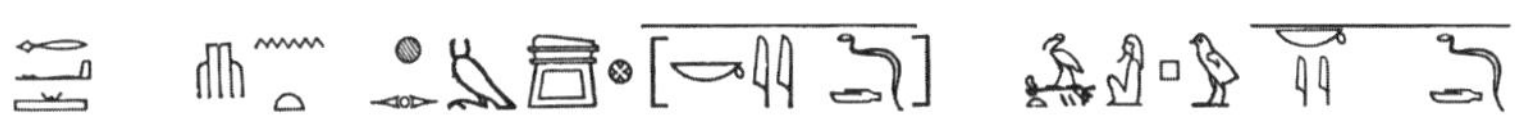

āā χent χem ki t'eṭ Teḥuti pu ki t'eṭ

el grande, presidente de Sekhem; dicho de otro modo, eso es ; dicho de otro modo,

Nefer-Tmu pu Septu χesef χet en χefta nu Neb - er - t'er

eso es Nefer-Tmu [o] Septu, desbaratando los negocios de los enemigos de Neb-er-tcher,

neḥem - k 1 30. *'mā ennu en àru setau àmenḥi*

líbranos tú [...] de esos observadores que llevan cuchillos de matar,

septu t'ebā meru ḥesq àmu - χet 31. *Àusàr*

que están provistos de dedos crueles y matan a ésos que están en el séquito de Osiris,

1. Aquí sigue el nombre Nebseni, etc.

enen seχem - sen àm - à enen hai - à er ketut - sen

que no puedan ellos prevalecer sobre mí, que no caiga yo bajo sus cuchillos.

peti trà eref su Ànpu pu Ḥeru pu em χent 32. *- en - maa*

¿Qué, entonces, es esto? Esto es Anubis, [y] Horus como Khent-en-maa;

ki t'eṭ t'at'at pu χesefet χet en sen

dicho de otro modo, son los jefes divinos, los repulsadores de los asuntos de [...];

ki t'eṭ ur en šeniu en seχem

dicho de otro modo, los príncipes [?] de la cámara *sheniu*. Que no puedan superar

33. *ṭes - sen em*[1] ...... *enen hai - à er ketut - sen*

sus cuchillos [...], no caiga yo bajo sus instrumentos de tortura,

ḥer entet 34. *tuà reχ - kuà ren àri reχ - kuà māt'eṭ*

porque yo, yo conozco su nombre, [y] conozco al opresor

tui àm - sen en pa Àusàr satet em maat

que, [quien está] entre ellos en la casa de Osiris, lanzando luz desde [su] ojo,

1. Aquí siguen los títulos de Nebseni.

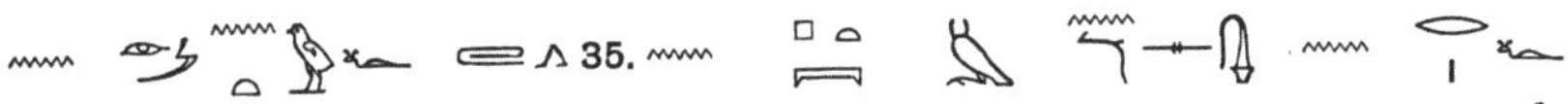

en maa entuf rer en pet em nes en re - f

visto sin él. Él fue alrcdedor del cielo dentro de la llama de su boca,

semȧ Ḥāpi [en] maa - entuf nuk ut'a ṭep ta χer

mandando sobre el Nilo, [sin] ser él mismo visto. Yo soy fuerte sobre la tierra ante

Rā menȧ - ȧ nefer χer Ȧusȧr enen āb - θen ȧm - ȧ

Ra, que mi llegada [sea] feliz ante Osiris. Que no puedan tus ofrendas [ir] contra mí,

enen em ḥeru āχu - sen ḥer entet tuȧ em šes en

ésas que [están] sobre sus altares, porque yo estoy entre los seguidores de

Neb - er - t'er er ān en χeperu āχa - ȧ em

Neb-er-tcher según los escritos de Kheperu. Yo vuelo como

bȧk nekek - nȧ em smen sek - ȧ ḥeḥ mȧ Neḥeb - kau

un halcón, cacareo como un ganso, yo mato siempre como Neheb-kau.

peti trȧ set ennu pu en ḥeru āχu - sen tut

¿Qué, entonces, [es] esto? Esto son esos que [están] sobre sus altares, es la imagen

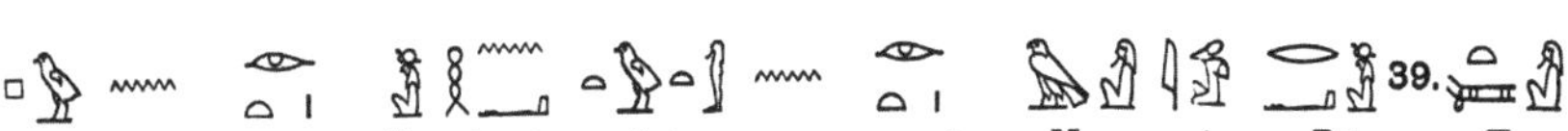

pu en maat Rā ḥenā tut en maat Ḥeru ȧ Rā Tem

del ojo de Ra y la imagen del ojo de Horus. Oh Ra-Tmu,

neb ḥet āat àθi ānχ uťa senb neteru nebu neḥem - k

el señor de la Gran Casa, príncipe, vida, fuerza, salud de todos los dioses, líbranos tú[1]

mā neter pui enti ḥrà - f 40. *em θesem ànḥui - f em*

de ese dios, cuya cara tiene [la forma de] un perro, [y] sus cejas son como

reθ ānχ - f em χerit àri qeb tui en še

[las de] los hombres, que vivió sobre el enemigo, observando esa soga del Lago

41. *en šet ām χat χenp ḥātu uṭeṭ*

de Fuego, devorando cuerpos, tragando corazones y vaciando

setu en maa - entuf peti trà eref 42. *su ām ḥeḥ*

suciedad, sin ser él mismo visto. ¿Qué, entonces, es esto? «Comedor de millones» [es]

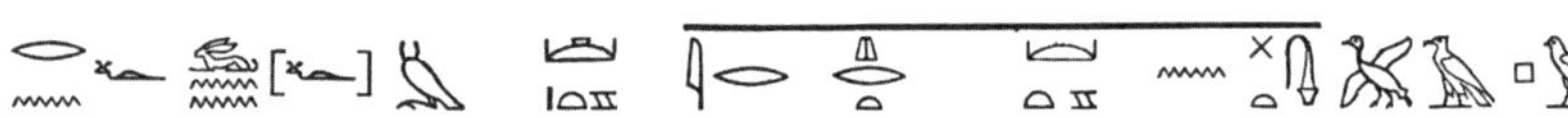

ren - f unen - f em àat àr χert àat en šet pa pu

su nombre, él está dentro del Lago. En lo concerniente al Lago de Fuego, esto es ése

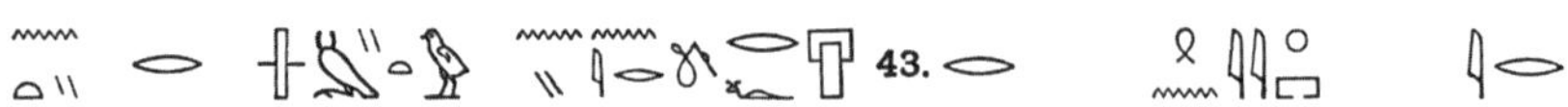

enti er àmitu Ninreruṭàf 43. *er šeni àr*

que está en Anrutef cerca la cámara *sheniu*; ahora

1. Aquí sigue el nombre de Nebseni, etc.

χenṭ neb ḥer - f sat χer - f en n śāt

cada hollador sobre ello, sucio, él cayó sobre los cuchillos;

ki t'eṭ Māṭes ren - f **44.** *āri āa pu en Āmentet*

dicho de otro modo, Mates [es] su nombre, el guardián de la puerta de Amentet;

ki t'eṭ Seχet ren - f entef saa qeb pui en Āmentet

dicho de otro modo, Sekhet [es] su nombre, y él guarda el lazo ese de Amentet;

ki t'eṭ[1] *ḥeri sep - f ren - f ā neb neru ḥeri*

dicho de otro modo, Heri-sep-f [es] su nombre. Oh señor de terror, jefe de

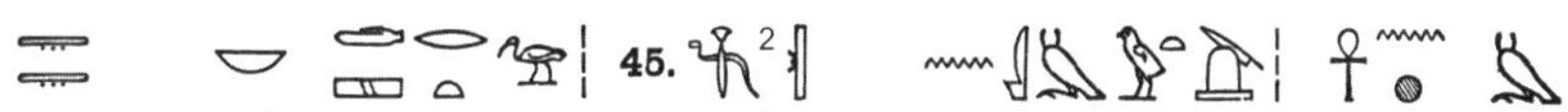

taui neb ṭeśert **45.** *uat'*[2] *nemmetu ānχ em*

las dos tierras, señor vigoroso, que prepara el bloque de la matanza, que vive sobre

besku peti trā eref su saa qeb pui en

entrañas. ¿Quién, entonces, es éste? El guardián del lazo ese de

Āmentet **46.** *peti trā eref su ḥāti pu en Āusār entef ām*

Amenta. ¿Qué, entonces, es esto? Esto es el corazón de Osiris, esto es el devorador de

1. Añadido de Naville, *Todtenbuch*, Bd. II, Bl. 64.
2. La placa XV del papiro de Nebseni empieza con esta palabra.

šāt nebt erṭāi - nef ureret āut àb em

todas las cosas degolladas. Se le había dado a él la corona *ureret* [con] dilatación del corazón como

χent Suten-ḥenen peti trà 47. *eref su àr erṭāi - nef*

presidente de Suten-henen. ¿Qué, entonces, es esto? Ahora se le había dado a él

ureret āut àb em χent Suten-ḥenen Àusàr pu

la corona *ureret* [con] dilatación de corazón como presidente de Suten-henen. Éste es Osiris,

uṭeṭ - f ḥeqt em neteru hru pef en samat taui

él era mandado a gobernar entre los dioses [en] el día ese de la unión de las dos tierras

48. *em baḥ ā Neb - er - t'er peti trà eref su àr uṭeṭ - nef*

ante Neb-er-tcher. ¿Qué, entonces, es esto? Ahora él, a quien le fue ordenado

ḥeqt em neteru Ḥeru pu se Àuset seḥeq em àuset

gobernar entre los dioses, es Horus, hijo de Isis, [quien] fue asignado a gobernar en el asiento

tef - f 49. *Àusàr àr hru pef samat taui ṭemṭ*

de su padre Osiris. Ahora ese día de la unión de las dos tierras, esto es la reunión

taui pu er qeres Àusàr ba ānχ àmi

de las dos tierras en el sarcófago de Osiris, el alma que vive en

Suten-ḥenen ṭāṭā ka ṭer àsfeta sem - nef

Suten-henen, el dador de alimento, el aniquilador de pecados, él guió [a lo largo]

uat ḥeḥ peti trà eref su Rā pu t'esef neḥem - k χer

del camino de la eternidad. ¿Qué, entonces, es esto? Esto es Ra, él mismo. Sálvanos tú[1] [...] ante

neter āa pui t'ai baiu nesbu āua ānχ

el gran dios ese, el que se lleva lejos las almas, el devorador de suciedad, viviendo

em ḥuait saa keku àmi senket senṭu - f

sobre la basura, el guardián de la oscuridad [viviendo] en luz, témenle

àmu beḳ peti trà eref su]

aquellos [que están] en la miseria. ¿Quién, entonces, es esto?

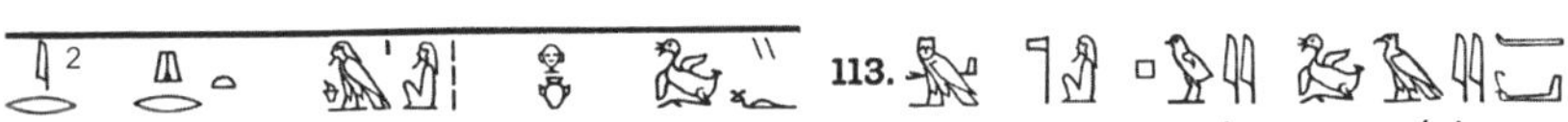

àr χert baiu ḥer-àb T'afi mā neter pui t'ai

En lo concerniente a las almas dentro del *tchafi*, con ese dios que tomó

ba nesbu ḥātu ānχ em ḥuau àri

el alma, comió corazones y vivió sobre las entrañas, el guardián

1. Aquí sigue el nombre de Nebseni.
2. El papiro de Ani, placa x, línea 7.

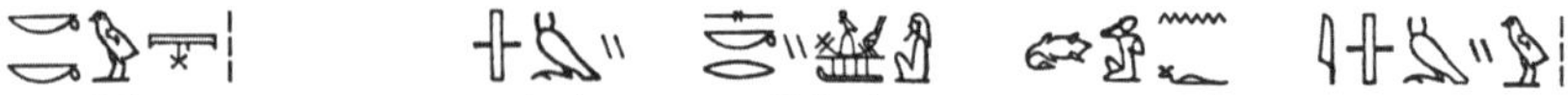

keku *ȧmi* *Sekeri* *sent - nef* *ȧmiu*

de la oscuridad [que está] dentro, la barca *seker*; témenle aquellos que viven en

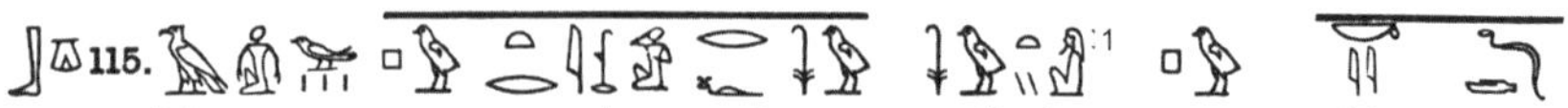

beka *pu* *trȧ* *eref* *su* *Suti* *pu* *ki* *t'et*

con defectos. ¿Qué, entonces, es esto? Esto es Suti; dicho de otro modo,

smam *ur* *ba* *en* *Seb* *ȧ* *χeperȧ* *ḥer-ȧb*

Smam ur, el alma de Seb. Salve, Khepera dentro

uȧa - f *paut* *t'et - f* *neḥem - k* *Ausȧr*

de su barca, el doble ciclo de los dioses [es] su cuerpo, salva tú a Osiris

Ani *maāχeru* *mā* *ennu* *pu* *ȧri* *sȧpu*

Ani, triunfante, de esos observadores que juzgan, [quienes]

erṭā *en* *sen* *Neb - er - t'er* *er* *χu - nef* *er* *ȧrit* *satu*

han sido puestos por Neb-er-tcher para protegerle y para realizar el encadenamiento de

χefta - f *ṭāṭāiu* *śāṭ* *em* *ȧati* *enti*

sus enemigos, [quienes] hacen matanza en los mataderos, no hay

1. El papiro de Nebseni tiene 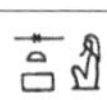 Set.

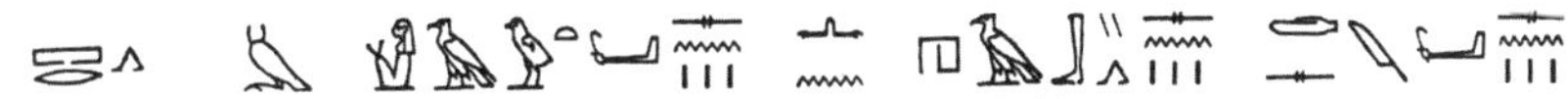

per em saut - sen ȧn habi - sen ṭes - sen

escape de su reclusión. Que no puedan ellos lanzar sus cuchillos

ȧm - ȧ ȧn āq - ȧ er ȧati - sen ȧn urṭ - nȧ

contra mí, que no pueda yo entrar en sus mataderos, que no pueda yo estar

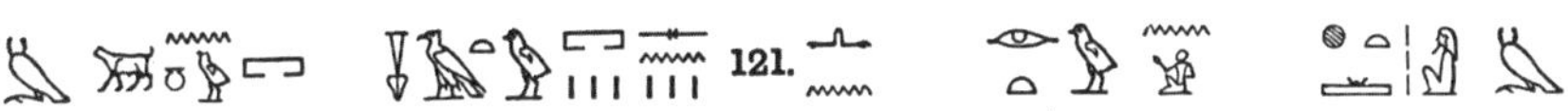

em χennu samatu - sen ȧn ȧritu - nȧ χet em

dentro de sus cámaras de tortura; no han sido hechas por mí cosas de

ennu but neteru ḥer-enti nuk āb ḥer [ȧb] mesqet

ésas que odian los dioses, porque yo soy puro dentro del Mesqet.

ȧn - nef mesi em θeḥent ȧmt Tanenet

Le han traído a él pasteles de azafrán dentro de Tanenet.

pu trȧ eref su χeperȧ ḥer-ȧb uȧa - f Rā pu t'esef

¿Quién, entonces, es éste? Khepera dentro de su barca, éste es el mismo Ra.

ȧr ennu en ȧri sȧpu bentet pu Ȧuset pu

Ahora esos guardianes que juzgan son los simios Isis

Nebt-ḥet pu ȧr ennu en butu neteru ḥesu pu ḳer

[y] Neftis. Ahora esas cosas que odian los dioses son maldades [y] falsedades.

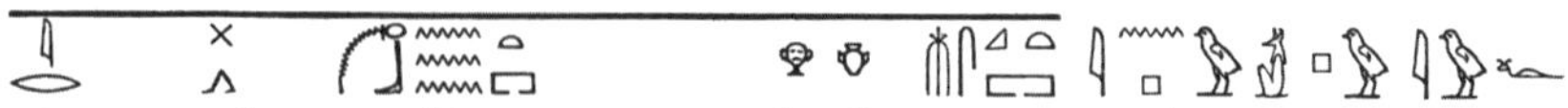

àr seś ābt her-àb mesqet Ànpu pu àuf

Ahora el pasador de la cámara de purificación dentro del Mesqet es Anubis; él está

em sa āftet entet χer māχatu ent Ȧusȧr àr erṭāit - nef

detrás del cofre que contenía los intestinos de Osiris. Él es a quien le han dado

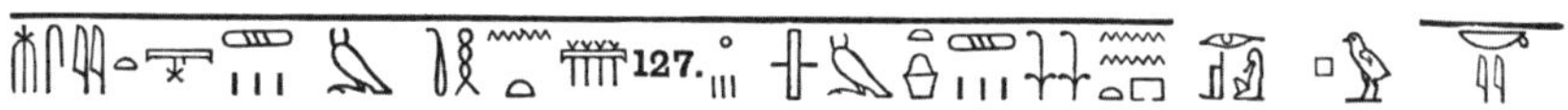

mesit em θeḥent àmt Tanenet Ȧusȧr pu ki

pasteles de azafrán en Tanenet, Osiris; dicho de otro modo,

t'eṭ àr mesit em θeḥent àmu Tanenet

los pasteles de azafrán en Tanenet

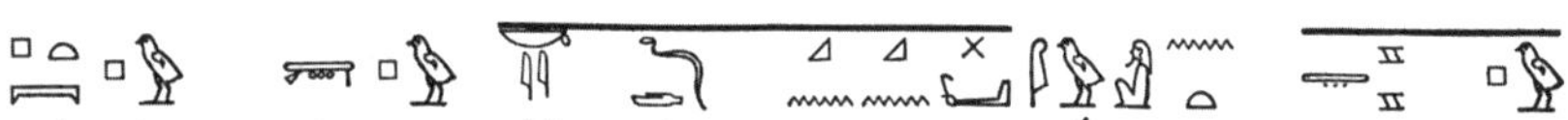

pet pu ta pu ki t'eṭ qenqen Śu ent ta pu

son cielo [y] tierra; dicho de otro modo, es el fortalecedor Shu de las dos tierras

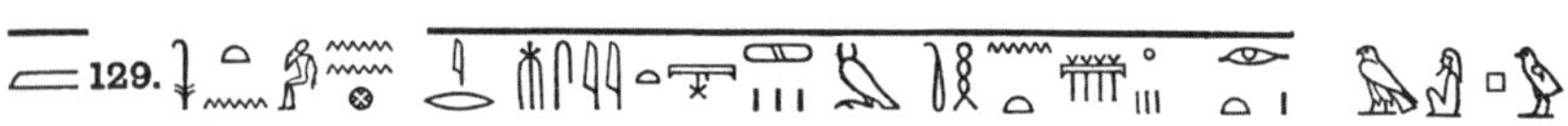

em Suten-ḥenen àr mesit em θeḥent maat Ḥeru pu

en Suten-henen. Ahora los pasteles de azafrán son el ojo de Horus,

àr Tanenet samat pu ent Ȧusȧr qeṭ pa - k

ahora Tanenet es el lugar de enterramiento de Osiris. Ha construido tu casa

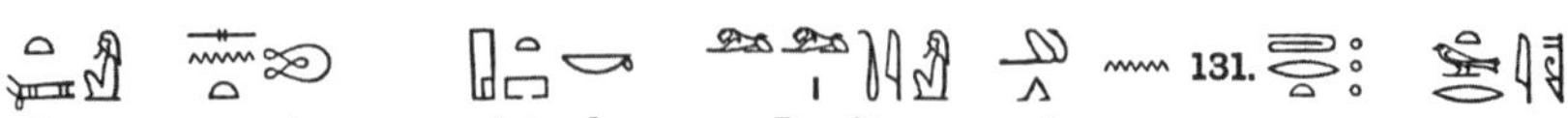

Tmu sent ḥet - k Rereθà peḥ en rert turà

Tmu, ha fundado tu habitación ReréØa, llegaron medicinas, se purificó

Ḥeru neterti Set θes rer ī - nef em ta pen θet - nef

Horus, sc fortaleció Set, y viceversa. Vino a esta tierra, él la había tomado

em reṭ - f Ȧusȧr ān Ani maāχeru χer Ȧusȧr entef

con los dos pies, Osiris, el escriba Ani, triunfante ante Osiris. Él es

Tmu ȧu - f em nut - k ḥa - k Reḥu ḥet' re

Tmu, él está en tu ciudad. Date la vuelta, Rehu, de boca brillante

peṭes ṭep ḥem en peḥti - f ki t'eṭ ḥem

de cabeza móvil, vuelve atrás ante su fuerza; dicho de otro modo, vuelve atrás ante

su ȧri sau ȧn maa - entuf sauti Ȧusȧr

él, que [se] mantuvo [en] guardia y no es visto. Guardado [?] está Osiris

Ani entef Ȧusct qemet - nef su peseχ - f šeni en

Ani, él es Isis, él mismo es hallado [a medida que] extiende [el] pelo [de ella]

ḥrȧ - f teχteχ - ȧ er ȧpt - f āuur - nef em Ȧuset bennen - nef

sobre él, yo [lo] desparramo sobre su frente. Fue concebido en Isis, fue engrandado

1. Ésta es la lectura del papiro de Nebseni, y de muchos otros.

136. *em Nebt-ḥet beḥenen - sen χenennu - f neru*

en Neftis, ellas cortaron las cosas que debían ser cortadas de él. El temor

em - χet - k šefšefet - k ṭep 137. *āāui - f qāḥ - k*

sigue después de ti, tu terror [está] sobre sus dos brazos. Tú eres brazado

er ḥeḥ ermen - sen rer - nek reχit seχebχeb - k

durante millones de años por sus brazos, van a tu alrededor los mortales, tú aniquilaste

untu 138. *χeft - k fa - nek Sami ermen - sen*

a los abogados de tus enemigos, tú tomaste los poderes de la oscuridad por sus brazos.

erṭā - nek sensen benerȧ - k qemam - k 139. *ȧmi*

Te son dadas las dos hermanas [para] tu deleite. Tú creaste [lo que está] en

χer - āba ȧmi Ȧnnu neter neb senṭ n nek urt āā

Kher-aba, [y lo que está] en Heliópolis. Cada Dios te temía, grande

šefšeft - k neter[1] *neb* 140. *mā seḥurȧ su satet*

y terrible eres tú. Cada Dios, que lo maldijo disparando flechas [...]

1. Probablemente deberíamos añadir alguna palabra como «tú vengaste».

ānχ - k er meri - k entek Uat'it nebt àmmu

Tú viviste de acuerdo a tu voluntad, tú eres Uatchit, la Señora de la Llama.

141. *āri - sen - nek ānṭ àm - sen pu trà eref su*

Aquellos que se alzaron contra ti, el mal [sobrevino] entre ellos. ¿Qué, entonces, es esto?

śeta àru ṭāṭā 142. *menḥu ren en ḥaṭ*

«Oculto de formas, dado por Menhu» [es] el nombre del sarcófago.

maatu - f ḥer à ren en qeràu ki t'eṭ

«Él vio [lo que está] sobre [su] mano» es el nombre del templo; dicho de otro modo,

143. *ren en nemmet àr sa ḥet' re pest ṭep*

(éste) es el nombre del bloque. Ahora, el de brillante boca [y] móvil cabeza

ḥenen pu en Àusàr ki t'eṭ ḥenen pu 144. *en Rā àr*

es el falo de Osiris; dicho de otro modo, es el falo de Ra. Ahora

pesṭeχ - nek śen - k teχteχ - à en er àpt-[f] unen Àuset pu ḥer

tú extendiste tu pelo, yo lo esparzo sobre su frente, Isis es [quien]

śeta àm-s 145. *āḥā en sàn - nes śeni - s àm àr uat'i*

[se] escondió en él; ella había extendido su pelo allí. Ahora Uatchit.

nebt àmmu maat Rā pu

la Señora de las Llamas, es el ojo de Ra.

PLACA XI. *Registro superior*

El primer *Arit.*

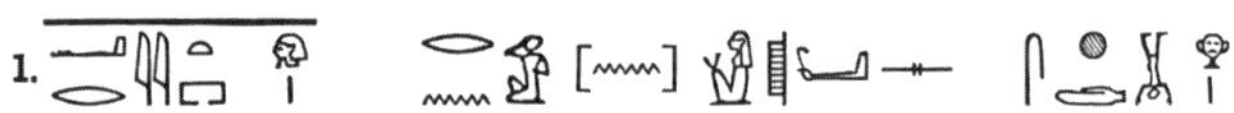

ārit ṭep ren en àri āa - s seχeṭ - ḥrà -

Sala primera. El nombre de su portero [es] Sekhet-hra-

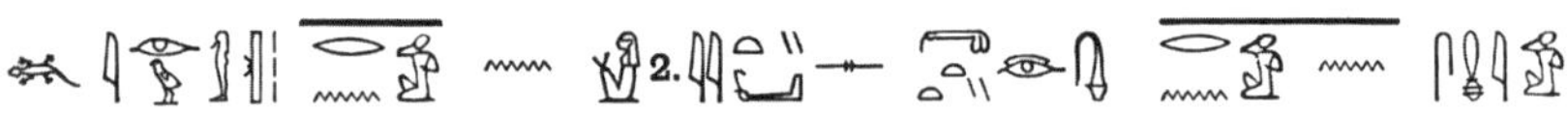

āšt - àru ren en sati - s Metti-heh ren en semà

aru; el nombre de su vigilante [es] Meti-heh; el nombre del heraldo [...]

Las líneas siguientes concluyen este capítulo en Lepsius, *Todtenbuch*, Bl. 11:—

àr ār - sen - nà ānṭ àm - sen unen sami

Ahora aquellos que se alzaron contra mí, y hay maldad entre ellos, son los poderes de la oscuridad

Suti pu ḥer teken àm - sen ṭ'er-enti teken pu am

de Sut, cuando luchan entre ellos, porque la lucha es la llama.

erṭātu - nef em sàp en àmu Ṭeṭṭeṭ seḳa baiu

Le sea garantizado a él por el decreto de aquellos que están en Tattu para destruir las almas

nu χefti - t

de sus enemigos;

àm - s Ha - χeru t'eṭtu àn Ani maāχeru χeft sper er

en ello [está] Ha-kheru. Dijo Ani triunfante cuando iba a

ārit ṭept nuk ur àri seśep - f ī - nà χer - k Àusàr

la primera sala: Yo soy el poderoso haciendo su luz. He venido a ti, Osiris.

ṭua - à tu āb er ertu - k sta àm - k àrit

Yo te adoro, purificado de tus fétidas emanaciones. Guía adelante, no le digas

ren en Re - stau eref ànet' - ḥrà - k Àusàr em seχem - k em

el nombre de Re-stau a él. Homenaje a ti, Osiris, en tu poder, en

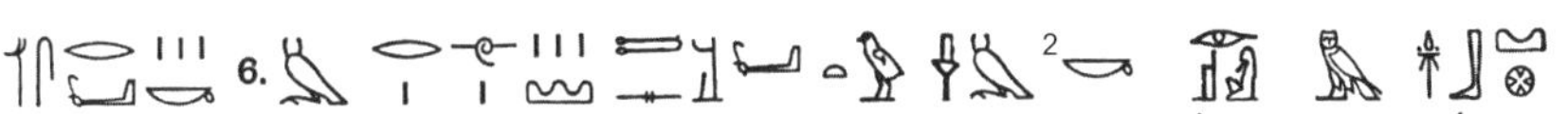

user - k em Re - stau θes - tu seχem - k Àusàr em Àbṭu

tu fuerza en Re-stau. Elévate, conquista, Osiris, en Ábidos.

rer - k pet χent - k tu χeft Rā maa - nek reχit

Tú fuiste por el cielo, tú navegaste en la presencia de Ra, tu viste todo el *rekhit*

neb à rer en Rā àm - s māk t'eṭ - à Àusàr nuk sāḥ

Salve, Ra dio vueltas en esto. Verdaderamente digo, Osiris, yo soy un gobernante

1. Léase 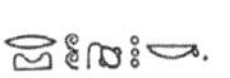 .
2. El papiro tiene 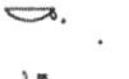 .

neter t'eṭ - nȧ χeper ȧn χesef er - ȧ ḥer - s em ȧneb

divino, yo digo que no haya repulsa de mí, allí, en su muro

- f t'ābet ȧp uat em Re - stau senet'em

de carbones ardientes. [Yo] he abierto el camino en Re-stau, facilitando

men Ȧusȧr seχen enti ut'ā ȧat

el dolor de Osiris, haciendo entrar eso que había pesado el patrón,

ȧrit uat - f em ȧnt ur [ȧrit] uat seśep ent Ȧusȧr

haciendo su camino en el valle, [haciendo] grande el camino. Brilló Osiris.

Segundo *Arit.* 

ārit sen ren en ȧri āa - s Un-ḥāt

Sala segunda. El nombre de su portero [es] Un-hat;

ren sati - s Seqeṭ - ḥrȧ ren en semȧ ȧm - s

el nombre de su guardián [es] Seqet-hra; el nombre del heraldo (en ella) [es]

Useṭ t'eṭ ȧn Ȧusȧr Ani ten ḥems - f ḥer

Uset. Dijo Osiris Ani [cuando vino a la sala] esto: Él se sentó para

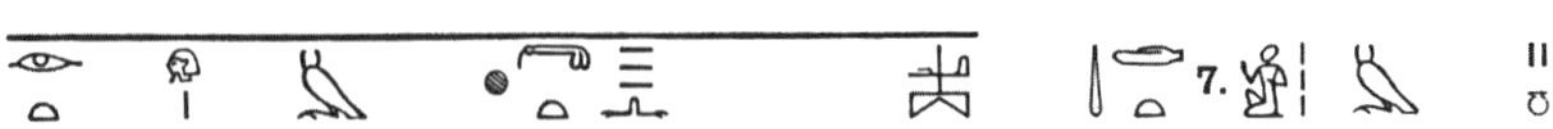

ȧrit ṭep em χemet ut'ā t'eṭet em sen

realizar el más alto deseo [de su corazón], y pesó palabras como el segundo

Teḥuti māket Teḥuti em keḥ Maāta śeta

de Thoth. Las virtudes de Thoth, que vuelven necesitados a los dioses Maata ocultos,

ānχiu em maāt em renput - sen nuk uṭen at

que viven de Maat en sus años. Yo hago ofrendas [en] el momento

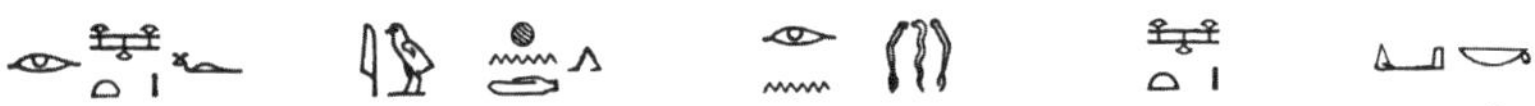

àrit uat - f àu χenṭ-[à] àri-nà seχen uat ṭā - k

en que [él] haga su camino, yo sigo adelante, hago una entrada en el camino. Garantiza tú

seś - à seśeṭ - à maa Rā mā àriu ḥetepu.

que yo pueda pasar, que pueda lograr la visión de Ra con ésos que realizan ofrendas.

Tercer *Arit.* 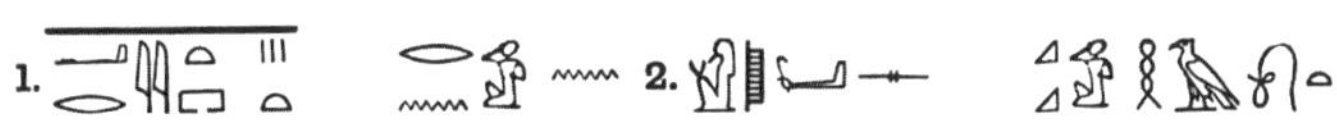

ārit χemt ren en àri āa - s Qeq - ḥauatu -

Sala tercera. El nombre de su portero [es] Qeq-hauatu-

ent - peḥui ren en sati - s Se - res - ḥrà ren

ent-pehui; el nombre de su guardián [es] Se-res-hra; el nombre

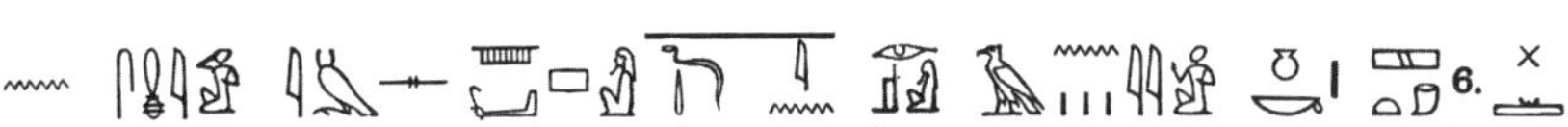

en semà àm - s Āaa t'eṭ àn Àusàr Ani nuk śeta

del heraldo en ella [es] Aaa. Dice Osiris Ani: Yo estoy oculto en

keb àp Reḥui ī - nà ṭer - à ṭut ḥer

la gran profundidad, oh juez del Rehui, he venido y he destruido los defectos por

Ȧusȧr nuk unχ at - f per em urert

Osiris. Yo estoy atando sus patrones, [que] salieron de su corona.

semenχ - nȧ χet em Ȧbṭu ȧp - nȧ uat em Re-stau

Yo he establecido cosas en Ábidos, he abierto el camino en Re-stau,

se - net'em - nȧ ment em Ȧusȧr seχeχ ȧat - f ȧri - nȧ

he facilitado el dolor en Osiris, he hecho equilibrar sus patrones, he recorrido

uat seśep - f em Re - stau Cuarto Arit *ārit ȧfṭ ren*

el camino. Él brilló en Re-stau. Sala cuarta. El nombre

en ȧri āa - s χesef ḥrȧ - āśt - χeru ren en sati

de su portero [es] Khesef-hra-ast-kheru; el nombre de [su] guardián [es]

Se-res - ṭepu ren en semȧ ȧm - s χesef - Aṭ t'eṭ ȧn

Seres-tepu; el nombre del heraldo en ella [es] Khesef-At. Dijo

Ȧusȧr ān Ani maāχeru nuk ka se t'erit

Osiris, el escriba Ani, triunfante: Yo soy el toro, el hijo de la ancestra

ent Ȧusȧr mā - ten meter - nef ȧtef - f neb

de Osiris. Garantizad que pueda dar evidencia por él su padre, el señor de

àmmu - f *ut'ā - nà* *beḳasu* *àm* *àu* *àn - nà - f*

sus divinos compañeros [?], [yo he pesado en juicio] la culpa allí. Yo le he llevado a él

ānχ *er* *fenṭ - f* *en* *t'etta* *nuk* *se* *Àusàr* *àri - nà* *uat*

la vida, ante sus narices para siempre. Soy el hijo de Osiris, yo he hecho el camino,

 Quinto *Arit* 

seś - à *àm* *em* *Neter-χert* *ārit* *ṭuat* *ren* *en*

yo he pasado al Neter-khert. Sala quinta. El nombre de

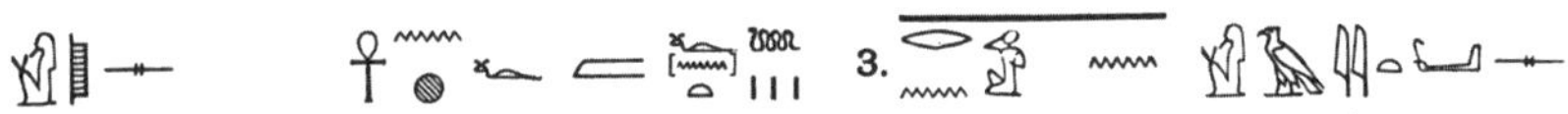

àri āa - s *ānχ - f* *em* *fent* *ren* *en* *sati - s*

su portero [es] Ankh-f-em-fent; el nombre de su guardián [es]

Śabu *ren* *en* *semà* *àm - s* *Ṭeb - ḥrà - keha -*

Shabu; el nombre del heraldo en ella [es] Teb-hra-keha-

χeft *t'eṭ* *àn* *Àusàr* *àn* *Ani* *maāχeru,* *àn - nà* *ārti*

kheft. Dice Osiris, escriba Ani, triunfante: Yo he llevado [los] huesos [de tu] mandíbula

àmt *Re-stau* *àn - nà* *nek* *pesṭ* *àm* *Ànnu* *ṭemt*

a Re-stau, he llevado para ti [tu] columna vertebral a Heliópolis, reuniendo

āśt - f *àm* *χesef - à* *nek* *Āpep* *peḳas - nà*

[allí sus muchos [fragmentos]. Yo he repulsado por ti a Apep, he vertido agua

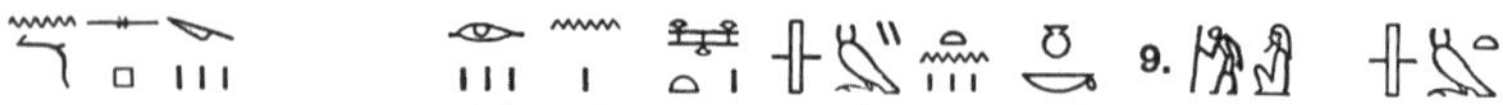

nesp àri - nà uat àmi - ten nuk àau àmt

sobre los cortes en la carne. Yo he hecho un camino entre vosotros, soy el Anciano entre

PLACA XII

neteru àri - à āb en Àusàr net' en su em maāχeru

los dioses, he hecho la ofrenda de Osiris. Él ha triunfado con victoria,

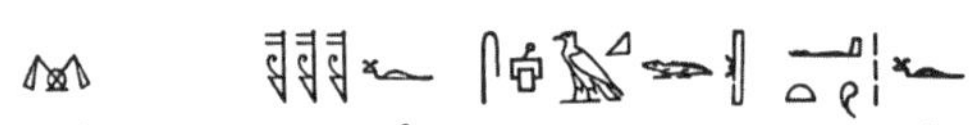 El sexto Arit 

ṭemt qesu - f saqa āt - f ārit

reuniendo juntos sus huesos, coleccionando sus miembros. Sala

saset ren en àri āa-s Àtek - tau - kehaq - χeru ren en

sexta. El nombre de su portero [es] Atek-tau-kehaq; el nombre de

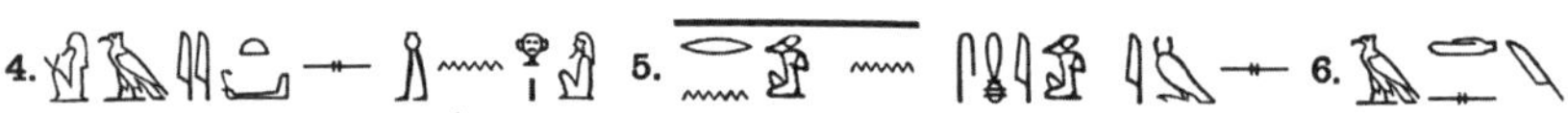

sati - s Àn - ḥrà ren en semà àm - s Aṭes -

su guardián [es] An-hra; el nombre del heraldo en ella [es] Ates-

ḥrà t'eṭ àn Àusàr ān Ani ī - nà màn sep sen

hra. Dice Osiris, el escriba Ani: Yo he venido diariamente, dos veces.

àri - nà uat šemt - à qemam en Ànpu nuk

He recorrido el camino, he pasado a lo largo [de eso que] creó Anubis. Yo soy

neb urer χemet ḥekau net' maāt net' - nȧ

el señor de la corona *ureril*, sin palabras mágicas; yo, el vengador del justo, he vengado

maat - f seśeṭ - nȧ maat en Ȧusȧr nef ȧriu uat

su ojo, he puesto vendas [al ojo de] Osiris por él, [he] recorrido el camino;

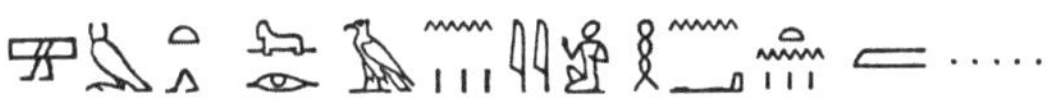 Séptimo *Arit* 

śemt Ȧusȧr Ani ḥenȧ - ten em ārit

había pasado Osiris Ani contigo en [...] Sala

seχef ren en ȧri āa-s Seχem Maṭenu - sen ren

séptima. El nombre de su portero [es] Sekhem-Matenu-sen; el nombre

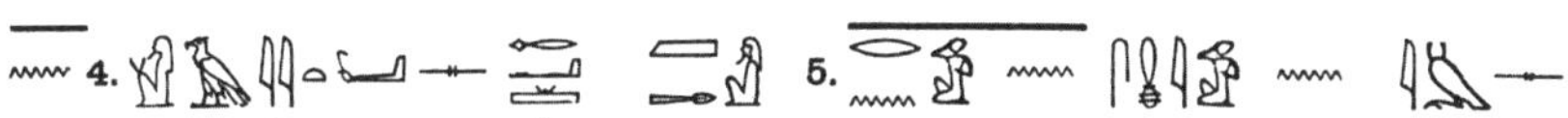

en sati - s Āā - maāχeru ren en semȧ en ȧm - s

de [su] guardián [es] Aa-maakheru; el nombre del heraldo que [está] en ella [es]

χesef - χemi t'eṭ ȧn Ȧusȧr Ani ī - nȧ χer - k Ȧusȧr

Khesef-khemi. Dice Osiris Ani: Yo he venido a ti, Osiris,

āb erṭut rer - k pet maa - k Rā maa - k

puro [de tus] emanaciones. Tú fuiste por el cielo, viste a Ra, viste

reχit uā ȧs - k em sektet rer - f χut

el *rekhit*, salve, Uno. Contempla tú el arte en la barca *sektet*; él fue alrededor del horizonte

ent pet t'eṭ - à mert - à en sāḥ - f user - f

del cielo. Yo digo eso que deseo para su momia; él se hizo fuerte,

χeper - f mà t'eṭ - f χesef - k ḥrà - f àri - nek nà

vino a la existencia a medida que habló. Tú volviste hacia atrás su rostro. Haz para mí

uat neb nefert χer - k

caminos todos prósperos ante ti.

t'eṭet χeft sper er sebχet ṭept t'eṭ àn Àusàr Ani

Palabras habladas cuando [uno] viene al pilón primero. Dice Osiris Ani,

maāχeru nebt setau qat sebti ḥert nebt

triunfante: Señora de terrores, elevada de muros, señora soberana, señora de

1. Variante

[1] Var.

User-à t'eṭ-à χeper mà t'eṭ-f χesef ḥrà-k àri-nà uat seš-nà àri-à ābu Àusàr àu net'ti en Àusàr em maātχeru ṭemṭ-nà nef qesu-f saqu-nà nef āt-f ṭā-θen tau ḥeqt χet neb nefer ābt ḥetepet t'efaiu.

«Yo me hago fuerte, yo hablo, viniendo al ser de acuerdo con lo que él ha dicho, volviendo hacia atrás tu rostro. Yo recorro el camino, paso sobre ello. Yo hago la purificación de Osiris. Yo vengo a Osiris victoriosamente. Yo recojo para él sus huesos, reúno para él sus miembros. Otorgad vosotros pasteles, y cerveza, y todas las cosas buenas y puras, y ofrendas de comida *tchefau*». Naville, *Todtenbuch*, Bd, Bl. 166.

χebχebet . . . . *t'eṭtu* *χesef* *neśeni* *neḥem* *uai*

destrucción, [disponedora] de palabras que repulsan a los destructores, salvando de destrucción

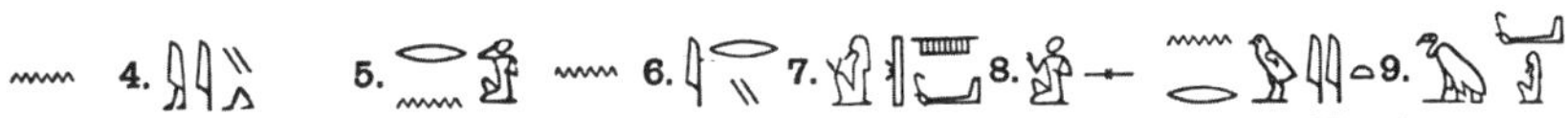

en *ī* *ren* *en* *àri* *āa* - *s* *Neruit*

[al viajero a lo largo del camino]. El nombre de su portero [es] Neruit.

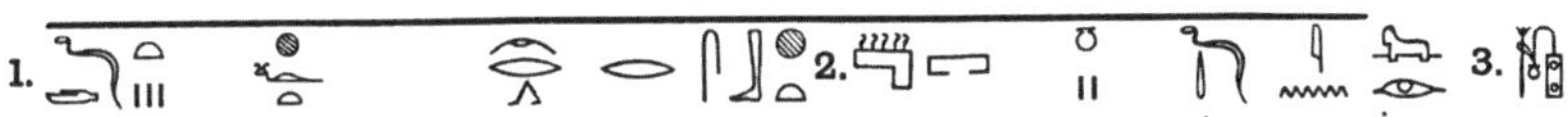

t'eṭet *χeft* *sper* *er* *sebχet* *sen* *t'eṭ* *àn* *Àusàr* *ān*

Palabras dichas cuando [uno] viene al pilón segundo. Dice Osiris, escriba

Ani *maāχeru* *neb[t]* *pet* *ḥent* *taui* *nesbit*

Ani, triunfante: Señora del cielo, dama del mundo, devoradora,

nebt *tememet* *tennut* *er* *bu* *nebu* *ren* *en*

señora de mortales; ¡cuánto más grande [es ella] que todos los pueblos! El nombre del

àri *āāau* - *s* *Mes-Ptaḥ* *pu* *t'eṭet* *χeft* *sper*

guardián de su puerta es Mes-Ptah. Palabras habladas cuando [uno] viene

er *sebχet* *χemt* *ent* *pa* *Àusàr* *àn* *ān* *Ani*

al pilón tercero de la casa de Osiris. Dice el escriba Ani,

1. Léase 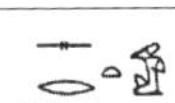 *sert.*

2. 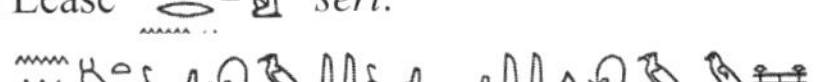 Véase Naville, *Todtenbuch*, Bd. II, Bl. 370.

6. [Espacio en blanco] (*sic*)

maāχeru *maāχeru* *nebt* *χaut* *āāat* *ābt*

triunfante [...] triunfante: Señora del altar, poderosa de ofrendas,

7.

smert *neter* *neb* *χenti* [*er*] *Ȧbṭu* *ren* *en* *ȧri* - *āa* - *s*

amada de cada dios, navegando a Ábidos. El nombre de su portero [es]

1. 2. 3.

Sebaq *t'eṭet* *χeft* *sper* *er* *sebχet* *fṭut* *ȧn*

Sebaq. Palabras dichas cuando [uno] viene al pilón cuarto. Dijo

4. 5.

Ȧusȧr *ān* *Ani* *seχem* *ṭesu* *ḥent* *taui* *ḥet'et*

Osiris, el escriba Ani: La que prevalece con cuchillos, señora del mundo, destructora

6.

χeft *nu* *urṭ* *ȧb* *ȧrit* *sart* *śut*

de los enemigos del Corazón Aquietado, llevando a cabo el decreto de liberar a los necesitados

1.

em *āu* *ren* *en* *ȧri* *āa* - *s* *Neḳau* *t'eṭet* *χeft*

del daño. El nombre de su portero [es] Nekau. Palabras dichas cuando [uno]

2. 3. 4. 5.

sper *er* *sebχet* *ṭuat* *ȧn* *Ȧusȧr* *ān* *Ani* *χet*

viene al pilón quinto. Dice Osiris, el escriba Ani: Llama,

nebt *ḥau* *reśȧt* *ȧn* *ha* *en* *seṭebḥ* - *tu* - *s*

señora de aliento [para] las narices; no avanzará uno para implorarle, *àn* 6. *āq* *er - es* *unen* *ṭep - f* (sic) *ren* *en* *àri āa - s*

no vendrá uno a su presencia [...] El nombre de su portero es

Ḥentet - Ārqiu 1. *t'eṭet* *χeft* *sper* *er* 2. *sebχet*

Hentet-Arqiu. Palabras dichas cuando [uno] viene al pilón

saset 3. *àn* *Ȧusȧr* *ān* 4. *Ani* 5. *nebt* *senk* *āāt* *hemhat*

sexto. Dice Osiris, escriba Ani: Señora de la noche, poderosa de gritos,

àn *reχ - tu* *āu - s* *usex - s* *àn* *qementu* *qeṭ* *em*

no es conocido su aliento [o] su extensión, no ha sido hallado su igual desde

šas (sic) *àu* *ḥefu* *ḥer - s* 6. *àn* *reχ* *θennu*

el principio [?]. Hay un gusano sobre eso, no es conocido [su tamaño],

mes - entu *χer* *ḥāt* *urṭ - [àb]....* (sic) *ren* *en* *àri āa - s*

nació en la presencia del Corazón Aquietado. El nombre de su portero

Semati 1. *t'eṭet* *χeft* *sper* *er* 2. *sebχet - seχefet*

es Semati. Palabras dichas cuando [uno] viene al pilón séptimo.

3. *àn* *Ȧusȧr* *ān* 4. *Ani* 5. *àakekit* *ḥebset* *beka*[1]

Dice Osiris, escriba Ani: Prenda, vestido, el débil

---

1. Variante

PLACA XII

àkebit merer - s ḥapt ren àri āāa

llorando [por lo que] amaba y ocultaba. El nombre del portero [es]

Sàkti - f.[1] *t'eṭet χeft sper er sebχet χemennet àn*

Sakti-f. Palabras para ser dichas cuando [uno] viene al pilón octavo. Dice

Àusàr ān Ani maāχeru rekeḥet bes āχem t'aft

Osiris, escriba Ani, triunfante: Fuego rugiendo, [no ha de ser] sofocada la llama,

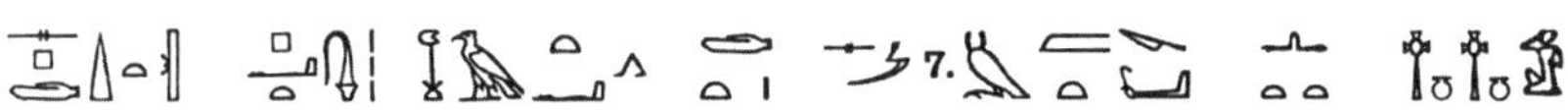

sepṭet pāt χaāt ṭet smammet àtet net'net'

provisto de llamas, que llegan lejos de la mano, matando, no ha de ser contradicho,

àt seś ḥer - s en senṭ nàhi - s ren en àri āa-s

que no pueda uno pasar sobre eso por el miedo a su dolor. El nombre de su portero

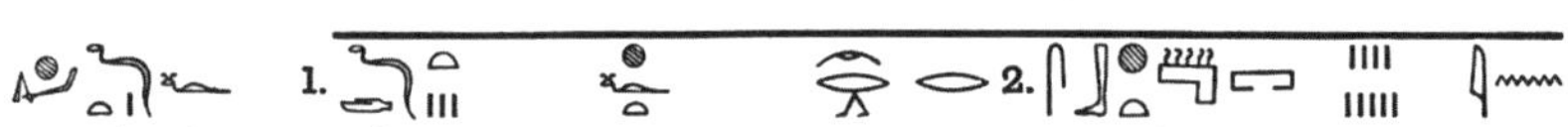

χu-t'et-f t'eṭet χeft sper er sebχet paut àn

[es] Khu-tchet-f. Palabras para ser dichas cuando [uno] viene al pilón noveno. Dijo

Àusàr Ani àm ḥāt neb user hereret àb

Osiris Ani: [Quien está] al frente, señora de fuerza, que aquietó el corazón de

1. Variante 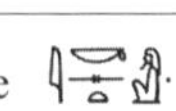.

mesat neb - s χet 300+50 *em ṭeben satet em*

Mesat [?] su señor, que mide trescientas y cincuenta en circuito, vestida con

uaṭ' qemāu 6. *θest bes ḥebset beḳ*

madre de esmeralda del sur, elevando la divina figura, vistiendo al débil,

qeq nebt (sic) *ḥrà* (?) *neb ren en àri āa-s Àri-su t'esef*[1] 1. *t'eṭet*

alimento [?] [...] cada rostro. El nombre de su portero es Ari-su-tchesef. Palabras para ser dichas

χeft sper er sebχet 2. *meḥt met àn Àusàr* 3. *Ani*

cuando [uno] viene al pilón décimo. Dice Osiris Ani:

4. *qat - χeru* 5. *neheset tenàut setebḥ neru*

Elevada de voz, elevando gritos [sobre aquellos que] suplican, el temeroso

en šefšeft - s àn 6. *senṭ - nes enti em χennu - s ren*

de su terror, no la temerá quien quiera que esté dentro [de él]. El nombre

en àri āa - s Seχen - ur

de su portero es Sekhen-ur.

1. Variante

APÉNDICE

El texto siguiente de los discursos de los fallecidos en los pilones XI-XXI *está tomado de Naville,* Todtenbuch, *Bd. I, Bl. 161 y 162*

sebχet mehṭ met uā nemt ṭesu uṭebt sebȧ ḥer

Pilón undécimo. Repetidor de matanzas, quemador de enemigos, ella terrible

nes sebχet nebt ȧrit ȧhehi hru en ȧχeχut ȧu - s χer

[en] todos los pilones, haciendo regocijo en el día de la oscuridad. Ella mantiene

sȧp en ḥebs beḳa sebχet mehṭ met sen nēs

una indagación del débil vendado. Pilón duodécimo. Invocadora de

taui s[ek] - sek īu em nehepu qait nebt χu

las dos tierras, destructora de aquellos que vienen con luz y fuego [?], señora de esplendor

setemt neb - s rā neb ȧu - s χer sȧp en ḥebset

que atiende a su señor cada día. Ella mantiene una indagación del débil vendado

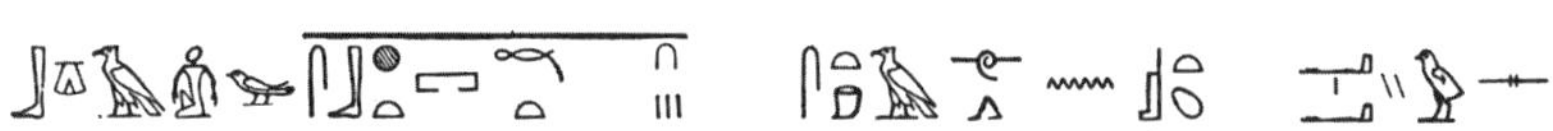

beḳa sebχet mehṭ met χemt sta en Ȧuset āāiu - s

Pilón décimo tercero. Había estirado Isis sus dos manos y brazos

ḥer - s seḥet' Ḥāpi em ȧment - f ȧu - s χer sȧp

sobre ello, haciendo brillar a Hapi en su lugar oculto. Ella mantiene una indagación *en* *ḥebs* *beka* *sebχet* *meḥt* *met fṭu* *nebt* *ṭesu*

del débil vendado. Pilón décimo cuarto. Señora del cuchillo,

χebt *ḥer* *ṭeśeru* *àri - à - nes* *Hak* *hru*

que danza sobre sangre [?]. Yo hago para ella [el festival de] el dios Hak [?] en el día

en *setem* *āu* *àu - set* *χer* *sàp* *en* *ḥebs*

de escuchar las faltas. Ella mantiene una indagación del débil vendado,

beka *sebχet* *meḥt* *met ṭua* *bait* *ṭeśer* *qemḥut*

Pilón décimo quinto. Alma sangrienta [o terrible] [que] inspecciona

àarret *pert* *em* *kerḥ* *senet'eret* *Sebà* *ḥer*

[y que] escruta, viniendo por la noche, encadenando al enemigo en

qab - f *ertāt* *āāui - sen* *urṭ - àb* *em* *at - f*

su esquina, que se le puedan dar sus dos manos [a] el Corazón Aquietado en su momento,

àrit *àtet* *śem - s* *àu - s* *χer* *sàp* *en* *ḥebs*

avanzando y viniendo sobre ella. Ella mantiene una indagación del débil vendado

beka *sebχet* *meḥt* *met sas* *t'eṭ* *àn* *Ausàr* *χeft* *sper - f* *er* *sebχet*

Pilón décimo sexto. Dice Osiris cuando viene a este pilón:

θen nerutet nebt àaṭet χaā χa em ba en reθ

Ser terrible, señora de la lluvia y la tormenta, que sitúa la derrota [?] en las almas de la humanidad

χebesu mit en reθ sert per qemamet

devoradora de cuerpos muertos de la humanidad, que ordena, se manifiesta y crea

śāṭ àu - s χer - s sàp en ḥebs beḳa

matanzas. Ella, ella mantuvo una indagación del débil vendado.

sebχet meḥt met seχef χebt ḥer snef àḥi nebt

Pilón décimo séptimo. La que corta en pedazos ensangrentados [...] señora de

uauiuait àu - s χer sàp en ḥebs beḳa

la llama [?]. Ella mantiene una indagación del débil vendado.

sebχet meḥt met χemennu mer setau āb àbtu merer - s

Pilón décimo octavo. Amante del fuego, purificadora de pecados [?], ella amaba

śāṭ ṭep àmaχit nebt ḥet ā uḥeset sebàu

la matanza, presidenta de los adoradores, señora del templo, matarife de los enemigos

em māśeru àu - s χer sàp en ḥebs

en la noche. Ella mantiene una indagación del débil vendado

beka sebχet meḥt met paut sert nehepu em āḥā - s

Pilón décimo noveno. La que dispone de luz en su periodo de vida,

urś śememet nebt user ān en Teḥuti t'esef àu - s

señora de las llamas, señora de la fuerza y de los escritos del mismo Thoth. Ella

χer sàp - f [en] ḥebs en Pa-àn sebχet meḥt t'aut

mantiene una indagación de los vendajes de Pa-an. Pilón vigésimo. [Ella que]

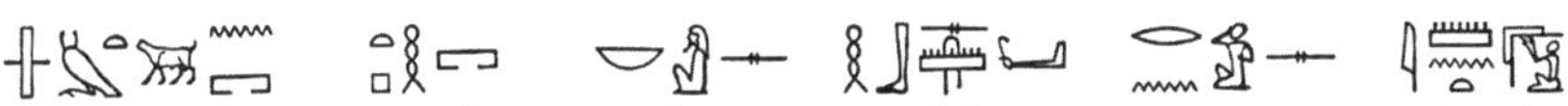

àmt χen tepeḥ neb - s ḥebs ren - s àment

está dentro de la caverna de su señor, "La que cubre con vestidos" es su nombre, que oculta

qemamu - s θetet ḥāt qeq mu - s àu - s χer

sus creaciones, que se lleva lejos los corazones, que devora agua. Ella mantiene

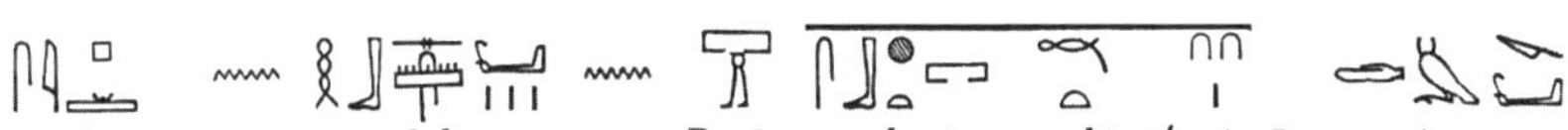

sàp en ḥebs en Pa-àn. sebχet meḥt t'aut uā ṭem

una indagación de los vendajes en Pa-an. Pilón vigésimo primero. Cuchillo

[ṭe]sia er t'eṭu àri ḥemen hai

que corta cuando se pronuncia [su nombre], que hace la matanza [?] [de aquellos que] avanzan

nebàu - s àu - s χer seχeru àmen

hacia sus llamas. Ella posee planes ocultos.

1. *t'eṭ ȧn Ȧn-māut-f t'eṭ-f ī-[ȧ] χer ten t'at'at āāt*

Habla An-maut-f. Él dice: [Yo he] venido a vosotros, oh divinos jefes, poderosos

ȧmu pet ta 2. *Neter-χert ȧn-nȧ-ten Ȧusȧr*

[que estáis] en el cielo, la tierra y el mundo inferior, os he traído a Osiris

Ani ȧn beta-f χer neteru nebu ȧmmā un-f

Ani; él no ha pecado contra dios alguno. Conceded que pueda estar

ḥenā-ten hru neb

con vosotros cada día.

1. *ṭua Ȧusȧr neb Re-stau paut neteru āāt ȧmi*

Una adoración a Osiris, señor de Re-stau, [y] del ciclo de los grandes dioses [que está] en

Neter-χert ȧn Ȧusȧr ān Ani 2. *t'eṭ-f ȧnet'-ḥrȧ-k χent*

Neter-khert. Osiris, el escriba Ani, dijo: Homenaje a ti, presidente de

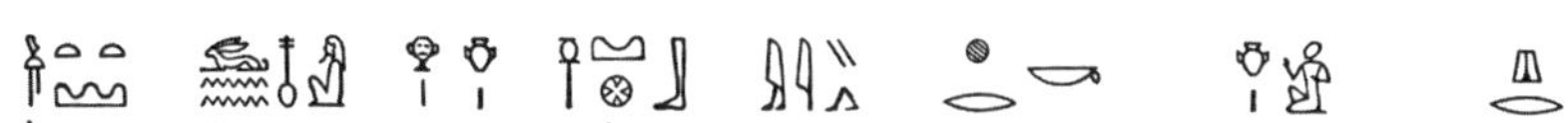

Ȧmentet Un-nefer ḥer-ȧb Ȧbṭu ī-[ȧ] χer-k ȧb-ȧ χer

Amentet, Un-nefer dentro de Ábidos. Yo he venido a ti, y mi corazón posee

maāt ȧn 3. *ȧsf em χat-ȧ ȧn t'eṭ-[ȧ] ḳer em reχ*

rectitud y verdad. No hay pecado en mi cuerpo, no he dicho mentiras con conocimiento,

ȧn ȧri-ȧ sep sen ṭā-k nȧ tau per

no he actuado con doble motivo. Otórgame pasteles, y que emerja

embaḥ ḥer χaut nebu maāt ī āq

en la presencia en el altar de los señores de rectitud y verdad, que entre y un salga

em Neter-χert ȧn śentu ba-ȧ [maa] ȧθen teḳeḳ

de Neter-khert, que no sea ahuyentada mi alma de la vista del disco, la vista de

ȧḥ t'etta sep sen

la luna para siempre: dos veces.

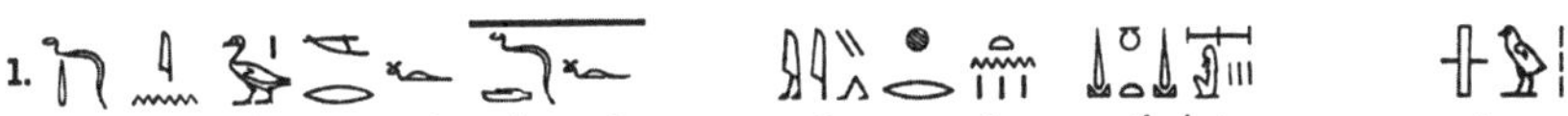

t'eṭ ȧn Se-mer-f t'eṭ-f ī-χer-ten t'at'at ȧmu

Habla Se-mer-f. Él dice: [Yo he] venido a vosotros, oh divinos jefes [que estáis] en

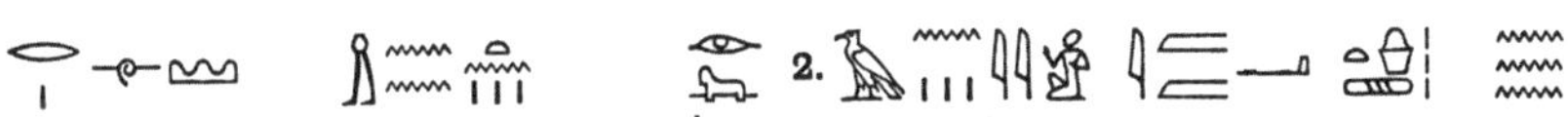

Re-stau ȧn-nȧ-ten Ȧusȧr Ani ȧmmā tau mu

Re-stau. Yo os he traído a Osiris Ani. Otorgad pasteles, agua,

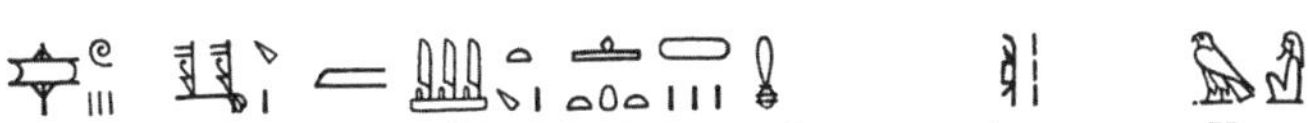

nifu . seḥ em Seχet-ḥetepet mȧ śesu Ḥeru

viento y parcela en Sekhet-hetep [para] los seguidores de Horus.

ṭua Ȧusȧr neb t'etta t'at'at nebu Re-stau

Una adoración de Osiris, señor de la eterna duración, [y de] los seres divinos, señores de Re-stau.

àn Ȧusȧr [ān Ani] t'eṭ - f ànet' - ḥrà - k suten Neter-χert

Osiris [escriba Ani] dice: Homenaje a ti, rey del submundo,

ḥeq nu Ȧḳert ī-[ȧ] χer - k reχ-k[uȧ] seχeru - k āper-k[uȧ]

príncipe de Akert, [he] venido a ti, yo conozco tus planes, yo estoy provisto

em àru - k en ṭuat ṭā - k - nȧ àuset em Neter-χert

de tus formas en el submundo. Otórgame un lugar en el submundo

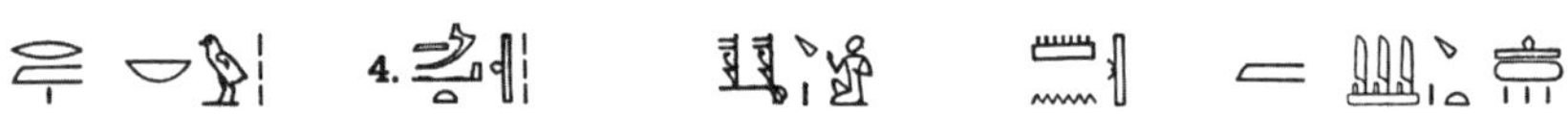

erma nebu maāt seḥ - ȧ men em seχet-ḥetepu

cerca de los señores de rectitud y verdad, que mi parcela sea ella permanente en Sekhet-hetep,

seśep sennu embaḥ - k

[que pueda yo] recibir pasteles ante ti.

PLACA XIII

ȧ Teḥuti semaāχeru Ȧusȧr er χefta - f semaāχeru Ȧusȧr er

Salve Thoth, que haces victorioso a Osiris sobre sus enemigos, haz victorioso a Osiris sobre

χefta - f mȧ semaāχeru Ȧusȧr er χefta - f embaḥ t'at'at

sus enemigos, como hiciste victorioso a Osiris sobre sus enemigos ante los seres divinos

1. Papiro .

àmt Rā àmt Àusàr àmt Ànnu kerḥ en χet

[que están] con Ra y con Osiris en Heliópolis, [en] la noche de las cosas

χaui kerḥ pui en āba - ā en àrit saut

de la noche, esa noche de batalla y de realizar el encadenamiento

sebàu hru pu en ḥetem - tu χefta nu Neb-er-t'er

del Sebau, ese día de destruir a los enemigos de Neb-er-tcher.

§ A. 1. *àr t'at'at āāt àmt Ànnu Tmu pu Śu pu*

Los grandes jefes divinos en Heliópolis son Temu, Shu

Tefnut pu àr 2. *saiu sebàu ḥetem - entu*

y Tefnut. Ahora el encadenamiento de Sebau es la destrucción

sami Set pu em 3. *nem qen - tuf à Teḥuti*

de los enemigos de Set la segunda vez que él forjó maldad. Salve Thoth,

semaāχeru Àusàr er χefta - f semaāχeru Àusàr Ani

que haces victorioso a Osiris contra sus enemigos, haz triunfar a Osiris Ani

1. El pasaje entre corchetes está provisto por Naville, *Todtenbuch*, Bd. I, Bl. 31.
2. Variante .

4. 

Ani er χefta - f em t'at'at āāt àmt

Ani [sic] sobre sus enemigos ante los grandes seres divinos [que están] en

Ṭeṭṭeṭu ḳerḥ pui en seāḥā ṭeṭ em Ṭeṭṭeṭu[1]

Tattu [en] esa noche de hacer que el Tet se yerga en Tattu.

§ B. 1. 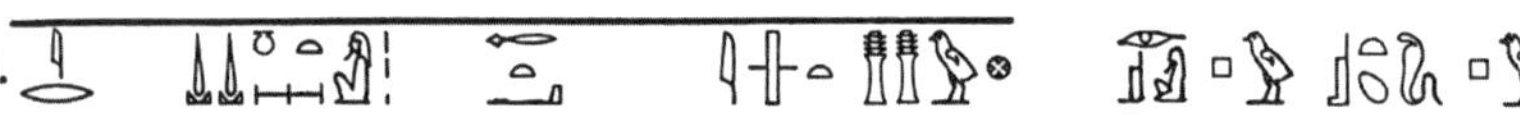

àr t'at'at āāt àmt Ṭeṭṭeṭu Àusàr pu Àuset pu

Ahora los grandes jefes divinos [que están] en Tattu son Osiris, Isis,

Nebt-ḥet pu Ḥeru pu net' - ḥrà tef àr seāḥā 2. *Ṭeṭ*

Neftis, [y] Horus, el vengador de [su] padre. Ahora hace que el Tet

em Ṭeṭṭeṭu qāḥ pu en Ḥeru χenti Seχem àu - sen ḥa

se yerga en Tattu es el hombro de Horus, presidente de Sekhem. Ellos están detrás

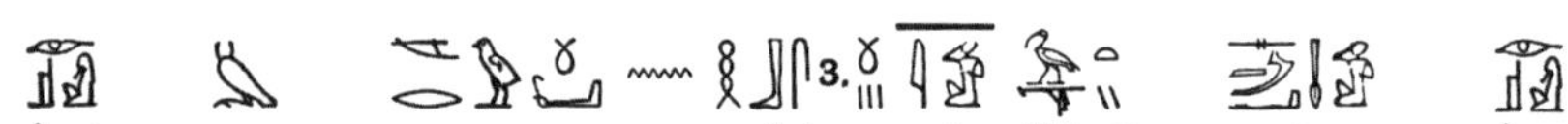

Àusàr em meru en ḥebs 3. *à Teḥuti semaāχeru Àusàr*

de Osiris, en la forma de vendajes de ropa. Salve Thoth, que haces victorioso a Osiris

er χefta - f semaāχeru Àusàr Ani maāχeru er χeft - f[2]

sobre sus enemigos, haz victorioso a Osiris Ani, triunfante, sobre sus enemigos

---

1. En muchos papiros, el orden de ésta y las secciones siguientes está cambiado.
2. El papiro de Nebseni añade:  «como tú hiciste que Osiris triunfase sobre sus enemigos».

em[1] 4. *t'at'at āāt àmt Seχem ḳerḥ en χet*

ante los grandes jefes divinos [que están] en Sekhem [en] la noche de las cosas de

χaui em Seχem § C. 1. *àr t'at'at āāt àmt Seχem*

la noche en Sekhem. Ahora los grandes jefes divinos [que están] en Sekhem,

Ḥeru χenti - àn - maa Teḥuti pu enti em t'at'at

Horus-khenti-an-maa y Thoth son los que [están] con los jefes divinos de

Naàrereṭef 2. *àr ḳerḥ pui en χet χaut*

Naarerutf. Ahora [en] esa noche de las cosas de la noche

ḥet' ta pu er qeres Àusàr à Teḥuti

del festival, el amanecer está en el sarcófago de Osiris. Salve Thoth,

semaāχeru Àusàr 3. *er χefta - f semaāχeru Àusàr ān*

que haces triunfar a Osiris sobre sus enemigos, haz triunfar a Osiris, el escriba

Ani er χeft - f em t'at'at āāt àmt Pet Ṭept

Ani, sobre sus enemigos ante los grandes jefes divinos en Pet y Tept

1. Variante *embah*, «antes».

4. 

ḳerḥ pui en se-āḥā āāiui en Ḥeru

[en] esa noche de colocar las columnas de Horus [y de]

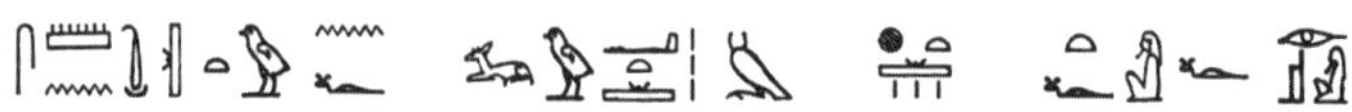 § D. 1.

smen - tu nef āuāt em χet tef - f Ȧusȧr ȧr

hacer que él se establezca heredero de las cosas de su padre Osiris. Ahora

t'at'at āāt ȧm Pet Ṭept Ḥeru pu Ȧuset pu Mesθȧ pu

los grandes jefes divinos en Pet y Tept son Horus, Isis, Mestha, [y]

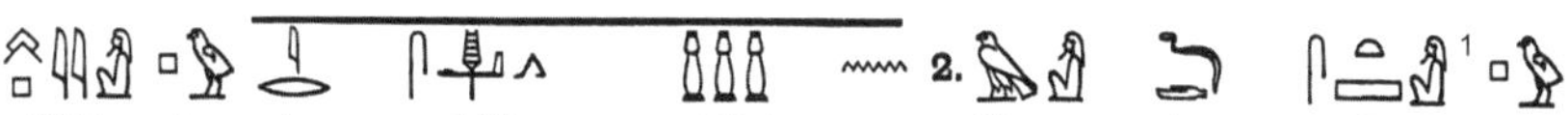

Ḥāpi pu ȧr seāḥā āāiui en Ḥeru t'eṭ Set pu

Hapi. Ahora, que coloquen los pilares de Horus es lo que les dice Set

en ȧmu - χet seāḥā āāiui eres ȧ Teḥuti semaāχeru

a [sus] seguidores: «Poned columnas sobre ello». Salve Thoth, que haces triunfar

Ȧusȧr er χefta - f semaāχeru Ȧusȧr ān Ani maāχeru

a Osiris sobre sus enemigos, haz triunfar a Osiris, el escriba Ani, [triunfante

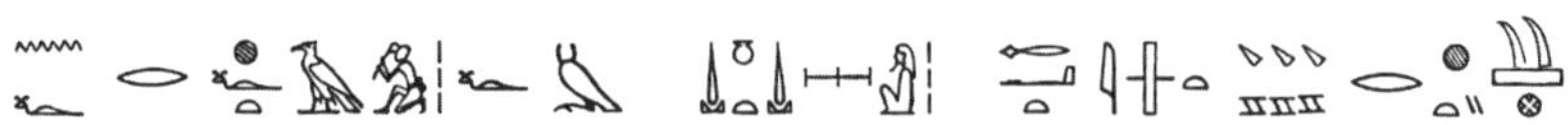

nef er χefta - f em t'at'at āāt ȧmt Taiu (?) - reχit

es él] sobre sus enemigos ante los grandes jefes divinos en Taiu [?]-Rekhit [en]

---

1. Las variantes son 

4. 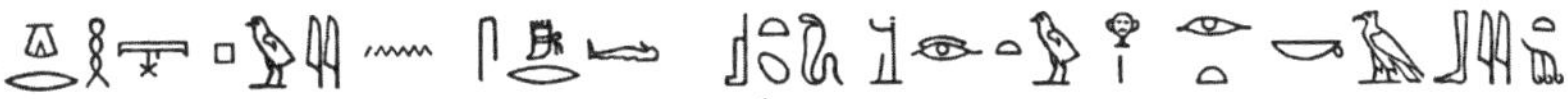
ḳerḥ pui en sťer Ȧuset res - tu ḥer ȧrit kabit

esa noche en que se tumba Isis haciendo lamentación

§ E. 1. 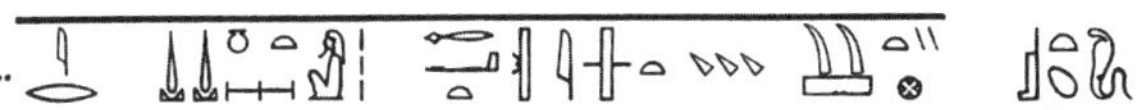
ḥer sen - s Ȧusȧr ȧr ťaťat āāt ȧmt Taiu(?)-reχit Ȧuset

por su hermano Osiris. Ahora los grandes jefes divinos en Taiu [?]-Rekhit son Isis,

2. 
pu Ḥeru pu Mesθȧ pu ȧ Teḥuti semaāχeru Ȧusȧr er

Horus y Mestha. Salve Thoth, que haces triunfar a Osiris sobre

χefta - f semaāχeru Ȧusȧr ān Ani maāχeru em ḥetep

sus enemigos, haz triunfar a Osiris, el escriba Ani, triunfante en paz

3. 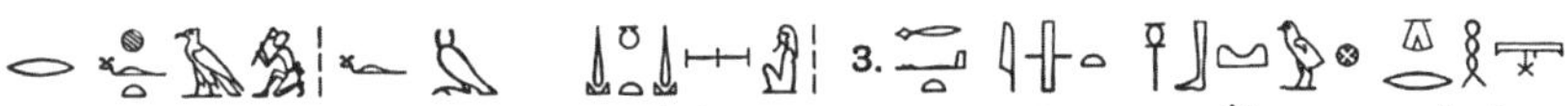
er χefta - f em ťaťat āāt ȧmt Ȧbṭu ḳerḥ

sobre sus enemigos ante los grandes jefes divinos en Ábidos [en] esa noche

pui en Haker em tennu mitu em sȧpt

de Haker, en la separación de los muertos, en el juicio

4. 
χu em χeper ȧhabu em Teni

de los buenos espíritus, en el venir a la existencia con gritos de alegría en Teni.

PLACA XIV

F. 1. 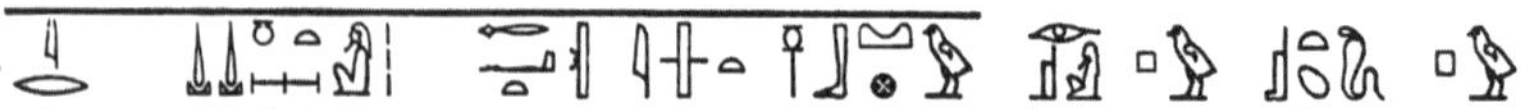

ȧr t'at'at āāt ȧmt Abṭu Ȧusȧr pu Ȧuset pu

Ahora los grandes jefes divinos en Ábidos son Osiris, Isis y

Ȧp-uati pu ȧ Teḥuti smaāχeru Ȧusȧr er χefta - f

Ap-uat. Salve Thoth, que haces triunfar a Osiris sobre sus enemigos,

semaāχeru Ȧusȧr ān ḥesb ḥetep neter en neteru nebu

haz triunfar a Osiris, el escriba, el contable de las divinas ofrendas de todos los dioses,

Ani er χefta - f em t'at'at ȧput

Ani, sobre sus enemigos ante los jefes divinos [quienes] juzgan

mitu ḳerḥ pui en ȧrit sȧpt menta sen

a los muertos en esa noche de juzgar a aquellos que están aniquilados.

§ G. 1. 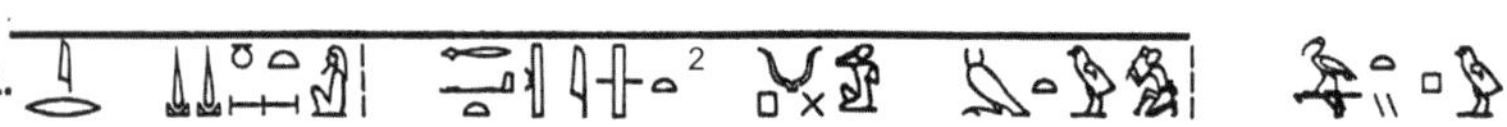

ȧr t'at'at āāt ȧmt ȧp mitu Teḥuti pu

Ahora, los grandes jefes divinos en el juicio de los muertos son Thoth,

---

1. Variante  *em t'at'at ȧmt mitu ḳerḥ pui en ȧrit*

 *sȧpt menta - set* «ante los seres divinos entre los muertos [en] esa noche de hacer juicio ellos son aniquilados".
Véase Naville, *Todtenbuch*, Bd. II, Bl. 79.

2. Var. 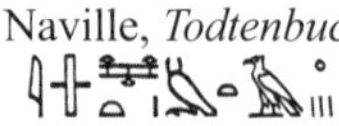 *ȧm uat mita*, , «el camino de los muertos».

Ȧusȧr pu Ȧnpu pu Ȧsṭennu pu ȧr sȧpt

Osiris, Anubis y Asten. Ahora el juicio de

menti - sen χenȧ - tu χet pu ḥer baiu nu mesu

ésos que están aniquilados es el aprisionamiento de las cosas para las almas de los hijos de la

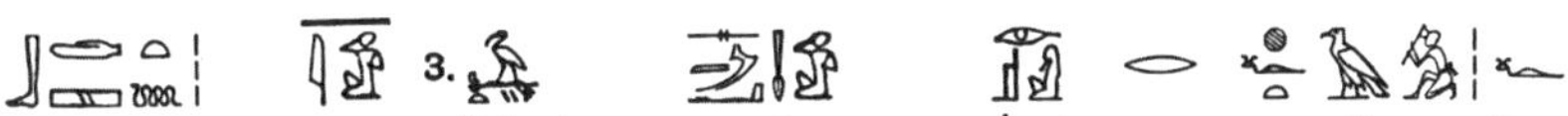

beṭeśet ȧ Teḥuti semaāχeru Ȧusȧr er χefta - f

impotente rebelión. Salve Thoth, que haces triunfar a Osiris sobre sus enemigos,

semaāχeru Ȧusȧr ān Ani maāχeru er χefta - f em

haz triunfar a Osiris, el escriba Ani, triunfante, sobre sus enemigos ante

t'at'at āāt ȧmt χebs - ta em

los grandes jefes divinos en [el festival de] romper y volver hacia arriba la tierra en

Ṭeṭṭeṭu ḳerḥ pui en χebs - ta em

Tattu, [en] esa noche de [el festival de] romper y volver la tierra en

senf - sen semaāχeru Ȧusȧr er χefta - f § H. 1. *ȧr*

su sangre, y de hacer triunfar a Osiris sobre sus enemigos. Ahora,

t'at'at āāt ȧmt χebs - ta em Ṭeṭṭeṭu

los jefes divinos en [el festival de] romper y volver hacia arriba la tierra en Tattu *īut samiu Set pu àri en sen χeperu* - 2. *sen*

cuando vienen los enemigos de Set, [cuando] hacen ellos su cambio de forma

em āut[1] *āḥā en sen sefet embaḥ ā neteru àpu*

en animales, son muertos en la presencia de esos dioses,

en ṭ'erà - entu senf - u hai àm - sen erṭāu - 3. *entu*

y, siendo derrotados, su sangre fluyó entre ellos; están otorgadas estas cosas

em sàpt en àmu Ṭeṭṭeṭu à Teḥuti semaāχeru Ȧusàr

por el juicio de ésos que están en Tattu. Salve, Thoth, que haces triunfar a Osiris

er χefta - f semaāχeru Ȧusàr 4. *Ani er χefta - f*

sobre sus enemigos, haz triunfar a Osiris Ani sobre sus enemigos

em ṭ'aṭ'at āāt àmt Naàrereṭef ḳerḥ pui en

ante los jefes divinos en Naareretef [en] esa noche de

seśeta àru § I. 1. *àr ṭ'aṭ'at āāt àmt Naàrereṭef*

hacer secretas las formas. Ahora los grandes jefes divinos en Naareretef son

Rā pu Ȧusàr pu Śu pu Bebi pu àr ḳerḥ pui en

Ra, Osiris, Shu y Bebi. Ahora esa noche de

1. Variante *abu.*

seśeta 2. *àru*[1] *unentu ḥer qeres χepeś*[2]

hacer secretas las formas es la presencia en el sarcófago [de] el muslo,

t'eruu ment en Àusàr Un-nefer à Teḥuti semaāχeru 3. *Àusàr er*

el talón y la pierna de Osiris Un-nefer. Salve, Thoth, que haces triunfar a Osiris sobre

χefta - f semaāχeru Àusàr Ani maāχeru χer Àusàr er

sus enemigos, haz triunfar a Osiris Ani [triunfante ante Osiris] sobre

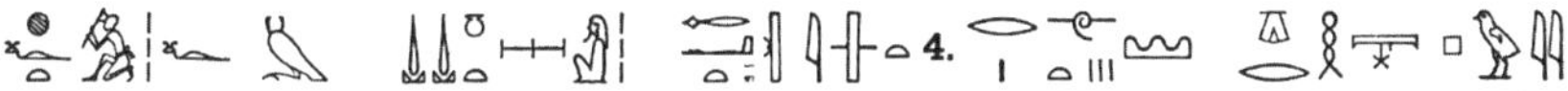

χeft - f em t'at'at āāt àmt 4. *Re - stau ḳerḥ pui*

sus enemigos ante los divinos jefes en Re-stau, [en] esa noche

en st'er Ànpu āāui - f ḥer χet ḥa Àusàr

en que se pone Anubis sus dos manos sobre las cosas detrás de Osiris,

semaāχeru Ḥeru er χefta - f § J. 1. *àr t'at'at*

y de hacer triunfar a Horus sobre sus enemigos. Ahora los grandes jefes divinos

āāt àmt Re - stau Ḥeru pu Àusàr pu Àuset pu àu Àusàr àb - f

en Re-stau son Horus, Osiris e Isis. Osiris, su corazón

1. Var. , *aa aru*, "Poderoso uno de formas".

2. El papiro de Nebseni añade , *t'at'a*, "cabeza".

net'em àu Ḥeru àb - f āu àu àterti ḥetep - tu

se regocijó. Horus, su corazón se dilató de alegría. Las dos regiones están en paz

ḥer - s à Teḥuti semaāχeru Àusàr er χefta - f semaāχeru

por ello. Salve, Thoth, que haces triunfar a Osiris sobre sus enemigos, haz triunfar

Àusàr ān ḥesb ḥetep neter en neteru nebu Ani maāχeru

a Osiris, el escriba, contable de las divinas ofrendas de todos los dioses, Ani, triunfante,

er χefta - f em t'at'at āāt met àmt Rā àmt Àusàr

sobre sus enemigos ante los diez grandes jefes divinos con Ra, con Osiris,

àmt neter neb netert nebt embaḥ ā Neb-er-t'er ṭer - f

con cada dios, cada diosa, ante Neb-er-tcher; él había destruido

χefta - f ṭer - f ṭut nebt àrt - f t'eṭṭu re

a sus enemigos, había destruido todo mal perteneciente a él. Si se dice este capítulo

pen āb per pu em hru em - χet menà

el puro se manifiesta de día, después de la muerte, [y hace]

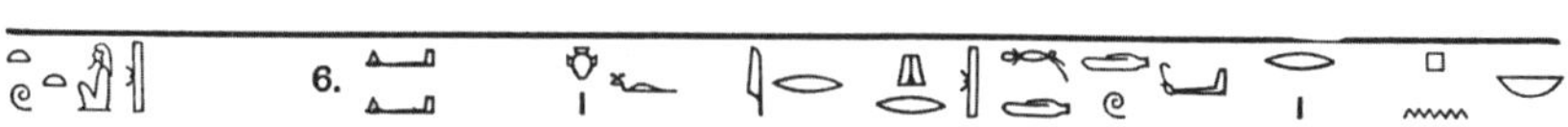

tut ṭāṭā àb - f àr χer seśeṭṭu re pen neb

la forma [que] da su corazón. Ahora si se recita todo este capítulo

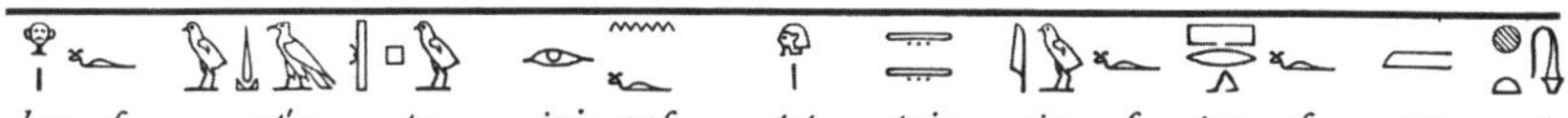

ḥer - f ut'a pu àri - nef ṭep taiu àu - f per - f em χet

sobre él, le hace fuerte sobre la tierra; él se manifestará a través de cada fuego

nebt àn rer su χet neb ṭut nebt àri - f

no lo abarcará cosa alguna, o mal alguno que le pertenezca

śes maāt ḥeḥ sep

con constante regularidad, millones de veces.

PLACA XV

1. 

re un re en Ȧusȧr ān Ani t'eṭà un

Capítulo de abrir la boca de Osiris, el escriba Ani. Sea dicho: Que sea abierta

re - à àn Ptaḥ uāu netu sep sen àru re - à àn

tu boca por Ptah, desatadas las vendas, dos veces, que están sobre mi boca por

2. 

neter nut - à ī àref Teḥuti meḥ āper em ḥekau

el dios de mi ciudad. Que venga entonces Thoth, lleno [y] provisto de encantos,

uāu netu sep sen en Set sau re - à 3. *χesef - tu*

que desate las vendas, dos veces, de Set [que] encadenan mi boca; repulsando,

Tem uṭen - nef sen - f sai[1] *set*

Tmu les dispara, a ésos que [me] encadenarían [con] ellas.

un re - à àpu re - à àn Śu 4. *em nut(?)-f tui*

Que sea abierta mi boca, que no sea cerrada mi boca por Shu con esa arma suya

ent bàat en pet enti àp - nef re en neteru àm - s

de hierro del cielo con la que abrió la boca de los dioses.

nuk Seχet ḥems - à ḥer ḳes àmt 5. *urt āāt ent pet nuk*

Yo soy Sekhet, yo me siento sobre el gran lado oeste del cielo. Yo soy

Saḥu urt ḥer - àb baiu Ànnu àr ḥeka

la gran en medio de las almas de Heliópolis. En lo concerniente a todos los encantos

neb t'eṭet neb t'eṭu er - à sut 6. *āḥā neteru er - sen*

y a todas estas palabras dichas contra mí, que las puedan resistir los dioses,

paut neteru ṭemṭiu

y el ciclo de todos los dioses.

1. Variante «que él dispare a eso que guarda mi boca» (n.º 10471, placa VIII); (n.º 10477, placa V).

re en àn ḥeka en Ȧusȧr Ani nuk Tem - χeperȧ

Capítulo de llevar encantos a Osiris Ani: Yo soy Tmu-Khepera,

χeper t'esef ḥer uārt mut - f ertāu unšu

[quien] se produjo a sí mismo sobre la pierna de su madre. Están convertidos en lobos

en àmi Nu beḥennu en àmiu t'at'at

ésos que están en Nu, y en ésos hienas que están entre los jefes divinos.

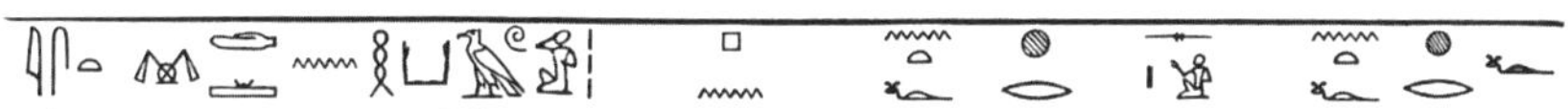

àst ṭemṭ - nà ḥekau pen entef χer se entef χer - f

Contempla, yo recojo [este] encanto {este [de cada lugar donde]}ello está, de la persona con quien (ello) está,

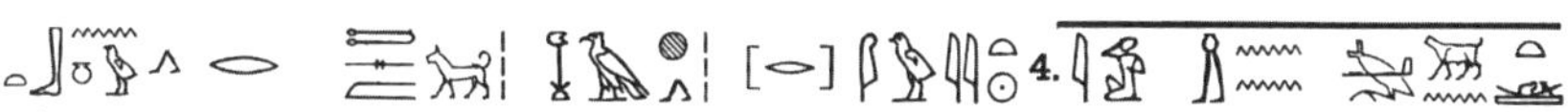

betennu er θesem χaχ er šuit à ànen māχent

más rápido que los galgos, más ligero que la luz. Salve, portador de la barca

ent Rā ruṭ āqi - k em meḥit em χent - k

de Ra, fuertes [son tu vela y las cuerdas de tu timón] en el viento mientras navegas

er Še - nesert em neter-χert àsk ṭemṭ - nek ḥekau pen

sobre el Lago de Fuego en el submundo. Contempla, tú recogiste este encanto

em bu neb enti f àm χer se enti f χer - f betenu

de cada lugar en el cual [está], de la persona con quien ello [está], más rápido

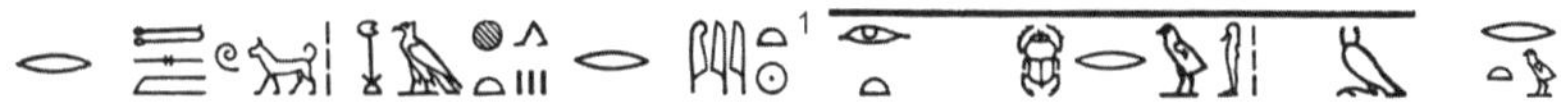

er θesemu χaχt er śuit àrit χeperu em ertu

que los galgos, más veloz que la luz, haciendo formas de existencia a partir del muslo [?]

6. 

mut em qemam - tu neteru em sekeru ertā - entu

de la madre, creando los dioses desde el silencio, dando

mut seref en neteru àstu ertā - nà hekau àpen

la madre [?] calor a los dioses. Contempla, se me da este encanto

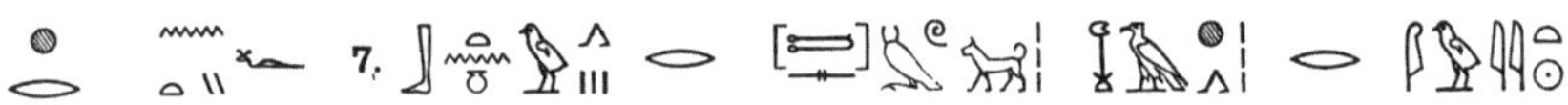

χer enti - f betennu er θesemu χaχ er śuit

desde donde está, más rápido que los galgos, más ligero que la luz;

---

1. El final de este capítulo, según el papiro de Nebseni, es el siguiente:

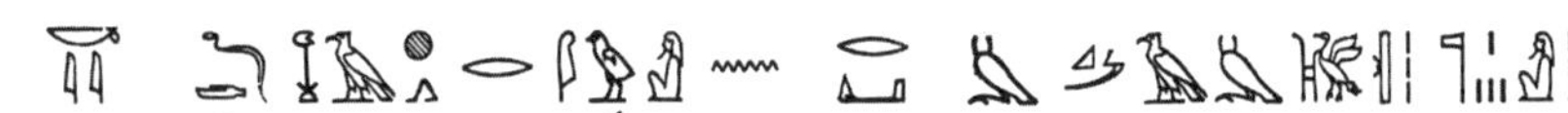

ki t'et χaχ er Śu en ertā em qemam neteru

dicho de otro modo, más rápido que Shu, quien hizo la creación de los dioses

em sekerà en ertātu beku en ertā serefu tepu

desde [o en] el silencio, quien los hizo impotentes, quien dio calor a las cabezas

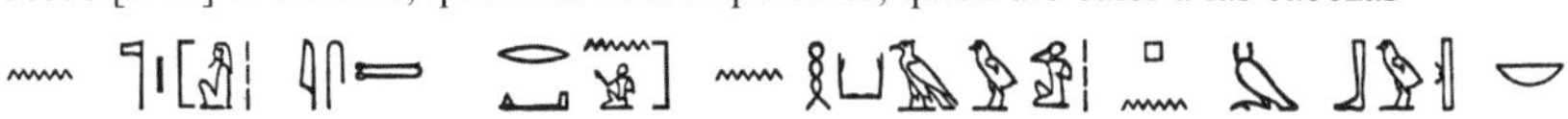

en neteru àsθ ertā - nà en hekau pen em bu neb

de los dioses. Contempla, se me da este encanto desde cada lugar

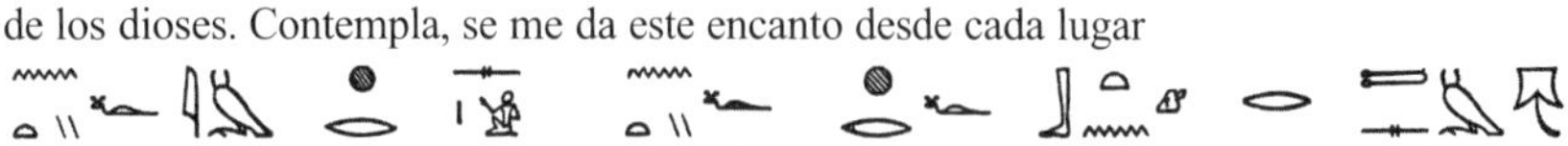

enti - f àm χer se enti - f χer - f beten er θesem

en el cual está, desde la persona con quien está, más rápido que un galgo,

χaχ er śuit

más ligero que la luz.

ki t'eṭ χaχ er šuit

dicho de otro modo, más ligero que una sombra [?].

APÉNDICE[1]

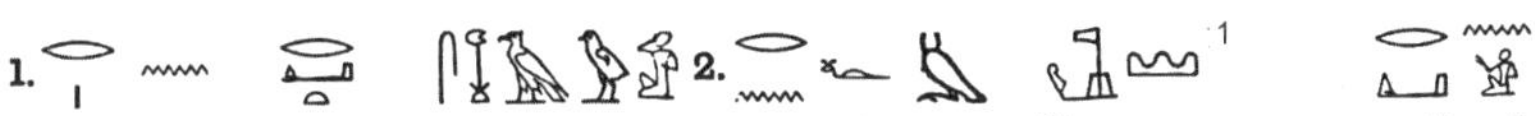

1. *Re en erṭāt seχau* 2. *ren - f em Neter-χert* [1] *erṭā - nà*

Capítulo de [hacer que el fallecido] recuerde su nombre en el submundo. Que me sea dado

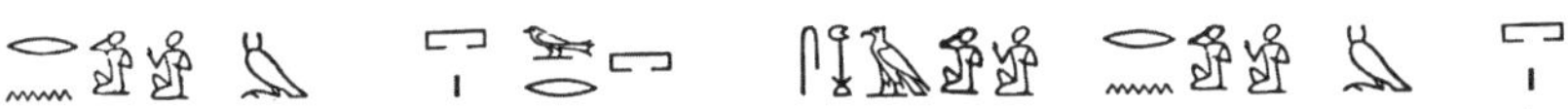

ren - à em pa ur seχa-à ren - à em pa

mi nombre en la gran Casa Doble, que pueda yo recordar mi nombre en la Casa

neser 3. *ḳerḥ pui en àp renput en tennut*

de Fuego [en] esa noche de computar los años [y] decir el número de

àbeṭ nuk àmi pui ḥems - à ḥer ḳes àbti en

los meses. Yo estoy con ese Ser Divino, y me siento al este del

pet neter neb temu - f em sa - à t'eṭ - à ren - f em - χet

cielo. Cualquier dios avanza detrás de mí, yo declaro su nombre inmediatamente.

1. El texto de este capítulo está tomado del papiro de Nebseni (número 9900 del Museo Británico).

1. *Re en erṭāt àb en Àusàr Ani nef em* 2. *Neter-χert*

Capítulo de dar el corazón a Osiris Ani en el submundo. [Ani dice:]

àb-à nà em pa àbu ḥāti-à nà em pa ḥātu

Que mi corazón sea para mí en la Casa de Corazones, mi corazón [es] para mí en la Casa de Corazones.

àu-nà àb-à ḥetep-f àm-à àn àmu-à šetā ent Àusàr

Que sea para mí mi corazón, que pueda descansar en mí, [o] yo no comeré los pasteles de Osiris

ḥer ḳes àbti en aḳi 3. *χuχet em χe... k*

en el lado este del Lago de las Flores. Ni una barca en tu desplazarte por [el Nilo],

χenti-k àn ha-à er χuṭet àmi-k àu-nà

y en tu navegar, tampoco avanzaré yo hacia la barca contigo. Que sea para mí

re-à 4. *t'eṭu-à àm-f reṭ-à er šemt*

mi boca [para que] yo pueda hablar con ella, mis dos piernas para andar,

āāui-à er seχer χeft-à un-nà āa en

mis dos manos y brazos para desbancar a mi enemigo. Que permanezcan abiertas para mí las puertas del

pet 5. *sešu-nà seb erpāt neteru ārtit-f er-à*

cielo, que suelte Seb, el jefe de los dioses, sus dos mandíbulas para mí,

un - f maa-à šeṭentet ṭunu - f 6. *reṭ - à*

quc abra mis dos ojos, [que están] cegados, que pueda estirar mis pies,

qerfi serut en Ànpu masti - à

que están atados juntos, que pueda hacer fuertes Anubis mis piernas

θesu er - à ṭunu - à 7. *Seχet netert unen-à em*

para elevarme por mí mismo. Hágame elevarme Sekhet la diosa [para que] yo pueda estar en

pet àri utu - nà em Ḥet-Ptaḥ-ka reχ - à em

el cielo, y sea hecho lo que yo ordeno en la Casa del *Ka* de Path. Yo conozco

àb - à seχem - à em 8. *ḥāti - à seχem - à em*

mi corazón, he adquirido poder sobre mi corazón, he adquirido poder sobre

āāui - à seχem - à em reṭ - à seχem - à

mis dos manos y brazos, he conseguido poder sobre mis pies, he conseguido el poder

em àrit merert ka - à 9. *àn χenà - tu ba - à [er]*

para hacer lo que place a mi *ka*. No será aprisionada mi alma [con]

χat - à [ḥer] sebau nu Àmentet em āq - à em ḥetep

mi cuerpo [en] las puertas de Amenta, en mi entrada en paz,

pert em ḥetep

y apareciendo en paz.

1. *Re en tem* 2. *erṭāt χesef-tu àb en Àusàr ān*

Capítulo de no permitir que sea alejado el corazón de Osiris, el escriba Ani

ḥetep neter en neteru nebu Ani maāχeru χer-nef em

de las divinas ofrendas de todos los dioses Ani, triunfante, de él en

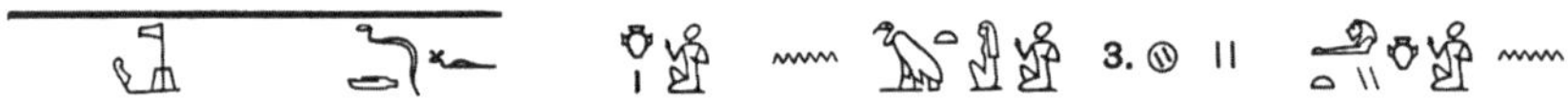

Neter-χert t'eṭ-f àb-à en mut-à 3. *sep sen ḥāti-à en*

el submundo. Él dice: Mi corazón, mi madre; dos veces. Mi corazón,

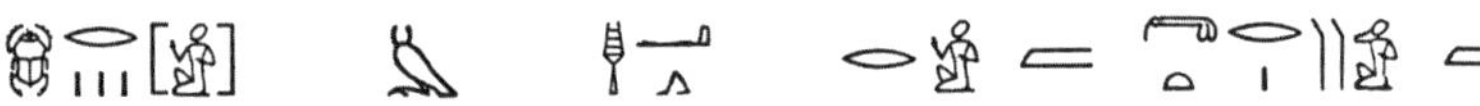

χeperu-à em āḥā er-à em meteru em

mi venida a la existencia. Que no haya resistencia a mí en el juicio, que no

χesef er-à em t'at'at em àrit reqi-k er-à

me rechacen los jefes divinos, no te separes de mí

embaḥ àri māχait entek ka-à àmi 4. *χat-à*

en presencia del guardián de la Balanza. Tú eres mi *ka* dentro de mi cuerpo,

χnem seut'a āt-à per-nek er bu nefer

formando y fortaleciendo mis miembros. Que aparezcas en el lugar de felicidad

ḥen - n àm em seχenś ren - à en śenit

[al cual] nosotros avanzamos. Que no haga apestar mi nombre el *Shenit*

àriu reθ em āḥā [1]

que hace que los hombres [permanezcan] estables.

1. 

Re en tem erṭāt neḥem - tu ba se mā - f em Neter - χert

Capítulo de no permitir que sea alejada el alma de un hombre de él en el submundo.

t'eṭ àn Àusàr ān Ani nuk pu nuk 2. *per em*

Dice Osiris, el escriba Ani: Yo soy él, yo soy el que emerge de

aḳab erṭāi - nef bāḥ - à seχem - f àm em

las inundaciones de agua; ello dio mi inundación, y ganó poder allí como

àteru

el río [Nilo].

Apéndice

Re en surà em Neter-χert [2] 1. *nuk pu nuk per*

Capítulo de beber agua en el submundo. Yo soy él, el que aparece

1. Para las adiciones véase más arriba, p. 195.
2. Este texto es de Naville, *Todtenbuch*, Bd. I, Bl. 72.

em 2. *Seb* *erṭāi - nef* *bāḥ* *seχem - f* *àm - f*

de Seb. Se le ha dado a él la inundación, él ha obtenido poder sobre ella

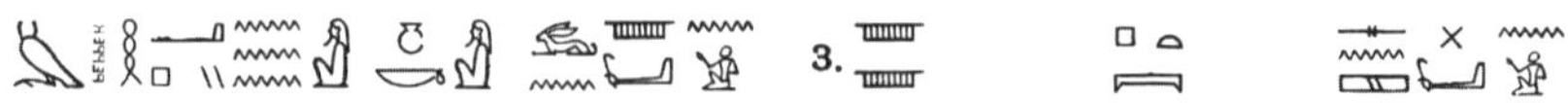

em *Ḥāpi* *nuk* *un - nà* 3. *āāu* *pet* *seneś - nà*

como Hapi. Yo, yo abro las dos puertas del cielo; están abiertas para mí

āāu *qebḥ* *àn Teḥuti* *àn* *Ḥāpi* ...... *pu* *en*

las dos puertas de las inundaciones de agua por Thoth [y] por Hapi, quienes son los dos hijos [?] del

pet 4. *urt* *em* *nehepu* *ṭā - ten* *seχem - à* *em* *mu* *mà*

cielo, poderoso de esplendores. Otorgadme que pueda ganar poder sobre el agua mientras

āua *Set* *χerui - f* *neśru* 5. *pu* *neśen* *taui*

conquistó Set a sus enemigos en el día [?] ese de aterrorizar el mundo.

seb - nà *uru* *qāḥ* *àm* *qāḥ* *mà* *seb - sen* *neter*

Yo he pasado junto a los grandes, hombro con hombro, cuando ellos pasaron junto al dios

pui *āa* *χu* 6. *āper* *χemt* *ren - f* *àu* *seb - nà*

que grande, espléndido, proveyó, desconocido [es] su nombre. Yo he pasado por

ur *qāḥ* *un - nà* *urt* 7. *en* *Àusàr* *seneś - nà*

el que es poderoso de hombro, he abierto la inundación de Osiris, he pasado a través

qebḥ Teḥuti - Ḥāpi - Tem neb χut em ren - f pui en Teḥuti

de la inundación de Thoth-Hapi-Tmu, señor del horizonte, en su nombre de «Thoth,

pens ta 8. *seχem - à em mu mà āua Set*

arador de la tierra». Yo he adquirido poder sobre el agua mientras conquistó Set a

χeru - f nuk t'a pet nuk Rā nuk Ru (?) *nuk*

sus enemigos. Yo he navegado sobre el cielo. Yo soy Ra, soy el dios-León, soy

sema àu àm - nà 9. *χepeś àu t̲a - nà āuā*

el toro joven, yo he comido el muslo, he tomado la carne,

àu rer - nà śe Seχet - aru àu ertā - nà neḥeḥ àt

yo he rodeado el canal de Seket-Aru. Se me ha dado eternidad sin

t'eru - f nuk 10. *àst āu neḥeḥ ertāi - nef t'etta*

sus límites. Contempla, yo soy el heredero de la eternidad; se me había dado duración eterna.

1. *re en surà mu tem āuḳ em set*[1] 2. *t'eṭ - f*

Capítulo de beber agua [y de] no ser quemado en el fuego. Dice él:

à ka Àmentet ànu - à - nek nuk meruḥ pui en Rā

Salve, toro de Amenta, yo soy traído ante ti. Yo soy ese remo de Ra,

---

1. Este texto es de Naville, *Todtenbuch*, Bd. I, Bl. 73.

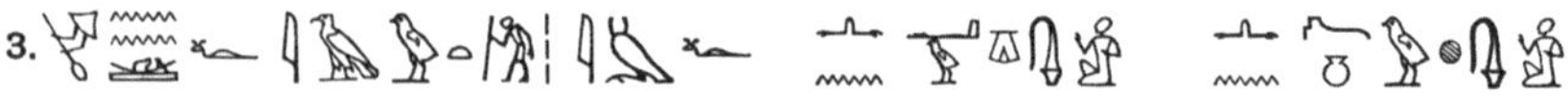

χenen - f áaut ȧm - f ȧn āuḳ - ȧ ȧn ennuχ - ȧ

[con el cual] él transportó a los ancianos. Que no sea yo quemado, que no sea yo consumido.

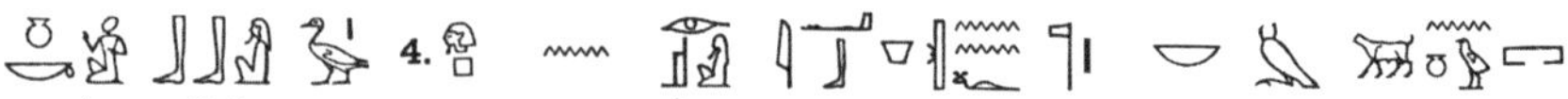

nuk Beb se ṭep en Ȧusȧr ȧāb - f neter neb em χennu

Yo soy Beb, hijo mayor de Osiris, él lava a cada dios dentro

maaṭ-f em Ȧnnu nuk uāuāu kefa ur

de su ojo en Heliópolis. Yo soy el Heredero, el exaltado, el poderoso,

urṭ ruṭ - nȧ ren - ȧ neḥem - nȧ se - ānχi - k

el Aquietado [de Corazón]. Yo hago crecer mi nombre, [lo] he liberado para hacerme vivir

ȧm - ȧ em hru pen

en mí mismo en este día.

Re en tem ubṭ em mu t'eṭ - f nuk meruḥu

Capítulo de no ser escaldado con agua. Dice él: Yo soy el remo

pu āper χenen ṭā - f Rā ȧuȧait ȧm - f.

que está preparado para remar. Transporta Ra al Anciano con él.

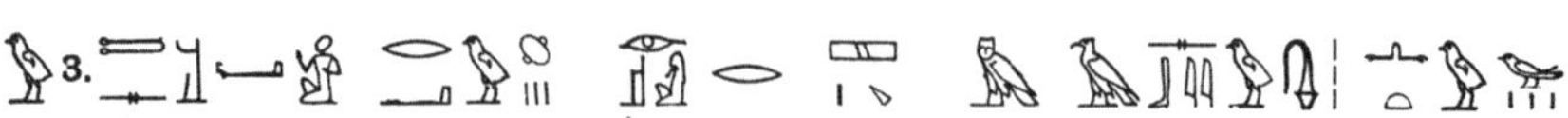

uθes - ȧ erṭāu Ȧusȧr er śe em asebiu ȧtu

Yo levanto los humores de Osiris al Lago desde la llama [que] está sin

4. *χenen - f āu - f àtu āḳ - nef ḥefṭ - nà*

pasaje. Él está salido del curso, no está quemado. Yo [me] reclino

5. 6. *ḥer hamemu χnemu - à χent màu mā ḥesq t'esefu*

con el *hamemu*, yo vengo a la morada de los leones con matanza y encadenamiento [?],

em šas em sa - à uat pert àm - s

siguiéndo yo mismo el camino por el que [él] apareció.

1. *Re en erṭāt nifu em Neter - χert t'eṭ àn Àusàr Ani nuk*[1]

Capítulo de dar aliento en el submundo. Dice Osiris Ani: Yo soy

2. *suḥt àmt Neḳeḳ ur àu sau - nà àuset tui āāt*

el Huevo del Gran Cacareador, y cuido y guardo ese gran lugar [que]

àpt[2] *Seb er ta ānχ - à ānχ - s neχeχt - à ānχ - à*

proclamó Seb sobre la tierra. Yo viví y eso vivió; me hago fuerte, vivo,

3. *sesen - à nifu nuk utā aāb rer - nà ḥa*

huelo el aire. Yo soy Utcha-aab, y voy alrededor, detrás [de]

1. Variante «yo soy RuruØa, el huevo».

2. Variante

«yo guardo esa gran cosa [con la que] Seb ha hecho una apertura en la tierra».

en suḥt - f beka - nà at ur peḥti Set à

su huevo, yo he destruido [?] el momento de la gran fuerza, Set. Salve,

net'em taui àmi t'efa àmi χesba sau - ten

[tú que hiciste agradable] el mundo con alimento *tchefa*, [habitante] en el [cielo] azul, observa

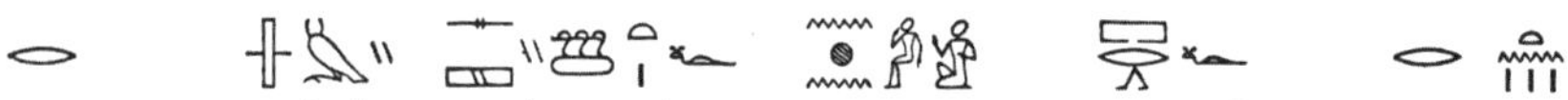

er àmi sešet - f neχen per - f er ten

a [él que está] en su nido, el bebé que apareció ante ti.

Apéndice

ki re en erṭāt nifu[1] *nuk sab - sabu nuk Šu*

Otro capítulo de dar aliento. Yo soy Sab-sabu. Yo soy Shu.

àtḥu nifu em-baḥ àu χu er t'eru pet er

[Yo] inspiro el aire en la presencia del glorioso dios en los límites del cielo, en

t'eru ta er t'eru Šu en bàu àu erṭāu nifu

los límites de la tierra, en los límites Shu del cielo [?]. Yo doy aliento

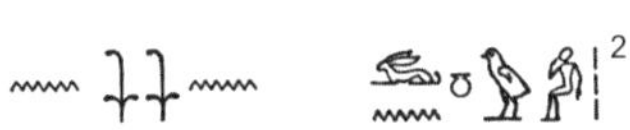

en enen unnu[2]

a ésos [que son] niños.

1. El texto es de Naville, *Todtenbuch*, Bd. I, Bl. 67.

2. Una variante añade:

un re - à petrà - à em maa - à

«[Yo] abro mi boca, yo veo con mis ojos».

Re en sesenet nifu emmā ta[1] *t'eṭ - f à Tmu ṭā - k - nà*

Capítulo de oler el airc en la tierra. Dice él: Oh Tmu, otórgame

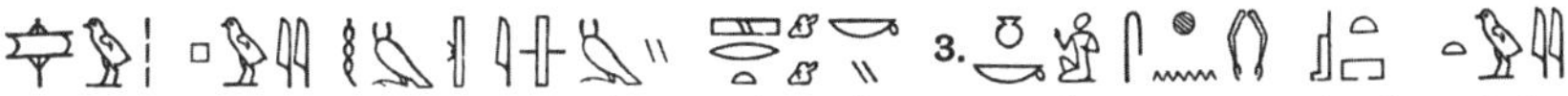

nifu pui net'em àmi šert - k nuk seχen àuset tui

ese aliento dulce de tus dos fosas nasales. Yo abrazo ese gran asiento [?]

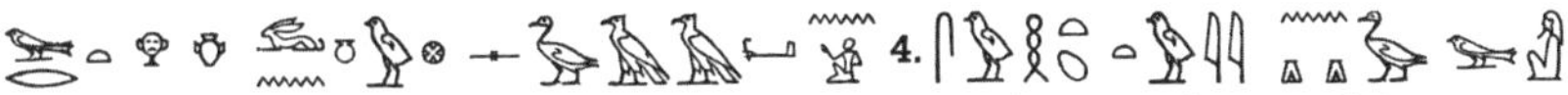

urt ḥer-àb Unnu saa - nà suḥt tui neḳeḳ ur

dentro de Hermópolis. Yo guardo ese Huevo del Gran Cacareador.

ruṭ-à ruṭ-s θes rer ānχ-à ānχ-s sen - à nifu sesen - s nifu.

Yo crezco, él creció, y viceversa; Yo viví, él vivió; yo huelo el aire, él olió el aire.

Re en temt erṭāt neḥemtu àb en se mā - f em

Capítulo de no permitir que sea separado el corazón de una persona [de ella] en

Neter-χert t'eṭ àn Àusàr Ani maāχeru ḥa - k àptui

el submundo. Dice Osiris Ani, triunfante: Date la vuelta, mensajero

en neter neb àn àu ī - nek er ḥāti - à pen en ānχu

de cada dios. ¿Es que has venido por este corazón que vivió?

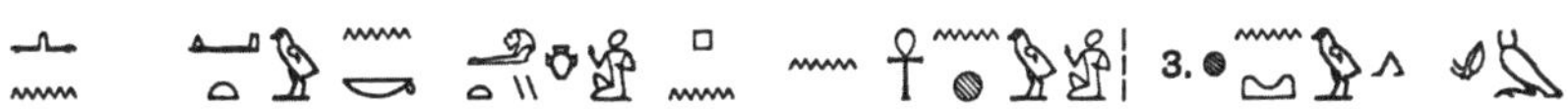

àn ṭātu - nek ḥāti - à pen en ānχu χenṭu setem

No te será dado este corazón mío que vivió. Avanzando, escuchan

1. El texto es del papiro de Nebseni.

neteru *ḥetepet* *er* *à* *ḥer* *χer - sen* *ḥer* *ḥrà - sen* *temt* *em*

los dioses mis oblaciones, ellos caen sobre sus rostros, todos ellos sobre

ta *t'es - sen.*

su propio suelo.

Re *en* *temt* *erṭāt* *θet* *ḥāti* *en* *se* *mā - f* *em*

Capítulo de no permitir que sea alejado el corazón de un hombre de él en

Neter-χert *àn* *Àusàr* *Ani* *à* *θeti* *àbu*

el submundo. Dice Osiris Ani: Salve, portadores de corazones,

PLACA XVI

neqefiut 2. *àrit* *en* *ten* *ànet' - ḥrà - ten* *nebu* *ḥeḥ*

[Salve] ladrones [de corazones]. Vosotros habéis hecho. Homenaje a vosotros, vosotros señores de eternidad,

χeri *t'etta* *em* *θet* *àb* *pen* *en* *Àusàr* *Ani* 3. *em*

poseedores de eternidad, no os llevéis este corazón de Osiris Ani con

t'ebā - ten *ḥāti - f* *pen* *àm* *nen* *seχeperu - ten* *t'eṭet*

vuestros dedos, ni su corazón hacia allá. No hagáis venir a la existencia palabras

ṭut er - f ḥerentet àri àb pen en Ȧusȧr Ani en àb

malas contra él porque perteneció este corazón a Osiris Ani, este corazón

pen en āā rennu ur t'eṭet - f en āt - f

del grande de nombres, el poderoso; sus palabras están en sus miembros,

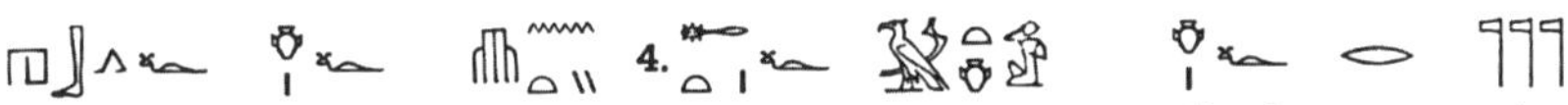

heb - f àb - f χenti 4. *χat - f mat àb - f er neteru*

fue adelante su corazón, para habitar su cuerpo. Agradable [es] su corazón a los dioses,

àb en Ȧusȧr Ani maāχeru-nef seχem - f àm - f àn

el corazón de Osiris Ani, victorioso es él, había ganado poder sobre él, no

t'eṭ - f àrit - nef entef seχem 5. *em āt - f t'esef*

había dicho [lo que] se le había hecho (a su corazón). Él había ganado poder sobre [sus propios] miembros,

setem - nef àb - f entef neb - k àuk em χat - f àn

le había obedecido su corazón, él es tu señor, tú estás en su cuerpo, que no

req - k nuk ututeṭ setem - k nà

puedas caerte. He ordenado que me seas obediente [en]

Neter-χert 6. *Ȧusȧr ān Ani maāχeru em ḥetep maāχeru em*

el submundo, Osiris, el escriba Ani, victorioso en paz, triunfante en

Āmentet nefert ḥer set ent ḥeḥ

la hermosa Amenta, en la montaña de eternidad.

Apéndice

Re en tem θet . . . . ȧb en em Neter χert.

Capítulo de no serle llevado el corazón al [fallecido] en el submundo.

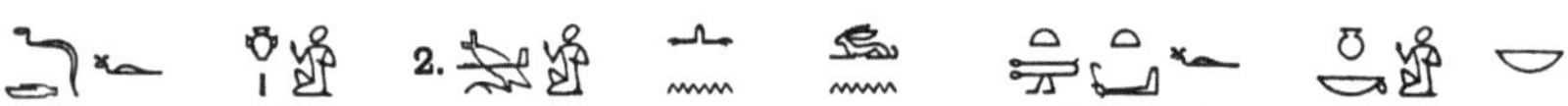

t'eṭ-f ȧb-ȧ mā-ȧ ȧn un θetet-f nuk neb

Dice él: Mi corazón [está] conmigo, no ocurrirá que lo alejen. Yo soy el señor

ȧbu sma ḥātu ānχ-ȧ em maāt un-nȧ ȧm-s

de los corazones, que mata el corazón. Yo vivo en rectitud y verdad, yo existo allí.

nuk Ḥeru ȧmi-ȧb ḥer-ȧb ȧmi χat ānχ-ȧ em t'eṭ-ȧ

Yo soy Horus, puro de corazón, dentro del puro de cuerpo. Yo vivo en [o por] mi palabra,

unet ȧb-ȧ ȧn neḥem - tuf ḥāti - ȧ nȧ aṭ - nef

existió mi corazón. Que no sea alejado mi corazón de mí, que [no] sea herido,

ȧn ṭaȧr šāt ȧm - ȧ θet su un - ȧ em χat

que no haya heridas y cortes sobre mí mientras se lo llevan lejos. Que pueda yo estar en el cuerpo

1. El texto es de Naville, *Todtenbuch*, Bd. I, Bl. 40.

ent àtef - à Seb ent mut - à Nut àn àri - à bat er

de mi padre Seb, de mi madre Nut. Yo no he hecho mal contra

neteru àn χeb àm em maāχeru.

los dioses, yo no he pecado allí en triunfo.

Re en tem erṭā χesef - tu àb en eref em Neterχert

Capítulo de no permitir que sea separado el corazón de [un hombre] de él en el submundo.

àb - à en mut - à sep sen ḥāti - à en un - à ṭep ta em

Mi corazón, mi madre, dos veces. Mi corazón de mi existencia sobre la tierra. Que no

āḥā er - à em meteru erma neb χet em

haya allí obstrucción a mí, en el juicio, en la presencia del señor del proceso; que no

t'eṭ er - à àu àri - nef set er un maā

sea dicho en lo concerniente a mí: «Él trabajó contra la rectitud y la verdad»

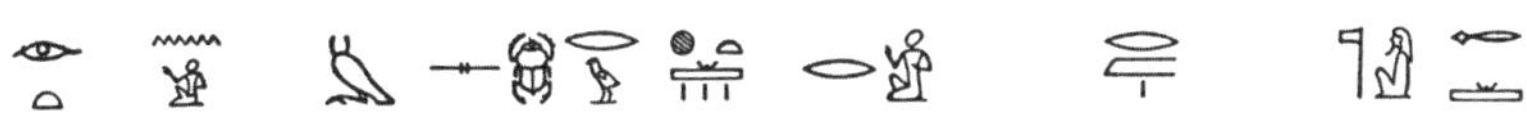

àrit - nà em seχeperu χet er - à erma neter āa

de lo que he hecho; que no puedan ocurrir cosas contra mí en la presencia del gran dios,

neb Àment ànet' ḥrà-k àb - à ànet' ḥrà-k ḥāti - à ànet'

señor de Amenta. ¡Homenaje a ti, mi corazón! ¡Homenaje a ti, mi corazón! ¡Homenaje

---

1. El texto es de Naville, *Todtenbuch*, Bd. I, Bl. 42.

ḥrā-k besek - à ànet' ḥrā-θen neteru àpu χent ḥenka[1]

a vosotras, mis entrañas! Homenaje a vosotros, Oh dioses que presidís sobre las nubes divinas

5. 

seriu ḥer t'ām - sen t'eṭ - ten neferu en Rā seuat' -

exaltados por vuestros cetros, hablad cosas justas a Ra, y haced[me] prosperar

ten - uā en Neḥeb - ka às - k su sam-nef ta er àmt

ante Nehebka. Contempladle, él está unido a la tierra en la gran parte interna

āat 6. *uaḥ ṭep ta tem mit em Àment*

extendido sobre la tierra, no [está] muerto en Amenta, [es]

χu àm - s

un ser glorioso allí.

1. 

Tem[2] *erṭāt θet - tu ḥāti en .... em Neter - χert*

[Capítulo] de no permitir que sea alejado el corazón de [el fallecido] en el submundo.

2. 

à .... nuk Un betu - à pu nemmat neter àn

Salve, dios-León, yo soy Un, lo que detesto es el bloque del dios. No

1. Variante *henksiu*, nubes como pelo.

2. El texto es de Naville, *Todtenbuch*, Bd. I, Bl. 39.

θet - tu ḥāt - à pen mā - à àn 3. *ābaui em Ànnu à*

dejes que se lleven lejos de mí este corazón mío el Luchador en Heliópolis. Salve,

seṭi en Àusàr maa - nef Set à āni em - sa ḥu

vendador de Osiris, ¡él ha visto a Set! Salve al que retorna después de aplastarlo

su χerχert ḥems 4. *ḥāti pen rem - f su t'esef em - baḥ*

a Él [y de] destruirlo. Se sentó este corazón, lloró él mismo ante

Àusàr χet - f mā - f ṭebḥ - nef mā - f àu erṭā - nà nef

Osiris; su bastón [está] con él, rezó desde él, que me sea dado por él,

àu sàp - nà nef šetatu àb em 5. *ḥet*

que me sean decretadas por él las cosas ocultas del corazón en el templo del

Useχ - ḥrà àu χenp - nef šā em re χemennu àn

dios Usekh-hra, que pueda serle garantizado el alimento de mi boca por los Ocho [?]. No

θet - tu ḥāti - à pen nuk seχent en ten àuset-f ennuḥu

dejes que se lleven este corazón mío. Yo te hago habitar en su lugar, uniendo

ḥāt er - f em 6. *Seχet - ḥetepu renput user er bu neb ust*

corazones con ello [?] en Sekhet-hetepu, años de vigor en lugares todopoderosos,

nehem kau at - k em χefā - k her pehti - k àu

llevando alimento [en] tu momento, con tu puño, según tu fuerza. Este

hāt pen her ertāt kennu en Tem sem - f er tephetu

corazón está puesto sobre los altares de Tmu, él [se] dirigió a las guaridas

Set ertā - nef nà su hāt - à àri en àb - f t'at'at àmt

de Set, él me ha dado mi corazón, han hecho su voluntad los jefes divinos en

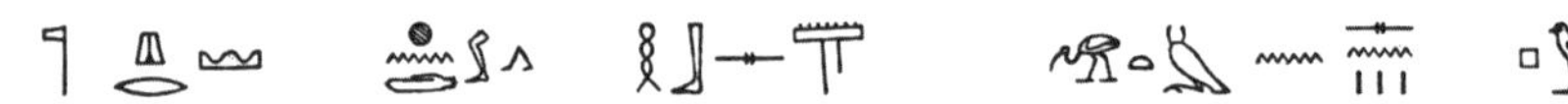

Neter - χert χent hebs qemt - en - sen pu

el submundo. La pierna y los vendajes [que] ellos encuentran [los]

qeres - en - sen

entierran.

---

1. 

Re en seset nifu seχem em mu em Neter - χert

Capítulo de respirar el aire y tener poder sobre el agua en el submundo.

t'et àn Àusàr Ani un - nà [ni] mā trà tu entek

Dice Osiris Ani: ¡Abridme! ¿Quién, entonces, eres tú? ¿Qué

sebi χeper - nek ten nuk uā àm ten nimā enti

viaje? Yo soy uno de vosotros. ¿Quién es ése que está

ḥenā - k Merti pu ruȧ - k eref ṭep mā ṭep em teken

contigo? Es Merti. Sepárate de él, cabeza de cabeza, al entrar

Mesqen ṭā - f t'a - ȧ er ḥet ent qem - ḥrȧu

al Mesqen. Él me otorgó que pueda viajar al templo de [los dioses que han hallado sus rostros].

saq baiu ren en māχenti - ȧ neśi śen

«Ensamblador de almas» [es] el nombre de mi barca; «Que hace erizar el pelo» [es]

ren en useru sert ren en mat'abet

el nombre de los remos; «Espuela» [es] el nombre de la sujeción;

semet āqa ren en ḥemi mȧtet setut

«Que va directo por el medio» [es] el nombre del timón; asimismo [...]

qeres - k - tu em sun er erṭāi - ten - nȧ māherȧ en

en el lago. Otorgadme una vasija de

ȧrtet śens pasi ṭeni (sic) *ur en ȧuf em ḥet*

leche, pasteles, rebanadas, copas para beber y carne en el templo

ent Ȧnpu ȧr reχ re pen ȧu - f āq - f emχet

de Anubis. Si se conoce este capítulo, él entra después

pert em neter - χert ent

de venir del submundo.

Re en seset nifu seχem em mu em Neter-χert

Capítulo de oler el aire y obtener poder sobre las aguas en el submundo.

t'eṭ àn Àusàr Ani à nehet tui ent Nut ṭāt - nà em

Dice Osiris Ani: Salve, sicómoro ese de Nut, otórgame el

mu (?) nifu àmt nuk seχen àuset tui ḥer-àbt Unnu

agua y aire [que están] en ti. Yo abrazo ese asiento dentro de Hermópolis.

àu sau - nà suḥt tui ent nekek ur ruṭ - s

Yo vigilo y guardo el huevo ese del Gran Cacareador; él creció,

ruṭ - à ānχ - s ānχ - à seset - s nifu seset - à nifu Àusàr

yo crezco; él vivió, yo vivo; el olió el aire, yo huelo el aire, [yo] el Osiris

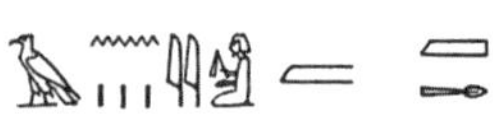

Ani em maāχeru

Ani en triunfo.

Re en temt mit em nem em Neter-χert t'eṭ àn Àusàr

Capítulo de no morir una segunda vez en el submundo. Dice Osiris,

Ani unu tepḥet-ȧ sep sen χer χu

Ani: Está abierto mi escondrijo, dos veces. Ha entrado luz

2. 

em χennu kekuı seru - ȧ maat Ḥeru renen - nuȧ

dentro de la oscuridad. Me ha arreglado el ojo de Horus, ha cuidado de mí

Ȧp - uati ȧmen - nuȧ emmā - ten ȧu χemu seku

el dios Ap-uat. Yo me he escondido con vosotras, oh estrellas que nunca os ponéis.

ȧu ȧpt(?) ȧ em Rā ȧu ḥrȧ-ȧ un ȧu ḥāti - ȧ ḥer ȧuset - f

[Mi] ceño [es como el de] Ra, mi cara está abierta, mi corazón está en su sitio,

ṭep re - ȧ reχ - [ȧ] nuk Rā māket su t'esef ȧn χem - ȧ - tu

yo pronuncio palabras, [yo] sé. Yo soy verdaderamente Ra mismo. No estoy hecho de ningún efecto,

ȧn āua - ȧ - tu ānχ - nek tef - k se Nut nuk se - k

no se practica violencia contra mí. Vivió para ti tu padre, oh hijo de Nut. Yo soy tu hijo

ur maa - [ȧ] śeta - k ȧuȧ χāā - kuȧ em suten

mayor, veo tus cosas ocultas. Yo, yo tengo puesta la diadema como rey

neteru ȧn mit - ȧ em - nem em Neter-χert

de los dioses, que no muera yo una segunda vez en el submundo.[1]

---

1. Compárense los capítulos 175 y 176; el capítulo 176 dice:

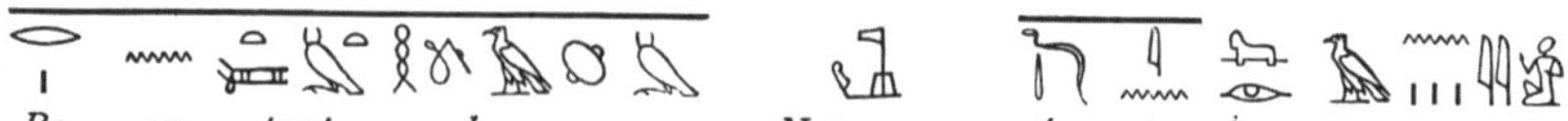

1. *Re en temt ḥua em Neter-χert t'eṭ àn Àusàr Ani*

Capítulo de no decaer en el submundo. Dice Osiris Ani:

urṭ sep sen [em] Àus[àr] urṭ 2. *āt em Àusàr àn*

Aquietado, dos veces, como Osiris. Aquietado de miembros como Osiris. Que no

urṭ 3. *- s[et] àn ḥua - s[et] àn ṭa - s[et] àn*

estén ellos sin movimiento, que no decaigan, que no desaparezcan, que no

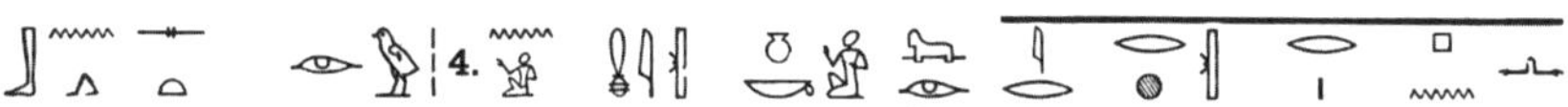

ben - set àru - 4. *nà mà nuk Àusàr àr reχ re pen àn*

partan. Que se haga para mí como [si] yo fuera Osiris. Si se conoce este capítulo, que no

---

bet - à pu ta en àbtet àn āq - à er χebt

àn àritu - nà χet em ennu bet neteru ḥerentet nuk

às šes āb ḥer - àb mesqet ertā - n - nef Neb - er - t'er χu - f

hru pef en sam taui embaḥ - ā neb χet àr reχ

re pen un - nef em χu àqer em Neter - χert

[Lo que] odio es la tierra del este. Que nunca entre yo en la caverna, que nunca se me hagan cosas de ésas [que] odian los dioses, porque yo contemplo el paso puro en el Mesquet. Que Neb-er-tcher le dé su esplendor en ese día de unir las dos tierras ante el señor de las cosas. Si es conocido este capítulo, él estará en la condición de un espíritu perfecto en el submundo (véase Naville, Todtenbuch, Bd. I, Bl. 200, cap. 176).

ḥua - f em Neter - χert Ȧusȧr

decaiga él en el submundo, Osiris.

1. *Re en temt sekt unen ānχu em Neter-χert*[1]

Capítulo de no perecer [y de] llegar a estar vivo en el submundo.

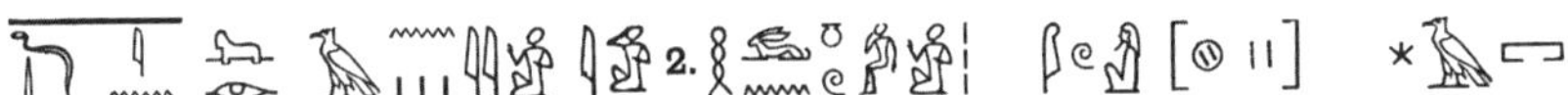

t'eṭ ȧn Ȧusȧr Ani ȧ 2. *ḥunnu Śu [sep sen] ṭua*

Dice Osiris Ani: Salve, hijos de Shu, [dos veces], [del lugar del amanecer]

seχem em seśeṭ - f em hamemet un - nȧ

que tienen posesión de su diadema en forma de *hamemet*; que me alce yo,

unun Ȧusȧr

que viaje [como] Osiris.

1. *Re en temt āq er nemmat t'eṭ ȧn Ȧusȧr Ani ȧu*

Capítulo de no entrar al bloque. Dice Osiris Ani:

---

1. El texto de la única otra copia conocida de la recensión tebana de este capítulo dice:

Re en sek unen ānχ em Neter-χert ḥenā na en ḥunnu en

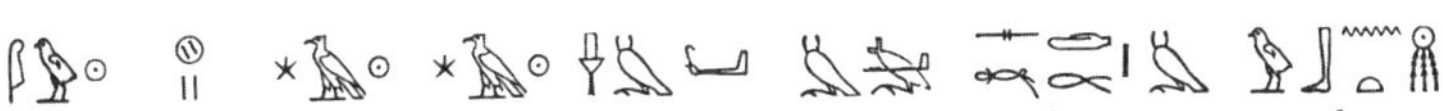

Śu sep sen ṭua ṭua seχem emmā seśeṭ - ȧ em ubenet

āāiu unun ṭepu unenunen - ȧ hru neb (Véase Naville, *Todtenbuch*, Bd. I, Bl. 61).

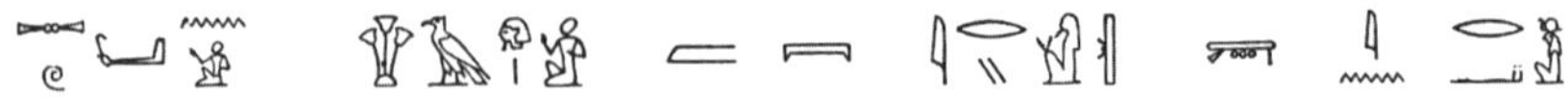

θesu - nȧ ḥa - ȧ em pet ȧri ta ȧn Rā

[ligó las vértebras] de mi cuello y espalda en el cielo el guardián de la tierra, Ra.

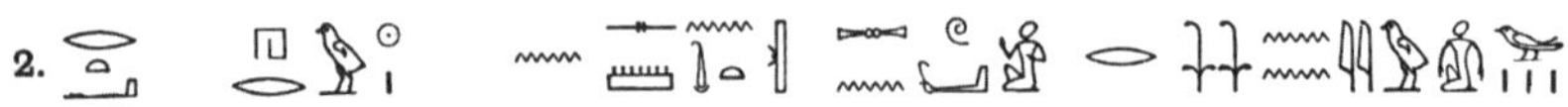

erṭāt hru en sment θesu - ȧ er eneniu

Había sido otorgado el día de establecer mi alzamiento de la debilidad

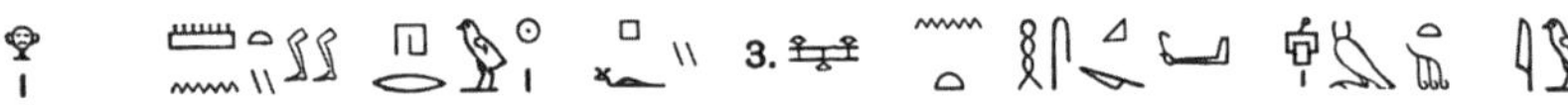

ḥer ment hru pfi ent ḥesq samet ȧu

sobre [mis] dos piernas, en el día ese de cortar el cabello. Ha

θes θest ḥa - ȧ ȧn Set paut neteru em

ligado las vértebras de mi cuello y espalda. Set y el ciclo de los dioses en

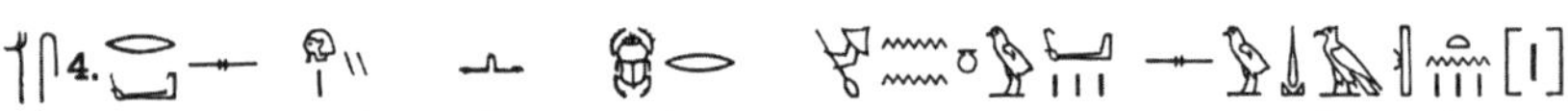

user - s ṭepi ȧn χeper χennu seut'a - ten - ȧ

su fuerza prístina; que no se produzca su separación. Hacedme fuerte

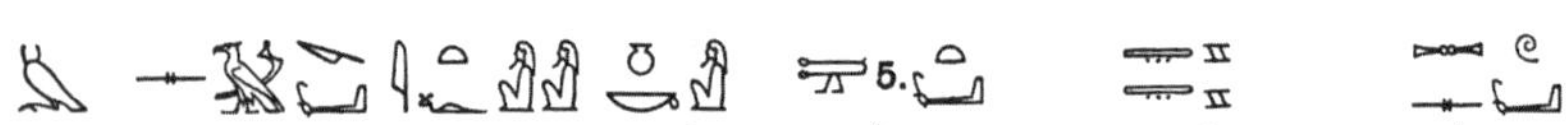

em sema ȧtef - ȧ nuk θet taui θesu

contra el asesino de mi padre. Yo obtengo poder sobre las dos tierras. Ha ligado

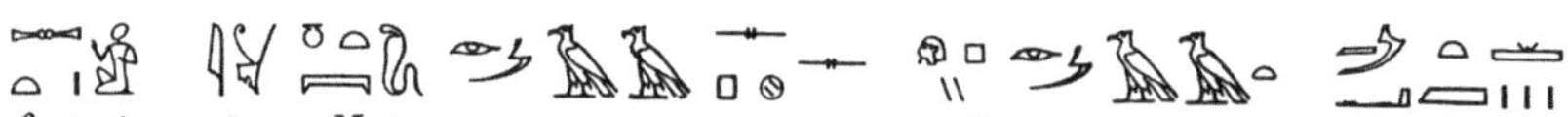

θest - ȧ ȧn Nut maa sep - s ṭepi maat maāt

mis vértebras Nut, viendo su tiempo primero, viéndo[las] en el orden conveniente,

ȧn mes neteru aśemu nuk Penti ȧu - ȧ

[como cuando] no nacían los dioses en formas visibles. Yo soy Penti. Estoy

em āuā neteru āāa Ȧusȧr ān Ani maāχeru

[en condición de ser] el heredero de los grandes dioses, [yo], Osiris el escriba Ani, ¡triunfante!

1. 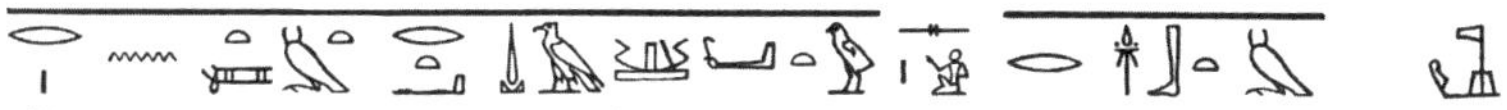

Re en temt erṭāt t'a - tu se er ȧbtet em Neter-χert

Capítulo de no permitir pasar a un hombre hacia el este en el submundo.

t'eṭ ȧn Ȧusȧr Ani ȧ ḥennu

Dice Osiris Ani: Salve, falo.

PLACA XVII

2. 

nui en Rā ennuṭ ḥet' - f χennu χeper χet

ese de Ra, avanzando, él destruye la oposición. Vienen a la existencia cosas

enennu em ḥeḥ em Bȧbȧ user - ȧ ȧm er

inertes durante millones de años desde el dios Baba. Yo soy más fuerte por [eso] que

3. 

useru seχem - ȧ ȧm er seχemu ȧr ȧn

el fuerte, yo tengo poder por [eso] más que el poderoso. Así entonces,

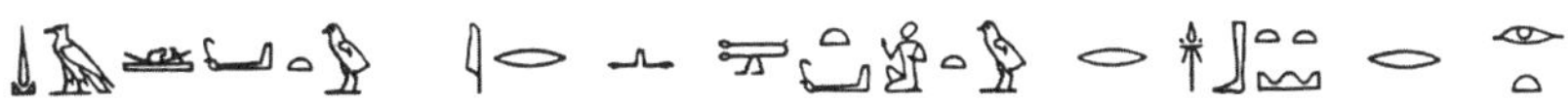

t'a - tu ȧr ȧn θet - ȧ - tu er ȧbtet er ȧrit

no me llevarán, no me arrastrarán por la fuerza hacia el este para realizar

ḥeb sebȧ ȧm em šāṭ ṭut em ḥeset

los festivales de los enemigos allí, [no me harán] cortes malvados, no [encerrando desde cada lado]

em ennuḥti ḥennuti ȧn χer - k ām remu em

ni cortando por los cuernos. No [...] el comer pescado, no

ȧrit tebu-nȧ

serán hechos cortes sobre mí.

ki re

Otro capítulo.

ȧr ȧn ȧritu χet nebt bȧnt er - ȧ em sebȧ em

Así, entonces, no me harán ninguna cosa mala los enemigos, ni

ennuḥti ḥennuti ȧn ām eref ḥennu pui en Rā

me cortarán por los cuernos, no será devorado por lo tanto ese falo de Ra,

t'at'a en Ȧusȧr ȧstu - ȧ ī - ku[ȧ] er aḥet - ȧ ḥesq - ȧ neteru-ȧ

la cabeza de Osiris. Contémplame, vengo a mis campos, yo cosecho, mis dioses

us[eb] - sen ȧm - ȧ ȧn ṭeb - k eref Rā - χeperȧ ȧn

hablan conmigo. No atravieses entonces, Ra-Khepera, no

xeper ka eref benentu em maat Tmu àn

vendrá a ser, en verdad, la enfermedad en el ojo de Tmu, no

ḥetem - f àn āau - à - tu àn t'a - à - tu er

será destruido. No dejéis que llegue mi fin, no dejéis que sea yo llevado al

àbtet er àrit ḥeb sebà àm - à ṭut àn àritu

este para realizar los festivales de los enemigos [hostiles] a mí; malvados, que no me

šāṭ àm - à ṭut àn t'ait - à er àbtet Àusàr

hagan cortes malvados; que no sea yo llevado al este, Osiris

ān ḥesb ḥetep neter en neteru nebu Ani maāxeru

el escriba, contable de las divinas ofrendas de todos los dioses Ani, triunfante

maāxeru nefer neb àmax

con una feliz victoria, señor de reverencia.

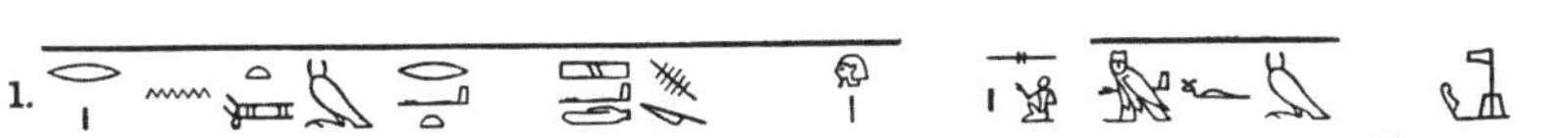

Re en tem ertāt šāṭ ṭep se mā - f em Neter - xert

Capítulo de no permitir que le sea cortada la cabeza a un hombre en el submundo.

t'eṭ àn Àusàr Ani Ani nuk ur se

Dice Osiris Ani [sic]: Yo soy el Grande, hijo de

ur nesert se nesert erṭāi - nef ṭep - f em - χet

el Grande, Fuego, hijo del Fuego. Le dieron su cabeza después

šāṭ - tuf ȧn neḥem - tu ṭep en Ȧusȧr mā - f ȧn

de que fuera cortada; no alejaron de él la cabeza de Osiris, no

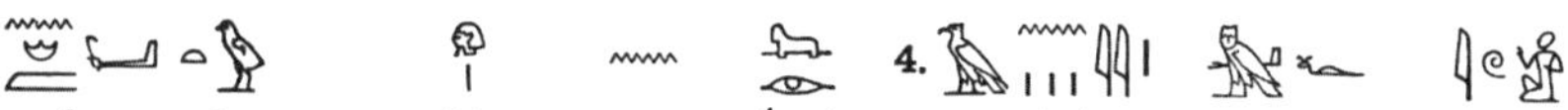

neḥem - tu ṭep en Ȧusȧr 4. *Ani mā - f ȧu - ȧ*

alejarán de él la cabeza de Osiris Ani. Yo tengo

θesu - kuȧ maā - kuȧ renpȧ - ku[ȧ] nuk

ligados mis miembros, me he hecho a mí mismo sano y salvo, me he vuelto joven, yo soy

Ȧusȧr pu neb ḥeḥ

Osiris, ¡Señor de la eternidad!

1. 

re en erṭāt ṭemȧ ba χat - f em Neter-χert t'eṭ ȧn

Capítulo de causar que esté unida el alma con su cuerpo en el submundo. Dice

Ȧusȧr Ani ȧ Ȧnnitu ȧ peḥ - reri pu

Osiris Ani: Salve, ¡dios Annitu! Salve ¡corredor

2. 

ȧmi seḥ - f neter āa ṭā - k itu - nȧ ba - ȧ em bu

que habitas esta morada! Oh gran dios, garantiza que pueda venir a mí mi alma desde cualquier lugar

neb enti - f àm àr ut'efau ànen - tu - nà 3. *ba - à*

donde esté. Si [hubiera] retraso tráeme mi alma

em bu neb enti - f àm qem - k maat Ḥeru āḥā - θà erek

desde cualquier lugar donde esté. [Si me] encontraras, oh ojo de Horus, sustenta[me],

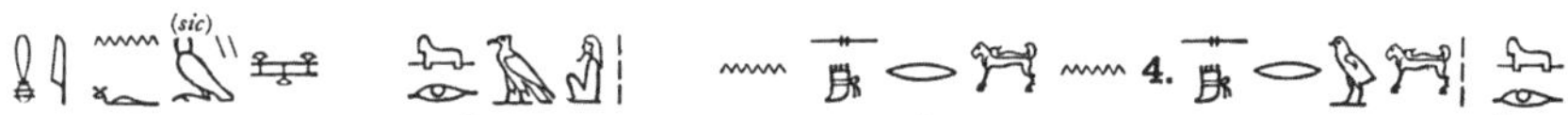

mà nefai (sic) *. . . Àusàra en st'er en* 4. *st'eru Àusàr*

como esos seres que son como Osiris, que no se tumben [ellos], no dejes yacer a Osiris

Ani maāχeru maāχeru em Ànnu ta em χa en

Ani, triunfante, triunfante, en Heliópolis, el país donde [hay] miles de

ṭemà àu - f θet - nà ba - à χu - à 5. *maāχeru - à*

uniones. Ha llevado él lejos de mí mi alma, mi inteligencia [y] mi triunfo

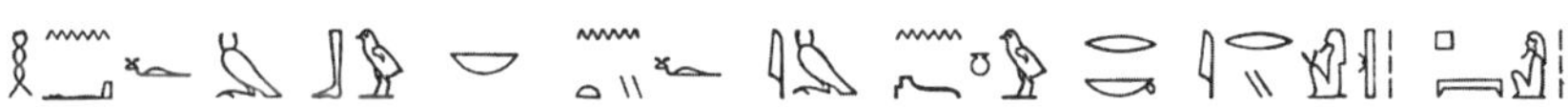

ḥenā - f em bu neb enti - f àm ennu erek àri pet

con él hacia cada lugar que está allí. Ve por tanto el guardián del cielo

en ba - à àr 6. *ut'efau erṭā - nek maa ba - à*

mi alma. Si [hubiera] retraso, garantízame tú que mi alma vea

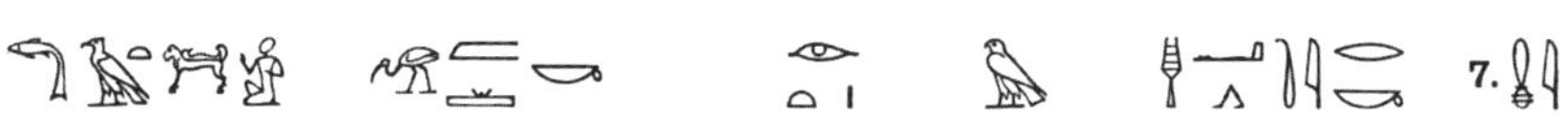

χat - à qem - k maat Ḥeru āḥā - θà erek 7. *mà*

mi cuerpo. [Si] tú [me] encuentras, oh ojo de Horus, susténta[me] entonces como

nefai à neteru setau em uàa en neb

[esos seres que son como Osiris.] Salve, dioses que remáis en la barca del señor

ḥeḥ àniu ḥert en ṭuat seḥeriu uat

de millones de años, que [la] guiais sobre el submundo, que la hacéis pasar sobre los caminos

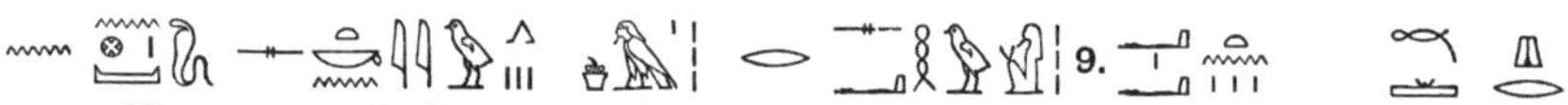

en Nu setekeniu baiu er sāḥu āāui - ten meḥ χer

de Nu, que hacéis entrar las almas en las momias, vuestras manos [están] llenas de

āqa - ten amem - f - ten χer māta - ten ṭer - ten

tu rectitud, vosotros la recogéis con vuestras manos sosteniendo vuestros cetros, destruid

χeft ḥā uà ut'a neter āa em ḥetep àsu erṭāt-[t]en

al enemigo. Regocíjase la barca, avanza el gran dios en paz. Así pues, otórgame

per ba pen en Àusàr Ani maāχeru χer neteru maāχeru

que aparezca esta alma de Osiris Ani, triunfante ante los dioses, triunfante

χer χept en [te]n em χut àbtet ent pet er ses er bu

ante vuestras personas, desde el horizonte oriental del cielo para seguir hasta el lugar

χer - f en sef em ḥetep sep sen χer Àmentet maa - f χat - f

donde él estaba ayer en paz, dos veces, hacia Amenta. Que pueda él ver su cuerpo,

ḥetep - f ḥer sāḥ - f àn sek - f àn ḥetem - f en

que pueda descansar sobre su momia. Que no perezca nunca, que no sufra la destrucción de

t'et en t'etta t'eṭ ḥer ba en nub meḥ em āat erṭāu en

su cuerpo para siempre. Para ser dicho sobre un alma de oro con una inserción de piedra y

se śenbet - f Àusàr

puesto para una persona en su cuello Osiris.

1\. *Re en temt erṭā χenà - tu ba se em Neter-χert*

Capítulo de no causar que esté encerrada el alma de una persona en el submundo.

t'eṭ àn Àusàr Ani à qa ṭuau - f - tu ur

Dice Osiris Ani: Salve, exaltado, el que es adorado, poderoso

2\. *baiu ba āā śefśeft ṭāṭā neru - f en neteru χāā*

de alma, carnero, poderoso de terror, que causa miedo de sí mismo en los dioses, con la diadema

ḥer nest - f urt àri - f uat en χu 3. *en ba en*

en su trono poderoso. Él hizo el camino para la inteligencia, para el alma de

Àusàr Ani àu - à āper - k[uà] nuk χu āper àri - nà

Osiris Ani. Yo soy provisto, soy una inteligencia provista, he hecho

uat er bu enti Rā 4. *Ḥet Ḥeru ȧm ȧr reχ re pen*

el camino al lugar en el que Ra [y] Hathor están. Si fuera conocido este capítulo,

ȧu - f χeper-f em χu āper em Neter-χert ȧn χenȧ - tuf

él se convertiría en una inteligencia provista en el submundo, no lo dejan fuera

ḥer sebχet neb en Ȧmentet em āq per nu

en puerta alguna en Amenta, al entrar y salir del cielo.

1. *Re en un ȧsi en ba en χaibit pert em*

Capítulo de abrir la tumba al alma y a la sombra, de aparecer de

hru seχem em reṭui t'eṭ ȧn Ȧusȧr ān Ani

día y de conseguir poder sobre las piernas. Dice Osiris, el escriba Ani,

maāχeru 2. *unt un - θȧ χetem χetem - θȧ st'er*

triunfante: El lugar de limitación está abierto, eso que está cerrado está cerrado, póstrate;

unt unθȧ en ba-ȧ ȧmi - s maat Ḥeru

el lugar de limitación está abierto a mi alma que habita en él. El ojo de Horus

seśeṭu - ȧ sment 3. *χakeru em ȧpt Rā peṭ*

he ligado, estableciendo esplendor sobre la frente de Ra; están extendidos

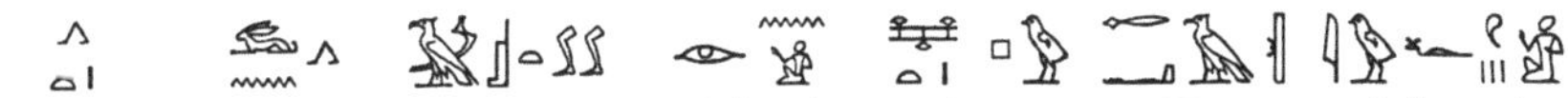

nemmat un mast ȧri - nȧ uat pu āāa ȧuf - ȧ

los escalones, están levantados los muslos. Yo he hecho ese gran camino, mis miembros

ruṭ nuk Ḥeru net' tef - f ȧn ureret

son vigorosos. Yo soy Horus, el vengador de su padre. Traigo la corona *ureret*

em meṭ - f un uat en baiu ȧu ba - ȧ f maa - f

sobre su bastón. Abierto [está] el camino a las almas. Mi alma [sic] ve

PLACA XVIII

neter āa em - χennu uȧa en Rā hru baiu ȧu

al gran dios dentro de la barca de Ra [en] el día de las almas. Está

ba - ȧ ȧu em ḥāt emmā ȧp renput māā seśeṭ - nȧ

mi alma al frente, entre ésos que calculan los años. Ven, ha salvado para mí

ba - ȧ maat Ḥeru en [s]men χakeru - ȧ em ȧpt

mi alma el ojo de Horus, [que] estableció mis [sic] esplendores sobre la frente de

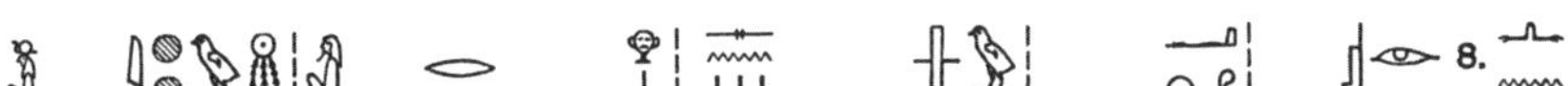

Rā ȧχeχu er ḥrȧu-sen ȧmu āt Ȧusȧr ȧn

Ra y rayos de luz sobre los rostros de aquellos que están en los miembros de Osiris. No

χenȧ - ten ba - ȧ ȧn saa - ten χaibit-ȧ un uat

cerréis mi alma, no encadenéis mi sombra, que haya un camino abierto

en ba - ȧ en χaibit-ȧ maa - f neter ā̄a em - χennu

para mi alma y para mi sombra, que ellas vean al gran dios dentro

kerȧ hru ȧp baiu nem - f t'eṭet en Ȧusȧr en

del templo en el día del juicio de las almas, que repitan las palabras de Osiris. Los

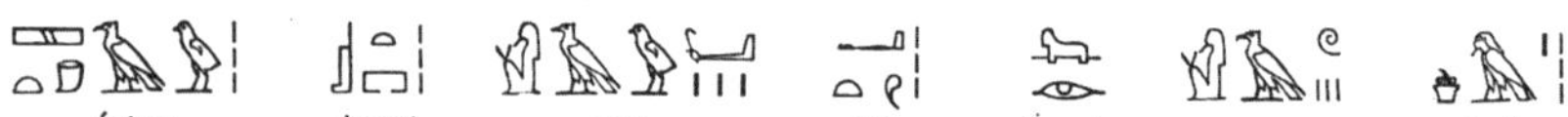

šetau ȧuset sau āt Ȧusȧr sau baiu

seres ocultos de las moradas, encadenadores de los miembros de Osiris, encadenadores de almas y

χu χetemi ḥer χaibit mitmitu ȧriu ṭut er - ȧ ȧn

del *khu*, que encierran la sombra de los muertos, que me pueden hacer mal, no

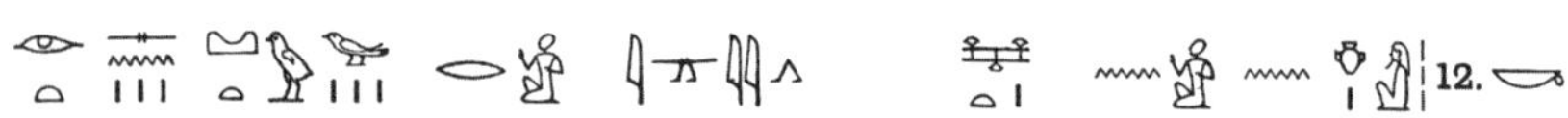

ȧrit - sen ṭut er - ȧ ȧsebi uat nȧ en ȧbu - k

puedan hacerme mal, que alejen [sus] caminos de mí. Tu corazón está

ḥenā - k ba - ȧ χu - ȧ āper en sem - sen - tu

contigo. Que puedan mi alma y mi *khu* ser provistos contra su pasaje.

ḥems - kuȧ em χenti urt χenti ȧuset ȧn

Que yo me siente entre los grandes que habitan en sus asientos; que no

χenȧ - tuk ȧn sau āt Ȧusȧr sau baiu

me limiten los encadenadores de los miembros de Osiris, los encadenadores de almas,

χetem ḥer χaibit mitmitu ȧn ȧu net'ert - k ȧn pet

que encierran las almas de los muertos. ¿No es tu lugar de posesión el cielo?

ȧr reχ re pen ȧuf per - f em hru ȧn χenȧ - tu ba - f

Si fuera conocido este capítulo, él aparecería de día, no está encerrada su alma.

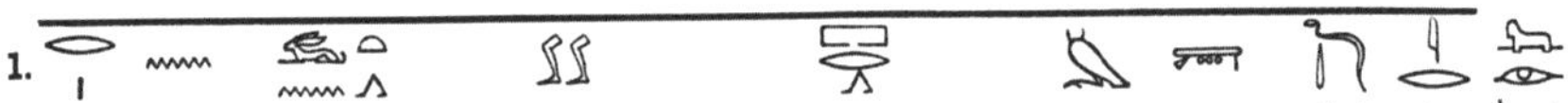

re en unt reṭ per em ta ṭ'eṭ ȧn Ȧusȧr

Capítulo de caminar con las dos piernas y de venir a la tierra. Dijo Osiris

Ani ȧri - k ȧrit - k en Seker sep sen ȧmi qerert - f

Ani: Había hecho para ti todos los trabajos tu Seker, dos veces, dentro del lugar donde mora

ȧmi reṭ - ȧ em Neter-χert nuk pesṭ ḥeri uart pet

dentro de mis piernas en el submundo. Yo brillo sobre la Pierna del Cielo,

per - ȧ em pet ḥefṭ - ȧ ḥer χu ȧ

yo aparezco desde el cielo, me siento al lado del divino Espíritu. Aunque

enen - kuȧ sep sen šemt - ȧ enen - kuȧ em ḥer

soy débil y endeble, dos veces, yo voy caminando, yo soy débil y no tengo movimiento en presencia de

àbeḥ t'a [re] sen em Neter - χert Ȧusȧr ān Ani

los dientes, rechinó su boca en el submundo, Osiris, escriba Ani,

maāχeru em ḥetep

triunfante en paz.

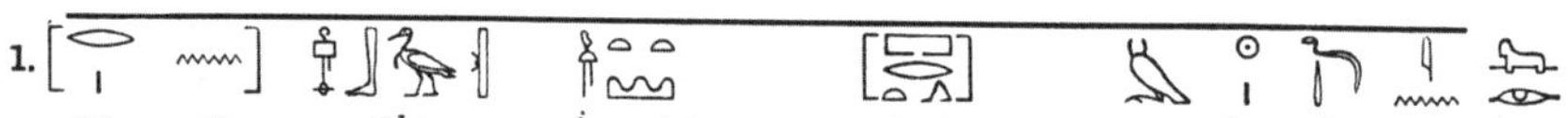

1. *re en āba Ȧmentet pert em hru t'eṭ ȧn Ȧusȧr*

Capítulo de pasar a través de Amenta [y de aparecer] de día. Dijo Osiris

Ani unu unnu χetem 2. *ṭep.... Teḥuti ȧqer maat*

Ani: Abierto está Unnu, cerrada [está] la cabeza de Thoth, perfecto es el ojo de

Ḥeru seśeṭu - ȧ maat Ḥeru χu χakeru .... em ȧpt

Horus. Yo he salvado el ojo de Horus, brillando de esplendores [...] sobre la frente de

Rā 3. *ȧtef neteru nuk Ȧusȧr pui enen [ȧm] Ȧmentet reχ*

Ra, el padre de los dioses, [yo soy] ese Osiris, misma morada en Amenta. Conoció

en Ȧusȧr hru - f tem - f unen ȧm ȧn unen - ȧ 4. *ȧm nuk*

Osiris su día, no existió él allí, no existiré yo allí, yo soy

āāḥ ȧmi neteru ȧn tem - ȧ āḥā ȧrek Ḥeru

la luna entre los dioses, que no venga a mí el final. Álzate entonces, Horus,

àp - f - tu *emmā* *neteru*

él te ha contado entre los dioses.

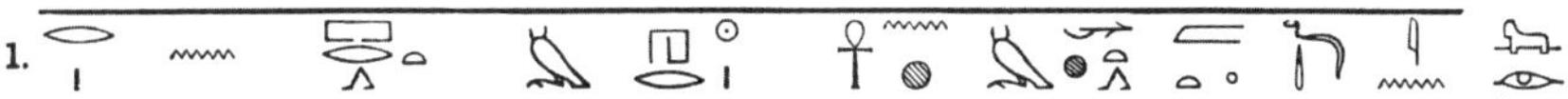

Re *en* *pert* *em* *hru* *ānχ* *emχet* *mit* *t'eṭ* *àn* *Àusàr*

Capítulo de aparecer de día [y] de vivir después de la muerte. Dijo Osiris

Ani *à* *uā* *uben* *em* *àāḥ* *à* *uā* *pesṭ* *em*

Ani: Salve al único Uno, brillando desde la luna, salve al único Uno, brillando desde

àāḥ *pert* *Àusàr* *Ani* *pen* *em* *āšt - k* *tui*

la luna. Que aparezca este Osiris Ani entre esas multitudes tuyas

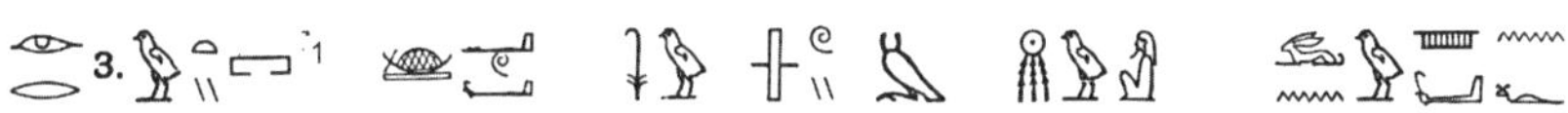

àreruti *uāu* *su* *àmui* *em* *χu* *unu - nef*

de fuera; que esté establecido él entre los brillantes; que le sea abierto

ṭuat *àsk* *Àusàr* *Àusàr* *Ani* *pert* *em* *hru* *er*

el submundo. Contempla Osiris, Osiris Ani aparecerá de día para

àrit *mert - f* *ṭep* *'ta* *emmā* *ānχiu*

hacer su voluntad sobre la tierra entre los vivos.

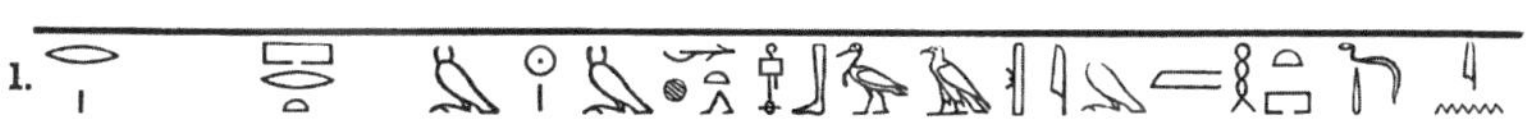

Re *pert* *em* *hru* *emχet* *āba* *àmmehet* *t'eṭ* *àn*

Capítulo de aparecer de día después de haber atravesado la tumba. Dijo [Osiris]

1. Léase .

Ani à ba āa śeft 2. *māk - à ī - kuà*

Ani: Salve, alma, ¡de gran valor! Verdaderamente yo estoy aquí. Yo he venido,

maa - à - tu āba - à ṭuat maa - à 3. *àtef-f*

te veo, he atravesado el submundo, he visto [a mi] padre

Àusàr seḥeri - à kekiu nuk meri - f ī - nà maa - à

Osiris, he disipado la noche. Yo soy su amado. Yo he venido para poder ver

4. *àtef . . . - à Àusàr ḥesq - à àb pen en Suti àri χet er*

a mi padre Osiris. Yo he apuñalado este corazón de Set, realizando cosas por

àtef - à Àusàr 5. *un - nà uat neb àm pet àm ta nuk se*

mi padre Osiris. Yo he abierto para mí cada camino en cielo, en la tierra. Yo soy un hijo

meri àtef - f Àusàr 6. *sāḥ - kuà χu - kuà*

amante de su padre Osiris. Yo me he convertido en príncipe, me he hecho glorioso,

āper - kuà à neter neb χu neb àri - nà

estoy provisto de lo necesario. Salve, cada dios, brillante cada ser, haced para mí

uat Àusàr ān Ani maāχeru

un camino, el Osiris, el escriba Ani, triunfante.

1. 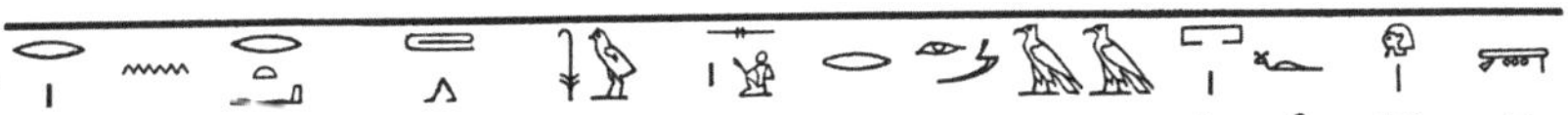

Re en erṭāt rer su se er maa pa - f ṭep ta

Capítulo de hacer retornar a un hombre, para que vea su casa sobre la tierra.

t'eṭ ȧn Ȧusȧr Ani pen nuk . . . . - 2. per em peṭ ȧu

Dijo Osiris Ani esto: Yo soy el duis-León apareciendo con zancadas. Yo he

satet - nȧ ȧu set'eṭefu - nȧ sep sen nuk maat Ḥeru seś - nȧ

disparado flechas, yo he herido [a las presas]; dos veces soy el ojo de Horus, yo he abierto

3. 

maat Ḥeru er trȧ pen peḥ - nȧ uteb māān em

el ojo de Horus [en] esta estación. Yo he llegado a las huellas; que avance en

ḥetep Ȧusȧr Ani

paz Osiris Ani.

1. 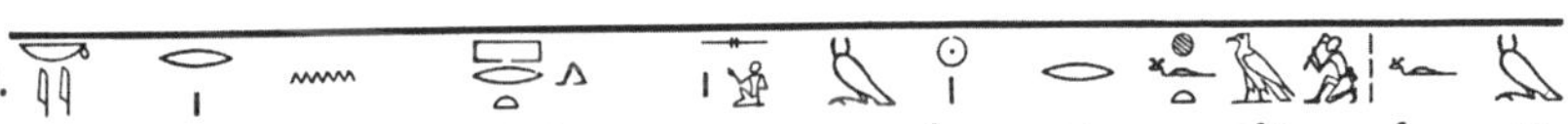

ki re en pert se em hru er χefta - f em

Otro capítulo de aparecer una persona de día contra sus enemigos en

neter - χert āṭ - nȧ pet 2. ba - nȧ χut

el submundo. Yo he dividido el cielo, he pasado a través del horizonte,

śas - nȧ ta er nemmat - f θet - nȧ χu

he atravesado la tierra sobre sus pasos. Toman posesión de mí seres beatíficos

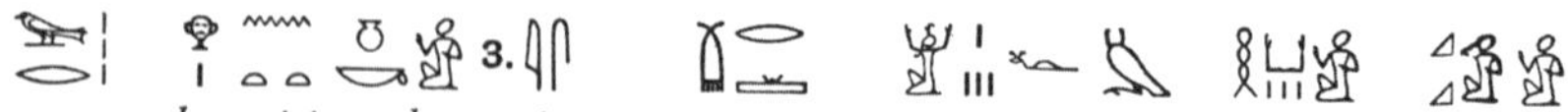

uru ḥer-entet nuk às āper ḥeḥ - f em ḥeka qeq - à

y poderosos porque yo estoy, contempla, provisto de millones de encantamientos. Yo como

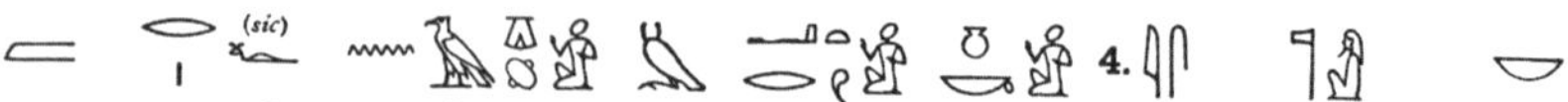

em re - f nak̦ - à em ārt - à nuk às neter neb

con [mi] boca, mastico con mi mandíbula. Yo soy, contempla, el dios, el señor del

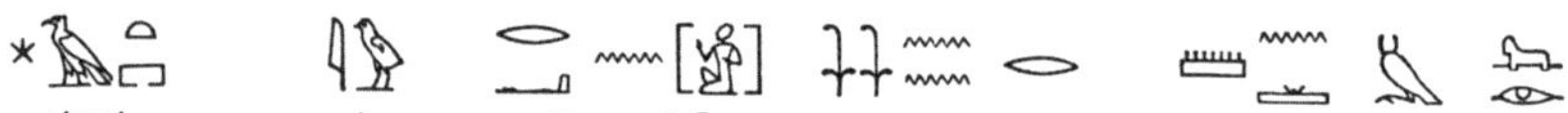

ṭuat àu erṭā - n[à] enen er men em Àusàr

submundo, que se me dé eso que [es] eterno, Osiris

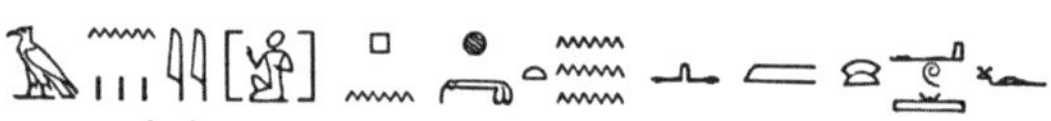

Ani pen χemt em χāāu - f

Ani este, sin su [...]

ṭua Rā em uben - f em χut er χeper ḥetep - f em

Una adoración a Ra en su ascenso sobre el horizonte, cuando se hizo su puesta en

ānχ t'eṭ àn Àusàr ān Ani ànet' - ḥrà - k Rā em

vida. Dijo Osiris, el escriba Ani: Homenaje a ti, Ra en

PLACA XIX

uben - f Tem Ḥeru χuti ṭua - tu neferu-k em maa-à

su salida, Tmu-Harmachis. Adorado eres tú [cuando] tus bellezas están en mis dos ojos,

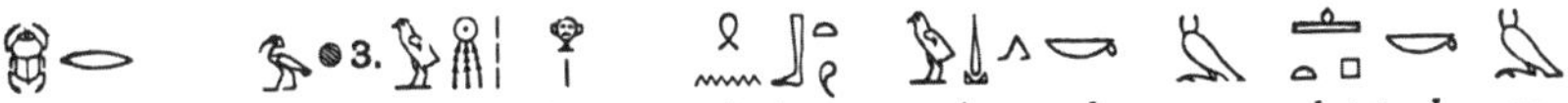

χeper χu ḥer šenbet ut'a - k em ḥetep - k em

y [tus] brillantes rayos sobre [mi] cuerpo. Tú avanzas en paz en

sektet àb - k āu em maāu em āṭtet àb - s

la barca *sektet*, tu corazón está gratificado por los vientos en la barca *atet*; su corazón

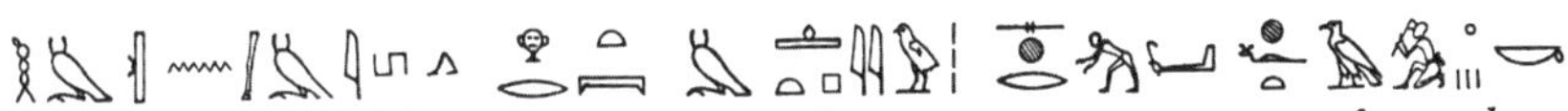

net'em nemà - [k] ḥert em ḥetepu seχer χefta - k

está contento. Tú caminaste sobre el cielo en paz, has desbancado a tus enemigos;

hennu - nek àuχemu urṭu ṭua - tu

te cantan himnos de alabanza las estrellas que nunca descansan, te alaban

àuχemu seku ḥetep em χut ent Manu nefer-θà em

las estrellas que nunca se ponen [cuando] te pones [tú] en el horizonte de Manu, precioso en

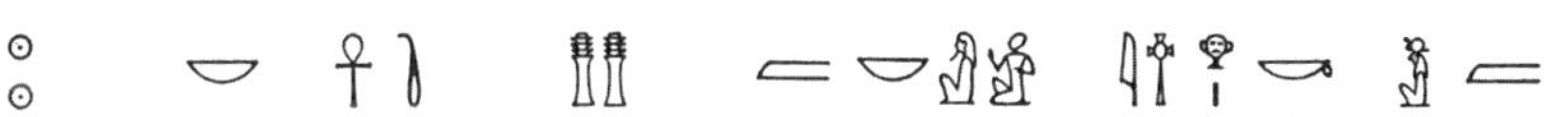

àterti (?) neb ānχ-θà ṭeṭṭeṭ em neb - à ànet'-ḥrà - k Rā em

[las dos mitades del cielo] el señor viviente y establecido como mi señor. Homenaje a ti, Ra, en

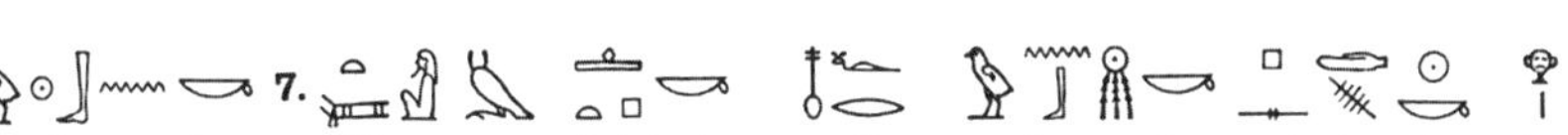

uben - k Tem em ḥetep - k nefer uben - k pesṭ - k ḥer

tu salida, Tmu en tu hermosa puesta. Tú te elevaste, brillaste sobre

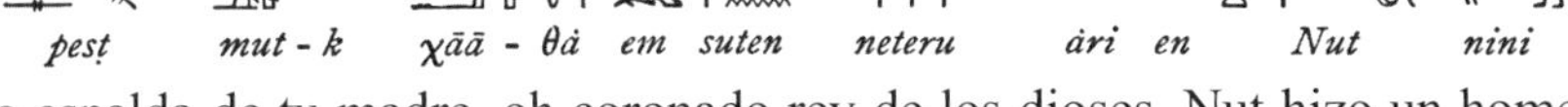

pesṭ mut - k χāā - θà em suten neteru àri en Nut nini

la espalda de tu madre, oh coronado rey de los dioses. Nut hizo un homenaje

en ḥrȧ - k ḥept - tu Maāt er trȧui nemȧ - k

a tu rostro, Maat te abraza en la doble estación. Tú caminaste

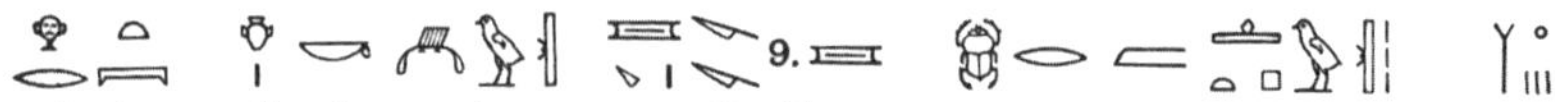

ḥert ȧb - k āu mer Ṭes Ṭes χeper em ḥetepu Sebȧu

sobre el cielo, tu corazón está contento, el Lago de Testes se quedó en paz. El enemigo

χer āāui - f aqesau seḥeq en ṭemt θeset - f

había caído, sus dos brazos y manos están cortados, ha cortado el cuchillo sus tendones.

unen Rā em maāt nefer sektet sek - nes peḥ su

Ra está en los vientos suaves, la barca *sektet* los aprovechó, llegó

setau tu qemāiu meḥtaiu ȧmentaiu ȧbtetiu ḥer

remolcada por el camino. [Los dioses de] el sur, norte, oeste [y] este están para

ṭua - k pautti χeperu uṭ χeru ta

alabarte, el doble *Paut* de formas de existencia; enviando adelante la palabra, la tierra

bāh em seḳer uā χeper ȧmtu pet ȧn

está inundada de silencio. Oh Único, existente en el cielo [cuando] no

χeper set ṭu peḥreru(?) neb uā ȧri

había venido a la existencia la tierra y las montañas, corredor, señor, Único, hacedor de

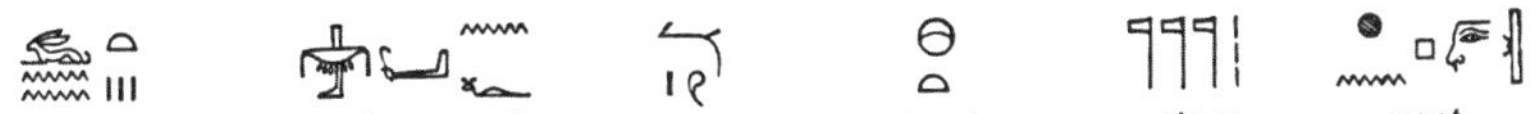

unenet nub - nef nes paut neteru χenp

las cosas que existen, él había formado la lengua del ciclo de los dioses, extrayendo

enti em mu per - k àm - f her nept ent

eso que está en las aguas tú apareces de ellas sobre la tierra inundada del

šet Heru 13. *tepà - à nifu per em fent-k mehit*

Lago de Horus. Yo huelo el aire que surge de tu nariz, y el viento

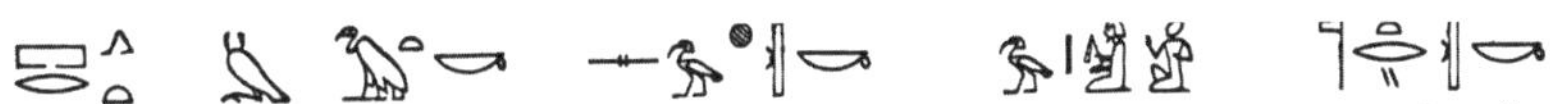

pert em mut - k seχu - k χu - à neteri - k

que surge de tu madre. Haz glorioso a mi ser beatificado, fortalece tú,

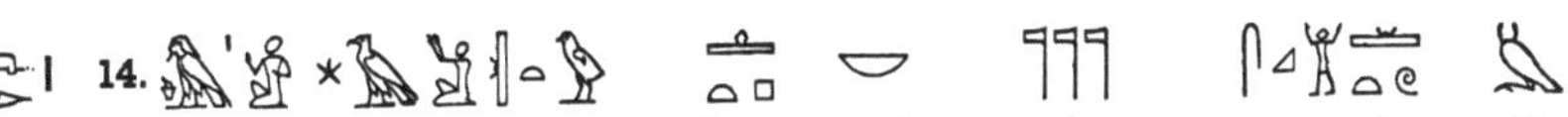

Ausàr 14. *ba - à tua - tu hetep neb neteru seqa - tu em*

Osiris, mi alma. Adorado eres [en] paz, oh señor de los dioses, tú eres exaltado por

bàit - k satu - k satu her šenbet - à mà hru

razón de tus cosas maravillosas. Brilla [con tus] rayos sobre mi cuerpo diariamente,

15. 

Àusàr ān hesb hetep neter en neteru nebu mer šenti

Osiris, escriba y contable de las ofrendas divinas de todos los dioses, superintendente de los graneros

en nebu Àbtu suten ān maā meri - f Ani maāχeru

de los señores de Ábidos, real escriba verdadero que lo ama, Ani, triunfante

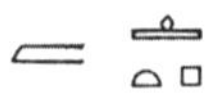

em ḥetep

en paz.

ṭuau Ȧusȧr neb t'etta Unnefer Ḥeru - χuti āšt

Adoración a Osiris, el señor de eternidad, Un-nefer, Horus del doble horizonte, numerosas

χeperu āā ȧru Ptaḥ Sekri Tmu em Ȧnnu

son sus formas de existencia, poderoso de contornos, Ptah-Socharis-Tmu en Heliópolis,

neb šeθit χnem - f Ḥet-ka-Ptaḥ neteru pu sem

señor de la casa oculta, él ha creado Menfis y los dioses, guía del

ṭuat χu - sen - tu ḥetep-k em Nut ḥepti - θ Ȧuset

submundo, ellos te glorifican cuando te sitúas en Nut. Te abraza Isis

em ḥetep seḥeru - s t'ai em re uat - k ṭā - nek

en paz, ella aleja a los enemigos de la boca de tus caminos. Tú diste

ḥrȧ - k er Ȧmentet seḥet' - k taiu em smu st'eriu

tu rostro en Amenta, hiciste brillante el mundo [como] con metal *smu*; los muertos

āḥā er maa - nek tepȧ - sen meḥu maa-sen ḥrȧ - k mȧ uben

se alzan para verte; ellos respiran los aires, ven tu rostro al elevarse

àten em χut - f àb - sen ḥetep ḥer maa - nek entek

el disco en su horizonte; sus corazones están en paz porque te ven, tú eres

ḥeḥ t'etta

eternidad y duración eterna.

1. *ànet' ḥrà - k χabes em Àn hamemet em χer-āba*

Homenaje a ti, [señor de] deidades estelares en An, [y de] seres celestiales en Kher-aba,

Unti χu er neteru šeta àmt Ànnu

[tú] dios Unti, más glorioso que los dioses ocultos en Heliópolis.

2. *ànet' ḥrà - k Àn em Àn-ṭes Ḥeru em χuti peṭ nemmat*

Homenaje a ti, An en Antes [?], Horus en el doble horizonte, de paso largo,

t'a - f ḥert entef Ḥeru - χuti 3. *ànet' ḥrà - k ba*

él avanzó sobre el cielo; él es Horus del doble horizonte. Homenaje a ti, Alma

pu en ḥeḥ Bai àmi Ṭeṭṭeṭu Un-nefer se

perdurable, Alma [o dios-Carnero] que habita en Tattu, Un-nefer, hijo de

Nut entef neb Àkert 4. *ànet' ḥrà - k em ḥeq - k Ṭeṭṭu*

Nut; tú eres el señor de Akert. Homenaje a ti en tu dominio sobre Tattu,

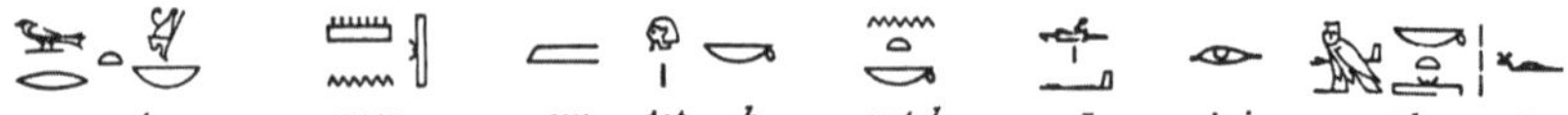

urert men em ṭep - k entek uā àri māket - f

la corona *ureret* está establecida sobre tu cabeza; tú eres el Uno, hacedor de su fuerza,

ḥetep - k em Ṭeṭṭu 5. *ànet' ḥrà - k em neb Nārt erṭāt*

tú estás en paz en Tattu. Homenaje a ti como señor del árbol de acacia, que colocan

Seker ḥer temt - f χesef Sebàu àri ṭu

la barca *seker* sobre su trineo, tú echas atrás al enemigo, el hacedor del mal,

ṭā ḥetep ut'at er àuset-s 6. *ànet' ḥrà - k user em atet - f*

haciendo descansar el *utchat* en su lugar. Homenaje a ti, el fuerte, en su momento,

ur āā χent Na - àreṭ - f neb ḥeḥ àri

el Grande, poderoso, en la cabeza de Na-aret-f, señor de eternidad, hacedor de

t'etta entek neb Sutenḥenen 7. *ànet' ḥrà - k ḥetep ḥer*

duración eterna, tú eres señor de Heracleópolis. Homenaje a ti, que descansas sobre

maāt entek neb Àbṭu χnem en ḥāu - k Tasertet

la Rectitud y la Verdad, tú eres el señor de Ábidos, tus miembros están unidos al submundo,

entek betu - f ḳer 8. *ànet' ḥrà - k ḥer-àb uàa - f*

tú eres él [que] odia el fraude y las artimañas. Homenaje a ti dentro de su barca,

ȧn en Ḥāpi em tepḥet - f uben śu ḥer χat - f entef

que lleva a Hapi desde su lugar de origen; brilló la luz sobre tu cuerpo; tú eres

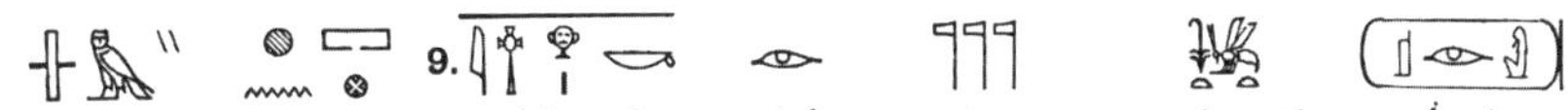

ȧmi Neχen ȧnet' ḥrȧ - k ȧri neteru suten net Ȧusȧr

el habitante de Nekhen. Homenaje a ti, hacedor de los dioses, [Rey del norte y del sur] Osiris

maāχeru ḳer taiu em sep - f menχ entef pu neb ȧṭeb

triunfante, maestro de los vientos en sus estaciones clementes, tú eres el señor del mundo.

ṭā - k - nȧ uat seś - ȧ em ḥetep nuk āq ȧn t'eṭ - ȧ

Otórgame un camino que yo pueda atravesar en paz. Yo soy justo y verdadero, no he dicho

ḳer em reχ - ȧ ȧn ȧri - ȧ sep sen

mentiras con conocimiento, no he actuado con un doble motivo.

PLACA XX

ṭua - ṭuau[1] *Rā χeft uben - f em χut ȧbtet ent*

Adoración a Ra cuando se eleva en el horizonte oriental del

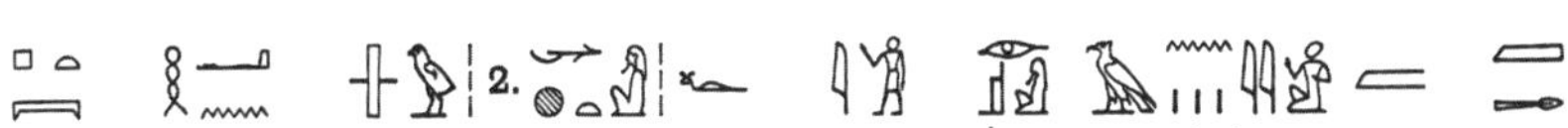

pet ḥā en ȧmu - χet - f ȧ Ȧusȧr Ani em maāχeru

cielo. Se regocijan cuantos están en su séquito. Salve, Osiris Ani en triunfo,

1. Para un texto similar, véase Lepsius, *Todtenbuch*, Bl. iv.

t'eṭ - f à àṭen pui neb satetu uben em χut ḥru

dijo él: Salve, disco, señor de los rayos, que se eleva en el horizonte cada día;

neb pesṭ - k em ḥrà en Àusàr Ani em maāχeru ṭua - f

brilla tú sobre el rostro de Osiris Ani, en triunfo. Él te adoró

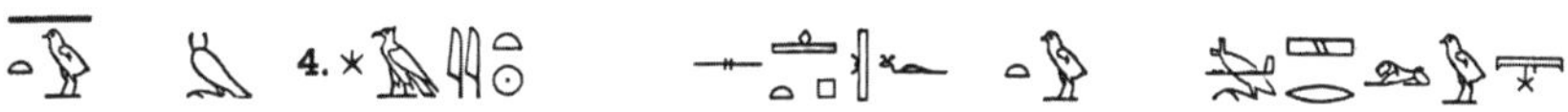

tu em ṭuait se - ḥetep - f tu māśeru

al amanecer, él te hizo descansar con alabanzas al atardecer.

per ba en Àusàr Ani maāχeru ḥenā - k er pet

Que aparezca el alma de Osiris, Ani, victorioso contigo en el cielo,

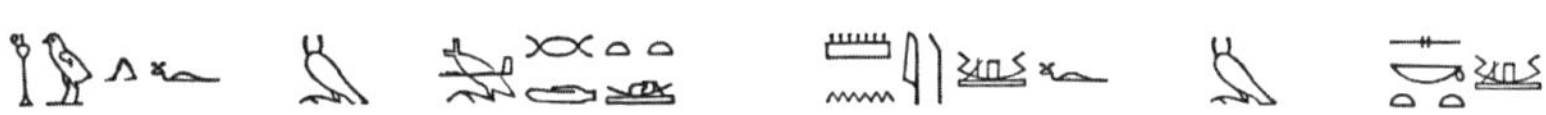

utu - f em Māāṭet menà - f em Sektet

que avance en la barca *maatet*, que venga a puerto en la barca *sektet*,

àbeχ - f em àχemu - urṭ em pet Àusàr Ani

que pase, entre las estrellas que se ponen en los cielos. Osiris, Ani,

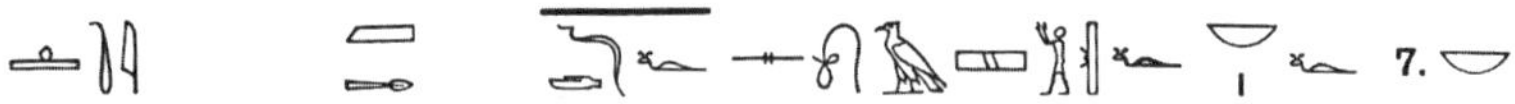

ḥetep-θà maāχeru t'eṭ - f suaś - f neb - f neb

estando en paz y en triunfo, dijo él, adora a su señor, el señor de

ḥeḥ ànet' - ḥrà - k Ḥeru - χuti χeperà pu

la eternidad, [diciendo]: Homenaje a ti, Horus de los dos horizontes, es Khepera [quien]

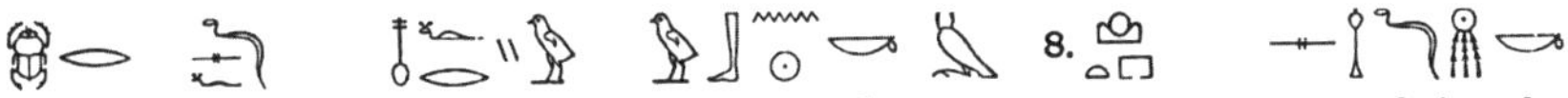

χeper t'esef neferiu uben - k em 8. *χut se - ḥet' - k*

se creó a sí mismo; doblemente hermoso [es] tu amanecer en el horizonte, tú brillaste sobre

taiu em satu - k neteru nebu em ḥāāui

las dos tierras con tus rayos. Todos los dioses se regocijan [cuando]

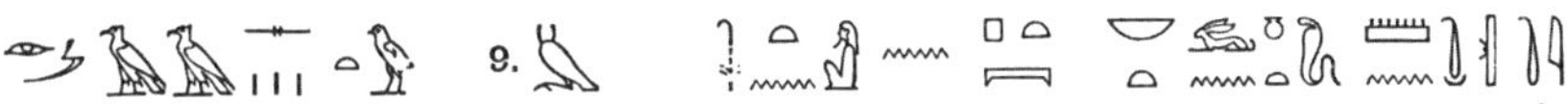

maa - s[en] tu 9. *em suten en pet Nebt-Unnut men - θà*

te ven la condición de rey del cielo. Nebt-Unnut está situada

em ṭep - k qemāt - s meḥt - s em àpt - k

sobre tu cabeza; su porción del sur [y] su porción del norte [están] sobre tu frente;

10. *àu àri - nes àuset-s em ḥāt - k Teḥuti men em ḥāt uàa - k*

ella hizo su lugar ante ti. Thoth está fijado al frente de tu barca

ḥer sesunneṭ χefta - k 11. *nebu àmu ṭuat per*

para aniquilar a todos tus enemigos. Aquellos que habitan en el submundo vienen

em χesefu - k er maau sem 12. *pu nefer*

a encontrarse contigo en homenaje, y para ver esa preciosa imagen [tuya].

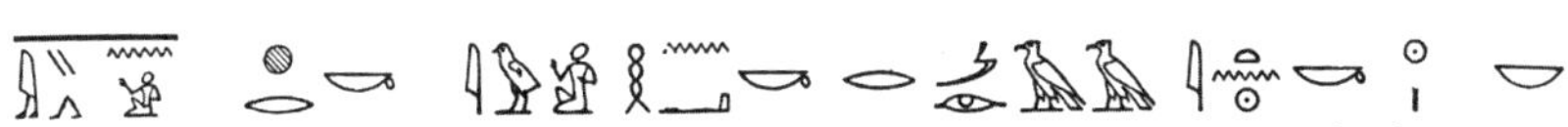

ī - nà χer - k àuà ḥenā - k er maa àten - k hru neb

Yo he venido ante ti, que esté yo contigo para ver tu disco cada día,

àn χenà - tu àn šenār - tu maiu ḥāu - à

que [yo] no esté encerrado dentro, que no me echen atrás, que sean renovados mis miembros

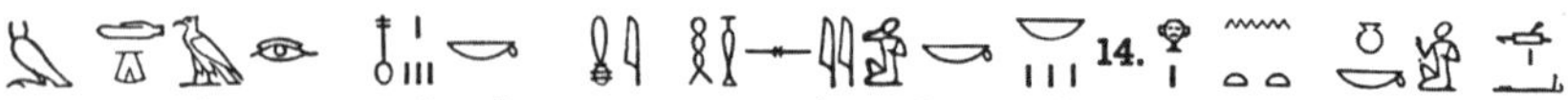

em ṭeḳa neferu-ḳ mà ḥesi - k nebu ḥer entet nuk uā

por la vista de tus bellezas, como todos tus favoritos, porque yo soy uno

em ennu en šepses - nek ṭep ta àu peḥ-nà er ta en

de ésos que te adoraron sobre la tierra. Que llegue al país de

ḥeḥ χnem - nà er ta en t'etta entek às utu - nà

la eternidad, que esté yo unido al país de eterna duración; tú, contempla, lo has ordenado para mí,

set neb - à à Àusàr Ani maāχeru em ḥetep maāχeru t'eṭ - f

mi señor. Salve Osiris, Ani, victorioso en paz, victorioso, dijo él:

ànet' - ḥrà - k uben - k em χut - k em Rā ḥetep ḥer Maāt

Homenaje a ti, tú te elevaste en tu horizonte como Ra, establecido por Maat.

t'a - k pet ḥrà neb ḥer maa - k māšemt - k

Tú pasaste sobre el cielo, cada rostro está para observarte a ti y a tu progreso,

àmen em ḥrà - sen ṭā - k - tu ṭuat em

escondido de su[s] rostro[s]; tú te diste a ti mismo [al] amanecer [y] al

māšeru hru reṭiu seqṭeṭ χer

atardecer [cada] día. Avanzó con fuerza la barca *sektet* teniendo

ḥen - k satu - k em ḥrȧu ȧn reχ - set smu (?) ȧn

tu majestad; tus rayos brillan en [todos] los rostros, no son conocidos [tus] rayos, no

smȧ ȧmmu - k taiu nu neteru maa - entu ḥer

se pueden contar. Los países de los dioses deben ser mirados, y

ān set nu Punt er sȧp - tu ȧmen

los colores de los países orientales de Punt para que sea computado lo que está oculto.

ȧri - k uā - θȧ sem un - re - f χeperu - k

Tú hiciste solo, por ti mismo, [tu] forma en su apariencia, viniste a la existencia

'tep Nu ȧuf er māšem - f mȧtet er māšemt - k

sobre Nu. Él, que progrese tal como tú progresaste,

ȧn ȧri - nef ābu mȧ ḥen - k hru ketet ḥept

que no haga cesación tal como [tu majestad no hizo cesación] durante un periodo pequeño, caminando,

uau - θȧ ȧtru em ḥeḥ ḥefnu at

viajando sobre distancias de millones de años [y de cientos de miles] en un momento *śerȧt ȧru - nek set ḥetep - nek* 23. *qam - nek unnut*

pequeño; tú lo hiciste y te pusiste. Tú finalizaste las horas

ḳerḥ mȧtet mesmes - nek set qam - nek mȧ

de la noche; asimismo, te dedicas a contarlas; tú [las] finalizaste de acuerdo con

entā - k het' - ta 24. *ṭā - k - tu er rā - k*

tus estatuas, y la tierra se convirtió en luz. Tú te entregaste a tu trabajo

em Rā uben - k em χut Ȧusȧr ān Ani

bajo la forma de Ra, te elevaste en el horizonte. Osiris, el escriba Ani

maāχeru t'eṭ - f 25. *ṭua - f tu em pesṭ - k t'eṭ - f nek*

triunfante, dijo él, él te adoró en tu brillar, él te dijo

em uben - k ṭuau - k em seqa χeperu - k

cuando te elevaste al hacer el amanecer, exultante al venir a la existencia:

26. *χāā - k em seāāa neferu-k ḥepiu - u nub - k ḥāu - k*

Tú estás coronado en la majestad de tus bellezas, avanzando moldeaste tus miembros,

messu ȧt men mestu - f em 27. *Rā uben em*

llevándolos adelante sin dolor; él ha nacido en la forma de Ra, elevándose en

ḥert | *ṭā - k* | *peḥ - à* | *ḥert* | *ent* | *ḥeḥ*

las regiones superiores. Otórgame que pueda alcanzar el cielo de la eternidad

set | *ent* | *ḥesiu* | *sama - à* | *em* | *χu* | *šepsi*

y la montaña de [tus] favoritos, que me una a los seres brillantes, santos

àqer | *nu* | *Neterχert* | *per - à* | *ḥenā - sen* | *er* | *maa* | *neferu-k*

y perfectos del submundo, que emerja con ellos para ver tus bellezas,

PLACA XXI

uben - k | *māšeru* | *nemmà - nek* | *mut - k* | *Nut*

[como] tú brillaste al atardecer y fuiste a tu madre Nut.

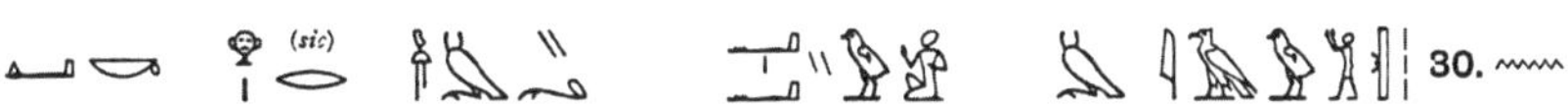

ṭā - k | *ḥrà-[k]* (sic) | *unemi* | *āāiu - à* | *em* | *àau* | *en*

Tú le diste tu rostro al oeste, y mis dos manos están en adoración cuando

ḥetep - k | *em* | *ānχ* | *entek* | *às* | *àri* | *ḥeḥ* | *ṭua - tu*

te pusiste como un ser viviente; tú, contempla, eres el hacedor de la eternidad, eres adorado

ḥetep - k | *em* | *Nu* | *ṭā - à* | *tu* | *em* | *àb-à* | *àt*

[cuando] te pones en Nu. Yo te he puesto en mi corazón sin

bekai neteri er neteru Ȧusȧr Ani maāχeru t'eṭ - f

alteración, ¡oh más poderoso que los dioses!, Osiris Ani triunfante, dijo él:

ȧau - nek uben em nub seḥeṭ' taiu em ḥru

Alabanzas a ti, que te elevas como oro, que iluminas las dos tierras en el día

en mestu - f mes-entu mut - k ḥer ṭet seḥeṭ' - nek śen

de tu nacimiento. Te dio nacimiento tu madre sobre [su] mano; tú iluminaste la órbita

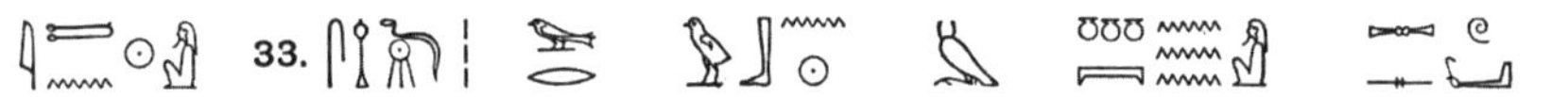

ȧθen seḥeṭ' ur uben em Nu θesu

del Disco. Gran luz elevándose en Nu, fortaleciendo

māhaiu - f em ḥebebet seḥeb t'at'at neb

sus generaciones de hombres con la inundación del Nilo, haciendo festival en todos los países,

nut neb perit neb χu em neferu-k uθesu

en todas las ciudades, en todos los templos, glorioso por razón de tus bellezas, que sustentas

ka - k em ḥu t'eft'ef āāa nerȧu seχem

tu *ka* con carnes y alimento *tchefau*. Poderoso de victorias, Poder de

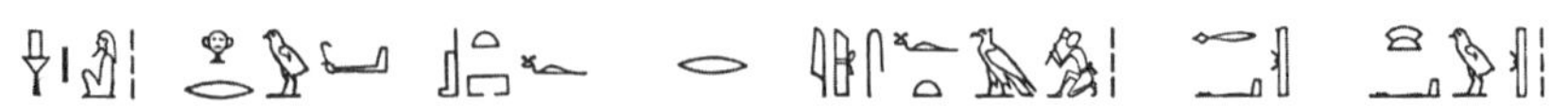

Seχemu ḥeru ȧuset-f er ȧsfeta āā χāāu

Poderes, que fortifica su estación contra malvados diablos, poderoso de esplendor

em sektet ur - f āu em āṭet se - χu - k

en la barca *sektet*, enormemente poderoso es él en la barca *atet*, haz glorioso

Ȧusȧr Ani em maāχeru em Neterχert ṭā - k un - nef er

a Osiris Ani con la victoria en el submundo, otórgame que yo pueda estar en el

Ȧmentet śu em ṭut māk ḥa - k ȧsfet

submundo vacío de pecados, te ruego pongas detrás de ti [sus] faltas.

ṭā - kuȧ em ȧmχi χer χu χnem - f

Otórgame que yo pueda estar entre los seres venerados, con los brillantes, que pueda él unirse

baiu em Ta-sertet seqṭeṭ - f em Seχet - Ȧaru

a las almas [que están] en el Ta-sertet, que pueda él viajar dentro del Sekhet-Aaru

ḥer enti sa utu em āut ȧn Ȧusȧr ān Ani maāχeru

a través del decreto con alegría de corazón. Oh Osiris, el escriba Ani, triunfante,

peri - k er pet t'ai - k bȧt sensen - k

tú aparecerás en el cielo, pasarás sobre el cielo, estarás asociado

emmā sebu ȧritu - nek ḥekennu em uȧa nȧs - tuk

con las estrellas, serán elevadas a ti alabanzas en tu barca, recibirás himnos

em ātet tekai - k Rā em χennu en kerà - f

en la barca *atet*; verás a Ra dentro de su templo,

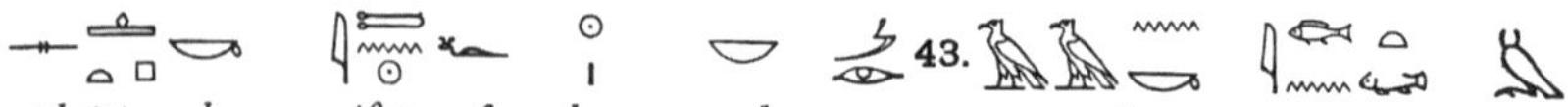

sehetep - k àθen - f hru neb maa - nek ànt em

te pondrás con su disco cada día, verás el pez *ant* en

χeperà - s her bābāt ent māfekt maa - nek àbtu

su venida a la existencia sobre el agua turquesa, verás el pez *abtu*

sep - f χeper tutu . . . . . χer χeft ser - nef

[en] su estación. Que ocurra que el Malvado caiga cuando él ordene

heseq - nà temu θesu - nef unen Rā em maāu

la destrucción para mí, que sean cortadas sus vértebras. Ra está en los vientos

nefer sek en sektet peh su qet Rā em

buenos, sigue adelante la barca *sektet* y llega, los marineros de Ra

hāāiu Nebt - ānχ àb - s netem seχer χeft en

se regocijan. Nebt-ankh, su corazón está contento, [porque] ha caído el enemigo de

neb - s maa - nek Heru her neferu Tehuti Maāt her

su señor. Tú verás a Horus en el lugar de vigilancia y a Thoth y Maat a

āāiu - f neteru nebu em ḥāāu maa en sen

sus dos lados. Todos los dioses se regocijan [cuando] ven

Rā iu em ḥetep er seānχ àbu en χu àn Ȧusàr

a Ra viniendo en paz para hacer vivir los corazones de los resplandecientes; Osiris,

ān ḥetep neter en nebu Uast Ani maāχeru ḥenā - sen

el escriba de las ofrendas divinas de los señores de Tebas Ani, triunfante, con ellos.

t'eṭet hru àbeṭ t'eṭ t'eṭet àn Ȧusàr ān

Para que sea dicho en el día del mes. Dijo [estas] palabras Osiris, el escriba

Ani maāχeru em ḥetep maāχeru t'eṭ - f χāā Rā em χut - f

Ani, triunfante en paz, triunfante, dijo él: Se levanta Ra en su horizonte,

paut neteru - f emχet - f pert neter em àuset

el ciclo de sus dioses está siguiéndole [al] emerger el dios desde el lugar

àment χer set'efau em χut àbtet ent

secreto, mostrando fuerza, trayéndose [a sí mismo] adelante, desde el horizonte oriental del

pet ḥer χeru Nut χut - sen ḥer uat en Rā ṭep ā

cielo con las palabras de Nut. Ellos se regocijan en los caminos de Ra, [cuando] directamente

ur reru - f θesu - tu àrek Rā àmi

el Grande va dando la vuelta. Atado estás tú por lo tanto, oh Ra, dentro

kerà - k nesbu - k maāu ām - k meḥit

de tu templo. Tú alientas los vientos, tragas las brisas,

sām - k beqsu àbu - k hru sennu - k

haces devorar los huesos de la mandíbula [en] tu morada el día que hueles

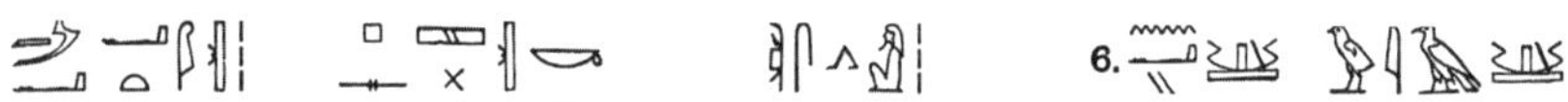

maāt peseś - k śesu nāi uàa

recto y justo. Tú hiciste a un lado a los divinos seguidores [que] navegan tras la barca divina

er nemnem uru ḥer χeru - k àp - k qesu - k

para volver [a] los seres poderosos a tu palabra. Tú numeraste tus huesos,

saaq - k āt - k ṭā - k ḥrà - k er Amentet nefert

reuniste tus miembros, volviste tu rostro hacia Amenta la hermosa,

ūit - k àm matu - θà hru neb tut às pui en nub

fuiste allí siendo renovado cada día. Contempla esa imagen de oro,

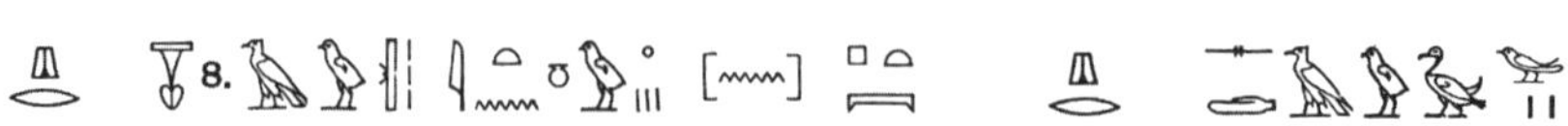

χer samau àtennu en pet χer seṭau

que tiene los esplendores del Disco del cielo, tú que posees terror;

rer - k maui - θà hru neb à ḥāi em χut

tú vas alrededor, renovándote cada día. Salve, regocijándose en el horizonte

hai em ennuḥ - k neteru àmu pet

con gritos de alegría en las cuerdas que te remolcan. Que los dioses que están en el cielo [cuando]

maa en sen Àusàr Ani em maāχeru ṭāu - nef àaiu

ven a Osiris Ani en triunfo le ofrezcan alabanzas

mà Rā Àusàr ān Ani ur t'ār

como Ra. Que pueda Osiris el escriba Ani ser el príncipe distinguido por

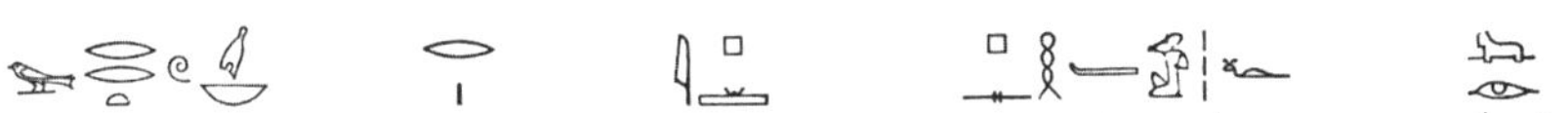

urertu .... àp peseḥ - f Àusàr

la corona *ureret*; y que puedan ser distribuidas sus ofrendas de carne y bebida a Osiris

Ani maāχeru ut'a sep em χat tui

Ani, triunfante. Que él sea fuerte muchas veces en ese cuerpo,

ṭep ent àmu embaḥ Rā Àusàr ān Ani

que sea el jefe de ésos que están en la presencia de Ra. Osiris escriba Ani,

maāχeru ut'a ṭep ta em Neterχert Àusàr ān

triunfante, que sea él fuerte sobre la tierra y en el submundo. Osiris escriba

Ani maāχeru res - k ut'a - θà mà Rā rā neb

Ani, triunfante, que te alces fortalecido como Ra cada día.

àn ḥap Àusàr Ani maāχeru àn urṭ - f em

No tardará Osiris Ani, triunfante, no permanecerá inmóvil en

ta pen t'etta neferiu maa em maa ānχiu em setemiu

esta tierra, siempre hermosa, viendo con [sus] ojos, con [sus] dos oídos al oír

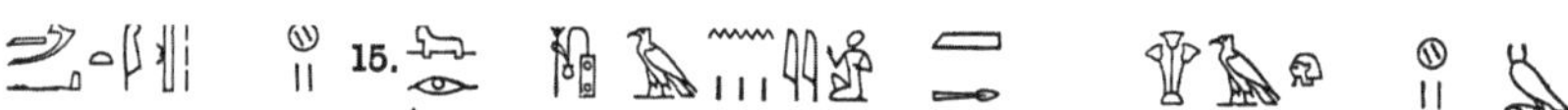

maāt sep sen Àusàr ān Ani maāχeru ḥa sep sen em

[lo] recto y verdadero, dos veces, Osiris, escriba Ani, triunfante. Vuelve, dos veces, de

Ànnu Àusàr Ani maāχeru em Rā seru

Heliópolis Osiris Ani, triunfante, como Ra, ordenando

PLACA XXII

ḥeptu em šesu Nu àn t'eṭ en Àusàr Ani

los remos entre los seguidores de Nu. No ha dicho Osiris Ani,

maāχeru maa - nef àn nem setemet - nef Ausàr em

triunfante, lo que ha visto, no ha repetido [lo que ha oído] Osiris en

pa šetau hai hennu en Ȧusȧr Ani

la casa que está escondida. Salve, gritos de contento a Osiris Ani,

maāχeru neter ḥā en Rā em uȧa Nu emmā

triunfante. El cuerpo divino de Ra está en la barca divina de Nu con

ḥetep ka en neter em mereret - f Ȧusȧr Ani

satisfacción del doble del dios de acuerdo con su voluntad, Osiris Ani,

maāχeru em ḥetep maāχeru em Ḥeru āāa χeperu t'eṭ

triunfante en paz, triunfante como Horus, poderoso de formas de existencia. Pronuncia [estas]

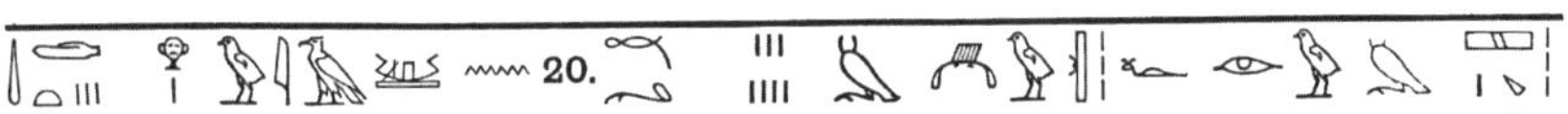

t'eṭet ḥer uȧa en meḥ seχef em āu - f ȧru em še

palabras sobre una barca de siete codos de largo, hecha de color

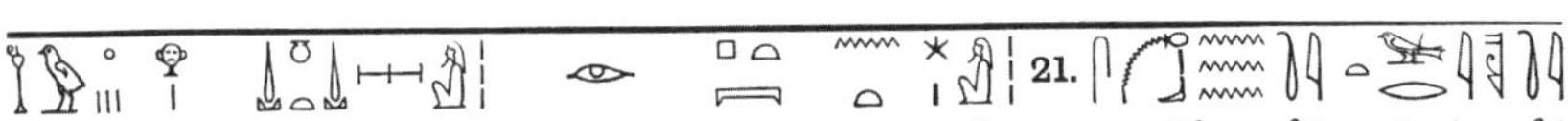

uat'u ḥer t'at'at ȧri pet ent sebu seāb - θȧ turȧ - θȧ

verde, para los jefes divinos. Haz un cielo de estrellas lavado y purificado

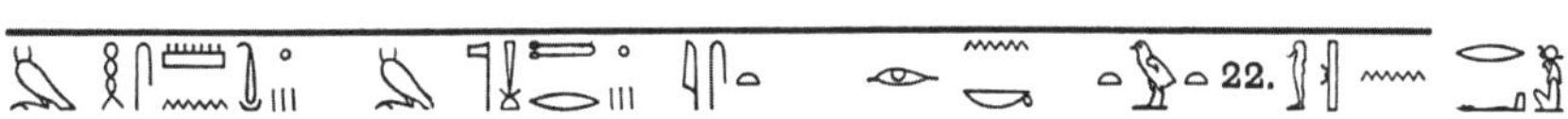

em ḥesmen em neter senθer ȧst ari - nek tut en Rā

con natrón [y] con incienso. Atiende, debes hacer una figura de Ra

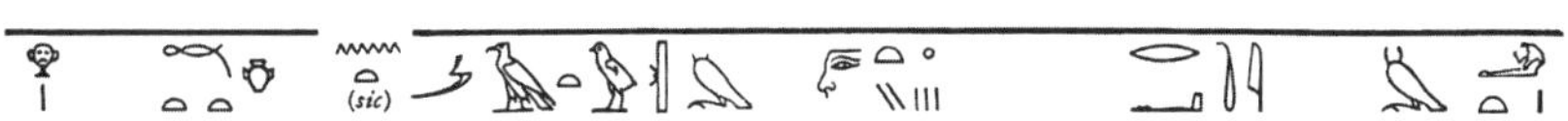

ḥer meḥtet nematu em χenti erṭā - θa em ḥāt

sobre una placa de piedra nueva con color amarillo, y será puesta enfrente de

uàa pen àst àri - nek tut en χu pen

esta barca. Atiende, debes hacer una figura de este fallecido [a quien]

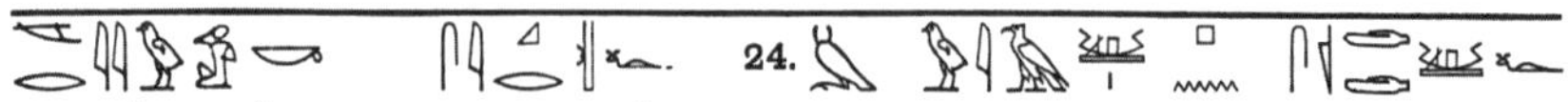

meriu - k seàqer - f em uàa pen seqṭeṭ - f

tú deseaste hacer perfecto en fuerza en esta barca; hazla viajar

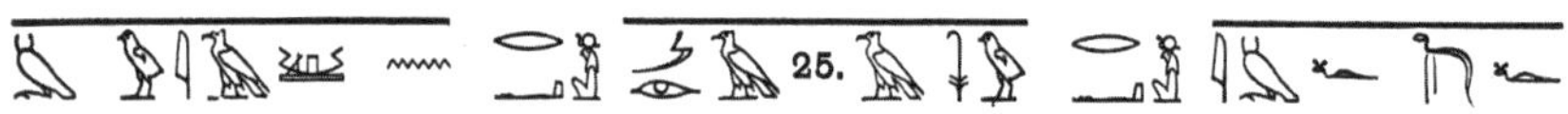

em uàa en Rā maa - su Rā àm - f t'esef

en la barca divina de Ra, la mirará el mismo Ra.

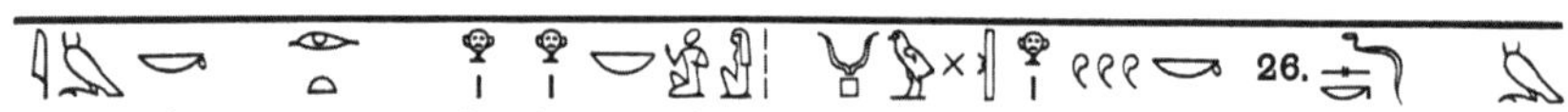

àm - k maat ḥer ḥrà - nebu àpu ḥer ḥāu - k t'esek em

No [lo] muestres a nadie excepto a ti mismo, los tuyos, o

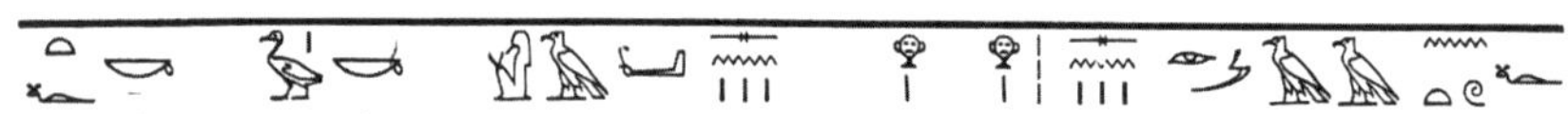

tef - k se - k saa - sen ḥer ḥrà - sen maa - entuf

tu padre [o] tu hijo, y que ellos guarden sus rostros él será visto

em Neterχert em àptu en Rā

en el submundo como un mensajero de Ra.

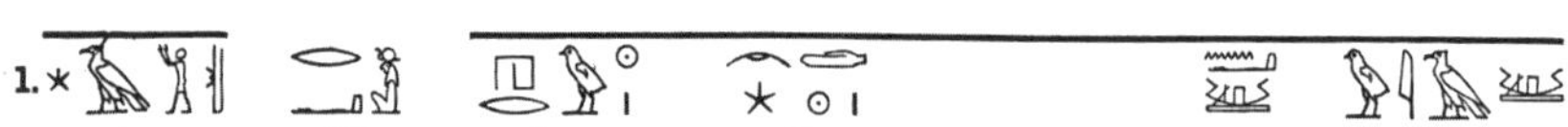

ṭua Rā hru àbeṭ nā uàa

Adoración a Ra [en] el día del mes [en el que] navegó en la barca.

ànet' ḥrà - k ḥer-àb uàa - f uben sep sen pesṭ pesṭ

Homenaje a ti dentro de su barca, elevándote, dos veces, brillando con rayos,

t'eṭ hāi se ḥeḥ em merer - f ṭāṭā

[...] haciendo regocijarse a la humanidad durante millones de años de acuerdo con su voluntad, dando [su]

ḥrā en hamemet χeperā 3. *ḥer-āb uāa - f seχer - nef*

rostro al *hamemet*, Khepera dentro de su barca. Has desbancado

Āpep ān mesu seb seχer - ten χefta nu Ausār

a Apep. Oh vosotros hijos de Seb, desbancad a los enemigos de Osiris

4. *Ani maāχeru χemi χem - sen uāa*

Ani triunfante; ellos destruirán a los oponentes del bien [desde] la barca divina

en Rā šāṭ en Ḥeru 5. *ṭepu - ten er pet em apṭ*

de Ra. Cortará Horus vuestras cabezas en el cielo como a los patos,

χepṭu - ten er ta erṭāu āut er ta em remu

vosotros caeréis sobre la tierra y os convertiréis en animales, sobre el agua en forma de peces.

t'aiu 6. *t'ait nebt χemi - sen em* Espacio en blanco de 8,89 cn, *ān*

A todos los enemigos masculinos y los enemigos femeninos, destruye [Osiris] [...]

hat - f em pet pert 7. *- tef em ta iut - ten ḥer mu*

él pasa a través del cielo, él aparece sobre la tierra; apareced vosotros sobre el agua,

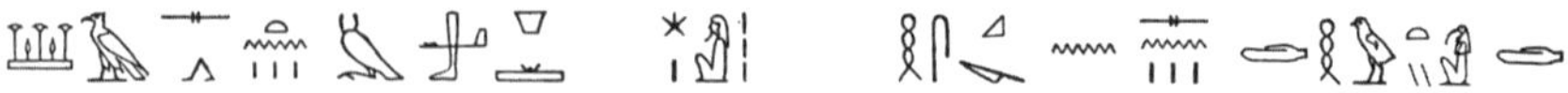

śas - ten em āb sebu ḥeseq en sen Ṭeḥuti . . . .

pasad enfrente de las deidades estelares y las mata Thoth [...]

seχer per em Ȧnreti ker ȧṭen en Ȧusȧr

viniendo desde Anreti. Está silencioso y se convierte en el sustituto Osiris,

ān Ani nek erṭā ȧs ten pu neter pen ur śāṭ

el escriba Ani, [...] Contemplad vosotros entonces a este gran dios de matanza,

āāa śefśeft āb - f em snef - ten benānān - f

poderoso de terror, él se lava en vuestra sangre, él se baña

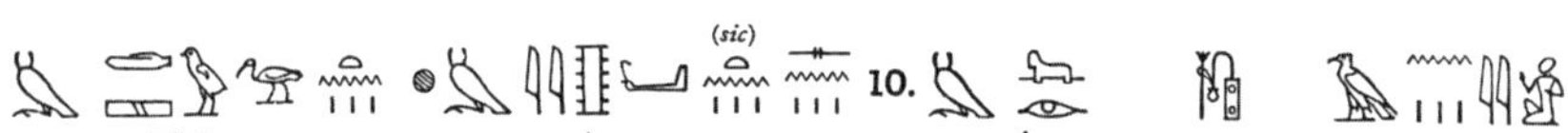

em ṭeśe[r]u - ten χemi - ten sen em Ȧusȧr ān Ani

en vuestra sangre seca. Los destruye, Osiris el escriba Ani

em uȧa neb - f . . . . Rā Ḥeru Ȧusȧr Ani maāχeru

desde la barca de su señor [...] Ra Horus. Osiris Ani, triunfante,

ānχ ȧb mes en su mut - f Ȧuset renen en su Nebt-ḥet

que vive del corazón, le dio nacimiento su madre Isis, lo alimentó Neftis,

mȧ ȧrit en sen en Ḥeru χesef samait Suti

tal como hicieron ellos por Horus, el que repele a los enemigos de Sut;

maa en 13. *sen urertu men - θà em ṭep - f χer en sen*

ellos vieron la corona *urertu* establecida sobre su cabeza, y cayeron

ḥer ḥrà-sen χu às ret 14. ..... *neteru mitu*

sobre sus rostros. Oh seres resplandecientes, contempladlos, vosotros hombres [...] dioses, seres malditos, [cuando]

maa en sen Àusàr Ani maāχeru em Ḥeru àuf em

ellos ven a Osiris Ani, triunfante como Horus,

15. *ḥes urertu χer - ten ḥer ḥrà - ten maāχeru*

adorado [a través] de la corona *urertu*, caed sobre vuestros rostros. Victorioso

àn Àusàr Ani 16. *maāχeru er χefta - f em pet ḥeri*

es Osiris Ani, triunfante, sobre sus enemigos en el cielo superior,

em pet χeri em t'at'at 17. *ent neter neb ent netert nebt*

en el cielo inferior, con los jefes divinos de cada dios [y] de cada diosa.

t'eṭ ḥer bàk āā āḥā ḥet'et em ṭep - f Tem 18. *Śu*

Di estas palabras sobre un halcón grande alzado con la corona blanca sobre su cabeza, Escribe Tmu, Shu,

Tefnut Seb Nut Àusàr Àuset Nebt-ḥet ānu em χenti ḥer

Tefnut, Seb, Nut, Osiris, Isis y Neftis con color amarillo en

mehtet ent maut erṭāu em uāa pen ḥenā tut en

una placa de novedad, y pon en esta barca la figura de

χu pen urḥu ḥekennu erṭāu en sen neter senθer ḥer

esta persona muerta ungida con ungüentos. Que ellos pongan incienso en

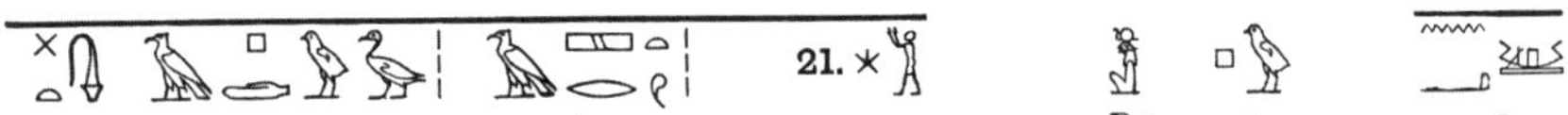

set aptu aśert ṭua Rā pu nā

el fuego, y los patos sean asados. Es un acto de alabanza a Ra [cuando] llegó

uāa - f pu unen āri - f si - ḥenā Rā er bu neb

esta barca suya. [El fallecido irá] con Ra a cada

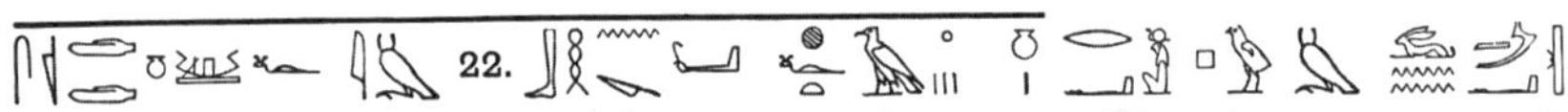

seqṭeṭ - f ām beḥen χefta nu Rā pu em unen maā

lugar donde él navegó; los enemigos de Ra están muertos en verdad.

ārit hru sas ent ḥeb re en seqṭeṭ

Para que se haga en el día sexto del festival; el capítulo de la barca *sektet*.

PLACA XXIV[2]

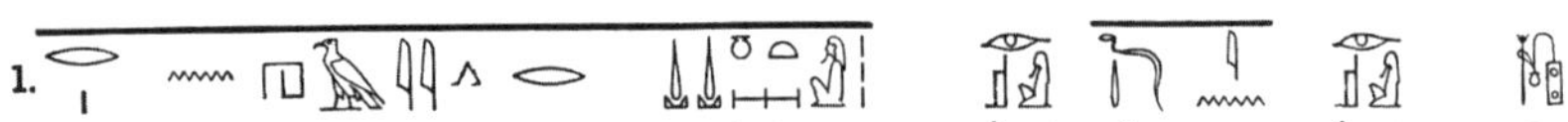

Re en hai er t'at'at Āusār t'eṭ ān Āusār ān

Capítulo de ir a los jefes divinos de Osiris. Dijo Osiris el escriba

1. Var.  *ertā un āru-nef su pu ḥenā Rā hru neb,* «Si se hace esto, hará que esté con Ra cada día». Véase Naville, *Todtenbuch*, Bd. I, p. 346.
2. La totalidad de la placa XXIII y parte de la XXIV contienen una copia duplicada del capítulo XVIII.

Ani maāχeru àu qeṭ - nà ba - à χent em Ṭeṭṭeṭu

Ani, triunfante: Ha construido para mí mi alma una morada en Tattu,

uat'et - [à] em Pe seka - nà aḥt em àru - à

yo me he vuelto vigoroso en Pe. Yo he labrado los campos en mis formas de existencia,

àu mama - à em Àmsu ḥer - s betu - à sep sen àn

es mi palmera como el dios Amsu sobre ellos. Mis abominaciones, dos veces, no

qeq - à betu - à betu - à pu ḥes àn qeq - à su

me las como; esas abominaciones mías que aborrezco son suciedad, yo no me las como.

ḥetepau kau en àu χemu àm - f àn

[Hay] ofrendas de alimento y carne [para aquellos] que son no destruidos por ellas. No

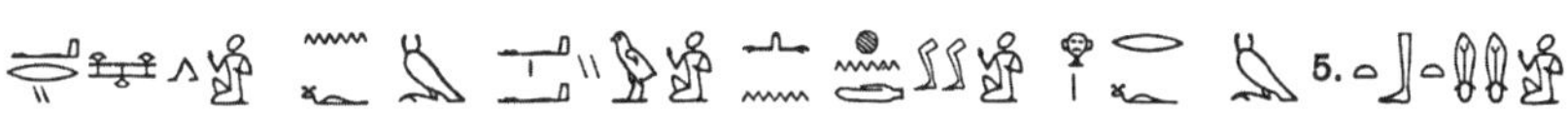

āri - à nef em āāiu - à àn χenṭ - à ḥer - f em tebt - à

me elevo allí con mis dos brazos, no camino sobre aquel lugar con mis sandalias,

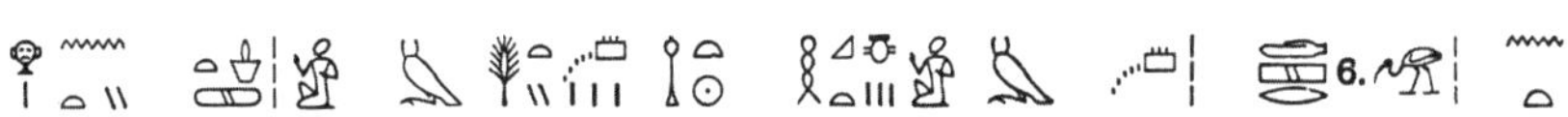

ḥer-enti tau - à em beti ḥet'et ḥeqt - à em àt ṭešer ent

porque mi pan es de granos blancos, mi cerveza es de granos rojos de

Ḥāpi àn sektet āṭet àn - n[à] set qeq - à

Hapi. Ciertamente, la barca *sektet* y la barca *atet* [me] los traen, y yo [me] los como

set xeri semamu àu - à rex - kuà ermennu

bajo los árboles [de los cuales] yo conozco las hermosas ramas.

neferu àx àrit - nà sexu - à het'et àm seθes - uà

¡Cómo me hago a mí mismo glorioso con la corona blanca allí, ¡cuando elevo

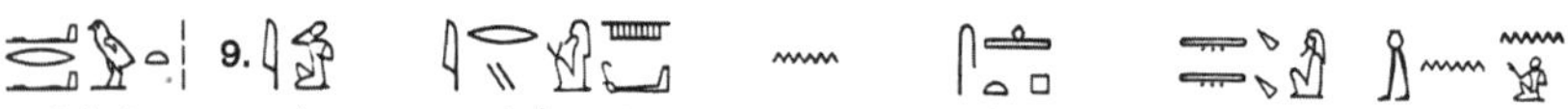

ārāut à àri āa en sehetep taiu àn - nà

el *uraei*! Salve, guardián de la puerta, que dio paz al mundo, tráeme

ennu en àri hetepet tā - k fa - à setu

a ésos que hacen ofrendas. Otórgame que pueda elevar la tierra,

un - nà xu ermennu xer paut

que me puedan abrir los seres de esplendor [sus] brazos, que pueda pronunciar el ciclo

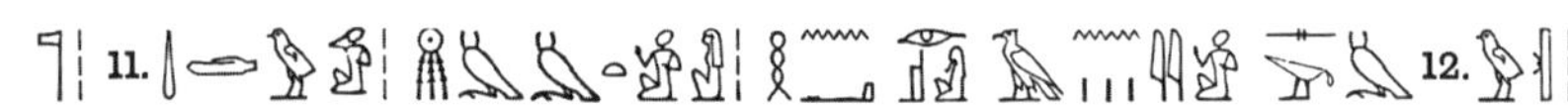

neteru t'etu hamemet henā Àusàr Ani semu

de los dioses las palabras de *hamemet* con Osiris Ani. Que guíe [él]

hātu neteru seru - f em pet emmā

los corazones de los dioses, que ellos le hagan poderoso, en el cielo entre

āxemiu àr neter neb netert nebt t'at - f àu er

los dioses que tienen formas visibles. Ahora cada dios y cada diosa con quienes él pasa son para

àri Àusàr ān Ani maāχeru ṭep renpit ānχ em

hacer que Osiris, el escriba de Ani, triunfante, al comienzo del año, viva en

14. *ḥātu qeq su ḥer pert em àbt sàp - tuf en*

los corazones, comiéndolos en la venida desde el este; él es juzgado por

15. *ṭepu - ā Rā sàp - tuf en ṭepu - ā seśep χu*

los ancestros de Ra, él es juzgado por los ancestros de Luz. [Él es] un ser resplandeciente

ḥebsu pet emmā uru àu χert Àusàr ān

vestido [en el] cielo entre los poderosos. Las provisiones de Osiris el escriba

16. *Ani maāχeru àmmā tau ḥeqt àri re - ten āq - nà*

Ani, triunfante, están entre los pasteles y la cerveza [hecha] para vuestras bocas. Yo entro

17. *ḥer àten pert - nà ḥer Àḥui t'eṭu - nà śesu*

a través del Disco, salgo a través del dios Ahui. Yo hablo con los seguidores

neteru t'eṭu - nà àten t'eṭu - nà hamemet ṭā - f

de los dioses, hablo con el Disco, hablo con el *hamemet*; él me otorga

18. *neru - à em kekiu samau em χennu Meḥ - urt*

que sea victorioso en la negrura de la noche dentro de Meh-urt,

erma ṭeḥen - f ȧs kuȧ ḥenā Ȧusȧr temamu - ȧ

cerca de su frente. Mira, yo estoy con Osiris, [y] proclamo

temamu - f emmā uru t'eṭ - f nȧ t'eṭu

lo que él anuncia entre los poderosos. Él me habla las palabras

reθ setem - ȧ nem - ȧ nef t'eṭu neteru ī - nȧ Ȧusȧr

de los hombres, yo escucho y le repito las palabras de los dioses. Yo vengo, Osiris

Ani maāχeru ḥetep em āper sāri - nek

Ani triunfante en paz, como uno dotado [de todas las cosas]. [Tú te elevaste recto y verdadero]

mertu - f nuk χu āper er χu nebu

por aquellos que los aman. Yo soy un ser resplandeciente más dotado que todos los seres resplandecientes.

PLACA XXV

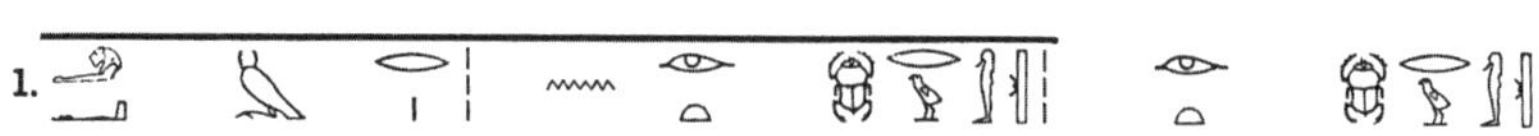

ḥā em re en ȧrit χeperu ȧrit χeperu

El principio de los capítulos de hacer transformaciones. Haciendo la transformación

em ment t'eṭ ȧn Ȧusȧr Ani maāχeru nuk ment

en una golondrina [o paloma]. Dijo Osiris Ani, triunfante: Yo soy una golondrina,

ment tefi het'et'et set Rā à neteru net'emui set

[yo soy] una golondrina, un escorpión, la hija de Ra. Salve a vosotros, dioses, dulce [es] vuestro

ten sep sen à nesert pert em χut à enti em

olor, dos veces. Salve, Llama que surge del horizonte. Salve, tú que estás en

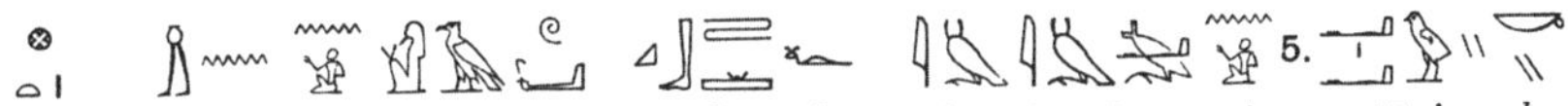

nut àn - nà sau qeb - f àm àmmā - nà āāui - k

la ciudad. Que me guíe allí el Guardián de su Esquina. Oh, otórgame tus dos manos

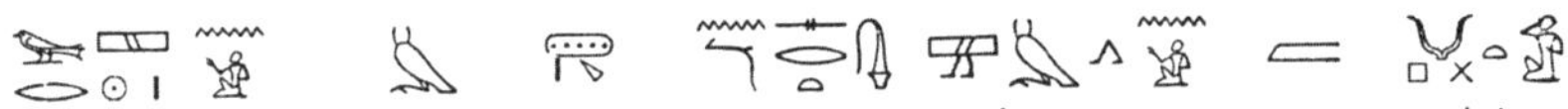

urś - nà em àa nesert māśem - nà em àpt

para que yo pueda pasar el tiempo en la Isla de la Llama. Yo he viajado con una orden,

ī - nà χer smà - s un - nà χet t'eṭ - à maa - nà

he venido con su informe, que uno se abra a mí. ¿Cómo diré lo que he visto

àm àu-à em Ḥeru χerp en uàa erṭāu - nef nest

allí? Yo era como Horus, el príncipe de la barca divina; le dieron el trono

en tef - f àu Sut pef se Nut χer ànt àri - nef

de su padre, y Sut, ese hijo de Nut, poseyó la calamidad [que] él había hecho

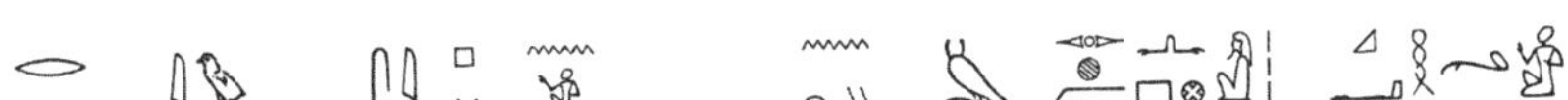

eref àu sàp - nà enti em Seχem qāḥ - à

para sí mismo. Juzgadme en Sekhem. Yo extiendo

āāui - à ḥer Àusàr māšem - nà er sàp ī - nà er t'eṭ

mis dos brazos a Osiris, he pasado al juicio. Yo he venido a decir:

àmmā seś - à smà - à àptu nuk āq ap

Otórgame que pueda pasar, [que] pueda impartir [mi] mensaje. Yo entro a ser juzgado,

per tennu ḥer seb pui [en] Neb-er-t'er āb - nuà

salgo distinguido por la puerta esa [de] Neb-er-tcher. Yo soy puro

ḥer uārt tui āāat ṭer - à ṭut - à

en ese gran lugar de paso, he destruido mis defectos,

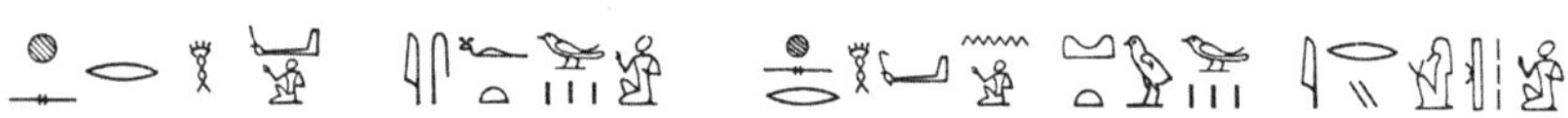

χersek - à àsfet - à χersek - nà ṭut àri - à

he puesto fin a mis maldades, he aniquilado las faltas que me pertenecen,

au - à āb - kuà neteri - kuà àri ā àri - nà uat nuk

yo mismo soy puro, soy poderoso. Oh, porteros, yo he recorrido el camino. Yo soy

màtet - ten per - à em hru māšem-à ḥer uārt-à

como vosotros, he aparecido de día. Yo he caminado sobre mis dos piernas,

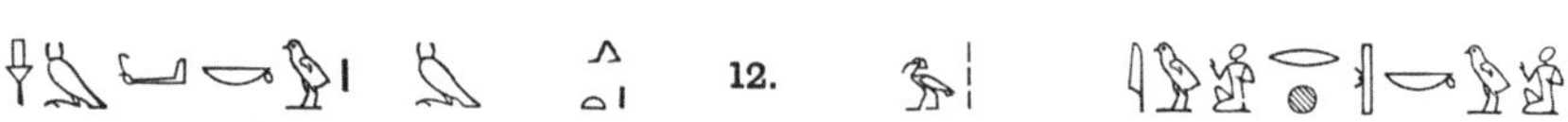

seχem - kuà em nemmat χu àu - à reχ - kuà

he obtenido poder sobre el paso de los brillantes. Yo conozco, ecuánime,

uat śetau sebu nu seχet Ȧaru un - à

los caminos secretos de las puertas del Sekhet-Aaru. Que me eleve yo

13. 

àm mā - kuà ī - uà seχer - nà χeft - à

allí, que me sea otorgado que venga y que desbanque a mis enemigos

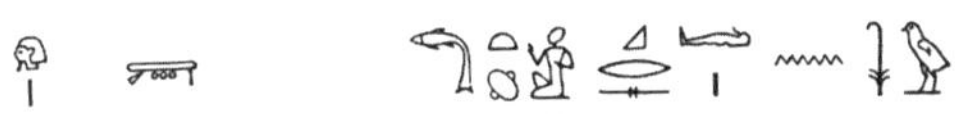

ṭep ta χat - à qeres en su

sobre la tierra, [aunque] mi cuerpo está enterrado.

APÉNDICE

àr reχ śāt ten àu - f per - f em hru em Neter-χertet

Si se conoce este libro, él aparecerá de día en el submundo,

āq - f emχet per - f àr χem re pen àn āq - f

él entrará después de haber aparecido. Si no se conoce este capítulo, no entrará

emχet per - f χem per em hru

después de haber aparecido, [el] no aparecerá de día.

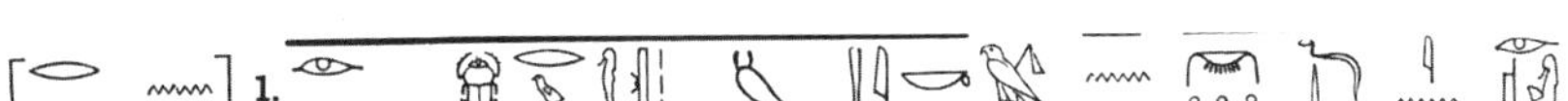

Re en àrit χeperu em bàk en nub t'eṭ àn Ȧusàr

Capítulo de realizar la transformación en un halcón de oro. Dijo Osiris

1. El texto es de Lepsius, *Todtenbuch*, Bl. 32.

Ani *Ani* *àu - à* *χāā - kuà* *em* *seśeṭet*

Ani Ani [sic]: Que me alce yo, ecuánime, en la cámara *seshet* como

bàk *en* *nub* *per* *em* *suḥt - f* *pa - nà* *χenen - nà*

un halcón de oro surgiendo de su huevo. Que yo vuele, que aterrice

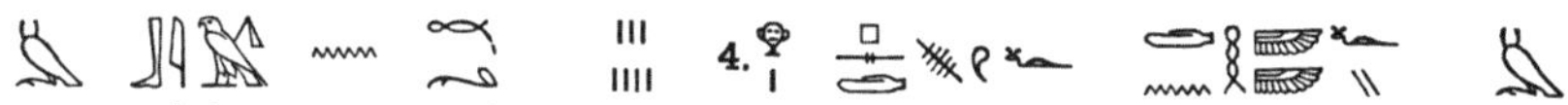

em *bàk* *en* *meḥ* *seχef* *ḥer* *pesṭ - f* *ṭenḥ - f* *em*

como un halcón de siete codos en su espalda, con sus dos alas de

uat'u *qemāt* *per - nà* *em* *sektet* *àu*

madre-de-esmeralda del sur. Que yo emerja desde la barca *sektet*,

àn - nà *àb - à* *em* *ṭu* *àbtet* *χenen - nà* *em*

que me sea traído mi corazón desde la montaña del este; que aterrice sobre

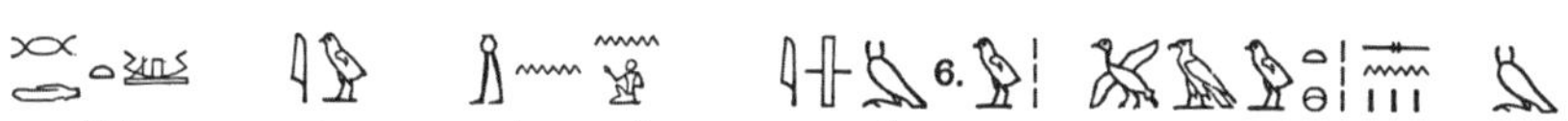

āṭet *àu* *àn - nà* *àmu* *paut - sen* *em*

la barca *atet* [y] y que me sean traídos ésos que están en sus ciclos con

kesu - sen *àu - à* *χāā - kuà* *ṭemṭ - kuà* *em*

sus reverencias. Que me alce yo, ecuánime, que pueda ensamblarme a mí mismo como

bàk *nefer* *en* *nub* *ṭep* *bennu* *āq* *Rā* *er*

un halcón precioso de oro [con] la cabeza de un fénix, entrando en Ra [...]

àmi ṭef-à[1] *ḥems-à er àmitu* 8. *neteru àpu uru en*

Que pueda sentarme entre esos grandes dioses de

Nut uaḥ-nà seχet ḥetep em-baḥ-à qeq-à àm-f

Nut. Que esté puesto para mí un campo, [y] que las ofrendas estén ante mí; que pueda yo comer en ella;

9. *χu-à àm-f bāḥ-à er seśep àb-à*

que sea glorioso en ella; que me llene de acuerdo con lo que deseó recibir mi corazón.

erṭā-nà neprà ḥeti-à seχem-à àm-à

Que me den trigo divino para mi boca; que obtenga poder por mí mismo

em àri ṭep-à

sobre el guardián de mi cabeza.

[*Re en*] 1. *àrit χeperu em bàk neteri t'eṭ àn Àusàr*

Capítulo de hacer la transformación en un halcón divino. Dijo Osiris

Ani 2. *à ur māā àrek er Ṭeṭṭeṭu ser-nà*

Ani: Salve, poderoso, ven entonces a Tattu. Prepara para mí

uat reret-k-nà 3. *nest-à ma-kuà sàqer-kuà*

los caminos, [hazme ir alrededor] mis tronos. Que yo me renueve, que llegue a ser fuerte.

---

1. Léase «diariamente a oír sus palabras».

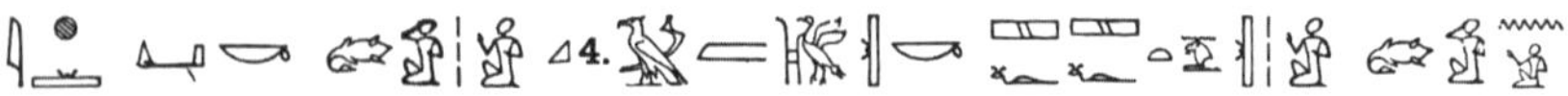

àχ ṭā - k senṭ - à qemam - k śefśefet - à senṭ - nà

Oh, otórgame miedo, crea terror en mí. Que me teman

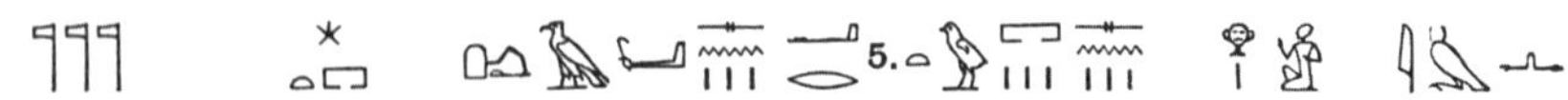

neteru ṭuat āba - sen ārtu - sen ḥer-à àm

los dioses del submundo, ellos luchan [en] sus habitaciones por mí. Que no

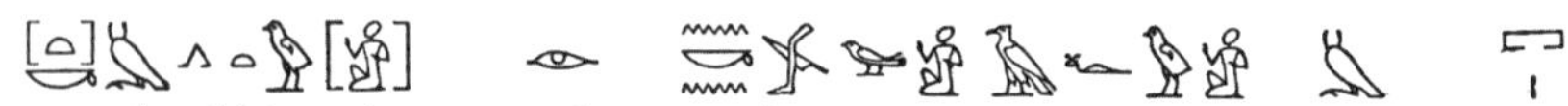

tekem (sic) - *tuà àri neken - à afu - à em pa*

venga cerca de mí, [él] que me haría daño, que camine yo [?] a través de la casa

kekiu kef - à baḳa àmen .... eref

de la oscuridad, que pueda vestirme a mí mismo, el débil, [y] ocultarme; [...] por lo tanto

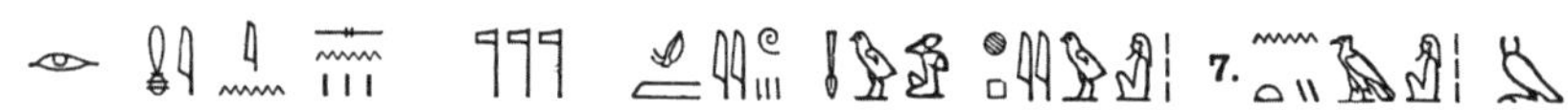

àri mà àn sen neteru setemiu χeru χepiu entia em

haciendo como ellos. Oh vosotros dioses, que oís el discurso, vosotros jefes que estáis entre

śesu en Àusàr ḳer àr - ten neteru t'eṭu neter ḥenā - à

los seguidores de Osiris, estad silenciosos por lo tanto. Oh dioses, habló el dios conmigo,

setem - f maāt t'eṭ - nà nef t'eṭu - nà àrek Àusàr ṭā - k

él oyó rectitud y verdad, [lo que] yo le dije, habla por mí, entonces, Osiris. Otórgame

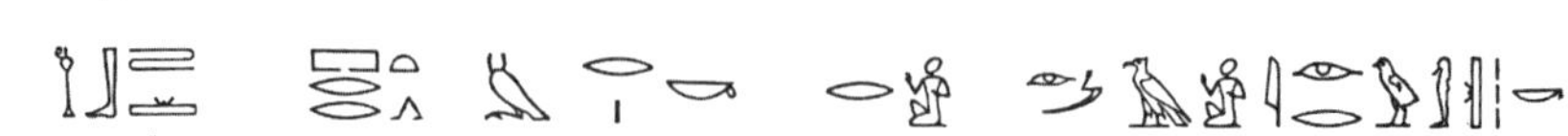

uteb perert em re - k er - à maa - à àru - k

la revolución que surge desde tu boca con respecto a mí, que vea yo tus formas,

9. *t'esek seqeṭ - à baiu - k ṭā - k per - à seχem - à*

las tuyas, que comprenda tu alma. Otórgame que pueda emerger, [y que pueda obtener poder]

em reṭ - à un - à àm mà Neb - er - t'er 10. *ḥeri nest - f senṭ - nà*

sobre mis piernas. Que esté yo allí como Neb-er-tcher sobre su trono. Que me teman

neteru ṭuat āba - sen ārtu - sen ḥer-à ṭā - k ennuṭ er - à

los dioses del Tuat, que luchen en sus puertas por mí. Otórgame que pase por

àm - f ḥenā 11. *āriu men - à ḥer àat - à mà*

por lo tanto con los seres divinos que se alzan. Que me establezca sobre mi pedestal como

Neb - ānχ ṭemṭ - à ḥenā Àuset neteret 12. *set'ami - sen - nà*

Neb-ankh, que me una con Isis, la Dama divina, que ellos me fortalezcan

ḥer àri neken - à àm - f iu maa - f

contra el hacedor de injurias contra mí. Que nadie venga a ver

baka - à māšem - à 13. *iut - à er ḥenti*

mi debilidad. Que yo pase, que venga a los lugares más remotos del

pet net' - à t'eṭet mā Seb ṭebḥu - à Ḥu

cielo. Yo imploro un discurso con Seb, yo suplico a Hu

14. 

mā Neb-er-t'er ḥer senṭ-nà neteru ṭuat āba-sen

con Neb-er-tcher que me teman los dioses del Tuat y que luchen

ārtu-sen ḥer-à maa-sen ḥeb-k-nà nuk

en sus puertas por mí, [cuando] vean que me has dado pájaros y peces. Yo soy

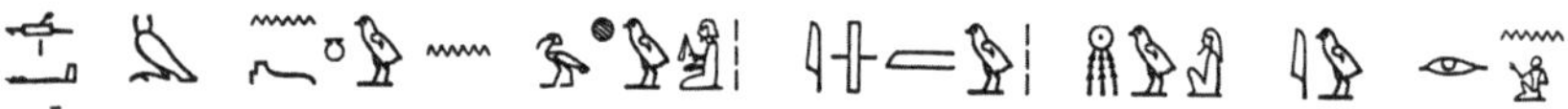

uā em ennu en χu àmmu χu àu àri-nà

uno de esos seres brillantes que viven en la luz. Yo he hecho

16. 

àru-à em àru-f em iut-f per-f

mis formas como sus formas en su venida y en su aparición

er Ṭeṭṭeṭu sāḥu-à em sāḥ-f t'eṭ-f nek

en Tattu, porque me he hecho digno a través de su valía. Él te ha hablado

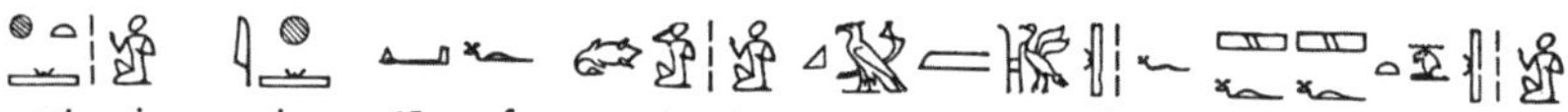

χet-à àχ ṭā-f senṭ-à qemam-f šefšeft-à

de mis asuntos. ¡Cómo ha tenido miedo de mí! Él ha creado terror de mí;

senṭ-nà neteru ṭuat

témenme los dioses del Tuat

PLACA XXVI

āba - sen ḥer - ȧ nuk pu nuk χu ȧmi

y luchan para mí. Yo soy, en verdad, yo soy un ser resplandeciente, y un morador en

χu qemam χeperu em neter ḥāu

la luz que ha sido creado y ha venido a la existencia de los miembros del dios.

nuk uā em ennu en χu ȧmu χu

Yo soy uno de esos seres resplandecientes que habitan en la luz, [a los cuales]

qemam en Tem t'esef χeperu em

ha creado el mismo Tmu, y quienes han venido a la existencia desde

unbu maat - f seχeper - nef seχu - nef

las pestañas de su ojo; él los hizo venir a la existencia, los hizo gloriosos,

teni - f ḥrȧu-sen em unen-sen ḥenā - f ȧstu su

hizo que fueran distinguidas sus caras [cuando] ellos existen con él. Contémplale,

uāu em Nu ser - sen s . . . . per - f em

¡el Único en Nu! Ellos le ofrecen homenajes [cuando] surge del

χut tā - sen senṭ - f en neteru χu

horizonte, y ponen el temor a él en los dioses y los seres resplandecientes

χeperu henā - f nuk uā em fentu

que han venido a la existencia con él. Yo soy el Uno entre los gusanos

qemam en maat neb uā ȧstu 23. *ȧn*

que creó el ojo del señor, el Único. Mira, sin

χeper en Ȧuset mest Ḥeru ȧu - ȧ seruṭ - ȧ

[haber venido a la existencia] Isis, [sin] haber nacido Horus, yo me he fortalecido y he florecido,

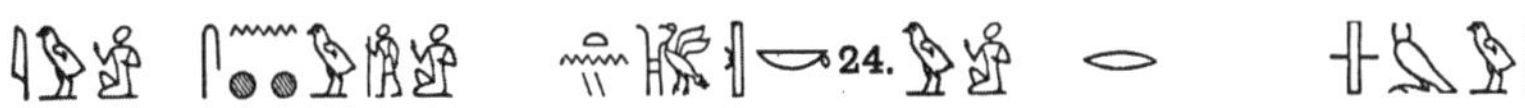

ȧu-ȧ seneχeχ - ȧ teni - 24. *kuȧ er ȧmu*

me he hecho viejo, yo era más grande que ésos que estaban entre

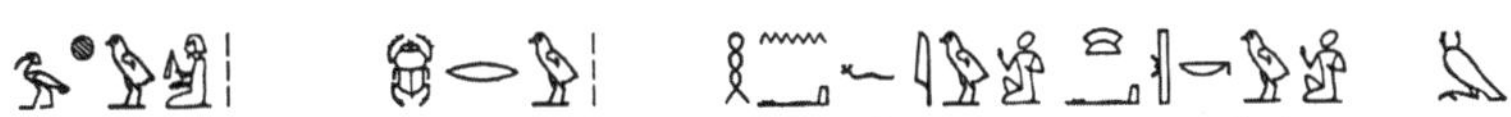

χu χeperu ḥenā - f ȧu - ȧ χāā - kuȧ em

los seres resplandecientes que vinieron a la existencia con él, y yo, incluso yo me alcé en la forma de

bȧk 25. *neteri sāḥ - nuȧ Ḥeru em ba - f*

un halcón divino, y me hizo digno de honores Horus, como su alma

er θet χet - f en Ȧusȧr er ṭuat ȧuf t'eṭ en

para tomar posesión de las cosas de Osiris en el Tuat. Él me ha hablado, el

Rereti (?) 26. *er - ȧ ḥer ṭep ȧri ḥet en*

Doble dios-León, el jefe de eso que perteneció a la casa de

nemmes àmi tepḥet - f ḥem - k àr (sic) *ḥeru pet*

la corona *nemmes* que está en su lugar escondido: Vuelve a las alturas del cielo,

mà emmā às - 27. *tu - θà sāḥ - θà em χeperu - k en Ḥeru*

en la medida que tú, mira, te has hecho merecedor en tus formas a través de Horus,

àn nemmes er - ek t'eṭu àrek er 28. *t'eru nu*

no es [la corona] nemmes para ti, sino el discurso hasta los límites del

pet nuk àri θetet χet Ḥeru en Àusàr er ṭuat

cielo. Yo soy el guardián, tomo posesión de las cosas Horus de Osiris en el Tuat.

àu nem - nà en Ḥeru 29. *em t'eṭ en nà àtef - f Àusàr em*

Me gritó Horus lo que me había dicho su padre Osiris durante

renput em hru qeres tā - k - nà nemmes

años en el día de la sepultura [de Osiris]. Yo te doy por mí mismo el *nemmes*

àn Rereti 30. *er - à māśem - k iut - k*

del Doble dios-León [que es] para mí, para que sigas adelante y para que vengas

ḥer uat pet maa - tu àmmu t'eru χut

por el camino del cielo; que te vean ésos que están en los límites del horizonte,

sent - nek neteru ṭuat 31. *āba - sen ārtu - sen ḥer - k*

que te teman los dioses del Tuat, y luchen en sus puertas por ti.

Áuheṭ áru áu χebχeb ḥer t'eṭu neteru nebu

Auhet perteneció a ellos. Han caído ante [mis] palabras los dioses, los señores de

32. *t'er áriu kerá neb uā á án*

las fronteras [?], los guardianes del templo del señor, el Único. Salve, el

qa ḥer ṭeb - f er - á seśeṭu - nef nemmes

exaltado sobre su cofre es para mí, él ha puesto [sobre mí] la corona *nemmes*,

33. *. . . . . Rereti Áaheṭ ári - ná uat áu - á*

lo ha decretado el Doble dios-León, Aahet ha hecho para mí un camino. Yo,

qa - kuá seśeṭu en Rereti nemmes er - á

yo estoy exaltado, ha ligado el Doble dios-León la corona *nemmes* para mí,

ṭāi 34. *- ná ṭemamit - á semen - nef - ná áb - á em*

ha sido dado mi pelo; él ha establecido para mí mi corazón a través

áat - f em usert - f urti án 35. *χer - á ḥer*

de su espalda y a través de su gran poder [?], no caeré a través

Śu nuk Ḥetep neb ārāti uaśti nuk reχ χu 36. *àu*

de Shu. Yo soy Hetep, señor del *uraei* adorado. Yo conozco a Khu,

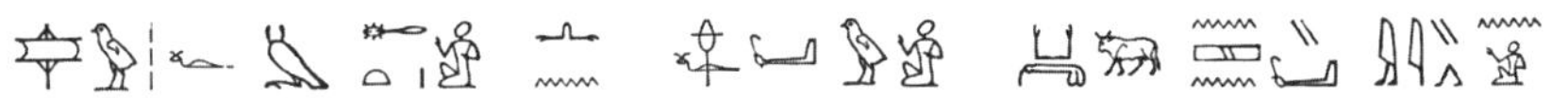

nifu - f em χat - à àn χesef - uà ka neśeni ī - nà

su respiración está en mi cuerpo. No seré rechazado por el toro de terror, yo vendré

màn em per Rereti 37. *per - nà àm - f er per*

diariamente a la casa del Doble dios-León, emergeré desde allí entrando en la casa

Àuset maa - nà seru śetau sem - kuà 38. *er*

de Isis, veré las cosas santas ocultas, pasaré a través

seru àmennu maa - nà enti àm àu t'eṭ - à t'er

de los ritos santos ocultos, veré lo que está aquí, mis palabras completarán

āāau Śu χesef - sen at 39. *nuk pu Ḥeru àmi*

la majestad de Shu, ellas repulsarán el momento. Yo soy Horus, el morador en

χu - f seχem - à em seśeṭ - f seχem - à

sus esplendores. Yo he ganado la posesión de su tiara, he ganado la posesión

em 40. *em* (sic) *seśepu - f māśem - à er ḥenti pet àu*

de sus rayos de luz, he viajado sobre las partes más distantes del cielo. Horus está

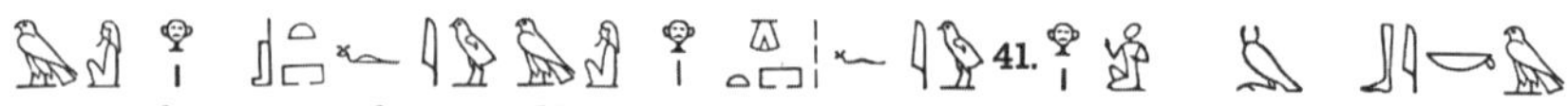

Ḥeru ḥer àuset-f àu Ḥeru ḥer nest-f àu ḥrà-à em bàk

sobre su trono. Horus está sobre su asiento. Mi rostro es como el de un halcón

neteri nuk āper neb-f per-nà em Ṭeṭṭeṭu maa-nà

divino. Yo soy uno equipado por su señor. Yo he venido desde Tattu. He visto

Àusàr un-à ḥer ṭep āāui-f Nut maa-su-à

a Osiris, me he alzado sobre ambos lados de él [...] Nut. Ellos me ven,

maa-nà neteru maat Ḥeru nesnes-à χenti-maa er

yo veo a los dioses, el ojo de Horus me ha consumido, Khenti-[an]-maa [...],

t'at-sen āāui-sen er-à āḥā-à seχem-à χesef-à

ellos estiran sus brazos hacia mí. Yo me alzo, gano poder y repulso

maàreṭ-à un-sen uat seru maa-sen

el mal que está contra mí. Ellos [me] abren los caminos santos, ven

àru-à setem-sen t'eṭet-à ḥrà-sen neteru ṭuat χesefu

mi forma, oyen mis palabras [dichas] ante sus caras. Oh dioses del Tuat que repulsáis

ḥrà-à tekennu usert setau-à àχemu urṭu

mi cara, que os resistís a los poderosos, me han guiado las estrellas que nunca descansan.

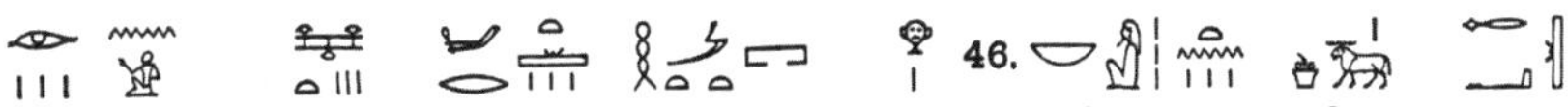

àru - nà uat sert ḥematet ḥer neb - ten ba āā

Yo he recorrido los caminos santos de *hematet* hasta vuestro señor, el alma grande

šefšef àu utu - nà Ḥeru fa ḥràu - ten àu

de terror. Me ha mandado Horus levantar vuestros rostros, [para que]

ṭeḳai - ten - uà àu - à χāā - kuà em bàk neteri

vosotros me veáis. Yo me he alzado como un halcón divino,

sāḥ - nuà Ḥeru em ba - f er θet

me ha distinguido Horus como su alma para tomar posesión de

χet - f en Àusàr er ṭuat àri - nà uat šas - à peḥ - à

las cosas de Osiris en el Tuat. Yo he recorrido el camino, he viajado, he llegado

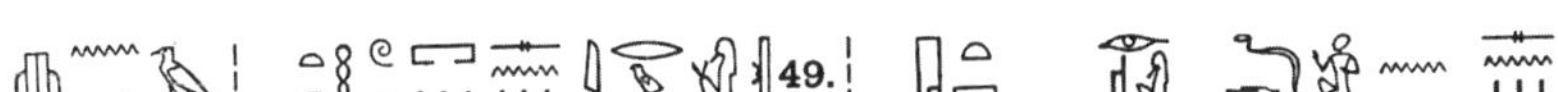

χentia tepḥetu - sen àru ḥet Àusàr t'eṭ - à en sen

a ésos que viven en sus cavernas guardando la casa de Osiris. Yo les hablo de

useru - f ṭā - à reχ - sen neru - f sepṭ ḥenti

su poder, les hago saber el temible poder de aquel que está provisto de cuernos

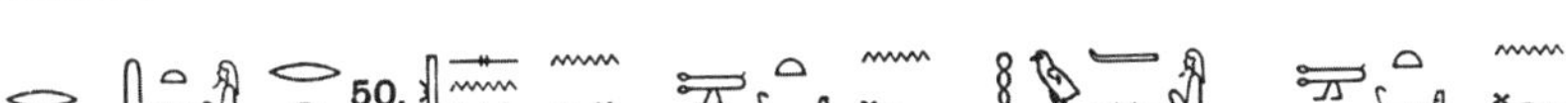

er Sut reχ - sen enti θet - nef ḥu θet - nef

contra Sut. Ellos conocen quién ha llevado el alimento divino que ha traído el poder de

seχemiu Tem seua nefer nås ån sen em neteru 51. *ṭuat*

Tmu. Una llegada feliz han proclamado los dioses del Tuat

er - å s - teni en sen en ren - sen χenta tepḥetu - sen

para mí. Ellos han engrandecido sus nombres, ésos que viven en sus cavernas

åru ḥet Åusår mā - ten - 52. *kuå ī - kuå χer ten*

guardando la casa de Osiris. Otorgadme que venga a vosotros.

sešeṭ - nå ṭemṭ - nå seχem-ten ser - nå seχemu uat

Yo junto, reúno tus poderes, ordeno los poderes de los caminos

sau 53. *χut ḥematet pet smen - å ārtu - sen*

de aquellos que guardan el horizonte del *hematet* del cielo. Yo he preparado sus puertas

ḥer Åusår ser - å uat ḥer - f åri - nå utuṭṭet per - å 54.

para Osiris, he ordenado los caminos para él, he hecho los encargos. Yo he emergido

er Ṭeṭṭeṭu maa - nå Åusår t'eṭ - å - nef er χet ba - f

de Tattu. Yo he visto a Osiris, le he hablado de lo concerniente a las cosas de esta alma

pen ser mer - nef åspu em åb 55. *en Sut maa - nå*

suya, el Príncipe [a quien] él ama. Una herida hay en el corazón de Sut, yo he visto

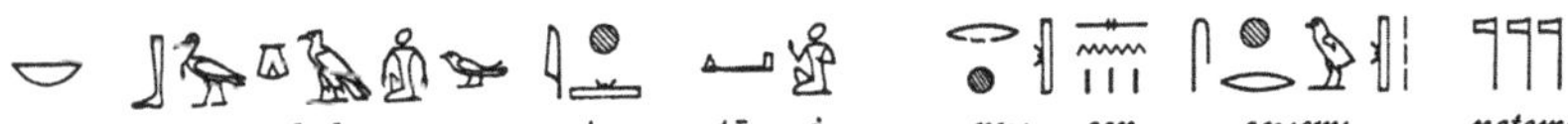

neb baḳa ȧχ ṭā - ȧ reχ - sen seχeru neteru

al señor de iniciación. Oh, yo les he hecho saber los planes de los dioses

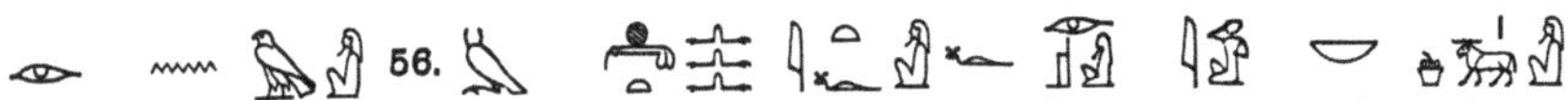

ȧri en Ḥeru em χemt ȧtef - f Ȧusȧr ȧ neb ba

forjados por Horus a instancias de su padre Osiris. Salve, señor, alma

āā šefšefet mā - kuȧ ī - kuȧ sqa - kuȧ

poderosa de terror. Permite que yo, ecuánime, venga, permite que me eleve.

āba-ȧ ṭuat un - nȧ uat ȧru pet

Yo he pasado a través del Tuat, he abierto los caminos de los guardianes del cielo,

ȧri ta ȧn χesef - uȧ ȧm qa - kuȧ ḥrȧ - k

de los guardianes de la tierra, no he sido rechazado allí. Yo he levantado tu rostro,

neb t'etta

oh señor de eternidad.

Apéndice

En el papiro de París, del que Naville[1] tomó el texto del capítulo LXXVIII, *acaba con lo siguiente:*

qa - θȧ ḥer ȧuset - k Ȧusȧr setem - k nefert Ȧusȧr uat'

Tú estás exaltado sobre tu trono, Osiris. Tú oíste cosas alegres, Osiris. Vigorosa es

1. *Todtenbuch*, Bd. I, Bl. 89.

peḥ - k Ȧusȧr θes - tu - nek ṭep - k **44.** *Ȧusȧr smen - tu - nek ȧpt (?)-k*

tu fuerza, Osiris. Ligada a ti está tu cabeza, Osiris. Establecido para ti está tu ceño,

Ȧusȧr net'em ȧb - k neḥ - k men āu en šenit - k

Osiris. Alegre es tu corazón. Siéntete complacido de generar alegría para tus ministros.

ȧu - k men - θȧ em ka **45.** *Ȧmenta se - k Ḥeru χāā ḥer nest - k*

Tú estás establecido como el toro de Amenta, tu hijo Horus está coronado sobre tu trono,

ānχ neb χeri - f se - k ṭā - f ḥeḥ senṭ - nef

toda vida [está] con él. Tu hijo, a él le son dados millones de años, el temor a él es para

ḥeḥ senṭ - nef paut neteru ba - k ṭā - nef . . . . .

millones de años; témenle los ciclos de los dioses. A él le son dados [...]

46. *seχem ur paut neteru ȧt uteb - nef t'eṭ - f ḥu*

gran poder [?] del ciclo de los dioses. No cambia él su palabra. El alimento

ābi pu Ḥeru sen ḥer saqa en tef neḥem

y el altar son Horus. Voy a unirme yo mismo con [mi] padre. La salvación

pu em ȧtef pu **47.** *em sen pu em χenȧmes - ȧ pu*

viene desde [mi] padre, viene desde [mi] hermano, viene desde mi amigo, [viene] de

Ḥeru ī en Ḥeru ḥer mu nu tef - f nef àmi ḥuaait

Horus. Llegó Horus sobre el agua de su padre. Él habitó sobre ruinas.

ḥeq - f Qamt ba-k ṭā - nef neteru seśeṭ

Él gobernó Egipto [sic]. Tu alma le ha sido dada por los dioses, la corona de

ḥeḥ seānχ - f ḥeḥ em maat-f uāt

millones de años; ella le hizo vivir durante millones de años en su ojo, el único

neb - s Nebt - er - t'er ḥent neteru

de su señor, Nebt-er-tcher, reina de los dioses.

1. *Re en unen em paut neteru χeper em* 2. *ur en*

Capítulo de estar entre el ciclo de los dioses, y de ser transformado en el príncipe de

t'at'at àn t'eṭ - f ànet'-ḥrà - k Temu 3. *neb pet*

los jefes divinos. Él dijo: Homenaje a ti, Tmu, señor del cielo,

qemam unenet per em ta seχeper

creador de las cosas que existieron que vienen desde la tierra, que hace venir a ser

satit neb enti mes neteru neter āā 4. *χeper*

eso que está sembrado, señor de las cosas que serán, engendrador de los dioses, dios grande, creador

t'esef neb ānχ seuat' reχi ànet' - ḥrà - ten nebu

de sí mismo, señor de vida, que hace florecer la humanidad. Homenaje a vosotros, vosotros señores

χet āb ḥap 5. *àuset ànet' - ḥrà - ten nebu*

de las cosas, [seres] puros que ocultáis [vuestras] moradas. Homenaje a vosotros, vosotros señores

er neḥeḥ àmennu àru ata reχ bu entet - sen

de eternidad, que escondéis [vuestras] formas, no se conoce el lugar en el que estáis.

àm 6. *ànet' ḥrà-θen neteru àmu šenit qebḥu*

Homenaje a vosotros, vosotros dioses habitantes de la morada de las tierras inundadas, [y vosotros]

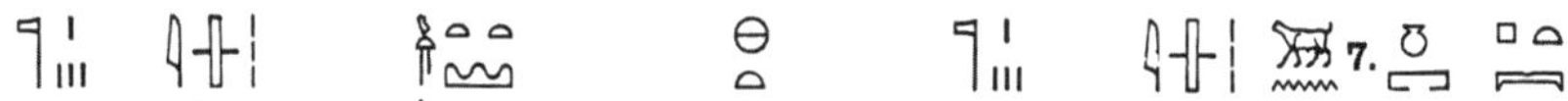

neteru àmu Àmentet paut neteru àmu 7. *χennu pet*

dioses habitantes en el submundo y el ciclo de los dioses que habitáis en el cielo.

mā - θen - uà i - kuà reχ - k - θen āb - kuà neter - kuà

Otorgadme [que] venga, [porque] yo os conozco. Yo soy puro, soy divino,

user - kuà ba - kuà 8. *seχem - kuà χu - kuà àn - nà en θen*

soy poderoso, tengo un alma, me he hecho poderoso, soy glorioso, os he traído

beṭ netersenθer ḥesmen ṭer - θen netet àbu-θen 9. *àm - à*

perfume, incienso [y] natrón. Destruid eso que está [en] vuestros corazones contra mí.

ī - nȧ ter - nȧ ṭut nebt ȧmu ȧbṭ - θen sefeχ - nȧ

Yo he venido, he destruido todo el mal que habitaba en vuestros corazones, he alejado

ȧsfet 10. *ȧr θen ȧu ȧn-nȧ en θen neferu*

[mis] pecados contra vosotros. Yo os he traído eso que es bueno,

seār - nȧ en θen maāt ȧu-ȧ reχ - ketu 11. *θen reχ - kuȧ*

he hecho venir a vosotros lo que es recto y verdadero. Yo, yo os conozco, conozco

ren - θen reχ - kuȧ ȧru - θen ata reχ seχeperu 12. *ȧm*

vuestros nombres, conozco vuestras formas [que] no son conocidas, viniendo a ser entre

θen ī - nȧ χer θen χāā - kuȧ em neteru pui ȧm em reθ

vosotros. He venido a vosotros. Me he alzado como ese dios allí entre los hombres,

ānχ em 13. *neteru user - ȧ χerθen em neter pui qa ḥer*

que vive entre los dioses. Yo soy fuerte ante vosotros como el dios que está exaltado sobre

ȧat - f iu en nef neteru em ḥāātu 14. *θeḥeḥ - nef*

su soporte. [Cuando] él viene los dioses se regocijan, se regocijan en él

neteri ḥemt maa - sen su ī - nȧ χer - θen χāā - kuȧ

las diosas [y] las mujeres [cuando] lo ven. Yo he venido a vosotros, me he alzado

15. 

em àuseti Rā ḥems - à ḥer àuset-à àm χut seśep - à

sobre el trono de Ra, me siento sobre mi asiento en el horizonte, recibo

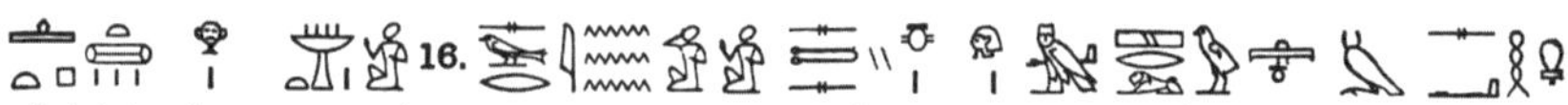

ḥetepet ḥer χaut-à 16. *surà - à seθes ṭep māśeru em sāḥ*

ofrendas sobre mi altar, bebo vino [?] cada noche como esta momia

pen en neb tememu qa - 17. *kuà em neter pui śepsi neb*

del señor de los mortales. Yo estoy exaltado como ese dios sagrado, el señor

ḥet āāt ḥāāiu neteru maa - sen su em

de la gran Casa. Regocíjanse los dioses [cuando] lo ven en

18. 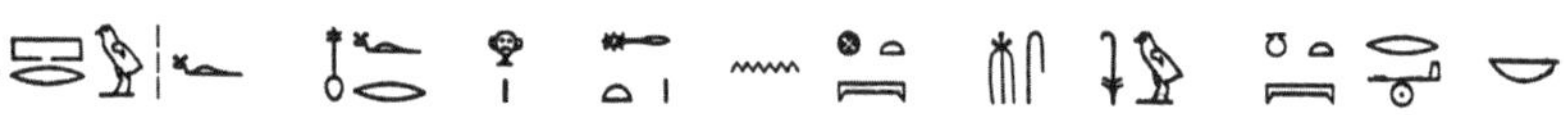

peru - f nefer ḥer χat en Nut mes su Nut rā neb

su manifestación hermosa sobre el cuerpo de Nut, él da nacimiento a Nut cada día.

PLACA XXVII

1. 

àrit χeperu em Seta t'eṭ àn Àusàr Ani

[Capítulo de] hacer la transformación en Seta. Dijo Osiris Ani,

maāχeru 2. *nuk Se-ta āu renpit st'er mes rā neb*

triunfante: Yo soy Seta, extendida en años. [Yo] yago y nazco cada día,

nuk Se-en-ta àmmi t'eru ta st'er - à mes - kuà

soy Seta, el morador en los límites de la tierra. Yo yago, nazco,

ma - kuà renp - kuà rā neb

me renuevo, me hago joven cada día.

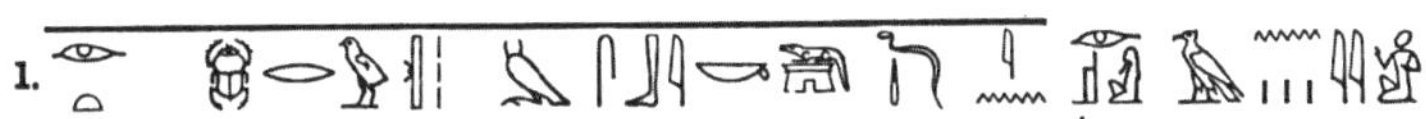

àrit χeperu em sebàk t'eṭ àn Àusàr Ani

[Capítulo de] transformarse en cocodrilo. Dijo Osiris Ani,

maāχeru nuk emsuḥ ḥer-àb neru - f nuk emsuḥ àn - nà

triunfante: Yo soy el cocodrilo dentro de sus terrores, soy el dios cocodrilo, yo traigo

em āuaui nuk remu āā em Qemui nuk

destrucción. Yo soy el gran Pez en Qemui, soy

neb kesenu em Seχem Àusàr Ani neb kesenu

el señor del homenaje en Sekhem, [y] Osiris Ani es el señor del homenaje

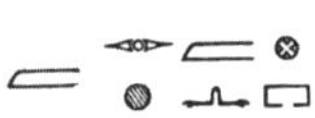

em Seχem

en Sekhem.

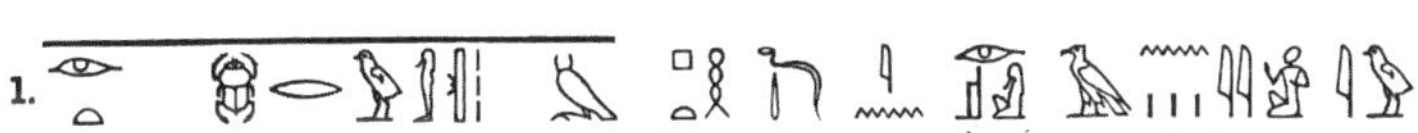

àrit χeperu em Ptaḥ t'eṭ àn Àusàr Ani àu

[Capítulo de] transformarse en Ptah. Dijo Osiris Ani: [Yo]

1. Variante  *sept-kua*, «estoy equipado».

àm tau surà - nà ḥeqt unχ - kuà pa - nà

como pan, bebo cerveza, me pongo vestimenta. Yo vuelo

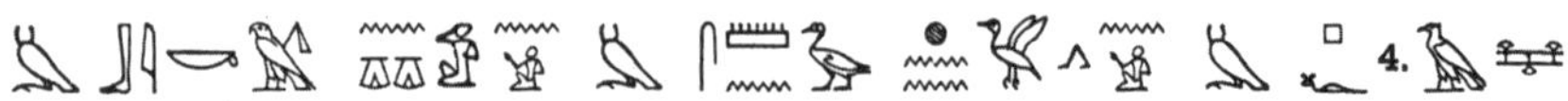

em bàk neqeq - nà em smen χenen - nà em pefa

como un halcón, cacareo como un ganso, aterrizo sobre el camino

erma àat ḥeb Ur but sep sen àn

cerca de la montaña fúnebre en el festival del Gran Uno. Lo que es doblemente malo no lo he

qeq - à pu ḥesu àn qeq - à su betu ka - à àn

comido, lo que es fétido no lo he tragado. Lo que abomina mi *ka* no ha

āq - f er χat - à ānχ - kuà eref emmā reχ - sen neteru

entrado en mi cuerpo. Yo vivo entonces de acuerdo con lo que saben los dioses

χu ānχ - à seχem - à em tau - sen seχem - à qeq - à

gloriosos. Yo vivo y obtengo poder de su pan, obtengo poder [al] comerlo

su χer semam àm Ḥet-ḥert ḥent - à àri - à āabet àri - à

debajo del follaje del árbol de Hathor, mi señora. Yo hago una ofrenda, hago

tau em Ṭeṭṭeṭu uaḥit em Ànnu unχ - à ṭaàu

[una ofrenda de] pan en Tattu y oblaciones en Annu. Yo me atavío con las envolturas de

Mātait āḥā - ȧ ḥems - ȧ er bu merer 9. *ȧb - ȧ ȧm*

Matait. Yo me alzo y me siento dondequiera que desea mi corazón.

ṭep - ȧ em Rā temṭ - ȧ em Temu ȧfṭu

Mi cabeza es como [la de] Ra, yo me he juntado a mí mismo como Tmu. Los cuatro cuartos

Rā āu ent ta per - ȧ nes - ȧ 10. *em Ptaḥ ḥetit - ȧ*

de Ra [son] la extensión de la tierra. Yo me manifiesto. Mi lengua es de Ptah, mi garganta es

em Ḥet - ḥert seχa - ȧ t'eṭet Temu en ȧtef - ȧ em re - ȧ

de Hathor. Yo hago mención de las palabras de Tmu, mi padre, con mi boca.

sek 11. *- f ḥent ḥemt Seb seṭ ṭepu ḥer - f*

Él constriñó al sirviente [?] la esposa de Seb. Se rompen las cabezas ante él,

senṭ eref ȧm nem - tu ānnu em neχtu

se le tiene terror, allí. Se recitan himnos de alabanza ante [mis] actos de fuerza,

ȧp 12. *- tuȧ āuā neb ta en Seb nehep*

se me considera el heredero del señor de la tierra, de Seb, el protector.

qebḥ Seb ṭā - f - nȧ χāāu - f uaḥ - nȧ 13. *ammu*

Me dio agua Seb, me dio sus amaneceres. Inclinan ante mí, ésos que están en

Ȧnnu ṭep - sen nuk ka - sen user at er at

Annu, sus cabezas. Yo soy su toro, fortaleciéndome momento a momento,

nek - ȧ seχem - ȧ em ḥeḥ

yo copulo, he adquirido fuerza durante millones de años.

ȧrit χeperu em ba Tem t'eṭ ȧn Ȧusȧr ān

[Capítulo de] hacer las transformaciones en el alma de Tmu. Dijo Osiris el escriba

Ani maāχeru ȧn āq - ȧ er χebenu ȧn sek - ȧ

Ani, triunfante: Yo no he entrado en la casa de destrucción, [no he venido a un final,]

ȧn reχ - ȧ su nuk Rā per em Nu ba pu neter

no lo he conocido. Yo soy Ra viniendo desde Nu, el Alma que es divina,

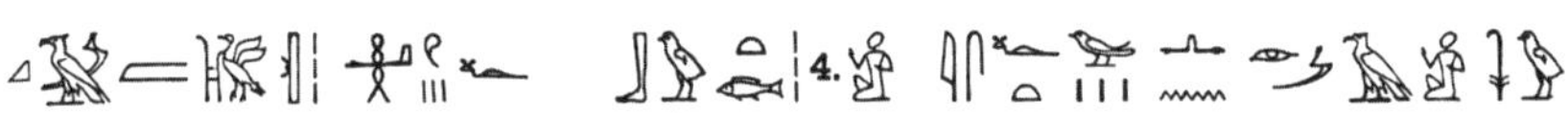

qemam ḥāu - f betu - ȧ ȧsfet ȧn maa - ȧ su

el creador de sus miembros. La abominación para mí es pecado, yo no lo considero,

en kai - ȧ em maāt ānχ - ȧ ȧm - s nuk Ḥu

no lloro contra lo recto y verdadero, yo vivo en ello. Yo soy Hu.

ȧt sek - f em ren - ȧ pui en ba χeper-nȧ t'es - ȧ

Nunca falla él en mi nombre de Alma. Yo me he creado a mí mismo

ḥenā Nu em ren-[ȧ] pu en χeperȧ χeper-nȧ ȧm - sen (sic)

con Nu, en mi nombre de Khepera; vengo a ser en ello

em Rā nuk neb seśep

en la forma de Ra. Yo soy el señor de luz.

APÉNDICE[1]

betu - ȧ menȧ ȧn āq - ȧ er χebt Ṭuaa nuk

Lo que yo odio es enterrado, que no entre yo en la caverna de Tuaa. Yo

ṭāṭā χut en Ȧusȧr se-ḥetep ȧb en ȧmu χet

atribuyo la gloria a Osiris, [y] pacifico el corazón de ésos que habitan entre las cosas,

mert ṭāṭā-sen senṭ - ȧ qemam - sen śefśeft - ȧ en

los amigos divinos, que extienden el miedo, que crean terror de mí, en

ȧmu qeb - sen ȧs kuȧ qa - kuȧ ḥer ȧat - ȧ

aquellos que están en sus esquinas. Contémplame, yo estoy exaltado sobre mi soporte

Nu ḥer ȧuset ȧpt - ȧ nuk Nu ȧn χemi - ȧ

Nu, sobre el lugar adjudicado a mí. Yo soy Nu, no me desbancarán

1. El texto es de Naville, *Todtenbuch*, Bd. I, Bl. 97.

àru àsfet nuk uru paut 8. *ba - à pu neteru*

ésos que hacen mal. Yo soy el más antiguo nacido de la materia no formada, mi alma es los dioses,

baiu en neheh nuk qemam keku àru àuset - f

[que son] las almas de eternidad. Yo soy el creador de la oscuridad que hace su lugar

t'eru heri ī - nà ba - à āā 9. *her uat àauu*

en los confines del cielo. Yo vengo, mi alma avanzó por el camino de los ancianos.

àri - nà keku em t'eru heri mer - à peh t'eru - sen

Yo hago oscuridad en los confines del cielo, si lo deseo, [yo] llego a sus límites.

māšem - à her ret - à 10. *χerp - à t'a bà àriu*

Yo camino sobre mis piernas, soy fuerte navegando sobre el cielo, trabajando.

sešet - à keku fentut àmen seher - à nemmat-à er

Yo encadeno con bandas la oscuridad y los gusanos escondidos. Yo extiendo mis pasos hasta

neb āui ba - à pu 11. *ba t'et - à pu ārātu er*

el señor de la doble fuerza. Mi alma es, el alma de mi cuerpo es el *uraeus*,

tut - à pu neheh neb renput heq pu t'etta nuk qa

mi forma [?] es para siempre, el señor de los años, el príncipe de la eternidad. Yo soy el exaltado

neb ta bu - à ḥun - à em nut àr - à

y el señor de la tierra. Yo estoy exaltado [?]. Yo me vuelvo joven en las ciudades, me hago joven

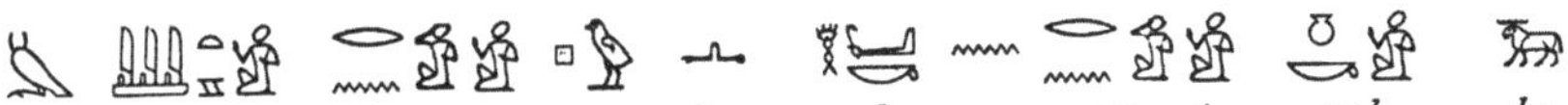

em seχet - à ren - à pu àn sek en ren - à nuk ba

en mi provincia, mi nombre es «No tengo nombre». Yo soy el Alma,

qemam Nu àri àuset - f em Neter-χert àn maa

el creador de Nu, que hace su asiento en el submundo. No se ve

seś - à àn seṭ - tu suḥt - à nuk neb ḥeḥ àri - nà

mi nido, no está agrietado mi huevo. Yo soy el señor de millones de años. Yo hago

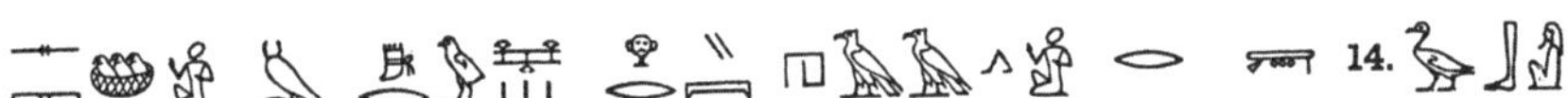

seś - à em t'eru ḥeri haa - à er ta Seb

mi nido en los límites del cielo, desciendo a la tierra de Seb,

ṭer - à ṭut - à maa - à àtef - à neb Māś sen t'et - f

destruyo mis defectos. Yo veo a mi padre, el señor de Mash, respiró su cuerpo

àm Ànnu ḥent - nà χnemu χui ḥer àatet

en Annu. Yo soy provisto [por] Khnemu y Khu [?] en el lugar de entierro

Àmentet hab

de Amenta [...]

1. 

ȧrit *χeperu* *em* *bennu* *t'eț* *ȧn* *Ȧusȧr* *ān*

[Capítulo] de hacer la transformación en un *bennu* [fénix]. Dijo Osiris, el escriba

Ani *maāχeru* *em* *ḥetep* *pa* - *nȧ* *em* *paut* *χeper* - *nȧ*

Ani, triunfante en paz: Vengo a ser desde la materia no formada, [yo vine a la existencia]

em *χeperȧ* *reț* - *nȧ* *em* *reț* *śeta* - *nȧ* *em* *Śeta*

como Khepera, crecí en forma de plantas, estoy escondido en la Tortuga.

nuk *ța* *en* *neter* *neb* *nuk* *sef* *pen* *en* *ȧfțu*

Yo soy de los átomos de cada dios. Yo soy este ayer de los cuatro,

ȧārātu *seχef* *ȧpt* *en* *χeper* *em* *ȧbt* *ur*

y *uraei* de estos siete, que vinieron a la existencia en el este. [Yo soy] el poderoso,

seḥet' *hamemet* *em* *t'et* - *f* *neter* *pu* *em* *Sut* *Teḥuti*

que ilumina el *hamemet* con su cuerpo; él es un dios como Set. Thoth

er *ami* - *tu* - *sen* *em* *ȧptu* *tui* *en* *χenti*

[decidió] en lo concerniente a ellos por ese juicio del morador en

Seχem *ḥenā* *baiu* *Ȧnnu* *ennui* *er* *ȧmmi* - *tu* - *sen*

Sekhem junto con los espíritus de Annu. Navegando entre ellos

ī - nȧ χāȧ - kuȧ χu - kuȧ user - kuȧ neteri - kuȧ

yo he venido, estoy coronado, soy glorioso, soy poderoso, soy fuerte

emmā neteru nuk χensu ṭenṭen nebu

entre los dioses. Yo soy Khensu repulsando a todos.

Apéndice

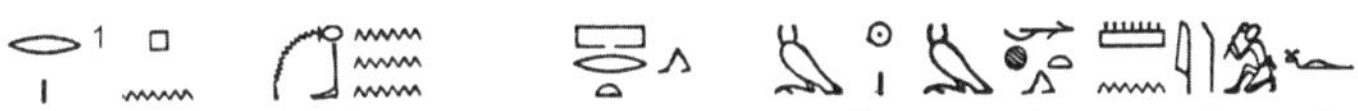

re[1] *pen āb pert em hru emχet menȧ - f*

[Si se conociera] este capítulo, el purificado emergerá de día después de su entierro,

ȧrit χeperu em ṭāṭā ȧb - f unen em

hará las transformaciones de acuerdo con el deseo de su corazón, estará entre

śes en Un-nefer ḥetep em śau en Ȧusȧr

los sirvientes de Un-nefer, estará satisfecho con el alimento de Osiris

perχeru maa ȧθen t'au pu ṭep ta χer Rā

y las comidas sepulcrales, verá el Disco y avanzará sobre la tierra con Ra,

maāχeru χer Ȧusȧr ȧn seχem en χet nebt ṭut ȧm - f

triunfante ante Osiris. No tendrá poder cosa mala alguna sobre él

1. Véase Naville, *Todtenbuch*, Bd. II, Bl.185.

šes maā ḥeḥ en sep

por los siglos de los siglos, millones de veces.

PLACA XXVIII

ārit χeperu em šent t'eṭ ān Āusār ān

[Capítulo de] hacer la transformación en un pájaro *shent*. Dijo Osiris, el escriba

Ani seχem - nā enti em ṭes āmmiu

Ani: Yo he obtenido la maestría sobre los animales con el cuchillo en

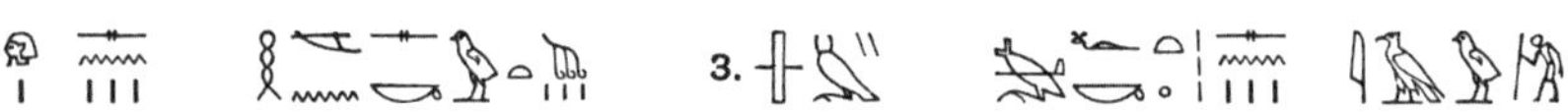

ṭep - sen ḥenksetu āmmi māfket - sen āau

sus cabezas y sus mechones de pelo, que viven entre sus esmeraldas, los antiguos

χu sepṭu at Āusār Ani maāχeru em

y los seres brillantes que preparan el momento de Osiris Ani, triunfante en

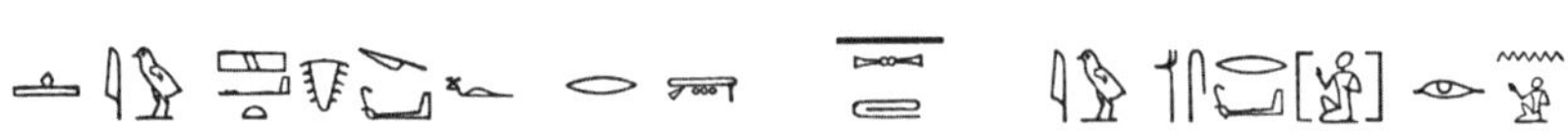

ḥetep āu sāt - f er ta θes rer āu user -ā āri - nā

paz. Él hizo matanzas sobre la tierra, y al contrario. Yo soy fuerte. He hecho

χet qa er pet turā - nā āri - nā useχet

un tránsito exaltado dentro del cielo. Yo me he purificado a mí mismo. He hecho largos

en nemmat-à er nut-à keru māšem - à sepu tā - tu

mis pasos hasta mi ciudad, prosiguiendo mi desplazamiento a Sepu [?]. Yo he puesto

em Unnu χaāā - nà neteru her uat - sen

[el ser que está] en Unnu, he establecido a los dioses en sus caminos,

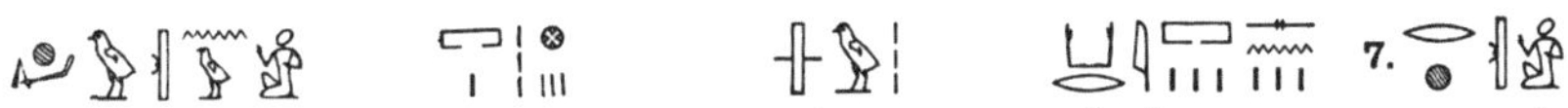

χu - nuà peru - àmu kerà - sen reχ - à

he hecho gloriosos los templos de aquellos que viven en sus santuarios. Yo conozco

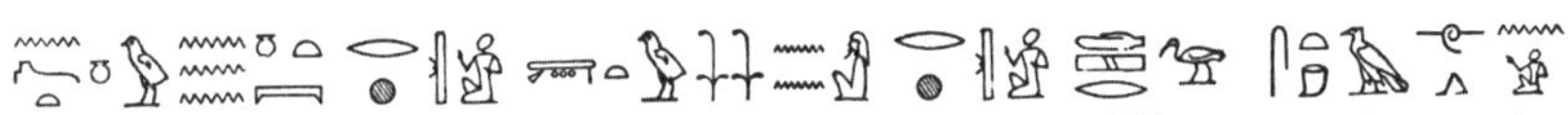

ennu Nut reχ - à Ta - tu - enen reχ - à Țešer sta - nà

a Nut, conozco a Tatunen, conozco a Tesher, he traído

ābu - sen reχ - à Heka setem - à t'eṭet - f nuk mas țešer

sus cuernos. Yo conozco a Heka, oigo sus palabras. Yo soy el ternero rojo

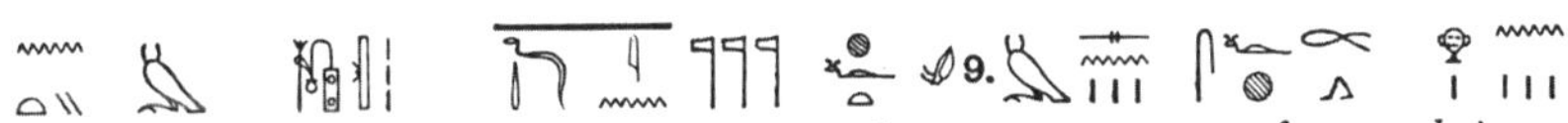

enti em ānu t'eṭ àn neteru χeft setem - sen sefeχ hrà - n

que está en los escritos. Los dioses dicen cuando oyen: Bajemos nuestros rostros,

īt - f χer - à àu nehepu em χemt - ten sepu - à em χat - à

que él venga a mí; hay luz a tu alrededor. Mis estaciones están en mi cuerpo.

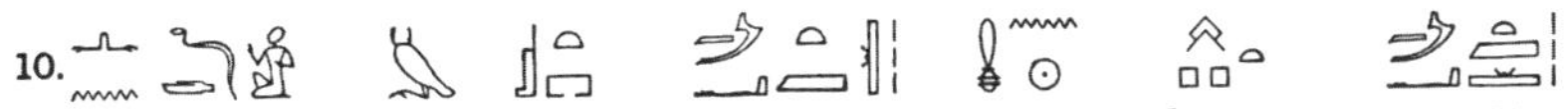

àn t'eṭ - à em àuset maāt mān hāpepet maāt

Yo no digo [maldades] en el lugar de rectitud y verdad, cada día avanzando en rectitud y verdad,

ḥer ànḥu - s (sic) *χaui χenti er seḥeb* 11. *st'er*

envuelto en oscuridad, navegando para observar el festival del fallecido,

ànqu àaut sau ta . . . . en Àusàr ān Ani

abrazando al Anciano, el guardián de la tierra, Osiris, el escriba Ani,

maāχeru àn āq - ä er 12. *χebenu χabesu nuk ṭāṭā*

triunfante. Yo no he entrado en la caverna de las deidades estelares. Y atribuyo

χut en Àusàr seḥetep - nà àb en àmu χet - f

la gloria a Osiris, yo he pacificado el corazón de esas deidades que le siguen.

àn senṭ - 13. *à en qemam - sen en šefšeft en*

No tengo miedo de ésos que crean terror, [o] de

àmmu taiu - sen às kuà ḥāi - kuà 14. *ḥer àat*

ésos que viven en sus países. Contémplame, yo estoy exaltado sobre [mi] soporte,

ḥer àuset-à nuk Nu àn χem - tuà àn àri àsfet

sobre mi asiento. Yo soy Nu, no seré desbancado por el hacedor del mal.

nuk 15. *Šu paut ba - à pu neter ba - à pu ḥeḥ*

Yo soy Shu de la materia primitiva. Mi alma es el Dios, mi alma es eternidad.

nuk qemam kekiu ȧri ȧuset - f em t'eru ḥert

Yo soy el creador de la oscuridad, que hace su lugar en los límites del cielo,

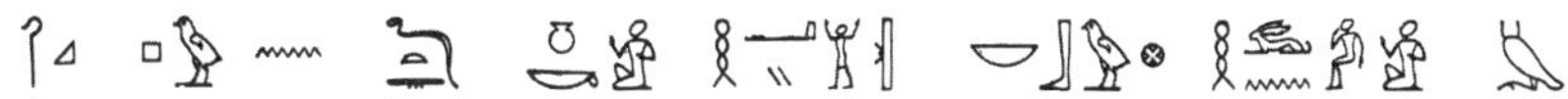

ḥeq pu en t'etta nuk ḥāi Nebu ḥun - ȧ em

el príncipe de eternidad. Yo estoy exaltado [en] Nebu. Yo me vuelvo joven en

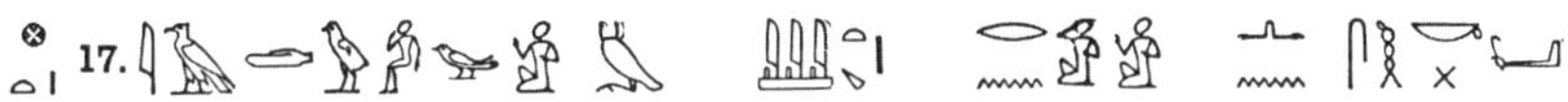

nut ȧaṭu - ȧ em seχet-ȧ ren - ȧ ȧn sek,

la ciudad, me vuelvo joven en mi provincia. Mi nombre es « Que no pone».

ren - ȧ ba qemam en Nu ȧri ȧuset - f em Neterχert

Mi nombre es «Alma, creador de Nu, que hace su lugar en el submundo».

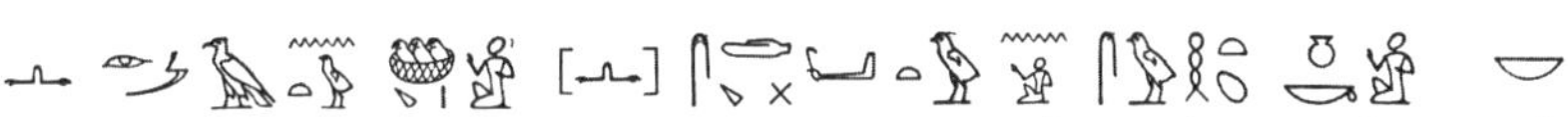

ȧn maa - entu seś ȧ ȧn seṭ - tu - nȧ suḥt nuk neb

No se ve mi nido, no he resquebrajado [mi] huevo. Yo soy el señor de

ḥeḥ ȧri - nȧ seśu - ȧ em t'eru ḥert

millones de años. He hecho mi nido en los límites del cielo.

ha - ȧ er ta en Seb ṭer - [ȧ] ṭut - ȧ maa - nȧ

He bajado a la tierra de Seb. Destruyo mis defectos. Veo

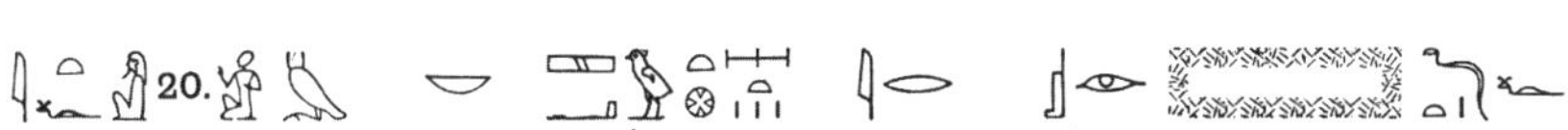

ȧtef - ȧ em neb Śāutet ȧr Ȧusȧr t'et - f

a mi padre como el señor de Shautet. En lo concerniente a Osiris [Ani], su cuerpo

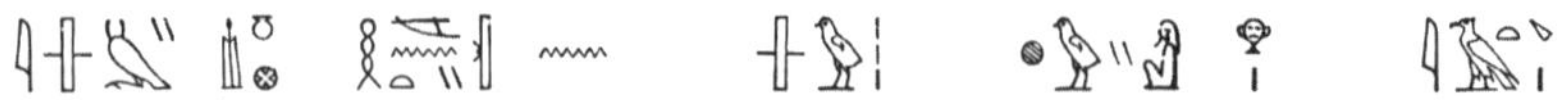

àmmi Ànnu, ḥenti en àmu χui ḥer àat

está en Annu, ordenado por ésos que están con Khui en el lugar de entierro de

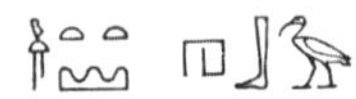

Àmentet heb

Amenta, un mensajero [?].

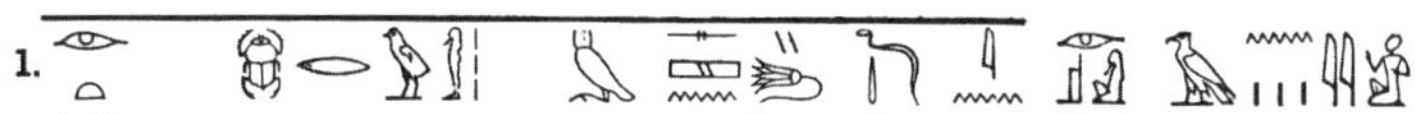

àrit χeperu em seśeni t'eṭ àn Àusàr Ani

[Capítulo de] hacer la transformación en un loto. Dijo Osiris Ani:

nuk seśeni āb per em χu àri śerà

Yo soy el loto puro que emerge del dios de la luz, el guardián de la nariz de Ra, el

Rā àri fent en Ḥet - ḥert àri - à hai - à uχaχ - à

guardián de la nariz de Hathor. Yo hago mi viaje, corro detrás

su en Ḥeru nuk āb per em seχet

de él, que es Horus. Yo soy el puro que emerge desde el campo.

àrit χeperu em neter erṭāt seśep kekiu

[Capítulo de] hacer la transformación en dios que dio luz [en] la oscuridad.

t'eṭ àn Àusàr ān Ani maāχeru nuk ārq saat

Dijo Osiris, el escriba Ani, triunfante: Yo soy la cinta de la vestimenta

en Nu ḥet'et seśep àri ḥāt - f seśepet em

de Nu, brillando, emitiendo luz, el guardián de sus partes anteriores, que arroja luz en

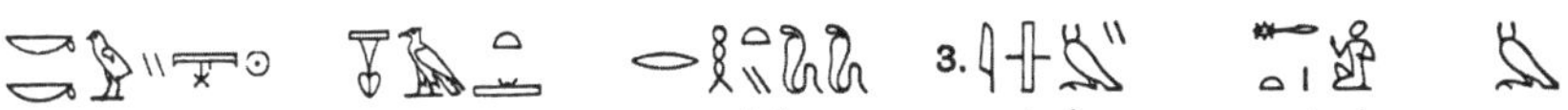

kekui samat reḥti àmi χat - à em

la oscuridad, que une a los dos luchadores que viven en mi cuerpo con

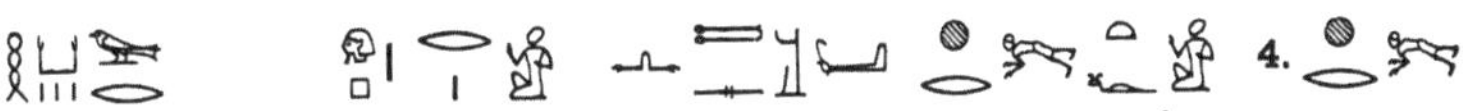

ḥeka - ur ṭep - re - à àn θes χer - tef χer

el encantamiento poderoso de mi expresión [...] levantándolo a él, que ha caído, ha caído él,

enti ḥenā - f em ànt Àbṭu ḥetep-nà nuk seχai - f

que [estaba] con él en el valle de Ábidos. Yo descanso. Yo le he recordado.

àu θet - nà Ḥu em nut - à qem - nà su àm - s

Yo he alejado al dios Hu de mi ciudad, lo encontré en ella.

àu àn - nà kekui em useru - à àu seśeṭu - nà maat em

Yo he alejado la oscuridad por mi poder. Yo he vendado el ojo en

àt - s àn ī smat XV ent ḥeb àu ut'ā - nà Sut

su fracaso en la llegada del décimo quinto día del festival. Yo he pesado a Sut

em peru ḥeru ḥer àau ḥenā - f àu āper - nà Teḥuti em

en las casas superiores con el anciano [que está] con él. Yo he provisto a Thoth en

ḥet āāḥ àn ī smat XV ent ḥeb θet - nà

la Casa del dios-Luna, en la llegada del décimo quinto día del festival. Yo he llevado

ureret àu maāt em χat - à māfeket θeḥent àbeṭ - s

la corona. Están la rectitud y la verdad en mi cuerpo, y las esmeraldas y los cristales de sus meses.

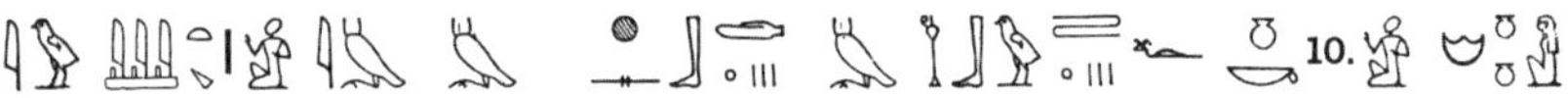

àu seχet - à àm em χesbeṭ em utebu - f nuk ḥem

Está mi parcela allí entre el lapislázuli en sus surcos. Yo soy la mujer

seśep kekiu ī - nà er seśep kekiu sut ḥet'

que iluminó la oscuridad, he venido a iluminar la oscuridad, está iluminada doblemente.

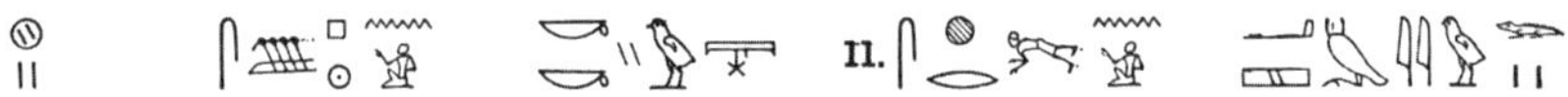

sep sen seśep - nà kekiu seχer - nà āśemi

Yo he iluminado la oscuridad, he desbancado a los destructores,

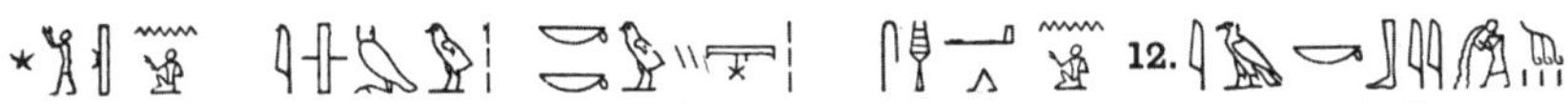

ṭua - nà àmu kekiu se - āḥā - nà àakebi

he adorado a ésos que están en la oscuridad. Yo he hecho alzarse a ésos que lloran,

àmennu ḥràu-sen bakai - sen maa - sen uà àr ten

que escondieron sus rostros, que se habían hundido. Ellos miraron sobre mí entonces [...]

***nuk** ḥem àn erṭāi - à er setem - ten ḥer - s*

Yo soy una mujer. No he provocado que vosotros oigáis lo concerniente a ella.

PLACA XXIX

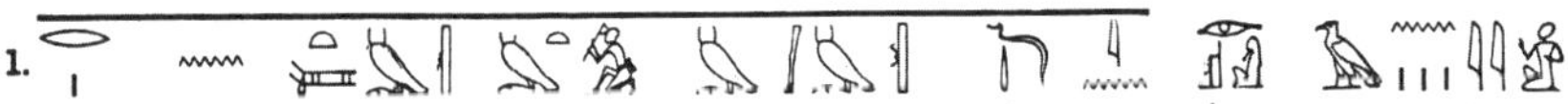

re en tem met em nem t'eṭ àn Ȧusȧr Ani

Capítulo de no morir una segunda vez. Dijo Osiris Ani,

maāχeru à Teḥuti àšset pu χepert set em mesu Nut

triunfante: Salve, Thoth, ¿qué es eso que les ha ocurrido a los hijos de Nut?

àri - en - sen χeruiu àu sešeṭu - en - sen χennu àri - en - sen

Ellos han batallado, han mantenido la lucha, han hecho

àsfet qemam - en - sen sebàu àri - en - sen šāt

mal, han creado los enemigos, han hecho matanza,

qemam - en - sen sautu àu ḳert àru - en - sen āā

han creado problemas; pero seguramente han motivado que el poderoso

er net'es em àrit - sen nebt ṭā àrek āā Teḥuti . . . . . si

esté contra el débil en todos sus actos. Otórgales el poder de Thoth que ha decretado

Tem àn maa - nek àsfet àn uχeṭ - k seḥu

Tmu. No veas el mal, no enfurezcas [cuando] confundan

renput-sen setekennu àbeṭ - sen t'erenti àru - en - sen ḥet'

sus años, y entren entre sus meses, porque ellos han hecho iniquidad

àment em àrit - nek neb nuk mesθà - k Teḥuti

secreta en lo que han hecho contra todos vosotros. Yo soy tu paleta, oh Thoth,

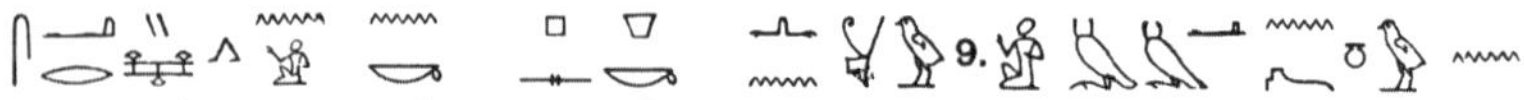

se - āri - nà nek pes - k àn nu - à emmā ennu en

te he traído tu tintero. No estoy entre ésos que [hacen]

ḥet' àment - sen àn àritu ḥet' àm - à

iniquidad en sus secretos [lugares], que no me hagan iniquidad a mí.

t'eṭ àn Àusàr Ani Ani à Tem àšset pu

Dijo Osiris Ani, Ani [sic]: ¡Salve, Tmu! ¿Qué es [esta tierra]

šas-à er set àu ķert àn mu set àn nifu set met' - θà

dentro de la que he venido? Pero seguro que ella está sin agua, que ella está sin aire, doblemente profunda,

sep sen kektu - θà sep sen ḥeḥ - θà sep sen ānχ - θà àm - s em

doblemente oscurecida, doblemente remota. El que vive en ella [no está] en

ḥetep àb àn àu ķert àn àritu net'emmit àm - s

paz de corazón. No, pero no se realizan alegrías del amor en ella.

erṭā-nà χu em àsui mu nifu ḥenā

Que me sea dado esplendor en el lugar del agua y del aire, y

net'emmit hetep àb em àsui tau heqt ..... su

alegrías del amor, paz del corazón en el lugar del pan y la cerveza. Lo ha decretado

Tem em maa hrà - k àn kert uχet - à kau - k

Tmu que vea su rostro, seguro que no sufriré por las cosas que le apenan a él;

àu neter neb heb - nef nest - f em χenti heh àu

cada dios transmitirá sus tronos durante millones de años. Es

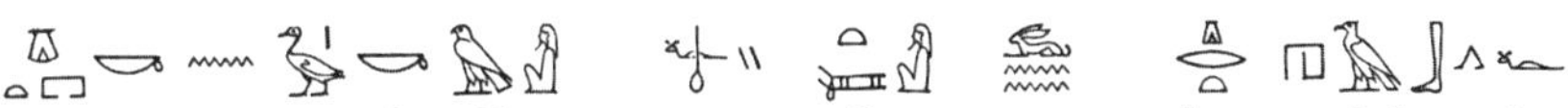

nest - k en se - k Heru ..... Tem unen kert hab - f

tu trono para tu hijo Horus. Tmu ha decretado que será segura su carrera entre

uru àuf kert heq - f nest - k àuf er

los príncipes sagrados. Él, sin embargo, él gobernará tu trono. Él será

āuā nest àmi Àat-nesert (?) utu kert

el heredero del trono del habitante en el Lago de doble Fuego. Pero está decretado

maa - nà sent - f hrà-à er maa hrà en neb

que [él] pueda considerarme su segundo [y que] mi rostro verá el rostro del señor

Tem àśset pu āhā em ānχ ...... àuk er

Tmu. ¿Cuál, entonces, es [mi] duración en la vida? Está decretado que tú existirás

ḥeḥ en ḥeḥ āḥā en ḥeḥ àu erṭā - nà

millones de años de millones de años, una duración de millones de años. Yo he concedido

hab - f uru àu - à ḳert er ḥet' àrit - nà nebt

que él pueda pasar hacia los principescos. Yo estoy, sin embargo, deshaciéndome de todo lo que hice

àu ta pen er ī em Nu em ḥuḥu mà ṭepi - f

cuando esta tierra estaba viniendo desde Nu, desde el abismo acuoso, como sobre su anterior

ā nuk sep ḥenā Àusàr àri - nà χeperu - à em keteχu

estado. Yo soy el Destino y Osiris. Yo he hecho mis transformaciones en otras

ḥeftu àn reχ - sen reθ àn maa-sen neteru neferui

serpientes. No conocen ellos a la humanidad, no pueden percibir los dioses la doble belleza

àri - nà en Àusàr teni er neteru nebu àu erṭā - nà nef

[que] yo he hecho para Osiris; más grande [es él] que todos los dioses. Yo le he otorgado

set àu ḳert se - f Ḥeru em āuā ḥer nest - f

[que gobierne] en el submundo. Pero su hijo Horus [es] como el heredero de su trono

àmi Àat-nesert (?) àu àri - nà ḳeri àuset - f en uàa

dentro del Lago de doble Fuego. Pero yo he hecho su asiento en la barca

en heḥ àu Ḥeru men ḥer sereχ - f en mertu

de millones de años. Horus está establecido sobre su trono con [sus] amigos

ḳer mennu - f ḳert hab ba en Sut

y poseyendo sus restos. Pero ha partido [a Amenta] el alma de Sut,

tennu er neteru nebu àu erṭā - nà satu

más grande que todos los dioses. Que me sea otorgado que junte

ba - f àmi uàa en mer - f senṭ neter ḥāu

su alma en la barca del sol a su voluntad [...] miedo miembros divinos.

à àtef - à Àusàr àri - k nà àri en nek àtef - k Rā

Oh mi padre Osiris, has hecho tú por mí lo que hizo por ti tu padre Ra.

uaḥ-à ṭep ta ḳer - à nest - à senb āu - à

Que habite yo sobre la tierra, que posea yo mi trono, que sea fuerte mi heredero,

ruṭ àsi - à mertu - à pu ṭep ta erṭāt

que hagan verde mi tumba mis amigos que están sobre la tierra. Que sean dados

χeft - à em neqātu Selq ḥer qasu - sen nuk se - k

mis enemigos a la destrucción de Selq por su encadenamiento. Yo soy tu hijo.

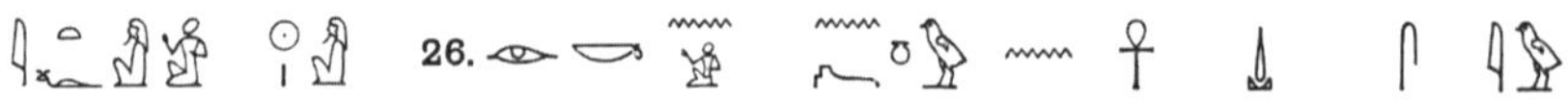

àtef - à Rā àri - k nà ennu en ānχ ut'a senb àu

Mi padre es Ra. Tú has hecho para mí esta misma vida, fuerte, saludable. Horus está

Ḥeru men - θ ḥer sereχ - f ṭā - k ī - ut āḥā - à pui

establecido en su trono. Otórgame que el curso de mi vida sea ése

en sebt er àmaχ

de avanzar a un estado de ser venerado.

PLACA XXX

Re en āq er useχt maāti ṭua Àusàr

Capítulo de entrar en la Sala de Doble Maati. Un himno de alabanza a Osiris,

χenti Àmentet t'eṭ àn Àusàr ān Ani maāχeru ī - nà

el que habita en Amentet. Dijo Osiris, el escriba Ani, triunfante: Yo he venido

āa er maa neferu - k āāui - à em àau en

avanzando para ver tus bellezas. Mis dos manos están [sostenidas] en aclamación de

ren - k maā ī - nà āa àn χeper āš àn

tu nombre recto, he venido avanzando. No ha venido a la existencia el árbol *ask*, no

mest śenṭet àn qemau setu àser

ha sido producido el árbol *shent*, no ha creado el suelo las plantas *aser*.

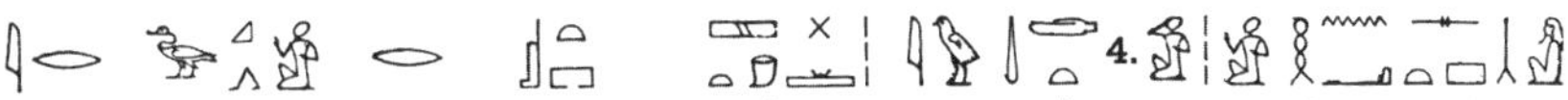

àr āq - à er àuset śeta àu t'eṭet - à ḥenā Sut

Ahora yo he entrado en el lugar de las cosas escondidas. Yo he hablado con Sut,

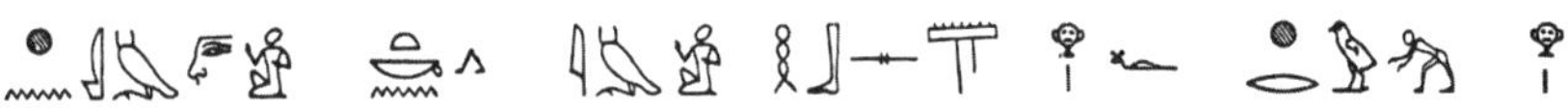

χenem - à teken àm - à ḥebs ḥrà - f χeru ḥer

mi amigo [?] ha entrado en mí, vistiendo su rostro, cayendo sobre

χet śeta àu - f āq - f er per Àusàr àu - f

las cosas que están escondidas. Él, él había entrado en la Casa de Osiris, él,

maa - f śeta enti àm - f àu t'at'at ent sebχit

él ha visto las cosas escondidas que [están] en ella. Los jefes divinos de los pilones

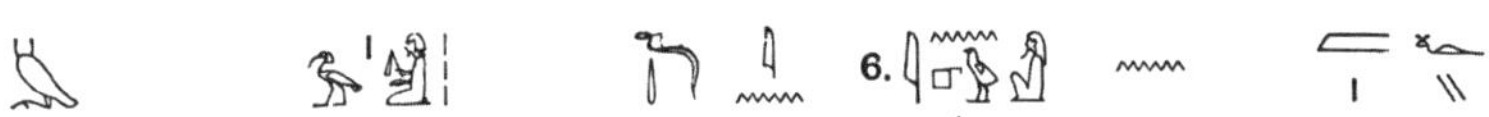

em χu t'eṭ àn Ànpu en ḳesui - f

están en forma de espíritus beatificados. Ha hablado Anubis a ambos lados de él

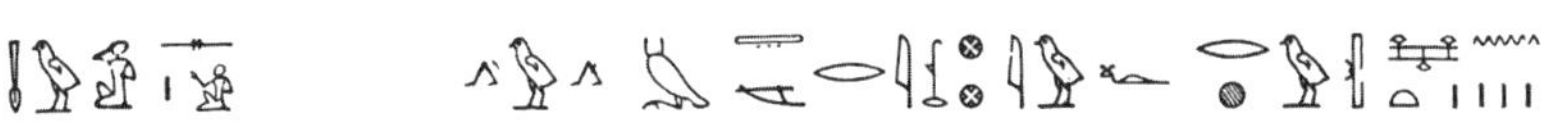

χeru se ìu em Ta - merà àuf reχu uat - n

con la palabra de un hombre [en su] venida desde Ta-mera. Él conocía nuestros caminos

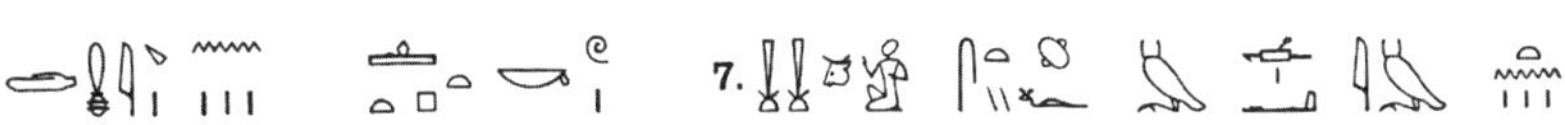

ṭemà - n ḥetep - kuà sensen-à sti - f em uā àm - ten

[y] nuestras ciudades. Me hacen ofrendas, yo huelo su olor como uno de vosotros.

t'eṭ - f nȧ nuk Ȧusȧr ān Ani maāχeru em ḥetep maāχeru

Díjome él: Yo soy Osiris el escriba Ani, triunfante en paz, ¡triunfante!

ī - nȧ āa er maa neteru āāaiu ānχ - ȧ em

Yo he venido avanzando para ver a los grandes dioses, y vivo en

ḥetepet ȧmu kau - sen un - nȧ er t'eru ba neb

las ofrendas que comen sus dobles. Yo he ido a los bordes del Carnero, señor de

Ṭeṭṭeṭ ṭā - f per - ȧ em bennu er t'eṭet - ȧ

Tattu. Él otorgó que yo pudiera aparecer como un pájaro *bennu*, que pudiera hablar;

un - nȧ em ȧtru uṭen - ȧ em neter sentrȧ

yo he estado en el agua del río. He hecho ofrendas con incienso.

sem - ȧ em šenṭet en χerṭu un - nȧ em Ȧbṭu

Yo he hecho mi camino junto al árbol *shent* de los niños [?]. He estado en Ábidos

em Per - Satet ȧu semeḥ - nȧ uȧ en χefta ȧuȧ

en el Templo de Satet. Yo he sumergido la barca de [mis] enemigos.

t'a - kuȧ er Še em nešemet maa - nȧ sāḥu

He navegado sobre el Lago en la barca *neshem*. Yo he visto a los nobles de

Qem - ur   un - nȧ   em   Ṭeṭṭu   seḳeru - nȧ

Qem-ur. He estado en Tattu, y me he llevado hacia el silencio.

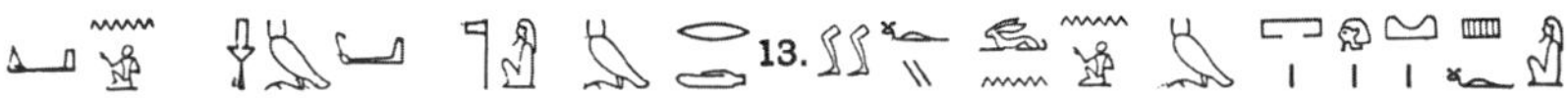

ṭā - nȧ   seχem   neter   em   reṭ 13. *- f   un - nȧ   em   Per - ṭep - ṭu - f*

Yo he puesto la imagen de dios sobre sus dos pies. He estado con Per-tep-tu-f

maa - nȧ   χenti   neter   ḥet (?)   *ȧuȧ   āq - kuȧ   er*

y he visto al morador en la divina morada. Yo, yo he entrado en

14. *Per - Ȧusȧr   kefa - nȧ   āfnetu   en   enti   ȧm   auȧ*

Per-Ausar, y me he vestido con los atavíos de él, que está allí. Yo,

āq - k[uȧ]   er   Re - stau   maa - nȧ   śeta   15. *enti   ȧm*

yo he entrado en Re-stau, y he visto las cosas ocultas que están allí.

ȧmen - nȧ   qem - nȧ   teś   ȧu-ȧ   ha - k[uȧ]   er

Yo estaba escondido [pero] encontré un pasaje. He entrado en

Ȧn - ȧarruṭ - f   ḥebs - nȧ   16. *enti   ȧm   ḥer*

An-aarut-f, y me he puesto las ropas que están allí sobre [mi]

ḥau   erṭā - nȧ   ānta   en   ḥemt   em   śennu

desnudez. Me han dado el ungüento *anta* de mujeres con la tierra [?]

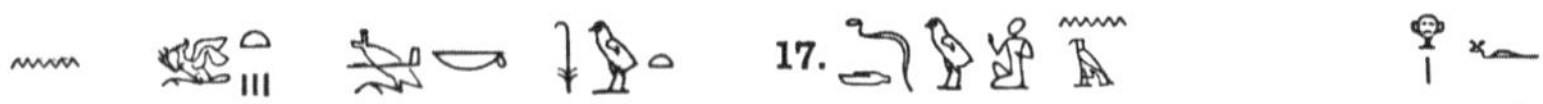

en rexit māk Sut t'eṭu - à na ḥer - f

de la humanidad. Verdaderamente Sut me ha dicho cosas respecto a sí mismo.

t'eṭ - à en un māxa - k em ḥeri àb - n

Yo he dicho: Que tu acto de pesar esté con nosotros.

t'eṭ àn ḥen en Ànpu àr àuk rex - tu ren en sebex pen er

Dijo la majestad de Anubis: ¿Sabes el nombre de esta puerta para

t'eṭ āś nà t'eṭ àn Àusàr ān Ani maāxeru em ḥetep maāxeru

declarar [...] a mí? Dijo Osiris el escriba Ani, triunfante en paz, triunfante:

Vuelta a la Placa XXIX

pen xer - sek Śu ren en sebex pen t'eṭ àn ḥen en

Esto. «Añejada de Shu» es el nombre de esta puerta. Dijo la majestad de

Ànpu àr àuk rex - tu ren en setem ḥeri

Anubis: ¿Eres tú el que sabe el nombre de la hoja de arriba

setem xeri neb maāt ḥeri ṭep reṭ - f àn ren en

y de la hoja de abajo? «Señor de rectitud sobre sus dos pies» es el nombre de

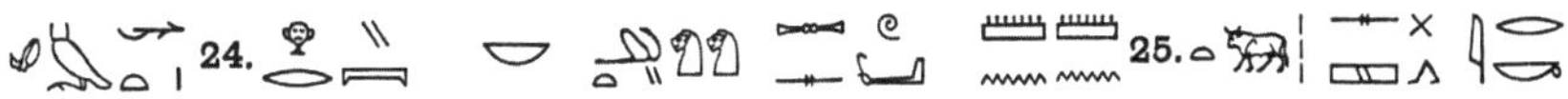

setemet ḥeri neb peḥti θesu menmenet seś ȧrek

la hoja superior; «Señor de poder, que dispone de [ganado vacuno es el nombre de la hoja inferior]. Pasa entonces,

tuk reχtu Ȧusȧr ān ḥesb ḥetep neter en neteru

tú supiste, Oh Osiris, el escriba contable de las divinas ofrendas de todos los dioses

nebu Uast Ani maāχeru neb ȧmaχ

de Tebas, Ani triunfante, señor de veneración.

APÉNDICE[1]

t'eṭet χeft sper er useχt ten ent Maāti peχχa

Para ser dicho cuando uno venga a esta sala de doble Maati, de separarse [uno]

em χu neb ȧri - nef maa neter neb ḥrȧu ȧnet'

de todos los pecados [que] ha hecho, y de ver los rostros de cada dios. Salve,

neter āā neb Maāti ī - nȧ χer - k neb - ȧ ȧnt - kuȧ

gran dios, señor de Maati, yo he venido a ti, mi Señor. Me he traído a mí mismo

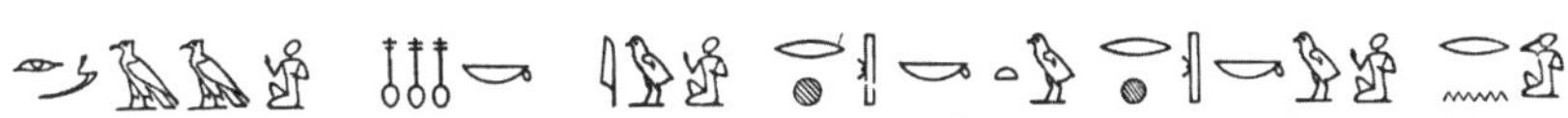

maa - ȧ neferu - k ȧu-ȧ reχ - k[uȧ] - tu reχ - kuȧ ren

para poder ver tus bellezas. Yo te conozco, yo conozco el nombre

1. Para el texto, véase Naville, *Todtenbuch*, Bd. I, Bl. 133.

en neter XLII uneniu ḥenā - k em 4. *useχt ten ent Maāti*

de los cuarenta y dos dioses que existen contigo en esta sala de Maati, [y]

ānχiu em saut ṭut sāmiu em snef - sen

que viven como castigadores de los pecadores, que viven sobre su sangre

hru 5. *pui en ḥesb qeṭut embaḥ Un - neferu māk*

en el día ese de computar disposiciones ante Un-neferu; verdaderamente

Reχti - merti - f ent maāt ren - k mākuȧ ī - kuȧ

«Rekhti-merti-f-ent-Maat» es tu nombre. Verdaderamente yo he venido

6. *χer - k ȧn - nȧ - nek maāt ṭer - nȧ - nek ȧsfet*

a ti, te he traído Maat. He alejado para ti la maldad.

en ȧri - ȧ ȧsfet er ret en smaȧr - ȧ unṭuit

Yo no he hecho iniquidad a la humanidad. No he hecho daño a los animales.

en ȧri - ȧ 7. *āuit em ȧuset maāt en reχ - ȧ netet*

No he hecho maldad en el lugar de Maat. No he conocido el mal.

en ȧri - ȧ 8. *bu - ṭu en ȧri - ȧ ṭep hru neb*

No he actuado malvadamente. No he hecho cada día y cada

bak em ḥeru àrit - nà en sper ren - à er uàa

trabajo por encima [de lo que] debería hacer. No emergió mi nombre hacia la barca del

χerp en saat - à neter en nem - à en

Príncipe. No he despreciado a Dios. No he causado miseria. No

nemḥ - à en àri - à but neter en sàṭu - à

he producido aflicción. No he hecho lo que es abominable a Dios. No he causado daño

ḥen en ḥer-ṭep - f en smer - à en

que hiciera a los sirvientes su jefe. No he causado dolor. No

serem - à en smam - à en utu - à en smam - à

he hecho llorar. No he matado. No he dado orden de matar para mí.

en àri - à ment ḥrà - nebu en χeb - à śebu em

No he hecho daño a la humanidad. No he tomado parte de las oblaciones en

re - peru en ḥet' - à paut neteru en neḥem - à

los templos. No he hurtado los pasteles de los dioses. No me he llevado

χenfu χu en nek - à en ṭaṭai - à

las ofrendas de los benditos muertos. No he fornicado. No me he engañado a mí mismo.

16.

en uaḥ - à en χeb - à em ṭebḥ en χeb - à em

No he añadido, no he disminuido las ofrendas. No he robado de

seśep en sàat - à em aḥet en uaḥ - à ḥer met

los huertos [?]. No he pisoteado los campos. No he añadido al peso

ent 17. *āusu en senemeḥ - à em teχ . en*

de la balanza. No he reducido del peso de

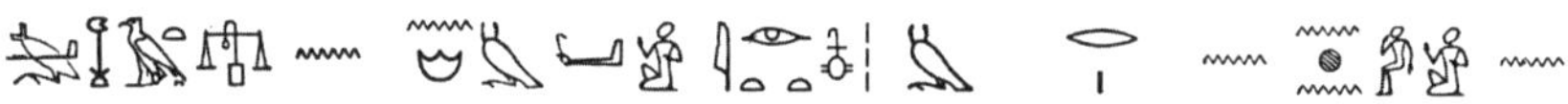

māχat en neḥem - à àrtet em re en neχen en

la balanza. No me he llevado la leche de la boca del bebé. No

kefa - à 18. *āut ḥer semu - sen en seχet - à*

he alejado el ganado que estaba pastando. No he capturado

apṭ en qesu neteru en ḥaam - à 19. *remu*

los pájaros de los cotos de los dioses. No he tomado peces

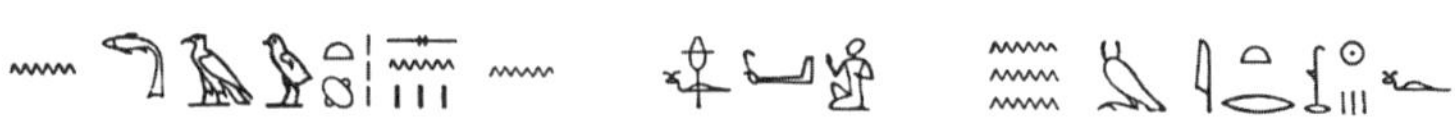

en χaut - sen en χesef - à mu en àter - f

[con cebo] de sus propios cuerpos. No he devuelto agua en su estación.

en ṭenà - à tenà er mu asu en āχem - à χet

No he hecho un corte en el agua corriente. No he apagado una llama

20. 

em al - s en teh - à sesu ḥer setepet en

en su hora. No he violado los horarios de las ofrendas escogidas. No

šenā - à menmenet neter χet en χesef - à neter em

he rechazado el ganado de las cosas divinas. Yo no he rechazado a Dios en

peru - f àuà 21. *āb - kuà sep ftu āb - à āb*

sus manifestaciones. Yo, ecuánime, soy puro. Cuatro veces. Yo soy puro [con] la pureza de

bennu pu āā enti em Suten-ḥenen ḥer entet nuk às fenṭ pu

ese gran *bennu* que está en Suten-henen, porque yo soy, contempla, esa nariz del

22. 

en neb nifu seānχ reχit nebt hru pui en

señor de los vientos que hace que vivan todos los mortales el día ese de

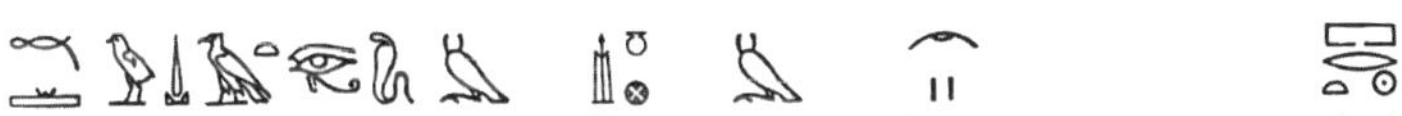

meḥ ut'at em Ànnu em àbeṭ sen pert

llenar el *utchat* en Heliópolis, en el segundo mes de la estación de avanzar

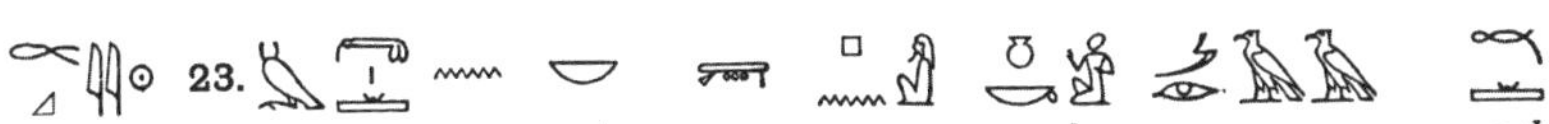

ārqi 23. *embaḥ en neb ta pen nuk maa meḥ*

hacia el final, ante el señor de esta tierra. Yo veo el relleno del

ut'at em Ànnu enen χeper buṭu er - à em ta

utchat en Heliópolis. Que no se me haga mal en esta tierra

24.

pen em useχt ten ent maāti ḥer entet tuȧ reχ - kuȧ

en esta sala de Doble Maat, porque yo, yo sé

ren en enen neteru uneniu ȧm - s śesu neter āā

el nombre de estos dioses que están en ella, los seguidores del gran dios.

PLACA XXXI

1. 

ȧ useχ per em Ȧnnu ȧn ȧri - ȧ ȧsfet

Salve, caminante, que vienes de Annu, yo no he hecho mal.

2. 

ȧ ḥept seśet per em χer - āba ȧn āuau - ȧ

Salve, rodeado de llama, que vienes de Kher-aba, yo no he saqueado.

3. 

ȧ fenṭiu per em χemennu ȧn t'au - ȧ

Salve, Fentiu [Nariz], que vienes de Khemennu, yo no he robado.

4. 

ȧ ām χaibit per em Qernet ȧn smam - ȧ ret sep sen

Salve, Comedor de Sombras, que vienes de Qernet, yo no he matado hombres: dos veces.

5. 

ȧ Neḥaa-ḥrȧ per em Re - stau ȧn ḥet' ṭebḥ

Salve, Nehaa-hra, que vienes de Re-stau, yo no he defraudado las ofrendas.

6. *à Rereti per em pet àn χebt - à*

Salve, Doble dios-León, que vienes del cielo, yo no he disminuido [las oblaciones].

7. *à maa-f em χet per em Saut àn t'a - à*

Salve, aquel cuyos dos ojos son de fuego, procedente de Saut, no he saqueado

χet neter 8. *à nebàt per em χetχet àn t'eṭ - à*

las cosas del dios. Salve, Llama, que vienes a volver, no he dicho

ḳer 9. *à seṭ qesu per em Suten - ḥenen àn*

mentiras. Salve, Rompedor de huesos, que vienes de Suten-henen, no

neḥem-à àmmet 10. *à utu neser per em*

me he llevado comida. Salve, disparador de la Llama, que vienes de

Ḥet-ka-Ptaḥ àn kenà - à 11. *à Qererti per em Àmentet àn*

Menfis, yo no he afligido [a nadie]. Salve, Qererti, que vienes de Amentet, yo no

nek - à en nek - à 12. *à ḥrà - f ḥa - f per em tepḥet - f*

he cometido fornicación. Salve, aquel cuyo rostro está detrás de él, surgiendo de su caverna,

àn θerem - à 13. *à Basti per em šetat àn*

yo no he hecho llorar. Salve, Bast, que surge del lugar secreto, yo no

ām ab - à 14. *à ta reṭ per em àχeχ àn*

me he comido mi corazón. Salve, piernas deslumbrantes, que venís de la oscuridad, yo no

teh - à 15. *à àm snef per em nemmat àn*

he transgredido. Salve, Comedor de Sangre, surgido del bloque, yo no

àri ḥennuit - à 16. *à àm besek per em Mābet*

he actuado engañosamente. Salve, Comedor de Intestinos, surgido de Mabet,

àn āuau - à ḥenbet 17. *à neb maāt per em Maāti*

yo no he desolado las tierras labradas. Salve, Señor de Maat, procedente de Maat,

àn metmet - à 18. *à tennemiu per em Bast àn*

no he sido un escuchador furtivo. Salve, el que camina hacia atrás, procedente de Bast, no

šem re - à 19. *à Serṭiu per em*

he puesto mi boca en movimiento [contra ningún hombre]. Salve, Sertiu, procedente de

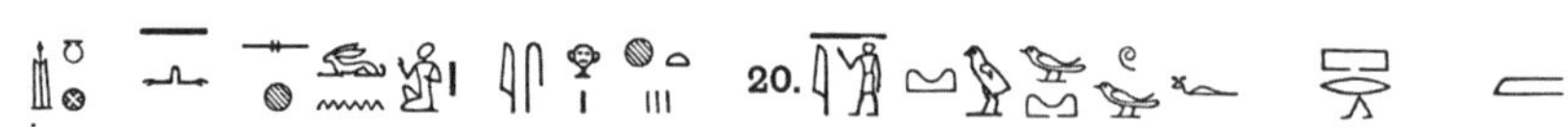

Ànnu àn seχun - à [àn]-às ḥer χet 20. *à Ṭuṭu-f per em*

Annu, no me he enfurecido excepto con una causa. Salve, doblemente malvado, procedente de

Ati àn nek - à ḥemt ťa 21. *à Uaamemti per*

Ati, no he engañado a la esposa de un hombre. Salve, Doble Serpiente, procedente *em χebt àn nek-à ḥemt t'a* 22. *à maa*

de la cámara de tortura, no he engañado a la esposa de un hombre. Salve, mirador de

àntu - f per em Per-Àmsu àn ṭaṭa - à 23. *à*

lo que se trae ante él, procedente de Per-Amsu, no me he corrompido a mí mismo. Salve,

Ḥer uru per em amemt àn àri-à ḥeru 24. *à*

Jefe de los Poderosos, procedente de Amemt, no he causado terror. Salve,

χemiu pert em Ḳesiu àn teh - à 25. *à*

Khemiu, procedente de Kesiu, no he cometido ofensa. Salve,

Seśeṭ - χeru per em Urit àn ta - à

poseedor del discurso, procedente de Urit, no me he inflamado de furia.

26. *à Neχennu per em Uab àn seχa-à ḥrà-à ḥer t'eṭet*

Salve, Babe, procedente de Uab, no me he ensordecido a las palabras de

maāt 27. *à Kennememti per em Kennemmet àn śent - à*

rectitud y verdad. Salve, Kennememti, procedente de Kennemmet, no he causado pena.

28. *à Àn ḥetep - f per em Sau àn per - ā*

Salve, portador de ofrendas, procedente de Saïs, no he actuado insolentemente.

29. 

ȧ Serȧ - χeru per em Unȧset ȧn χennu - ȧ

Salve, poseedor del discurso, procedente de Unaset, no he incitado luchas.

30. 

ȧ Neb ḥrȧu per em Neṭfet ȧn asta - ȧb - ȧ

Salve, Señor de las caras, procedente de Netchefet, no he juzgado apresuradamente.

31. 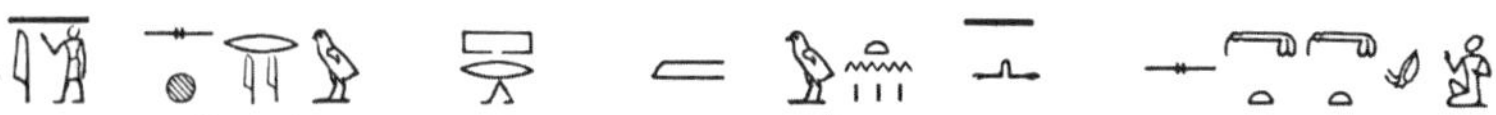

ȧ Seχeriu per em Uten ȧn semetmet - ȧ

Salve, Sekheriu, procedente de Uten, no he sido un escuchador furtivo.

32. 

ȧ Neb ābui per em Sauti ȧn āś χeru - ȧ

Salve, Señor de dos cuernos, procedente de Saïs, no he multiplicado mis palabras

ḥer ṭ'eṭet 33. *ȧ Nefer-Tmu per em Ḥet-Ptaḥ-ka ȧn āuiti - ȧ*

con palabras. Salve, Nefer-Tmu, procedente de Menfis, no he dañado,

ȧn ȧri-ȧ bȧn

no he hecho mal.

PLACA XXXII

34. 

ȧ Tem sepu per em Ṭeṭṭu ȧn ȧri - ȧ śenti

Salve, Tmu [en sus] estaciones, procedente de Tattu, no he maldecido

35.

suten à àri em àb - f per em Tebu àn rehen - à ḥer

al rey. Salve, el que trabaja en su corazón, procedente de Tebu, no he ensuciado

36.

mu à Àḥi per em Nu àn qa χeru - à

el agua. Salve, portador del sistro, procedente de Nu, no he levantado la voz.

37.

à uaṭ reχit per em Sau àn

Salve, proveedor de la humanidad, procedente de Saïs, no

38.

šenu - à neter à Neḥeb - ka per em tepḥet-f àn àri - à

he maldecido a Dios. Salve, Neheb-ka, procedente de su caverna, no he

39.

saqit à Neḥeb - nefert per em tepḥet - f àn

cometido robo [?]. Salve, Neheb-nefert, procedente de su caverna, no

40.

ḥeṭ pautti neteru à Seṭ'eser-ṭep per

he defraudado las ofrendas de los dioses. Salve, el que arregla de [su] cabeza, procedente

em kerà àn neḥem - à χenf er χu

de [su] templo, no me he llevado las ofrendas de los beatíficos.

41.

à Àn ā - f per em Maāt àn neḥem-à χenf

Salve, portador de su brazo, procedente de [la doble ciudad de Maat,] no me he llevado el alimento

neχen àn seqasat - à neter nut-à 42. *à Ḥet' àbeḥu*

del infante, no he pecado contra el dios de la ciudad. Salve, dientes blancos,

per em Ta - śe àn semam - à àḥ neteri

procedente de Ta-she, no he matado al ganado divino.

Apéndice[1]

2. *ànet' ḥràu-θen neteru àpu* 3. *àu - à reχ - kuà - ten reχ - kuà*

Homenaje a vosotros, ¡oh dioses! Yo, yo os conozco. Yo conozco

ren - ten enen χer - à 4. *en śāt - ten enen sār - ten*

vuestros nombres. No me lancéis a vuestros cuchillos mortales, no hagáis manifiesta

bà[n] - à en neter pen enti θen emχet - f 5. *enen īu - tu sep - à*

mi maldad ante este dios a quien vosotros seguís, que no llegue mi momento

ḥer - ten t'eṭ - ten maāt er - à em - baḥ ā 6. *Neb-er-t'er ḥer entet*

ante vosotros. Declarad rectitud y verdad para mí ante la mano de Neb-er-tcher, porque

àri - nà maāt em Ta-merà en śen - à neter en

yo he hecho rectitud y verdad en Ta-mera. No he maldecido a Dios, no

1. Para el texto, véase Naville, *Todtenbuch*, Bd. I, Bll. 137 y 138.

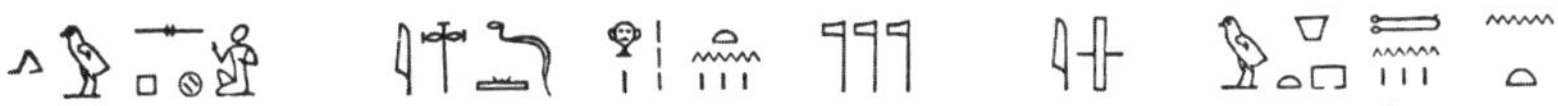

īu sep - à ànet' ḥràu-ten neteru àm useχt - θen ent

ha venido mi momento. Homenaje a vosotros, oh dioses, que vivís en vuestras cámaras de

7. 

Maāti at ḳer em χat - sen ānχiu em maāt

Rectitud y Verdad, sin mal en vuestros cuerpos, que vivís en rectitud y verdad

em Ànnu sāmiu em ḥaut - sen 8. *embaḥ Ḥeru àm*

en Annu, quienes consumen sus entrañas en presencia de Horus en

àten - f neḥem - ten - uà mā Baabi ānχ em beseku

su disco, salvadme de Baabi, que vivió en los intestinos

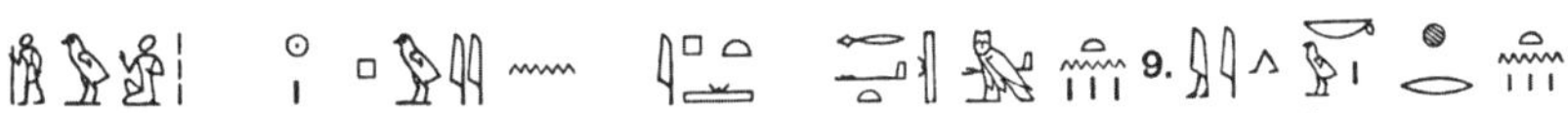

seru hru pui en àpt āāt mā - ten 9. *ī - kuà χer - ten*

de los príncipes, en el día ese del gran juicio por vosotros; yo he venido a vosotros.

enen àsfet - à enen χebent - à en ṭu - à enen

No he cometido faltas, no he pecado, no he hecho mal, no

meteru - à enen àri - nà χet eref ānχ - à em

he levantado falso testimonio, que no me sea hecha ninguna cosa, por lo tanto. Yo vivo en

10. 

maāt sām - à em maāt àb - à àu àri - nà

rectitud y verdad, alimento de rectitud y verdad mi corazón. Yo he hecho

t'eṭet ret hereret neteru ḥer - s àu se-ḥetep-nuà neter

eso que ordenaron los hombres, los dioses están satisfechos con eso. Yo he apaciguado a Dios

em mert - f āu erṭā - nà tau en ḥeqet mu en àbi

[haciendo] su voluntad. Yo he dado pan al hambriento, agua al sediento,

ḥebs en ḥaiu māχen āui àu àri - nà

vestimenta al desnudo y una barca al náufrago. Yo he hecho

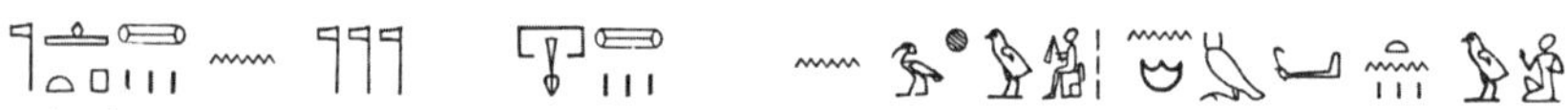

neter-ḥetepu en neteru perχeru en χu neḥem - ten - uà

ofrendas a los dioses y he sacrificado comidas a los brillantes. Salvadme vosotros a mí,

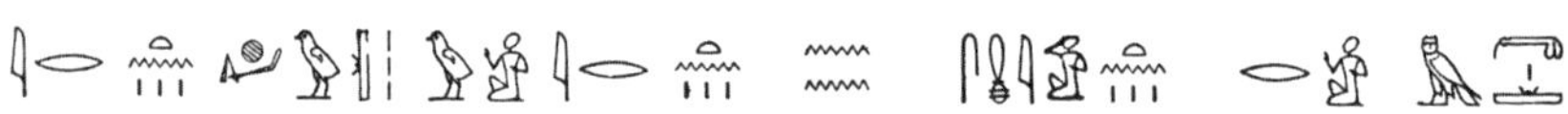

àr ten χu - uà àr ten enen smà - ten er - à embaḥ

entonces, protegedme entonces, no hagáis acusaciones contra mí, ante

neter āa nuk āb re āb āāiu t'eṭ - tu - nef īui sep sen

el gran dios. Yo soy puro de boca, puro de manos. Le dicen a él: Ven, dos veces,

àn maaiu su ḥer entet setem - nà t'eṭet tui t'eṭet en

aquellos que lo ven, porque yo he oído ese discurso pronunciado por

āa ḥenā màu em per Ḥepṭ - re meteru - à

el Burro con el Gato en la casa de Hept-re. Yo he levantado testimonio

em ḥer - f ṭā - f tentu àu maa - nà peseś àseśeṭ

ante él, él ha tomado la decisión. Yo he visto la división de los árboles azules

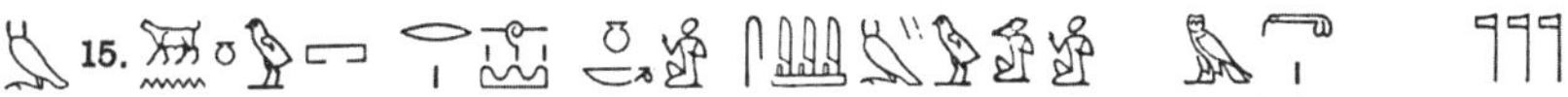

em χennu Re-stau nuk semiu - à embaḥ neteru

dentro de Re-stau. Yo, yo ofrezco oraciones en presencia de los dioses

reχ χert χat - sen ī - nà āa er semetert

sabiendo lo que concierne a las personas. Yo he venido avanzando a hacer una declaración de

maāt er erṭāt āusu er āḥāu - f em χennu

rectitud y verdad, para poner la balanza sobre su soporte dentro

ḳaàu à qa ḥer àat - f neb atefu

de los arbustos amarantinos. Salve, exaltado sobre su pedestal, señor de la corona *atef*,

àri ren - f em neb nifu neḥem - kuà mā naik

que tiene su nombre como dios de los vientos, sálvame de tus

en àputat uṭeṭiu θemesu seχeperiu àṭerit

mensajeros que hacen que ocurran hechos inhumanos, que hacen que ocurran calamidades,

18. 

àt t'amet ent ḥràu-sen ḥer entet àri - nà maāt

sin encubrir sus caras, porque yo he hecho lo recto y verdadero.

neb maāt āb - kuȧ hāti - ȧ em ābu peḥi - ȧ

Oh Señor de rectitud y verdad, yo soy puro, mi pecho está lavado, mis partes traseras

19.

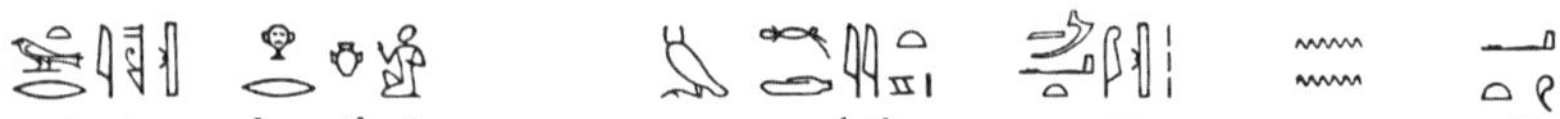

turȧ ḥer - ȧb - ȧ em seśeṭit maāt enen āt

están limpias, mi interior [ha estado] en el Estanque de rectitud y verdad, sin un miembro

ȧm - ȧ śu āb - nȧ em seśeṭit reset ḥetep - nȧ em

en mí que falte. Yo he sido purificado en el estanque del sur, yo he descansado en

Ḥemt mehṭet 20. *em seχet senehemu ābet qeti*

Hemet, hacia el norte del campo de los saltamontes; se bañan los marineros divinos

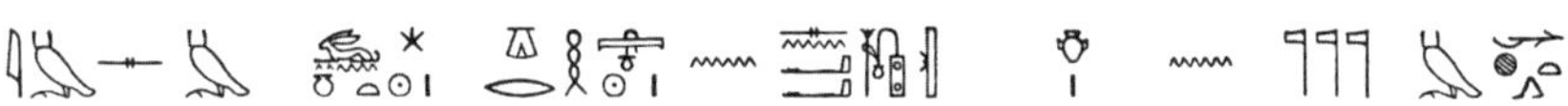

ȧm - s em unnut ḳerḥ en senāā ȧb en neteru em - χet

en él, en la estación de la noche para gratificar [?] el corazón de los dioses después

seś-ȧ ḥer-s em 21. *ḳerḥ em hru ṭāu īut - f ȧn - sen*

de que yo haya pasado sobre él de noche y de día. Ellos otorgan su venida, ellos me dicen:

er - ȧ nimā trȧ tu ȧn - sen er - ȧ pu trȧ ren - k

¿Quién eres tú? Me dicen: ¿Cuál, entonces, es tu nombre?,

ȧn - sen er - ȧ nuk ruṭ χeri en 22. *ḥait ȧmi baaq*

me dicen: «Yo crezco entre las flores; habitando en el árbol de olivo» es

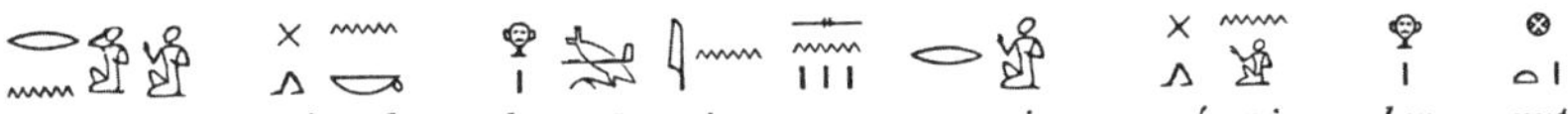

ren - ḍ sos - nek ḥer mā ȧn - sen er - ȧ seś - nȧ ḥer nut

mi nombre. Pasa tú inmediatamente, me dicen. Yo he pasado por la ciudad

meḥtet baat peti trȧ maa - nek ȧm χenṭ 23. *pu ḥenā mesṭet*

al norte de los arbustos. ¿Qué, entonces, viste allí? La Pierna y el Muslo.

peti trȧ ȧn-k en sen ȧu maa - nȧ ȧhehi em ennu taiu

¿Qué, entonces, les dijiste a ellos? Yo vi regocijo en esas tierras

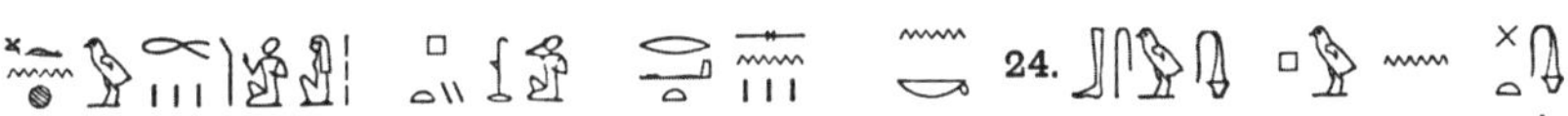

Fenχu peti trȧ erṭāt - sen nek 24. *besu pu en seśet*

del Fenkhu. ¿Qué, entonces, te dieron ellos? Una llama era, de fuego,

ḥenā uat' en θeḥent peti trȧ ȧri - nek eres ȧu qeres - nȧ

junto con una tableta de cristal. ¿Qué, entonces, hiciste con ella? Yo la enterré

sct ḥer uteb en maāti em χet χaui peti trȧ

junto al lugar de Maati con las cosas de la noche. ¿Qué, entonces

25. *qem - nek ȧm ḥer uteb en maāti uas pu en ṭes*

encontraste allí junto al lugar de Maati? Un cetro de pedernal [?];

ȧu seśeṭ - nek su pe trȧ ȧref su uas pu en ṭes ertā

que tú lo hagas prevalecer. ¿Cuál, entonces, es [el nombre de] el cetro de pedernal? «Creador

nifu ren - f peti trà àref àri - nek er pa besu en

de vientos» es su nombre. ¿Qué, entonces, por lo tanto, hiciste con la llama de

seśet ḥenā pa uat' en θeḥent 26. *em-χet qeres - k set*

fuego y con la tableta de cristal después de que la enterraras?

àu hatu - nà ḥer - s àu seśeṭ - nà 27. *set àu āχem - nà seśet*

Yo pronuncié palabras sobre ella, juré [sobre] ella y extinguí el fuego,

àu seṭ - nà uat' em 28. *ˀᵒmam en maa māāi*

hice uso de la tableta para crear un estanque de agua. Ven

àrek āq ḥer sba pen en useχt ten ent Maāti 29. *àu - k*

entonces, entra por esta puerta de esta Sala de Maati, tú nos

reχ - θà - n àn ṭā - à āq - k ḥer - à àn benś en sba

conoces. No te dejaré entrar a través de mí, dijo el candado de la puerta,

pen 30. *àn - às t'eṭ - nek ren - à teχ en bu maā*

excepto si dices mi nombre. «Peso del lugar de rectitud y verdad»

ren - t àn ṭā - à āq - k 31. *ḥer - à àn ārit unem ent*

es tu nombre. No te dejaré entrar a través de mí, dijo el dintel derecho de

sba pen ȧn - ȧs t'eṭ - nek ren - ȧ ḥenku - nef fat

esta puerta, excepto si dices mi nombre. «Él pesó las labores de

maāt ren - t ȧn ṭā - ȧ āq - k ḥer-ȧ ȧn ārit

rectitud y verdad» es tu nombre. No te dejaré entrar a través de mí, dijo el dintel

ȧbet ent sba pen ȧn-ȧs t'eṭ - nek ren - ȧ ḥenku en ȧrp

izquierdo de esta puerta, excepto si dices mi nombre. «Juez de vino» es

ren - t ȧn ṭā - ȧ seś - k ḥer - ȧ ȧn sati en sba pen

tu nombre. No te dejaré pasar sobre mí, dijo el umbral de esta puerta,

ȧn - ȧs t'eṭ - nek ren - ȧ ȧua en Seb ren - k ȧn

excepto si dices mi nombre. «Buey de Seb» es tu nombre. No

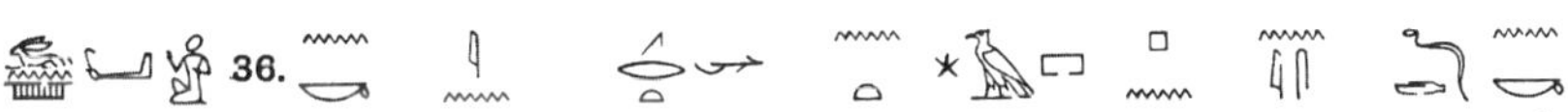

un - ȧ nek ȧn qert ent sba pen ȧn - ȧs t'eṭ - nek

te abriré, dijo la hendidura del candado de esta puerta, excepto si dices

ren - ȧ saḥ en mut - f ren - t ȧn un - ȧ nek

mi nombre. «Carne de su madre» es tu nombre. No te abriré,

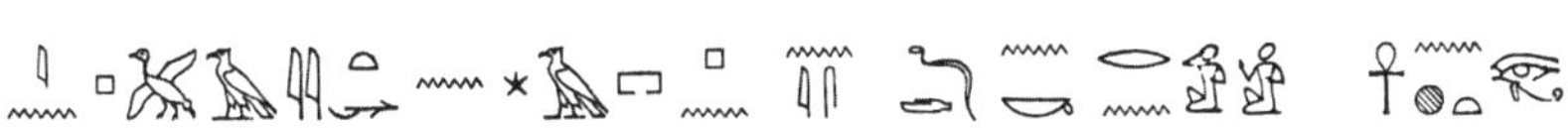

ȧn pait en sba pen ȧnȧs t'eṭ - nek ren - ȧ ānχet ut'at

dijo el candado de esta puerta, excepto si dices mi nombre. «Vivió el *utchat*

ent Sebek neb Baχau ren - t 38. *ȧn un - ȧ nek*

de Sebek, el señor de Bakhau» es tu nombre. No te abriré,

ȧn ṭā - ȧ āq - k ḥer - ȧ ȧn ȧri āā en sba pen

no te dejaré pasar a través de mí, dijo el morador en la hoja de esta puerta,

ȧnȧs t'eṭ - nek ren - ȧ qebt Śu erṭā - nef em sau

a menos que digas mi nombre. «Brazo de Shu que se coloca para la protección de

Ȧusȧr 39. *ren - k ȧn ṭā - n seś - k ḥer - n ȧn ḥeptu en*

Osiris» es tu nombre. No permitiremos que pases por nosotros, dijeron los postes de

sba pen ȧnȧs t'eṭ - nek ren - n neχenu nu Rennut

esta puerta, excepto si dices nuestro nombre. «Hijos de la Serpiente de Rennut» son

ren - ten ȧu - k 40. *reχ - θȧ - n seś ȧrek ḥer - n ȧn χent - k*

vuestros nombres. Vosotros nos conocéis, pasad entonces por nosotros. No me hollaréis,

ḥer - ȧ ȧn seti en useχt ten ȧnȧs t'eṭ - k ren - ȧ

dijo el suelo de esta sala, excepto si dices mi nombre.

ḥer mā ȧref ȧu - ȧ ḳert āb - kuȧ ḥer entet 41. *ȧn reχ - n*

[...] Yo estoy silencioso, yo soy puro, porque no conocemos

reṭ - k χenṭ - k ḥer - n àm - sen t'eṭ àrek nà set besu

las dos piernas con las que nos hollaste; dímelas, entonces. «Viajero

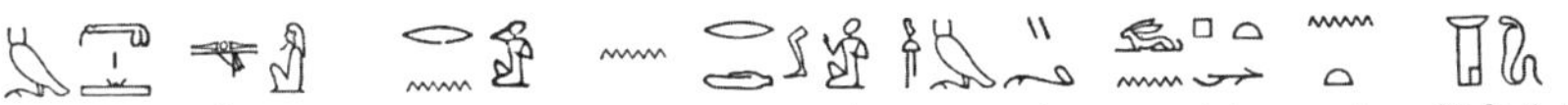

embaḥ Àmsu ren en reṭ - à unemi un pet ent Nebt-ḥet

ante Amsu» es el nombre de mi pierna derecha. «Pena de Neftis»

ren en **42.** *reṭ - à àbi χenṭ àrek ḥer - n àu - k*

es el nombre de mi pierna izquierda. Hóllanos, pues, tú

reχ - θà - n àn semà - à tu àn àri āā en useχt θen

nos conoces. No te cuestionaré, dijo el guardián de la puerta de esta sala,

àn - às t'eṭ - nek ren - à sa àbu **43.** *t'ār χat ren - k*

excepto si dices mi nombre. «Discernidor de corazones, buscador de riendas» es tu nombre.

semà - à tu àref nimā en neter àmi unnut - f t'eṭ - k set

Yo te cuestionaré entonces. ¿Quién es el dios que habita en esta hora? Dilo tú.

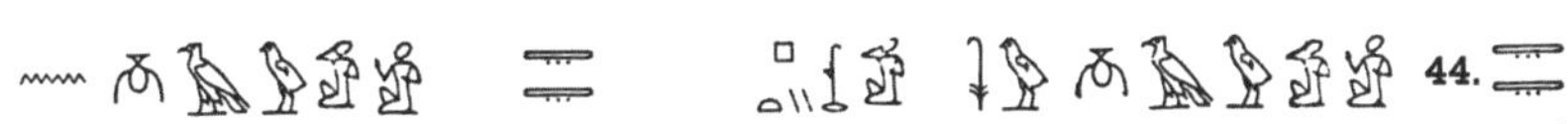

en māau taui peti trà su māau **44.** *taui*

«El registrador de los dos países». ¿Quién, entonces, es el registrador de los dos países?

Teḥuti pu māā àn Teḥuti ī - nek er mā ī - nà āā er

Es Thoth. Ven, dijo Thoth, ven tú acá [?]. Yo vengo avanzando para

semȧt peti trȧ χert - k ȧu - ȧ āb - kuȧ em 45. *χu*

el examen. ¿Cuál, entonces, es tu condición? Yo soy puro de todas las maldades.

neb ȧu χu - nuȧ em šentet ent ȧmu hru - sen ȧn

Estoy protegido de los actos maléficos de ésos que viven en sus días, no

tuȧ emmā - sen semȧ - ȧ ȧref tu 46. *nimā en haat*

estoy entre ellos. Yo te he examinado entonces. ¿Quién cayó en

em sešet ȧnbut - s em ȧāret unnu setu - f

la llama, con los muros [rematados] con *uraei*, con sus caminos

em ennu ui sebi pu 47. *Ȧusȧr pu ut'a ȧrek māketu*

en ese mismo lago? El que atraviesa es Osiris. Avanza, entonces, verdaderamente

smȧ - θȧ ȧu tau - k em ut'at ḥeqt em ut'a

tras haber sido examinado; está tu pan en el *utchat*, y [tu] cerveza en el *utchat*,

ȧu per - tu nek χeru ṭep ta em ut'a

traen ante ti ofrendas sepulcrales en la tierra desde el *utchat*.

. . . . . . su er - ȧ

Él lo ha decretado para mí.

1. *àu śen en Àusàr Ani maāχeru em Nu* 2. *àu ḥrà*

Es el pelo de Osiris, Ani, triunfante, de Nu. Es el rostro

en Àusàr ān Ani maāχeru em Rā 3. *àu maa en Àusàr*

de Osiris, el escriba Ani, triunfante, de Ra. Son los ojos de Osiris

Ani maāχeru em Ḥet-Ḥert 4. *àu mest'er en Àusàr Ani*

Ani, triunfante, de Hathor. Son los oídos de Osiris Ani,

maāχeru em Àp-uat 5. *àu seput en Àusàr Ani maāχeru*

triunfante, de Ap-uat. Son los labios de Osiris Ani, triunfante,

em Ànpu 6. *àu àbehu en Àusàr Ani maāχeru em Serqet*

de Anubis. Son los dientes de Osiris Ani, triunfante, de Serqet.

7. *àu neḥeṭu* (sic) *en Àusàr Ani maāχeru em Àuset* 8. *àu*

Es el cuello de Osiris Ani, triunfante, de Isis. Son

āāui en Àusàr Ani maāχeru em Ba neb Ṭeṭṭu

las dos manos de Osiris Ani, triunfante, del Carnero, el señor de [Tattu].

9. *àu neḥebt en Àusàr Ani maāχeru em Uat'it* 10. *àu*

Es el hombro de Osiris Ani, triunfante, de Uatchit. Es

äšäšet en Äusår Ani maäχeru em Mert 11. *äu*

la garganta [?] de Osiris Ani, triunfante, de Mert. Son

šenä en Äusår Ani maäχeru em Nebt Sau 12. *äu*

los antebrazos de Osiris Ani, triunfante, de la señora de Saïs. Es

pesṭ en Äusår Ani maäχeru em Sut 13. *äu šenbet*

la columna de Osiris Ani, triunfante, de Sut. Es el pecho

en Äusår Ani maäχeru em Nebu - χeräbau 14. *äu äuf*

de Osiris Ani, triunfante, de los señores de Kher-abau. Es la carne

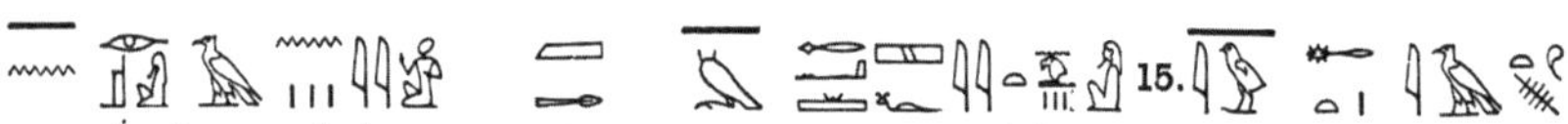

en Äusår Ani maäχeru em ää - šefit 15. *äu χat äat*

de Osiris Ani, triunfante, del Poderoso que causa terror. Son el cuerpo y la espalda

en Äusår Ani maäχeru em Seχet 16. *äu χeptu en Äusår*

de Osiris Ani, triunfante, de Sekhet. Son los glúteos de Osiris

Ani maäχeru em Maat-Ḥeru 17. *äu ḥenen en Äusår*

Ani, triunfante, del Ojo de Horus. Es el falo de Osiris

Ani maäχeru em Äusår 18. *äu mentui en Äusår Ani*

Ani, triunfante, de Osiris. Son las caderas de Osiris Ani,

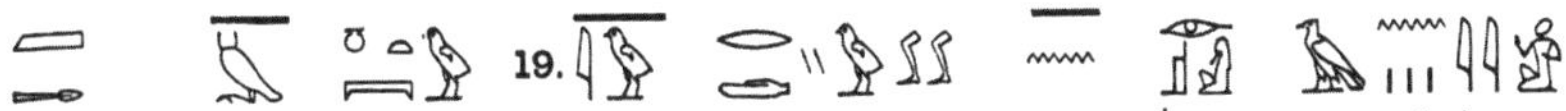

maāχeru em Nut àu reṭui en Ȧusàr Ani

triunfante, de Nut. Son los pies de Osiris Ani,

maāχeru em Ptaḥ àu t'ebā en Ȧusàr Ani maāχeru

triunfante, de Ptah. Son los dedos de Osiris Ani, triunfante,

em Saḥ àu saḥu en Ȧusàr Ani maāχeru

de Sah. Son los huesos de las piernas de Osiris Ani, triunfante,

em āru ānχ

de los *uraei* vivientes.

APÉNDICE

χesef śāt em Suten-ḥenen àn ta en χet

[Capítulo de] rechazar la matanza en Suten-henen. Dijo [Osiris]: ¡Tierra del cetro!

ḥet'et en tut àat nuk χi sep fṭu à

¡Blanca corona de la estatua! ¡Divino estandarte! Yo soy el Hijo. Cuatro veces. ¡Saludos,

Ȧb - urt àu t'eṭ - nek en màn āper ḥet'et em reχ - nek

diosa Aburt! Tú dijiste diariamente: Está provisto el bloque como tú sabes.

1. Para el texto, véase Naville, *Todtenbuch*, Bd. I, Bl. 56.

åu - ī - nek er suås ur nuk men ḥeset

Has empezado a corromperte, gran ser. Yo reconozco a aquellos que me alaban.

nuk θest em χennu åsθ baq neferui **4.** *ån*

Yo soy el nudo divino dentro del árbol de olivo, más doblemente hermoso de esplendor

er sef sep fṭu nuk Rā men ḥesut

que ayer. Cuatro veces. Yo soy Ra, reconozco a ésos que me alaban.

nuk θest em χennu åser nefer ån er sef

Yo soy el nudo dentro del árbol taray, más hermoso de esplendor que ayer.

t'a - tu **5.** *t'a - tu ut'a hru pen šen - å em*

Ha avanzado [Ra, yo] he avanzado, avanzando [en] este día. Mi pelo es de

Nu ḥrå-å em Rā åm - å em Ḥet-Ḥeru mest'er - å em Åp-uat

Nu. Mi rostro es de Ra. Mis dos ojos son de Hathor. Mis dos oídos son de Ap-uat.

6. *fenṭ - å em χent - šeps sept - å em Ånpu åbeḥu em χeperå*

Mi nariz es de Khent-sheps. Mi dos labios son de Anpu. Mis dientes son de Khepera.

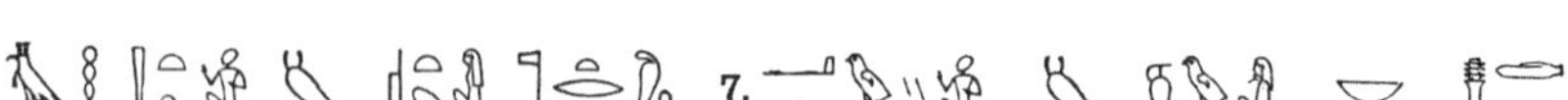

neḥebet - å em Åuset netert **7.** *āāui - å em χnemu neb Ṭeṭṭet*

Mi cuello es de Isis la divina. Mis dos manos son de Khnemu, señor de Tattu.

śenā - a em Nit nebt Sau pesṭ - à em Sut ḥenen - à

Mis antebrazos son de Neith, señora de Saïs. Mi columna es de Sut. Mi falo es

em Àusàr àuufa - à em nebu χer - āba śenbet - à em

de Osiris. Mis costados son de los señores de Kher-aba. Mi pecho es de

Āa - śefśefet àu χat - à àat - à em Seχet χepṭ - à

el Poderoso de terror. Son mi vientre [y] mi espalda de Sekhet. Mis glúteos son

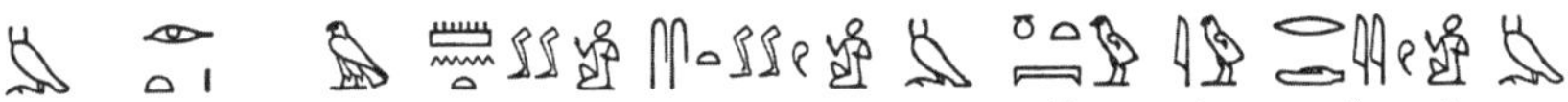

em maat Ḥeru ment - à seset - à em Nut àu reṭi - à em

del ojo de Horus. Mis caderas y piernas son de Nut. Son mis pies de

Ptaḥ àu t'ebā-à àu saḥ - à em ārātu ānχiu àn āt

Ptah. Son mis dedos, son los huesos de mis piernas de los *uraei* vivientes. No hay miembro

àm - à śut em neter àu Teḥuti em sau àuf - à tem nuk

en mí sin un dios. Thoth está protegiendo mi carne completamente. Yo soy

Rā en hru neb àn χefā - tuà ḥer āāui - à àn t'a - tuà

Ra cada día. No me cogerán por los brazos, no me arrastrarán lejos

ḥer ṭeṭ - à àn àri reθ neteru χu mitu pāt nebt

de la mano, no me harán los hombres, los dioses, los seres brillantes, los muertos, los antiguos,

12. 

reχit nebt hamemet nebt āua neb àm - à nuk

ningún mortal, ningún *hamemet*, daño alguno. Yo

per ut'a χem ren - f nuk sef maa ḥeḥ en

surjo, avanzando, desconocido es mi nombre. Yo soy ayer. «Vidente de millones de

13. 

renpit ren - à seb sep sen em uat Ḥeru sàp nuk

años» es mi nombre, viajero, dos veces a lo largo del camino de Horus, el Juez. Yo soy

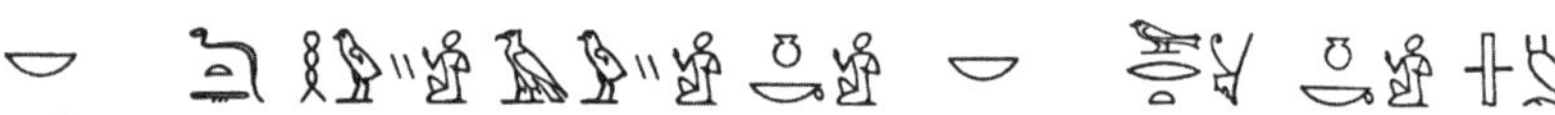

neb t'etta ḥui - à aui - à nuk neb urert nuk àm

el señor de eternidad, yo siento, yo percibo. Soy el señor de la corona. Yo estoy en

14. 

ut'at suḥti - à sep sen ertā - nà ānχ - sen nuk

el *utchat* [y en] mi huevo, dos veces. Me es garantizado que viva [con] ellos. Yo estoy

àm ut'at em āχant àu - à em māket - s per - nà

en el *utchat* en [su] cierre. Yo existo por su fuerza. Yo aparezco [y]

15. 

uben - nà āq - nà ānχ - à nuk àm ut'at àuset - à

brillo; entro [y] vengo a la vida. Yo estoy en el *utchat*. Mi asiento está

em nest - à ḥems - à em t'esert χer - s nuk Ḥeru χenṭ

en mi trono. Me siento allí en la pupila del ojo. Yo soy Horus atravesando

ḥeḥ utu - nȧ nest - ȧ ḥeq - ȧ s em re-[ȧ] t'eṭet ḳer

[millones de años.] Yo he mandado mi asiento, yo gobierno sobre él por [mi] boca; hablando y silente

āqa - uȧ māk ȧru - ȧ seχeṭ nuk Unen

mantengo un equilibrio exacto. Verdaderamente mis formas están invertidas. Yo soy el dios Unen,

trȧ em trȧ χert - f ȧm - f uā em uā rer - f

de estación en estación, lo que es suyo está en él. [Yo soy] Uno [viniendo] del Uno. Él giró.

nuk ȧmi ut'at ȧn χet - ȧ ṭu χennu ȧn

Yo estoy en el *utchat*. No son mis cosas malas [u] hostiles, no

su er - ȧ ȧp sba em pet nuk ḥeq nest ȧp

están ellos contra mí. [Yo] abro la puerta en el cielo. Yo gobierno [en] el trono, abriendo

mestu em hru pen ȧn χi ḥu ḥer māten en sef

nacimientos en este día. No [soy] el niño que anda por el camino de ayer,

nuk hru pen reθ em reθ nuk pu māki - ten en

soy este día para pueblos y pueblos. Soy yo quien te hago fuerte por

ḥeḥ ȧn ȧu unna ni peta en ta resu

millones de años. Si vosotros estáis en el cielo, o en la tierra, en el sur

mā mehta mā àmenta mā àbta senṭ - à ten (sic) *em*

o en el norte, en el oeste o en el este, mi miedo [...] está en

χat - θen nuk āb em maat - f àn mit - à 21. *em nem*

vuestros cuerpos. Yo soy el puro en su ojo, no moriré una segunda vez.

at - à em χat - θen àru - à em χent - à nuk àn reχeχ - f

Mi momento está en tus cuerpos, mis formas están en mi habitación, yo soy el que no es conocido,

ṭeśeriu ḥrà - sen 22. *er - à nuk unf àn qem trà*

los seres sonrosados están conmigo. Yo soy el desvelado. No se halla la estación

χer àri - f er - à pet ten ta ten

en la que él hizo para mí el cielo, agrandando los límites de la tierra y haciendo grande

mesu senenà àn sama sen su 23. *ren - à em χet nebt*

[sus] nacimientos. Retirando y no uniendo, se fue mi nombre de todas las cosas

ṭut em meṭu meṭu - à en ten nuk uben pesṭ

malas mediante la palabra [que] yo pronuncio para ti. Yo soy el que se eleva y brilla,

àneb em ànebu uā em uā 24. *en Rā śu em àri - f*

muro de muros, Único de Únicos; no está Ra sin aquello que le pertenece,

sen sep sen sen sep sen māk t'eṭ - ȧ nuk unb

yéndose, dos veces, yéndose, dos veces. Verdaderamente digo: yo soy la planta

per em Nu mut - ȧ pu Nut ȧ

que surgió de Nu; mi madre es Nut. Salve,

qemamet - uȧ nuk ȧti χenṭ - f θesu āa

mi Creador. Yo soy el que está sin su capacidad de caminar, el gran nudo

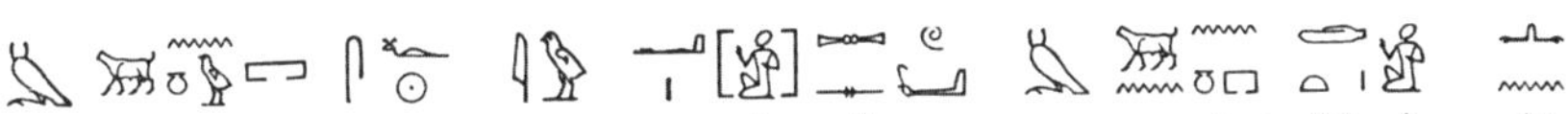

em χennu sef ȧu ā - ȧ θesu em χennu f ṭet - ȧ ȧn

dentro del ayer. Mi poder se está acumulado dentro de mi mano. Yo no soy

reχ - uȧ reχ - f - tu ȧn χefā - uȧ χefā - tef - uȧ

conocido, él te conoció a ti. Yo no estoy agarrado, él te agarró a ti.

suḥt sep sen nuk Ḥeru χenti ḥeḥ heh er

Huevo, dos veces. Yo soy Horus, que habita por millones de años, [su] llama está en

ḥrȧu-θen aśiu ȧb - sen ṭet ḥeq - nȧ nest - ȧ sen - ȧ

vuestras caras, quemando [en] sus corazones [...] yo gobierno mi trono. Yo avanzo

trȧ pen uat ȧp - nȧ ȧu uāu - kuȧ em ṭu nebt

en esta estación. He abierto los caminos, me he alejado de todos los males.

nuk qefṭennu en nub šep χemt t'ebā sen ȧn reṭui - f

Yo soy el simio de oro de tres palmeras y dos dedos, no existen sus piernas,

ȧn āāiu - f χent Ḥet - Ptaḥ ut'a - ȧ ut'a

no existen sus brazos, habitando en el templo de Ptah. Yo avanzo en la marcha del

qefṭennu en nub šep χemt t'ebā sen ȧu [reṭui] - f

simio de oro de las tres palmeras y dos dedos, no existen sus piernas,

ȧn āāui - f χent Ḥet - Ptaḥ t'eṭ meṭu pen

no existen sus brazos, habitando en el templo de Ptah. Cuando se diga este [capítulo]

āba - k ṭer - k

tú abrirás un camino, y entrarás.

PLACA XXXIII

ȧn Ȧusȧr Ani maāχeru unχ - f ḥebs θȧb

Ve Osiris Ani, triunfante, ceñido tiene él su vestido, calzado

1. Un texto menos corrupto de las líneas 1 a la 4 se lee como sigue (véase Naville, *Todtenbuch*, Bd. II, Bl. 332):

ȧrit mȧ χeper ābet ent Maāti t'eṭ se re pen

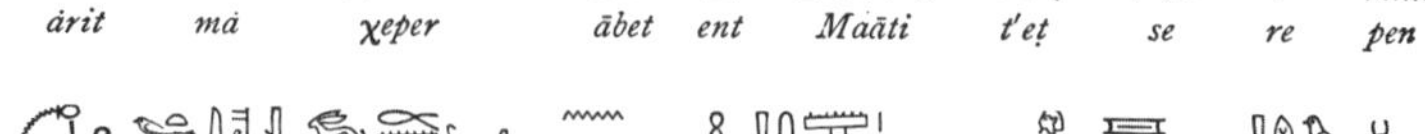

āb turȧ unχ - nef ḥebs en ṭept tebu em

em tebtu ḥet'eti urḥu em ṭept ent ānta

con sandalias blancas, ungido con el mejor aceite de ungüento *anta*.

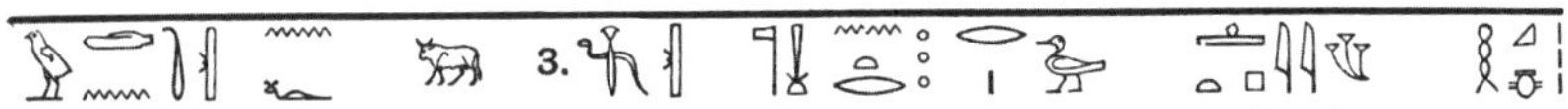

uṭenθ - nef ka uat' neter sentrà re ḥetepi ḥeq

Le han ofrecido a él un toro, verduras, incienso, patos, ofrendas de flores, cerveza

semu àst àri - nek sem ḥetepet ān

y verduras. Contempla, debes hacer la imagen de una mesa de ofrendas, al escribir

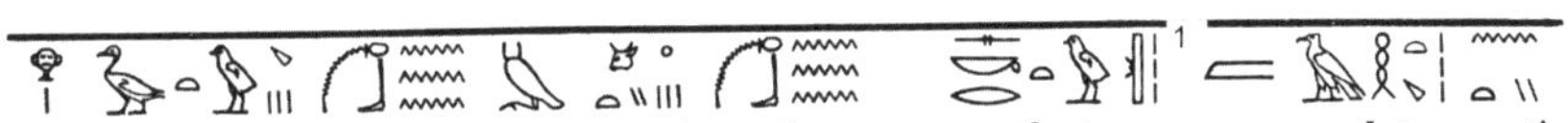

ḥer setu āb em χenti āb sekertu em aḥet enti

sobre una baldosa pura, con color puro, [y] enterrarla en un campo que

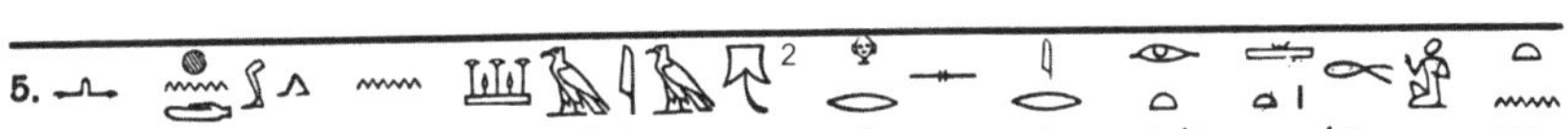

àn χenṭ en śaàa- ḥer - s àr àrit śāt ten

no haya hollado un cerdo. Si esto se escribe

ḥet'eti mesṭemu em mesṭemt urḥ em ṭept

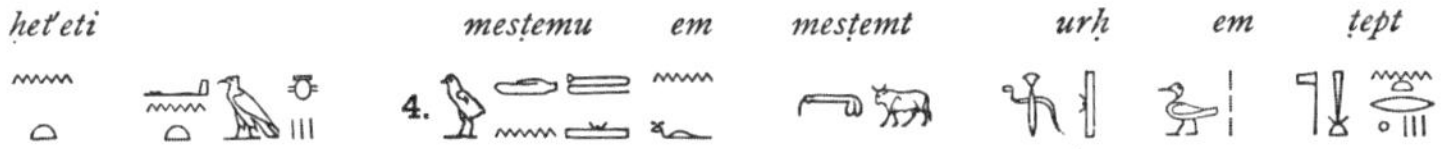

ent ānta uṭen - nef ka uat' apṭ neter sentrà

tau ḥeqt semu às àri - nek sem pen em ān

Para que se haga al llegar a la Sala de Maati. Un hombre dirá este capítulo limpio, purificado. Se ceñirá con prendas de la más delicada calidad, calzado con sandalias blancas, con [los ojos] pintados, ungido con ungüento *anta*. Se le deben ofrecer un toro, verduras, patos, incienso, pasteles, cerveza, hierbas. Fíjate, debes hacer este grabado al escribir.

1. Variante 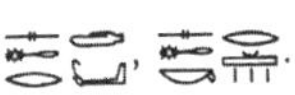.

2. Variante  «cerdos y burros»

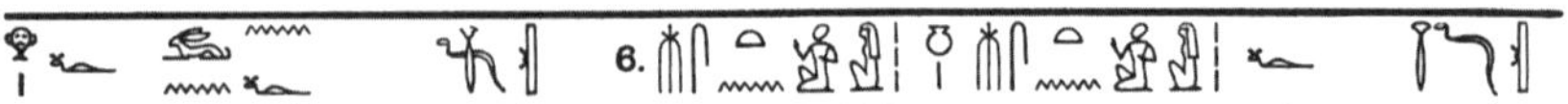

ḥer - f *un - nef* *uat'* *mesten* (sic) *nu* *mest* - *f* *uat'*

sobre él, él se alzará y florecerán los niños de sus niños, [como] florece

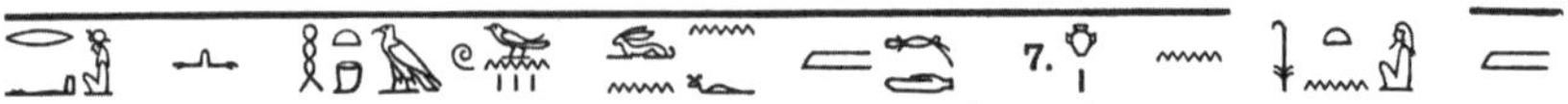

Rā *àn* *ḥettau* *un - nef* *em seśeṭ* (sic) *àb* *en* *suten* *em*

Ra sin intermisión; él será en [...] de corazón del rey entre

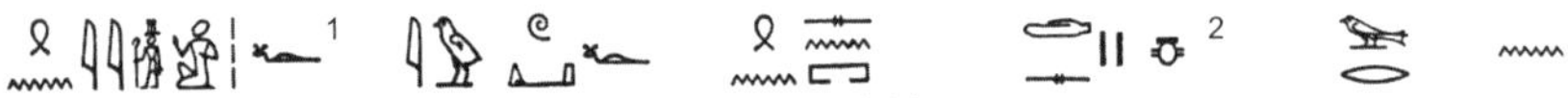

śeni - *f* *àu* *ṭāu* - *f* *śensen* (sic) *ṭes* *ur* *en*

sus jefes; le darán pasteles, y jarras de agua, y asados de

àuf *ḥer* *χautet* *ent* *neter* *āāt* *àn* *ṭenau* - *tuf* *ḥer* *seba*

carne sobre las mesas del gran dios. Él no está separado de puerta

neb *en* *Àmentet* *setau* - *tuf* *ḥenā* *sutenit* - *bat* (?)

alguna de Amentet, avanzará con reyes,

un - nef *em* *śesu* *en* *Àusàr* *er-ḳes* *Un-nefer*. *śes* *maā*

estará con los seguidores de Osiris cerca de Un-nefer en continua regularidad,

ḥeḥ *en* *sep*

millones de veces.

1. Variante  «satisfaciendo el corazón del rey y de sus nobles».
2. Variante 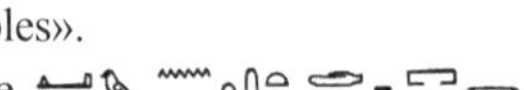, *tâtu-nef senset tes pa-sem*, «le darán pan, jarras de bebida, pasteles».

Apéndice[1]

t'eṭu à pa ānnu fṭu àpen ḥemsi em ḥāt

Sea dicho: Salve, vosotros, estos cuatro simios que os sentáis en los arcos de

uàa en Rā seār maāt en Neb-er-t'er

la barca de Ra, haciendo avanzar la rectitud y verdad de Neb-er-tcher,

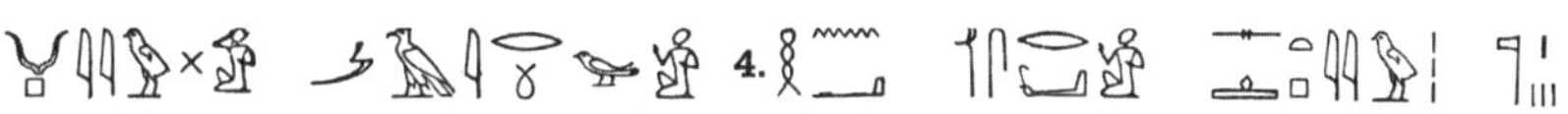

àpiu maàr à ḥenà user - à seḥetepiu neteru

que juzgáis mi debilidad y mi fuerza, que pacificáis a los dioses

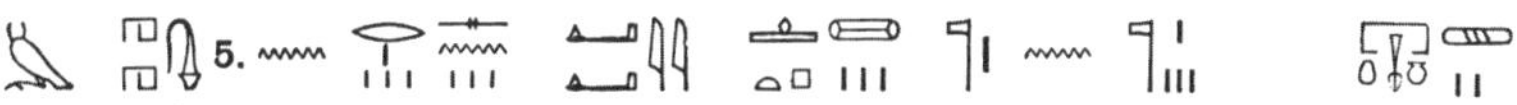

em heh en re - ṣen ṭāṭāi ḥetepu neter en neteru perχeru

por la llama de vuestra boca, que dais ofrendas divinas a los dioses y comidas sepulcrales

en χu seāmiu em maāt àt ḳer

a los seres brillantes, que vivís en rectitud y verdad, sin engaño,

bet - sen àsfet ṭer ṭut - à χemā - ten àsfet - à

ellos abominan la maldad, destruyen mi mal, tachad vosotros mis ofensas,

àu šāṭ - à er ta χersek ṭut nebt àrt - à

que [sean retiradas] mis heridas en la tierra, destruid todo mal que me pertenezca.

1. Véase Naville, *Todtenbuch*, Bd. I, Bl. 140.

āq - erek àn set'ebu - k neb àrt ṭā - ten āba - à

Entran entonces sin obstrucción alguna que os pertenezca. Otorgadme que pase

em àmmeḥet āq - à em Re-stau seś-à ḥer sebχet

a través de la sala de la tumba, que vaya a Re-stau, que traspase las puertas

śetat nu Ámentet ṭā - tu - nà śens pasen χet neb mà

ocultas de Amentet, que me den ofrendas y pasteles, todas las cosas como [las de]

enen χu unniu ḥer āq pert em Re-stetet seśu

esos seres brillantes que están entrando y saliendo de Re-stau, y pasando [...]

1. 

re en ṭeṭ en nub t'eṭ àn Áusàr Ani maāχeru

El capítulo de un *tet* de oro. Dijo Osiris Ani, triunfante:

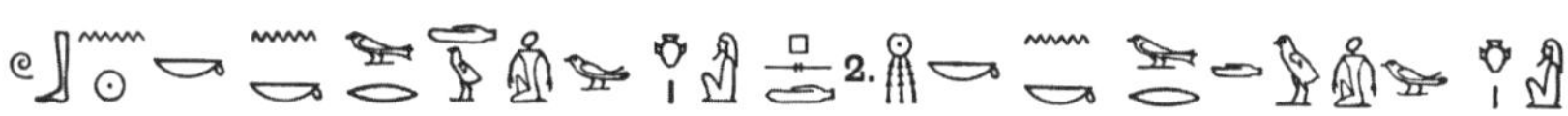

uben - k nek urṭu - àb pesṭ - k nek urṭu - àb

Tú te alzaste por ti mismo, oh corazón aquietado, tú brillaste por ti mismo, oh corazón aquietado.

ṭā - k - tu ḥer ḳes - k īt - nà àn-nà nek ṭeṭ en nub

Ponte a ti mismo de lado. Yo he venido y te he traído un *tet* de oro,

1. Las variantes (Naville, *Todtenbuch*, Bd. II, Bll. 437) añaden las palabras 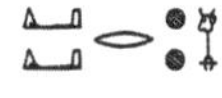 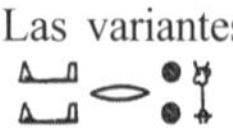 *ṭāṭā er χeχ en χu*, , «para que se ponga en el cuello del ser brillante».

ḥā - k àm - f[1]

regocíjate en él.

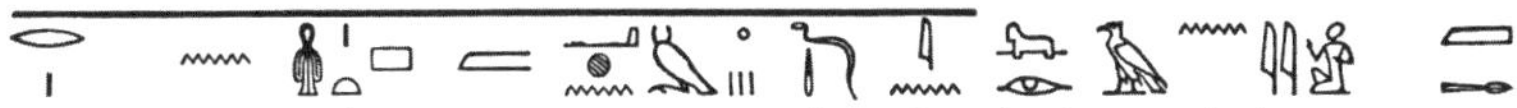

1. *re en θet em āχenem t'eṭ àn Ausàr Ani maāχeru*

El capítulo de un colgante de cornalina. Dijo Osiris Ani, triunfante:

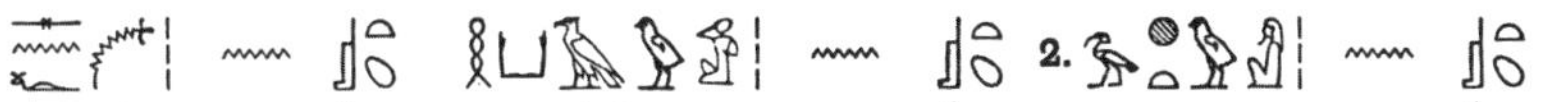

senf en Àuset ḥekau en Àuset 2. *χut en Àuset*

La sangre de Isis, los encantamientos de Isis, el poder de Isis [son]

ut'at ser pen sa er bettau - f pu

una protección de este jefe, una destrucción de lo que él abomina.

---

1. En el texto del papiro de Nebseni se lee (Naville, Todtenbuch, Bd. I, Bl. 130):

«Tú tenías tu espina dorsal, ¡oh corazón aquietado!, ¡oh corazón aquietado! Ellos están a tu lado. Tú tenías tus tendones. Yo los he humedecido. En verdad te he traído el *Tet*, regocíjate en él». En la rúbrica se lee:

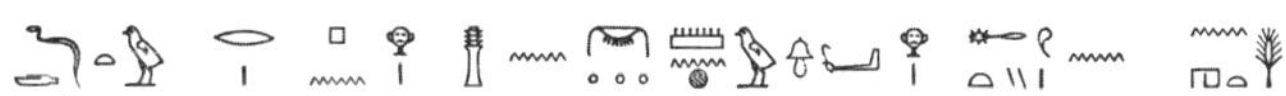

t'eṭtu re pen ḥer ṭeṭ en nub menχu ḥer χati en nehet

χebu em mu nu ānχàm erṭāu er χeχ en χu pen

àu - f āq ḥer sebau nu Àmentet emχet meṭu - f

em àu χeru àu - f ṭā - f su ḥer kes - f enen

àmu - χet Àusàr

Capítulo para ser dicho sobre un *tet* de oro situado sobre un cuerpo de madera de sicómoro, bañado en agua de flores *ankham* y puesto en el cuello de este ser brillante. Entrará por las puertas del submundo [...] después de su discurso [...] palabras. Se situará a su lado [...] entre los seguidores de Osiris.

APÉNDICE[1]

t'eṭ - tu re pen ḥer θet ent χenem mes - θà em mu nu

Se dirá este capítulo sobre un colgante de jaspe rojo, metido en agua de

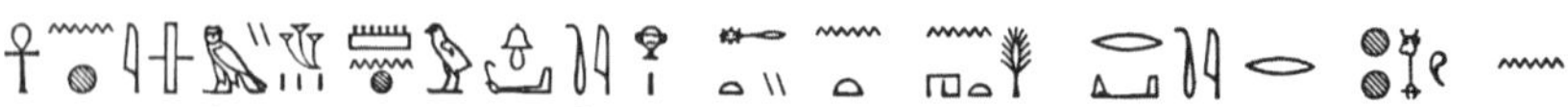

ānχàmi menχu - θà ḥer χati ent nehet erṭā - θà er χeχ en

flores *ankham* e inserta en un corazón de sicómoro, situado en el cuello de

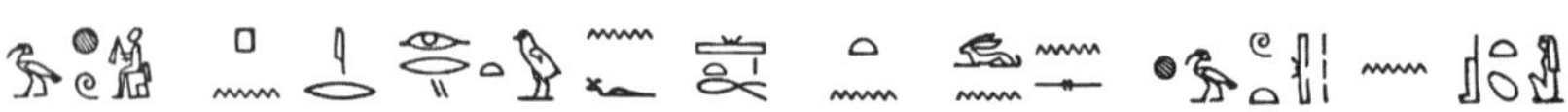

χu pen àr àri - tu nef šāt ten un - nes χut en Àuset

este ser brillante. Si él hace este capítulo, se convierte en el poder de Isis

em sa - f ḥāā Ḥeru se Àuset maa - f su àn t'erà

para protegerle, se regocija Horus, el hijo de Isis, cuando lo ve. No está bloqueado

en uat nebt eref ā - f er pet ā - f er ta šes ṭep

ningún camino contra él, su mano está [situada] hacia el cielo, su mano está [situada] hacia la tierra [...]

àr reχ - tu šāt ten un - nef em šes en Àusàr Un-nefer maāχeru

Si se conoce este capítulo, él estará en el séquito de Osiris Un-nefer, triunfante.

àu un - tu - nef sbau em Neter-χertet àu ṭātu-nef χa

Se le abrirán las puertas en el submundo, se le dará una asignación

1. Véase Maspero, *Mémoire sur quelques papyrus du Louvre*, Paris, 1875, p. 9f.

ta em ȧt beti em Seχet - ȧanre unen ren - f mȧ

de tierra con trigo y cebada en el Campo de Aanre, será su nombre como

enen neteru enti ȧm ȧn Ḥeru šes aseχ - sen

ése de los dioses que están allí, dicen los seguidores de Horus [cuando] cosechan.

1\. *re en ȧb en seher t'eṭ ȧn Ȧusȧr Ani maāχeru nuk*

El capítulo de un corazón de cornalina [?]. Dijo Osiris Ani, triunfante: Yo soy

bennu ba en Rā sem neteru 2. *er ṭuat pert - sen*

el fénix, el alma de Ra, el guía de los dioses hacia el Tuat; emergen

baiu ṭep ta er ȧrit merret kau - sen per ba en Ȧusȧr

las almas sobre la tierra para hacer la voluntad de sus *kas*, vino el alma de Osiris

Ani merer ka - f

Ani [para hacer] la voluntad de su *ka*.

1\. *re en ursu ṭāṭāu χer ṭep Ȧusȧr Ani maāχeru*

El capítulo de la almohada puesta bajo la cabeza de Osiris Ani, triunfante,

er seres - θ mennu st'er Ȧusȧr 2. *seres - k ṭep - k er*

para retirar los desastres del cuerpo muerto de Osiris. Levanta tú la cabeza hacia

χut *θesu - à nek* *maāχeru* *seχer* *en* *Ptaḥ*

el horizonte. Yo te he reunificado a ti [en] triunfo. Ha desbancado Ptah

χeftat - f - k *àu* *χefta - f* *χer* *àn* *un - sen* *Ȧusàr*

a sus enemigos y a los tuyos. Sus enemigos están caídos, no se alzarán, oh Osiris.

I. 1. *t'eṭ* *àn* *Ȧuset* *ī - à* *un - à* *em* *sa - k* *ḥun - nā - k* 2.

Dijo Isis: Yo he venido para poder ser tu protectora. Yo llevo

nifu *er* *feṭ* (sic)-*k* *meḥit - u* *en* *śeràui - k* 3. *pert* *em*

vientos a tu nariz, [y] los vientos del norte a tus fosas nasales procedentes de

Temu *seq - [nà]* *nek* *ḥeti - k* *erṭā - nà* 4. *un - nek* *em*

Tem. Yo te he reunido tus pulmones. Te he otorgado que puedas ser como

neter *χefta - k* *χer* *χer* *tebt - k* 5. 6. *semaāχeru - k* *em*

un dios. Tus enemigos han caído bajo tus pies, tú has triunfado en

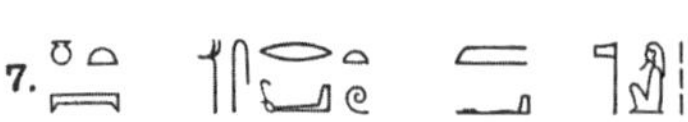

7. *Nut* *user-tu* *mā* *neteru*

Nut, siendo poderoso con los dioses.

Apéndice[1]

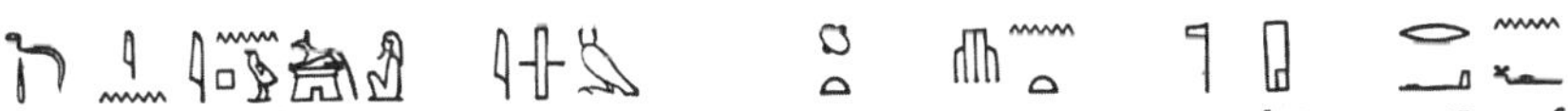

t'eṭ àn Ànpu àm ut χent neter ḥet erṭā - nef

Dijo Anubis, que habita en el lugar del funeral, jefe de la casa divina, que puso

āāui - f ḥer neb ānχ ṭeb - nef su em àrt - f

sus dos manos sobre el señor de la vida, que lo abasteció con lo que le pertenecía:

ànet' ḥrà - k nefer neb maa - tu ut'at θesu en Ptaḥ-seker

Salve a ti, ser hermoso, oh señor. Visto por el *utchat*, ensamblado por Ptah-Seker,

seqa en Ànpu erṭātu erṭā en nef Śu seθes - tu

unificado por Anpu, [...] Shu, se elevó

ḥer nefer ḥeq t'etta maat - k nek maat - k unemt em

con el hermoso, el príncipe de la eternidad. Tus ojos son para ti. Tu ojo derecho está en

sektet maat - k àbt em āṭet àu ànḥui - k em

la barca *sektet*; tu ojo izquierdo está en la barca *atet*. Están tus cejas en

maa nefer embaḥ paut neteru àu àpt - k em sau en

hermosa vista ante el ciclo de los dioses. Está tu frente [?] en la protección de

1. Véase Naville, *Todtenbuch*, Bd. I, Bl. 174.

Ȧnpu ȧu mākḥa - k nefer χer bȧk ṡepsi ȧu

Anubis. Está la parte posterior de tu cabeza en buen estado con el halcón sagrado. Están

t'ebā - k men em ān embaḥ neb χemennu Teḥuti erṭā

tus dedos instituidos por escritos ante el señor de Khemennu. Thoth da

meṭu ṭeref ȧu ḥensitet - k nefer - θȧ embaḥ Ptaḥ-seker ȧu

el discurso de los libros divinos. Está tu pelo en buen estado ante Ptah-Seker. Está

em ȧmaχ nefer χer paut neteru āāta maa - f neter

[Osiris] en reverencia, feliz ante el ciclo de los grandes dioses. Él ve al gran dios;

āāa sem - f - tu er uat nefert ḥenk - tu - nek em

él es guiado a lo largo de caminos hermosos, tú estás fortificado con

per en χeru seχer - nef χefta - f χer - f embaḥ paut

comidas sepulcrales; desbancados por él están sus enemigos, debajo de él, ante el ciclo de

neteru āāat em Ḥet-ur urt ȧmt Ȧnnu

los grandes dioses en la Casa del gran Príncipe en Annu.

II. **1.** *t'eṭ ȧn Ȧusȧr Ani maāχeru Nebt-ḥet* **2.** *rer - nȧ ḥa*

Dijo a Osiris Ani, triunfante, Neftis: Yo he ido detrás de mi

sen-à Àusàr ī - à un - à em sau - k ḥa - k taiu

hermano Osiris. Yo he llegado a estar en tu protección, detrás de ti. Los dos países

kes mā nàs - k àχ maāχeru àm - sen θes - à

están en homenaje a tu grito. Qué triunfante [¡eres tú!] en ellos. Yo te he amarrado

semaāχeru her àrit er - ek seχer en Ptaḥ χeft - k

[haciéndote victorioso] sobre lo que te habían hecho. Ptah ha desbancado a tu enemigo.

III. 1.

àu - à em sau - k teka pen χesef su em ànt

Yo te protejo [con] esta llama expulsando a uno del valle de la tumba,

χesef su šāi reṭu nuk àu-à ḥ - à Àusàr Ani

expulsando a uno por la arena en los pies [sic]. Yo, yo abrazo a Osiris Ani,

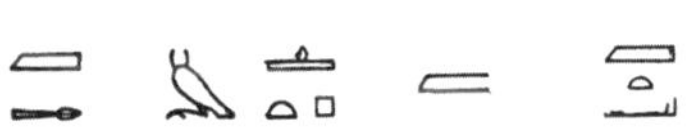

maāχeru em ḥetep em maāt

triunfante en paz, y en rectitud y verdad.

IV. 1.

t'eṭ àn Àusàr Ani maāχeru ī - nà er peseχ

Dijo Osiris Ani triunfante: Yo he venido a dividir.

àn peseχ - uà àn ṭā - à peseχ - kuà (sic) ī - à uṭet àn

Yo no estoy dividido, ni dejaré que estés dividido tú. He venido a practicar la violencia, no

uṭet - kuȧ (sic) *ȧu-ȧ em sau-k*

[dejaré] que se practique violencia hacia ti. Yo estoy protegiéndote.

V. 1. 

ṭua Rā χeft uben-f em χuti ent ȧbtet ent pet ȧn

Adoración a Ra cuando se eleva en el horizonte del este del cielo por parte de

Ȧusȧr Ani maāχeru

Osiris Ani, triunfante.

VI. 1. 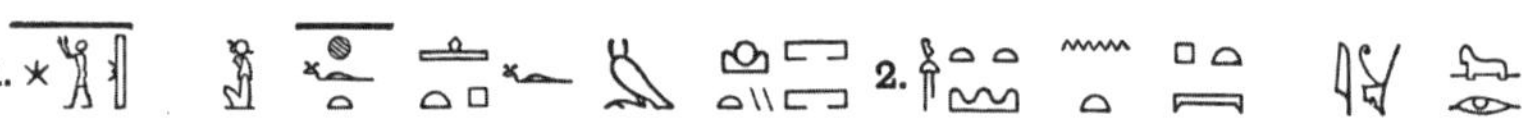

ṭua Rā χeft ḥetep-f em χuti ȧmentet ent pet ȧn Ȧusȧr

Adoración a Ra cuando se pone en el horizonte occidental del cielo. Dijo Osiris

Ani maāχeru em ḥetep em Neter χert nuk ba ȧqer

Ani, triunfante en paz en el submundo: Yo soy un alma perfecta.

VII. 1. 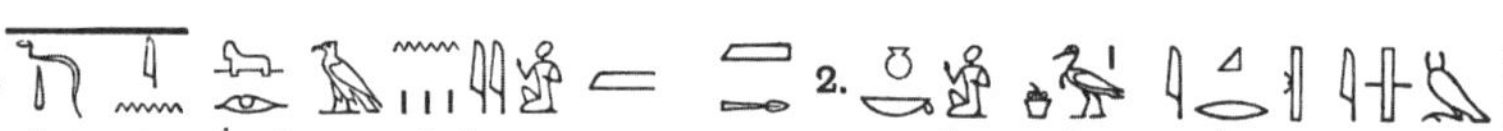

t'eṭ ȧn Ȧusȧr Ani em maāχeru nuk ba ȧqer ȧmu

Dijo Osiris Ani en triunfo: Yo soy un alma perfecta en

suḥt pen ent ȧbṭ nuk mȧi āāt ȧmi em ȧuset

este huevo divino del pez *abtu*. Yo soy el gran Gato que habita en el asiento de

maāt ent uben Śu ȧm-f

rectitud y verdad en el que se elevó Shu.

VIII. 1. 

sehet' Ȧusȧr Ani maāχeru ȧ śabti ȧpen ȧr

El supervisor Osiris Ani, triunfante. Salve esta figura shabti, si

ȧpt ȧr ḥeseb er ȧrit kat nebt ȧrt

se decreta [Osiris], si se adjudica, para hacer las labores cualesquiera [que] han de hacerse

em Neter χert seḥtu en set'ebet ȧm em se er χert - f

en el submundo, que sean destruidas las obstrucciones allí para una persona debajo de él;

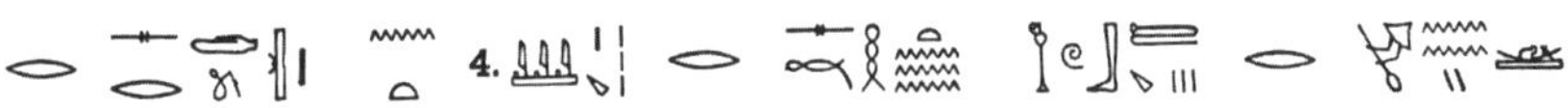

er seruṭ ent (sic) *seχet er semeḥt uteb er χenni*

para hacer crecer [...] los campos, para llenar de agua los canales, para llevar

em (sic) *śāi en ȧbtet er ȧmentet ȧri - ȧ mākuȧ*

[...] arena desde el este hasta el oeste. Yo trabajaré, verdaderamente yo estoy aquí [cuando tú]

 [1]

ka ȧm

haces una visita allí.

IX. 1. 

t'eṭ ȧn Mesthȧ nuk Mesthȧ se - k Ȧusȧr Ani maāχeru

Dijo Mestha: Yo soy Mestha, tu hijo, Osiris Ani, triunfante

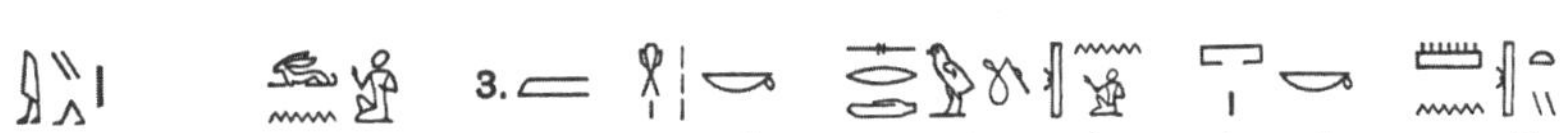

ī - ȧ un - ȧ em sau - k seruṭ - nȧ per - k menti

He venido para poder protegerte. Yo hago florecer tu casa de forma dura.

1. Los jeroglíficos entre corchetes proceden de Naville, *Todtenbuch*, Bd. II, Bl. 430.

utu - nȧ Ptaḥ mȧ utu en Rā t'esef

He mandado a Ptah como se manda Ra a sí mismo.

t'eṭ ȧn Ḥāpi nuk Ḥāpi se - k Ȧusȧr Ani maāχeru

Dijo Hapi: Yo soy Hapi, tu hijo, oh Osiris Ani, triunfante.

ī - nȧ uṇ - ȧ em sau - k θesu - k ṭep āt - k

He venido para poder protegerte. Están amarrados para ti la cabeza [y] tus miembros.

ḥui - nek χefta - f (sic) *- k χer - k erṭā-nȧ nek*

He destruido a tus enemigos que están debajo de ti. Te he dado

ṭep t'etta sep sen Ȧusȧr Ani maāχeru em ḥetep

la cabeza para siempre, dos veces, oh Osiris Ani, triunfante en paz.

t'eṭ ȧn Ṭuamāutef nuk se - k Ḥeru meriu - k ī - nȧ

Dijo Tuamautef: Yo soy tu hijo Horus, tu amado. He venido

net'ti tef - ȧ Ȧusȧr mā ȧri neken - f ṭā-ȧ su χer

a vengar a mi padre Osiris del que le hace mal. Lo he puesto bajo

reṭ - k t'etta sep sen men sep sen Ȧusȧr Ani em maāχeruti ḥetep

tus pies para siempre, dos veces, eternamente, dos veces, oh Osiris Ani, triunfante en paz.

XII. 1. 

t'eṭ àn Qebḥ-sennuf nuk se - k Ȧusàr Ani maāχeru

Dijo Qebh sennuf: Yo soy tu hijo, oh Osiris Ani, triunfante.

ī - a un - à em sau - k ṭemṭ - à qesu - k

He venido para poder protegerte. He reunido tus huesos.

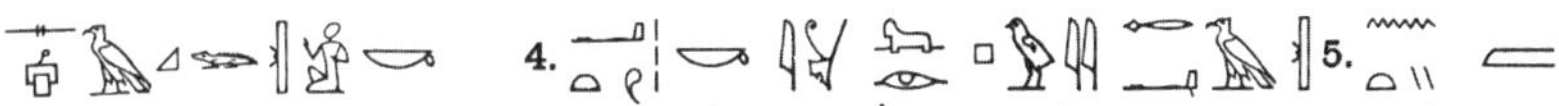

saq - à - k āt - k àn Ȧusàr pui āāa enti em

He reunido para ti tus miembros. Ese Osiris, grande, que está en

àuset maāt enti amiu ḳen

el lugar de rectitud y verdad, quien [...]

XIII. 1. 

ī χesef - k kep ānχ se-ḥet' kep - f nuk

He venido trayendo para ti a Kep, viviente, iluminando su santuario. Estoy

āḥā ḥa Ṭeṭ hru ent χesef neśeni àu - à

de pie detrás del divino *Tet* en el día de hacer retroceder el desastre. Yo estoy

em sau - k Ȧusàr

para tu protección, oh Osiris.

PLACA XXXIV

1. *ḥā em re nu Seχet-ḥetepu re nu pert*

El principio de los capítulos del Sekhet-hetepu, y los capítulos de emerger

em hru āq pert em Neter-χert χnem em

de día y de entrar y salir del submundo, y de llegar al

Seχet - àanru 2. *un em ḥetep em nut ur nebt nifu*

Sekhet-Aanru, y de estar en paz en la gran ciudad, la señora de los vientos.

seχem - à àm χut - à àm er sekau - à àm

Que tenga yo poder allí. Que sea fuerte para que pueda labrar allí.

3. *asχ - à àm qeq - à àm surà - à[1] àm em*

Que coseche yo allí. Que coma yo allí. Que beba allí a medida que

àrit àrit neb ṭep ta

ellos se hacen todos sobre la tierra.

t'eṭ àn Àusàr Ani 4. *maāχeru entek θet Ḥeru*

Dijo Osiris Ani, Ani [sic] triunfante: [...] Ha alejado Horus

1. El papiro de Nebseni añade: , *mehep am,* «Que yo haga el amor allí».

àn Sut maa em qeṭ er Seχet - ḥetepet peseśet

a Set para mirar el edificio [?] en el Campo de Hetepet, distribuyendo

nifu ḥer ba en hru - f àm suḥt neḥem - f

vientos sobre el alma divina en su día en el Huevo divino. Él ha librado

χennu χat en Ḥeru nuk seśet - à su em āt

el interior del cuerpo de Horus [...] Yo, también yo lo he coronado en la Casa de

Śu àu āt χabesu (?)-f nuk às ḥetep em sepu - f

Shu. La Casa de sus estrellas [...] Yo contemplo el reposo de sus estaciones [?].

sem - f meḥt en paut neteru semsu - f

Él ha pasado a través del distrito *Meht* del ciclo de los dioses, sus ancianos.

se - ḥetep - f ābaui en àru ānχ qemam - f

Él pacificó a los divinos Luchadores que hacen guardia sobre la vida. Él ha hecho

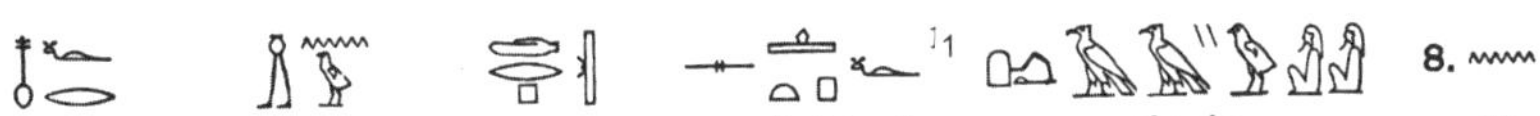

nefer ànu ṭerp se - ḥetep - f ābaaiu en

lo que es justo. Llevando una ofrenda, pacificó a los divinos Luchadores con respecto a lo que

àri - sen beḥen - f àakenbu er ābaaiu - sen

les pertenece. Él ha cortado los mechones de sus adversarios.

1. Variante , *an-nef hetep se-hetep-f abaui.*

ṭer - f *χennu* *er* *śerȧu* *ȧḥ* *nekek - f*

Ha puesto fin a los desastres de los hijos [de ellos]. Ha retirado [?]

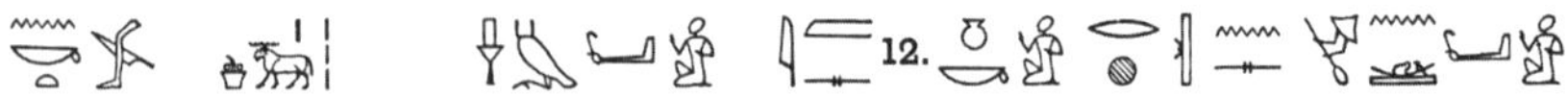

neket *baiu* *seχem - ȧ* *ȧm - s* *nuk* *reχ* *nes* *seχen - ȧ*

la herida de las almas. Que tenga yo poder sobre él, que yo lo conozca. He navegado

em *śem - s* *er* *sper - ȧ* *er* *nut - s* *user - ȧ*

en sus aguas, que emerja yo a sus ciudades. Yo tengo poder sobre

re - ȧ *sepṭ* *χu* *ȧn* *seχem - sen* *ȧm - ȧ*

mi boca, al estar provisto [de] encantamientos. Que no tengan poder sobre mí

χu *ȧn* *seχem - sen* *ȧm - ȧ* *ṭeb - ȧ* *ȧm* *em*

los seres brillantes, no tengan ellos poder sobre mí. Que esté yo equipado allí en

Seχet - k *ḥetepet* *merert - k* *ȧrit - k* *ent* (sic)

los Campos de Hetep. Que lo que tú quieras lo puedas hacer [...]

PLACA XXXV

t'eṭ *ȧn* *Ȧusȧr* *Ani* *maāχeru* *ȧneṭ'-ḥrȧ-k* *em* *enti* *neb*

Dijo Osiris Ani, triunfante: Homenaje a ti [...] que eres el señor,

neb maāt uāu neb ḥeḥ ȧrit t'etta

el señor de rectitud y verdad, el Uno, el señor de eternidad, el hacedor de la duración eterna,

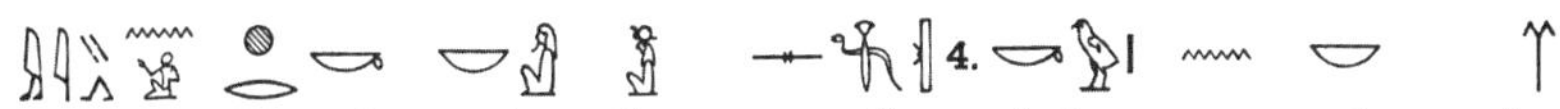

ī - nȧ χer - k neb Rā seuat' - kuȧ en neb kauit

yo he venido a ti, oh [mi señor] Ra. Yo he hecho ofrendas de alimento al señor de las siete vacas

seχef ḥenā .... (sic) *ka ȧri ṭāṭāiu tau ḥeqt en*

junto con el toro perteneciente a eso. Oh vosotros, que dais pasteles y cerveza a

χut ṭā - ten en ba - ȧ henȧ - ten χeper-f χer

los seres brillantes, garantizad a mi alma [que esté] con vosotros. Que él venga a estar sobre

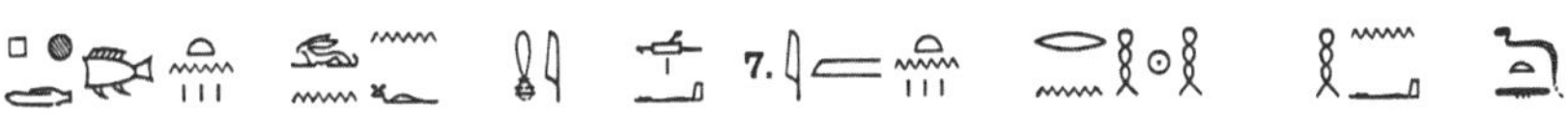

peχt - ten un - nef mȧ uā ȧm - ten er neheḥ ḥenā t'etta

vuestros muslos. Que él sea como uno de vosotros para siempre y siempre.

χut - f em Ȧmentat nefert ȧn Ȧusȧr Ani maāχeru

Que él sea glorioso en Amenta la hermosa, Osiris Ani, triunfante.

PLACA XXXVI

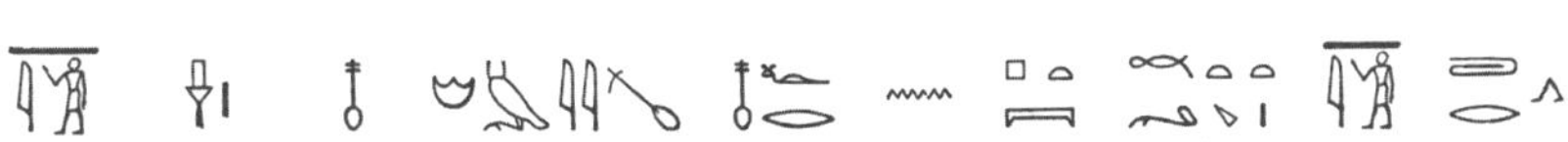

ȧ seχem nefer ḥemi nefer en pet meḥtet ȧ rer

Salve, poder hermoso, timón hermoso del cielo del norte. Salve, girador del

pet sem taui ḥemi nefer en pet ȧmentet ȧ χu

cielo, piloto de las dos tierras, timón hermoso del cielo occidental. Salve, ser brillante,

ḥer ṭept ḥet āšemu ḥemi nefer en pet ȧbtet ȧ

sobre el templo de los dioses de formas visibles, timón hermoso del cielo oriental. Salve,

χenti ḥer ṭept ḥet šāi ḥemi nefer en pet resi ȧ neteru

morador del templo de arena, timón hermoso del cielo del sur. Salve, vosotros, dioses,

ḥeri ta semu ṭuat ȧ neteru mutet ḥeri

sobre la tierra, pilotos del submundo. Salve, vosotros, dioses, madres, que estáis sobre

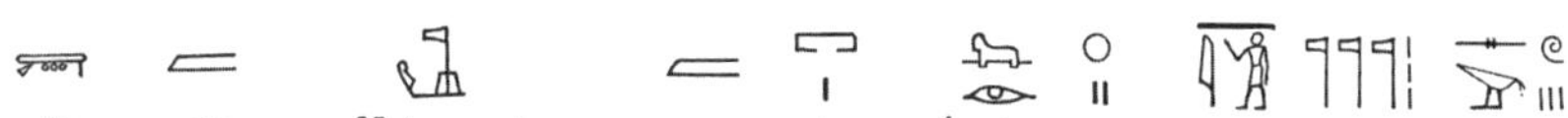

ta em Neter-χert em per Ȧusȧr sep sen ȧ neteru semu

la tierra, que estáis en el submundo, y en la casa de Osiris, dos veces. Salve, vosotros, dioses, pilotos

Ta - sert ḥeru ta semu ṭuat ȧ šesu Rā

de Tasert, que estáis sobre la tierra, pilotos del submundo. Salve, seguidores de Ra,

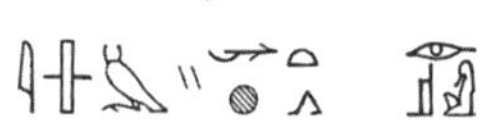

ȧmi - χet Ȧusȧr

que estáis en el séquito de Osiris.

ṭua Ȧusȧr χenti Ȧmentet Un-nefer ḥer-ȧb Ȧbṭu ȧn Ȧusȧr

Un himno de alabanza a Osiris, el habitante de Amentet, Un-nefer, dentro de Ábidos. Osiris

Ani maāχeru t'eṭ - f à neb - à sebebi ḥeḥ unt - f

Ani, triunfante, dijo: Salve, señor mío, que atraviesas la eternidad, cuya existencia

er t'etta neb nebu suten suteniu àθi neter neteru uneniu

es por siempre, Señor de Señores, Rey de Reyes, Príncipe, Dios de dioses, que viven

mā ten sen χer - k em neteru pui reθ àri - kuà

contigo, [yo he venido] a vosotros [...] dioses [...] hombres. Hacedme

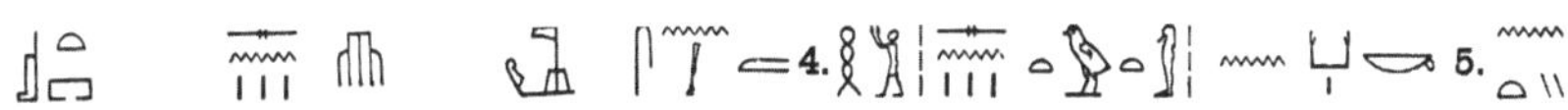

àuset sen χenti Neter-χert senemeḥ - sen tut en ka - k enti

un lugar [con] ellos en el submundo; ellos adoran las imágenes de tu *ka*, que están

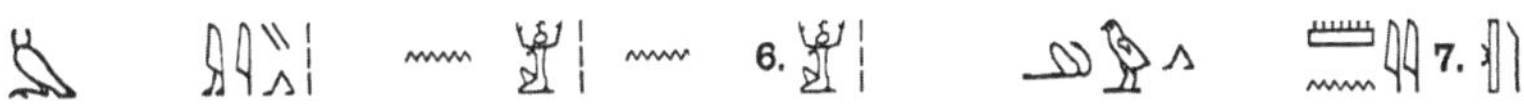

em ī en ḥeḥ en ḥeḥ peḥu meni

entre ésos que vienen para millones y millones de años. Llegando, viniendo a puerto [...]

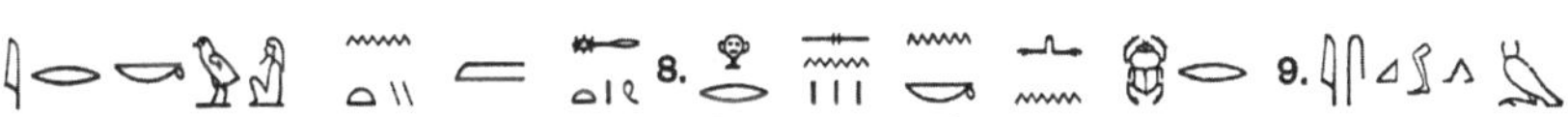

àr - kuà enti em χat ḥer sen nek àn χeper àsq em

que está en el cuerpo [...] Que no surja retraso en

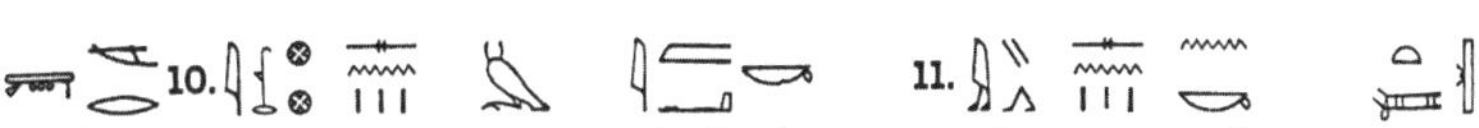

Ta-merà sen em àmā - k ī - sen nek tem

Ta-Mera su [...] Otorga tú que vengan a ti todos,

uru mà ketet ṭā - f āq per em Neter-χert àn

tanto grandes como pequeños. Que él me garantice la entrada y la salida al submundo, sin

šentu ḥer seba en ṭuat en ka en Ȧusȧr Ani

repulsa en las puertas del submundo al *ka* de Osiris Ani.

PLACA XXXVII

Ḥet-ḥert nebt Ȧmentet ȧmt Urt nebt Ta-sert maat Rā ȧmt

Hathor, señora de Amentet, habitante de Urt, señora de Ta-sert, el Ojo de Ra, que mora en

ḥāt - f ḥrȧ nefert em uȧa en ḥeḥ ȧuset ḥetep en ȧri

su frente, Rostro hermoso en la Barca de Millones de años. El asiento de paz para hacer

maāt em χennut en ḥesiu ta set er ȧri

lo que es recto y verdadero entre [?] los favorecidos [...] para hacer

nešet urt er t'a pa maāti

que la gran barca del sol navegue adelante, hacia la rectitud y la verdad.

TRADUCCIÓN

El libro Egipcio de los Muertos

PLACA I

VIÑETA: El escriba Ani , erguido con las manos alzadas en adoración ante una mesa de ofrendas consistente en ancas de ternera , rebanadas de pan y pasteles , , , vasos de vino y aceite , , frutos, lotos , , y otras flores. Él lleva puesta una vestimenta de lino de color azafrán con borde blanco, y tiene peluca, collar y brazaletes. Detrás de él está su esposa, «Osiris, la señora de la casa, la señora del coro de Amen, Thutu»[1] igualmente ataviada y sosteniendo un sistro y una rama de viña [?] en la mano derecha, así como un *menat* en la izquierda.[2]

---

1. , véase placa XIX.
2. El *menat*, a menudo llamado «el contrapeso de un collar», consiste en un disco con un mango adosado y una cuerda. Era un objeto que generalmente se ofrecía a los dioses, con el sistro; los anfitriones los ofrecían en las fiestas a sus invitados, y era sostenido fundamentalmente por sacerdotisas en festivales religiosos. Podía llevarse en el cuello o en la mano izquierda, y era un emblema que daba alegría a su portador. Ejemplos interesantes del pendiente *menat* se hallan en el papiro del Museo Británico número 17 166, que lleva la inscripción , «Precioso dios, señor de

Texto: [Capítulo xv] (1)[1] Un Himno de alabanza a Ra cuando sale por la parte occidental del cielo. Contempla a Osiris Ani, el escriba que registró las sagradas ofrendas de todos los dioses, (2) que dijo: «Homenaje a ti, oh tú que has venido como Khepera,[2] Khepera, el creador de los dioses. Tú te alzaste, tú brillaste, (3) haciendo brillante a tu madre [Nut], rey coronado de los dioses. [Tu] madre Nut[3] te homenajeó con sus dos manos. (4) La tierra de Manu[4] te recibió con alegría, y la

---

las dos tierras, hacedor de las cosas, Rey del Norte y del Sur, Khnem-ab-Ra, hijo del Sol, Aahmes (Amasis), querido de Hathor, señora de los sicómoros», y en el número 13 950* en cerámica; los números 8173 y 20 607 están inscritos en piedra. El número 18 109 es el disco de un *menat* en cerámica, que lleva la inscripción 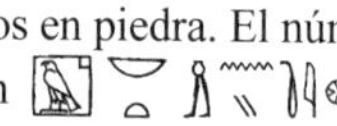, «Hathor, señora de la ciudad de Anitha». El número 20 760 es un disco y un mango de bronce; el disco tiene, vaciada, la figura de una vaca, que es sagrada para Hathor, mientras que la parte superior del mango presenta la forma de una cabeza de Hathor, con un sistro. En un lado está el prenombre de Amenophis III 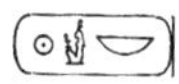, y en el otro , «Hathor, señora del sicómoro». Lefébure comenta el significado y uso del *menat* en «Le Menat et le Nom de l'eunuque», *Proc. Soc. Bibl. Arch.*, 1891, pp. 333-349.

* Hay un duplicado en el Louvre; véase Perrot y Chipiez, *Histoire de l'Art, l'Égypte*, p. 821, número 550.

1. Los números entre paréntesis indican las líneas del papiro.
2. Generalmente se representa al dios Khepera con un escarabajo por cabeza; este insecto era sagrado para él. El nombre significa «llegar a ser, volverse, rodar», y el nombre abstracto *kheperu* 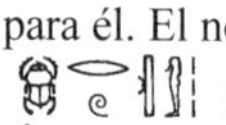 puede traducirse como «lo que ha venido a ser, el producto o la evolución». Él era un dios autocreado, y padre de todos los demás dioses; los hombres y las mujeres surgían de las lágrimas que caían de sus ojos, y los mundos animal y vegetal también le debían su existencia. Khepera es una fase de Tmu, el sol de la noche, y la décimo segunda hora de la noche, cuando él «se convierte» en el sol saliente de Harmachis (es decir, Horus en el horizonte). También se le describe como «Khepera por la mañana, Ra a mediodía y Tmu por la noche». Véase Lanzone, *Dizionario*, p. 927; Grébaut, *Hymne à Ammon-Ra*, p. 164, nota 2; Pierret, *Panthéon*, pp. 74 y 75; Lefébure, *Traduction Comparée des Hymnes au Soleil*, p. 39; De Rougé, *Inscription d'Ahmés*, p. 110; *Archaeologia*, vol. 52, p. 541; Wiedemann, *Die Religion der Alten Aegypter*, p. 17; Brugsch, *Religion und Mythologie*, p. 245, etc.
3. La diosa Nut representaba el cielo, y tal vez también el lugar exacto por el que salía el sol. Era la esposa de Seb, el dios de la tierra, y daba nacimiento a Isis, Osiris y los demás dioses. Uno de sus títulos comunes era el de «madre de los dioses». Se la retrata como una mujer que porta una jarra sobre la cabeza, y a veces lleva el disco y los cuernos, característicos de Isis y Hathor. Era la hija y madre de Ra. Véase Lanzone, *Dizionario*, p. 392; Pierret, *Panthéon*, pp. 34 y 36; Brugsch, *Religion und Mythologie*, pp. 603-610.
4. Manu es el nombre que se da a las montañas de la orilla occidental del Nilo, frente a Tebas, donde está situado 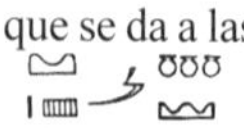 *tu Manu*, «la montaña de Manu», el principal lugar de tumbas excavadas en la roca. Véase Brugsch, *Dict. Géog.* p. 259.

diosa Maat[1] te abrazó en las dos estaciones. Que él dé esplendor, y poder y triunfo, y (5) un aparecer [resurrección] como alma viviente para ver a Horus de los dos horizontes[2] al *ka*[3] de Osiris,[4] el escriba Ani, triunfante[5] ante Osiris, (6) que dijo: Salve a todos vosotros, dioses del Templo del Alma,[6] que pesáis el cielo y la tierra en la balanza y que proveéis alimento y abundancia de carne. Salve Tatunen,[7] Uno, (7) creador de la humanidad y de la sustancia de los dioses del sur y del norte, del oeste y del este. Dirigid alabanzas a Ra, el señor del cielo, el (8) Príncipe, Vida,

---

1. Maat, «hija del Sol y reina de los dioses», es la personificación de la rectitud, de la verdad y de la justicia. En muchos papiros se la representa dirigiendo a los muertos hacia la Sala de la Doble Maat, donde el corazón de éstos debe ser pesado contra su emblema. Generalmente lleva puesta la pluma, símbolo de la verdad, y se la llama «señora del cielo»; véase Lanzone, *Dizionario*, p. 276 (y tav. 109, donde se muestran las diosas gemelas Maat); Pierre, *Panthéon*, p. 201. A veces se la representa con los ojos tapados: véase Wiedmann, *Religion der alten Aegypter*, p. 78. Para contemplar figuras de la diosa en bronce y piedra, véanse los números 380, 383, 386, 11 109 y 11 114 en el Museo Británico.
2. *Heru-khuti*, «Horus de los dos horizontes», el Harmachis de los griegos, es el sol durante el día, desde su salida en el horizonte oriental hasta su puesta en el horizonte occidental; para las diversas formas en que se le representa, véase Lanzone, *Dizionario*, tav. 129. Hablando estrictamente, él es el sol naciente, y es una de las formas más importantes de Horus. Como dios del mediodía y de la noche, se le llama Ra-Harmachis y Tmu-Harmachis respectivamente. La esfinge de Gizeh está dedicada a él.
3. Según la creencia egipcia, el hombre está compuesto por un cuerpo *xa*, un alma *ba*, una inteligencia *xu*, y un *ka*. La palabra ka significa «imagen», y en griego se dice εἴδωλον (compárese con el copto ⲕⲱ, Peryron, *Lexicon*, p. 61). El *ka* parece haber sido el «fantasma», como diríamos nosotros, de un hombre, y ha sido definido como su personalidad abstracta, a la que, después de la muerte, los egipcios daban una forma material. Durante la vida era una parte subordinada del ser humano, pero se activaba después de la muerte; y a ella se le dedicaban las ofrendas llevadas por los parientes del difunto. Se creía que volvía al cuerpo y compartía su revivificación. Véase Birch, «Mémoire sur une patère Égyptienne», en *Trans. Soc. Imp. des Antiquaires de France*, 1858; Chabas, *Papyrus Magique*, pp. 28 y 29; Maspero, *Étude sur quelques peintures*, p. 191; *Trans. Soc. Bibl. Arch.*, vol. vi, p. 494; Brugsch, *Aegyptoloie*, p. 181; Wiedemann, *Religion der alten Aegypter*, p. 126.
4. Al fallecido siempre se le identifica con Osiris, o el sol poniente, el juez y dios de los muertos. Cuando se pone el sol en occidente y vuelve a salir por el este, se lleva al fallecido a su tumba en la orilla occidental del Nilo y, después de familiarizarse con la Sala del Juicio, continúa hacia oriente para comenzar una nueva existencia.
5. *Maaxeru* o *maatxeru*. Respecto a esta palabra, véase Naville, *Litanie du Soleil*, p. 74; Devéria, «L'Expression Mââ-xerou», en *Recueil de Travaux*, tom. i, p. 10.
6. Compárese y , Brugsch, *Dict. Géog.*, pp. 185 y 186.
7. Tatunen, o Tenen , era, como Seb, con quien se le identificaba, el dios de la tierra;

Salud y Fuerza, el Creador de los dioses, y adoradle en su hermosa Presencia cuando sale en la barca *atet.*[1] (9) Los que habitan en las alturas y los que habitan en las profundidades te adoran. Thoth[2] y Maat, ambos, son tus registradores. Tu enemigo[3] es entregado al (10) fuego, el malvado ha caído; sus brazos están atados, y Ra ha tomado sus piernas. Los hijos de (11) la impotente revuelta nunca volverán a alzarse.

»La Casa del Príncipe[4] celebró el festival, y el sonido de los que se regocijan resuena en la (12) poderosa morada. Los dioses están contentos [cuando] ven a Ra en su salida; sus rayos inundan el mundo de luz. (13) La majestad del dios, que debe ser temido, resplandeció y vino a la tierra de Manu; él hizo brillar la tierra con su nacimiento diario; él vino al lugar donde estuvo ayer. (14) Que estés en paz conmigo, que contemple yo tus bellezas, que avance yo sobre la tierra, que derribe al asno, y que aplaste (15) al malvado; que destruya a Apep[5] a su hora;[6] que vea al

su nombre suele estar asociado con el de Ptah, y se le describe como el creador de los dioses y de los hombres, y el creador del huevo del sol y de la luna. Véanse Lanzone, *Dizionario*, p. 1259; Wiedemann, *Religion*, p. 74; Pierret, *Panthéon*, p. 6; y Naville, *La Litanie du Soleil*, pp. 118 y 119, y placa XXIV, l. 3. Este dios era, en un aspecto, un destructor de las cosas creadas; compárese 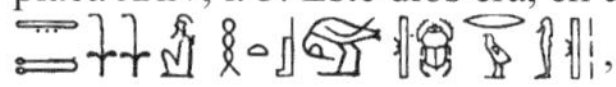, Naville, op. cit., p. 89.

1. Un nombre de la barca del sol del atardecer.
2. Véase *infra*, p. 465, nota 2.
3. Los enemigos de Ra eran la oscuridad y la noche, o cualquier nube que pudiera oscurecer la luz del sol. Apep, Nak, etc., personificaban la oscuridad, y sus asistentes eran los *mesu betesh*, o «los hijos de la revuelta fracasada».
4. , más plenamente , «la gran casa del anciano», el gran templo de Ra en Heliópolis: véase Brugsch, *Dict. Géog.*, p. 153.
5. Apep, la serpiente, personifica la oscuridad, que Horus, el sol naciente, debe conquistar antes de poder reaparecer en el este.
6. Compárense las siguientes escenas que representan a Apep en forma de una serpiente, de un cocodrilo y de un asno traspasados por el fallecido con su lanza.

pez *abtu* en el momento de su creación, y al pez *ant*[1] en su creación, y a la (16) barca *ant* en su lago. Que vea a Horus al cargo del timón, con Thoth y Maat a su lado; que agarre yo los arcos de la (17) barca *sektet,*[2] y la popa de la barca *atet*. Que otorgue él al *ka* de Osiris Ani contemplar el disco del sol y ver el dios-Luna sin cesar, cada día; y que mi alma (18) emerja y camine acá y allá, y a cualquier lugar que le plazca. Que sea proclamado mi nombre al hallarlo sobre el tablero de la mesa de (22) ofrendas; que se hagan ofrendas en mi (24) presencia, tal como se les hacen a los seguidores de Horus; que se prepare para mí un asiento en la barca del sol el día del emerger del (26) dios, y que sea recibido en presencia de Osiris en el país (28) del triunfo».

Apéndice: Las versiones siguientes de este capítulo están tomadas de: I. Naville, *Todtenbuch*, Bd. I, Pl. XIV; II. Naville, *Todtenbuch*, Bd. I, Pl. XV; III. Papiro del Museo Británico número 9901, y IV. Papiro del Museo Británico número 10 471.

I. (1) Un himno de alabanza a Ra cuando se alza en la parte oriental del cielo. Contempla Osiris, Qenna el mercader, (2) que dijo: «Homenaje a ti, en tu alzarte, tú, Tmu, en tus coronas de belleza. Tú te alzaste, tú te alzaste, tú, Ra, brillaste, (3) tú brillaste, al amanecer del día. Tú estás coronado como rey de los dioses, y la diosa Shuti te rindió homenaje. (4) La compañía de los dioses te alaba desde la doble morada. Tú marchas sobre el aire superior y tu corazón está lleno de alegría. (5) La barca *sektet* continuó adelante

1. A los peces *abtu* y *ant* a veces se los retrata sobre ataúdes nadando en los arcos de la barca del sol.
2. Un nombre de la barca del sol naciente.

mientras [Ra] venía a puerto en la barca *atet* con buenos vientos. Ra se regocijó, Ra se regocijó. (6) Tu padre es Nu, tu madre es Nut, y tú estás coronado como Ra-Harmachis. Tu sagrada barca avanzó en paz. Tu enemigo ha sido expulsado y su (7) cabeza ha sido cortada; el corazón de la Señora de la vida se regocijó en que el enemigo de su señor hubiera sido desbancado. Los marineros de Ra sienten alegría de corazón y Annu se regocija».

(8) El mercader Qenna dijo: «Yo he venido a ti, oh Señor de los dioses, Tmu-Harmachis, que pasas sobre la tierra [...] (9) Yo conozco aquello por lo que tú vives. Otórgame que yo sea como uno de ésos que son tus favorecidos (10) [entre los seguidores] del gran dios. Que mi nombre sea proclamado, que sea hallado, que sea renombrado largamente con [...] (11) Los remos están alzados en la barca *sektet*, y la barca sagrada vino en paz. (12) Que contemple yo a Ra cuando aparece en el cielo del amanecer, y cuando sus enemigos han caído en el bloque. (13) Que contemple yo [a Horus] guiando el timón y dirigiendo con [sus] dos manos. (14) Que vea yo el pez *abtu* en el momento de su creación; que vea yo al pez *ant* cuando se hace manifiesto en la creación, y la barca *ant* sobre su lago. Oh tú Único, oh tú Poderoso, tú Creciente, (15) que nunca desmayas, y de quien el poder no puede ser arrebatado [...] el devoto (17) sirviente del señor de Abtu».

El mercader Qenna dijo: (18) «Homenaje a ti, Heru-Khuti-Tmu, Heru-Khepera, poderoso halcón, que haces que el cuerpo [del hombre] se alegre, de hermosa cara por razón de tus dos grandes plumas. Tú (19) despertaste en belleza al amanecer, cuando la compañía de los dioses y de los mortales te canta canciones de alegría; te ofrecen himnos de alabanza al atardecer. Las (20) deidades estelares también te adoran. Oh, tú, primer nacido, que yaces inmóvil, (21) álzate; tu madre se mostró amorosa contigo cada día. Ra vivió y el enemigo Nak está muerto; tú duras eternamente y el (22) enemigo ha caído.

»Tú navegaste sobre el cielo con vida y fuerza. La diosa Nehebka está en (23) la barca *atet*; la barca sagrada se regocijó. Tu corazón está alegre y tu frente está envuelta por las serpientes gemelas».

II. (1) Un himno de alabanza a Ra cuando se alza en la parte oriental del cielo. Contempla Osiris, Qenna el mercader, triunfante, que dijo: (2) «Homenaje a ti, oh tú que te elevaste en Nu, y que en tu nacimiento hiciste que el mundo resplandeciera de luz; toda la compañía de los dioses (3) te canta himnos de alabanza. Los seres que sirven a Osiris lo atesoran como Rey del Norte y del Sur, y como el hermoso y querido hombre-niño. Cuando (4) él se eleva, los mortales viven. Las naciones se regocijan en él, y los Espíritus de Annu le cantan canciones de alegría. Los Espíritus de las ciudades de Pe y Nekhen (5) le exaltan, los simios del amanecer le adoran, y todas las bestias y ganados le alaban (6) con un acorde. La diosa Seba desbancó a sus enemigos, por tanto regocíjate (7) en tu barca; y tus marineros están contentos por eso. Tú has llegado en la barca *atet*, y tu corazón está henchido de alegría. Oh Señor de los dioses, cuando tú (8) los creaste, ellos se dedicaron alabanzas. La diosa azul Nut te circunda por todas partes, y el dios Nu te inundó con rayos de luz. (9) Oh, lanza tu luz sobre mí y déjame ver tus bellezas, a mí, (10) Osiris Qenna el mercader, triunfante. Cuando avances sobre la tierra, cantaré alabanzas a tu hermoso rostro (11). Tú te elevaste en el horizonte del cielo, y [tu] disco es adorado [cuando] descansa sobre la montaña para dar vida al mundo».

Dijo Qenna el mercader, triunfante: (12) «Tú te elevaste, tú te alzaste, apareciendo con el dios Nu. Tú volviste a hacerte joven otra vez y eres lo mismo que eras ayer, oh poderoso joven que te has creado a ti mismo. No [...] mi mano. (13) Tú has venido con tus esplendores, y has hecho brillar el cielo y la tierra con tus rayos de pura luz esmeralda. La tierra de Punt es (14) creada por los perfumes que oliste con tu nariz. (15) Tú te alzaste, oh tú, maravilloso Ser, en el cielo, las serpientes gemelas están sobre tu frente, tú eres el señor del mundo y de sus habitantes (16); [la compañía] de los dioses de Qenna el mercader, triunfante, te adora».

III. (1, 2) Un himno de alabanza a Ra cuando se alza en la parte oriental del cielo. (3) Contempla Osiris Hunefer, triunfante, que dijo: «Homenaje a ti, oh tú que eres Ra cuando (4) te elevas y Tmu cuando te pones. Tú le alzas, tú te alzas; tú brillas (5), tú brillas, tú que estás coronado rey de los dioses. Tú eres el señor del cielo, [eres] el señor de la tierra, [eres] el creador de aquellos que habitan en las alturas (6) y de aquellos que habitan en las profundidades. [Tú eres] el dios Uno que vino (7) a ser al comienzo de los tiempos. Tú creaste la tierra, (8) diseñaste al hombre, hiciste el abismo acuoso del cielo, tú formaste Hapi [el Nilo], eres el hacedor de arroyos y del (9) gran abismo, y diste vida a todo lo que contiene. Tú has tejido (10) las montañas, has creado a la humanidad y a las bestias de los campos, has creado los cielos y la tierra. Adorado seas tú a quien la diosa Maat abrazó por la mañana y por la noche. Viajas por el cielo (11) con el corazón rebosante de alegría; el Lago de Testes está en paz. El enemigo Nak ha caído y sus dos brazos están cortados. La barca *sektet* tuvo buenos vientos, y el corazón del que está en su templo se regocijó. Tú (12) estás coronado con una forma celestial, el Único, provisto [de todas las cosas]. Ra vino desde Nu en triunfo. Oh, tú, Poderoso, de miríada de formas y aspectos, rey del mundo, Príncipe de Annu, señor de eternidad y gobernador de lo imperecedero, la compañía de los dioses se regocija cuando te alzas y cuando navegas (14) por el cielo. Oh tú, que estás exaltado en la barca *sektet*. Homenaje a ti, oh Amen-Ra, tú que descansas en Maat, tú que pasaste sobre el cielo y cada rostro te contempló. Tú te haces grande a medida que tu (15) Majestad avanza, y tus rayos caen sobre todos los rostros. Tú eres desconocido y no puedes ser buscado [...] su compañero excepto tú; tú eres (16) el Único [...] [Los hombres] alaban tu nombre [Ra] y juran por ti, porque tú eres su señor. Tú has oído (17) con tus oídos y has visto con tus ojos. Millones de años han pasado sobre el mundo; yo no puedo decir el número de ellos que has pasado. Tu corazón ha decretado un día de felicidad en tu nombre [de Ra]. Tú pasas sobre (18) y viajas a través de espacios indecibles de millones y cientos de miles de años; tú te estableces en paz, y diriges tu camino a través del abismo acuoso hacia el lugar que amas; esto lo haces en un pequeño momento (19) temporal, y te hundes poniendo fin a las horas».

Osiris, gobernador del palacio del señor de las dos tierras [Seti I], Hunefer, triunfante, dijo: (20) «Salve, mi señor, tú que has pasado a través de la eternidad y cuyo ser es imperecedero. Salve a ti, Disco, señor de los rayos de luz, tú te alzaste e hiciste vivir a la humanidad. Otórgame que pueda contemplarte cada día al amanecer».

IV. Un himno de alabanza a Ra, de Nekht, el escriba real, capitán de soldados, que dijo: «Homenaje a ti, oh tú glorioso Ser, tú que estás provisto [de todas las cosas]. Oh Tmu-Heru-khuti, cuando te alzas en el horizonte del cielo, un grito de alegría sale de la boca de todos los pueblos. Oh tú hermoso Ser, tú te renuevas en tu estación en forma de Disco dentro de tu madre Hathor; por lo tanto, en cada lugar, cada corazón queda henchido de alegría cuando sales, para siempre. Las partes oriental y occidental del cielo vienen a ti con homenajes, y entonan himnos de alegría cuando sales. Oh Ra, tú que eres Heru-khuti [Harmachis], el poderoso hombre-niño, el heredero de eternidad, autoengendrado y autonacido, rey de la tierra, príncipe del submundo, gobernador de las montañas de Aukert [el submundo], tú te alzaste en el horizonte del cielo e irradiaste sobre el mundo rayos de luz esmeralda; tú has nacido del agua, tú has salido de Nu, que te cuidó y ordenó tus miembros. Oh tú, que estás coronado rey de los dioses, dios de vida, señor de amor, todas las naciones viven cuando brillas. La diosa Nut te rinde homenaje, y la diosa Maat te abraza en todo momento. Quienes te siguen te cantan con alegría y se inclinan hasta la tierra cuando se encuentran contigo, dios del cielo, señor de la tierra, rey de rectitud y verdad, dios de eternidad, gobernador imperecedero, príncipe de todos los dioses, dios de vida, creador de eternidad, hacedor de los cielos y de todo lo que contienen. La compañía de los dioses se regocija con tu salida, la tierra se alegra cuando contempla tus rayos; los pueblos que llevan mucho tiempo muertos emergen con gritos de alborozo al ver tus bellezas. Tú avanzas sobre el cielo y la tierra, fortalecido cada día por tu madre Nut. Tú pasas a través del cielo más elevado, tu corazón se inflama de alegría; y el Lago de Testes se alegra de ello. El enemigo ha caído, sus brazos le han sido arrancados, el cuchillo ha cortado sus articulaciones. Ra vive en Maa[1] la hermosa. La barca *sektet* siguió adelante y vino a puerto, el sur, el norte, el oeste y el este se giran para alabarte, oh sustancia no formada de la tierra, que te creaste a ti misma. Isis y Neftis te saludan, ellas cantan en tu barca himnos de alegría, y te protegen con sus manos. Las almas del este te siguen, las almas del oeste te alaban. Tú eres el regente de todos los dioses y tienes alegría de corazón dentro de tu templo; porque la serpiente Nak está condenada al fuego, y tu corazón estará eternamente alegre. Tu madre Nut está adjudicada a tu padre Nu».

PLACA II

Viñeta I: El disco del Sol 𓇳, sostenido por un par de brazos 𓂓, precedido por un *ankh* 𓋹, que a su vez está sostenido por un *tet* 𓊽, el emblema del este y del dios Osiris. El *tet* se alza sobre el horizonte 𓈌. A cada lado del disco hay tres simios con cabeza de perro, espíritus del Amanecer, con los brazos elevados hacia el disco. En el lado derecho del *tet* está la diosa Neftis 𓉠𓏏𓁐, y en el izquierdo la diosa Isis 𓊨𓏏𓁐; cada una eleva sus manos en adoración del *tet*, arrodillándose sobre el emblema *aat* 𓈋, o hemisferio. Encima está el cielo 𓇯. Esta viñeta pertenece propiamente al himno dedicado al sol naciente.[2]

Texto: (1) [Himno a Osiris]: «Gloria a Osiris Un-nefer, el gran dios de Ábidos, el rey de eternidad, señor de lo imperecedero, que pasó

1. Maa, ley invariable e inalterable.
2. Compárese con la viñeta procedente del papiro número 9901 del Museo Británico (fig. 1). En algunos papiros, los simios son cuatro (Naville, *Das Aeg. Todtenbuch*, Bd. I, Bl. 26), o siete (Naville, op. cit., Bd. I, Bl. 21).
En la viñeta que generalmente acompaña al himno del sol poniente (fig. 2), pero que no está en el presente papiro, un halcón que lleva sobre la cabeza un disco rodeado por una serpiente, Ra-Harmachis 𓅃, toma el lugar del disco 𓂓 (papiros número 9901,

por millones de años de existencia. Hijo mayor del útero (2) de Nut, engendrado por Seb y Erpat,[1] señor de las coronas del norte y del sur, señor de la elevada corona blanca. Como príncipe de los dioses y de los hombres, (3) él ha recibido el cayado y el mayal, y la dignidad de sus divinos padres.[2] Que tu corazón que está en la montaña de Amenta se sienta contento, porque tu hijo Horus está establecido en tu trono. (4) Tú

[Naville, op. cit., Bd. I, Bl. 21] y 10 472 del Museo Británico); y el *tet* está representado por el soporte (Naville, op. cit., Bd. I, Bl. 22), a uno de cuyos lados hay tres deidades con cabezas de halcón, y al otro tres deidades con cabezas de chacal (véase Lanzone, *Dizionario*, pp. 56 y 57). Por debajo están Isis y Neftis, arrodillándose en adoración ante dos dioses-leones, que representan el ayer y el mañana. Una variante interesante de la última viñeta puede verse en el papiro número 10 472 del Museo Británico, que fue hecho para la señora Anhai, una cantante del templo de Amen en Tebas, en torno al 1000 a. de C.; en él, además de los simios y las figuras de las diosas (siendo los títulos de Isis y los de Neftis), están representados, a cada lado (1) el *utchat* alado con pendiente *uraeus* , el *shen* (emblema del circuito del sol) y la pluma; (2) un hombre, postrado, adorando el disco; (3) cuatro hombres, erguidos, con ambas manos alzadas en adoración, y (4) un pájaro con cabeza humana , emblema del alma de la señora fallecida, alzándose sobre un pilón.

Figura 1

Figura 2

1. La palabra *er-pat* está compuesta de *er*, «jefe» y *pat*, «clan», «tribu» o «familia»; Seb, entonces, era el príncipe de la familia de los dioses. *Erpat* es una palabra muy antigua, y probablemente se usaba en Egipto antes de *suten*, el vocablo común para designar al «rey». Para una discusión sobre este punto, véase Maspero, *Un Manuel de Hiérarchie Égyptienne*, p. 15; Brugsch, *Aegyptologie*, p. 210.
2. Osiris, el sol nocturno, era hijo de Ra, y padre e hijo de Horus. Siempre se le representa como una momia que sostiene en sus manos el cetro , el cayado y el mayal . Véase Lanzone, *Dizionario*, p. 690; Wiedemann, *Religion*, p. 123; Brugsch, *Religion und Mythlogie*, p. 611.

eres coronado señor de Tattu[1] y gobernador de Abtu.[2] A través de ti, el mundo se llenó de verde (5) en triunfo ante el poder de Neb-er-tcher.[3] Él guió en su séquito eso que es y eso que aún no es, en su nombre de (6) Ta-her-seta-nef;[4] él remolcó la tierra en triunfo en su nombre de Seker.[5] Él es (7) excesivamente poderoso y muy terrible en su nombre Osiris. Él dura eternamente, por siempre, en su nombre Un-nefer.[6] (8) Homenaje a ti, Rey de reyes, Señor de señores, Príncipe de príncipes, que desde el útero de Nut has poseído el mundo (9), y has gobernado todas las tierras y Akert.[7] Tu cuerpo es de oro, tu cabeza es de azul celeste y la luz esmeralda te circunda. Oh, An[8] de millones de años (10) está omnipresente en

1. Había dos ciudades del Bajo Egipto que tenían el nombre de Tettet o Tattu: Busiris, la metrópolis de la novena provincia, y Mendes, la metrópolis de la décimo sexta provincia. Véase Brugsch, *Dict. Geog.*, p. 978, y De Rougé, *Géographie Ancienne de la Basse Égypte*, p. 58.
2. Tanto Busiris como Ábidos afirmaban descansar en el cuerpo de Osiris.
3. Un nombre de Osiris cuando sus miembros desperdigados han sido reunidos y reconstruidos en un cuerpo por Isis y Neftis: véase Lanzone, *Dizionario*, p. 714. El nombre significa «señor de eternidad».
4. «El que extrae el mundo».
5. Seker es, como Ptah, Osiris y Tenen, una forma del sol nocturno. En el festival de este dios, la barca Hennu, 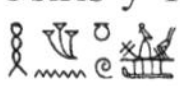, un símbolo del dios Seker de Menfis, era llevada alrededor del santuario al amanecer en el momento en que el sol lanza sus rayos dorados sobre la tierra. Para una lista de los templos de Seker, véase Lanzone, *Dizionario*, pp. 1117-1118. Véanse también Wiedemann, *Religion*, p. 75; Pierret, *Panthéon*, p. 66.
6. Un nombre de Osiris que, como nombre importante, a veces está escrito dentro de un cartucho, 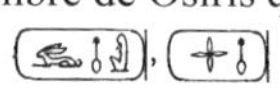 y .

   Generalmente se le atribuye el significado de «el Buen Ser», aunque se ha sugerido (*Proc. Soc. Bibl. Arch.*, 1886) que su verdadero significado es «hermosa yegua».
7. Un término general para necrópolis. Akert es el país del que Osiris era el príncipe, y se menciona en conexión con 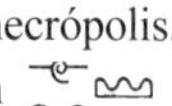 Stat y 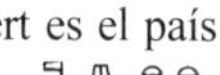 Neter-khert, cada uno de los cuales es un nombre de la gran necrópolis de la orilla occidental del Nilo. Véase Brugsch, *Dict. Géog.*, p. 75; Lepsius, *Todtenbuch*, capítulo 165, l. 6; Naville, *La Litanie du Soleil*, p. 98.
8. An o Ani, un nombre o forma de Ra, el dios Sol (compárese 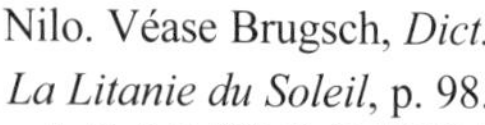 «Ani en la cabeza del ciclo de los dioses», Grébaut, *Hymne*, p. 22), y también de Osiris. Ani se identifica asimismo con el dios Luna; compárese 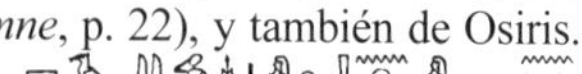 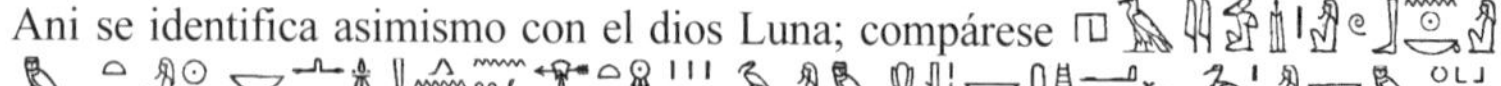 .* «Salve, Ani, tu brillaste sobre nosotros desde el cielo cada día. ¡Que nunca dejemos de contemplar tus rayos! Thoth te protege y hace que tu alma se alce en la barca maat, en tu nombre de Luna". Para la identificación de Ani con

*Para el texto hierático, véase De Horrack, *Lamentations d'Isis et de Nephtys*, p. 4, ll. 1-3.

tu cuerpo y es de aspecto hermoso en Ta-sert.[1] Garantiza al *ka* de Osiris, el escriba Ani, esplendor en el cielo, poder en la tierra y triunfo en Neter-khert;[2] y que yo navegue hacia (11) Tattu como un alma viviente y hasta (13) Abtu como un *bennu* [fénix]; y que entre y salga sin repulsa en (15) los pilones del Tuat.[3] Que se me den (16) rebanadas de pan en la casa de frescura, y (17) ofrendas de alimento en Annu, (18) y una residencia para siempre en Sekhet-Aru[4] con trigo y cebada (20) de allí».

PLACA III

Viñeta: Escena de pesar el corazón de los muertos. Ani y su esposa entran en la Sala de la Doble Ley o Verdad, donde el corazón , emblema de la conciencia, es pesado en una balanza contra la pluma , emblema de la ley. Encima, doce dioses, cada uno sosteniendo un cetro , están sentados sobre tronos ante una mesa con ofrendas de frutas, flores, etc. Sus nombres son: Harmachis, «el gran dios dentro de su barca»; Tmu; Shu; Tefnut, «señora del cielo»; Seb; Nut, «señora del Cielo»; Isis; Neftis; Horus, «el gran dios»; Hathor, «señora de Amenta»; Hu, y Sa. Sobre el soporte de la balanza se sienta el simio con cabeza de perro [5] que estaba asociado

Horus, véase Naville, La Litanie du Soleil, p. 99, nota 10. El fallecido también se dirige al dios Ani como "Ojo de Horus" en el capítulo 89 del Libro de los Muertos, que hace referencia a la "unificación del alma con su cuerpo en el submundo".

1. Un nombre del submundo.
2. Un hombre del submundo.
3. Un hombre del submundo.
4. O Sexet-Anru, una división de Sexet-hetepu (véase placa XXXV), los Campos Elíseos donde se suponía que las almas de los benditos sembraban y cosechaban.
5. En el papiro número 9901 del Museo Británico la diosa Maat está sentada en el centro del fiel de la balanza. A veces se representa a la doble diosa Maat erguida junto a la balanza para observar el resultado de la pesada, y al mismo tiempo a ella se la pone en el platillo para contrapesar el corazón del fallecido (fig. 1) (véase Naville, *Todtenbuch*, Bd. I, Bl. 136, *Pa.*) En el papiro de Qenna, la cabeza de Anubis está sobre el soporte, y el simio, llevando un disco y una luna creciente, se halla sentado sobre un pedestal con forma de pilón junto a la balanza (fig. 2). Otra viñeta muestra a Horus sosteniendo a Maat en su mano, pesando el corazón en presencia de las diosas Maat y Anubis, agarrando al fallecido de la

con Thoth,[1] el escriba de los dioses. El dios Anubis, con cabeza de chacal, comprueba el fiel de la balanza, cuyo brazo suspendido tiene forma de pluma . La inscripción sobre la cabeza de Anubis dice: «El que está en la tumba dijo: "Yo te rezo a ti, oh pesador de justicia, para guiar [?] la balanza, de modo que ella sea establecida"». A la izquierda de la balanza, frente a Anubis, se alza la «Suerte» o el «Destino» de Ani, *Shai* , y encima está el objeto llamado *mesxen* , que se ha descrito[2] como «un cúbito con cabeza humana», y que supuestamente está conectado con el lugar de nacimiento. Detrás de ellos se alzan las diosas

mano, presenta su corazón a Osiris, mientras que Isis y Neftis, con forma de simios, se sientan cerca (Fig. 3).

Figura 1

Figura 2

Figura 3

1. En el papiro de Sutimes (Naville, *Todtenbuch*, Bd. I, Bl. 43) al simio se le llama *neb xemennu ut a maa*, «Señor de Khemenu, pesador justo»; y en el papiro número 9900 del Museo Británico, «Thoth, señor de las balanzas».
2. Birch, en *Egypt's Place*, de Bunsen, vol. v, p. 259. En el papiro de Anhai (Museo Británico, n.º 10 472) hay un *meskhen* a ambos lados de la balanza erguida: a uno se le llama Shai y al otro Renen.

Meskhenet  y Renenet : Meskhenet[1] preside la cámara natal, y Renenet[2] probablemente es la superintendente de la crianza de los niños. Detrás del *meshken* está el alma de Ani en forma de un pájaro con cabeza humana que se alza sobre un pilón. A la derecha de la balanza, detrás de Anubis, se alza Thoth,[3] el escriba de los dioses, con su bolígrafo de junco y su paleta[4] que contiene tinta negra y roja, con la que registra el resultado del juicio. Tras Thoth se alza el monstruo femenino

1. Cuatro diosas llevaban el nombre de Meskhen, y supuestamente ayudaban en la resurrección de Osiris; estaban asociadas con Tefnut, Nut, Isis y Neftis (véase Lepsius, *Denkmäler*, iv, Bl. 59a; y Mariette, *Dendérah*, iv, pl. 74a). Cada una de ellas llevaba sobre su cabeza el objeto , que según algunos representa el florecer de las palmeras (Lanzone, *Dizionario*, p. 329). Se pueden ver ejemplos de este objeto en forma de amuleto, en piedra dura en los números 8158, 8159, 8161 y 20 618 del Museo Británico y en porcelana en el número 15 963.
2. El nombre de esta diosa probablemente está conectado con la palabra *renen*, «chupar». M. Pierret la identifica con la diosa del mismo nombre que presidía las cosechas, y se la describe como la «señora de las ofrendas de los dioses» (*Panthéon*, p. 61), con cabeza de serpiente, en algunos casos rematada por el disco, los cuernos y las plumas de la diosa Hathor (véase Lanzone, *Dizionario*, tav. 188, n.º 2).
3. Thoth era la personificación de la inteligencia. Autocreado y autoexistente, era el «corazón de Ra». Inventó la escritura, las cartas, las artes y las ciencias, y era habilidoso en astronomía y matemáticas. Entre sus muchos títulos estaban los de «señor de la Ley», «hacedor de la Ley» y «engendrador de la Ley». Thoth justificó a Osiris ante sus enemigos, y escribió la historia de la lucha entre Horus, el hijo de Osiris, y Set. Como «señor de la Ley», preside el juicio del corazón de los muertos, y, por ser el justificador del dios Osiris ante sus enemigos, también se le representa en las escenas funerarias como justificador de los muertos ante Osiris (véase Lanzone, *Dizionario*, p. 1264, y tav. cccciv, n.1; Pierret, *Pántheon*, pp. 10-14; y Brugsch, *Religion und Mythologie*, p. 439). Brugsch conecta el nombre Tehuti (Thoth) con la antigua palabra egipcia *tehu*, «ibis», y cree que significa el «ser que es como un ibis». La palabra *tex* también significa «medir», «computar», «pesar», y como a este dios se le llama «el contador del cielo y de las estrellas, y de todo lo que contienen», la conexión del nombre Thoth con *tex* es evidente. Las figuras de bronce y cerámica del dios le representan con cabeza de ibis, y sosteniendo el *utchat*  en sus manos (véase los números 481, 490a y 11 385 en el Museo Británico). El *utchat*, el ojo del sol, hace referencia a la creencia de que Thoth volvía a traer cada mañana la luz del sol que se había ido por la noche.
4. Las paletas de los escribas egipcios eran rectangulares, y estaban hechas de madera, piedra, basalto, marfil (véase números 5512a, 5525a, y 12 779, etc., en el Museo Británico). Miden entre 25 y 43 cm de largo y entre 5 y 8 cm de ancho. Generalmente contienen dos cavidades redondas donde depositar la tinta roja y negra, y una ranura para insertar las plumas de junco. Las inscripciones sobre ellas, que generalmente hacen referencia a Thoth,

Amam[1], la «Devoradora», o Am-mit, «la comedora de los muertos».

Texto [Capítulo XXXb]: Osiris, el escriba Ani, dijo:[2] «Mi corazón, mi madre, mi corazón, mi madre, mi corazón, ¡mi venir a ser! Que no haya nada que se me resista en [mi] juicio; que no haya oposición a mí de los *Tchatcha;*[3] ¡que no te vayas de mí en presencia de aquel que guarda la balanza. Tú eres mi *ka* dentro de mi cuerpo, [que] cosió[4] y fortaleció

---

están cortadas, escritas en tinta o rellenadas de color; también se les suele añadir el nombre del propietario de la paleta. Los colores con los que escribían los egipcios estaban hechos de sustancias vegetales, tierras coloreadas y preparaciones de cobre.

1. También se la llama «Devoradora de Amenta» (el submundo), y Shai (véase Lanzone, *Dizionario*, p. 129). En el papiro número 9901 del Museo Británico se la describe como:

ḥāt en emsuḥ peḥu - s em ṭebt ḥer-āb - set em ma

«la parte anterior de un cocodrilo; sus cuartos traseros [son los] de un hipopótamo; su parte media [es la] de un león».

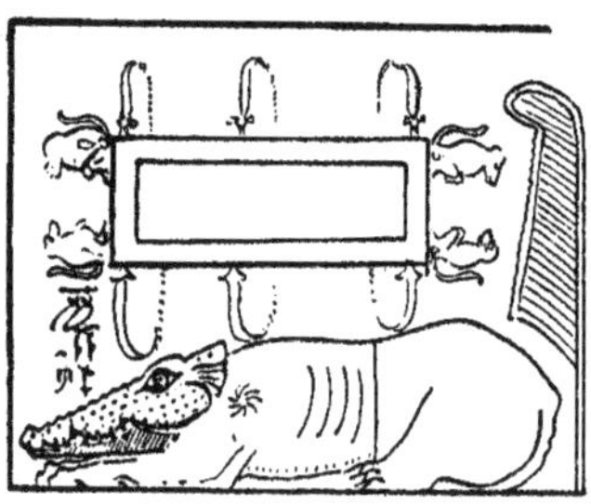

La Devoradora generalmente está cerca de la balanza en lugar de detrás de Thoth; pero hay un papiro citado por Naville (*Todtenbuch*, Bd. I, Bl. 136) en el que se la muestra agazapada junto al lago de fuego de las regiones infernales.

2. El discurso de Ani forma el texto del capítulo XXXb tal como los numeró M. Naville (*Todtenbuch*, Bd. I, Bl. 43).
3. Los cuatro dioses de los puntos cardinales, Mestha, Hapi, Tuamautef y Qebhsennuf (véase Naville, *Todtenbuch Einleitung*, p. 164).
4. En algunas copias se lee: «Tú eres mi *ka* dentro de mi cuerpo, el dios Khnemu («Moldeador»), que unió (o formó) y fortaleció mis miembros». A Khnemu se le llamaba «constructor de hombres, hacedor de los dioses, el padre desde el principio, creador de las cosas que son», etc.

mis miembros. Acompáñame al lugar de felicidad hacia el que[1] estoy avanzando. Que el *Shenit*[2] no haga que mi nombre apeste, que no se digan mentiras contra mí en presencia del dios.[3] Bueno es que oigas» [...][4]

Thoth, el juez justo de la gran compañía de los dioses que están en presencia del dios Osiris, dijo: «Oíd este juicio. El corazón de Osiris ha sido en verdad pesado, y su alma ha sido su testigo; él ha sido hallado verdadero en el juicio en la Gran Balanza. No se ha encontrado maldad en él; no ha desperdiciado las ofrendas en los templos, no ha hecho daño con sus actos y no dijo cosas malas mientras estuvo en la tierra».

La gran compañía de los dioses replica a Thoth, que habita en Khemennu: «Lo que sale de tu boca ha sido ordenado. Osiris, el escriba Ani, triunfante, es santo y recto. Él no ha pecado, ni hizo mal alguno contra nosotros. Que el devorador Amentet no prevalezca sobre él. Le serán garantizadas ofrendas de pasteles y que entre ante la presencia del dios Osiris, junto con una residencia eterna en Sekhet-hetepu, como a los seguidores de Horus».

PLACA IV

Viñeta: Ani, hallado justo, es llevado ante la presencia de Osiris. A la izquierda, el dios con cabeza de halcón Horus, el hijo de Isis, que lleva la doble corona del norte y del sur, toma a Ani de la mano y lo conduce hacia delante, hacia «Osiris, señor de la eternidad» *Ausar neb t'etta*, que está entronado a la derecha en un altar en forma de cofre funerario. El dios lleva la corona *atef* con plumas; un *menat* (véase p. 451, nota 2) cuelga de la parte posterior de su cuello, y sostiene en su mano el bastón , el cetro y el mayal , emblemas de soberanía y dominio. Se halla envuelto en vendas ornamentadas con balanzas. El lateral de su trono está pintado para que se parezca a las puertas de la

1. El papiro número 9901 del Museo Británico dice «lugar de felicidad al que tú vas conmigo».
2. Un tipo de seres divinos.
3. «El gran dios, señor de Amenta».
4. Esta frase parece inacabada; véase el texto egipcio, p. 195.

tumba. Detrás de él se alzan Neftis a su derecha e Isis a su izquierda. Frente a él, y erigiéndose sobre una flor de loto, están los cuatro «hijos de Horus» (u Osiris), los dioses de los puntos cardinales. El primero, Mestha, tiene cabeza de hombre; el segundo, Hapi, cabeza de simio; el tercero, Tuamautef, cabeza de chacal, y el cuarto, Qebhsennuf, cabeza de halcón. Suspendido cerca del loto hay un objeto llamado generalmente piel de pantera,[1] aunque es más probable que sea un pellejo de buey.

El tejado del templo está sostenido sobre pilares con capiteles de loto, y rematado por una figura de Horus-Sept u Horus-Seker y filas de *uraei.*

En el centro, Ani se arrodilla ante el dios sobre una esterilla de junco, elevando la mano derecha en adoración y sosteniendo en la izquierda el cetro *kherp* . Lleva puesta una peluca blanca rematada por un «cono», cuyo significado es desconocido. Alrededor del cuello luce un grueso collar de piedras preciosas. Cerca de él se alza una mesa con ofrendas de carne, fruta, flores, etc., y en los compartimentos superiores hay una serie de vasijas de vino, cerveza, aceite, cera, etc., junto con pan, pasteles, patos, una corona de flores y flores sueltas.

Apéndice: En algunos casos, el templo se representa con la forma de un pilón, cuya cornisa está ornamentada con uraei , o con el disco del sol y plumas, emblemas de Maat, . Generalmente descansa sobre una base con forma de codo (medida de longitud). El trono sobre el que se sienta Osiris está situado sobre alfombrillas de junco (papiro número 10 471 del Museo Británico), sobre la base con forma de codo (medida de longitud), o en un estanque de agua del que sale una flor de loto con capullos y con los cuatros dioses en los puntos cardinales (véase el papiro número 9901 del Museo Británico) alzándose sobre él. En algunos de los papiros más antiguos, el cuerpo de Osiris está pintado de blanco, y él permanece de pie. A Isis se la describe como «gran señora, divina madre», y a Neftis como la «señora del submundo». En el papiro número 10 471 del Museo Británico la escena de la presentación del

1. El cuero de buey en el que supuestamente se envolvía al fallecido o la persona que le representaba; véase Virey, *Tombeau de Rekhmara*, p. 50, y placa XXVI, registro inferior.

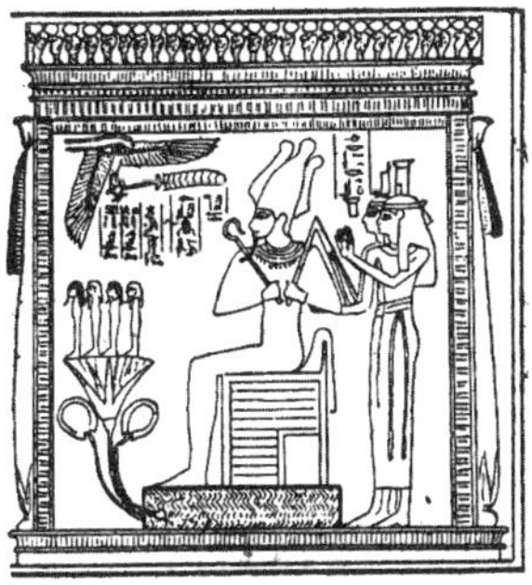

fallecido ante Osiris es inusual y de interés. A la derecha, el escriba Nekht y su esposa Thuau se alzan con ambas manos elevadas en adoración hacia Osiris. Detrás de ellos, sobre una base con forma de codo (medida), hay una casa con cuatro ventanas en su mitad superior, y sobre el tejado dos proyecciones triangulares similares a las que dejan pasar el aire dentro de las casas orientales modernas. Ante la puerta se encuentra un sicómoro [?] y una palmera, con racimos de fruta; a la izquierda está el dios Osiris sobre su trono y detrás de él se alza «Maat, señora de los dos países, hija de Ra», sobre la que hay dos brazos femeninos estirados procedentes de una montaña y sosteniendo un disco entre las manos. En el centro, entre Osiris y el fallecido, hay un estanque de agua con tres sicómoros (?) a cada lado, y en cada esquina una palmera con racimos de dátiles; desde él surge una parra cargada de racimos de uva.

En el papiro número 10 472 del Museo Británico, el dios sentado en el templo lleva puesta la corona del dios Tanen , y se le llama «Ptah-Seker-Ausar, dentro del lugar oculto, gran dios, señor de Ta-sert, rey de eternidad, príncipe de duración eterna».

Texto: Dijo Horus, el hijo de Isis: «Yo he venido a ti, oh Unnefer, y he traído a Osiris Ani ante ti. Su corazón ha sido [hallado] justo al salir de la balanza, y no ha pecado contra los dioses o diosas. Thoth lo ha pesado según el decreto impuesto sobre él por la compañía de los dioses; y es muy verdadero y recto. Otórgale pasteles y cerveza, y déjale entrar en presencia de Osiris; que sea como los seguidores de Horus para siempre».

Contempla, Osiris Ani, dijo: «Oh Señor de Amentet [el submundo], yo estoy en tu presencia. No hay pecado en mí, yo no he mentido a sabiendas, ni he hecho cosa alguna con corazón falso. Otórgame que sea como esos favorecidos que te rodean, que sea un Osiris, grandemente favorecido por el hermoso dios y querido por el señor del mundo, [Yo] el escriba real que le ama, Ani, triunfante ante el dios Osiris».

Apéndice: El título habitual de este capítulo [XXXb] es «Capítulo de no permitir que el corazón de [el fallecido] sea alejado de él en el submundo».[1] Está dirigido por el fallecido a su propio corazón, al que él llama su *ka* o el «doble» dentro de su cuerpo. Debería ir acompañado por una viñeta del juicio en la que el corazón es pesado contra el fallecido mismo, como en el antiguo papiro de Nebseni.

En el papiro de Ani, sin embargo, se observa que el corazón es pesado contra la pluma de la Ley, Maat, una escena que a menudo acompaña al capítulo CXXV.

Naville (*Todtenbuch*, bd. I, bl. 43) da variantes interesantes de las viñetas del capítulo XXXb, donde encontramos al fallecido dirigiéndose o bien a su corazón situado sobre un soporte , o a un escarabajo, o a un corazón que lleva puestas las antenas de un escarabajo. En ciertos papiros este capítulo va seguido de una rúbrica: «[Este capítulo es] para ser dicho sobre un "escarabajo"[2] de piedra verde rodeado de metal *smu*, y [que tenga] un anillo de plata, que debe ser puesto sobre el cuello del fallecido. Este capítulo fue hallado en Khemennu,[3] escrito sobre una

1. 

2. El capítulo XXXa nunca se encuentra escrito sobre escarabajos.

3. Hermópolis Magna, la metrópolis de Un , la décimo quinta provincia del Alto Egipto,

plancha de acero del sur, escrito por el propio dios, bajo los pies de la majestad del dios, en el tiempo de la majestad de Men-kau-Ra,[1] el rey del norte y del sur, triunfante, por el hijo real Heru-tata-f,[2] que lo encontró mientras viajaba para inspeccionar los templos».[3]

Los escarabajos encontrados en las momias, o hallados sobre el pecho, justo sobre la posición del corazón, forman una sección interesante de cada amplia colección egipcia. En la serie del Museo Británico está representado cada tipo importante de escarabajo funerario. Están hechos de basalto verde, de granito verde (números 7894 y 15 497), de piedra caliza blanca (números 7919, 7927 y 15 508), de mármol verde claro (número 7905), de piedra negra (números 7907, 7909 y 7913), de pasta azul (números 7904 y 14 549), de hierba azul (número 22 872) y de cerámica vitrificada violeta, azul o verde (números 7868 y 7869). Su largo varía entre catorce y cinco centímetros. En los ejemplares de piedra dura generalmente encontramos tallado sobre su base el texto del «capítulo del corazón» más o menos completo, a veces repasado con tinta roja (número 7915), o en oro (número 15 518). Los jeroglíficos a veces están rellenos de oro (número 7881). Generalmente, el nombre de la persona con la que el escarabajo fue enterrado precede al texto del «capítulo del corazón», aunque en muchos casos los espacios en blanco carecen de nombres insertados: una prueba de que estos amuletos se compraban ya fabricados. No obstante, a menudo la base es muy sencilla (números 7965 y 7966), o bien figuras de Osiris, Isis y Neftis ocupan el lugar de la inscripción habitual (números 15 500 y 15 507). Las espaldas de los escarabajos suelen ser muy sencillas, pero encontramos ejemplares que llevan inscritas figuras de la barca del Sol 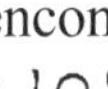, Osiris, con mayal y cayado , el pájaro *bennu*  y el *u'tat*  (número 7883),

la ciudad llamada ϣⲙⲟⲩⲛ ⲃ̅ por los coptos y Eshmunen, الاشمونين , por los árabes. Era la morada de los «ocho» (*xemennu*) grandes dioses primeros, y de Thoth, el escriba de los dioses (véase Meyer y Dümichen, *Geschichte des alten Agyptens*, p. 185).

1. El quinto rey de la IV dinastía.
2. Se dice que este príncipe fue un hombre muy erudito, y su discurso era difícil de entender (véase Wiedemann, *Aeg. Geschichte*, p. 191).
3. Para el texto jeroglífico, véanse pp. 13-15. Esta rúbrica fue publicada por Birch, *Aeg. Zeitschrift*, p. 54; y por Rosellini, *Breve Notizia interno un frammento di Papiro funebre Egizio essistente nel ducale museo di Parma*; Parma, 1839, 8vo.

Ra y Osiris (número 15 507), y el pájaro *bennu* con la inscripción  *neteri ab en Ra*, «el poderoso corazón de Ra» (número 7878). Un escarabajo de piedra verde del periodo griego o romano tiene sobre su espalda las figuras de cuatro deidades griegas (número 7966). En casos raros, los escarabajos tienen rostro humano (números 7876 y 15 516) o cabeza humana (número 7999). Los escarabajos fabricados cuidadosamente suelen tener una banda de oro alrededor y por debajo de la espalda, donde se juntan las alas: un ejemplar del periodo posterior (el número 7977) tiene toda la espalda dorada. El escarabajo fue insertado en un anillo de oro, en cuyo extremo había un anillo menor para colgarlo del cuello o para sujetarlo a las vendas de la momia (número 15 504). El escarabajo de cerámica verde vitrificada de Thothmes III (número 18 190) estaba suspendido mediante una cadena de oro de un torques (collar) de bronce. El número 24 401 tiene adosado un grueso cable de oro para fijarlo al cuello. La base del escarabajo a veces presenta la forma de un corazón (números 7917 y 7925). Un notable ejemplar de esta variedad es el número 7925, en el que se ven los emblemas «vida» , «estabilidad» , y «protección» , grabados sobre la parte superior de la base. La inscripción sobre la espalda del escarabajo es:

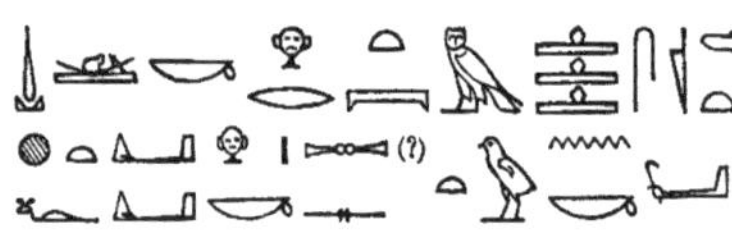
[1]

Sobre el ala derecha: 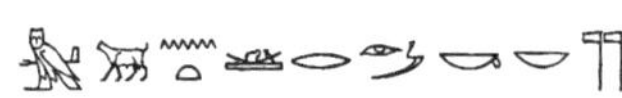; y sobre la izquierda: 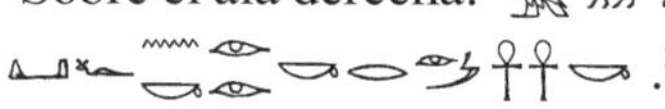.[2]

Un escarabajo de hermoso basalto verde, muy pulido y con cara humana (número 7876), se halla insertado en una base de oro, y sobre su rostro y bordes está tallado parte del «capítulo del corazón». En un periodo posterior a la XXII dinastía, los escarabajos funerarios inscritos en mármol, pasta, etc., se ponían sobre pectorales hechos de porcelana egipcia, vitrificados con color azul, verde o amarillo, que se cosían a las vendas de la momia sobre el corazón. En estos pectorales, la barca del

1. «Tú avanzas por el cielo en triple paz [en] tu barca *sektet*; cuando tú mostraste tu rostro [...] tú.»

2. «Él te dio tus ojos para ver con ellos, y tus oídos [para oír con ellos].»

sol o bien está pintada de colores o trabajada en relieve, y el escarabajo se ha puesto de tal modo que parece que lo lleva en la barca; a la izquierda se alza Isis y a la derecha Neftis (números 7857, 7864 y 7866).

PLACAS V Y VI

Viñetas: La procesión funeraria hasta la tumba, a lo largo de las dos placas. En el centro de la placa V, se ve a la momia del muerto tumbada sobre un cofre o altar montado sobre una barca con patines, que está tirada por bueyes. En la barca, en la cabeza y a los pies de la momia, hay dos pequeños modelos de Neftis e Isis. Al lado se arrodilla la esposa de Ani, Thuthu, lamentándose. Frente a la barca se encuentra el sacerdote Sem quemando incienso en un incensario,[1] y vertiendo una libación desde una jarra ; lleva puesto su vestimenta característica, una piel de pantera. Le siguen ocho plañideras, una de ellas con el pelo blanco. En la parte posterior del arca sepulcral o cofre,[2] rematado por una cabeza de Anubis y ornamentado con , los emblemas de la «protección» y la «estabilidad», está dibujado un trineo con cuatro asistentes, seguidos por otros dos. A su lado caminan otros asistentes llevando la paleta de Ani, cajas, una silla, una camilla, un cayado, etc.

En la placa VI, la procesión continúa hasta la tumba. En el centro hay un grupo de plañideras, seguidas por asistentes que llevan cajas de flores, jarras de ungüentos, etc. En el centro derecha hay una vaca con su ternero, sillas de madera pintada con flores sobre ellas, y un ayudante con la cabeza rapada, llevando un pernil recién cortado para la fiesta funeraria. El grupo de la derecha está realizando los últimos ritos. Ante la puerta de la tumba se alza la momia de Ani para recibir los honores finales; detrás de él, abrazándole, se yergue Anubis, el dios de la tumba; y a sus pies, enfrente, se arrodilla Thuthu para decir el último

1. Para un incensario de bronce de forma similar, véase el objeto n.º 5296a, Cuarta Sala Egipcia.
2. Es de forma similar a los cofres en los que estaban las cuatro jarras que contenían los intestinos momificados de los fallecidos. Para ejemplos de ellos, véanse los objetos número 8543a y 8543b en la Tercera Sala Egipcia.

adiós al cuerpo de su marido. Ante la mesa de ofrendas se alzan dos sacerdotes: el sacerdote *Sem*, que lleva puesta una piel de pantera y sostiene en la mano derecha un vaso de libación y en la izquierda el incensario, y otro sacerdote que sostiene en la mano derecha un instrumento[1] con el que está a punto de tocar la boca y los ojos de la momia, y en la mano izquierda tiene el instrumento para «abrir la boca». Detrás o al lado de ellos, en una fila en el suelo están los instrumentos empleados en la ceremonia de «abrir la boca»,[2] etc., el instrumento *mesxet* , la caja sepulcral , las cajas de purificación , la sortijilla , los vasos de libación , la pluma de avestruz , y los instrumentos llamados *Seb-ur, Temanu* o *Tun-tet* , y el *Pesh-en-kef* . El sacerdote *Kher-heb* se alza detrás leyendo en un papiro el servicio de los muertos.

Apéndice: En el papiro de Hunefer se coloca una plancha o estela junto a la puerta de la tumba (fig. I, p. 265). En su parte superior se muestra al fallecido adorando a Osiris, y debajo se lee:[3] «Salve, Osiris, jefe de Amenta, señor de eternidad, expandiéndote en la eterna duración, señor de adoraciones, jefe de la compañía de sus dioses; y salve, Anubis

1. A este instrumento se le llama , y está formado por una pieza sinuosa de madera, uno de cuyos extremos tiene forma de cabeza de carnero rematada por un *uraeus* (fig. 1).
2. En el papiro de Nebseni el «Guardián de la Balanza» abre la boca del fallecido (fig. 2).

Figura 1

Figura 2

3. 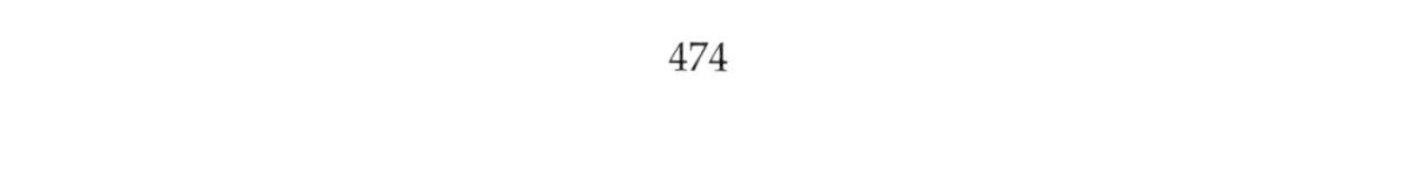

[habitante] en la tumba, gran dios, jefe de la santa morada. Que ellos garanticen que yo entre y salga del submundo, que pueda seguir a Osiris en todos sus festivales a comienzos del año, que reciba yo pasteles, y que siga adelante en presencia de [Osiris]; yo, el doble [*ka*] de Osiris, el gran favorito de su dios, Hu-nefer». En el registro superior de esta sección del papiro está el texto del «capítulo de abrir la boca de la estatua de Osiris». La escena completa, incluyendo esta estela y viñeta, aparece en la tumba de Pe-ta-Amen-Apt. En la viñeta del primer capítulo del Libro de los Muertos en el papiro de Neb-qet,[1] se representa al alma del fallecido descendiendo los pasos de la tumba para llevar alimento a su momia en la cámara funeraria (fig. 2).

Figura 1

Figura 2

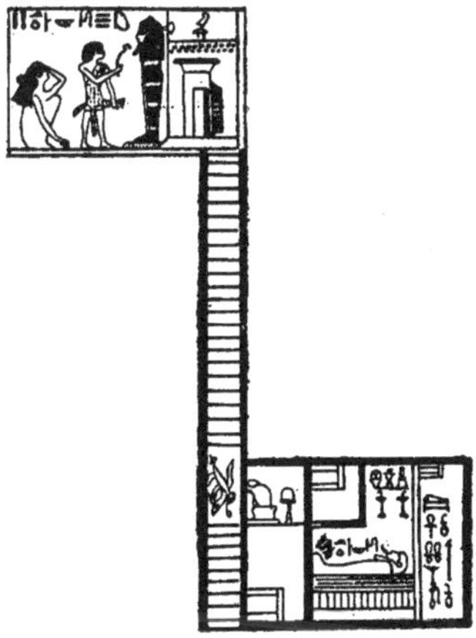

Las ceremonias[2] que tenían lugar en la puerta de la tumba en los funerales egipcios son de considerable interés. El sacerdote llamado *Kher-heb*, cogiendo del brazo al sacerdote *Sem*, da instrucciones para sacrificar un «toro del sur». El matarife, de pie sobre el toro, le corta una de las patas delanteras (fig. 3) y le saca el corazón. Una mujer, llamada la *Tcherauur*, que personifica a Isis, susurra seguidamente en la oreja del

1. Devéria y Pierret, *Papyrus Funéraire de Neb-set*, placa III.
2. La siguiente descripción de ellas se basa en los capítulos sobre este tema en Dümichen, *Der Grabpalast des Patuamenap*, abth. 11, placas I y ss., pp. 3 y ss.

fallecido: «Contempla, tus labios están puestos en orden, para que puedas abrir la boca». A continuación se compra un antílope[1] y un pato[2] por orden de *Kher-heb*, y se les corta la cabeza.[3] Entonces el *Kher-heb* se dirige al sacerdote *Sem*: «Yo los he agarrado para ti, te traído ante ti a tus enemigos. En sus manos lleva sus cabeza [como] regalo. Yo los he matado para ti, oh Tmu; que sus enemigos no se alcen contra este dios». Entonces el matarife presenta el muslo al *Kher-heb*, y el corazón a un alto cargo sacerdotal cuyo título era *Smer* , y los tres «colocan el muslo y el corazón en el suelo ante este dios [Osiris]». Seguidamente, el *Kher-heb* dice al fallecido, representado por su momia o estatua: «Yo te he traído el muslo (fig. 4), como el Ojo de Horus.

Figura 3

Yo te he traído el corazón; que no haya alzamiento contra este dios. Te he traído el antílope, su cabeza está cortada; te he traído el pato, su cabeza está cortada». Aquí acaba el sacrificio.

La parte siguiente de la ceremonia, «la apertura de la boca y los ojos», es realizada por un sacerdote *Sem*, quien se dirige al fallecido: «He venido a abrazarte, yo soy tu hijo Horus, yo he presionado tu boca; yo soy tu hijo, yo te quiero. Su madre se golpea los pechos y llora por él, y las que están encadenadas con él [Isis y Neftis] se golpean los pechos.

1. *ari.*
2. *smennu.*
3. La matanza del antílope y del pato representan la destrucción de los enemigos del fallecido, porque, cuando Horus destruyó a los enemigos de su padre Osiris, «cortó sus cabezas [que tomaron] las formas de patos en el cielo, haciéndolas caer al suelo en forma de antílopes, y al agua en forma de peces». Para el texto, véase Schiaparelli, «Il Libro dei Funerali degli Antichi Egiziani», *Atti della R. Accademia dei Lincei*; Roma, 1883, y 1890, p. 94; Naville, *Todtenbuch*, chap. 134.

Figura 4

Figura 5

Figura 6

Tu boca fue cerrada, pero yo he puesto en orden tu boca y tus dientes[1] para ti». A continuación, el *Kher-heb* llama cuatro veces al sacerdote *Sem*: «Oh, *Sem*, toma el *Seb-ur*[2] (fig. 5) y abre la boca y los ojos»; y mientras el sacerdote *Sem* está realizando la ceremonia, el *Kher-heb* continúa: «Tu boca estaba cerrada, pero yo he puesto en orden tu boca y tus dientes para ti. Yo abro tu boca, yo abro tus dos ojos. He abierto tu boca para ti con el instrumento de Anubis. He abierto tu boca con el instrumento de Anubis, con el instrumento de hierro con el que se abren las bocas de los dioses. Horus, abre la boca, Horus, abre la boca. Horus ha abierto la boca de los muertos como antiguamente abrió la boca de Osiris, con el hierro procedente de Set, con la herramienta de hierro (fig. 6) con la que abrió las bocas de los dioses. Él ha abierto tu boca con ella. Los muertos andarán y hablarán, y su cuerpo [estará] con la gran compañía de los dioses en la Gran Casa del Anciano en Annu, y él recibirá allí la corona *ureret* de Horus, el señor de la humanidad». A continuación, el *Kher-heb* dice: «Que el sacerdote *Ami-Khent* (fig. 7) se ponga detrás de él [el fallecido] y diga: "Mi padre, mi padre", cuatro veces». El hijo mayor del fallecido se pone seguidamente detrás de éste y, en su nombre, el *Kher-heb* dice: «Su madre se golpeó el pecho y lloró por él, y las que están encadenadas con él también se golpean el pecho». Otro sacerdote, llamado *Am-Khent-Heru*, asume la misma posición y dice: «Isis fue a Horus, que abrazó a su padre». Entonces un sacerdote

1. Véase Schiaparelli, «Il Libro dei Funerali degli Antichi Egiziani», Maspero, «Le Rituel du Sacrifice Funéraire», *Revue de L'Histoire des Religions*, 1887, p. 159.

2. . Para una lista completa de estos instrumentos, véase Schiaparelli, «Il Libro dei Funerali degli Antichi Egiziani», p. 109.

Figura 7

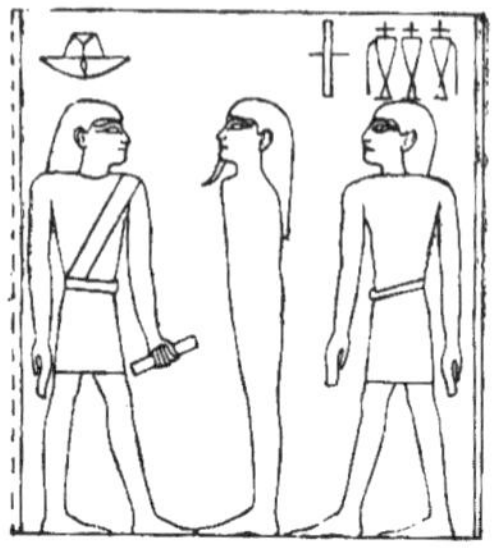

Figura 8

mesenti se pone detrás del fallecido, y los sacerdotes *Sem, Smer* y *Kher-heb* delante. Eacerdote *Sem* y el *Kher-heb*, personificando respectivamente a Horus y a Sut, proclaman: «Yo soy Horus, yo soy Sut; no te dejaré iluminar la cabeza de mi padre». Seguidamente, el sacerdote *Sem* se va de la capilla-*Ka* y vuelve trayendo al *Se-mer-f*, «el hijo que le amó», después de lo cual el *Kher-heb* dice: «O *Sem*, deja que el *Se-mer-f* venga a la tumba para que pueda ver al dios». El sacerdote *Sem*, sosteniéndole del brazo, lleva adentro al *Se-mer-f*, que se dirige al fallecido: «Yo he venido, te he traído a tu hijo que te amaba; él te abrirá la boca y los ojos» (fig. 8). A continuación, un sacerdote de la tumba, *Am-as*, toma posición detrás del fallecido, y el *Se-mer-f* y el *Kher-heb* se ponen delante; el segundo repite cuatro veces: «El *Se-mer-f* abrió la boca y los dos ojos del fallecido, primero con una aguja[1] de hierro, después con una barra de metal *smu*»; el *Am-as* se dirige al fallecido diciéndole: «Contempla al *Se-mer-f*»; y el *Kher-heb* pronuncia, en nombre del *Se-mer-f*: «Yo he presionado tu boca para ti, tal como tu padre la presionó en nombre de Seker. Salve, Horus ha presionado tu boca por ti, él ha abierto tus ojos; Horus ha abierto tu boca por ti, él ha abierto tus ojos; ellos están firmemente establecidos. Tu boca estaba cerrada; yo he ordenado tu boca y tus dientes por ti en su verdadero orden. Tú has [de nuevo] abierto tu boca; Horus ha abierto tu boca. Yo he establecido tu boca firmemente. Horus ha abierto tu boca para ti, Horus ha abierto tus dos ojos para ti». Y el *Kher-heb* habla en nombre del sacerdote *Sem*: «Tu boca estaba

1. *t'ettef.*

cerrada. Yo he ordenado debidamente tu boca y tus dientes. Tu boca está firmemente establecida. Tu boca estaba muy cerrada. Su boca está firmemente establecida, y [sus] dos ojos están firmemente establecidos». A continuación, el sacerdote *Sem* presenta al fallecido (fig. 9) una ofrenda con forma de cono,[1] y al mismo tiempo el *Kher-heb* dice: «Abre la boca y los dos ojos, abre la boca y los dos ojos. Tu has cerrado la boca firmemente, tú [de nuevo] has abierto los dos ojos». Y continúa, en nombre del sacerdote *Smer* (fig. 10) que se alza detrás del fallecido:

Figura 9

Figura 10

Figura 11

«El Uno vino a ti para tu purificación». Después, el *Se-mer-f* se adelanta con cuatro cajas (fig. 11) en las manos, y el *Kher-heb* dice: «Oh, *Se-mer-f*, toma las cuatro cajas de purificación, presiona la boca y los dos ojos, y abre boca y los dos ojos con cada una de ellas cuatro veces, y di: "Tu boca y tus dos ojos están firmemente establecidos, y están restaurados adecuadamente", y también di: "Yo he presionado firmemente tu

1. Se exhibe una gran colección de estas ofrendas en la Tercera Sala Egipcia.

Figura 12

Figura 13

Figura 14

boca, yo he abierto tu boca, yo he abierto tus dos ojos por medio de las cuatro cajas de purificación"». El sacerdote *Sem* se acerca al fallecido (fig. 12) con el instrumento [1] y el *Kher-heb*, al mismo tiempo, dice: «Oh, sacerdote *Sem*, pon el *Pesh-en-kef* en su boca, y di: "Yo he puesto tus dos mandíbulas en tu rostro, que estaba dividida en dos partes"». El sacerdote *Sem*, seguidamente, hace una ofrenda de uvas (fig. 13), y el *Kher-heb* dice: «Oh, sacerdote *Sem*, pon las uvas en su boca y di: "Él te trajo el ojo de Horus, él lo agarró; agárralo tú también"». A continuación, el sacerdote *Sem* ofrece una pluma de avestruz (fig. 14), y se repiten una serie de ceremonias descritas anteriormente, se sacrifican otros animales, y el *Kher-heb* se dirige al sacerdote *Sem* diciendo: «Toma el instrumento *Tun-tet*[2] [tres veces] y abre la boca y los ojos [cuatro veces]». Y continúa: «Oh sacerdote *Sem*, toma el instrumento de hierro de Anubis, el *Tun-tet* [tres veces]. Abre la boca y los dos ojos [cuatro veces], y di: "Yo he abierto tu boca con el instrumento de hierro de Anubis con el que abría las bocas de los dioses. Horus abre la boca, Horus abre la boca, Horus abre la boca, Horus abre la boca con el hierro procedente de Set, con el que había abierto la boca de Osiris. Con la herramienta de hierro [*meskhet*] con la que había abierto las bocas de los dioses, con ella abre la boca [del fallecido]. Él [el fallecido] entrará y hablará [de nuevo], y su cuerpo morará en compañía de los grandes dioses de Annu, donde recibirá la corona *ureret* de Horus, señor de los hombres. Salve, Horus, abre tu boca y tus dos ojos con el instrumento *Seb-ur*

1. Se le llama *Pesh-en-kef* . Véase Dümichen, *Der Grabpalast des Patuamenap*, abth. I, pp. 18 y 19.

2. .

o *Teman,*[1] con el instrumento *Tun-tet* del Abridor de Caminos [Anubis], con el que abrió las bocas de todos los dioses del norte. Horus el Grande[2] vino a abrazarte. Yo, tu hijo que te ama, he abierto tu boca y tus dos ojos. Su madre se golpeó los pechos en condolencia mientras le abrazaba, y sus dos hermanas [Isis y Neftis], que son una, se golpean en su dolor. Todos los dioses abren tu boca de acuerdo con el libro del servicio"». El *Kher-heb*, seguidamente, instruye al sacerdote *Sem* que vista a la momia o estatua del fallecido con la banda *nemes*[3] (fig. 15), y que diga: «¡He aquí la banda *nemes*, la banda *nemes*, que vino como la luz, que vino como la luz; vino como el ojo de Horus, el brillante; vino desde Nekheb. Los dioses estaban ligados con ella, ligado está tu rostro con ella y su nombre es *Hetch* [luz o brillo], procedente de Nekheb. Todo lo que podría hacerte daño sobre la tierra ha sido destruido». El sacerdote *Sem*, sosteniendo una jarra de ungüento en la mano izquierda y untando la boca con el dedo índice (fig. 16), dice: «Yo he untado tu rostro con ungüento, he ungido tus ojos. Yo he pintado el *uatch* y el *mestchem* en tus ojos. Que no ocurra nada malo durante el destronamiento de sus dos ojos de su cuerpo. Tus dos ojos están engalanados allí con el *uatch*, lo que te hace destilar fragancia de dulce olor». Se traen entonces una serie de perfumes y ungüentos, y en la presentación de cada uno de ellos, el *Kherb-heb* recita una breve frase que hace referencia al triunfo final del fallecido en el submundo y a la ayuda que los grandes dioses le ofrecerán.

Figura 15

Figura 16

1. 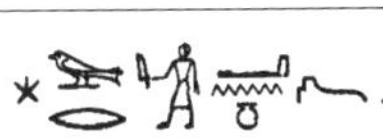.

2. Heru-ur, los Heroeris de los griegos.

3. 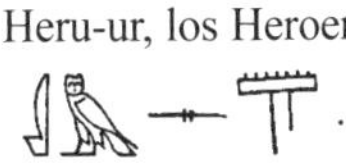.

Texto [Capítulo i].[1] (1) Aquí comienzan los capítulos de emerger de día,[2] y de las canciones de alabanza[3] y (2) glorificación, y de entrar y salir del glorioso Neter-khert en la hermosa Amenta; para ser dicho (3) el día del enterramiento, entrando después de haber salido.

Osiris Ani, (4) Osiris, el escriba Ani, dijo: «Homenaje a ti, oh toro de Amenta, Thoth, el (5) rey de eternidad está conmigo. Yo soy el gran dios en[4] la barca del sol; yo he (6) luchado por ti. Yo soy uno de los dioses, esos santos príncipes[5] que dan a Osiris (7) la victoria sobre sus enemigos el día en que se pesan las palabras.[6] (8) Yo soy tu mediador, oh Osiris. Yo soy [uno] de los dioses (9) nacidos de Nut, que matan a los enemigos de Osiris (10) y mantienen apresado para él al enemigo Sebau. Yo soy tu mediador, oh Horus. (11) Yo he luchado por ti, he puesto en fuga a tus enemigos en tu nombre. Yo soy Thoth, que ha hecho (12) vencer a Osiris sobre sus enemigos el día de pesar las palabras en la (13) Gran Casa del poderoso Anciano de Annu.[7] Yo soy Tetteti,[8] el hijo de Tetteti; fui (14) concebido en Tettetu, nací en (15) Tettetu.[9] Yo estoy con aquellos que lloran y con las mujeres que lamentan (16) la pérdida de Osiris en la doble tierra [?] de Rechtet;[10] y hago que Osiris venza a sus

1. El texto que acompaña a las placas v y vi representa el capítulo i, el capítulo xxii y la rúbrica del capítulo lxxii, según la numeración de Lepsius.
2. En egipcio, *Per em hru*. Este título ha sido traducido y explicado de diversas maneras, como «apareciendo de [o como] el día» (Birch, en *Egypt's Place*, vol. v, p. 161, de Bunsen); «La partida del día» (Birch, *Papyrus of Nas-khem*, p. 3); «Sortie du jour» (Devéria, *Catalogue*; 1874, p. 49); «Sortir du jour» (Naville, *Einleitung*, p. 23); «Sortie de la journée» (Pierret, *Le Papyrus de Neb-Qed*, 1872, p. 2); «Ausgang bei Tage» (Brugsch, *Aegyptologie*, p. 155). Otro título bastante común del Libro de los Muertos es «Capítulo de hacer perfectos a los benditos muertos» (véase Naville, *Einleitung*, pp. 24 y 25).
3. Para otros ejemplos del uso de las palabras *settes* y *sexu*, véase Brugsch, *Wörterbuch*, pp. 133 y 1165.
4. En el papiro de Ani se lee 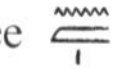, como Pf, Pj, Pk, Pl. Véase Naville, *Todtenbuch*, Bd. I, Bl. 2, p. 2.
5. Mestha, Hapi, Tuamautef, Qhsennuf, los dioses de los puntos cardinales.
6. Compárese el uso de דָּבָר en Samuel, iii. 13.
7. Un nombre del templo de Ra en Heliópolis. Véase Brugsch, *Dict. Géog.*, p. 153.
8. El dios de Tettetu, o Busiris, una ciudad que se creía que contenía el cuerpo de Osiris.
9. Véase Brugsch, *Dict. Géog.*, p. 978.
10. La lectura 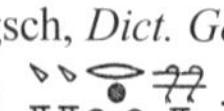 ... *Rextet* se da en el papiro número 9964 del Museo Británico. Véase también Brugsch, *Dict. Géog.*, p. 392.

enemigos. (17) Ra mandó[1] a Thoth hacer que Osiris venciera a sus enemigos; y eso que estaba (18) propuesto para mí Thoth lo hizo. Yo estoy con Horus el día de vestir a (19) Teshtesh[2] y el día de la apertura de los almacenes de agua para la purificación del dios cuyo corazón no se movió, y (20) de la apertura de la puerta de las cosas escondidas en Re-stau.[3] Yo estoy con Horus, que (21) guardó el hombro izquierdo de Osiris en Sekhem,[4] y (22) entro y salgo de las divinas llamas[5] el día de la destrucción (23) de los enemigos en Sekhem. Yo estoy con Horus en el día de (24) los festivales de Osiris, haciendo las ofrendas del sexto día del festival,[6] [y en] el festival Tenat[7] en (25) Annu. Yo soy un sacerdote en Tettetu,[8] Rere [?] en el templo de Osiris[9] [en el día de] arrojar (26) la tierra.[10] Yo veo las cosas que están escondidas en Re-stau. (27) Yo leo del libro del festival del Alma [que está] en Tettetu.[11]

---

1. La traducción aquí sigue la variante dada por Pierret, *utu en Ra er semaaxeru Ausar*. Véase *Aeg. Zeitschrift*, 1869, p. 139; y *Le Libre des Morts*, p. 10.
2. Un nombre de Osiris. Véase Lanzone, *Dizionario*, p. 1262.
3. «La puerta de los pasajes de la tumba». Una imagen de Re-stau se da en la placa VIII.
4. Sekhem es la metrópolis de o *Khens*, la Letópolis griega, y la segunda provincia del Bajo Egipto; es la ⲟⲩϣⲉⲙ o Ⲃⲟⲩϣⲉⲙ de los escritores coptos, y estaba situada a aproximadamente cuarenta kilómetros al norte de Menfis. Según un texto de Edfu, el cuello de Osiris, *maxaq*, se preservaba allí. En Sekhem se adoraba al dios Horus bajo la forma de un león. Véase Brugsch, *Aeg. Zeitschrift*, 1879, pp. 33-36; Brugsch, *Dict. Geóg.*, p. 738; y De Rougé, *Géographie Ancienne*, p. 8.
5. Las principales variantes son , , (véase Naville, *Todtenbuch*, Bd. II, Bl. 8). En este pasaje, véase Devéria, *Aeg. Zeitschrift*, 1870, p. 60.
6. El del festival de Osiris, a quien se llama «Señor del Festival del Sexto Día». Brugsch da una lista de festivales del mes en *Materiaux pour servir à la reconstruction du Calendrier*, Leipzig, 1864, placa IV.
7. El festival del séptimo día del mes. Véase Brugsch, op. cit., placa IV.
8. Variante , *Tatau*.
9. La lectura del texto no es la usual. El papiro número 9901 del Museo Británico tiene, después de Tattu, , y de acuerdo con este texto deberíamos leer: «Yo soy el sacerdote en Tattu, exaltando a aquel que está sobre los pasos (Pierret, "degrés de l'initiation"); yo soy un profeta en Abtu en el día de lanzar la tierra».
10. Según Devéria (*Aeg. Zeitschrift*, 1870, p. 61), «lanzar la tierra» significa el día de cavar la tumba.
11. Variante «El Carnero, el señor de Tattu», es decir, Osiris.

»Yo soy el sacerdote *Sem*[1] (28) y practico su ceremonia. Yo soy el gran jefe del trabajo[2] el día de poner la barca *hennu* de Seker (29) sobre su trineo.[3] Yo he tomado la espada[4] (30) el día que se ha de cavar el suelo en Suten-henen.[5] Oh, vosotros que hacéis (31) que las almas perfectas entren en la Sala de Osiris, haced que el alma perfecta de Osiris, el escriba (32) Ani, victorioso [en la Sala de la Doble Verdad], entre con vosotros en la casa de Osiris. Que oiga él como oís vosotros; que vea (33) como veis vosotros; que se alce como os alzáis vosotros; que se siente como (34) os sentáis vosotros.[6]

»Oh, vosotros, que dais pan y cerveza a las almas perfectas en la Sala de (35) Osiris, dad pan y cerveza en las dos estaciones al alma de Osiris Ani, que es (36) victorioso ante todos los dioses de Abtu, y que es victorioso con vosotros.

(37) »Oh, vosotros, que abrís el camino y establecéis las sendas de las almas perfeccionadas en la Sala de (38) Osiris, abrid el camino y las sendas (39) para el alma de Osiris, el escriba y guardián de todas las ofrendas divinas, Ani (40) [que es triunfante] con vosotros. Que entre él con corazón valiente y que emerja en paz desde la casa de Osiris. Que no sea (41) rechazado, que no sea echado atrás, que entre [tal como] desee, que pueda emerger [tal como] (42) desee, y que sea victorioso.

»Que su mandato sea realizado en la casa de Osiris; que (43) camine, y que hable con vosotros, y que sea un alma glorificada junto con

1. O *setem* , un sacerdote de Ptah en Menfis.
2.  *ur xerp ab* (o *hem*), el nombre del principal sacerdote de Ptah en Menfis (véase Brugsch, *Wörterbuch*, Supp., p. 392; y Brugsch, *Aegyptologie*, p. 218). Maspero describe la posición de este cargo, *Un Manuel de Hiérarchie Égyptienne*, p. 53. El título se usaba en los primeros tiempos (véase De Rougé, *Six Premières Dynasties*, pp. 110 y 111).
3. El día del festival de Seker se celebraba en diversos santuarios de Egipto al amanecer, «en el momento en que el sol lanza sus rayos dorados sobre la tierra». Se llevaba la barca *hennu* alrededor del santuario (véase Lanzone, *Dizionario*, pp. 1117-1119). El Serapeum era llamado 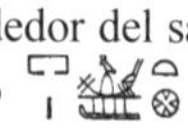 *Pa-hennu*.
4. M. Pierret traduce «Je reçois l'office de laboureur», pero las variantes dadas por M. Naville () muestran que se refería a algún instrumento para cavar.
5.  *Het-suten-henen*, la Heracleopólis Magna de los griegos, la ϩⲛⲏⲥ de los coptos, y la اهناس de los árabes. Véase Brugsch, *Dict. Géog.*, p. 601.
6. El papiro número 9901 del Museo Británico añade: «en el Templo de Osiris».

vosotros.[1] Él no ha sido hallado carente (44) allí, y su juicio en la Balanza ha concluido».[2]

Apéndice: Después del primer capítulo, M. Naville ha impreso en su *Todtenbuch* el texto de una composición que también hace referencia al funeral, y que él ha designado como el capítulo 1b. Lleva el título de «capítulo de hacer que la momia entre en el submundo el día del funeral». El texto está, no obstante, mutilado en algunos lugares, y la versión siguiente ha sido hecha con la ayuda de dos copias del texto publicadas por Pleyte, *Chapitres Supplementaires au Livre des Morts*, p. 182, y por Birch, *Proc. Soc. Bibl. Arch.*, 1885, p. 84.

> [Capítulo 1b.] «Homenaje a ti,[3] oh tú que viviste en Set-Sert de Amenta. Osiris, el escriba Nekht-Amen, triunfante, conocía tu nombre. Líbrale de los gusanos que están en Re-stau, y que se alimentan de los cuerpos de los hombres y beben su sangre. Osiris, el favorecido de su ciudad divina, el escriba real Nekht-Amen, triunfante, es conocido para vosotros, [vosotros gusanos,] y conoce vuestros nombres. Éste es el primer mandato de Osiris, el Señor de Todos, que ha completado todos sus trabajos ocultos: "Dad pan [a aquellos] que temen a los que están en el Recodo de la Corriente de Amenta". Él había ordenado los planes de [...] Su trono está situado dentro de la oscuridad, y se le da gloria en Re-stau. Oh dios de luz, ven a mí y traga los gusanos que hay en Amenta. El gran dios que habitaba dentro de Tattu, a quien él no veía, escuchó sus plegarias. Los afligidos temen [al dios] que se manifestó con la sentencia en el bloque sagrado. Osiris, el escriba real de Nekht-Amen, vino con el decreto del Señor de Todos, y Horus había tomado posesión de su trono por él. Él trajo noticias; [que entre él] según su palabra y pueda ver Annu. Los nobles han guardado terreno para él, y los escribas lo ensalzan. Los príncipes atan las hileras de hierba

1. En la Sala de la Doble Verdad.
2. Para una traducción de lo que queda del capítulo según la recensión saïta, véase Pierret, *Le Livre des Morts*, pp. 7 y 8.
3. El dios al que se dirige es Anubis, a quien en la viñeta se muestra de pie junto al féretro.

por él cortadas y celebran sus festivales en Annu. Por él, el cielo ha sido hecho cautivo; él ha tomado la herencia de la tierra en su mano. Ni el cielo ni la tierra pueden ser alejados de él, porque, contempla, él es Ra, el primer nacido de los dioses. Su madre le amamantó, ella le dio su pecho desde el cielo».

[Rúbrica.] Las palabras de este capítulo deben ser dichas después [de que el fallecido] sea puesto a descansar en Amenta, etc.

Texto [Capítulo XXII]:[1] (1) CAPÍTULO DE DAR UNA BOCA (2) A OSIRIS ANI, EL ESCRIBA Y CONTADOR DE LAS SAGRADAS OFRENDAS DE TODOS LOS DIOSES. ¡QUE SEA VICTORIOSO EN EL NETER-KHERT!: (3) «Yo salgo del huevo en la tierra oculta. Que me sea dada mi boca (4) para que pueda hablar con ella delante del gran dios, el señor del submundo. (5) Que mi mano y mi brazo no sean forzados a retroceder por los santos (6) ministros de ningún dios. Yo soy Osiris, el señor de la boca de la tumba; y Osiris, el victorioso escriba Ani, tiene una porción[2] con aquel (7) que está en lo alto de los escalones. Según el deseo de mi corazón, yo he venido desde el Estanque de Fuego,[3] y lo he apagado. (8) Homenaje a ti,[4] oh tú, Señor de luz, tú que estás en la cabeza[5] de la Gran Casa, y que habitas en la noche (9) y en la densa oscuridad; yo he venido a ti. Yo soy glorioso, yo soy puro; mis brazos (10) te sostienen. Tu porción estará con aquellos que ya se fueron. Oh, otórgame mi boca para que pueda hablar (11) con ella; y para que siga yo a mi corazón cuando pase a través del fuego y de la oscuridad»[6].

1. El papiro de Nebseni aquí tiene una viñeta en la que se muestra al «Guardián de la Balanza»  tocando la boca del fallecido. En otros casos el fallecido toca su propia boca.
2. El papiro de Nebseni dice: «Osiris, señor de Re-stau, es el ser que está en lo alto de las escaleras», . El papiro de Ani dice incorrectamente «en su cima».
3. Una variante se lee 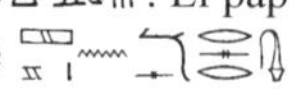 (Naville, *Todtenbuch*, Bd. II, Bl. 84). Para la situación del estanque, véase Brugsch, *Dict. Géog.*, p. 359.
4. Las líneas siguientes del texto forman el capítulo XXI de la recensión saïta del Libro de los Muertos. Véase Lepsius, *Todtenbuch*, placa XIV; y Pierret, *Le Livre des Morts*, p. 91.
5. Compárese 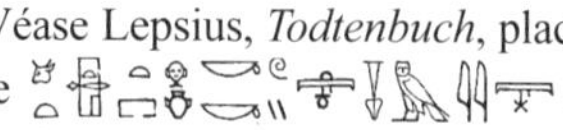.
6. El capítulo al que Lepsius ha dado el número XXIII, como el más cercanamente conectado con el capítulo XXII, y que se refiere a la apertura de la boca del fallecido, sigue en la placa XV.

[*Rúbrica del capítulo* LXXII.] (1) Si este escrito es (2) conocido [por el fallecido] sobre la tierra, y es inscrito en [su] ataúd, él emergerá de (3) día en todas las formas de existencia que desee, y entrará a [su] lugar y no será rechazado. (4) Le darán a Osiris, el escriba Ani, pan, cerveza y carne sobre el altar de Osiris. Él entrará (5) en los Campos de Aaru en paz, para aprender el mandato de aquel que habita en Tettetu; (6) allí le darán trigo y cebada; allí se alimentará como lo hizo sobre (7) la tierra; y él hará todo lo que le plazca, tal como [hacen] los dioses que están en el submundo, (8) durante millones de edades eternas, sin final.

APÉNDICE: El papiro de Ani no contiene el texto del capítulo LXXII. M. Naville (véase *Todtenbuch*, I, Bl. 84) lo toma de un papiro del Louvre. En las viñetas que lo acompañan, se representa al fallecido adorando a tres dioses, que están o bien de pie en un altar o sentados en él. En otros ejemplos, el fallecido se encuentra de pie junto al sarcófago, o fuera de un pilón con las manos elevadas en señal de adoración. Lo que sigue es una traducción del texto del Louvre:

> (1) CAPÍTULO DE EMERGER DE DÍA Y PASAR A TRAVÉS DE AMMAHET: (2) «Homenaje a vosotros, oh señores de los *kas*, vosotros señores de rectitud y verdad, infalibles, que perduraréis eternamente y existiréis incontables edades, otorgadme que (3) entre ante vuestra [presencia]. Yo, yo mismo, soy puro y santo, y he obtenido poder sobre los encantamientos que son míos. He sido juzgado (4) en mi forma glorificada. Salvadme del cocodrilo que está en el lugar de los señores de rectitud y verdad. Otorgadme (5) mi boca para que pueda hablar con ella. Que me hagan ofrendas en vuestra presencia, puesto que os conozco y conozco vuestros nombres, y conozco (6) el nombre del gran dios. Garantizad abundancia de alimento para su nariz. El dios Rekem pasó a través del horizonte occidental del cielo. Él (7) sigue viajando, y yo sigo viajando; él avanza y yo avanzo. Que no sea yo destruido en el lugar de Mesqet, que el Enemigo no me domine, que no sea yo rechazado de vuestras puertas, (8) que vuestras puertas no permanezcan cerradas para mí, porque yo he [comido] pan en Pe y he bebido cerveza en Tepu. Si

mis brazos son encadenados en la santa habitación, (9) que mi padre Tmu establezca para mí mi mansión en el lugar por encima [de esta] tierra, donde hay trigo y cebada en tanta abundancia que no pueden ser contados. Que se organicen fiestas para mí allí, para mi alma y para mi (10) cuerpo. Otorgadme también ofrendas para los muertos, pan, cerveza y vino, bueyes y patos, vendas de lino e incienso, cera, y todas las cosas buenas, justas y puras por las que viven los dioses. Que me alce de nuevo en todas las formas que (11) deseo, sin cesar y para siempre. Que navegue arriba y abajo por los campos de Aaru; que venga yo aquí en paz, puesto que soy el doble dios-León».

PLACAS VII-X

Viñeta: La viñeta de estas placas, que forma una única composición, recorre la parte superior del texto. Los temas son:

Placa VII. 1. Ani y su esposa en la sala *seh;*[1] él está moviendo una pieza en un tablero de damas[2] (para ilustrar las líneas 3 y 4 del texto).

2. Las almas de Ani y su esposa alzándose sobre un edificio con forma de pilón. El jeroglífico al lado del alma de Ani dice *ba en Ausar*, «el alma de Osiris».

1. En el papiro de Hunefer, la primera escena en esta viñeta está compuesta por Amenta, y los signos y , emblemas del alimento y la bebida. A cada lado hay una figura del fallecido, pero la del lado izquierdo mira hacia la izquierda y la de la derecha mira hacia la derecha (1). Compárese también la variante del papiro de Mut-em-uaa (2).

(1)

(2)

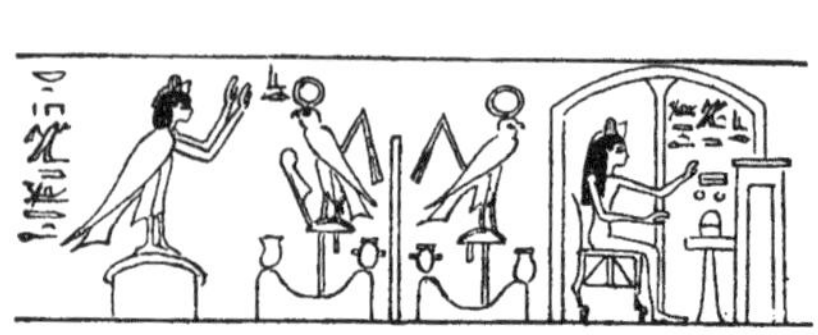

2. Véase página 493, nota 1.

3. Una mesa de ofrendas, sobre las que hay una jarra de libación, plantas y flores de loto.[1]

4. Dos leones sentado espalda con espalda y sosteniendo el horizonte, sobre el que se extiende el cielo. El león de la derecha recibe el nombre de *Sef*, «Ayer», y el de la izquierda *Tuau*, «Mañana» (para ilustrar las líneas 13-16).

5. El pájaro *bennu*,[2] y una mesa de ofrendas (para ilustrar las líneas 26-30).

6. La momia de Ani tumbada sobre un féretro dentro del templo funerario; en la cabeza y el pie están Neftis e Isis con forma de halcones. Debajo del féretro hay jarras pintadas que imitan el mármol o el cristal variegado,[3] una caja funeraria, la paleta de Ani, etc.[4]

Placa VIII. 1.[5] El dios Heh, «millones de años», llevando el emblema de los «años» sobre la cabeza, y sosteniendo un objeto similar

---

1. En muchos papiros, la figura del fallecido, arrodillado en adoración ante los leones que soportan el horizonte, toma el lugar de la mesa de ofrendas. Aquí el artista probablemente tenía la intención de representar las almas de Ani y su esposa haciendo estas ofrendas a los dioses-leones.
2. El nombre del santuario en el que se adoraba al pájaro *bennu* era Het-bennu. Los escritores griegos llamaron a este pájaro el fénix, y los egipcios lo consideraron un símbolo de Osiris. En el texto citado por Brugsch (*Wörterbuch*, p. 397), se dice que se creó a sí mismo. El *bennu* también era adorado en Diospolis Parva, en el Alto Egipto; se afirma que el muslo de Osiris se preservaba en uno de sus santuarios, y su falo en otro.
3. Véanse ejemplos de dichas vasijas en los objetos número 4875, 4879, 4887 y 9529 de la Cuarta Sala Egipcia.
4. En muchos papiros se ve el alma del fallecido en forma de pájaro alado sobrevolando el cuerpo muerto (fig. 1).
5. El papiro de Ani omite los dos *uraei* mencionados en las líneas 33-36. Según el papiro de Hunefer (papiro número 9901 del Museo Británico), representan el Norte y el Sur (fig. 2).

Figura 1

Figura 2

en la mano derecha; él está arrodillado y extiende la mano izquierda sobre un estanque (?) en el que hay un ojo (para ilustrar la línea 46).

2. El dios *Uatch-ura*, «Gran Agua Verde», con cada mano extendida sobre un estanque; a lo que está bajo su mano derecha se le llama *She en hesmen*, «Estanque de Natrón», y a lo que tiene bajo su mano izquierda, *She en Maaaat*, «Estanque de nitro o sal» (para ilustrar las líneas 47-50).

3. Un pilón con puertas llamado *Re-stau*, «Puerta de los pasajes funerarios» (para ilustrar las líneas 56-58).

4. El *utchat* mira a la izquierda sobre un pilón (para ilustrar la línea 73).

5. La vaca (fig. 1) *Mehurt maat Ra*, «Mehurt, el ojo de Ra», con el mayal y sosteniendo sobre la cabeza un disco con cuernos y alrededor del cuello el collar y el *menat* (para ilustrar las líneas 75-79).[1]

Figura 1

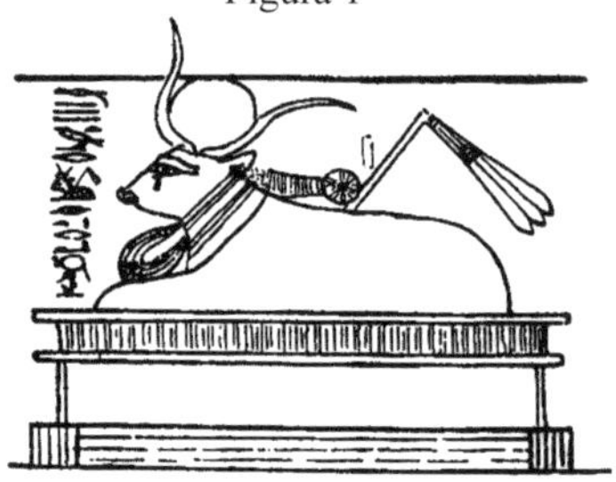

1. En el papiro de Hunefer (papiro número 9901 del Museo Británico), se representa al dios Thoth ofreciendo el *utchat* a la vaca *Mehurt* (fig. 2).

Figura 2

6. Un sepulcro funerario del que emerge la cabeza de Ra, que en sus brazos y manos sostiene el emblema de la vida . El sepulcro, llamado *aat Abtu*, «el distrito de Ábidos», o el «lugar funerario de Oriente», tiene sobre sus costados las figuras de los cuatro hijos de Horus que protegen los intestinos de Osiris o del fallecido. A la derecha están Tuamautef y Qebhsennuf, y a la izquierda Mestha y Hapi (para ilustrar las líneas 82 y 83).

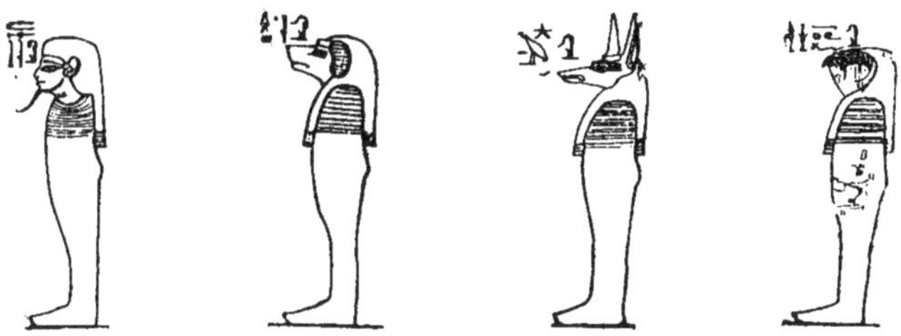

Mestha Hapi Tuamautef Qebhsennuf

Placa IX. 1. Figuras de tres dioses que, junto con Mestha, Hapi, Tuamautef y Qebhsennuf, son los «siete brillantes» a los que se refiere la línea 99. Sus nombres son: Maa-atef-f, Kheri-beq-f y Heru-khent-maati.

2. El dios Anpu (Anubis), con cabeza de chacal.

3. Figuras de siete dioses, cuyos nombres son Netcheh-netcheh, Aaqetqet, Khenti-heh-f,[1] Ami-unnut-f,[2] Tesher-maa,[3] Bes-maa-em-kerh,[4] y An-em-hru[5] (para ilustrar las páginas 99-106).

4. El alma de Ra y el alma de Osiris en forma de un pájaro con cabeza humana que

1. «Él habitaba en su llama».
2. «Aquel que está en su hora».
3. «Rojo en ambos ojos».
4. «Llama que ve en la noche».
5. «Que trae de día».

lleva puesta la corona 𓋑, conversando en Tattu 𓊽𓊽: ésta es una escena que ocurre muy raramente, e ilustra las líneas 111 y 112.

Placa X. 1. El Gato, es decir, el Sol, que habita junto al árbol Persea en Heliópolis, cortando la cabeza de la serpiente Apepi, emblema de sus enemigos.[1]

2. Tres deidades sentadas sosteniendo cuchillos. Probablemente son Sau, Horus de Sekhem y Nefer-Tmu.

3. Ani y su esposa Thuthu, que sostiene el sistro 𓏣, arrodillados en adoración ante el dios Khepera, con cabeza de escarabajo, sentado en la barca del sol naciente (para ilustrar las líneas 116 y siguientes).

4. Dos simios, emblemas de Isis y Neftis (para ilustrar las líneas 124 y 125).

5. El dios Tmu, sentado dentro del disco solar en la barca del sol poniente, frente a la mesa de ofrendas.

6. El dios Rehu, en forma de león (para ilustrar la línea 133).

7. La serpiente Uatchit, la señora de la llama, un símbolo del ojo de Ra, enrollada en torno a una flor de loto. Por encima se ve el emblema del fuego 𓊮.

TEXTO [Capítulo XVIII]: AQUÍ COMIENZAN LAS ALABANZAS Y GLORIFICACIONES[2] DE SALIR DE Y ENTRAR (2) DEL GLORIOSO NETER-KHERT EN LA HERMOSA AMENTA, DE EMERGER DE DÍA[3] EN TODAS LAS FORMAS DE EXISTENCIA

1. Compárese la siguiente variante de un papiro de Dublín. En el papiro Hunefer, antes de la escena del gato cortando al cabeza de Apepi, hay una en la que se representa al fallecido arrodillado en adoración ante cinco dioses con cabeza de carneros, cuyos nombres son Ra, Shu, Tefnut, Seb y Ba-[neb]-Tattu.

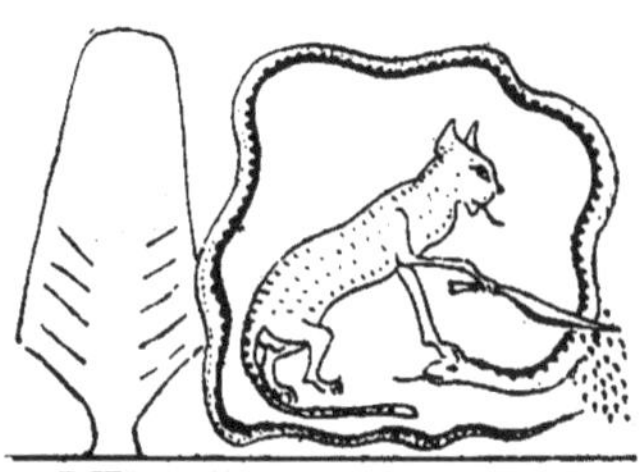

2. Pierret lo traduce como «résurrection des mânes». Véase *Le Livre des Morts*, p. 53.

3. En algunas copias se lee: «Para estar con los seguidores de Osiris, y para alimentarse del

QUE LE AGRADAN [AL FALLECIDO], DE JUGAR A LAS DAMAS,[1] DE SENTARSE EN LA (3) SALA *SEH*, Y DE EMERGER COMO UN ALMA VIVIENTE. Contempla a Osiris, el escriba Ani, después (4) de que ha venido a este refugio [de reposo]. Siendo bendito aquello que fue hecho en la tierra [por Ani], todas (5) las palabras del dios Tmu ocurren: «Yo soy el dios Tmu en [mi] alzamiento;[2] yo soy el Único. Yo vine a la existencia en Nu. (6) Yo soy Ra, que se alzó en los principios. [Él ha gobernado su creación.]».[3]

(7) ¿Quién, entonces, es éste? Es Ra, que se alzó por primera vez en la ciudad de (8) Suten-henen[4] [coronado][5] como rey en [su] alzamiento.[6] Los pilares de Shu[7] aún no habían sido creados cuando él estaba sobre el elevado lugar (9) de aquel que está en Khemennu.[8]

«Yo soy el gran dios que se dio a luz a sí mismo, y también Nu, (10) [que] creó su nombre *Paut Neteru*[9] siendo dios».

---

alimento de Un-nefer, para emerger de día»; y en otras: «Que beba yo agua en las fuentes de los arroyos, y esté entre los seguidores de Un-nefer; que vea yo el disco cada mañana». Para los textos, véase Naville, *Todtenbuch*, Bd. II, Bl. 29.

1. Para los relatos del modo en que los antiguos egipcios jugaban a las damas, véase Birch, en *Revue Archéologique*, 1864, p. 56; Birch, en *Aeg. Zeitschrift*, 1866, p. 97; Birch en *Trans. Roy. Soc. Literature*, New series, vol. ix, p. 256; y Falkner, *Oriental Games*, Londres, 1892. El tablero de los antiguos egipcios solía ser una caja de madera rectangular, cuya parte superior estaba dividida en cuadrados y contenía un cajón en el que se guardaban las piezas (número 21 576 del Museo Británico). Los tableros de damas también estaban hechos de cerámica azul vitrificada y hueso o marfil (número 21 577 del Museo Británico). Las piezas podían ser de madera, hueso, marfil, cerámica vitrificada o piedra, y a veces tenían cabezas de león (Museo Británico, números 13 417, 21 580 y 21 581); de chacal (números 6414b, 24 660 y 24 666); y del dios Bes (números 6413c, 24 667-24 675). El número 6414a tiene inscripciones con el prenombre de Necho II.
2. El dios sol cuando sale y se pone.
3. Proporcionado por el papiro de Nebseni. Véase el papiro número 9900 del Museo Británico; Naville, *Todtenbuch*, Bd. II, pl. XXXI, .
4. Véase *supra*, p. 484, nota 3.
5. Añadiendo , o de las lecturas alternativas dadas por Naville.
6. En algunos papiros se lee *Unnu*; sobre esta ciudad, véase Brugsch, *Dict. Géog.*, p. 146.
7. Shu era el hijo de Ra y Hathor, y el hermano gemelo de Tefnut. Representaba la luz del sol, y separaba la tierra del cielo, que había creado y sostenía. Para un dibujo de Shu y sus cuatro soportes , véase Lanzone, *Dizionario*, tav. 385.
8. Véase Brugsch, *Dict. Géog.*, p. 749.
9. «Sustancia de los dioses».

¿Quién, entonces, es éste? Es Ra, el creador del nombre de sus miembros corporales, que vino al ser (12) en la forma de los dioses que están en su séquito.

«Yo soy el que es llevado de vuelta entre los dioses.»

(13) ¿Quién, entonces, es éste? Es Tmu en su disco, o (como otros dicen) es Ra en (14) su salida en el horizonte oriental del cielo.

«Yo soy el Ayer; yo conozco (15) el Mañana.»

¿Quién, entonces, es éste? El Ayer es Osiris, y (16) el Mañana es Ra, en el día que él destruirá a los (17) enemigos de Neb-er-tcher, y cuando establecerá como príncipe y gobernante (18) a su hijo Horus, o (como otros dicen) en el día en que conmemoramos el festival (19) del encuentro del muerto Osiris con su padre Ra, y cuando se luchó la batalla de los (20) dioses, en la que Osiris, señor de Amentet, fue el líder.

¿Qué, entonces, es esto? (21) Es Amentet, [es decir,] la creación de las almas de los dioses cuando Osiris era líder en Set-Amentet; o (22) (como dicen otros) Amentet es eso que Ra me ha dado; cuando cualquier dios viene, se alza y (23) lucha por ello.

«Yo conozco al dios que mora allí.»

(24) ¿Quién, entonces, es éste? Es Osiris, o (como otros dicen) Ra es su nombre, incluso Ra (25) el autocreado.

«Yo soy el pájaro *bennu*[1] (26) que está en Annu, y yo soy el guardián del volumen del libro de las cosas[2] que son y de las cosas que serán.»

¿Quién, entonces, es éste? Es Osiris, o (como otros dicen), es su cuerpo muerto, o (como otros dicen) (28) es su inmundicia. Las cosas que son y las cosas que serán son su cuerpo muerto, o (como otros dicen) (29) ellos son eternidad y duración eterna. Eternidad es el día, y duración eterna (30) es la noche.

1. Véase anteriormente, p. 489, nota 2.
2. O «yo soy el que presidió la disposición [o el ordenamiento] de las cosas», etc. Birch lo traduce así: «El Creador de seres y existencias», y Pierret: «La loi de l'existence et des êtres». En un himno a Ra se le llama 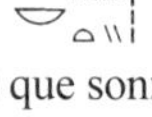 *neb enti*, «señor de las cosas que son», 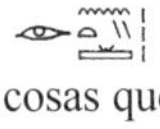 *ari enti*, «hacedor de las cosas que son», y 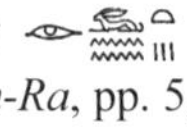 *ari unenet*, «hacedor de las cosas que serán». Véase Grébaut, *Hymne à Ammon-Ra*, pp. 5, 16 y 27, quien, sin embargo, cree que  significa objetos inanimados; véase p. 130.

«Yo soy el dios Amsu[1] es su emerger; que sus (31) dos plumas sean puestas sobre mi cabeza.»

¿Quién, entonces, es éste? Amsu es Horus, el (32) vengador de su padre, y su emerger es su nacimiento. Las (33) plumas que están sobre su cabeza son Isis y Neftis, cuando ellas avanzan para situarse allí (34), como sus protectoras,[2] y proveen eso que (35) a su cabeza falta,[3] o (como dicen otros) ellas son los dos *uraei* excesivamente grandes que están sobre la cabeza de su (36) padre Tmu, o (como otros dicen) sus dos ojos son las dos plumas.

(37) «Osiris Ani, el escriba de todas las ofrendas sagradas, se alza en su lugar de triunfo; él vino a (38) su ciudad.»[4]

¿Qué, entonces, es esto? Es el horizonte de su padre Tmu.

(39) «Yo he acabado con mis fallos y he alejado mis faltas.»

¿Qué, entonces, es esto? Es la eliminación de lo corruptible[5] en el cuerpo de Osiris, el escriba Ani, (41) triunfante ante todos los dioses; y todas sus faltas son expulsadas.

(42) ¿Qué, entonces, es esto? Es la purificación [de Osiris] el día de su nacimiento.

(43) «Yo soy purificado en mi grandiosa doble morada[6] que está en Suten-henen, (44) en el día de las ofrendas de los seguidores del gran dios que allí mora.»

---

1. . El nombre de este dios era originalmente Khem, y después Min, pero se ha probado (*Aeg. Zeitschrift*, 1877, p. 98, y *Trans. Soc. Bibl. Arch.*, vol. VIII, p. 204, nota 2) que la lectura correcta es Amsu (compárense las variantes en Naville, *Todtenbuch*, Bd. II, Bl. 41). Este dios estaba asociado con Amen-Ra y representaba el poder de reproducción (véase Pierret, *Panthéon*, p. 39; y Lanzone, *Dizionario*, p. 935). El lugar de su adoración era Apu , la Panópolis de los griegos, y la Akhmim de los escritores árabes. Para las formas del nombre de la ciudad, véase Brugsch, *Dict. Géog.*, p. 19. Las figuras de Amsu, de bronce y cerámica, son comunes, y buenos ejemplos de ellas son los números 43, 44, 45, 46, 47a y 13 520 en la Tercera Sala Egipcia.
2. O «abuelas». Isis era la «gran *tcherti*», y Neftis la «*tcherti* menor». Respecto a la palabra, véase Brugsch, *Wörterbuch*, Supp., p. 1335.
3. Las principales lecturas alternativas son  .
4. El papiro número 9900 del Museo Británico dice «yo me elevo en mi tierra, y vengo a [o desde] mi ojo». El papiro de Kenna en Leyden tiene el mismo texto que el de Ani.
5. El papiro de Kenna dice , «las partes traseras».
6. Las principales variantes son 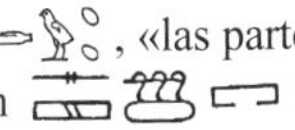 y . Véase Naville, *Todtenbuch*, Bd. II.

(45) ¿Qué, entonces, es esto? «Millones de años» es el nombre de una [morada], (46) «Gran Lago»[1] es el nombre de la otra; un estanque de natrón, y un estanque de nitro; (47) o (como dicen otros) el «Atravesador de Millones de Años» es el nombre de uno, «Gran Lago Verde» (48) es el nombre del otro; o (como otros dicen) el «Engendrador de Millones de Años» es el nombre de uno, «Verde Lago» es (49) el nombre del otro. Ahora, en lo concerniente al gran dios que habita en ellas, es Ra mismo. (50)

«Yo paso sobre el camino, yo conozco la cabeza[2] del Estanque de Maata.»[3]

(51) ¿Qué, entonces, es esto? Es Re-stau;[4] es decir, es el submundo al sur (52) de Naarutf,[5] y es la puerta[6] norte de la tumba.

Ahora, en lo concerniente (53) a la Maaat[7] femenina, ella es Abtu; o (como otros dicen) es el camino por el que su (54) padre Tmu viajó cuando fue a Sekhet-Aaru,[8] (55) que llevó el alimento de los dioses detrás del templo. (56) Ahora la Puerta de Sert[9] es la puerta de los pilares de Shu, (57) la puerta norte del submundo; o (como otros dicen) son las dos hojas de la puerta a través de la cual (58) el dios Tmu pasó cuando avanzó en el horizonte oriental del cielo.

(59) «Oh, vosotros, dioses que estáis en presencia[10] (de Osiris), garantizadme vuestros brazos, porque yo soy el dios (60) que vendrá a ser entre vosotros.»

1. Según Brugsch (*Dict. Géog.*, p. 179), «Lago Verde» es el nombre de uno de los dos lagos sagrados de Heracleópolis Magna.
2. Literalmente, «cabezas».
3. Para la localidad de su nombre en Egipto, véase Brugsch, *Dict. Géog.*, p. 248.
4. «La puerta de los pasajes de la tumba».
5. Las principales variantes en Naville son .
6. Variante 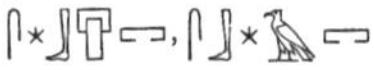.
7. El «estanque de la doble verdad».
8. Después del nombre Sekhet-Aaru, en el papiro número 9900 del Museo Británico se dice , «yo vengo a la tierra de [...] yo vengo de la puerta Ser. ¿Cuándo, entonces, es esto?». El papiro de Ani omite este pasaje.
9. Según Brugsch (*Die biblischen sieben Jahre der Hungersnoth*, p. 13)  debería leerse *T'esser* 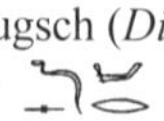. En 1867, el doctor Birch tradujo: «Yo voy desde la Puerta de Taser» (Bunsen, *Egypt's Place*, Vol.V, p. 174).
10. Una variante dice 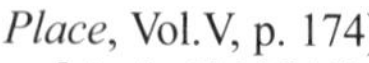, «que le siguen». Véase Naville, *Todtenbuch*, Bd. II, pl. XIX.

¿Qué, entonces, es esto? Son las gotas de sangre (61) que cayeron de Ra cuando avanzó (62) para cortarse. Ellas vinieron a ser en la forma de los dioses Hu y Sa, que están en el séquito (63) de Ra, y que acompañan a Tmu (64) diariamente, cada día.

«Yo, Osiris, Ani (65) el escriba, triunfante, he llenado para ti el *utchat*[1] después de que se oscureciera[2] (66) el día del combate entre los dos luchadores.»[3]

¿Qué, entonces, (67) es esto? Es el día en el que Horus luchó con (68) Set, que lanzó inmundicia en el rostro de Horus, y cuando Horus destruyó los poderes de Set (69). Thoth hizo esto con su propia mano.

(70) «Yo levanto el pelo[-nube][4] cuando hay tormentas en el cielo.»

¿Qué, entonces, es esto? (71) Es el ojo derecho de Ra, que se enfureció contra [Set] cuando (72) él lo envió. Thoth levantó el pelo[-nube], y dio vida al ojo (73), completo, sano y sin defecto para [su] señor; o (como otros dicen) es el ojo de Ra cuando está enfermo y cuando llora (74) por su otro ojo; entonces Thoth se pone de pie para limpiarlo.

(75) «Yo contemplo a Ra, que nació ayer de los (76) traseros[5] de la vaca Meh-urt;[6] su fuerza es mi fuerza, y mi fuerza es su fuerza.»

¿Qué, entonces, (77) es esto? Es el agua del cielo, o (como otros dicen) (78) es la imagen del ojo de Ra por la mañana, en su nacimiento diario. (79) Meh-urt es el ojo de Ra. Por lo tanto, Osiris, el (80) escriba Ani, triunfante, [es] un grande entre los dioses (81) que están en el séquito de Horus. Las palabras son pronunciadas para él, que amó a su señor.[7]

---

1. El ojo del sol.
2. Algunas variantes dicen , «atravesado».
3. Rehui era un nombre dado originalmente a Horus y a Set, pero posteriormente se aplicó a dos combatientes cualesquiera (véase el pasaje citado por Brugsch, *Wörterbuch*, Suppl., p. 734). El papiro número 10 184 del Museo Británico (Sallier IV) afirma que la batalla entre Horus y Set tuvo lugar el vigésimo sexto día del mes de Thoth, octubre (véase Chabas, *Le Calendrier*, p. 28).
4. El escriba ha omitido las palabras *em utchat*, «desde el ojo del sol». La palabra *shen* es un nombre para las nubes que cubren el ojo del sol, y que tienen apariencia de cabello. Brugsch, en su *Wörterbuch* (Supl.), p. 1193, traduce con el significado de «tempestad».
5. El papiro dice .
6. Para las figuras de las diosas, véase Lanzone, *Dizionario*, placa 131.
7. El significado de este pasaje es dudoso. Birch lo traduce como «uno de los dioses que pertenecen

(82) ¿Qué, entonces, es esto? [¿Quiénes son estos dioses?] Mestha, Hapi, Tuamautef y Qebhsennuf.

(83) «Homenaje a vosotros, oh señores de rectitud y justicia, y a vosotros, seres sagrados que [os alzáis] detrás de Osiris, que elimináis completamente los (84) pecados y crímenes, y [vosotros] que estáis en el séquito de la diosa Hetep-se(85)-khus, otorgadme que yo pueda venir a vosotros. Destruid todas las faltas que (86) están dentro de mí, tal como hicisteis para los siete Brillantes (87), que están entre los seguidores de su señor Sepa.[1] (88) Anubis les asignó un lugar en el día [cuando se dijo:] "Venid, por tanto, más allá".»

¿Qué, entonces, (89) es esto? Estos señores de rectitud y verdad son Thoth y (90) Astes, señor de Amenta. Los sagrados que se alzan detrás de Osiris son Mestha, (91) Hapi, Tuamautef y Qebhsennuf, son ellos los que están (92) detrás del Muslo[2] en el cielo del norte. Ellos eliminan (93) los pecados y crímenes, y quien está en el séquito de la diosa Hetep-se-khius (94) es el dios Sebek, en las aguas. La diosa Hetep-se-khius es el ojo de (95) Ra, o (como otros dicen) la llama que siguió después de Osiris para quemar (96) las almas de sus enemigos. En lo concerniente a todas las faltas que están (97) en Osiris, el escriba de las ofrendas sagradas de todos los dioses, Ani, triunfante, [ellas son todo lo que él ha hecho contra los señores de eternidad][3] desde que salió (98) del vientre de su madre. En lo concerniente (99) a los siete Resplandecientes: Mestha, Hapi, Tuamautef, Qebhsennuf, (100) Maa-atef-f, Kheri-beq-f, y Horus-Khenti-maa, Anubis los designó (101) protectores del cuerpo de Osiris, o (como otros dicen), (102) [los puso] detrás del lugar de purificación de Osiris; o (como otros dicen) estos siete gloriosos son (103)

a Horus, cuyas palabras exceden el deseo de su Señor»; y Pierret como «un de ces dieux qui suivent Horus, et parlent selon la volonté de leur seigneur».

1. El papiro número 10 477 del Museo Británico dice , lo cual está de acuerdo con muchas de las variantes dadas en Naville, *Todtenbuch*, Bd. II, pl. LIII. El papiro de Nebseni está de acuerdo con el de Ani; el papiro número 19 471 tiene la curiosa lectura 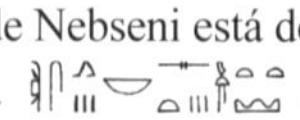.

2. El nombre egipcio de la constelación de la Osa Mayor. Véase Brugsch, *Astronomische und Astrologische Inschriften*, p. 123.

3. Algunas palabras como  han sido omitidas. Véase Naville, *Todtenbuch*, Bd. II, pl. LV.

Netcheh-netcheh, Aaqet-qet, An-erta-nef-bes-f-khenti-heh-f,[1] (104) Aq-her-ammi-unnut-f,[2] Tesher-maa-ammi (105)-het-Anes,[3] Ubes-hra-per-em-khet khet[4] y Maa (106)-em-kerh-an-nef-em-hru.[5] El jefe de los santos, (107) el ministro en su cámara, es Horus, el vengador de su padre. En cuanto al día (108) [en el que se dijo:] «Id, por lo tanto, más allá», concernía a las palabras: «Id, (109) entonces, más allá», que Ra dijo a Osiris. ¡He aquí! Que esto pueda ser decretado para mí en Amentet.

«Yo soy el alma que habitaba en los dos (110) *tchafi*.»

¿Qué, entonces, es esto? Es Osiris [cuando] entró en Tattu (111) y encontró allí el alma de Ra; allí, un dios (112) abrazó al otro, y las almas vinieron al ser dentro de los dos *tchafi*.[6]

«Yo soy el Gato que luchó [?] junto al árbol Persea en Annu, en la noche en que los enemigos de Neb-er-tcher fueron destruidos.»

¿Qué, entonces, es esto? El gato macho es Ra mismo, y es llamado Maau[7] por lo que dijo el dios Sa con respecto a él: «Él es como [*maau*] en lo que ha hecho, y su nombre llegó a ser Maau»; o (como otros dicen) es Shu quien traspasó las posesiones de Seb a Osiris. En cuanto a la lucha [?] junto al árbol Persea en Annu, concernía a los hijos de la impotente revuelta, cuando la justicia cayó sobre ellos por lo que habían hecho. En cuanto a las [palabras] «esa noche de la batalla», conciernen al camino interno [de los hijos de la impotente revuelta] hacia la parte oriental del cielo, en donde ocurrió una batalla en el cielo y en la totalidad de la tierra.

---

1. «Él no da su llama, él habita en el fuego.»
2. «Él fue a su hora.»
3. «El que tiene dos ojos rojos, el morador de Het-Anes.» Según Brugsch (*Dict. Geóg.*, p. 64), Het-Anes, la «casa de la ropa», era un distrito perteneciente al templo de Sutenhenen o Heracleópolis en el Alto Egipto.
4. «Rostro resplandeciente emergiendo, retrocediendo.»
5. "El que ve de noche, y guía de día.»
6. Esta lectura difiere de la de cualquier otro papiro de este periodo. Después de las palabras «emerger al ser dentro de los dos *tchafi*», el papiro de Nebseni dice: «Es Horus, el vengador de su padre, y Horus-khenti-en-maa», o (como otros dicen) «las dos almas dentro del *tchafi* son el alma de Ra [y] el alma de Osiris, [o] el alma que está en Shu y el alma que está en Tefnut, es decir, las dos almas que están en Tattu». Parece que el escriba del papiro de Ani ha omitido accidentalmente aquí una larga sección; por lo tanto, se proporciona el texto entre paréntesis del papiro de Nebseni, placa XIV, l. 16.
7. Nótese el juego con las palabras *maau*, «gato» y *maau*, «como».

«Oh tú, que estás en el huevo (Ra), que brillaste desde tu disco y te elevaste en tu horizonte, y que brillas como oro sobre el cielo, no hay otro como tú entre los dioses, tú que navegaste sobre los pilares de Shu [el éter], tú eres quien vomita llamaradas de fuego por la boca, [y haces brillar los dos países con tu resplandor, salva] a los fieles adoradores del dios cuyas formas están ocultas, cuyas cejas son como los dos brazos de la balanza en la noche del ajuste de cuentas y de la destrucción.»

¿Quién, entonces, es éste? Es An-a-f, el dios que trajo su brazo. En lo concerniente a [las palabras] «esa noche del ajuste de cuentas y la destrucción», es la noche en que se quemaron los malditos, del derrocamiento de los malvados en [el sagrado] bloque y de la matanza de almas.

¿Quién, entonces, es éste? Es Nemu, el cabecilla de Osiris; o (como dicen otros) es Apep cuando se alzó con una cabeza llevando *maat* [rectitud y verdad] [sobre ella]; o (como dicen otros) es Horus cuando él se alzó con dos cabezas, de las que una llevaba *maat* y la otra maldad. Él otorgó maldad a aquel que actuaba con maldad, y *maat* a aquel que buscaba la rectitud y la verdad; o (como dicen otros) es el gran Horus quien habita en [Se]khem; o (como dicen otros) es Thoth; o (como dicen otros) es Nefer-Tmu, [o] Septu,[1] que cortó el curso de los enemigos de Neb-er-tcher.

«Sálvame de los Observadores que llevan cuchillos para matar, que tienen dedos crueles[2] y que matan a los seguidores de Osiris. Que ellos nunca me venzan, que nunca caiga yo bajo sus cuchillos.»

¿Qué, entonces, es esto? Es Anubis, y es Horus con la forma de Khent-en-maa; o (como dicen otros) son los Regentes Divinos que frustran las obras de sus [armas]; son los jefes de la cámara *sheniu.*

«Que sus cuchillos nunca tengan dominio sobre mí, y que nunca caiga yo bajo sus instrumentos de crueldad, puesto que conozco sus nombres, y conozco al ser Matchet[3] que habita entre ellos en la casa de Osiris, lanzando rayos de luz desde [su] ojo, aunque él mismo es invisible. Él dio vueltas por el cielo ataviado con la llama de su boca, mandando a

1. Muchos papiros dicen: «Nefer-Tmu, hijo de Bast, y el *tchatcha*».
2. O instrumentos de muerte.
3. El «Opresor».

Hapi, pero permaneciendo sin ser visto. Que sea yo fuerte en la tierra ante Ra, que entre felizmente en refugio en presencia de Osiris. Que vuestras ofrendas no me hagan daño, oh vosotros que presidís vuestros altares, porque yo estoy entre los que siguen a Neb-er-tcher según los escritos de Kheperu. Yo vuelo como un halcón, y cacareo como un ganso; yo incluso mato, como la diosa serpiente Neheb-kau.»

¿Qué, entonces, es esto? Los que presiden en los altares, que son similares al ojo de Ra, y similares al ojo de Horus.

«Oh, Ra-Tmu, señor de la Gran Casa, príncipe, vida, fuerza y salud de todos los dioses, sálvame del dios cuyo rostro es como el de un perro, cuyas cejas son las de un hombre, y que se alimentó de muertos, que observó en el Recodo del Lago de Fuego, y que devoró los cuerpos de los muertos, se tragó sus corazones y expulsó inmundicias, permaneciendo él mismo invisible.»

¿Quién, entonces, es éste? «Devorador por millones de años» es su nombre, y habitaba en el Lago de Unt.[1] En lo concerniente al Lago de Fuego, es el que está en Anrutef, muy cerca de la cámara *Sheniu*. El hombre sucio que caminara sobre él caería sobre los cuchillos; o (como dicen otros) su nombre es «Mathes»,[2] y él es el vigilante de la puerta de Amenta; o (como dicen otros), su nombre es «Heri-sep-f».

«Salve, Señor de terror, jefe de los países del Norte y del Sur, señor del resplandor rojo, que preparaste el bloque de piedra para la matanza, ¡y te alimentas de las partes internas!»

¿Quién, entonces, es éste? El guardián del recodo de Amenta.

¿Qué, entonces, es esto? Es el corazón de Osiris, que es el devorador de todas las cosas sacrificadas. Se le ha dado la corona *ureret* con exaltación en el corazón como señor de Suten-henen.

¿Quién, entonces, es éste? Aquel a quien se le ha dado la corona *ureret* con exaltación en el corazón como señor de Suten-henen es Osiris. Él ha sido designado para reinar entre los dioses el día de la unión de la tierra con la tierra, en presencia de Neb-er-tcher.

1. Lectura  , *se en Unt.*
2. El que tiene un cuchillo.

¿Quién, entonces, es éste? El que ha sido designado para reinar entre los dioses es [Horus], el hijo de Isis, que ha sido designado para reinar en el lugar de su padre Osiris. En cuanto al día de la unión de la tierra con la tierra, es la mezcla de la tierra con la tierra en el ataúd de Osiris, el Alma que vivió en Suten-henen, el dador de carne y bebida, el destructor del error, el guía de los caminos sempiternos.

¿Quién, entonces, es éste? Es Ra mismo.

«Sálvame [tú] del gran dios que se lleva las almas, y que devora la inmundicia y come la porquería, el guardián de la oscuridad [que él mismo vive] en la luz. Los que están en desgracia le temen.»

En lo concerniente a las almas que están dentro del (113) *tchafi*, [ellos son los que están] con el dios que se llevó el alma, que comió los corazones, y que se alimentó (114) de asaduras, el guardián de la oscuridad que está dentro de la barca *seker*; aquellos que viven en (115) el delito le temen.

¿Quién, entonces, es éste? Es Suti, o (como dicen otros) es Smamur,[1] (116) el alma de Seb.

«Salve, Khepera en tu barca, la doble compañía de los dioses es tu cuerpo. Libra tú a Osiris (117) Ani, triunfante, de los observadores que juzgan, que han sido designados por Neb-er (118)-tcher para protegerle y para atar los grilletes de sus enemigos, y que matan en los mataderos; (119) no hay escape de su mano. Que nunca me acuchillen con sus cuchillos, (120) que nunca caiga desamparado en sus cámaras de tortura. (121) Nunca he hecho las cosas que los dioses odian, porque soy puro en Mesquet. (122) Pasteles de azafrán le han sido llevados en Tanenet.»

¿Quién, entonces, es éste? Es Khepera en su barca. Es Ra mismo. Los observadores (124) que juzgan son los simios Isis y Neftis. Las cosas que los dioses detestan (125) son la maldad y la falsedad; y el que pasó a través del lugar de purificación dentro del Mesqet es Anubis, que está (126) detrás del cofre que contenía las partes internas de Osiris.

Aquel al que le han traído pasteles comprados en (127) Tanenet es Osiris; o (como dicen otros) los pasteles de azafrán (128) en Tanenet son el cielo y la tierra, o (como dicen otros) son Shu, el fortalecedor de las

1. Gran Matador.

dos tierras en (129) Suten-henen. Los pasteles de azafrán son el ojo de Horus; y Tanenet es la tumba (130) de Osiris.

Tmu ha construido tu casa, y el doble dios-León ha encontrado tu habitación; (131) ¡He aquí que se han comprado medicinas, y Horus se purificó y Set se fortaleció, y Set se purificó y Horus se fortaleció!

(132) «El Osiris, el escriba Ani, triunfante ante Osiris, ha venido a la tierra, y la ha poseído con sus pies. Él es Tmu, y está en la ciudad.»

(133) «Vuelve tu espalda, oh Rehu, cuya boca brilló, cuya cabeza se movió, date la vuelta ante su fuerza»; o (como dicen otros) dale la espalda a aquel que se mantiene vigilante (134) y no es visto. «El Osiris Ani está guardado con seguridad. Él es Isis, y es hallado (135) con [su] pelo extendido sobre él. Yo lo sacudo sobre su frente. Él fue concebido en Isis y engendrado en Neftis; (136) y ellas cortaron de él las cosas que debían ser cortadas.»

El miedo te sigue, el terror está en tus brazos. (137) Tú eres abrazado por millones de años en los brazos [de las naciones]; los mortales dan la vuelta a tu alrededor. Tú aplastaste a los mediadores de tus (138) enemigos, y tomaste las armas de los poderes de la oscuridad. Las dos hermanas [Isis y Neftis] te han sido dadas para tu deleite. (139) Tú has creado eso que está en Kher-aba, y eso que está en Annu. Todos los dioses te temen, porque eres grande y terrible en exceso; tú [vengaste] a cada (140) dios del hombre que le maldijo, y disparaste flechas [...] Tú vives de acuerdo a tu voluntad; tú eres Uatchit, la Señora de la Llama. El mal les sobreviene (141) a aquellos que se disponen contra ti.

¿Quién, entonces, es éste? «El de forma oculta, otorgado por Menhu», (142) es el nombre de la tumba. «Él ve [lo que está] en [su] mano» es el nombre del templo, o (143) (como dicen otros) el nombre del bloque. Ahora, aquel cuya boca brilla y cuya cabeza se mueve es (144) un miembro del cuerpo de Osiris, o (como dicen otros) de Ra. Tú extendiste tu pelo y yo lo sacudo sobre su frente (145), es lo que se dice de Isis, que se escondió en su pelo y extendió su pelo sobre ella. Uatchit, la Señora de las Llamas, es el ojo de Ra.[1]

1. Añade Lepsius (*Todtenbuch*, Bl. XI) después de esto: «Ahora los que se alzan contra mí y entre los cuales está la maldad [véase anteriormente, l. 141] están los poderes de la oscuridad del dios Sut, cuando hay lucha entre ellos, pues lucha es llama».

PLACAS XI Y XII

VIÑETA I: Ani y su esposa Thuthu aproximándose al primer *Arit*,[1] cuya cornisa está ornamentada con la inscripción , emblemas de poder, vida y estabilidad. En la entrada se sientan tres dioses, el primero con cabeza de liebre, el segundo con cabeza de serpiente y el tercero con cabeza de cocodrilo. El primero sostiene un objeto alargado (?), y cada uno de los otros un cuchillo.

TEXTO [CAPÍTULO CXLVII]: (1) EL PRIMER *ARIT*. El nombre del portero es Sekhet-hra-asht-aru;[2] el nombre del (2) observador es Meti-heh [?];[3] el nombre del heraldo es Ha-kheru.[4]

[PALABRAS PARA SER PRONUNCIADAS CUANDO OSIRIS VIENE AL PRIMER ARIT EN AMENTA.][5] Dijo (3) Ani, triunfante, cuando vino al primer *Arit*: «Yo soy el poderoso que creó su propia luz. (4) Yo he venido a ti, oh Osiris, y, purificado de eso que te ensuciaba, yo te adoro. Enseña el camino; (5) no pronuncies el nombre de Re-stau ante mí. Homenaje a ti, oh Osiris, en tu mente y en tu fuerza (6) en Re-stau. Álzate y conquista, oh Osiris, en Abtu. Tú das la vuelta por el cielo, tú navegaste en presencia de Ra, (7) tú ves a todos los seres que tienen conocimiento.[6] Salve, Ra, que dibujas círculos [en el cielo]. Verdaderamente te digo, oh Osiris, yo soy (8) un gobernador divino. (9) Que no sea yo llevado de aquí[7] (10) ni del muro de los carbones ardientes. [Yo he] abierto el camino en Re-stau; (11) yo he aliviado el dolor de Osiris; [yo he] abrazado lo que la balanza[8] había pesado; [yo he] hecho un camino para él en el gran valle; y [él] hace un camino. Osiris brilla [?]».

«¡Que les sea garantizado [a los muertos] por decreto [de los dioses] que están en Tattu destruir las almas de sus enemigos!».

1. Casa o mansión. En la línea superior de las placas XI y XII, hay una serie de siete *Arits*, o mansiones, a través de las cuales se supone que pasa el fallecido. En la línea inferior hay diez *Sebhets*, o puertas con forma de pilón.
2. «Invertido de rostro: de muchas formas». Variante .
3. Variante 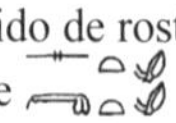.
4. «La voz que viaja». Variante  «El de voz alta».
5. Provisto por Naville, *Todtenbuch*, I. 165.
6. Birch: «Espíritus puros». Pierret: «Inteligentes».
7. El *Arit*.
8. Literalmente estandarte o percha. Variante .

VIÑETA II: El segundo *Arit*, guardado por tres dioses, el primero de los cuales tiene cabeza de león, el segundo cabeza de hombre y el tercero cabeza de perro. Cada uno de ellos sostiene un cuchillo.

TEXTO: (1) EL SEGUNDO *ARIT*. El nombre del (2) guardián de la puerta es Un-hat;[1] (3) el nombre del observador es (4) Seqet-hra; el nombre del heraldo es Uset.[2]

(6) Dice Osiris Ani, cuando viene a este *Arit*: «Él se sienta para hacer el deseo de su corazón, y pesa las (7) palabras como el segundo de Thoth. La fuerza de Thoth[3] humilla a los (8) dioses[4] Maata que se alimentan de Maat a lo largo de los años [de sus vidas].[5] Yo presento ofrendas en el (9) momento en que [él] pasa por su camino; yo sigo adelante y entro en el camino.[6] Otórgame que yo atraviese y que vea a Ra junto con aquellos que hacen ofrendas».

VIÑETA III: El tercer *Arit*, guardado por tres dioses; el primero con cabeza de chacal, el segundo con cabeza de perro y el tercero con cabeza de serpiente. El primero sostiene un objeto alargado (?) y los otros dos, un cuchillo cada uno.

TEXTO: (1) EL TERCER *ARIT*. El nombre del (2) guardián de la puerta es Qeq-hauatu-ent-pehui;[7] el nombre del observador (4) es Se-res-hra;[8] el nombre del heraldo es Aaa.[9]

Dice Osiris Ani, [cuando viene a este *Arit*]: (6) «Yo estoy oculto [en] el gran abismo, [yo soy] el juez del Rehui.[10] Yo he venido y he eliminado las ofensas de Osiris. Estoy construyendo el pedestal (7) surgido de su corona *urerit* [?]. Yo he resuelto sus asuntos en Abtu, he abierto

---

1. Variante .
2. Variante .
3. Variante , «la fuerza de Osiris es la fuerza de Thoth».
4. Var. , *Nemasa*, y *Sah*, «Orion». La lectura en Lepsius es *Masti*, «dios del muslo».
5. Variante «sus años son los años de Osiris».
6. Aquí el texto difiere de todos los demás y puede estar corrompido.
7. «Comedor de sus propios excrementos.»
8. «Haciendo elevar su rostro.»
9. «Grande.»
10. Horus y Set.

el camino en Re-stau, he (8) aliviado el dolor que estaba en Osiris. Yo he enderezado su pedestal, he hecho [su] camino.[1] Él brilló en Re-stau».

Viñeta iv: El cuarto *Arit*, guardado por tres dioses, el primero con cabeza de hombre, el segundo con cabeza de halcón y el tercero con cabeza de león. El primero sostiene un objeto alargado (?) y los otros dos, un cuchillo cada uno.

Texto: (1) El cuarto *Arit*. El nombre del (2) guardián de la puerta es Khesef-hra-ast (3)-kheru;[2] el nombre del observador (4) es Serestepu;[3] (5) el nombre del heraldo (6) es Khesef-At.[4]

Dice Osiris Ani, el escriba Ani, triunfante [cuando viene a este *Arit*]: «Yo soy el toro [poderoso], el (7) hijo de la ancestra de Osiris. Oh, otorgadme que su padre, el señor de sus compañeros (8) divinos, pueda ser su testigo. Aquí los culpables son pesados en juicio. Yo he traído ante (9) sus narices la vida eterna. Yo soy el hijo de Osiris, he hecho el camino, he entrado por allí al Neter-khert».

Placa xii. **Viñeta v:** El quinto *Arit*, guardado por tres dioses, el primero con cabeza de halcón, el segundo con cabeza de hombre y el tercero con cabeza de serpiente. Cada uno de ellos lleva un cuchillo.

Texto: (1) El quinto *Arit*. El nombre del (2) guardián de la puerta es Ankh-f-em-fent;[5] el nombre del observador (3) es Shabu; el nombre del heraldo es Teb-hra-keha-kheft.[6]

Dice Osiris Ani, el escriba Ani, triunfante [cuando viene a este *Arit*]: «Yo te he traído los huesos de tus mandíbulas en Re-stau, te he traído tu columna en Annu, (7) reuniendo allí todos tus miembros. (8) Yo he alejado a Apep de ti. Yo he vertido agua sobre las heridas; he hecho

1. Var. 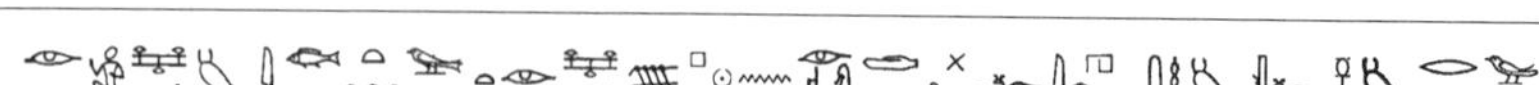. Véase el final del discurso de Osiris en el primer *Arit*.
2. «Rechazando la cara, grande en discurso».
3. Variante .
4. «Rechazador del cocodrilo».
5. «Él vive sobre gusanos».
6. Variante .

un camino entre vosotros. Yo soy el Anciano entre los dioses. Yo he[1] hecho ofrendas a Osiris, quien ha triunfado victoriosamente, reuniendo sus huesos y juntando sus miembros».

Viñeta vi: El sexto *Arit*, guardado por tres dioses, el primero con cabeza de chacal, y el segundo y el tercero con cabezas de perro. El primero lleva un objeto alargado y los otros dos un cuchillo cada uno.

Texto: (1) El sexto *Arit*. El nombre del (2) guardián de la puerta es Atek-tau-kehaq-kheru;[2] el nombre del observador (4) es An-hra; (5) el nombre del heraldo es Ates-hra.

Dice Osiris Ani, el escriba Ani, triunfante [cuando viene a este *Arit*]: «Yo he venido (7) diariamente, yo he venido diariamente. He hecho el camino; he pasado con lo que fue creado por Anubis. Yo soy el señor de la corona (8) *urerit*, [...] palabras mágicas. Yo, el vengador de la rectitud y verdad, he vengado su ojo. Yo he vendado el ojo de Osiris, [he] hecho el camino; Osiris Ani lo ha recorrido contigo [...]».

Viñeta vii: El séptimo *Arit*, guardado por tres dioses, el primero con cabeza de liebre, el segundo con cabeza de león y el tercero con cabeza de hombre. El primero y el segundo sostienen un cuchillo, y el tercero un objeto alargado [?].

Texto: (1) El séptimo *Arit*. El nombre del (2) guardián de la puerta es Sekhem-Matenu-sen;[3] el nombre del observador (4) es Aa-maa-kheru;[4] (5) el nombre del heraldo es Khesef-khemi.

Dice Osiris, [el escriba] Ani [cuando viene a este *Arit*]: (6) «Yo he venido a ti, oh Osiris, que estás limpio de [tus] impurezas. Tú das vueltas por el cielo, ves a Ra, ves a los seres que tienen conocimiento. (7) ¡Salve, Único! Mira, tú estás en la barca *sektet*,[5] él fue por el horizonte del cielo. Yo digo lo que quiero a su[6] cuerpo; (8) él crecía con fuerza y

1. Para lo que sigue de este discurso Naville no da equivalente.
2. Variante 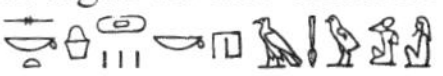 Seket-tau-keha-kheru.
3. Variante  Ates-sen.
4. Variante  Aa-kheru.
5. Variante  «Tú invocaste a Ra en la barca *sektet* del cielo».
6. Leyendo con Naville .

venía a la vida a medida que hablaba. Vuelve hacia atrás su rostro. ¡Facilítame todos los caminos [que conducen] a ti!».

Viñeta i: Ani y su esposa Thuthu, con las manos elevadas en adoración acercándose al primer *Sebkhet* o pilón guardado por una deidad con cabeza de pájaro, que lleva puesto un disco sobre la cabeza y se sienta en un templo cuya cornisa está decorada con ornamentos *khakeru* .

Texto [Capítulo cxlvi] El primer pilón. Palabras para ser pronunciadas cuando [Ani] viene al primer pilón. Dice Osiris Ani, triunfante: «He aquí, señora de terrores, con elevados muros, señora soberana, dama de destrucción, que enuncia las palabras que expulsan a los destructores, que salva de la destrucción al que ha recorrido el camino. El nombre del guardián de la puerta es Neruit».

Viñeta ii: El segundo pilón, que está guardado por una deidad con cabeza de león, sentada en un templo, en cuya parte superior hay una serpiente .

Texto: Palabras para ser pronunciadas cuando [Ani] viene al segundo pilón. Dice Osiris Ani, triunfante: «He aquí, señora del cielo, dama del mundo, que devora con fuego, señora de los mortales; ¡cuánto más grande es ella que todos los hombres! El nombre del guardián de la puerta es Mes-Ptah».

Viñeta iii: El tercer pilón, guardado por una deidad con cabeza humana sentada en un templo, cuya parte superior está ornamentada con los dos *utchats* y los emblemas de la órbita del sol y del agua .

Texto: Palabras para ser pronunciadas cuando [Ani] viene al tercer pilón de la casa de Osiris. Dice el escriba Ani, triunfante: «He aquí la señora del altar, la poderosa a quien se hacen ofrendas, la amada[1] [?] de todos los dioses, que navegó hasta Abtu. El nombre del guardián de la puerta es Sebaq».

1. Las principales variantes son «cada dios se unió con ella»; «el corazón de cada dios se regocijó en ella». Véase Naville, *Todtenbuch*, Bd. II, Bl. 371.

Viñeta iv: El cuarto pilón, guardado por una deidad con cabeza de vaca sentada en un templo, cuya cornisa está ornamentada con *uraei* rematados por discos  .

Texto: Palabras para ser pronunciadas cuando [Ani] viene al cuarto pilón. Dice Osiris, el escriba Ani [triunfante]: «He aquí que ella ha prevalecido con sus cuchillos, señora del mundo, destructora de los enemigos del Corazón Aquietado, ella decretó que los necesitados escaparan de la mala suerte. El nombre del guardián de la puerta es Nekau».

Viñeta v: El quinto pilón, que está guardado por una deidad hipopótamo, con los pies anteriores puestos sobre un colgante, emblema de protección , sentada en un templo cuya cornisa está ornamentada con , emblema de llamas de fuego.

Texto: Palabras para ser pronunciadas cuando [Ani] viene al quinto pilón. Dice Osiris, el escriba Ani, triunfante: «He aquí la llama, la señora del aliento [?] para las narices; uno no puede avanzar para implorarle [...] no vendrá a su presencia. El nombre del guardián de la puerta es Hentet-Arqiu».

Viñeta vi: El sexto pilón, que está guardado por una deidad con la forma de un hombre sosteniendo un cuchillo y una escoba, sentada en un templo sobre el que hay una serpiente.

Texto: Palabras para ser pronunciadas cuando [Ani] viene al sexto pilón. Dice Osiris, el escriba Ani, triunfante: «He aquí la señora de la luz, la poderosa, a la que los hombres imploran en voz alta; el hombre no conoce su aliento ni su altura; nunca fue hallado su semejante desde el principio [?]. Allí hay una serpiente, sobre aquello, cuyo tamaño no es conocido; nació en presencia del Corazón Aquietado. El nombre del guardián de la puerta es Semati».

Viñeta vii: El séptimo pilón, que está guardado por una deidad con cabeza de carnero  sosteniendo una escoba y sentada en un templo cuya cornisa está decorada con ornamentos *khakeru*.

Texto: Palabras para ser pronunciadas cuando [Ani] viene al séptimo pilón. Dice Osiris, el escriba Ani, triunfante: «He aquí la túnica que vistió al débil [el fallecido], llorando por lo que ella amó y cubrió. El nombre del guardián de la puerta es Sakti-f».

Viñeta viii: El octavo pilón, guardado por un halcón que lleva puestas las coronas del norte y del sur , sentado sobre un cofre sepulcral con las puertas cerradas; ante él hay una escoba, y detrás de él está el *utchat* . Sobre el templo se alzan dos halcones con cabeza humana, emblemas de las almas de Ra y Osiris, y dos emblemas de la vida .

Texto: Palabras para ser pronunciadas cuando [Ani] viene al octavo pilón. Dice Osiris, el escriba Ani, triunfante: «He aquí el fuego abrasador, la llama que no puede ser apagada, con lenguas de fuego que llegan lejos, la mortífera, la irresistible, que uno no puede atravesar por razón del daño que hace. El nombre del guardián de la puerta es Khutchet-f».[1]

Viñeta ix: El noveno pilón, que está guardado por una deidad con cabeza de león que lleva puesto un disco y sostiene una escoba, sentada en un templo cuya cornisa se halla ornamentada con *uraei* rematados por discos .

Texto: Palabras para ser pronunciadas cuando [Ani] viene al noveno pilón. Dice Osiris Ani, triunfante: «He aquí a la que es jefa, señora de fuerza, que dio paz de corazón a su señor. Sus dimensiones superan las trescientas cincuenta medidas; ella está vestida con madre de esmeralda del sur; se alza en forma divina y viste al débil [...] El nombre del guardián de la puerta es Ari-su-tchesef».[2]

Viñeta x: El décimo pilón, que está guardado por una deidad con cabeza de carnero que lleva puesta la corona *atef* y sostiene una escoba, sentada en un templo sobre el que hay dos serpientes .

Texto: Palabras para ser pronunciadas cuando [Ani] viene al décimo pilón. Dice Osiris Ani, [triunfante]: «He aquí la de alta voz, la

1. «El que protege su cuerpo».
2. «Él se hizo a sí mismo».

que hace que los que le imploran lloren, la temerosa que aterroriza, que no teme a nadie de los que están dentro. El nombre del guardián de la puerta es Sekhen-ur».

Apéndice: En este papiro faltan los distintos «textos» de los nueve pilones siguientes. Aquí se facilitan las traducciones de los hallados en un papiro publicado por Naville, *Todtenbuch*, Bd. I, Bl. 161 y 162. Se observará que los nombres de los guardianes de las puertas están ausentes, y también que cada texto, excepto en el caso del pilón vigésimo primero, acaba con palabras que hacen referencia al examen que se hace al muerto en cada puerta.

EL DÉCIMO PRIMER PILÓN. «He aquí a la que repitió la matanza, la que quema a los enemigos, ella es terrible en cada puerta, y se regocija en el día de la oscuridad. Ella juzga al débil vendado.»

EL DÉCIMO SEGUNDO PILÓN. «He aquí a la invocadora de las dos tierras, que destruye con rayos y fuego a los que vienen, la señora de esplendor que obedece a su señor diariamente. Ella juzga al débil vendado.»

EL DÉCIMO TERCER PILÓN. «He aquí a Isis, que ha extendido sus manos y brazos hacia delante, haciendo que Hapi brille en su lugar oculto. Ella juzga al débil vendado.»

EL DÉCIMO CUARTO PILÓN. «He aquí a la señora del cuchillo, que danza en la sangre; ella hace [el festival de] el dios Hak el día del juicio. Ella juzga al débil vendado.»

EL DÉCIMO QUINTO PILÓN. «He aquí al Alma Sangrienta, que busca y es puesta a prueba, que hace indagación y escrutinio, que emerge de noche, y encadena al enemigo en su guarida; que sus manos sean dadas al Corazón Aquietado en su hora, y que le haga avanzar y venir a ella. Ella juzga al débil vendado.»

EL DÉCIMO SEXTO PILÓN. Dice Osiris, cuando viene a este pilón: «He aquí a la terrible, la señora de la tormenta, que planea la ruina en los corazones de los hombres, la devoradora de los cuerpos muertos de la humanidad, la ordenadora y creadora de las matanzas, que emergió. Ella juzga al débil vendado».

EL DÉCIMO SÉPTIMO PILÓN. «He aquí la que despedaza en sangre [...] la señora de la llama. Ella juzga al débil vendado.»

EL DÉCIMO OCTAVO PILÓN. «He aquí a la Amante del fuego, la purificadora de los pecadores [?], la amante de la matanza, la jefa de los que adoran, la señora del templo, la matarife de los enemigos de la noche. Ella juzga al débil vendado.»

EL DÉCIMO NOVENO PILÓN. «He aquí a la dispensadora de luz mientras vive, la señora de las llamas, la señora de la fuerza y de los escritos de Ptah mismo. Ella sometió a juicio a los vendajes en Pa-an.»

EL VIGÉSIMO PILÓN. «He aquí a la que está dentro de la caverna del señor, «La que cubre con vestidos» es su nombre; ella ocultó sus actos, se llevó los corazones y bebió agua codiciosamente. Ella juzgó los vendajes de Pa-an».

EL VIGÉSIMO PRIMER PILÓN. «He aquí el cuchillo que corta cuando [su nombre] es pronunciado y que mata a aquellos que avanzan hacia las llamas. Tiene planes y "consejos" secretos.

En las versiones posteriores del Libro de los Muertos,[1] el texto que se refiere al pilón vigésimo primero dice:

> (71) «Salve», dijo Horus, «oh vigésimo primer pilón del Corazón Aquietado. (72) Yo he recorrido el camino, yo te conozco, conozco tu nombre, conozco el nombre de la diosa que te guarda: "Espada que golpea al pronunciar su [propio] nombre, la diosa desconocida [?] con la cara vuelta hacia atrás, la devastadora de los que se acercan a su llama" es su nombre. Tú mantuviste en secreto las cosas del vengador del dios que guardaste, y su nombre es Amem.[2] (73) Él hizo que no crezcan los árboles persea, que los árboles de acacia no den fruto y que el cobre no sea engendrado en la montaña. Los seres divinos de este pilón son siete dioses. (74) Tchen o At es el nombre del que está en [?] la puerta; Hetep-mes[3] es el nombre del segundo; Mes-sep[4] es el nombre

1. Véase Lepsius, *Todtenbuch*, pl. LXIV.
2. «Devorador».
3. «Nacido de paz».
4. «Que dio nacimiento al fuego».

del tercero; Utch-re[1] es el nombre del cuarto; Ap-uat[2] es el nombre del quinto; Beq[3] es el nombre del sexto; Anubis es el nombre del séptimo».

(75) »Yo he recorrido el camino. Yo soy Amsu-Horus, el vengador de su padre, el heredero de su padre Un-nefer. Yo he venido y he destronado a todos los enemigos de mi padre Osiris. Yo he venido día a día victorioso, dedicándome a la adoración del dios (76) en la casa de su padre Tmu, señor de Annu, triunfante en el cielo del sur. Yo he hecho lo que es justo y verdadero a aquel que hace lo justo y verdadero; he celebrado el festival de Haker para el dios de allí; he dirigido el festival; (77) he hecho ofrendas de pasteles a los señores de los altares; he llevado ofrendas y oblaciones, y pasteles y cerveza, y bueyes y patos, para mi padre Osiris-Un-nefer. Yo me alzo para que mi alma pueda ser hecha una y completa; hago que el pájaro *bennu* aparezca al pronunciar [mis] palabras. Yo he venido diariamente a la casa sagrada para hacer ofrendas de incienso. (78) Yo he vestido prendas de biso. Me he adentrado en el lago en la barca. He hecho que Osiris, el señor del submundo, obtenga la victoria sobre sus enemigos, y he llevado a todos sus enemigos al lugar de matanza en Oriente; ellos nunca emergerán de allí, pues están cautivos del dios Seb. (79) Yo he hecho que los que se alzan contra Ra se paralicen, y le [he] hecho victorioso. Yo también he venido como escriba, y he dejado todas las cosas claras. He hecho que el señor tenga el poder de sus piernas. He venido a su casa, que está en su colina,[4] y he visto al gobernante del salón secreto. (80) Yo he ido a Re-stau; me he ocultado y he descubierto el camino; he viajado a An-rutf. Yo he vestido a los que estaban desnudos. (81) Yo he navegado hasta Abtu; he alabado a los dioses Hu y Sau. (82) Yo he entrado en la casa de Astes, he suplicado a los dioses Khati y Sekhet en la casa de Neith, o, como otros dicen, los gobernantes. Yo he entrado en Re-stau; me he escondido y he averiguado el camino; he viajado

1. «Fuerte de boca».
2. «Abridor de caminos».
3. «Olivo».
4. Anubis, el dios de los muertos.

a An-rutf. (83) Yo le vestido al desnudo. He navegado hasta Abtu; he glorificado a Hu y a Sau. (84) Yo he recibido mi corona en mi alzamiento y tengo el poder de sentarme sobre mi trono, sobre el trono de mi padre y de la gran compañía de los dioses. Yo he adorado el *meskhen* de Ta-sert. (85) Mi boca pronunció palabras con razón y con verdad. Yo he ahogado a la serpiente Akhekh. He venido a la gran sala que dio fuerza a los miembros del cuerpo; y se me ha garantizado navegar en la barca de Hai. La fragancia del ungüento *anti* apareció en el pelo de aquel que tiene conocimiento. (86) Yo he entrado en la casa de Astes, y he suplicado a los dioses Khati y Sekhet dentro de la Casa del Príncipe. (87) Yo he llegado como favorecido en Tattu».

Viñeta[1] [Capítulo xviii-introducción] (registro superior): El sacerdote ,[2] An-maut-f, que tiene en el lado derecho de su cabeza el mechón de Heru-pa-khrat, u Horus el Hijo, y que lleva puesta una piel de leopardo, presentando a Ani y a su esposa a los dioses, cuyos nombres se dan en las placas xiii y xiv.

Texto: An-maut-f dice: «Yo he venido a vosotros, oh poderosos y divinos gobernantes que estáis en el cielo, en la tierra y bajo la tierra; (2) y he traído ante vosotros a Osiris Ani. Él no ha pecado contra ninguno de los dioses. Otorgad que pueda estar con vosotros eternamente».

(1) Adoración a Osiris, señor de Re-stau, y a la gran compañía de los dioses que están en el submundo al lado de Osiris, el escriba Ani, quien dice: (2) «Homenaje a ti, oh regente de Amenta, Un-nefer dentro de Abtu. Yo he venido a ti, y mi corazón contiene rectitud y verdad. (3) No hay pecado en mi cuerpo, ni he mentido a sabiendas, ni he engañado con falso corazón. Otórgame alimento en mi tumba, (4) y que pueda venir ante [tu] presencia en el altar de los señores de justicia y verdad, y que pueda entrar y salir del submundo (de modo que mi alma no sea rechazada), que pueda contemplar el rostro del Sol, y que pueda admirar la Luna (5) eternamente».

1. Ésta y su viñeta acompañante, así como las viñetas de las placas xiii-xiv, forman una composición.
2. A Osiris también se le llama An-maut-f; véase Lepsius, *Todtenbuch*, cap. cxlii, l. 7.

Viñeta (registro inferior): El sacerdote  Se-mer-f,[1] que en el lado derecho de su cabeza tiene el mechón de Heru-pa-khrat y lleva una piel de leopardo, presentando a Ani y a su esposa ante los dioses cuyos nombres se dan en las placas XIII y XIV.

Texto: Se-mer-f dice: (1) «Yo he venido a vosotros, oh gobernantes divinos que habitáis en Re-stau, y os he traído a Osiris Ani. Otorgadle, como a los seguidores de Horus, pasteles y agua, y aire, y una morada en Sekhet-hetep».[2]

(1) Adoración de Osiris, el señor de eternidad, y de todos los divinos gobernantes de Re-stau, por Osiris, [el escriba Ani], que (2) dice: «Homenaje a ti, oh rey de Amenta, príncipe de Akert, yo he venido a ti. Yo conozco tus caminos, (3) me he apropiado de las formas que tú tomas en el submundo. Otórgame un lugar en el submundo, cerca de los señores (4) de rectitud y verdad. Que mi morada permanezca en el Sekhet-hetep, y reciba yo pasteles en tu presencia».

PLACA XIII

Viñetas (registro superior): Un pilón, o puerta, rematado por las plumas de Maat y *uraei* con discos superpuestos. (Registro inferior): Un pilón coronado por Anubis  y un *utchat* .

Texto [Capítulo XVIII]: (1) «[Salve, Thoth, que diste la victoria a Osiris (2) sobre sus enemigos, haz que Osiris [el escriba Ani] sea victorioso sobre sus enemigos, tal como hiciste a Osiris victorioso sobre sus enemigos, en presencia de los (3) divinos gobernantes que están con Ra y Osiris en Annu, en la noche de "las cosas de la noche",[3] y en la noche de la batalla, (4) en el aprisionamiento de los enemigos y en el día de la destrucción de Neb-er-tcher.»][4]

1. Para las funciones de este sacerdote véase anteriormente, p. 478.
2. Los Campos de Paz.
3. Se explica que estas palabras significan: «El comienzo del día sobre el sarcófago de Osiris».
4. Esta sección, omitida en el papiro de Ani, está tomada del papiro de Nebseni.

A. Viñeta: Los dioses Tmu, Shu, Tefnut, Osiris[1] y Thoth.

Texto: (1) Los grandes gobernantes divinos en Annu son Tmu, Shu, Tefnut, [Osiris y Thoth,] (2) y el encadenamiento de Sebau significó la destrucción de los enemigos de Set cuando él hizo el mal (3) por segunda vez.

«Salve, Thoth, que diste a Osiris la victoria sobre sus enemigos, haz que Osiris (4) Ani salga victorioso sobre sus enemigos en presencia de los grandes seres divinos que están en Tattu, en la noche de hacer que *Tet* se alce en Tattu.»

B. Viñeta: Los dioses Osiris, Isis, Neftis y Horus.

Texto: (1) Los grandes gobernantes divinos en Tattu son Osiris, Isis, Neftis y Horus, el vengador de su padre. Ahora la «noche de hacer que el *Tet* se alce (2) en Tattu» significa [el levantamiento] del brazo y hombro de Osiris, señor de Sekhem; y estos dioses están detrás de Osiris [para protegerle], como los vendajes que le visten.[2]

(3) «Salve, Thoth, tú que diste la victoria a Osiris sobre sus enemigos, haz que Osiris Ani triunfe sobre sus enemigos (4) en presencia de los grandes gobernantes divinos que están en Sekhem, en la noche del [festival] de las cosas de la noche en Sekhem.»

C. Viñeta: Los dioses Osiris y Horus, dos *utchats* sobre pilones, y el dios Thoth.

Texto: (1) Los grandes gobernantes divinos que están en Sekhem son Horus, que está sin vista, y Thoth, que está con los gobernantes divinos en Naarerutf. (2) Ahora la «noche de las cosas del festival nocturno de Sekhem» significa la luz del sol naciente sobre el ataúd de Osiris.

«Salve, Thoth, que hiciste a Osiris victorioso (3) sobre sus enemigos, haz que Osiris Ani prevalezca sobre sus enemigos en la presencia de los grandes gobernantes divinos en Pe y Tept,[3] en la (4) noche de establecer

1. Este dios está omitido de la copia de este capítulo que se da en la placa XXIII.

2. El papiro de Nebseni dice: 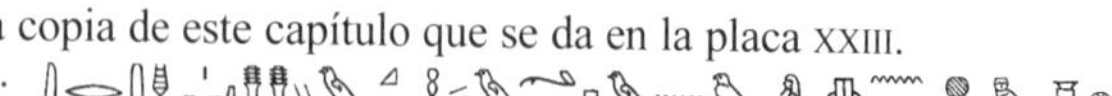
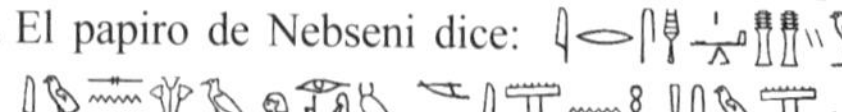 .

«Ahora el establecimiento del doble Tat significa los dos hombros y brazos de Horus, señor de Sekhem; y ellos están detrás de Osiris, tal como los vendajes que le cubre».

3. Véase Brugsch, *Dict. Géog.*, p. 213.

las columnas de Horus, y de establecerle como heredero de las cosas que pertenecen a su padre.»

D. Viñeta: Los dioses Horus, Isis, Mestha y Hapi.

Texto: (1) Los grandes gobernantes divinos que están en Pe y Tept son Horus, Isis, Mestha y Hapi. Ahora «el establecimiento de las columnas (2) de Horus» [significa] la orden dada por Set a sus seguidores: «Poned las columnas sobre ello».

«Salve, Thoth, que hiciste a Osiris victorioso sobre sus enemigos (3), haz que Osiris Ani triunfe sobre sus enemigos en presencia de los grandes gobernantes divinos en [...] Rekhit, en la (4) noche en que Isis se tumba para hacer vigilia y lamentarse por su hermano Osiris.»

E. Viñeta: (1) Los dioses Isis, Horus, Anubis,[1] Mestha y Thoth.

Texto: (1) Los grandes gobernantes divinos que están en [...] Rekhit son Isis, Horus y Mestha.

«Salve, Thoth, que hiciste victorioso a Osiris (2) sobre sus enemigos, haz que Osiris, el escriba Ani (¡triunfante en paz!), sea victorioso sobre sus enemigos en presencia de los grandes seres divinos (3) que están en Abtu, en la noche del dios Haker, en la separación del muerto malvado, en el juicio de los espíritus que han sido hechos justos, (4) y del brotar de la alegría en Teni.»[2]

PLACA XIV

F. Viñeta: Los dioses Osiris, Isis y Ap-uat, y el *Tet*.

Texto [Capítulo xviii]: (1) Los grandes gobernantes divinos que están en Abtu son Osiris, Isis y Ap-uat.

«Salve, Thoth, que hiciste a Osiris victorioso (2) sobre sus enemigos, haz que Osiris Ani, el escriba y contable de las sagradas ofrendas de

1. Omitido en la placa xxiv.

2. , la capital de la octava provincia del Alto Egipto, situada cerca de Ábidos, y cuya representación moderna probablemente es el poblado de Kûm es-Sultân. Es el Θιc de los escritores coptos. Véase Brugsch, *Dict. Géog.*, p. 951; y Amélineau, *La Géographie de l'Égypte*, p. 500.

todos los dioses, sea victorioso (3) sobre sus enemigos en presencia de los gobernadores divinos que juzgan a los muertos, en la noche de la condenación (4) de aquellos que han de ser tachados.»

G. Viñeta: Los dioses Thoth, Osiris, Anubis y Astennu.

Texto: (1) Los grandes gobernantes divinos en el juicio de los muertos son Thoth, Osiris, Anubis y Asten. Ahora (2) la «condenación de aquellos que han de ser tachados» es la retención de eso que tanto necesitan las almas de los hijos de la impotente revuelta.

(3) «Salve, Thoth, que hiciste a Osiris victorioso (2) sobre sus enemigos, haz que Osiris Ani, el escriba Ani, (¡triunfante!), sea victorioso sobre sus enemigos en presencia de los gobernadores divinos, (4) en el festival de romper y dar la vuelta a la tierra en Tattu, la noche del romper y dar la vuelta a la tierra en su sangre, y de hacer a Osiris victorioso sobre sus enemigos.»

H. Viñeta: Los tres dioses del festival rompiendo la tierra en Tattu.

Texto: (1) Cuando los enemigos de Set vienen y se transforman en bestias, los grandes gobernantes divinos, en el festival de romper y dar la vuelta a la tierra en Tattu, (2) los matan en presencia de los dioses que allí residen, y su sangre fluye entre ellos a medida que son aplastados. (3) Se permite que ellos hagan estas cosas mediante el juicio de aquellos que están en Tattu.

«Salve, Thoth, que hiciste a Osiris victorioso sobre sus enemigos, haz que Osiris Ani sea victorioso sobre sus enemigos en presencia de los gobernadores divinos, (4) que están en Naareretef, en la noche de aquel que se oculta de diversas formas, Osiris.»[1]

I. Viñeta: Los dioses Ra, Osiris, Shu y Bebi,[2] con cabeza de perro.

Texto: (1) Los grandes gobernantes divinos que están en Naarutef son Ra, Osiris, Shu y Bebi.[3] Ahora la «noche de aquel que se oculta de diversas formas, Osiris», es cuando el muslo, [la cabeza,] el talón y la pierna son traídos muy cerca del ataúd de Osiris Un-nefer.

1. Variante  *en seseta aa aru*, «de hacer que esté escondido el que es de poderosas formas» (es decir, Osiris). Véae Naville, *Todtenbuch*, Bd. II, Bl. 81.
2. También escrito 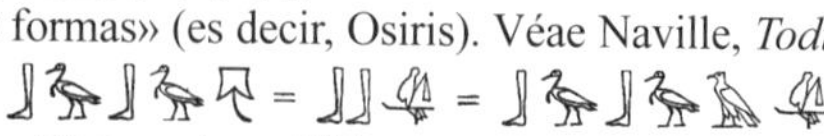; véase Brugsch, *Wörterbuch*, p. 387; Lanzone, *Dizionario*, p. 197.
3. Variante  Ababi.

«Salve, Thoth, que hiciste a Osiris victorioso (3) sobre sus enemigos, haz que Osiris Ani (victorioso ante Osiris) sea victorioso sobre sus enemigos en presencia de los gobernadores divinos en (4) Re-stau, en la noche en que Anubis extiende sus brazos y manos sobre las cosas detrás de Osiris, y cuando Horus es llevado a triunfar sobre sus enemigos.»

J. Viñeta: Los dioses Horus, Osiris, Isis, y [...] (?)

Texto: (1) Los grandes gobernantes divinos en Re-stau son Horus, Osiris e Isis. El corazón de Osiris se regocijó, y el corazón de Horus (2) se alegra; y, por lo tanto, el este y el oeste están en paz.

«Salve, Thoth, que hiciste a Osiris victorioso sobre sus enemigos, (3) haz que Osiris Ani, el escriba y contable de las ofrendas de todos los dioses, triunfe sobre sus enemigos en presencia de las diez (4) compañías de los grandes gobernantes divinos que están con Ra y con Osiris, y con cada dios y diosa en presencia de Neb-er-tcher. Él ha destruido a sus (5) enemigos, y ha destruido cada cosa mala que le pertenece.»

Rúbrica: Si es recitado este capítulo, el fallecido aparecerá de día, purificado después de la muerte, y [hará todas] las formas[1] [o transformaciones] que su corazón dicte. Ahora, si este capítulo es recitado sobre él, él aparecerá[2] sobre la tierra, escapará de cada fuego; y ninguna de las cosas fétidas que le pertenecen le rodearán eternamente,[3] por los siglos de los siglos.

PLACA XV

Viñeta: una estatua sedente de Ani, el escriba, sobre el que está siendo realizada la ceremonia de la «apertura de la boca»[4] *un re* por el sacerdote *Sem,*[5] cubierto con una piel de pantera y sosteniendo en

1. Variante *arit xeperuf.*
2. El papiro de Nebseni tiene una lectura mejor *ut'a pu tep ta*, «él estará en buen estado sobre la tierra».
3. Brugsch traduce *em shes maat* como «sicut aequum et justum est»; *Wörtenbuch* (Supp.), p. 1203.
4. Para una descripción de esta ceremonia, véase anteriormente, pp. 474-481
5. Compárese Naville, *Todtenbuch*, Bd. I, Bl. 34. En el papiro número

la mano derecha el instrumento *Ur hekau*[1], «poderoso en sus encantamientos». Enfrente de la estatua están: el ataúd sepulcral, los instrumentos Seb-ur, *Tun-tet* y *Temanu*, y el objeto *Pesh-en-ket.*[2]

TEXTO [CAPÍTULO XXIII]: (1) EL CAPÍTULO DE ABRIR LA BOCA DE OSIRIS, EL ESCRIBA ANI. Dígase:[3] «Que Ptah abra mi boca, y que el dios de mi ciudad[4] afloje mis vendajes,[5] que están sobre mi boca. (2) Es más, que Thoth, estando lleno de encantos, venga y afloje mis vendas, las vendas de Set que tapan mi boca; (3) y que el dios Tmu las lance[6] a aquellos que [me] aprisionarían con ellas, rechazándolos. Que mi boca sea abierta, que mi boca sea destrabada por Shu[7] (4) con su cuchillo de hierro,[8] con el que abrió las bocas de los dioses. Yo soy Sekhet,[9] y me siento en la gran banda occidental del cielo. (5) Yo soy la gran diosa Sah[10] entre las almas de Annu. Ahora bien, en lo concerniente a cada encantamiento y a todas las palabras que puedan ser dichas contra mí (6), que los dioses se resistan a ellas, y que todos y cada uno de los miembros de la compañía de los dioses se resistan a ellas».[11]

TEXTO [CAPÍTULO XXIV]: (1) EL CAPÍTULO DE REALIZAR ENCANTAMIENTOS SOBRE OSIRIS ANI [EN NETER-KHERT]. [Él dijo]: «Yo soy Tmu[12]-

10 470 del Museo Británico, hoja 8, el dios Horus realiza esta ceremonia sobre el fallecido, que está sentado en una banqueta.

1. Véase más arriba. p. 474.
2. Véase más arriba, p. 474.
3. Variante «él dice».
4. Variante: «Por Amen, el dios de mi ciudad», Lepsius, *Todtenbuch*, pl. XIV.
5. Variante *netiu.*
6. Variante: «Que Tmu me dé mi mano para disparar a ésos que [me] encadenan. Que me sea dada mi boca, que mi boca sea abierta».
7. Variante Ptah.
8. Literalmente, «hierro del cielo» (*baat en pet* = copto ⲃⲉⲛⲓⲡⲉ); para comentarios sobre esta palabra, véase Dümichen, *Aeg. Zeit.*, 1874, p. 49, y las autoridades citadas por Brugsch, *Wörtenbuch* (Suppl.), p. 416.
9. El papiro de Nebseni añade Uatchit.
10. Variante .
11. Variante: «Que los dioses los resistan, y toda la compañía de mis dioses, y toda la compañía de sus dioses».
12. Muchos papiros omiten a Tmu.

Khepera, que se dio a luz a sí mismo sobre el muslo de su divina madre.[1] Los que están en Nu[2] son convertidos en lobos, y los que están entre los divinos gobernantes (3) se convierten en hienas.[3] He aquí que yo reúno el hechizo de todos los lugares donde está y de cada hombre con quien está,[4] más rápido que los galgos, más ligero que la luz. (4) Salve a ti que remolcaste la barca *makhent* de Ra, los estays de tus velas y de tu timón están tensos bajo el viento cuando navegas sobre el lago de fuego en Neter-khert. Mira, tú reuniste el hechizo (5) de cada lugar donde está y de cada hombre con quien está, más rápido que los galgos y más ligero que la luz, [el hechizo] que creó las formas de existencia a partir (6) del muslo de la madre [?] y a los dioses del [o en el] silencio, y que dio el calor de la vida a los dioses.[5] Mira, el hechizo me es dado desde cualquier lugar donde está [y desde cualquiera con quien está], más rápido que los galgos y más ligero que la luz», o, (como dicen otros), «más liviano que una sombra».

Apéndice: El siguiente capítulo, que generalmente aparece en las copias anteriores del Libro de los Muertos, está muy conectado con el precedente. Aquí está tomado del papiro de Nebseni.

(1) [Capítulo xxv.] El capítulo de hacer que el fallecido recuerde su (2) nombre en Neter-khert. [Él dijo]: «Que me sea dado mi nombre en la gran Doble Casa, y que recuerde mi nombre en la Casa de Fuego, en la noche (3) de contar los años y decir el número de los meses. Yo estoy con el Santo, y me asiento en el lado oriental del cielo. Si cualquier dios avanza sobre mí, (4) sin dilación proclamo su nombre».

---

1. Birch, «sobre el regazo de la madre»; Pierret, «en haut de al cuisse de sa mère».
2. El cielo.
3. Variante  *behiu*, un animal que Hartmann identifica con la *hyaena croenta*, (véase *Aeg. Zeit.*, 1864, p. 12, col. 2).
4. Se lee en el papiro de Nebseni .
5. Aquí el texto es diferente de cualquiera dado por Naville. Las principales variantes son: , «que creó los dioses del [o en] silencio, y que los hizo sin poder»; y 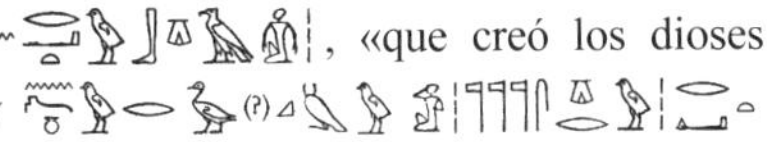 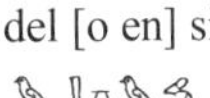, «que hizo hablar a los dioses [desde] el silencio, y que los dejó sin la palabra».

VIÑETA: El escriba Ani, vestido de blanco, y con el corazón en la mano derecha, dirigiéndose al dios Anubis.[1] Entre ellos hay un collar con varias filas de perlas coloreadas, cuyo broche tiene forma de pilón o puerta, y que tiene adosado un pectoral con una representación de la barca del sol en la que hay un escarabajo, emblema del sol.[2]

TEXTO [Capítulo XXVI]: (1) EL CAPÍTULO DE DAR CORAZÓN A OSIRIS ANI (2) EN EL SUBMUNDO. [Ani dijo]: «Que mi corazón esté conmigo en la Casa de los Corazones.[3] Que mi corazón esté conmigo, y que descanse en [mí], o yo no comeré los pasteles de Osiris en el lado oriental[4] del Lago de las Flores,[5] (3) [ni tendré] una barca en la que bajar por el Nilo, ni otra en la que remontar, ni avanzaré en la barca contigo. Que me sea dada mi boca, para que pueda (4) hablar con ella, y mis dos pies para caminar con ellos, y mis dos manos y brazos para vencer a mi enemigo. Que se me abran las puertas del cielo;[6] (5) que Seb, el Príncipe de los dioses, abra completamente sus dos mandíbulas sobre mí; que abra mis dos ojos, que están cegados; que haga que estire mis (6) pies, que están ligados, y que Anubis haga firmes mis piernas para que pueda alzarme sobre ellas. Que la diosa Sekhert me haga alzarme (7) para que pueda ascender al cielo, y que se cumplan mis órdenes en la Casa del *Ka* de Ptah.[7] Yo conozco mi corazón, domino (8) mi corazón, he obtenido maestría sobre mis dos manos y brazos, y maestría sobre mis pies, y

1. En las viñetas de este capítulo publicado por M. Naville (*Todtenbuch*, Bd. I, Bl. 38) el fallecido es representado: (1) sentado, y dirigiéndose a su corazón, que está sobre un soporte  ; (2) de pie, sosteniendo en las manos un corazón, que ofrece a tres deidades. Otra viñeta representa a un sacerdote atando un corazón a una estatua del fallecido, y en la última versión del Libro de los Muertos publicada por Lepsius (Bl. 15), el fallecido sostiene un corazón en su lado izquierdo y se dirige a un halcón con cabeza humana que representa el alma.
2. En la Cuarta Sala Egipcia se exhibe una excelente serie de pectorales de cerámica azul, verde y amarilla con escarabajos.
3. La Sala del Juicio de Osiris, en la que se pesan los corazones.
4. Variante  «oeste».
5. Respecto a la palabra , véase Brugsch, *Wörterbuch* (Suppl.), p. 1289, y Stern, *Glossarium*, p. 19, col. 2, donde se enumeran diversos tipos de esta planta de dulce olor.
6. Variante 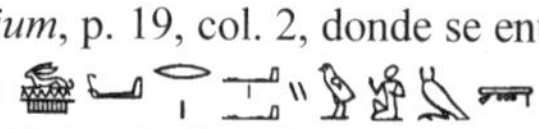 «Que mis dos manos abran [mi] boca en la tierra», Naville, *Todtenbuch*, Bd. II, Bl. 90.
7. La Menfis celestial.

tengo poder para hacer lo que quiera mi *ka*. (9) Que mi alma no sea separada de mi cuerpo en las puertas del submundo, sino que entre en paz, y que pueda emerger en paz».

Texto [Capítulo xxxb]: (1) El capítulo[1] de no dejar (2) que el corazón de Osiris, el escriba de las sagradas ofrendas de todos los dioses, Ani, triunfante, sea alejado de él en el submundo. Ani dice: «Mi corazón, mi madre; mi corazón, mi madre (3). Mi corazón, por el que vengo al ser. Que no haya nada que se me oponga en [mi] juicio; que no haya resistencias a mí en Tchatcha; que no te separes de mí en presencia del guardián de la Balanza. Tú eres mi *ka* dentro (4) de mi cuerpo, [tú] tejiste y fortaleciste mis miembros. Que emerjas en el lugar de felicidad [hacia el que] yo avanzo. Que el *Shenit,*[2] que hace que los hombres se alcen firmes, no haga que mi nombre apeste».[3]

Viñeta: Ani sosteniendo su alma en forma de pájaro con cabeza humana.

Texto [Capítulo lxi]: (1) El capítulo de no dejar (2) que el alma de un hombre sea alejada de él en el submundo. Osiris, el escriba Ani, dice: «Yo, yo mismo, soy el (2) que emerge de la inundación que hago rebosar, y que se hace poderosa como el río [Nilo].

1. Este capítulo suele ir acompañado por una viñeta. En la viñeta del papiro de Nebseni, se pesa al fallecido contra el peso de su propio corazón; un simio, «Thoth, señor de la Balanza», sentado sobre un pedestal, sostiene el fiel de la balanza. En el papiro número 9964 del Museo Británico, el fallecido también es pesado contra el peso de su corazón, y al mismo tiempo su propia figura observa todo el proceso. En el papiro de Sutimes, en cada uno de los platillos de la balanza hay un peso cuadrado. Otras viñetas muestran simplemente un escarabajo, o al fallecido dirigiéndose a su corazón, que descansa sobre un soporte . Véase Naville, *Todtenbuch*, Bd. I, Bl. 43.
2. Un tipo de seres divinos.
3. El capítulo, tal como se da aquí, está incompleto; las palabras que faltan son:

«agradable para nosotros, agradable es oír, y hay alegría en el corazón al pesar las palabras. Que no se digan mentiras contra mí cerca del dios, en presencia del gran dios, el señor de Amentet. ¡Verdaderamente, qué grande serás cuando te alces triunfante!».

Apéndice: En muchos de los primeros papiros, el texto del capítulo LXI forma parte de una composición más larga que M. Naville llama capítulos LXI,[1] LX,[2] LXII,[3] y que dice:

(1) Capítulo de beber agua en el submundo. [Él dice]: «Yo, yo mismo, soy el que se ha venido desde (2) Seb. La inundación le ha sido dada, y él tiene poder sobre ella como Hapi. Yo, yo mismo, abro (3) las dos puertas del cielo: y las dos puertas del abismo acuoso me han sido abiertas por Thoth y por Hapi, los divinos gemelos hijos del cielo, (4) que son de poderoso esplendor. Oh, concededme que posea poder sobre las aguas, aunque Set supere a sus enemigos en el día [?] (5) que aterroriza al mundo. Yo he pasado junto a los grandes hombro a hombro, tal como ellos han pasado junto a ese gran y espléndido dios que está (6) provisto [de todas las cosas] y cuyo nombre es desconocido. Yo he pasado junto al de poderoso hombro. (7) La inundación de Osiris ha sido atravesada por mí, y Thoth-Hapi-Tmu, el señor del horizonte, me ha abierto la inundación en su nombre, "Thoth, el inteligente de la tierra". (8) Yo he obtenido poder sobre el agua, tal como Set ha obtenido poder sobre sus enemigos. Yo he navegado por el cielo. Soy Ra. Soy el dios-León. Soy el toro joven. (9) Yo he devorado el Muslo, he tomado la carne. Yo he deambulado por los arroyos en Seket-Aru. La eternidad ilimitada me ha sido otorgada, y, contempla, (10) yo soy el heredero de la eternidad; me ha sido dada la eterna duración».

Los dos breves capítulos siguientes están muy conectados con el anterior:[4]

Viñeta: El fallecido bebiendo agua de un arroyo.

Texto [Capítulo LXIIIa]: (1) El capítulo de beber agua y de no ser quemado por el fuego. [El fallecido] dice: «Salve, toro de Amenta. Yo he sido traído ante ti, yo soy el remo de Ra (3) con el que él navega sobre los ancianos; que no sea yo enterrado ni consumido. Yo soy Beb,[5]

1. La viñeta representa al fallecido de rodillas abrazando su alma.
2. Viñeta: un hombre arrodillado y sosteniendo un loto.
3. Viñetas: el fallecido tomando agua con las manos de un tanque  .
4. Para los textos, véase Naville, *Todtenbuch*, Bd. I, Bll. 73 y 74.
5. Las variantes son  y  .

(4) el primer hijo de Osiris, que lava los ojos de los dioses en Annu. Yo soy el Heredero, (5) el exaltado, [?] el poderoso, el Aquietado [de Corazón]. Yo he hecho florecer mi nombre, y lo he salvado para poder vivir [en recuerdo] de este día».

Viñeta: El fallecido alzándose cerca de las llamas de fuego  .

Texto [Capítulo LXIIIb]: (1) El capítulo de no ser escaldado con agua. [Él dice]: «Yo soy el remo (2) preparado para remar, con el que Ra navega sobre los Ancianos divinos. (3) Yo llevo las humedades de Osiris al lago, lejos de la llama que no puede ser sobrepasada; (4) él es alejado de aquel camino, y no es quemado en el fuego. Yo me tumbo con el *hamemu*; (5) vengo a la guarida del león, matando y aprisionando; sigo el camino por el que él emergió».

Viñeta: Ani llevando una vela, emblema del aliento y del aire.

Texto [Capítulo LIV]: (1) El capítulo de dar aliento en el submundo. Dijo Osiris Ani: «Yo soy el Huevo del Gran Cacareador, y observo y guardo ese gran lugar,[1] (2) que el dios Seb ha proclamado sobre la tierra. Yo vivo; y ello vive; yo crezco, vivo, huelo el aire. Yo soy (3) Utcha-aab,[2] y voy por detrás [para proteger] su huevo. Yo he frustrado la suerte de Set, el de poderosa fuerza. (4) Salve a ti, que haces el mundo agradable con el alimento *tchefa*, y que habitas en el [cielo] azul; cuida del bebé en su cuna cuando él venga a ti».

Apéndice: Los dos capítulos siguientes, que están muy conectados con el precedente, han sido tomados respectivamente de Naville, *Todtenbuch*, Bd. I, Bl. 67, y del papiro de Nebseni.

Viñeta: Anubis llevando al fallecido ante la presencia de Osiris.

Texto [Capítulo LV]: (1) Otro capítulo de dar aliento. [Él dice:] «Yo soy Sab-sabu. Yo soy Shu. (2) Yo inspiro el aire en presencia del dios de los rayos solares que llegan hasta los confines del cielo, hasta los confines de la tierra, hasta los límites de Shu; (3) y doy aliento a aquellos que se vuelven jóvenes [otra vez]. Abro mi boca, y veo con mis ojos».[3]

1. El texto de Lepsius dice  «yo guardo ese gran huevo», etc.
2. El texto alternativo dado por Naville indica por  que esas palabras son el nombre o el título de un dios. Birch las traduce como «Discriminador de Pureza», y Pierret como «le sauvé dont le nom est pur».
3. Para los textos, véase Naville, *Todtenbuch*, Bd. I, Bll. 67, 68 y 69.

Viñeta: Un hombre sosteniendo una vela en la mano izquierda.

Texto [Capítulo liv]: El capítulo de oler el aire sobre la tierra. [Él dice:] (2) «Salve, Tmu, otórgame el dulce aliento que está en tus dos fosas nasales. Yo abrazo el poderoso trono que está en Unnu,[1] y vigilo y guardo el Huevo del Gran Cacareador. Yo crezco, y él crece; él crece, y yo crezco; yo vivo, y él vive; yo huelo el aire, y él huele el aire».

Viñeta: Ani de pie, con un cayado en la mano izquierda.

Texto [Capítulo xxix]: (1) El capítulo de no dejar que el corazón del hombre le sea arrebatado en el submundo. Dice Osiris Ani, triunfante: «Date la vuelta, oh mensajero de los dioses. (2) ¿Has venido a llevarte éste,[2] mi corazón, que vive? Mi corazón que vive no te será dado. (3) [Tal como yo] avanzo, los dioses prestan oídos a mis súplicas, y caen sobre sus rostros donde quiera que estén».

PLACA XVI

Viñeta: Ani de pie, con ambos brazos alzados en oración ante cuatro dioses sentados sobre un pedestal con forma de  Maat; ante él está su corazón, situado sobre un pedestal 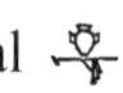.

Texto [Capítulo xxvii]: (1) El capítulo de no dejar que el corazón de un hombre le sea arrebatado en el submundo.[3] Dice Osiris Ani: «Salve, vosotros que os lleváis los corazones, [salve,] vosotros que robáis los corazones [...] (2) vosotros habéis hecho.[4] Homenaje a vosotros, oh vosotros, señores de eternidad, poseedores de la eterna

1. Hermópolis.
2. En una viñeta diferente dada por Naville, el fallecido, sosteniendo su corazón con ambas manos, se lo ofrece a tres dioses; y en otra, un hombre está atando un collar con un colgante en forma de corazón a la estatua del fallecido.
3. En la edición de Naville, las palabras siguientes son:

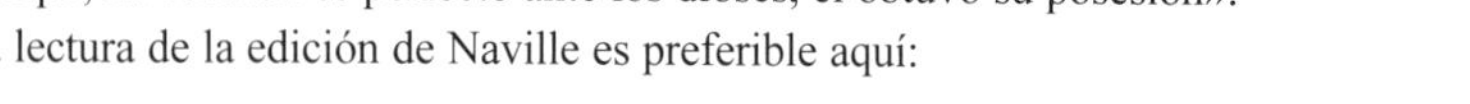

hab-nef ab-f xenti xat-f temam ab-f er neteru sexem am-f, «su corazón fue a habitar su cuerpo; su corazón es perfecto ante los dioses, él obtuvo su posesión».
4. La lectura de la edición de Naville es preferible aquí:

duración, no os llevéis este corazón de Osiris Ani (3) en vuestra mano, este corazón de Osiris. Y no hagáis que surjan malas palabras contra él; porque este corazón de Osiris Ani es el corazón de aquel que tiene muchos nombres, el poderoso cuyas palabras son sus miembros corporales, y envía delante de sí su corazón para que habite en (4) su cuerpo. El corazón de Osiris Ani es agradable a los dioses; él es victorioso, tiene poder sobre su corazón; no revela lo que se le ha hecho a su corazón. Él tiene poder (5) sobre sus propios miembros corporales. Su corazón le obedeció, él es su señor, su corazón está en su cuerpo y nunca se caerá de él. Yo, Osiris, el escriba Ani, victorioso en paz, y triunfante en la hermosa Amenta y en la montaña de eternidad, te ordeno que me obedezcas en el submundo».

Apéndice: Los tres capítulos siguientes, que no están en el papiro de Ani, forman parte de un grupo de capítulos relacionados con el corazón. Éstos se han tomado de Naville, *Todtenbuch*, Bd. I, pl. XL, XLII y XXXIX.

Texto [Capítulo XXIXa]:[1] El capítulo de que el corazón no sea arrebatado en el submundo. Él dice: «Mi corazón (2) está conmigo, y nunca ocurrirá que me sea arrebatado. Yo soy el señor de corazones, el matador del corazón. (3) Yo vivo en la rectitud y en la verdad, y es allí donde tengo mi ser. Yo soy Horus, un corazón puro (4) dentro de un cuerpo puro. Yo vivo según mi palabra, y mi corazón vive. Que mi corazón no me sea arrebatado, (5) que no sea herido y que no se me hagan ni heridas ni cortes porque me haya sido arrebatado.[2] (6) Que exista yo en el cuerpo de mi padre Seb, y en el cuerpo de mi madre Nut. Yo no he obrado maldad (7) contra los dioses; yo no he pecado de jactancia».

Viñeta: El fallecido adorando un corazón  .

Texto [Capítulo XXXa]: (1) El capítulo de no (2) dejar que el corazón de un hombre le sea arrebatado en el submundo. [Él dice]:

«Vosotros que robáis corazones, y que hacéis que el corazón del hombre venga a la existencia según lo que él haya hecho; que él [su corazón] sea fortalecido por vosotros».

1. Véase Naville, *Todtenbuch*, Bd. I, Bl. 40.
2. Se entiende que es alguna palabra como  ; véase el texto en Lepsius.

«Mi corazón, mi madre; mi corazón, mi madre. Mi corazón de mi vida sobre la tierra. Que nada se alce (3) contra mí en el juicio en presencia del señor del juicio; que no se diga de mí y de mis actos: "Él ha hecho actos contra lo que es recto y verdadero"; que nada esté contra mí en presencia del gran dios, (4) señor de Amenta. Homenaje a ti, ¡oh, mi corazón! Homenaje a ti, ¡oh, mi corazón! Homenaje a vosotras, ¡oh, mis riendas![1] Homenaje a vosotros, ¡oh vosotros dioses! que gobernáis las divinas nubes, y que (5) estáis exaltados a razón de vuestros cetros; hablad cómodamente a Ra, y hacedme prosperar ante Nehebka». Y contempladle, aunque él se una a la tierra en sus partes más íntimas, y aunque sea extendido sobre ella, él no está muerto en Amenta, sino que allí es un ser glorificado.

Viñeta: El fallecido sosteniendo su corazón en el pecho con la mano izquierda, y arrodillándose ante un monstruo que tiene un cuchillo en la mano.

Texto [Capítulo xxviii]: (1) [El capítulo de] no dejar que el corazón del fallecido le sea arrebatado en el submundo. [Él dice]: (2) «Salve, ¡dios-León! Yo soy Un.[2] Lo que detesto es el bloque del dios. Que mi corazón no sea arrebatado por (3) el Luchador[3] en Annu. Salve a ti, que has reunido a Osiris y que has visto a Set. Salve a ti que vuelves de aplastarle y de destruirle. (4) Este corazón se sienta y llora en presencia de Osiris; este corazón lleva consigo el cayado por el que él le suplicó. Que me sea dado por él, que me sean decretadas por él las cosas ocultas[4] del corazón en la (5) casa de Usekh-hra; que le sea otorgado alimento por orden de los Ocho.[5] ¡Que mi corazón no me sea arrebatado! Yo hago que habites en tu lugar, juntando corazones en (6) Sekhet-hetepu, y años de fuerza en todos los lugares de fuerza, llevando alimento [?] en tu momento, con tu mano, en función de tu gran fuerza. Mi corazón está puesto sobre los altares de Tmu, (7) que lo lleva hasta la guarida de

---

1. Brugsch cree que la palabra significa hígado o riñones, o bien algún órgano especial; véase *Wörtenbuch*, p. 421.
2. Lectura ; otra variante dice «Yo soy Ra».
3. El ser representado en la viñeta.
4. Variante *ta ab*, «calidez de corazón».
5. Variante *Re xemennu*, «Boca de Hermópolis».

Set; él me ha dado mi corazón, cuya voluntad ha sido hecha por los divinos gobernantes en Neter-khert. Cuando ellos encuentran la pierna[1] y los vendajes, los entierran».

Viñeta: Ani y su esposa Thuthu, cada uno de ellos sosteniendo un emblema de aire  en la mano izquierda, y bebiendo agua con la mano derecha de un estanque , en cuyos bordes hay palmeras llenas de frutos.

Texto [Capítulo lviii]: (1) El capítulo de respirar el aire y de tener poder sobre el agua en el submundo. Dice Osiris Ani: «¡Ábrete a mí! ¿Quién eres tú, entonces, y de dónde vienes? (2) Yo soy uno de vosotros. ¿Quién está contigo? Es Merti. Sepárate de él, uno de otro, cuando entres en Mesqen. Él me deja navegar al templo de los seres divinos que han hallado sus rostros [?]. (84) El nombre de la barca es «Ensamblador de almas»; el nombre de los remos es «Que hace que el pelo se erice»; el nombre de la empuñadura es «Bueno»; (5) y el nombre del timón es «Dirigiéndose hacia el medio» [...].[2] (6) Otorgadme vasijas de leche, junto con pasteles, rebanadas de pan, copas de bebida y carne en el templo de (7) de Anubis».

Rúbrica: Si este capítulo fuera conocido [por Ani], él entrará después de haber salido del submundo.

Viñeta: Ani arrodillándose junto a un estanque de agua , donde crece el sicómoro; en el árbol aparece la diosa Nut vertiendo agua en las manos de Ani desde un jarrón .

Texto [Capítulo lix]: (1) El capítulo de oler el aire y de obtener poder sobre las aguas en el submundo. Dice Osiris Ani: «¡Salve,

1. Este significado viene indicado por el determinativo en la variante dada por Naville, *Todtenbuch*, Bd. II, Bl. 95. Toda la frase puede tener sentido de rúbrica.
2. Este texto parece estar corrupto, o al menos han sido omitidas algunas palabras, porque el pasaje equivalente en Lepsius dice:

La lectura alternativa indicada por  *ki t'et* muestra que este pasaje ofreció dificultades a los antiguos lectores egipcios.

árbol sicómoro de la diosa Nut! Dame del agua y del aire que están en ti. (2) Yo abrazo tu trono que está en Unnu,[1] y vigilo y guardo (3) el huevo del Gran Cacareador. Él crece y yo crezco; él vive y yo vivo; (4) él huele el aire, yo huelo el aire, yo Osiris Ani, en triunfo».

VIÑETA: Ani sentado sobre una silla ante una mesa de ofrendas ;[2] en su mano derecha sostiene el cetro *kherp* ,[3] y en la izquierda el cayado.

TEXTO [CAPÍTULO XLIV]: (1) EL CAPÍTULO DE NO MORIR POR SEGUNDA VEZ EN EL SUBMUNDO.[4] Dice Osiris Ani: «Mi lugar de ocultación está abierto, mi escondrijo ha sido revelado. La luz ha brillado (2) en la oscuridad. El ojo de Horus ha ordenado que yo venga al ser, y el dios Ap-uat ha cuidado de mí. Yo me he escondido (3) con vosotras, oh estrellas que nunca os ponéis. Mi frente es como la de Ra; mi rostro está abierto; (4) mi corazón está en su trono; yo pronuncio palabras, y sé; en verdad, yo soy Ra mismo. No soy tratado con desdén (5) ni se practica violencia contra mí. Tu padre, el hijo de Nut, vive para ti. Yo soy tu primer nacido, (6) y veo tus misterios. Yo soy coronado rey de los dioses, y no moriré por segunda vez en el submundo».

VIÑETA: La momia de Ani abrazada por Anubis, el dios de los muertos.

TEXTO [CAPÍTULO XLV]: (1) EL CAPÍTULO DE NO CORROMPERSE EN EL SUBMUNDO. Dice Osiris Ani: «¡Oh tú, que estás inmóvil como Osiris! ¡Oh tú, que estás inmóvil como Osiris! (2) ¡Oh tú, cuyos miembros están inmóviles como [los de] Osiris! Que tus miembros no se (3) queden inmóviles, que no se corrompan, que no se pierdan, que no se pudran; que se me trate (4) como si fuera el dios Osiris».

---

1. Hermópolis.
2. Para una descripción de cómo se representan los altares y otros objetos en los monumentos egipcios, véase Borchardt, «Die Darstellung innen verzierter Schalen aus Aegyptischen Denkmältern», *Aeg. Zeitschrift*, Bd. XXXI, 1893, p. 1).
3. Para un cetro *kherp* de bronce, véase el número 22.842 en la Segunda Sala Egipcia.
4. Los capítulos CLXXV y CLXXVI llevan el mismo título. Para el capítulo CLXXV, véase la placa XXIX. El capítulo CLXXVI (Naville, *Todtenbuch*, Bd. I, pl. CC) dice: «Lo que yo detesto en la tierra de Ábidos. Que nunca entre yo en la guarida, y que nunca me sean hechas las cosas que los dioses detestan, porque yo soy [...] puro dentro del Mesqet. Que Neb-ertcher me dé sus esplendores el día del funeral en presencia del Señor de las Cosas».
   «Si se llegara a conocer este capítulo [él] estará en la condición de aquel que ha sido absuelto en el submundo».

Rúbrica: Si Osiris Ani llega a conocer este capítulo, no se corromperá en el submundo.

Viñeta: Una puerta. Junto a uno de sus postes se alza el alma de Ani en forma de halcón con cabeza humana, y en el otro se levanta el pájaro.

Texto [Capítulo XLVI] (1) El capítulo de no perecer y de cobrar vida en el submundo. Dice Osiris Ani: «¡Salve, (2) hijos de Shu! ¡Salve, hijos de Shu, [hijos de] el lugar del amanecer, que como hijos de la luz habéis ganado posesión de su corona. Que yo me eleve y que avance como Osiris».

Viñeta: Ani, el escriba erguido con la espalda contra un bloque y un cuchillo.

Texto [Capítulo XL] (1) El capítulo de no entrar y dar con el bloque. Dice Osiris Ani: «Ra, el guardián de la tierra, ha unido los cuatro huesos[1] de mi cuello y de mi espalda para mí en el cielo. (2) Esto se me otorgó el día que se ordenó que surgiera de la debilidad y me plantara sobre mis dos pies, el día de (3) cortar el pelo. Los huesos de mi cuello y de mi espalda han sido unidos por Set, y por la compañía de los dioses, aunque ellos estaban (4) en el tiempo pasado; que no ocurra nada que los rompa y separe. Haced[me] fuerte ante el asesinato de mi padre. Yo he obtenido poder sobre las dos tierras. Nut ha reunido mis huesos, y [yo los] contemplo tal como eran en el tiempo pasado [y yo] [los] veo en el mismo orden en que estaban [cuando] los dioses no habían venido al ser (6) en formas visibles.[2] Yo soy Penti, yo, Osiris, el escriba Ani, triunfante, soy el heredero de los grandes dioses».

1. Añadiendo *Oest ftu*, del papiro de Nebseni.
2. Var. *axemu*. Respecto a esta palabra, véase Brugsch, *Wörterbuch* (Suppl.), p. 279.

PLACA XVII

Viñeta: Ani, de pie en adoración ante tres dioses, cada uno de los cuales sostiene un cetro 𓌀 en la mano izquierda, y el símbolo de la vida ☥ en la derecha.

Texto [Capítulo XCIII]: (1) El capítulo de no dejar que un hombre atraviese hacia el este en el submundo. Dice Osiris Ani: «Salve, virilidad de (2) Ra, que avanzó y derrotó a la oposición; las cosas que han estado sin movimiento durante miles de años vienen a ser a través del dios Baba. Por este acto, yo soy más fuerte que (3) los fuertes, y por este acto tengo más poder que los poderosos. Y, por lo tanto, ni seré alejado ni arrastrado por la fuerza hacia Oriente, para tomar parte en los festivales de los enemigos; (4) ni [se me harán] crueles cortes con cuchillos, ni seré encerrado por todas partes, ni seré corneado por los cuernos [del dios Khepera...]»[1]

Viñeta: Ani adorando a un dios que está en una barca y cuya cabeza se encuentra vuelta hacia atrás.

Texto [Capítulo XCIIIa]: (1) Otro capítulo.[2] [Dice Osiris Ani:] «Entonces, los enemigos no me harán cosas malas, ni seré corneado por los cuernos [de Khepera]; y la virilidad de Ra, que es la cabeza de Osiris, no será tragada. Contémplame, (7) yo entro en mi morada y recojo la cosecha. Los dioses hablan conmigo. (8) No los cornees, oh Ra-Khepera. En verdad, la enfermedad no surgirá en el ojo de Tmu, ni él (9) será destruido. Que me lleven a un extremo, que no me lleven al este para tomar parte en los festivales de los antagonistas, que son mis enemigos; (10) que no me hagan cortes crueles. Yo, Osiris, el escriba Ani, el contable de las divinas ofrendas de todos los dioses, triunfante con feliz victoria, el señor que ha de ser reverenciado. Que no me lleven hacia el este».

Texto [Capítulo XLIII]: (1) El capítulo de no dejar que la cabeza de un hombre le sea cortada en el submundo. Dice Osiris Ani: (2) «Yo soy el Grande, hijo del Grande; yo soy Fuego, el hijo del

1. El texto del resto de este capítulo está alterado.
2. En otros papiros antiguos, estos dos capítulos forman uno; la división probablemente surgió de un error del escriba.

Fuego, a quien le fue (3) dada su cabeza después de que hubiera sido cortada. La cabeza de Osiris no fue separada de él; que la cabeza de Osiris Ani no sea (4) alejada de él. Yo he cosido mis huesos, me he completado y estoy sano; he rejuvenecido una vez más; yo soy Osiris, el Señor de eternidad».

Viñeta: La momia de Ani tumbada sobre un ataúd; encima está su alma en forma de pájaro con cabeza humana, sosteniendo un *shen*, el emblema de la eternidad, en las garras. En la cabeza y los pies hay un quemador de incienso con fuego en su interior.

Texto [Capítulo LXXXIX]: (1) El capítulo de hacer que el alma se una con su cuerpo en el submundo. Dice Osiris Ani: «¡Salve a ti, dios Annitu! ¡Salve, oh Corredor, (2) que habitas en tu salón! Oh tú, gran dios, otórgame que mi alma venga a mí desde donde esté. Si se demora, entonces tráeme (3) tú mi alma desde donde quiera que se halle. [Si me] encontraras, oh Ojo de Horus, haz que me yerga como esos seres que son como Osiris, y que nunca yacen muertos. Que Osiris Ani, (4) triunfante, triunfante, no yazca muerto en Annu, la tierra donde las almas se unen a sus cuerpos, por millares. Mi alma se lleva consigo mi espíritu victorioso (5) donde quiera que va[1] [...]. (6) Si se retrasa, otórgame que mi alma mire sobre mi cuerpo. [Si me] hallaras, oh Ojo de Horus, haz que me ponga de pie como esos[2] [...]. (7) Salve, dioses, que remáis en la barca del señor de millones de años, que la remolcáis (8) por encima del submundo, que la hacéis pasar sobre los caminos de Nu, que hacéis que las almas entren en sus glorificados cuerpos, (9) vuestras manos están llenas de rectitud, y vuestros dedos agarran vuestros cetros; destruid al enemigo. (10) La barca del Sol se regocijó, y el gran dios avanzó en paz. Mirad [oh dioses], otorgadme que esta alma de Osiris Ani (11) emerja triunfante ante los dioses, y triunfante ante vosotros, desde el horizonte oriental del cielo, para seguir hasta el lugar donde estaba ayer, en paz, en paz, en Amenta. (12) Que él contemple su cuerpo, que descanse en su marco glorificado, que nunca perezca y que su cuerpo nunca vea corrupción».

1. Aquí han sido omitidas algunas palabras.
2. *Idem.*

Rúbrica: Para ser dicha sobre [la figura de] el alma dorada con incrustaciones de piedras preciosas, que debe ponerse sobre el cuello de Osiris.

Viñeta: El alma de Ani, en forma de pájaro con cabeza humana, alzándose frente a un pilón.[1]

Texto [Capítulo xci]: (1) El capítulo de no dejar que el alma de un hombre esté cautiva en el submundo. Dice Osiris Ani: «Salve a ti que estás exaltado, tú que eres adorado, (2) tú poderoso sobre las almas, tú Ram [o Alma], poseedor de terrible poder, que pones el temor a ti en los corazones de los dioses, ¡estás coronado en tu poderoso trono! Él es quien ha hecho camino para el *khu* y para (3) el alma de Osiris Ani. A mí se me ha suministrado [lo que necesito], yo soy un *khu* al que se ha administrado [lo que necesita], he recorrido mi camino hacia el lugar donde están Ra y (4) Hathor».

Rúbrica: Si llegase a conocer este capítulo, Ani será como un ser resplandeciente, plenamente equipado en el submundo. Él no será detenido en ninguna puerta del submundo, no se le impedirá entrar y salir millones de veces.

Viñeta:[2] Ani de pie en la puerta de la tumba, y la sombra de Ani acompañada por su alma.

Texto [Capítulo xciii]: (1) El capítulo de abrir la tumba al alma de la sombra, de emerger de día y ejercer dominio sobre las

1. Las tres variantes siguientes muestran: (1) el alma volando a través de la puerta de la tumba hacia el fallecido; (2) al fallecido, acompañado por su alma, de pie ante la puerta abierta de la tumba, y (3) al fallecido, con su alta revoloteando sobre él, de pie dando la espalda a la puerta de la tumba, sobre la que hay un disco con el sol desplegando sus rayos.

Figura 1

Figura 2

Figura 3

2. Véase placa xviii.

PIERNAS. Dice Osiris, el escriba Ani, triunfante: «(2) El lugar de aprisionamiento está abierto, aquello que estaba cerrado está cerrado,[1] y [...]; el lugar de aprisionamiento está abierto para mi alma [según la orden de][2] el ojo de Horus. Yo he enlazado y establecido (3) glorias sobre la frente de Ra. [Mis] pasos son largos, [mis] muslos son elevados; yo he recorrido el gran camino, y mis miembros son fuertes. (4) Yo soy Horus, el vengador de su padre, y traigo la corona *ureret* para que descanse en su lugar. El camino de las almas está abierto [a mi alma].

PLACA XVIII

»Mi alma (5) ve al gran dios dentro de la barca de Ra en el día de las almas. Mi alma está (6) al frente, entre ésas que cuentan los años. Ven; el ojo de Horus, que establece las glorias (7) sobre la frente de Ra y rayos de luz sobre los rostros de aquellos que están con los miembros de Osiris, ha salvado mi alma. (8) Oh, no encerréis mi alma, no encadenéis mi sombra; (9) que puedan contemplar al gran dios dentro del templo el día del juicio de las almas, que yo repita las palabras de Osiris. (10) Que esos seres cuyas moradas están ocultas, que encadenan los miembros de Osiris, que encadenan las almas de los *khu,* que encierran (11) la sombra de los muertos y pueden hacerme mal [...] que no me hagan mal, que alejen sus caminos de mí. Tu corazón (12) está contigo; que mi alma y mi *khu* estén preparadas contra su ataque. Que me siente entre los grandes gobernantes que (13) habitan en sus residencias; que mi alma no sea aprisionada por aquellos que encadenan los miembros de Osiris, y que encadenan las almas, y que encierran (14) la sombra de los muertos. El lugar que tú posees, ¿no es el cielo?».

Rúbrica: Si llega a conocer este capítulo, él emergerá de día y su alma no quedará encerrada.

1. El papiro de Nebseni dice: .

2. Añadiendo  del papiro de Nebseni.

Viñeta: Ani arrodillado, con ambas manos elevadas en adoración, al lado de la barca Seker[1]  situada sobre su trineo.

Texto [Capítulo LXXIV]: (1) El capítulo de caminar con las dos piernas y de aparecer sobre la tierra. Dice Osiris Ani: «Tú has hecho todo tu trabajo, oh Seker, tú has hecho todo tu trabajo, oh Seker, en el lugar donde vives, dentro de mis piernas en el (2) submundo. Yo brillo por encima de la Pierna[2] del Cielo, yo vengo del cielo; me reclino con los espíritus (3) glorificados. Sin embargo, soy débil y endeble; sin embargo, soy débil y endeble. Yo camino. Soy débil y endeble en la (4) presencia de aquellos que hacen rechinar los dientes en el submundo, yo Osiris, el escriba Ani, triunfante en paz».

Viñeta: El emblema de Amenta , y Ani de pie con un bastón en la mano izquierda.

Texto [Capítulo VIII]: (1) El capítulo de cruzar Amenta, y de aparecer de día. Dice Osiris Ani: «La hora [?] se abre; (2) la cabeza de Thoth está sellada; perfecto es el ojo de Horus. Yo he rescatado al ojo de Horus que brillaba con esplendor sobre la frente de Ra, (3) el padre de los dioses. Yo soy el mismo Osiris, habitando en Amenta. Osiris conocía su día y que él no viviría allí; yo tampoco viviré allí. (4) Yo soy la luna entre los dioses; no tendré final. Álzate, por tanto, oh Horus; Osiris te ha contado entre los dioses».

Texto [Capítulo II]: (1) El capítulo de aparecer de día y de vivir después de la muerte. Dice Osiris Ani: «Salve, Único, ¡brillando desde la luna! (2) Salve, Único, ¡brillando desde la luna! Otorga que Osiris Ani pueda emerger entre las multitudes que te rodean, (3) que se establezca como morador entre los resplandecientes y que el submundo esté abierto para él. Y contempla, Osiris, (4) Osiris Ani aparecerá de día para hacer su voluntad sobre la tierra, entre los vivos».

Viñeta: Ani, de pie con ambas manos elevadas en adoración ante un carnero coronado con plumas y un disco ; enfrente del carnero hay una mesa, sobre la que se sitúan una jarra de libación y una flor de loto.

---

1. El dios Seker era una forma del sol de la noche, como Ptah, Osiris y Tanen; véase Lanzone, *Dizionario*, p. 1113.
2. El nombre de una constelación.

Texto [Capítulo ix]: (1) El capítulo de aparecer de día, después de haber atravesado la tumba. Dice Osiris Ani: «Salve, alma, ¡tú que eres de fuerza poderosa! (2) Verdaderamente yo estoy aquí, he venido, te contemplo. Yo he atravesado el submundo, he visto [a mi] padre (3) Osiris, he desparramado la penumbra de la noche. Yo soy su amado. Yo he venido; contemplo a mi padre (4) Osiris. Yo he apuñalado a Set en el corazón. He hecho las cosas que necesitaba mi padre Osiris. (5) Yo he abierto todos los caminos en el cielo y en la tierra. Soy el querido hijo de mi padre Osiris. (6) Yo he venido como gobernante, he venido glorioso, estoy provisto [de lo que necesito]. Salve a vosotros dioses, y a todos vosotros, seres resplandecientes, abrid un camino para mí, el Osiris, el escriba Ani, triunfante».

Viñeta: Ani, con un cayado en la mano izquierda, de pie ante una puerta.

Texto [Capítulo cxxxii]: El capítulo de hacer que un hombre vuelva a ver otra vez su hogar sobre la tierra. Dice Osiris Ani: «Yo soy el dios-León (2) avanzando a grandes pasos. Yo he disparado las flechas, he herido [a las presas], he herido a las presas. Yo soy el Ojo de Horus; he abierto el (3) ojo de Horus en su hora. Yo vengo a los surcos. Que Osiris Ani entre en paz».

Viñeta: Ani atravesando una serpiente [con un arma].

Texto [Capítulo x [xlviii]]: Otro capítulo de aquel que avanza de día contra sus enemigos en el submundo. Dice Osiris Ani: «Yo he dividido los cielos, (2) he pasado por el horizonte, he atravesado la tierra, [siguiendo] sus pasos. Yo he sido llevado por los poderosos y resplandecientes, contempla, (3) estoy provisto de millones de años que poseen virtudes mágicas. Yo como con mi boca, mastico con mis mandíbulas; y, contempla, (4) yo soy el dios que es señor del submundo. Que se me sea dé a mí, Osiris Ani, eso que mora eternamente sin corrupción».

PLACA XIX

VIÑETA: Ani de pie con ambas manos elevadas en adoración ante Ra, que tiene cabeza de halcón y está sentado sobre la barca que flota en el cielo . Sobre los arcos se sienta Heru-pa-khrat (Harpócrates) u «Horus el niño», y el costado está ornamentado con plumas de Maat  y el *utchat* . Los mangos de los remos y los extremos de los escálamos tienen forma de cabeza de halcón, y sobre las hojas de los remos están inscritos los jeroglíficos .

TEXTO [CAPÍTULO XV]: (1) UN HIMNO DE ALABANZA A RA CUANDO SE ALZA SOBRE EL HORIZONTE Y CUANDO SE PONE EN LA [TIERRA DE] VIDA. Dice Osiris, el escriba Ani: «Homenaje a ti, oh Ra, (2) cuando te alzas [como] Tmu-Heru-khuti [Harmachis]. Tú eres adorado [por mí] cuando mis ojos contemplan tus bellezas, y cuando tus brillantes rayos (3) [caen] sobre mi cuerpo. Tú avanzas en paz en la barca *sektet* con [buenos] vientos, y tu corazón está contento; [tú avanzas] en la barca *atet*, (4) y su corazón está contento. Tú avanzas sobre los cielos en paz, y tus enemigos son abatidos; las estrellas (5) que nunca descansan te cantan himnos de alabanza, y las estrellas que nunca se ponen te glorifican cuando (6) te pones en el horizonte de Manu, oh tú que eres precioso en las dos bandas del cielo, tú, señor, que vives y estás establecido, ¡oh señor mío! Homenaje a ti, oh tú, que eres Ra cuando te alzas y Tmu (7) cuando te pones con gran belleza. Tú te alzas y brillas sobre la espalda de tu madre [el cielo], oh tú que has sido coronado rey (8) de los dioses. Nut te rinde homenaje, y el orden eterno e inmutable te abraza por la mañana y por la tarde. Tú caminas sobre el cielo, sintiéndote contento en tu corazón, y el Lago de (9) Testes está en paz. El enemigo ha caído al suelo; sus brazos y manos le han sido cortados, el cuchillo ha cortado sus articulaciones. Ra tiene buenos vientos (10); la barca *sektet* avanza y, navegando, llega a puerto. Los dioses del sur y del norte, del oeste y del este te ensalzan, (11) pues de ti proceden todas las formas de vida. Tú creaste el mundo, y la tierra está inundada de silencio, oh tú, Único, que viviste en el cielo antes de que se crearan las montañas y la tierra. (12) Oh Mensajero, Señor, Único, hacedor de las cosas que son, tú has moldeado la lengua de la compañía de los dioses, tú has extraído todo lo salido de las aguas, y tú brotaste de ellas sobre la tierra inundada del Lago de Horus. (13) Hazme oler el aire que sale de tus fosas nasales, y el viento del norte surgido de tu madre [el Cielo]. Glorifica mi forma brillante, oh Osiris, fortalece (14) mi alma. Tú eres adorado en paz, oh señor de los dioses, tú eres exaltado por tus maravillosas obras. Brilla con tus rayos de luz sobre mi cuerpo día tras día, sobre mí, (15) Osiris, el escriba, el contable de las divinas ofrendas de todos los dioses, el supervisor de los graneros de los señores de Ábidos, el real escriba verdadero, que amó a Ra; Ani, triunfante en paz».

Viñeta: Ani de pie con ambos brazos elevados en adoración. Detrás de él está su esposa:

Ȧusȧr nebt per qemātet en Ȧmen θuθu

Osiris, la señora de la casa, sacerdotisa de Amen, Thuthu.

Texto [Capítulo xv]: (1) Un himno de alabanza. «Oh Osiris, señor de eternidad, Un-nefer, Horus de los dos horizontes, cuyas formas son múltiples, cuyas creaciones son innumerables, (2) Ptah-Seker-Tem en Annu, señor de la tumba, y creador de Menfis y de los dioses, el guía del submundo, [los dioses] (3) te glorifican cuando te pones en Nut. Isis te abraza en paz y aleja a los enemigos de la boca de (4) tus caminos. Tú vuelves tu rostro sobre Amenta, haces que el mundo brille como metal *smu*. Los muertos se alzan para contemplarte, ellos respiran el (5) aire y miran tu rostro cuando el disco brilla en el horizonte; sus corazones están en paz porque te contemplan, oh tú que eres la eternidad y la eterna duración.»

[Letanía:] (1) «Homenaje a ti, [oh señor de] las deidades estelares en An, y de los seres celestiales en Kher-aba; tú, dios Unti, que eres más glorioso que los dioses ocultos en Annu.

(2) »Homenaje a ti, oh An en Antes [?], Horus, que habitas en ambos horizontes, con largos pasos atraviesas el cielo, oh tú que habitas en ambos horizontes.

(3) »Homenaje a ti, oh Alma de eterna duración, Alma que habitas en Tattu, Un-nefer, hijo de Nut; tú eres señor de Akert.

(4) »Homenaje a ti que dominas sobre Tattu; la corona *ureret* está sobre tu cabeza; tú eres el Uno cuya fuerza está en sí mismo, y habitas en paz en Tattu.

(5) »Homenaje a ti, oh señor del árbol de acacia, la barca *seker* está establecida sobre su trineo; tú rechazas al enemigo, al que obra el mal, y haces que el *utchat* descanse sobre su asiento.

(6) »Homenaje a ti, oh tú que eres poderoso en tu hora, tú gran y poderoso dios, morador en Na-aret-f, señor de eternidad y creador de la eterna duración; tú eres el señor de Suten-henen.

(7) »Homenaje a ti, oh tú que descansas sobre la Rectitud y Verdad, tú eres el señor de Abtu, y tus miembros son unificados en Ta-sertet; tú eres el que detesta el fraude y el engaño.

(8) »Homenaje a ti, oh tú que estás dentro de tu barca, tú hiciste brotar a Hapi [el Nilo] de su fuente; la luz brilló sobre tu cuerpo, y tú eres el que habita en Nekhen.

(9) »Homenaje a ti, oh creador de los dioses, tú, Rey del norte y del sur; oh Osiris, victorioso, gobernante del mundo en tus graciosas estaciones; tú eres el señor del mundo.

»Oh, otórgame un camino por el que pueda avanzar en paz, puesto que soy justo y sincero; no he dicho mentiras a sabiendas, ni he hecho nada engañosamente».

PLACA XX

Viñeta: Osiris e Isis en un templo sepulcral.

Texto [Capítulo xv]: (1) Un himno de alabanza a Ra cuando se alza en la banda oriental del cielo. Aquellos que están en su séquito (2) se regocijan, y he aquí que Osiris Ani, en triunfo, dice: «Salve a ti, Disco, tú, señor de los rayos, que te alzas (3) en el horizonte día tras día. Brilla con tus rayos de luz sobre mi rostro de Osiris Ani, victorioso; porque él te canta himnos de alabanza al (4) amanecer, y te dedica palabras de adoración cuando te asientas por la tarde. Que el alma de Osiris Ani, el triunfante, emerja contigo (5) del cielo, que él avance en la barca *matet*, que venga a puerto en la barca *sektet*, que se abra camino entre las (6) estrellas del cielo que nunca descansan».

Osiris Ani, estando en paz y en triunfo, adora a su señor, el señor de (7) eternidad, diciendo: «Homenaje a ti, oh Horus de los dos horizontes, que estás en Khepera, el autocreado; cuando te alzas en el horizonte y (8) extiendes tus rayos de luz sobre las tierras del norte y del sur, eres precioso, eres precioso, y todos los dioses se regocijan al contemplarte, (9) Rey del cielo. La diosa Nebt-Unnut está establecida sobre tu cabeza; sus porciones del sur y del norte están sobre tu frente; (10) ella toma su lugar ante ti. El dios Thoth está establecido sobre los arcos de tu barca para destruir completamente a todos tus enemigos. (11) Los que viven en el submundo salen a encontrarse contigo, inclinándose en homenaje al venir hacia ti, y contemplando [tu] hermosa (12) imagen. Y yo he venido ante ti para poder estar contigo, para contemplar tu Disco cada día. Que no me quede encerrado en la tumba, que no sea yo rechazado (13), que los miembros de mi cuerpo sean hechos de nuevo cuando contemple tus bellezas, como hacen tus favorecidos, (14) porque yo soy uno de los que te adoraron mientras vivía sobre la tierra. Que venga yo a la tierra de eternidad, que pueda llegar (15) a la tierra de eterna duración, porque, contempla, oh señor mío, esto es lo que tú has ordenado para mí».

Y he aquí que Osiris Ani, triunfante en paz, el triunfante, dice: (16) «Homenaje a ti, oh tú, que te elevas en tu horizonte como Ra, tú estás establecido por una ley que no cambia ni puede ser alterada. Tú atraviesas el cielo, y todos los rostros te contemplan (17) y contemplan tu curso, porque has estado oculto a su vista. Te muestras al amanecer y al atardecer día tras día. (18) La barca *sektet*, en la que está tu majestad, avanza con poderío; tus rayos brillan sobre [todos] los rostros; [el número] de tus rayos amarillos no puede ser conocido, ni tus brillantes rayos (19) pueden ser contados. Las tierras de los dioses y los colores de las tierras de Punt se deben ver antes de que eso que está oculto (20) [en ti] pueda ser medido [por el hombre]. Solo, por ti mismo, te manifiestas [cuando] vienes a ser sobre Nu. Que Ani (21) avance, tal como tú avanzas; que nunca cese [de avanzar], tal como tu majestad no cesa [de avanzar], ni siquiera por un momento; porque con tus pasos (22) en un momento, atraviesas los espacios que necesitarían cientos de miles y millones de años [para que el hombre los atraviese; esto] haces tú, y después te ocultas. Tú (23) pones fin a las horas de la noche, y tú mismo las numeras; las acabas en la estación que designas, y la tierra se convierte en luz. (24) Tú te pones ante tus creaciones tal como lo hace Ra;[1] te elevas en el horizonte».

Osiris, el escriba Ani, triunfante, te alaba (25) cuando brillas, y cuando te elevas al amanecer, él llora de alegría al verte nacer: (26) «Tú estás coronado con la majestad de tus bellezas; tú moldeas tus miembros a medida que avanzas, y los llevas adelante sin dolores de parto en forma de Ra, (27) mientras asciendes hacia el aire superior. Otórgame que venga al cielo imperecedero, y a la montaña [donde habitan] tus favoritos. (28) Que me una con estos seres brillantes, santos y perfectos, que están en el submundo; y que me manifieste con ellos para contemplar tus bellezas cuando brillas (29) al atardecer y vas a tu madre Nut.

PLACA XXI

»Tú sitúas el disco en el oeste, y mis dos manos están [alzadas] en adoración [a ti] cuando te pones (30) como un ser vivo. Mira, tú eres el creador de la eternidad, y eres adorado [cuando] te pones en los cielos. Yo te he dado mi corazón sin titubear, (31) oh tú, que eres más poderoso que los dioses».

Osiris Ani, triunfante, dice: «Un himno de alabanza a ti, oh tú, que te alzas (32) como oro, y que inundas el mundo de luz el día de tu nacimiento. Tú madre te dio nacimiento sobre [su] mano, y tú proyectas luz sobre el curso del Disco. (33) Oh tú, poderosa Luz, que brillas en los cielos, tú fortaleces las generaciones de hombres con la inundación del Nilo, y produces alegría en todos los países, en todas las (34) ciudades, y en todos los templos. Tú eres gloriosa por tu esplendor, y fortaleces tu *ka* con alimentos *hu* y *tchefau*. Oh, tú eres el poderoso, lleno de victorias, (35) tú eres el Poder de [todos] los Poderes, y fortaleces tu trono

1. Hay un juego de palabras con  y .

contra los poderes de la maldad; oh tú que eres glorioso en majestad en la barca *sektet*, y excesivamente (36) poderoso en la barca *atet*, haz glorioso a Osiris Ani con una victoria en el submundo; otórgale que esté vacío de pecado (37) en el submundo. Yo te ruego que ocultes [sus] faltas detrás de ti; otórgale que sea uno de tus venerables sirvientes, (38) los que están con los seres resplandecientes; que él se una a las almas en Tasertet; y que viaje a Sekhet-Aaru (39) por una ruta feliz y próspera, él, el Osiris, el escriba Ani, triunfante.

»(40) Tú avanzarás en el cielo, pasarás sobre el cielo, te unirás a las deidades estelares. (41) Alabanzas te serán ofrecidas en tu barca, recibirás himnos en la barca *atet*, (42) tú contemplarás a Ra dentro de su templo, te pondrás con su disco día tras día, verás (43) el pez *ant* cuando venga a la existencia en las aguas turquesa, y verás (44) el pez *abtu* cuando llegue su hora. Que el Malvado caiga cuando planee una trampa para destruirme, (45) y que las articulaciones de su cuello y de su espaldas sean cortadas y separadas.

»Ra [navega] con viento favorable, y la barca *sektet* se acerca (46) y viene a puerto. Los marineros de Ra se regocijan, y el corazón de Nebtankh (47) está contento, porque el enemigo de su señor ha caído al suelo. Tú contemplarás a Horus vigilante [en la Barca], y a Thoth y Maat a sus dos lados. (48) Todos los dioses se regocijan cuando contemplan a Ra venir en paz (49) para hacer vivir a los corazones de los resplandecientes. Que Osiris Ani, triunfante, el escriba de las divinas ofrendas de los señores de Tebas, esté con ellos».

VIÑETA: Ra, con cabeza de halcón, con el disco sobre la cabeza y el emblema de la vida ☥ sobre las rodillas, sentado en la barca solar;[1] ante él se alza Ani con ambas manos elevadas en adoración.

TEXTO [CAPÍTULO CXXXIII]: (1) PARA SER PRONUNCIADO EN EL DÍA DEL MES.[2] (2) Osiris Ani, el escriba, triunfante en paz, triunfante, dice: «Ra se alza (2) en su horizonte, y la compañía de los dioses sigue al dios

1. En el papiro de Nebseni, el dios está sentado en un trono, y sostiene el cetro 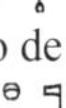 en la mano derecha; en el papiro de Turín (Lepsius, Bl. 54), el dios está sentado dentro de un templo.
2. Este capítulo recibe el título general de 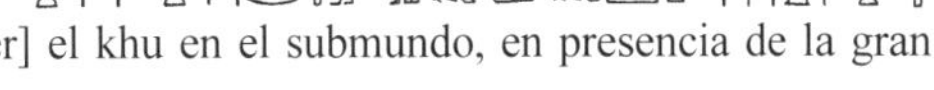 «El libro de perfeccionar [o fortalecer] el khu en el submundo, en presencia de la gran compañía de los dioses».

cuando aparece desde su lugar secreto, cuando muestra fuerza y se manifiesta (3) desde el horizonte oriental del cielo a la palabra de la diosa Nut. Ellos se regocijan con los viajes de Ra, el Anciano, el Grandioso (4) que recorre su curso. Tus articulaciones están cosidas,[1] oh Ra, dentro de tu templo. Tú respiras los vientos, extraes las brisas, (5) haces que tus mandíbulas coman en tu morada el día en que desprendes aromas de rectitud y verdad. Tú dejas de lado a los divinos seguidores (6) [que] navegan tras la barca sagrada para que puedan volver de nuevo sobre los poderosos según tu palabra. Tú numeras tus huesos, reúnes tus miembros, (7) giras el rostro hacia la hermosa Amenta, vas más allá, renovado día tras día. Contempla tu Imagen de oro, que posee los esplendores (8) del Disco del cielo, tú, señor de terror; tú vas rodando y eres renovado día tras día. Salve, hay (9) regocijo en el horizonte del cielo, y se elevan gritos de alegría al ver las cuerdas que te remolcan. Que los dioses que habitan en (10) el cielo alaben a Osiris Ani, cuando le contemplan triunfante, como Ra. Que Osiris, el escriba Ani, sea un príncipe (11) conocido por la corona *ureret*; y que ofrendas de carne y de bebida le sean proporcionadas a Osiris Ani, triunfante; que crezca hasta ser extremadamente fuerte en su cuerpo; y que él sea el jefe (12) de los que están en presencia de Ra. Que Osiris, el escriba Ani, triunfante, sea fuerte sobre la tierra y en el mundo que está debajo de la tierra; y (13) oh Osiris, escriba Ani, triunfante, que te eleves fortalecido como Ra, día tras día. Osiris Ani, triunfante, no se demorará, (14) ni descansará inmóvil en la tierra para siempre. Claramente, claramente él verá con sus dos ojos, y con sus dos oídos oirá lo que es recto y verdadero. (15) Osiris, el escriba Ani, triunfante, vuelve, vuelve de Annu; Osiris Ani, triunfante, él es como Ra cuando alinea los remos (16) entre los seguidores de Nu.

1. O «tú estás exaltado».

PLACA XXII

»Osiris Ani, triunfante, no ha revelado lo que ha visto, (17) él no ha, él no ha repetido lo que ha oído en la casa oculta. Salve, hay gritos de alegría dedicados a Osiris Ani, triunfante, (18) porque él es un dios y la carne de Ra, él está en la barca de Nu, y su *ka* se siente complacido según la voluntad del dios. (19) Osiris Ani, triunfante, está en paz, él es triunfante como Horus, y es poderoso porque tiene diversas formas».

Viñeta: Ra sentado en una barca, navegando por la bóveda celeste hacia un cielo repleto de estrellas.

Rúbrica: Estas palabras serán recitadas sobre una barca (20) de siete codos de largo, y pintada de verde para los gobernantes divinos. Entonces tú harás un cielo de estrellas (21), lavado y purificado con natrón e incienso. Contempla, tú harás una imagen (22) de Ra sobre una mesa de piedra pintada de amarillo [?], que será puesta en la parte anterior de la barca. (23) Contempla, tú harás una imagen del fallecido, de fuerza perfecta (24) en la barca; y la harás navegar en la divina barca de Ra, (25) y Ra mismo la mirará allí. Tú no se la enseñarás a ningún hombre sino a ti mismo, (26) a tu padre o a tu hijo; deja que ellos miren con sus rostros, y él será visto en el submundo como mensajero de Ra.

Viñeta: Ra, con cabeza de halcón y llevando un disco sobre ella, sentado en una barca; ante él hay un gran disco.

Texto [Capítulo cxxxiv]: (1) Un himno de alabanza a Ra el día del mes en el que navega en la barca. [Osiris, el escriba Ani, dice]: «Homenaje a ti, ¡oh tú que estás en la barca! Tú te alzas, te elevas, (2) brillas con tus rayos, y has hecho que la humanidad se regocije durante millones de años según tu voluntad. Tú muestras tu rostro a los seres que has creado, oh Khepera, (3) en tu barca. Tú has derrocado a Apep. Oh, vosotros, hijos de Seb, derrocad a los enemigos de Osiris (4) Ani, triunfante, destruid a los adversarios de la rectitud de la barca de Ra. Horus os cortará la cabeza (5) en el cielo, como si fuerais patos; caeréis sobre la tierra y os convertiréis en bestias, y en el agua y seréis como peces. [Osiris, el escriba Ani], destruye a cada enemigo hostil, macho (6) y hembra, tanto si vuela por el cielo como si aparece sobre la tierra, o si procede del agua, o si pasa ante las deidades estelares; y Thoth les fortalece

[...] (8) viniendo desde Anreti. Osiris, el escriba Ani, está silencioso y se convierte en el segundo de Ra. Mira al dios, el gran matarife, (9) es muy temible, él se lava en tu sangre, se baña en tu sangre coagulada; Osiris, (10) el escriba Ani, los destruye desde la barca de tu padre Ra-Horus. La madre Isis dio a luz a Osiris, el escriba (11) Ani, triunfante, cuyo corazón vive, y Neftis lo alimenta (12); tal como hicieron con Horus, que expulsó a los enemigos de Sut. Ellos vieron la corona *urertu* sobre su cabeza, y cayeron de bruces. Contemplad, seres resplandecientes, vosotros hombres (14) y dioses, vosotros malditos, cuando contempléis a Osiris Ani, triunfante como Horus, y adorado (15) a causa de la corona *ureret*, caed de bruces; porque Osiris Ani es victorioso (16) sobre sus enemigos en los cielos superiores y [sobre la tierra] de debajo, en presencia de los gobernantes divinos, (17) de todos los dioses y diosas».

Rúbrica: Estas palabras serán recitadas sobre un gran halcón que tenga la corona blanca sobre su cabeza. Entonces los nombres de Tmu, (18) Shu, Tefnut, Seb, Nut, Osiris, Isis y Neftis serán escritos con color verde sobre una (19) nueva mesa, untada con ungüentos y puesta en la barca, junto con una figura del fallecido. (20) Entonces ellos pondrán incienso sobre el fuego, y pondrán a asar patos. (21) Éste es un rito de Ra cuando viene su barca; y hará que el fallecido vaya con Ra donde quiera que navegue y, verdaderamente, los enemigos de Ra serán (22) sacrificados. El capítulo de la barca *sektet* será recitado el sexto día del festival.

VIÑETA: La escalera por la que el alma pasa del submundo al cuerpo.[1]

1. En el apéndice de las placas V y VI (véase anteriormente, p. 474), hay una reproducción del papiro de Neb-set de París, en la que aparece una escena del alma del fallecido descendiendo por una escalera con alimento para el cuerpo que está en la tumba inferior.

PLACAS XXIII Y XXIV (1)

La totalidad de la placa XXIII y parte de la placa XXIV contienen una repetición del capítulo XVIII del *Libro de los Muertos*, que también se da en las placas XIII y XIV. Sin embargo, el orden de las deidades en la viñeta es ligeramente diferente.

PLACA XXIV (2)

VIÑETA: Ani y su esposa adorando a tres dioses que están sentados sobre un pilón o pedestal con forma de puerta.

TEXTO [CAPÍTULO CXXIV]: (1) EL CAPÍTULO DE PRESENTARSE ANTE LOS DIVINOS GOBERNANTES DE OSIRIS. Osiris, el escriba Ani, triunfante, dice: «Mi alma ha construido para mí un lugar (2) que habitar en Tattu. Yo me he hecho fuerte en la ciudad de Pe. Yo he labrado [mis] campos de todas mis formas y mi palmera se erguía allí dentro como el dios Amsu. Yo no como lo que abomino, (3) no como lo que detesto; abomino lo que abomino, y no me alimento de excrementos. (4) Hay ofrendas de alimento y carne para aquellos que no son destruidos por ellas. Yo no me alzo sobre mis dos brazos para realizar abominación alguna; no camino por allí (5) con mis zapatos, porque mi pan está [hecho] de grano blanco y mi cerveza de cebada roja (6) del Nilo. La barca *sektet* y la barca *atet* me los traen, y yo me alimento de ellos (7) bajo los árboles, cuyas hermosas ramas yo mismo conozco. (8) ¡Qué gloriosa hago la corona blanca [cuando] levanto el *uraei*! (9) ¡Salve, guardián de la puerta, que das paz a las dos tierras, trae ante mí a ésos que hacen ofrendas! Otórgame que pueda (10) levantar la tierra, que los seres resplandecientes me abran sus brazos, que la compañía de los dioses (11) hable con las palabras de los resplandecientes a Osiris Ani, que los corazones de los dioses [le] dirijan (12) y puedan hacerle poderoso en el cielo entre los dioses que han tomado formas visibles. (13) Sí, que cada dios y cada diosa junto a quien haya pasado hagan que Osiris, el escriba Ani, sea triunfante en el nuevo año. Él se alimenta de corazones (14) y los consume cuando surge desde el este. Él ha sido juzgado por el antepasado de Luz. Es (15) uno de los resplandecientes, situado en el cielo entre los triunfantes. El alimento de Osiris, el escriba Ani, triunfante, son también (16) los pasteles y la cerveza hechos para sus bocas. Yo entro a través del Disco y salgo a través del dios Ahui. Hablo con los seguidores (17) de los dioses, hablo con el Disco, hablo con los resplandecientes, y el Disco me otorga la victoria en la (18) negrura de la noche, dentro de Meh-urt, cerca de su frente. Contempla, yo estoy con Osiris, y (19) proclamo aquello que él pronuncia entre los poderosos. Él me dice las palabras de los hombres, y yo escucho y (20) le digo las palabras de los dioses. Yo, Osiris Ani, triunfante, vengo convenientemente equipado para el viaje. Tú elevas la [rectitud y verdad] (21) por aquellos que los aman. Yo soy un ser resplandeciente, investido de poder, más poderoso que cualquier ser resplandeciente».

PLACA XXV

Viñeta: Una golondrina colgada de un objeto cónico pintado de rojo y verde.

Texto [Capítulo lxxxvi]: (1) Aquí comienzan los capítulos de hacer transformaciones. Transformarse en una golondrina. (2) Dice Osiris Ani, triunfante: «Yo soy la golondrina, [yo soy] la golondrina, [yo soy] el escorpión, la hija de Ra. (3) ¡Salve, oh dioses, cuyo aroma es dulce; salve, oh dioses, cuyo aroma es dulce! ¡Salve, oh Llama, surgida (4) del horizonte! Salve a ti, que estás en la ciudad. Que el Guardián del Recodo me guíe. Oh, extiende tus manos hacia mí (5) para que pueda pasar mis días en la Isla de la Llama. Yo he viajado con mi certificado. He venido con el poder que me otorga. Que las puertas se abran para mí. (6) ¿Cómo contaré lo que he visto allí dentro? Horus era como el príncipe de la barca sagrada, y le fue entregado el trono de su padre. Sut, el hijo de Nut, sufrió la caída que tenía preparada (7) para Horus. Aquel que está en Sekhem me juzgó. Yo estiré mis manos y mis brazos hacia Osiris. He sido introducido al juicio, y (8) he venido para poder hablar;

otórgame que pueda seguir adelante y transmitir mi mensaje. Tras haber sido juzgado, yo entro; salgo (9) por la puerta de Neb-er-tcher, magnificado y glorificado. Yo soy hallado puro en el gran lugar del tránsito [de las almas]. He alejado mis faltas. (10) Me he deshecho de mis ofensas. He arrojado los pecados que formaban parte de mí. Yo, yo mismo, soy puro; (11) yo, yo mismo, soy poderoso. Oh, vosotros, guardianes de las puertas, me he abierto camino [hasta vosotros]. Yo soy como vosotros. Yo aparezco de día. Yo he caminado con mis piernas, tengo el poder de los pasos con los que caminan los resplandecientes de luz. (12) Yo, yo mismo, conozco los caminos ocultos a las puertas del Campo de Aaru; y (13) aunque mi cuerpo esté enterrado, que yo pueda alzarme, aparecer y desbancar a todos mis enemigos sobre la tierra».

Apéndice:[1] *Rúbrica.* Si este capítulo fuera conocido [por el fallecido], él aparecerá de día en Neter-khert, y entrará de nuevo después de haber salido. Si este capítulo no fuera conocido, no entrará después de haber salido, ni tampoco aparecerá de día.

VIÑETA: Un halcón dorado sosteniendo un mayal , emblema de gobierno.

TEXTO [CAPÍTULO LXXVII]: (1) EL CAPÍTULO DE TRANSFORMARSE EN UN HALCÓN DORADO. Dice Osiris Ani: «(2) Que yo, yo mismo, emerja en la cámara *seshet*, como un halcón de oro (3) surgiendo de su huevo. Que vuele y me cierna como un halcón, de siete codos de ancho, (4) y con las alas de esmeralda del sur. Que emerja yo de la barca *sektet* (5), y que mi corazón me sea traído de las montañas del este. Que aterrice yo en la barca *atet*, que aquellos que están en (6) sus compañías sean traídos ante mí, y que hagan la reverencia a medida que llegan. Que me alce, que me unifique (7) como un hermoso halcón dorado [con] cabeza de pájaro *bennu*. Que entre diariamente en presencia de Ra para oír sus palabras, y que me siente (8) entre los poderosos dioses de Nut. Que mi residencia esté lista para mí, y que en ella se me hagan ofrendas de alimento y bebida. Que yo coma dentro de ella; (9) que me transforme en un ser resplandeciente dentro de ella; que me sienta lleno dentro de ella, consumando

1. Véase Lepsius, *Todtenbuch*, Bl. 32.

los deseos de mi corazón; que me sea dado el trigo sagrado para comer. Que yo, por mí mismo, obtenga poder sobre el guardián de mi cabeza».

Viñeta: Un halcón verde, sosteniendo un mayal y erguido sobre un pedestal con forma de pilón.

Texto [Capítulo lxxviii]: (1) El capítulo de transformarse en un halcón sagrado. Dice Osiris Ani: (2) «¡Salve a ti, poderoso, que has venido a Tattu! Transita tú mis caminos, y déjame pasar [a visitar] mis (3) tronos. Haz que me renueve y me fortalezca. (4) Otórgame que sea temido, haz que sea terrible. Que los dioses del submundo me teman, y que luchen por mí (5) en sus habitáculos. Que el que puede hacerme daño no tome nada de mí. Que camine yo por la casa de la oscuridad. Que yo, (6) siendo débil, me vista y cubra; y que ellos [los dioses] no me hagan lo mismo a mí. ¡Salve, vosotros dioses que escucháis mi discurso! Salve, gobernantes que estáis entre los seguidores de Osiris. Quedaos por tanto en silencio, oh dioses, [cuando] el dios habla conmigo; él oye lo que es cierto y verdadero. (7) Lo que yo le digo díselo tú también, oh Osiris. Otórgame que pueda seguir mi curso, siguiendo la orden que vino de tu boca en lo relativo a mí. Que vea yo tus formas; (8) que pueda comprender tu voluntad. Otórgame que pueda aparecer, que obtenga dominio sobre mis piernas, y que pueda ser como Neb-er-tcher (9) sobre su trono. Que los dioses del submundo me teman, y que luchen por mí en sus habitáculos. Otórgame que pase por mi camino con los divinos que se alzan. (10) Que esté en mi lugar de descanso como el Señor de Vida, que me pueda unir a Isis, la divina Dama. Que los dioses (11) me fortalezcan contra aquel que quiera hacerme daño, y que nadie pueda verme caer impotente. Que pase yo sobre las rutas, (12) que llegue hasta los recesos más recónditos del cielo. Yo suplico hablar con Seb, elevo mi súplica a Hu (139 y a Neb-er-tcher, para que los dioses del submundo me teman, y para que ellos luchen por mí en sus habitáculos, cuando vean que tú me has provisto de las aves del cielo y los peces del mar.

»Yo soy uno de los seres resplandecientes que viven en rayos de luz. (15) Yo he construido mi forma como la forma [del dios] que emerge y se manifiesta en Tattu; porque me he hecho merecedor de honores por razón de su honor, (16) y él te ha hablado de las cosas que me atañen.

¡Sin duda él ha hecho que el temor de mí [se extienda], y ha creado el terror de mí! Los dioses del

PLACA XXVI

»submundo me temen, y (17) luchan por mí [en sus habitáculos]. Yo, en verdad, soy un ser resplandeciente y un morador en la luz, que ha sido creado y que ha venido a la existencia (18) desde el cuerpo de dios. Yo soy uno de los resplandecientes que habitan en la luz, a quien Tmu (19) mismo ha creado, que ha venido a la existencia desde las pestañas de su ojo. Él crea, glorifica y hace nobles los rostros de aquellos que viven con él. (20) ¡Contempla al Único en Nu! Ellos le rinden homenaje cuando surge por el horizonte, e infunden temor de él entre los dioses (21) y entre los resplandecientes que han venido a la existencia con él.

»Yo soy el Uno entre los gusanos que el ojo del Señor, el Único, ha creado. Y he aquí (22) que antes de que Isis fuera, cuando Horus aún no era, yo ya me había fortalecido y había florecido. He envejecido y me he hecho más grande (23) que los que estaban entre los resplandecientes que han venido a la existencia con él, y yo, yo mismo, surgí en forma de halcón sagrado; (24) Horus me dignificó con la forma de su propia alma, para poder tomar posesión de todo lo que pertenecía a Osiris en el submundo. El doble dios-León, (25) el guardián de las cosas que pertenecen a la casa de la corona *nemmes* que está en su lugar oculto, me dice: "Vuelve a las alturas del cielo, viendo que a través de Horus (26) tú has quedado glorificado en tu forma; la corona *nemmes* no es para ti; tus palabras llegan hasta los extremos del cielo". (27) Yo, el guardián, tomo posesión de las cosas que pertenecen a Horus y a Osiris en el submundo. Horus me dijo en voz alta aquello que (28) su padre había dicho con relación a mí en años [pasados], el día del entierro [de Osiris]. Yo te he dado el *nemmes* del doble dios-León que poseo, (29) para que puedas seguir adelante y viajar sobre las rutas del cielo, para que los que habitan en los confines del horizonte puedan verte, y para que los dioses del submundo puedan temerte (30) y luchen por ti en sus habitáculos. El dios Auhet es uno de ellos. Los dioses, los señores de los límites del cielo, ésos que son los guardianes (31) del templo del señor, el Único, han caído ante mis palabras, han caído al suelo al oír [mis] palabras. ¡Salve! Aquel que está exaltado en su tumba está a mi lado y ha ceñido sobre mi cabeza la corona *nemmes*. (32) El doble dios-León lo ha decretado, el dios Aahet ha abierto un camino para mí. Yo, yo mismo, estoy exaltado, y el doble dios-León ha ceñido la corona *nemmes* sobre mí, y (33) me ha sido dado el recubrimiento de mi cabeza. Él ha estabilizado mi corazón con su fuerza y su gran poder, y yo no (34) me caeré en Shu. Yo soy Hetep, el señor de los dos *uraei*, el ser que es adorado. Yo conozco al dios brillante, (35) y su aliento está en mi cuerpo. No seré rechazado por el toro que hace temblar a los hombres, sino que vendré diariamente a la casa del doble dios-León, y pasaré de allí a la casa de Isis. Contemplaré las cosas sagradas que están ocultas, se me dedicarán santos ritos ocultos, (37) veré lo que está allí; mis palabras harán plena majestad de Shu, y alejarán la mala suerte. (38) Yo, yo mismo, soy Horus que habita en esplendores. He conseguido poder sobre su corona, he conseguido poder sobre su irradiación, (39) he viajado a las partes más remotas del cielo. Horus está en su trono, Horus está en su asiento. Mi (40) rostro es como el de un halcón divino. Yo soy el que ha sido armado por su señor. Yo aparezco en Tattu. He visto a Osiris, me he alzado (41) a ambos lados de él. Nut [me ha cobijado]. Los dioses me contemplan, y yo he contemplado a los dioses. El ojo de Horus me ha consumido, y habito en la oscuridad. Los dioses (42) me abren sus brazos. Yo me alzo, obtengo maestría y rechazo el mal que se opone a mí. Los dioses me abren el santo camino, (43) ellos ven mi forma y oyen las palabras que pronuncio en su presencia. Oh vosotros, dioses del submundo, que os disponéis contra mí, (44) y que os resistís a los poderosos, las estrellas que nunca se ponen me han guiado en mi camino. Yo he pasado por los sagrados caminos de la cámara *hematet* ante vuestro señor, (45) el alma enormemente poderosa y terrible. Horus ha ordenado que alcéis vuestros rostros para (46) contemplarme. Yo he surgido con la apariencia de un halcón divino, y Horus me ha apartado por ser semejante a su propia alma, para que tome posesión de lo que perteneció a Osiris en el submundo. (47) Yo he recorrido el camino, he seguido viajando y he llegado hasta aquellos que viven en sus lugares ocultos, y que guardan la casa de Osiris. (48) Les hablo de su poder y les hago conocer el terrible poder de aquel que está provisto de dos cuernos [para luchar] contra Sut; y ellos (49) saben quién se ha llevado el sagrado alimento que el poder [?] de Tmu había traído para él. Los dioses del submundo han proclamado (50) una llegada feliz para mí. Oh, vosotros que vivís en vuestros lugares ocultos, que guardáis la casa de Osiris y que habéis engrandecido vuestros nombres, (51) otorgadme que venga hasta vosotros. Yo unifico y reúno vuestros poderes, y ordeno la fuerza de los senderos de aquellos que guardan el horizonte (52) del *hematet* del cielo. He establecido los habitáculos de Osiris, he ordenado sus caminos, he hecho lo que se había ordenado. (53) Yo he venido de Tattu, he contemplado a Osiris, le he hablado de las cosas de su hijo, el divino Príncipe que él ama. Hay una herida en el corazón de Set, (54) y yo he visto a aquel que está sin

PLACA XXVII

»vida. Oh, les he hecho conocer los planes de los dioses que Horus había diseñado (55) por orden de su padre Osiris. ¡Salve, señor, tú, el alma más terrible y poderosa! ¡Deja que venga yo, yo mismo, (56) deja que me levante! Yo he abierto y atravesado el submundo. He abierto los caminos de los guardianes (57) del cielo y de los guardianes de la tierra. Yo no he sido rechazado por ellos; he elevado tu rostro, oh señor de eternidad».

Apéndice: Lo que sigue es el final del capítulo LXXVIII según el papiro de París, citado por Naville (*Todtenbuch*, Bd. I, Bl. 89, ll. 43-48):

«Tú estás exaltado sobre tu trono, oh Osiris. Tú oyes cosas alegres, oh Osiris. Tu fuerza es vigorosa, oh Osiris. Tu cabeza está unida a tu cuerpo, oh Osiris. Tu frente es firme, oh Osiris. Tu corazón está alegre. Oh, siéntete complacido de generar alegría para tus sirvientes. Tú eres el toro de Amenta. Tu hijo Horus ha sido coronado rey sobre tu trono; toda vida está con él. A tu hijo le son dados miles de años, y el temor de él perdurará incontables edades. La compañía de los dioses le temerá. A tu hijo le son dados [...] de la compañía de los dioses; él no cambia su palabra. Horus es el alimento y el altar. Yo voy a unirme con [mi] padre; y la salvación viene de [mi] padre, de [mi] hermano y del amigo de Horus. Horus está en el séquito de su padre. Él habita entre la podredumbre. Él gobierna Khem. Los dioses han dado a tu hijo la corona de millones de años, y durante millones de años le hace vivir en el ojo [de Horus], el ojo único de la diosa [que es llamada] Nebt-er-tcher, la reina de los dioses».

Viñeta: El fallecido arrodillado, con ambas manos elevadas en adoración ante tres dioses.

Texto [Capítulo lxxxix]: (1) El capítulo de estar entre la compañía de los dioses y de transformarse en el (2) príncipe de los gobernantes divinos. [El fallecido] dice: «Homenaje a ti, oh Tmu, (3) señor del cielo, tú eres creador de las cosas que son y que salen de la tierra; tú haces venir a la existencia lo que se siembra, y eres el señor de las cosas que serán, el engendrador de los dioses, el gran dios (4) que se hizo a sí mismo, el señor de la vida que hizo florecer a la humanidad. Homenaje a vosotros, oh señores de la creación, vosotros seres puros cuyas moradas (5) están ocultas. Homenaje a vosotros, oh señores de eternidad, cuyas formas están ocultas, y cuyas moradas son desconocidas. (6) Homenaje a vosotros, oh vosotros, dioses que habitáis en la morada [?] de las tierras inundadas. Homenaje a vosotros, oh vosotros dioses que vivís en el submundo. Homenaje a vosotros, oh dioses que habitáis en los cielos. (7) Otorgadme que venga [a vosotros], porque yo sé. Yo soy puro, soy santo, soy poderoso, tengo un alma, (8) me he hecho poderoso, soy glorioso; os he traído perfume, incienso y natrón. Borrad de vuestros corazones (9) cualquier cosa que albergueis contra mí. Yo he venido, tras haber eliminado todo el mal que habitaba en vuestros corazones contra mí; he puesto fin a todos los pecados que cometí (10) contra vosotros; os he traído eso que es bueno, he hecho venir ante vosotros lo que es recto y verdadero. Yo, yo mismo, os (11) conozco, conozco vuestros nombres, conozco vuestras formas desconocidas, que vienen a la existencia (12) con vosotros. Yo he venido a vosotros. Me he alzado entre los hombres como un dios, que vive entre (13) los dioses. Yo soy fuerte ante vosotros como el dios que está exaltado en su lugar de descanso; cuando él viene, los dioses se alegran, y las diosas y las mujeres mortales (14) están contentas de contemplarle. Yo he venido a vosotros. Me he alzado (15) sobre el trono de Ra, me siento sobre mi lugar en el horizonte. Yo recibo ofrendas sobre mi altar, (16) bebo las ofrendas al atardecer, pues he sido hecho noble por el señor de los mortales. Yo estoy exaltado (17) como un dios santo, el señor de la gran Casa. Los dioses se regocijan cuando le ven en su hermosa manifestación en el cuerpo de Nut, que le da a luz diariamente».

Viñeta: La serpiente Seta, con piernas humanas.

Texto [Capítulo LXXXVII]: (1) El capítulo de transformarse en Seta. Osiris Ani, triunfante, dice. «Yo soy la serpiente Seta, cuyos años son muchos. Yo me acuesto y nazco cada día. Soy (3) la serpiente Seta, que habita en los límites de la tierra. Yo me acuesto y nazco, (4) yo me renuevo, rejuvenezco cada día».

Viñeta: Un cocodrilo sobre un pilón o puerta.

Texto [Capítulo LXXXVIII]: (1) El capítulo de transformarse en cocodrilo. Dice Osiris Ani, triunfante: (2) «Yo soy el cocodrilo que habita en el terror, soy el cocodrilo sagrado y causo destrucción. (3) Yo soy el gran pez en Qemui. Soy el señor a quien se rinde (4) homenaje en Sekhem; y Osiris Ani es el señor a quien se rinde homenaje en Sekhem».

Viñeta: El dios Ptah  en un altar ante el que hay una mesa de ofrendas.

Texto [Capítulo LXXXII]: (1) El capítulo de transformarse en Ptah. Dice Osiris Ani, triunfante: «Yo como pan, (2) bebo cerveza, me pongo adornos, (3) vuelo como un halcón, cacareo como un ganso y aterrizo sobre el duro sendero, (4) junto a la colina de los muertos, en el festival del gran Ser. Eso que es abominable, eso que es abominable, yo no lo he comido; y eso que es (5) asqueroso yo no lo he tragado. Eso que mi *ka* abomina no ha entrado en mi cuerpo. Yo he vivido según el conocimiento (6) de los gloriosos dioses. Vivo y consigo fuerza de su pan, obtengo fuerza cuando lo como bajo (7) la sombra del árbol de Hathor, mi señora. Yo hago una ofrenda, y pan en Tattu, y oblaciones en (8) Annu. Yo me visto con la ropa de la diosa Matait, y me alzo y me siento dondequiera que mi corazón desea. (9) Mi cabeza es como la cabeza de Ra; cuando mis miembros están reunidos, soy como Tmu. Las cuatro regiones de Ra son los límites de la tierra. Yo emerjo; mi lengua (10) es como la lengua de Ptah, mi garganta es como la de Hathor, y pronuncio las palabras de mi padre Tmu con mis labios. Él es quien constriñó (11) a la doncella, la esposa de Seb; y ante él se inclinan [todas] las cabezas, pues se le teme. Himnos de alabanza se elevan en honor de mis poderosos actos, (12) soy el heredero de Seb, el señor de la tierra, el protector. El dios Seb ofrece agua fresca, él hace que sus amaneceres sean míos. Los que habitan en (13) Annu inclinan sus cabezas ante mí, porque yo soy su toro. Yo me fortalezco momento a momento; mis lomos son fortalecidos durante miles de años».

Viñeta: Un carnero.

Texto [Capítulo lxxxv]: (1) El capítulo de transformarse en el alma de Tmu. Dice Osiris Ani, triunfante: (2) «Yo no he entrado en la casa de la destrucción; no he sido reducido a la nada, no he conocido la podredumbre. Yo soy (3) Ra, venido de Nu, el Alma divina, el creador de sus propios miembros. El pecado es una abominación para mí, (4) y yo no lo contemplo; no protesto contra la rectitud y la verdad, sino que tengo mi ser en ellas. (5) Yo soy el dios Hu, y nunca muero (6) según mi nombre de "Alma". Yo me he traído a mí mismo la existencia junto con Nu, en mi nombre de (7) "Khepera". En sus formas he venido a ser similar a Ra. Yo soy el señor de luz».

Apéndice: En otros papiros antiguos, el capítulo lxxxv del *Libro de los Muertos* acaba como sigue (Naville, *Todtenbuch*, Bd. I, Bl. 97):

«Lo que yo odio será enterrado. (5) Que no entre yo en el lugar secreto del dios Tuaa. Yo adscribo gloria a Osiris, y pacifico el corazón de aquellos que habitan en el dios de la creación, que me aman y que extienden (6) en el extranjero el miedo a mí, que hacen que me teman quienes habitan en sus propios lugares. Contémplame, porque estoy exaltado en mi lugar de descanso, Nu, (7) sobre el lugar que me es adjudicado. Yo soy Nu, y los que hacen el mal no me desbancarán. Yo soy el mayor y el primer hijo nacido de la materia; mi (8) alma es los dioses, que son las almas eternas. Yo soy el creador de la oscuridad que estableció su residencia en los confines de las regiones celestiales. Yo vengo, y mi alma avanza sobre (9) el camino de los Antiguos. Causo la oscuridad en los límites del cielo, y voy allí a voluntad. Yo camino con mis pies, soy fuerte (10) para atravesar el cielo, y encadeno con nudos la oscuridad y el gusano que en ella se oculta. Yo hago avanzar mis pasos hacia el señor de las dos manos [?]. Mi alma (11) y el alma de mi cuerpo son los *uraei*, y vivo eternamente, siendo el señor de los años y el príncipe de la eternidad. Yo estoy exaltado como señor de la tierra, estoy exaltado [?]. Yo rejuvenezco en (12) las ciudades, me hago joven en mi residencia, mi nombre es "Mi nombre no decae". Yo soy el Alma, el creador de Nu, que establece su morada en (13) Neter-khert. Mi nido no se ve, no se rompe mi huevo. Yo soy el señor de millones de años. Pongo mi nido en los confines del cielo. Desciendo a la tierra de Seb (14). Yo limpio mis faltas. Contemplo a mi padre, el señor de Mash; y su cuerpo respira en Annu. Yo soy provisto de aquello que necesito (15) por Khnemu y Khu, en el lugar de enterramiento en Amenta [...]».

Viñeta: Un pájaro *bennu*  .

Texto [Capítulo lxxxiii]. (1) El capítulo de transformarse en un *bennu*. Dice Osiris, el escriba Ani, triunfante en paz: «Yo vengo a la existencia desde la materia no formada, (2) me creo a mí mismo a imagen del dios Khepera y crezco en forma de plantas. Estoy oculto en la apariencia de la Tortuga. Estoy formado por átomos de todos los dioses. (3) Yo soy el ayer de las cuatro [partes del mundo], y soy los siete *uraei* que vinieron a la existencia en Oriente, el poderoso que iluminó las naciones (4) con su cuerpo. Él es dios a semejanza de Set; y Thoth habitó en medio de ellos (5) por el juicio de aquel que mora en Sekhem y entre los espíritus de Annu. Yo navego (6) entre ellos, y vengo; estoy coronado, me he transformado en un ser resplandeciente, (7) soy poderoso, me he vuelto santo entre los dioses. Yo soy el dios Khensu que echó atrás a todos los que se le oponían».

Apéndice: La rúbrica siguiente a este capítulo se encuentra en un papiro de París; véase Naville, *Todtenbuch*, Bd. II, Bl. 185:

Si fuera conocido este capítulo, el purificado emergerá de día después de su funeral, y cambiará sus formas según el deseo de su corazón. Habitará entre los sirvientes de Un-nefer, y se sentirá satisfecho con el alimento de Osiris y con las comidas de la tumba. Contemplará el disco del Sol y viajará sobre la tierra con Ra. Será triunfante ante Osiris, y ninguna cosa mala le dominará para siempre, para toda la eternidad, para siempre.

PLACA XXVIII

Viñeta: Una garza.

Texto [Capítulo lxxxiv]: (1) El capítulo de transformarse en garza. Dice Osiris, el escriba Ani: (2) «Yo he adquirido dominio sobre las bestias que son compradas para el sacrificio, sostengo el cuchillo sobre sus cabezas y su pelo, (3) para aquellos que viven en los [campos] esmeralda, los ancianos y resplandecientes que preparan (4) la hora de Osiris Ani, triunfante en paz. Él hizo matanzas sobre la tierra, y yo hago matanzas sobre la tierra. Yo soy fuerte, he recorrido el camino elevado (5) [que conduce] al cielo. Me he purificado, con largos pasos he ido a mi ciudad, siguiendo el camino a Sepu [?]. (6) Yo he establecido [al que está] en Unnu. He puesto a los dioses en sus lugares, he glorificado los templos de los que habitan en sus altares. (7) Yo conozco a la diosa Nut, conozco al dios Tatunen, conozco a Tesher, traído conmigo sus cuernos. Yo conozco (8) a Heka, he oído sus palabras, yo soy el ternero rojo que es pintado con la pluma. Cuando oyen [mis palabras], los dioses dicen: (9) "Inclinemos nuestros rostros y dejemos que él venga a nosotros; la luz brilla más allá de ti". Mi hora está dentro de mi cuerpo. (10) Yo no he dicho [maldades] en lugar de rectitud y verdad, y cada día avanzo en rectitud y verdad. Estoy cubierto en oscuridad cuando navego para celebrar el festival del (11) fallecido, y para embalsamar al Anciano, el guardián de la tierra, yo, Osiris, el escriba Ani, ¡triunfante! No he entrado en los (12) escondrijos de las deidades estelares. He atribuido gloria a Osiris. He pacificado el corazón de los dioses que le siguen. Yo no he (13) sentido miedo de los que causan terror, ni siquiera de los que viven en sus propios países. Contempla, yo estoy exaltado (14) sobre [mi] lugar de descanso, sobre mi trono. Yo soy Nu, y nunca seré derrocado por el que obra el mal. Yo soy el dios Shu (15) que surgió de la materia no formada. Mi alma es dios; mi alma es eternidad. Soy el creador de la oscuridad, y le (16) asigno un sitio de descanso en los lugares más alejados del cielo. Yo soy el príncipe de eternidad, soy el exaltado [en] Nebu. Yo me hago joven en [mi] ciudad, (17) rejuvenezco en mi residencia. Mi nombre es "Nunca decae". Mi nombre es "Alma, Creador de Nu, que hizo (18) su morada en el submundo". Mi nido no es visible, yo no he roto mi huevo. Yo soy el señor de millones de años. He hecho mi nido (19) en los lugares más alejados del cielo. He bajado a la tierra de Seb. He limpiado mis faltas. He visto a mi padre (20) como señor de Shautet. En lo concerniente a Osiris Ani, que su cuerpo habite en Annu; que se manifieste ante ésos que están con el Resplandeciente en el lugar funerario de Amenta [...]».

VIÑETA: Una cabeza humana surgiendo de un loto en un estanque de agua  .

TEXTO [CAPÍTULO LXXXIa]: (1) [EL CAPÍTULO DE] TRANSFORMARSE EN LOTO. Dice Osiris Ani: «Yo soy el (2) loto puro surgido del dios de la luz, el guardián de las narices de Ra, el guardián 83) de la nariz de Hathor. Yo avanzo y me apresuro, (4) yendo detrás de Horus. Soy el que es puro y ha surgido del campo».

VIÑETA: Un dios con un disco sobre la cabeza.

TEXTO [CAPÍTULO LXXX]: (1) [EL CAPÍTULO DE] TRANSFORMARSE EN EL DIOS QUE DA LUZ EN LA OSCURIDAD. Dice Osiris, el escriba Ani, triunfante: «Yo soy (2) la faja de la túnica del dios Nu, que brilla y arroja luz, yo habito en su presencia y envío luz a la oscuridad, yo junto a los dos luchadores (3) que viven en mi cuerpo mediante el poderoso hechizo de las palabras de mi boca, que elevan a aquel que ha caído, porque (4) aquel que estaba con él en el valle de Abtu ha caído, y yo descanso. Yo lo he recordado. (5) He alejado al dios Hu de mi ciudad, donde lo encontré, (6) y he alejado la oscuridad, cautiva por mi poder. Yo he sostenido el Ojo [del sol] cuando su poder se desvaneció (7) con la llegada del festival del décimo quinto día, y he pesado a Sut en las mansiones celestiales junto al Anciano que está con él. Yo he dotado (8) a Thoth en la Casa del dios Luna de todo lo que necesita para la llegada del festival del décimo quinto día. Yo he arrastrado fuera la corona *ureret*; la rectitud y la verdad están en mi cuerpo. (9) Los meses son de esmeralda y cristal. Mi residencia está entre filas de zafiro. (10) Yo soy la dama que arroja luz en la oscuridad, y he aquí que la oscuridad es iluminada y hecha brillar. Yo he iluminado la negrura (11) y he desbancado a los destructores. He rendido obediencia a ésos que están en la oscuridad, y he alzado a (12) los que lloraban, a los que habían ocultado su rostro y se habían hundido. Entonces ellos levantaron su vista hacia mí. Yo soy la Dama, y no dejaré que oigas nada sobre mí».

PLACAS XXIX y XXX

Viñeta (Placa xxix): Ani y su esposa de pie, con las manos alzadas en adoración ante el dios Thoth, que tiene el *ankh*, la «vida», sobre las rodillas, y está sentado en un trono con forma de pilón.

Texto [Capítulo clxxv]: (1) El capítulo de no morir una segunda vez. Dice Osiris Ani, triunfante: (2) «¡Salve, Thoth! ¿Qué es lo que ha pasado a los sagrados hijos de Nut? (3) Ellos han batallado, han sostenido una lucha, han hecho mal, (4) han creado los enemigos, han hecho matanza, han causado (5) problemas; en verdad, en todas sus obras, los poderosos han ido contra los débiles. (6) Concede, oh poderoso Thoth, que eso que el dios Tmu ha decretado [sea hecho]. Y tú no contemples el mal, no seas (7) provocado a la ira cuando ellos traigan sus años a confusión, entren en tropel y empujen para turbar sus meses; porque en todo lo que ellos te han hecho, (8) han obrado iniquidad en secreto. Yo soy tu paleta de escritura, oh Thoth, y te he traído el tintero. Yo no soy (9) de ésos que obran iniquidad en sus lugares secretos; que no me acaezca ningún mal».

Dice Osiris, el escriba Ani: (10) «¡Salve, Tmu! ¿Qué clase [de tierra] es ésta a la que he venido? No tiene agua, no tiene aire; es profunda e impenetrable, (11) es negra como la más negra noche, y aquí los hombres deambulan impotentes. En ella, el hombre no puede vivir con sosiego en el corazón; y aquí los anhelos del amor no pueden ser satisfechos. (12) Pero que el estado de los resplandecientes me sea dado como agua y como aire, y para la satisfacción de los anhelos del amor, y que el sosiego del corazón me sea dado como pan (13) y como cerveza. El dios

Tmu ha decretado que yo contemple su rostro, y no sufriré de las cosas que le acongojan. Que los dioses transmitan (14) sus tronos para millones de años. Tu trono ha descendido a tu hijo Horus. El dios Tmu ha decretado que su curso se hallará entre los príncipes sagrados. (15) En verdad, él gobernará sobre tu trono, y el seré el heredero al trono del morador del Lago de Fuego. Ha sido decretado que, en mí, él verá su semejanza, y que (16) mi rostro mirará al señor Tmu. ¿Cuánto, entonces, me queda por vivir? Se ha decretado que vivirás millones y millones de años, una vida de millones de años. (17) Que se conceda que yo pase a ser uno de los santos príncipes, porque me estoy deshaciendo de todo lo que hice cuando esta tierra vino a la existencia desde Nu (18), y cuando surgió del abismo acuoso, como era en los antiguos días. Yo soy el Destino [?] y Osiris, y he cambiado mi forma a semejanza de diversas serpientes. (19) El hombre no conoce, y los dioses no pueden ver, la doble belleza que he hecho para Osiris, que es más grande que todos los dioses. Yo he concedido que él [gobierne] en el monte de los muertos. (20) Verdaderamente su hijo Horus está sentado sobre el trono del morador en el doble Lago de Fuego, como su heredero. Yo he establecido su trono en (21) la barca de millones de años. Horus está establecido sobre su trono, entre los amigos [de Osiris] y entre todo lo que le pertenece. Verdaderamente el alma de Sut, que (22) es más grande que todos los dioses, ha partido hacia [Amenta]. Que se otorgue que yo ate su alma en la barca divina (23) a mi voluntad [...] Oh, mi Osiris, tú has hecho por mí aquello que tu padre Ra hizo por ti. Que habite yo en la tierra de forma duradera; (24) que conserve la posesión de mi trono; que mi heredero sea fuerte; que mi tumba y mis amigos que están sobre la tierra florezcan, (25) que mis enemigos sean entregados a la destrucción y a los grilletes de la diosa Selq. Yo soy tu hijo, y Ra es mi padre. (26) Asimismo, tú me has dado la vida, la fuerza y la salud. Horus está establecido en su trono. Otórgame que los días de mi vida sean de adoración y de honor».

Apéndice: A partir de la copia fragmentada de este capítulo que M. Naville ha publicado en su *Todtenbuch*, Bd. I, Bl. 198 y 199, queda claro que el texto dado en el papiro de Ani sólo abarca aproximadamente una mitad de él, y que sus contenidos hacen referencia al glorioso estado del fallecido, que vuelve a la vida con la forma de Horus. Él entra y está entre los reverenciados fallecidos ; gritos de alegría ascienden en Suten-henen, y la reina está contenta en Naarutef ; él ha heredado el trono de Osiris, y gobierna toda la tierra, y la compañía de los dioses se alegra de ello ; el dios Sut le teme 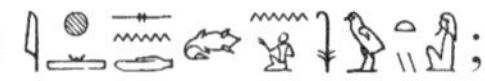; hombres de todo tipo y condición, tanto vivos como muertos, vienen ante él y se inclinan para rendir homenaje cuando le contemplan; el dios ha hecho que todos le teman ; Sut vino a él con la cabeza inclinada hacia la tierra ; el fallecido se rompe y llena la tierra de sangre en Suten-henen  (compárese cap. XVIII); su nombre perdurará millones y millones de años ; su nombre habitará en Suten-henen, y él vestirá la poderosa corona *atef* sobre la cabeza durante millones, y cientos de millones, y decenas de miles, y miles, y cientos, y decenas de años 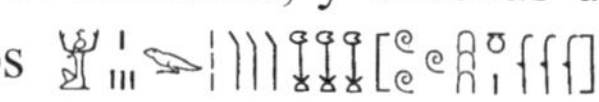; pan, cerveza, bueyes, aves silvestres, todas las cosas buenas y puras, y agua fresca del río le serán ofrecidas en abundancia, etc. Desde las líneas de conclusión, encontramos que el capítulo ha de ser recitado sobre una figura del dios Horus hecha de lapislázuli, que ha de ser puesta cerca del cuello del fallecido, y que supuestamente le dará poder sobre la tierra y entre los hombres, los dioses y los espíritus resplandecientes; además, el efecto sobre él será extremadamente benéfico si se recita en el submundo 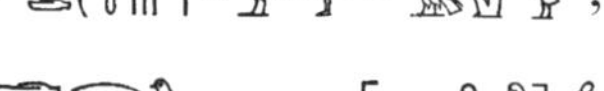,

VIÑETA I (PLACA XXX): El dios Osiris, con barba y llevando la corona «blanca», se alza en un templo cuyo techo está rematado por una cabeza de halcón y un ureai; en la parte posterior de su cuello cuelga el *menat*  (véase anteriormente, p. 451), y en las manos sostiene el cayado , el cetro  y el mayal , emblemas de realeza, poder y dominio.

Detrás de él se encuentra la diosa Isis, que descansa la mano derecha sobre el hombro derecho de él; en la mano izquierda sostiene el signo de la vida ☥. Ante Osiris, sobre una flor de loto, se alzan los cuatro hijos de Horus, los dioses de los puntos cardinales, Mestha, Hapi, Tuamautef y Qebhsennuf.

VIÑETA II (PLACA XXIX): Ani y su esposa Thuthu de pie, con las manos elevadas hacia en adoración Osiris, ante una mesa de ofrendas.

TEXTO [CAPÍTULO CXXV]: (1) EL CAPÍTULO DE ENTRAR EN LA SALA DE LA DOBLE RECTITUD Y VERDAD: UN HIMNO DE ALABANZA A OSIRIS, QUE MORA EN AMENTET. Osiris, el escriba Ani, triunfante, dice: (2) «Yo he venido y me he acercado a ver tus bellezas; mis dos manos están elevadas en adoración de tu nombre Rectitud y Verdad. Me he acercado al lugar donde no crece el árbol de acacia, (3) donde no existe el árbol frondoso lleno de hojas, y donde la tierra no da hierba. Y he entrado en el lugar de las cosas ocultas y secretas, (4) he mantenido conversación con el dios Sut [...] Osiris, el escriba Ani, ha entrado en la Casa de Osiris, y ha visto las cosas ocultas (5) y secretas que hay allí. Los sagrados regentes de los pilones tienen las formas de los resplandecientes. (6) Anubis le habló con el discurso humano cuando él vino a Ta-mera, diciendo: "Él conoce nuestros caminos y nuestras ciudades, yo he sido pacificado, (7) y su olor es para mí como el olor de uno de vosotros"».

Ani le dijo: «Yo soy Osiris, el escriba Ani, triunfante en paz, ¡triunfante! (8) Yo me he acercado para contemplar a los grandes dioses, y me alimento de las comidas ofrecidas en sacrificio de las que se alimentan sus *kas*. Yo he estado en los límites [de los países] (9) del Carnero, el señor de Tattu, y él me ha concedido que emerja como pájaro *bennu* y que tenga el poder del discurso. Yo he atravesado la inundación del río. He presentado ofrendas (10) de incienso. Yo me he abierto camino junto al frondoso árbol de los niños [?]. He estado en Abtu, en la Casa de Satet. (11) Yo he inundado y he hundido la barca de mis enemigos. He navegado por el lago en una barca *neshem*. Yo he visto a los nobles en (12) Qem-ur. He estado en Tattu, me he limitado al silencio. Yo he establecido la forma divina sobre sus dos pies. (13) He estado con el dios Pes-tep-tu-f, y he visto al morador del Templo Sagrado. Yo he entrado en la Casa de Osiris, (14) y me he ataviado con los adornos de aquel que está dentro.

He entrado en Re-stau, y he contemplado las cosas ocultas (15) que hay allí. Yo he sido vendado, pero he hallado para mí mismo un camino abierto. He entrado en An-aarut-f, y he ataviado mi cuerpo con las vestimentas (16) de allí. El ungüento *anta* de las mujeres me ha sido dado [...]. Verdaderamente, Sut me dijo (17) las cosas que le conciernen, y yo dije: "Que el pensamiento del juicio que haces en la balanza sea equilibrado en nuestros corazones"».

La majestad del dios Anubis dijo: (18) «¿Conoces el nombre de esta puerta para decírmelo?». Osiris, el escriba Ani, triunfante, (19) triunfante en paz, dice: «"Alejada de Shu" es el nombre de esta puerta (20)». Dice la majestad del dios Anubis: (21) «¿Conoces el nombre de la hoja superior (22) y de la hoja inferior de la puerta?». [Osiris, el escriba Ani, triunfante en paz, dice]: «"Señor de rectitud y verdad [que estás] (23) sobre tus dos pies" es el nombre de la hoja (24) superior y "Señor de poder y fortaleza, dispensador (25) de ganado vacuno" [es el nombre de la hoja inferior]». [La majestad del dios Anubis dice]: «Pasa, puesto que conoces [los nombres] (26), oh Osiris, el escriba, contable (27) de las divinas ofrendas de todos los dioses de Tebas, Ani, triunfante, señor que debe ser reverenciado».

Apéndice: La introducción habitual al capítulo CXXV reza (véase Naville, *Todtenbuch*, Bd. I, Bl. 133) como sigue:

I. (1) LO SIGUIENTE SERÁ DICHO POR EL HOMBRE CUANDO VENGA A LA SALA DE LA DOBLE RECTITUD Y VERDAD, DONDE ES PURGADO (2) DE TODOS LOS PECADOS QUE HA COMETIDO, Y DONDE VE LOS ROSTROS DE TODOS LOS DIOSES: «Salve a ti, gran dios, señor de Rectitud y Verdad. Yo he venido a ti, oh mi Señor, (3) y me he acercado para poder contemplar tus bellezas. Yo te conozco, conozco los nombres de los cuarenta y dos dioses que habitan contigo en este (4) Salón de la Doble Rectitud y Verdad, y que ellos pueden poner a los pecadores en su lugar, que viven y se alimentan de su sangre el día (5) en que las naturalezas de los hombres son contabilizadas ante Un-neferu. En verdad, "Rekhti-merti-f-ent-Maat" es tu nombre. Verdaderamente (6) yo he venido a ti, y traigo ante ti la Rectitud y la Verdad. En tu nombre he rechazado la maldad. No he hecho daño a hombre alguno, ni he perpetrado daño contra las bestias. No he cometido delito (7) en el lugar de Rectitud y Verdad. No tengo conocimiento del mal, ni he actuado (8) con maldad. Cada día he trabajado más de lo que exigía de mí. (9) Mi nombre no ha venido a la barca del Príncipe. Yo no he despreciado a Dios. (10) No he causado desgracia, ni he producido aflicción. No he hecho lo (11) que Dios abomina. No he hecho que el señor haga daño al sirviente. No he (12) hecho daño a nadie. No he hecho llorar [a ningún hombre]. (13) No he cometido asesinato, ni he ordenado a ningún hombre matar en mi nombre. No he hecho daño a la gente. No he hurtado las ofrendas (14) de los templos, ni he robado los pasteles de los dioses. No me he llevado las ofrendas presentadas a los benditos fallecidos. No he cometido fornicación, ni he ensuciado mi cuerpo. (16) No he añadido ni detraído de las ofrendas que son debidas. No he robado de las huertas; no he pisoteado los campos. No he añadido al peso de la balanza, (17) ni he aligerado el peso de los platillos. No he arrebatado la leche de la boca de los bebés. No he (18) apartado al ganado de sus pastos. No he robado las aves acuáticas de los dioses. No he pescado peces (19) con cebo de sus propios cuerpos. No he desviado el agua en sus manantiales. No he roto el canal de agua corriente. No he sofocado la llama (20) que era plena. No he descuidado las ofrendas que son debidas en cada estación; no he devuelto el ganado apartado para el sacrificio. No he impedido las procesiones de los dioses. (21) Yo soy puro. Yo soy puro. Yo soy puro. Yo soy puro. Yo soy puro con la pureza del gran pájaro *bennu*, que está en Suten-henen; porque, ¡contempla!, yo soy las narices (22) del dios de los vientos que hace vivir a todos los hombres el día en que el ojo del sol se completa en Annu, el segundo mes de la estación del emerger hasta su fin, (23) en presencia del señor de esta tierra. Yo veo que el ojo del sol se llena y completa en Annu. Que no me acaezca ningún mal en esta tierra, en la (24) Sala de la Doble Rectitud y Verdad, porque yo conozco, yo mismo conozco los nombres de los dioses que allí habitan, y que son seguidores del gran dios».

PLACAS XXXI Y XXXII

Viñetas: La Sala de la Doble Rectitud y Verdad, donde Ani tiene que dirigirse separadamente a los cuarenta y dos dioses que están sentados en fila en medio de la sala. En cada extremo hay una puerta ; la de la derecha se llama «Neb-Maat-heri-tep-retui-f», y la de la izquierda «Neb-pehti-Oesu-menment». En el centro, sobre el tejado, que está coronado por una serie de *uraei* y plumas emblemáticas de Maat, hay una deidad sentada con las manos extendidas, con el ojo derecho sobre Horus y el izquierdo sobre un estanque (véase viñeta de la placa VIII, página 490).[1] A la derecha, al final de la sala (placa XXXII), hay cuatro pequeñas viñetas, que retratan: (1) dos figuras sentadas de la diosa Maat con el , emblema de Rectitud y Verdad, sobre la cabeza, y el cetro y el emblema de la vida en las manos derecha e izquierda respectivamente; (2) Osiris, que está sentado, lleva la corona *atef* y sostiene en la mano el cayado y el mayal . Ante él, al lado de un altar de ofrendas, se alza Ani, con ambas manos elevadas en adoración; (3) la balanza contiene en un platillo el corazón, que simboliza la conciencia de Ani y en el otro el , emblema de la Rectitud y de la Verdad. Junto a la balanza está el monstruo triforme Amemit, y (4) Thoth, con cabeza de ibis, está sentado en un pilón-pedestal pintando una gran pluma de Maat.

Texto [La confesión negativa]:

(1) Ani dice: «Salve, tú cuyos pasos son largos, que procedes de Annu, yo no he obrado iniquidad.

(2) »Salve, tú que eres abrazado por la llama, que emerges desde Kher-aba, yo no he robado con violencia.

(3) »Salve, Fentiu, que vienes de Khemennu, yo no he robado.

(4) »Salve, Devorador de la Sombra, que vienes de Qernet, yo no he asesinado; no he hecho daño.

1. En el papiro de Nebseni, a ambos lados de una deidad sentada y en cada extremo del tejado están representados un simio con cabeza de perro y una balanza; y cada *uraeus* lleva un disco y cuernos.

(5) »Salve, Nehau, procedente de Re-stau, yo no he defraudado las ofrendas.

(6) »Salve, dios con forma de dos leones, que vienes del cielo, yo no he aminorado las oblaciones.

(7) »Salve, tú cuyos ojos son de fuego, que procedes de Saut, yo no he expoliado el oro.

(8) »Salve, tú Llama, que vienes y vas, yo no he dicho mentiras.

(9) »Salve, Aplastador de huesos, que vienes de Suten-henen, yo no me he llevado comida.

(10) »Salve, tú que lanzaste la Llama, procedente de Het-Ptah-ka, yo no he hecho daño.

(11) »Salve, Qererti, que vienes de Amentet, no he cometido fornicación.

(12) »Salve, tú que tienes el rostro vuelto, que procedes de tu lugar escondido, yo no he causado derramamiento de lágrimas.

(13) »Salve, Bast, que vienes del lugar secreto, yo no he comerciado engañosamente.

(14) »Salve, tú que tienes piernas de fuego, que vienes de la oscuridad, yo no he transgredido.

(15) »Salve, Devorador de Sangre, que procedes del bloque del sacrificio, yo no he actuado con engaño.

(16) »Salve, Devorador de las partes internas, procedente de Mabet, yo no he causado estragos en la tierra sembrada.

(17) »Salve, Señor de Rectitud y Verdad, procedente de la ciudad de Rectitud y Verdad, yo no he sido un escuchador furtivo.

(18) »Salve, tú que caminas hacia atrás, procedente de la ciudad de Bast, yo no he puesto mis labios en movimiento [contra ningún hombre].

(19) »Salve, Sertiu, procedente de Annu, yo no me he mostrado enfadado e iracundo excepto con causa justificada.

(20) »Salve, tú ser de doble maldad, que vienes de Ati [?], yo no he engañado a la esposa de ningún hombre.

(21) »Salve, serpiente de doble cabeza, que procedes de la cámara de tortura, yo no engañado a la esposa de ningún hombre.

(22) »Salve, tú que contemplas lo que se trae ante ti, que vienes de Per-Amsu, yo no me he corrompido.

(23) »Salve, Jefe de los Poderosos, que vienes de Amentet, yo no he causado terror.

(24) »Salve, tú Destructor, procedente de Kesiu, yo no he transgredido.

(25) »Salve, tú que ordenaste el discurso, que procedes de Urit, yo no me he quemado de rabia.

(26) »Salve, tú Babe, procedente de Uab, yo no he cerrado mis oídos a las palabras de Rectitud y Verdad.

(27) »Salve, Kennememti, procedente de Kennemmet, yo no he causado pena.

(28) »Salve, tú que aportas tu ofrenda, yo no he actuado con insolencia.

(29) »Salve, tú que ordenaste el discurso, que procedes de Unaset, yo no he provocado desavenencia.

(30) »Salve, Señor de rostros, procedente de Netchefet, yo no he juzgado con apresuramiento.

(31) »Salve, Sekheriu, procedente de Uten, no he sido un escuchador furtivo.

(32) »Salve, Señor de los dos cuernos, procedente de Saïs, yo no he multiplicado las palabras en exceso.

(33) »Salve, Nefer-Tmu, procedente de Het-Ptah-ka, yo no he hecho daño ni mal.

PLACA XXXII

(34) »Salve, Tmu en tu hora, procedente de Tattu, yo nunca he maldecido al rey.

(35) »Salve, tú que trabajas con tu voluntad, que procedes de Tebu, yo nunca he mancillado el agua.

(36) »Salve, tú, portador del sistro, procedente de Nu, yo no he hablado con desdén.

(37) »Salve, tú que hiciste florecer a la humanidad, que vienes de Saïs, yo nunca he maldecido a Dios.

(38) »Salve, Neheb-ka, que vienes del lugar donde te ocultas, yo no he robado.

(39) »Salve, Neheb-nefert, que vienes del lugar donde te ocultas, yo no he defraudado las ofrendas de los dioses.

(40) »Salve, tú que pones en orden la cabeza, que vienes de tu templo, yo no he hurtado las ofrendas para los benditos fallecidos.

(41) »Salve, tú que trajiste mi brazo, que procedes de la ciudad de Maati, yo no me he apropiado de la comida del niño, ni he pecado contra el dios de mi ciudad natal.

(42) »Salve, tú cuyos dientes son blancos, que vienes de Ta-she, yo no he sacrificado con malvada intención el ganado del dios».

Apéndice: La siguiente versión de la confesión negativa se da en el papiro de Nebseni (Naville, *Todtenbuch*, Bd. I, Bll. 134 y 135), y muestra importantes variaciones en el texto y en el orden en que se dirige a los dioses:

(1) «Salve a ti, cuyos pasos son largos, que vienes de Annu, yo no he cometido iniquidad. (2) Salve, tú que eres abrazado por la llama, que vienes de Kher-aba, yo no he robado con violencia. (3) Salve, Fenti, que vienes de Khemennu, yo no he hecho que nadie sufra dolor. (4) Salve, Devorador de Sombras, procedente de [tu] retiro, yo no he robado. (5) Salve, tú cuyos miembros son terribles de contemplar, que vienes de Restau, yo no he asesinado. (6) Salve a ti, dios que tienes la forma de dos leones, procedente del cielo, yo no he defraudado las ofrendas. (7) Salve a ti, dios cuyos dos ojos son de fuego, que vienes de Sekhem, yo no he hecho daño.[1] (8) Salve, dios Fogoso, que vienes y vas,[2] yo no he robado a Dios. (9) Salve, Aplastador de Huesos, que vienes de Suten-henen, yo no he dicho mentiras. (10) Salve, tú que sales disparado de la llama, que viniste de Het-Ptah-ka, yo no he quitado comida. (11) Salve, Qerti, que vienes de Amentet, yo no he creado aflicción. (12) Salve, tú que tienes

1. Variante  «Yo no he engañado en el lugar de Rectitud y Verdad». Véase Naville, *Todtenbuch*, Bd. II, p. 292.
2. Una variante dice: «que viene desde Seshet» , y otra: «Que viene desde Annu»; véase Naville, *Todtenbuch*, Bd. II, Bl. 292; Lepsius, *Todtenbuch*, Bl. 47, l. 21.

los dientes blancos, que vienes de Ta-she, yo no he transgredido. (13) Salve, devorador de sangre, que vienes del bloque, yo no he sacrificado el ganado apartado para los dioses. (14) Salve, Devorador de entrañas, que vienes de Mabit, yo no he obrado con maldad. (15) Salve, señor de Rectitud y Verdad, que vienes de Maati, yo no he echado a perder las tierras aradas. (16) Salve, Caminante, que vienes de Bast, yo no he sido un escuchador furtivo. (17) Salve, Aati, que vienes de Annu, yo no he puesto mis labios en movimiento contra ningún hombre. (18) Salve a ti, dios del doble mal, que vienes de Ati, yo no me he enfurecido sin causa. (19) Salve a ti, dios que eres parecido a una serpiente, que vienes de la cámara de tortura, yo no he cometido adulterio con la esposa de ningún hombre. (20) Salve a ti, que contemplas lo que se trae ante ti, que vienes de Pa-Amsu, yo no me he contaminado. (21) Salve, tú poderoso Jefe, que vienes de la ciudad de los árboles de acacia, yo no he causado terror. (22) Salve a ti, Khemi, que vienes de Kesui, yo no he cometido abominación. (23) Salve a ti que ordenas el discurso, que vienes de Urib, yo nunca he pronunciado palabras fogosas. (24) Salve a ti, Babe, que vienes de la provincia de Heq-at, yo no he cerrado mis oídos a las palabras de Rectitud y Verdad. (25) Salve a ti que ordenaste el discurso, que emerges desde Unes, yo no he provocado riñas. (26) Salve, Bast, procedente de la ciudad secreta, yo no he hecho que [nadie] llore. (27) Salve a ti, cuyo rostro está vuelto hacia atrás, yo no he sido lujurioso, no he fornicado, no he hecho ninguna otra cosa abominable. (28) Salve, pies resplandecientes, que vienes de la oscuridad, yo no me he vengado. (29) Salve, Kenemti, que vienes de Kenemti, yo nunca he producido dolor. (30) Salve a ti, que trajiste tu ofrenda, que vienes de Sau, yo no he actuado insolentemente. (31) Salve, señor de caras, que vienes de Tchefet, yo no he juzgado apresuradamente. (32) Salve, Sekheriu, procedente de Unuth, yo no he transgredido, ni nunca he vejado ni enfadado a Dios. (33) Salve, señor de los dos cuernos, que vienes de Saui, yo no he multiplicado en exceso mi discurso. (34) Salve, Nefer-Tmu, que vienes de Het-Ptah-ka, yo no he hecho daño ni he obrado mal. (35) Salve, Tmu en tu hora, que vienes de Tattu, yo no he perpetrado traición. (36) Salve, tú que trabajas en tu corazón, procedente de Tebtu, yo nunca he mancillado el agua. (37) Salve, portador del sistro, que vienes de Nu, yo no he hablado desdeñosamente. (38) Salve, tú que haces florecer la humanidad, que vienes de tu estancia, yo no he maldecido a Dios. (39) Salve, Neheb-nefert, que vienes de [...], yo no me he comportado con arrogancia [?]. (40) Salve, Neheb-kau, procedente de tu ciudad, yo no he sido abrumadoramente orgulloso. (41) Salve, Tcheser-tep, que vienes de tu lugar oculto, yo nunca he exagerado mi posición más allá de lo conveniente. (42) Salve, tú que traes tu brazo, que vienes de Aukert, yo nunca he faltado al dios de mi ciudad».

En el papiro de Nebseni (Naville, *Todtenbuch*, Bd. I, Bll. 137 y 138), el capítulo CXXV acaba como sigue:

(2) «Homenaje a vosotros, oh vosotros dioses, yo os conozco, (3) yo conozco vuestros nombres. No me lancéis sobre vuestros cuchillos (4) de sacrificio, no llevéis mi maldad ante la presencia del dios a quien seguís (5) y no dejéis que la hora de mi fracaso venga ante vosotros. Yo os ruego, declaradme justo y verdadero en presencia del Dios universal (6), porque he hecho lo que es recto y verdadero en Ta-mera; yo no he maldecido al dios [...]

»Homenaje a vosotros, oh dioses que vivís en vuestras moradas de (7) Rectitud y Verdad, y que no tenéis maldad en vuestros cuerpos, que os alimentáis de vuestra propia sustancia en (8) la presencia de Horus, que vive en su disco, salvadme de Baabi, que se alimenta de las entrañas de los poderosos el día del gran juicio que vosotros celebraréis. (9) Yo he venido a vosotros, no he cometido faltas, no he pecado, no he hecho mal, no he acusado a ningún hombre falsamente; por tanto, que nada se haga contra mí. Yo vivo en rectitud y verdad, (10) y alimento mi corazón de rectitud y verdad. Lo que los hombres han ordenado yo lo he hecho, y los dioses se han quedado satisfechos con ello. Yo he pacificado al dios, puesto que he hecho (11) su voluntad. He dado pan al hambriento y agua al sediento, he vestido al desnudo y he dado una barca al marinero náufrago. (12) He hecho ofrendas sagradas a los dioses; he ofrecido comida en la tumba a los santos fallecidos. Oh, entonces, salvadme y protegedme; no me acuséis ante el gran dios. (13) Yo soy puro de boca, y soy puro de manos. Que los que me vean digan: "Ven en paz, ven en paz". Porque yo he oído el discurso que el Asno mantuvo con el Gato en la casa de Hept-re. (14) He sido testigo ante él [el dios] y él ha juzgado. He contemplado la separación de los árboles persea (15) dentro de Restau. Yo ofrezco oraciones en presencia de los dioses, conociendo eso que les concierne. Me he manifestado para hacer una declaración de rectitud y verdad, y para poner la balanza (16) sobre sus soportes, dentro de las arboledas amarantinas. Salve, tú que estás exaltado en tu lugar de descanso, tú, señor de la corona *atef*, que declaras tu nombre como señor de los vientos, (17) líbrame de tus ángeles de destrucción que obran actos inhumanos y hacen acaecer calamidades, y (18) que no se cubren el rostro, porque yo he hecho lo que es recto y verdadero, oh tú, Señor de rectitud y verdad. Yo soy puro, en mis partes anteriores he sido limpiado, y en mis partes posteriores he sido (19) purificado; mis riendas han sido bañadas en el Estanque de rectitud y verdad, y ningún miembro de mi cuerpo faltaba. Yo he sido purificado en el estanque del sur. He descansado en Hemet, al norte del (20) campo de los saltamontes, donde los santos marineros se purifican en la estación nocturna, para poder pacificar [?] el corazón de los dioses después de que yo haya pasado sobre él, (21) de noche y de día. Que los dioses me digan: "Nosotros le dejamos venir", y que ellos me digan: "¿Quién eres tú y cuál es tu nombre?" Mi nombre es: "Yo crecí entre las flores (22), habitando en el olivo". Entonces ellos me dirán: "Pasa adelante inmediatamente". Yo he pasado por la ciudad al norte de las arboledas, y los dioses me dicen: "¿Qué viste allí?". [Yo vi] la Pierna y el Muslo. (23) "¿Qué tienes tú que ver con ellos?" Yo vi regocijo en las tierras de Fenkhu. "¿Qué es lo que te dieron?" Ellos me dieron (24) una llama de fuego junto con una tableta de cristal. "¿Qué hiciste con ella?" Yo la quemé en el lugar de Maati junto con las cosas de la noche. "¿Qué encontraste (25) allí, en el lugar de Maati?" Un cetro de pedernal que hacía prevalecer al hombre. Entonces, "¿cuál es el nombre del cetro de pedernal?". "Dador de vientos" es su nombre. "¿Qué le hiciste entonces a la llama de fuego con la tableta de cristal (26) después de haberla enterrado?" Yo pronuncié palabras sobre ella, (27) juré sobre ella, apagué el fuego y usé la tableta para crear (28) un estanque de agua. "Ven, entonces, pasa por la puerta de esta Sala de la doble Maati, porque tú (29) nos conoces". "Yo no te dejaré entrar por mí", dijo el pestillo de la puerta, (30) "a menos que me digas mi nombre". "Peso del lugar de rectitud y verdad es tu nombre". "Yo no te dejaré pasar (31) por mí" dice el poste derecho de la puerta, "a menos que me digas mi nombre". (32) "Pesador de las labores de rectitud y verdad" es tu nombre. "Yo no te dejaré pasar por mí", dice el poste izquierdo (33) de la puerta, "a menos que me digas mi nombre". "Juez de (34) vino [?] es tu nombre". "Yo no te dejaré pasar", dice el umbral de la puerta, (35) "a menos que me digas mi nombre". "Buey de Seb" es tu nombre. "Yo no te abriré", (36) dijo la sujeción del pestillo de la puerta, "a menos que me digas tu nombre". "Carne de su madre" (37) es tu nombre. "Yo no te abriré", dijo el candado de la puerta, "a menos que me digas mi nombre". "El *utchat* de Sebek, el Señor de Bakhan, vive" es tu nombre. (38) "Yo no te abriré, y no te dejaré pasar sobre mí", dijo el morador de la puerta, "a menos que me digas mi nombre". "Brazo de Shu que se dispone para proteger a Osiris" (39) es tu nombre. "Nosotros no te dejaremos pasar a través de nosotros", dicen los postes de la puerta, "a menos que nos digas nuestros nombres". "Hijos de la serpiente de Rennut" es vuestro nombre. "Tú (40) nos conoces, pasa por nosotros". "Tú no me pisarás", dijo el suelo de la sala, "a menos que me digas mi nombre". "Yo estoy silencioso, yo soy puro". "Yo no sé (41) [los nombres de] tus dos pies con los que caminas sobre mí; dímelos". "[...] ante Amsu" es el nombre de mi pie derecho, "Pena de Neftis" es el nombre de (42) mi pie izquierdo. "Písame, porque me conoces". "Yo no te cuestionaré", dijo el guardián de la puerta de la sala, "a menos que digas mi nombre". "Discernidor de corazones, (43) buscador de riendas" es tu nombre. "Ahora te cuestionaré: ¿quién es el dios que vive en su hora? Dilo". El contador de las dos tierras. "Entonces, ¿quién es el contador (44) de las dos tierras?" Es Thoth. "Ven, entonces", dice Thoth, "ven acá [?]". Y yo fui adelante, hacia la prueba. "¿Cuál, entonces, es tu condición?" Yo estoy puro de (45) todo mal, yo estoy protegido de los horrendos actos de aquellos que viven en sus días, y no me cuento entre ellos. "Yo te he probado. (46) ¿Quién es el que ha descendido hasta el fuego, cuyos muros están [coronados] con *uraei*, y cuyos caminos están en el lago [de fuego]?" El que pasa a través de ello (47) es Osiris. "Avanza tú, en verdad has sido puesto a prueba. Tu pan está en el *utchat*, tu cerveza está en el *utchat*, y las comidas de la tumba son traídas ante ti sobre la tierra desde el *utchat*. Esto ha sido decretado para ti"».

PLACA XXXII (CONTINUACIÓN)

VIÑETA: El dios Nu.

TEXTO: (1) El pelo de Osiris Ani, triunfante, es el pelo de Nu.

VIÑETA: Ra, con cabeza de halcón y llevando un disco.

TEXTO: (2) El rostro de Osiris, el escriba Ani, es la cara de Ra.

VIÑETA: La diosa Hathor, con el disco y los cuernos.

TEXTO: (3) Los ojos de Osiris Ani, triunfante, son los ojos de Hathor.

VIÑETA: El dios Ap-uat y estandarte .

TEXTO: (4) Los oídos de Osiris Ani, triunfante, son los oídos de Ap-uat.

VIÑETA: El dios Anpu, con cabeza de chacal .

TEXTO: (5) Los labios de Osiris Ani, triunfante, son los labios de Anpu.

VIÑETA: El escorpión Serqet , sosteniendo el *shen* y el *ankh* .

TEXTO: (6) Los dientes de Osiris Ani, triunfante, son los dientes de Serqet.

VIÑETA: La diosa Isis .

TEXTO: (7) El cuello de Osiris Ani, triunfante, es el cuello de Isis.

VIÑETA: El dios con cabeza de carnero, con *uraeus* entre sus cuernos.

TEXTO: (8) Las manos de Osiris Ani, triunfante, son las manos del Carnero, el señor de Tattu.

VIÑETA: El dios Uatchit, con cabeza de serpiente.

TEXTO: (9) El hombro de Osiris Ani, triunfante, es el hombro de Uatchit.

VIÑETA: La diosa Mert, con las manos estiradas, de pie sobre el emblema de oro , y sosteniendo en la cabeza un ramo de plantas .

TEXTO: (10) La garganta de Osiris Ani, triunfante, es la sangre de Mert.

Viñeta: La diosa Neith .

Texto: (11) Los antebrazos de Osiris Ani, triunfante, son los antebrazos de la señora de Saïs.

Viñeta: El dios Sut.

Texto: (12) La columna de Osiris Ani, triunfante, es la columna de Sut.

Viñeta: Un dios.

Texto: (13) El pecho de Osiris Ani, triunfante, es el pecho de los señores de Kher-abau.

Viñeta: Un dios.

Texto: (14) La carne de Osiris Ani, triunfante, es la carne del Poderoso que causa terror.

Viñeta: La diosa Sekhet, con cabeza de león, llevando un disco.

Texto: (15) Los costados y la espalda de Osiris Ani, triunfante, son los costados y la espalda de Sekhet.

Viñeta: Un *utchat* sobre un pilón.

Texto: (16) El trasero de Osiris Ani, triunfante, es el trasero del Ojo de Horus.

Viñeta: Osiris, llevando la corona *atef* y sosteniendo el mayal y el cayado.

Texto: (17) El miembro privado de Osiris Ani, triunfante, es el miembro privado de Osiris.

Viñeta: La diosa Nut.

Texto: (18) Las caderas de Osiris Ani, triunfante, son las caderas de Nut.

Viñeta: El dios Ptah .

Texto: (19) Los pies de Osiris Ani, triunfante, son los pies de Ptah.

Viñeta: La estrella Orión.

Texto: (20) Los dedos de Osiris Ani, triunfante, son los dedos de Sah [Orión].

Viñeta: Tres *uraei* .

Texto: (21) Los huesos de las piernas de Osiris Ani, triunfante, son los huesos de las piernas de los *uraei* vivientes.

Apéndice: La versión completa del capítulo XLII del Libro de los Muertos, que se refiere a la identificación del cuerpo de Osiris con los cuerpos de los dioses, dice así:[1]

(1) [CAPÍTULO XLII:] EL CAPÍTULO DE CONTENER LA MATANZA EN SUTEN-HENEN. Dice Osiris: «¡Oh tierra del cetro! (2) ¡Oh corona blanca de la divina forma! ¡Oh santo lugar de descanso! Yo soy el Hijo. Yo soy el Hijo. Yo soy el Hijo. Yo soy el Hijo. ¡Salve, diosa Aburt! Tú dices diariamente: "El bloque del sacrificio está (3) preparado tal como sabes, y tú que eras poderosa has sido llevada a la decadencia". Yo doy reconocimiento a aquellos que me alaban. Soy el santo nudo en el árbol taray [?], más hermoso en su brillo que ayer». Para ser repetido cuatro veces: «Yo soy Ra, que reconoce a quienes le adoran. Yo soy el nudo del árbol [?] taray, más hermoso en su brillo que el disco de ayer... (5) yendo adelante en este día. Mi pelo es el pelo de Nu. Mi rostro es el rostro de Ra. Mis ojos son los ojos de Hathor. Mis oídos son los oídos de Ap-uat. (6) Mi nariz es la nariz de Khent-sheps.[2] Mis labios son los labios de Anpu. Mis dientes son los dientes de Khepera. Mi cuello es el cuello de Isis, la dama divina. (7) Mis manos son las manos de Khnemu, el señor de Tattu. Mis antebrazos son los antebrazos de Neith, la señora de Saïs. Mi columna es la columna de Sut. Mi miembro privado es el miembro privado de Osiris. Mis costados (8) son los costados de los señores de Kheraba. Mi pecho es el pecho del ominoso y terrible. Mi vientre y mi columna son el vientre y la columna de Sekhet. Mi trasero (9) es el trasero del ojo de Horus. Mis caderas y muslos son las caderas y muslos de Nut. Mis pies son los pies de Ptah. Mis dedos y los huesos de mis piernas son los dedos y los huesos de las piernas de los *uraei* vivientes. (10) No hay miembro alguno de mi cuerpo que no sea el miembro de algún dios. Thoth juntó y protegió mi cuerpo, y yo soy [como] Ra cada día. (11) Nadie me cogerá de los brazos; nadie me arrastrará de la mano. Y no me hará ningún daño ni hombre, ni dios, ni santo muerto, ni los que han perecido, ni ninguno de los tiempos antiguos, (12) ni ningún mortal, ni ser humano. Yo surjo, y avanzo, y mi nombre es desconocido. Yo soy

1. Para el texto, véase Naville, *Todtenbuch*, Bd. I, Bl. 56.
2. Variante , *Khentet-khas*, *Khentet-khaset*, y *Khenti-sekhem*.

ayer, y mi (13) nombre es "Vidente de millones de años". Yo viajo, viajo por el camino de Horus, el Juez. Yo soy el señor de eternidad; yo siento, y tengo el poder de percibir. Soy el señor de la corona roja. Yo soy el ojo del sol, sí, (14) estoy en mi huevo, en mi huevo. Se me ha otorgado vivir con él. Yo estoy en el ojo del sol, cuando se viste, y vivo por su fuerza. Yo emerjo y brillo; (15) entro y vengo a la vida. Yo estoy en el ojo del sol, mi asiento está sobre mi trono, yo me siento allí dentro del ojo. Yo soy Horus que vive miles de años. (16) He gobernado mi trono y lo gobierno por las palabras de mi boca; y tanto si hablo como si me quedo en silencio, mantengo el equilibrio. Verdaderamente mis formas han cambiado. Yo soy el (17) dios Unen, de estación en estación; lo mío está dentro de mí. Yo soy el único nacido y el Único, que sigue su curso; (18) estoy dentro del ojo del sol. Las cosas no son malas y hostiles a mí, ni tampoco están contra mí. Yo abro la puerta del cielo. Yo gobierno mi trono, y me doy un nuevo nacimiento en este día. [Yo no soy] el Hijo que holló el camino del ayer, (19) sino que soy "Hoy" para naciones incontables. Soy yo quien te hace fuerte por millones de años, tanto si estás en el cielo como (20) en la tierra, en el sur, en el norte, en el oeste o en el este; el temor de mí está en vuestros corazones. Yo soy el puro que habita dentro del ojo sagrado. No moriré (21) otra vez. Mi hora descansa dentro de ti, pero mis formas están dentro de mi morada. Yo soy aquel que es desconocido, y los dioses de aspecto rosado (22) están conmigo. Yo soy el desvelado. La estación en la que [el dios] creó el cielo para mí y amplió los límites de la tierra, e hizo gran progenie en ella, no puede ser averiguada. (23) Mi nombre se aparta y se retira de todas las cosas malas a través de las palabras que te digo. Yo soy el que surgió y brilló, el muro de muros, el Único, [hijo] del Único. A Ra (24) nunca le faltó su forma, él nunca murió, él nunca murió. Verdaderamente digo: "Yo soy la planta que surgió de Nu, y mi madre es Nut". Salve, (25) oh creador mío, yo soy el que no tenía poder para caminar, el gran nudo del ayer. Mi poder está en mi mano. Yo no soy conocido, [pero] soy el que te (26) conoce. Yo no puedo ser contenido con la mano, pero soy aquel que puede agarrar a tres con su mano. [Salve] ¡Oh Huevo! [Salve] ¡Oh Huevo! Yo soy Horus, que vive millones de años, cuya llama ilumina los rostros y resplandece (27) en vuestros corazones. Yo tengo el mando de mi trono, y avanzo a mi hora. Yo he abierto los caminos, yo me he alejado de todo mal. Yo soy (28) el simio de oro, de tres palmos y dos dedos [de altura], que no tiene piernas ni brazos, y que habita en la Casa de Ptah. Yo avanzo tal como avanza el simio de (29) de oro de tres palmos y dos dedos [de altura], que no tiene ni brazos ni piernas, y que habita en la casa de Ptah». Cuando [tú] hayas pronunciado este capítulo, abrirás un camino y entrarás en él.

PLACA XXXIII

Viñeta: Un lago de fuego, en cada una de cuyas esquinas está sentado un simio con cabeza de perro.[1]

Rúbrica: (1) Osiris Ani, triunfante, está vestido con [refinados] atuendos, calzado con (2) sandalias blancas y ungido con el precioso ungüento *anta*; y le son ofrecidos un toro, (3) hierbas e incienso, patos, flores, cerveza y pasteles. Y mira, tú pintarás sobre una baldosa limpia (4) la imagen de una mesa de ofrendas en colores limpios, y la enterrarás en un campo que (5) los cerdos no hayan pisado. Entonces, si esta palabra se escribe sobre él, él mismo surgirá de nuevo, (6) y los hijos de sus hijos florecerán como Ra floreció sin cesar. Él habitará en el favor (7) y en la presencia del rey entre los jefes, y pasteles, copas de bebida y porciones de carne le serán ofrecidos sobre la mesa (8) del gran dios. Él no

1. Una escena algo similar forma la viñeta del capítulo CXXVI, pero, además de los simios, hay dos *uraei* en cada esquina. El texto dice: «Salve, vosotros cuatro simios que os sentáis en los arcos de la barca de Ra, que hacéis avanzar la rectitud y la verdad en Neb-er-tcher, que me dais mi fuerza y mi debilidad, que pacificáis a los dioses con la llama de vuestra boca, que hacéis ofrendas sagradas a los dioses, y ofrecéis comidas sepulcrales a los resplandecientes, que os alimentáis de rectitud y verdad, que estáis libres de falsedad y que abomináis la maldad. Destruid el mal que hay en mí, deshaceos de mi iniquidad, alejad las heridas que yo causé en la tierra y destruid toda maldad que penetró en mí». [Los simios dicen:] «Entra y no dejes que nada en absoluto se te oponga.» «Otorgadme que atraviese la tumba, que entre en Re-stau, que pase por las puertas ocultas del submundo y que me sean hechas ofrendas y otras cosas como a los resplandecientes que entran y salen de los caminos de la tumba, y que atraviesan [sus puertas].»

será expulsado de ninguna puerta en Amentet; seguirá el viaje (9) junto con los reyes del norte y del sur, y habitará con los (10) seguidores de Osiris cerca de Un-nefer, para siempre, para siempre y para siempre.

VIÑETA: Un Tet, [1].

TEXTO [CAPÍTULO CLV]: (1) EL CAPÍTULO DE UN *TET* DE ORO. Osiris Ani, triunfante, dice: «¡Tú te alzas, oh corazón aquietado! (2) ¡Tú brillas, oh corazón aquietado! Ponte a mi lado. Yo he venido y te he traído un *Tet* de oro; regocíjate en él».

Apéndice: En la versión posterior de este capítulo (Lepsius, *Todtenbuch*, Bl. 75), la rúbrica está dividida en dos partes, que dicen. «Para ser recitada sobre un *Tet* de oro incrustado [?] en madera de sicómoro, y puesto sobre el cuello de un resplandeciente; y él pasará a través de las puertas del submundo por el poder de las palabras aquí pronunciadas. Esto le pondrá en su lugar el día del nuevo año, entre los seguidores de Osiris.

»Si este capítulo llega a ser conocido por el fallecido, él se volverá perfecto en el submundo. No será echado atrás en las puertas de Amentet; se le ofrecerán pasteles, cerveza y ofrendas de carne sobre los altares de Ra, o (como algunos dicen) de Osiris Un-nefer; y él triunfará sobre sus enemigos en el submundo para siempre y siempre».

VIÑETA: Un colgante, o lazo.

TEXTO [CAPÍTULO CLVI]: (1) EL CAPÍTULO DE UN COLGANTE DE CORNALINA.[2] Dice Osiris Ani, triunfante: «La sangre de Isis, los encantos de Isis, (2) el poder de Isis son una protección para mí, el jefe, y aplastan aquello que yo aborrezco».

---

1. El representa cuatro pilares, las cuatro esquinas del cielo o la totalidad del universo. Como símbolo religioso simboliza al dios Osiris. Una hermosa colección de *tets* se exhibe en la Cuarta Sala Egipcia (cajón-de-mesa K, caja de pared número 114) y, entre otros, son notables los objetos con los números: 2097, pendiente *tet* de cerámica vitrificada azul, con cuernos, disco y plumas ; número 739, pendiente *tet* de cerámica azul vitrificada, con cinco barras cruzadas y ; número 20 623, *tet* de cristal azul opaco que lleva inscrito el nombre de su dueño y número 20 636, *tet* de piedra con incrustaciones de lapislázuli, cornalina, plasma y madre de esmeralda.
2. El papiro de Nebseni añade las palabras , «para ser puesto cerca del cuello de este ser resplandeciente».

Apéndice: *Rúbrica:*[1] Este capítulo será dicho sobre un colgante de jaspe rojo,[2] (o cornalina) que haya sido sumergido en agua de flores *ankham* e insertado en madera de sicómoro, y que haya sido puesto en el cuello de un ser resplandeciente. Si este capítulo es inscrito sobre él, se convertirá en el poder de Isis, y le protegerá; y Horus, el hijo de Isis, se regocijará cuando lo vea. Ningún camino será intransitable para él, y una de sus manos se extenderá al cielo, y la otra sobre la tierra. Si este capítulo fuera conocido [por el fallecido], Él estará entre los seguidores de Osiris Un-nefer, triunfante. Las puertas del submundo se abrirán para él, y le será dada una residencia, junto con trigo y cebada, en el Sekhet-Aaru; y los seguidores de Horus que allí cosechan proclamarán su nombre como el de uno de los dioses que están allí dentro.

VIÑETA: Un corazón.

TEXTO [CAPÍTULO XXIXb]: (1) EL CAPÍTULO DE UN CORAZÓN DE CORNALINA. Dice Osiris Ani, triunfante: «Yo soy el *bennu,* el alma de Ra, y el guía de los dioses en el (2) submundo. Las almas surgen sobre la tierra para hacer la voluntad de sus *kas*, y el alma de Osiris Ani emerge para hacer la voluntad de su *ka*».

VIÑETA: Un reposo para la cabeza.

1. Véase Maspero, *Mémoire sur Quelques Papyrus du Louvre*, p. 8.
2. El amuleto del colgante suele estar hecho de cornalina, jaspe rojo, pórfido rojo, vidrio rojo o cerámica roja, pero también se conocen ejemplares de piedra gris y negra, y de madera; a veces estaba hecho de oro puro, pero frecuentemente sólo se hallaba montado en oro. Se ponían grandes modelos de madera del colgante en las manos de madera que se sujetaban a los pechos del ataúd; generalmente solían estar sobre el pecho izquierdo, y el *tet* sobre el derecho. En la hermosa colección de colgantes del Museo Británico, los siguientes son de interés: número 20 641, colgante de vidrio rojo que lleva inscrito el capítulo del colgante; número 20 621, colgante de piedra negra, con lazo hueco, que lleva inscrito el capítulo del colgante; número 20 646, colgante de piedra gris que lleva inscrito  ; número 20 619, vidrio rojo (?) montado sobre marco de oro que lleva inscritas unas pocas palabras del capítulo del colgante, y el nombre de Aah-mes, el escriba; número 8258, colgante de cristal moteado que lleva inscrito un lazo con composición azul, y número 8259, doble colgante de cerámica roja, perforado en sentido longitudinal para insertarlo en un collar.

Texto [Capítulo CLXVI]: (1) El capítulo de la almohada situada bajo la cabeza de Osiris Ani, triunfante, para rechazar a los enemigos del cuerpo muerto de Osiris. (2) [Ani dice:] «Levantad vuestra cabeza hacia los cielos, porque yo he cosido a tres juntos triunfantemente. Ptah ha derrocado a sus enemigos y a los tuyos; todos sus enemigos han caído, y no se volverán a levantar, oh Osiris».

PLACAS XXXIII Y XXXIV

Viñeta: La cámara de la momia, dispuesta en un plano que representa el suelo y los muros aplanados, distribuida en quince compartimentos. En el centro, bajo una bóveda, está situado un ataúd que contiene la momia de Ani, junto a la que se alza el dios Anubis[1] con las manos extendidas sobre el cuerpo. Al pie del ataúd se arrodilla la diosa Isis, y en la cabeza la diosa Neftis, cada una acompañada por una llama de fuego, situada en el compartimento inmediatamente detrás de ella. El *Tet* ocupa el compartimento que está encima del ataúd, y el chacal —emblema de Anubis o Ap-uat, tumbado sobre la tumba, con el cetro del que cuelgan pendientes *menats*—, el inferior. Los cuatro hijos de Horus o los dioses de los puntos cardinales —Mestha, Hapi, Tuamautef y Qebhesennuf— se alzan en las esquinas de los cuatro compartimentos adyacentes.

1. En el papiro de Nebseni, el texto referente a Anubis dice: «Anubis, que habitó en la región de los embalsamados, el jefe de la casa sagrada, extendió sus manos sobre el señor de la vida [la momia], le proveyó de todo aquello que le pertenecía y dijo: "Salve a ti, tú, precioso, ¡eres el señor! Tú has sido visto por el ojo del sol, tú has sido atado por Ptah-Seker, Anubis te ha sanado y completado; Shu te ha dado el aliento y has sido criado por el justo, el príncipe de la eternidad. Tú posees tus ojos. Tu ojo derecho está en la barca *sektet*, y tu ojo izquierdo está en la barca *atet*. Tus cejas son hermosas ante la compañía de los dioses. El dios Anubis se hace cargo de tu frente. La parte posterior de tu cabeza está bien custodiada en presencia del halcón sagrado. Tus dedos están, por decreto escrito, en presencia del señor de Khemennu, y Thoth te ha dado el discurso de los libros sagrados. Tu pelo está bien custodiado en presencia de Ptah-Seker. Osiris está dichoso, y se le hacen reverencias ante la compañía de los grandes dioses. Él miró al gran dios, es conducido sobre hermosas sendas, es fortalecido con comidas en la tumba y sus enemigos son abatidos en presencia de la compañía de los grandes dioses que están en la gran casa del anciano de Annu"».

En cada uno de los dos compartimentos superiores y externos hay un pájaro con cabeza humana, símbolo del alma, alzándose sobre un pilón; el de la derecha está girado hacia el oeste o el sol poniente, y el otro mira hacia el este o el sol naciente. En el compartimento inferior derecho se alza la figura del Alma Perfeccionada; en el correspondiente a la izquierda hay una figura Ushabti.

Texto [Capítulo CLI]: [Isis dice:] «Yo he venido para ser tu protectora. Yo envío (2) aire a tus fosas nasales, y el viento del norte, surgido del dios Tmu, a tu nariz. (3) Yo he hecho que tus pulmones estén sanos. He hecho que seas (4) como un dios. Tus enemigos han caído bajo tus pies. (5, 6) Tú has llegado a ser victorioso en (7) Nut, y eres poderoso para prevalecer con los dioses».

[Neftis dice:] (2) «Yo he dado vueltas para protegerte, hermano Osiris; (3) he venido para ser tu protectora. [Mi fuerza estará detrás de ti, mi fuerza estará detrás de ti, para siempre. Ra ha oído tu grito, y los dioses te han concedido la victoria. Tú eres elevado, y alcanzas la victoria sobre lo que te ha sido hecho. Ptah ha aplastado a tus enemigos, y tú eres Horus, el hijo de Hathor.]»[1]

[La llama de Isis dice:] «Yo te protejo con esta llama, alejo [al enemigo] del valle de la tumba, y alejo la arena de tus pies. Yo abrazo a Osiris Ani, que es triunfante en paz, en rectitud y verdad».[2]

---

1. En el papiro de Ani, el texto está alterado y el pasaje entre corchetes ha sido traducido de la versión siguiente (Naville, *Todtenbuch*, Bd. II, Bl. 428):

2. Aquí el texto está alterado. El papiro número 10 010 del Museo Británico (Naville, *Todtenbuch*, Bd. II, Bl. 429) dice:

nuk ahu sa er teb ament xesef-a xesef su er teka set au seset-na set au setenem-na au-a em sa,

[La llama de Neftis dice:] «Yo he venido a despedazar. Yo no estoy despedazada, ni sufriré que a ti te hagan pedazos. He venido a hacer violencia, pero no dejaré que a ti te violenten, porque te protejo».

[El Tet dice:] «Yo he venido rápidamente, he seguido los pasos del dios cuyo rostro está oculto.[1] Yo he iluminado su santuario. Me alzo detrás del sagrado *Tet* el día de rechazar el desastre.[2] Yo te protejo, oh Osiris».

[Mestha dice:] «Yo soy Mestha, tu hijo, oh Osiris Ani, triunfante. He venido a protegerte, y haré que tu morada florezca eternamente. Yo he mandado a Ptah, tal como Ra mismo le mandó».

[Hapi dice:] «Yo soy Hapi, tu hijo, oh Osiris Ani, triunfante. He venido a protegerte. Tu cabeza y tus miembros están cosidos; y yo he aplastado a tus enemigos debajo de ti. Te he dado tu cabeza para siempre, oh Osiris Ani, triunfante en paz.»

[Tuamautef dice:] «Yo soy tu querido hijo Horus. He venido a vengarte, oh mi padre Osiris, de aquel que te hizo daño; y lo he puesto bajo tu pie para siempre, y siempre y siempre, oh Osiris Ani, triunfante en paz».

[Qebhsennuf dice:] «Yo soy tu hijo, oh Osiris Ani, triunfante. He venido a protegerte. He reunido tus huesos, yo he recogido tus miembros. [He traído tu corazón y lo he puesto sobre su trono dentro de tu cuerpo. Yo he hecho que tu casa florezca tras de ti, oh tú que vives eternamente.]»[3]

«Yo rodeo con arena la tumba escondida, y alejo al violento de ella. Yo ilumino el valle de la tumba, y arrojo luz allí, yo atravieso los caminos, y protejo [a Osiris]».

1. Lectura

ī - ȧ em ḥeḥ χesef nemmat kep - ḥrȧ - f seḥet' kep - f

Véase Naville, *Todtenbuch*, Bd. II, Bl. 428.

2. Variante , «día de echar atrás la matanza».

3. En el papiro de Ani, el texto del final del discurso de Qebhsennuf parece estar alterado; las palabras entre corchetes están traducidas de otros papiros, y el egipcio dice lo siguiente:

 *ȧn-nȧ nek ȧb-k ṭā-ȧ nek su ḥer ȧuset-f em χat-k seruṭ-nȧ pa-k emχet-k ānχ-θȧ t'etta.*

[El pájaro que mira al sol poniente dice:] «Alabado sea Ra cuando se pone en la parte occidental del cielo. Osiris Ani, triunfante en paz en el submundo, dice: "Yo soy un alma perfeccionada"».

[El pájaro que mira al sol naciente dice:] «Alabado sea Ra cuando se alza en la banda oriental del cielo desde Osiris Ani, triunfante».

[El alma perfeccionada dice:] «Yo soy el alma perfeccionada en el santo huevo del pez *abtu*. Yo soy el gran gato que habita en el asiento de rectitud y verdad donde se alzó el dios Shu».

[El texto cerca de la figura Ushabti (capítulo VI) dice:] Osiris Ani, el supervisor, triunfante, dice: «¡Salve, figura *shabti*! Si se decreta que Osiris [Ani] hará algo del trabajo que ha de hacerse en el submundo, que todos los que se interponen en el camino sean retirados de su presencia; tanto si es para labrar los campos como para llenar los canales de agua, o para transportar arena [de Oriente a Occidente].» La figura *shabti* replica: «Yo [lo] haré; verdaderamente, yo estoy aquí [cuando] tú llamas».

Viñeta: Ani, con ambas manos alzadas en adoración, ante una mesa de ofrendas; detrás de él está su esposa sosteniendo el loto y otras flores en la mano izquierda.

Texto [Capítulo CX]: (1) Aquí empiezan los capítulos del Sekhet-Hetepu, y los capítulos de emerger de día, y de entrar y salir del submundo, y de llegar a Sekhert-Aanru (2), y de estar en paz en la gran ciudad donde hay brisas frescas. Que yo tenga poder allí. Que me haga fuerte para arar allí. (3) Que coseche allí. Que coma allí. Que beba allí. [Que corteje allí].[1] Y que haga todas estas cosas allí, tal como se hacen sobre la tierra.

Dice Osiris Ani, triunfante: (4) «Set se ha llevado a Horus para ver qué se está construyendo en el Campo de Paz, y él extiende el aire sobre (5) el alma divina que está dentro del huevo, en su día. Él ha salvado la parte más interna del cuerpo de Horus de los santos de Akert [?].[2] Mira, yo he navegado en la poderosa barca sobre el Lago de Paz.[3] Yo, yo mismo, le he coronado en la Casa de (6) Shu. Su mansión estelar renovó su juventud, renovó su juventud. Yo he navegado en su Lago para poder

1. En el papiro de Nebseni se lee:  *nehep-am.*

2. En el papiro de Nebseni se lee:  *ma Akeru.*

3. Añadiendo del papiro de Nebseni .

venir a sus ciudades, y acercándome a la ciudad de Hetep.[1] Porque, mira, yo reposo en las estaciones [de Horus]. He atravesado la región de la compañía de los dioses, que son ancianos y venerables. (7) He pacificado a los dos santos Luchadores,[2] que guardan la vida. He hecho lo que es recto y justo, he traído una ofrenda y he pacificado a los dos santos Luchadores. Yo he cortado (9) el cuero cabelludo de sus adversarios, y he puesto fin a las (10) desdichas que acaecen a [sus] hijos; (11) he deshecho todo el mal que venía contra sus almas; lo he dominado, (12) tengo conocimiento de él. Yo he navegado en las aguas [del lago] (13) para poder venir a sus ciudades. Yo tengo poder (14) sobre mi boca, y estoy lleno [de] encantos; que [los enemigos] no obtengan maestría sobre mí, (16) que no me dominen. Que yo esté equipado en tus Campos de Paz. Harás lo que desees, [dijo el dios]».

Viñeta: El Sekhet-hetepet o «Campos de Paz», rodeado y cruzado por arroyos. Contiene lo siguiente:

(a) Thoth, el escriba de los dioses, sosteniendo la pluma y la paleta, presenta a Ani, que está haciendo una ofrenda, y su *ka* a los tres dioses, que presentan cabezas de liebre, serpiente y toro respectivamente, y tienen el título de *pauti*, «la compañía de los dioses». Ani y la mesa de ofrendas en una barca. Ani dirigiéndose a un halcón que se alza sobre un pedestal con forma de pilón, ante el que hay un altar y un dios. Tres óvalos.[3] La leyenda dice: *un em hetep sexet nifu er fent*, «estando en paz en el Campo de [Paz] y teniendo aire para las fosas nasales».

(b) Ani cosechando trigo, con las palabras *asex Ausar*, «Osiris cosecha»; guiando a los bueyes que pisan el maíz; alzándose con los brazos elevados en adoración detrás del pájaro *bennu* , sosteniendo el cetro *kherp* y arrodillándose ante dos jarras de cebada roja y trigo. Los jeroglíficos parecen significar «el alimento de los resplandecientes». Tres óvalos.[4]

1. Añadiendo del papiro de Nebseni *renp-O renp-O xen-na em se-s er sper-a er mut-s went-a er Hetep-sen entet.*
2. Horus y Set.
3. En el papiro de Nebseni se los llama Qetqetmu, Hetepmu y Urmu.
4. En lugar de tres, el papiro de Nebseni tiene cuatro óvalos, denominados: Hetep, An (?), Uakhakha y Neb-taui.

(c) Ani labrando[1] con bueyes en una parte de los Campos de Paz llamada «Sekhet-aanre»; con la palabra *sekau*, «arar». Las dos líneas de jeroglíficos dicen:

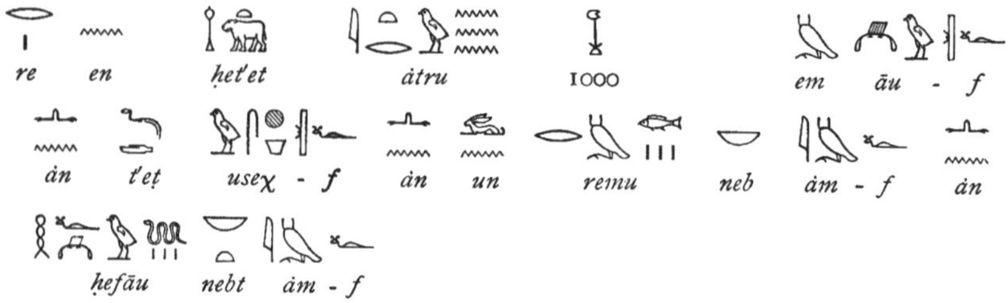

Capítulo del Río-caballo. El río tiene mil [codos] de largo. No puede decirse su anchura. No existe pez alguno en él, no [existe] serpiente alguna en él.

(d) Una barca transportando un tramo de escaleras y flotando sobre un arroyo;[2] encima se ve la leyenda *tchefau*,[3] (?). Una barca de ocho remos con forma de cabeza de serpiente, llevando un tramo de escaleras; en la popa está escrito , y en los arcos *neter am Un-nefer*, «el dios de dentro es Un-nefer». El

1. En el papiro de Turín, publicado por Lepsius, las labores de arar, sembrar, cosechar y limpiar el maíz se muestran en una división, y el fallecido se alza en adoración ante «Hapi, el padre de los dioses».
En el papiro de Nebseni, el fallecido adora a la compañía de los dioses que viven en el Campo de Hetep, diciendo: «Salve a vosotros, oh señores de *kas*, yo he venido en paz a vuestros campos para recibir alimento *tchefau*. Otorgadme que venga ante el gran dios diariamente, que tome comidas sepulcrales y que a mi *ka* se le suministren la comida y la carne que se ofrecen a los fallecidos. Que Osiris y la compañía de los dioses, que habitan en el Campo de Hetep, ofrezcan una oblación real, que me otorguen carne y bebida, y todas las cosas buenas, y vendas e incienso cada día. Y que me siente diariamente a la mesa [del dios] para recibir pan de su pan, pasteles, vino y leche, y comida *tchefau*; y que siga yo el séquito del dios cuando él haga su aparición en sus festivales en Res-tau». (Para el texto, veáse Naville, *Todtenbuch*, Bd. I, Bl. 123).
2. En el papiro de Turín, a esta barca se la llama:

«la barca de Ra-Harmachis cuando él avanza en el Campo de Aanre».
3. En el papiro de Turín, las palabras están escritas entre las barcas, cuyos extremos se parecen a cabezas de serpientes.

río que fluye sobre el lado convexo de la pequeña isla recibe el nombre de [ ] *ashet pet*, «inundación [?] del [cielo]». En la otra isla hay un tramo de escaleras, en cuyo costado está escrito .[1] El espacio de la izquierda representa la morada de los benditos muertos, y se describe como:

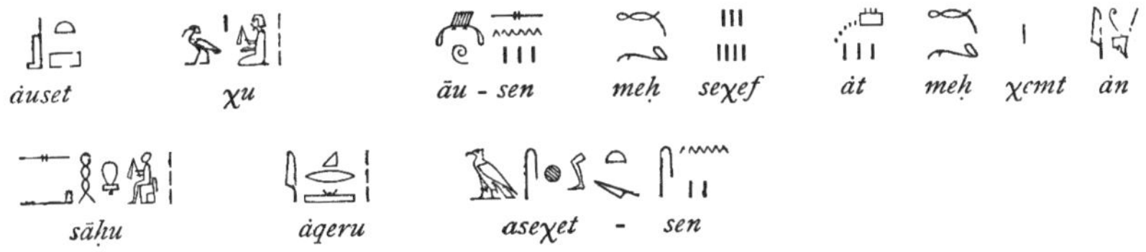

El asiento de los resplandecientes. Su longitud es de siete codos, el trigo de tres codos; los benditos muertos que están perfeccionados, ellos [lo] cosechan.[2]

PLACAS XXXV Y XXXVI

Viñeta: Una sala en la que, a la izquierda, Ani se alza ante dos mesas de ofrendas sosteniendo una libación de agua y flores de loto, con las manos elevadas, adorando a Ra, que tiene cabeza de halcón.[3] A continuación

1. En los papiros antiguos se escribe *qeqsu*, y en el papiro de Turín . En el papiro de Nebseni, los cuatro dioses habitan en esta isla, y el texto que lo acompaña dice que son «la gran compañía de los dioses en Sekhet-hetep» ; pero en el papiro de Turín se describen únicamente tres dioses, cuyos nombres son Shu, Tefnut y Seb.
2. Hay una pequeña división llamada «el lugar de nacimiento de los dioses» que no viene en el papiro de Ani, aunque sí en el de Nebseni (véase Naville, *Todtenbuch*, Bd. I, Bl. 123).
3. En el papiro de Turín, publicado por Lepsius, el dios lleva puesta la triple corona *atef* en lugar de un disco y una serpiente , y el texto le describe como «Osiris, el señor de la eternidad, el príncipe, el señor de la eterna duración, el gran dios, el gobernador de Akertet». Detrás del dios se alza una figura femenina que lleva puesta una figura sobre su cabeza, emblema de la «hermosa Amenta», con ambas manos «extendidas para recibir» al fallecido. Lo que el fallecido dice a Osiris y Amenta es: «Homenaje a ti, oh tú, Toro de Amenta, príncipe, señor de eterna duración, el gran dios, el gobernador de Akertet, recibe a Osiris en la preciosa Amenta en paz, y que él extienda las manos para recibirme».

hay siete vacas, cada una de ellas acostada ante una mesa de ofrendas y cada una con un *menat* adosado al cuello,[1] y un toro delante de la mesa de ofrendas. Detrás de ellos hay cuatro timones; y en el extremo de la derecha cuatro tríadas de dioses, cada una con una mesa de ofrendas sobre la que descansan una jarra de libación y una flor de loto [?].

Texto [Capítulo cxlviii]: (1) Dice Osiris Ani, triunfante: «Homenaje a ti, (2) oh, tú señor, tú señor de justicia y verdad, el Uno, el señor de eternidad y creador (3) de la eterna duración, yo he venido a ti, oh mi señor Ra. He hecho (4) ofrendas de carne a las siete vacas y al toro. Oh vosotros, que dais (5) pasteles y cerveza a los resplandecientes, otorgadme que mi alma esté con vosotros. (6) Que Osiris Ani, triunfante, nazca de tus muslos; que él sea como uno (7) de vosotros para siempre, siempre; que él sea un ser glorioso (8) en la hermosa Amenta.

[Dirigiéndose a los timones:] (1) »Salve, a ti, hermoso Poder,[2] tu precioso timón del cielo del norte.

(2) »Salve a ti, que das vueltas por el cielo, tú, piloto del mundo, tú, hermoso timón del cielo occidental.

(3) »Salve a ti, resplandeciente, que vives[3] en el templo donde moran los dioses de formas visibles, tú precioso timón del cielo oriental.

(4) »Salve a ti que habitas en el templo de los resplandecientes,[4] tú, hermoso timón[5] del cielo del sur.

---

1. En otros papiros, los nombres de estos animales son:
(1) *het kau nebt tcher*, «la morada de los kas del señor del universo».
(2) *sentet oueset*, «órbita, el surgir del dios».
(3) *amenit xentet auset-s*, «la oculta que habita en su lugar».
(4) *hatet sahet*, «el noble ser divino del norte [?]».
(5) *urt meru tesert*, «el muy querido, de pelo rojo».
(6) *xnemt anxit*, «el consorte de la vida».
(7) *sexem ren-s em abet-s*, «su nombre prevaleció en su morada».
(8) *ka t'ai kauit*, «Toro, que haces que el ganado sea fructífero».
2. Variante *ka-f nefer*, «su hermoso *ka*».
3. Se lee *xenti her ab*.
4. Se lee *her abu het teser*.
5. En el papiro de Turín y en otros cada timón está acompañado por un *utchat* .

[Dirigiéndose a las cuatro Tríadas:][1] (5) »Salve, vosotros, dioses que estáis sobre la tierra, vosotros pilotos del submundo.

(6) »Salve a vosotras, madres diosas, que estáis sobre la tierra, que estáis en el submundo y que estáis en la Casa de Osiris.

(7) »Salve a vosotros, dioses, vosotros, pilotos de Tasert, vosotros que estáis sobre la tierra, vosotros, pilotos del submundo.

(8) »Salve a vosotros, seguidores de Ra, que estáis en el séquito de Osiris».

VIÑETA: Ani de pie ante una mesa de ofrendas, con ambas manos alzadas en adoración. Detrás de él está su esposa, con una flor de loto y un cono sobre la cabeza, y sosteniendo un sistro y una flor de loto en la mano izquierda.

TEXTO [CAPÍTULO CLXXXV (?)] (1) UN HIMNO DE ALABANZA A OSIRIS, EL MORADOR EN AMENTET, UN-NEFER DENTRO DE ABTU. Osiris Ani, triunfante, dice: «Salve, oh mi señor, que atraviesas (2) la eternidad, y cuya existencia dura eternamente. Salve, Señor de Señores, Rey de Reyes, Príncipe, Dios de dioses que (3) viven contigo, yo he venido a Ti [...] Haz un sitio para mí entre ésos que están en el submundo, que adoran (4) las imágenes de tu *ka* (5) y que están entre los que [persisten] por (6) millones de millones de años [...].[2] (10) Que no surja ningún retraso para mí en Ta-mera. Otórgame (11) que todos ellos puedan venir a mí, tanto grandes (12) como pequeños. Que otorgues tú al *ka* de Osiris Ani [el poder] de entrar y emerger (13) del submundo; y que él no sufra por ser devuelto a las puertas del Tuat».[3]

1. En el papiro de Turín los cuatro hijos de Horus toman el lugar de estas tríadas.
2. El texto de este pasaje está alterado, y la versión que se da aquí es poco más que una sugerencia.
3. La versión del capítulo CLXXXV que da Naville (*Todtenbuch*, Bd. I, Bl. 211) dice:

ȧnet'-ḥrȧ-k neter pen šeps āā menχ ser er neḥeḥ χenti

Homenaje a ti, dios, sagrado, grande, benéfico, príncipe de eternidad, morador en

ȧuset-f em sektet āā χāāu em āṭetet ṭāṭā nef hennu

su asiento en la barca *sektet*, grandioso, con diadema en la barca *atet*, le son dedicadas alabanzas

PLACA XXXVII

VIÑETA: Un templo en el que se alza

Sekeri-Ȧusȧr neb šetait neter āa neb Neter-χert

Seker-Osiris, señor del lugar oculto, el gran dios, el señor del submundo.

Lleva puesta la corona blanca con plumas, y sostiene en las manos el cetro, el mayal y el cayado.

La diosa Hathor, en forma de hipopótamo, llevando sobre la cabeza un disco con cuernos; en la mano derecha sostiene un objeto no identificado, y en la izquierda el emblema de la vida. Ante ella están las mesas de carne y las ofrendas de bebida y flores. Detrás del hipopótamo, la divina vaca, Meh-urit, que simboliza a la misma diosa, mira desde la montaña funeraria y lleva puesto sobre el cuello el *menat*. Al pie de la

---

em pet em ta seqai pāt reχi āā

en el cielo y en la tierra, exaltado por los ancianos y por la humanidad, la grandeza

šefšefet - f em ȧbu en reθ χu mu erṭāt

de su poder está en los corazones de los hombres, de los espíritus resplandecientes y de los fallecidos, poniendo

baiu - f Ṭeṭṭeṭ šefšefet - f em Suten-ḥenen erṭāi

sus almas en Tattu, su poder en Suten-henen y

āχemu - f em Ȧnnu āā χeperu - f em ābti

los emblemas visibles de sí mismo en Annu, y el poder de sus formas en el lugar de purificación.

ī - nek ȧb - a χer maā ḥāti - ȧ ȧn ḳer ṭā - k

Yo he venido a ti, mi corazón es recto, mi pecho no alberga engaño, otórgame

montaña está la tumba, y en primer plano crece un grupo de plantas florecientes.

TEXTO [CAPÍTULO CLXXXVI]: Hathor, señora de Amentet, moradora en la tierra de Urt, señora de Ta-sert, el Ojo de Ra, el morador en su frente, el hermoso Rostro en la Barca de Millones de Años[1] [...].

un - ȧ *emma* *ānχiu* *χeṭ - ȧ* *χent - ȧ*

que yo esté entre los vivientes, que pueda navegar abajo y que pueda navegar arriba

em *šesiu - k*

entre tus seguidores.

1. Las pocas palabras restantes están alteradas.

BIBLIOGRAFÍA

TEXTOS

DINASTÍAS V Y VI

Maspero, G., «La Pyramide du roi Ounas», *Recueil de Travaux*, t. iii, p. 177, Paris, 1882; t. iv, p. 41, Paris, 1883.

________ «La Pyramide du roi Teti», *Recueil de Travaux*, t. v, p. I, Paris, 1884.

________ «La Pyramide du roi Pepi», *Recueil de Travaux*, t. v, p. 157, Paris, 1884; t. vii, p. 145, Paris, 1886; t. viii, p. 87, Paris, 1884.

________ «La Pyramide de Mirinri, *Recueil de Travaux*, t. ix, p. 177, Paris, 1887; t. x, p. I, Paris, 1888; t. xi, p. I, Paris, 1889.

________ «La Pyramide de Pepi II, *Recueil de Travaux*, t. xii, pp. 53 y 139, Paris, 1892; t. xiv, p. 125, Paris, 1892.

DINASTÍAS XI Y XII

Nirch, S., *Egyptian Texts of the earliest period, from the coffin of Amamu*, London, 1886.

Lepsius, R., *Aelteste Texte des Todtenbuchs*, Berlin, 1867.

Maspero, G., «Trois Années de Fouilles dans les Tombeaux de Thèbes et de Memphis», *Mémoires de la Mission Archéologique*, t. i, pp. 137-180, Paris, 1889.

XVIII DINASTÍA

Birch, S., *The Papyrus of Nebseni* (33 fotografías), Londres, 1876.

Devéria, T., *Le Papyrus de Neb-qed*, Paris, 1872.

Guieyesse, P., *Le Papyrus Funéraire de Soutimes*, Paris, 1877.

Leemans, C., *Monuments Égyptiens, Papyrus T. 2*, Leyden, 1882. (contiene un facsímil del Papiro de Qenna; véanse placas I-XXVII).

Lefébure, E., *Le Papyrus de Soutimes*, Paris, 1877.

Mariette, A., *Les Papyrus Égyptiens du Musée de Boulaq*, Paris, 1876. (Contiene un facsímil del papiro de Amen-hetep, un registrador de ganado; véanse placas I-II)

Naville, E., *Das Aegyptische Todtenbuch der XVIII bis XX Dynastie*, Einleitung, Berlin, 1886.

Pierret, P., *Le Papyrus de Neb-qed*, Paris, 1872.

DINASTÍAS XX, XXI y XXII

Birch, S., *Papyri from the Collection of the Earl of Belmore*, Londres, 1843 (Contiene un facsímil del papiro hierático de Tchet-Khensu-áus-ankh; véanse placas I-IV).

Lepsius, R., *Denkmäler*, Abth. vi. (Contiene un facsímil del papiro hierático de Ankh-f-en-Khensu; véase Bl. 123.)

Mariette, A., *Les Papyrus Égyptiens du Musée de Boulaq*, Paris, 1876. (Contiene un facsímil del papiro jeroglífico de Queen Hent-taui; véanse placas XII-XXI.)

Marucchi, O., *Il grande papiro Egizio della Biblioteca Vaticana*, Roma, 1888.

Maspero, G., «Les Momies Royales de Déir el-Bahari», *Mémoires de la Mission Archéologique*, t. i, pp. 595-614, Paris, 1889.

DINASTÍA XXVI Y SIGUIENTES

Leemans, C., *Les Papyrus Égyptiens du Musée de Boulaq,* Leyden, 1867. (Contiene unfacsímil del papiro de Auset-urt, véanse placas I y siguientes.)

Rougé, E. de, *Rituel Funéraire*, Paris, 1861.

________ *Description de l'Égypte*, Paris, 1821, t. ii. (Contiene un facsímil del papiro de Nes-Heru-p-Ra; véanse placas XLVIII y siguientes.)

PERIODO PTOLEMAICO Y POSTERIOR

Birch, S., «On some Egyptian Rituals of the Roman Period», *P. S. B. A.*,* vol. VIII, p. 49.

________ *Facsimiles of two Papyri found in a Tomb at Thebes*, Londres, 1863.

Cadet, J. M., *Copie figurée d'un Rouleau de Papyrus trouvé à Thèbes*, Paris, 1805. (Compárese también *Description de l'Égypte*, Paris, 1821, pl. LXXII y siguientes.)

Fontana, D., *Copie Figurée d'un Rouleau de Papyrus*, publicado por M. Fontana y explicado por M. de Hammer, Viena, 1822.

Hawkins, E. y S. Birch, *Papyri from the Collection of the Earl of Belmore*, Londres, 1843. (Contiene un facsímil del papiro de Peta-Heru-p-Ra; véanse placas VII y VIII.)

Leemans, C., *Monuments Égyptiens*, Leyden, 1841, 1842. (Contiene un facsímil del papiro de Nes-Nekht.)

Lepsius, R., *Das Todtenbuch der Aegypten nach dem hieroglyphischen Papyrus im Turin*, Leipzig, 1842.

Revillout, E., *Rituel funéraire de Pamauth*, Paris, 1880.

Wiedemann, A., *Hieratische Texte aus den Museen zu Berlin und Paris*, Leipzig, 1879. (Contiene el facsímil —Ms Louvre n.º 3283— de un Libro de los Muertos del periodo ptolomeico tardío, escrito en hierático para la señora Auset-urt, con traducción.)

OBRAS RELACIONADAS CON EL LIBRO DE LOS MUERTOS

Bonomi, J., *Alabaster Sarcophagus of Oimenephthah I*, Londres, 1864. (Contiene el texto completo de los libros fúnebres inscritos en el sarcófago de Seti I.)

Brugsch, H., *Sai an Sinsin sive liber metempsychosis veterum Aegyptorum*, Berlin, 1851.

Budge, E. A. Wallis, «The Festival Songs of Isis and Nephthys», *Archeologia,* vol. LII, Londres, 1891, p. 459.

________ «The Litanies of Seker», *Archeologia*, vol. LII, Londres, 1891, p. 491.

* P. S. B. A., *Proceedings of the Society of Biblical Archeology*, y T. S. B. A., *Transactions*, de la misma sociedad.

________ «The Book of the Overthrowing of Apepi», *Archeologia*, vol. LII, Londres, 1891, p. 502.

Dumichen, J., *Der Grabpalast des Patuamenap in der Thebanischen Nekropolis. Parts I-3*, Leipzig, 1881-1894.

Horrack, J. de, *Les Lamentations d'Isis et de Nephthys*, Paris, 1866.

Jequier, G., *Le Livre de ce qu'il y a dans l'Hadès*, Paris, 1894.

Lanzone, R. V., *Le domicilie des Espirits*, Paris, 1879.

Lefébure, E., «Les Hypogées Royaus de Thèbes», *Mémoires de la Mission Archéologique*, tt. ii y iii, Paris, 1886-1889.

Legrain, G., *Le Livre des Transformations*, Paris, 1890.

Naville, E., *La Litanie du Soleil*, Leipzig, 1875.

Schiaparelli, E., *Il Libro dei funerali degli antichi Egiziani*, Roma, 1882, 1890.

Virey, P., «Le Tombeau de Rekhmara», *Memoires de la Mission Archéologique*, t. v, Paris, 1889.

TRADUCCIONES

Birch, S., *Description of the Papyrus of Nas-khem*, Londres, 1863.

________ «The Funeral Ritual or Book of the Dead», Bunsen, *Egypt's Place in Universal History*, vol. V, pp. 123-333, Londres, 1867. (Esta traducción se ha realizado a partir del papiro de Turín, un buen ejemplo de la versión usada durante el periodo ptolomeico.)

Brugsch, H. A. H., *Rhind's zwei bilingue Papyri hieratisch und demotisch*, Leipzig, 1865, 4º.

________ «Das Todtenbuch der alten Aegypter», *Aeg. Zeit.,* 1872, pp. 65-129. Una traducción de los quince primeros capítulos del Libro de los Muertos.

Davis, C. H. S., *The Egyptian Book of the Dead*, New York, 1894.

Massy, A., *Le Papyrus Nebseni, exemplaire hiéroglyphique du Livre des Morts conservé au British Museum, traduit*, Gand, 1885.

Pierret, P., *Le Livre des Morts des anciens Égyptiens. Traduction complète d'après le papyrus de Turin et les MSS du Louvre*, Paris, 1882.

Pleyte, W., *Chapitres supplémentaires du Livre des Morts. Traduction et Commentaire*, Leyden, 1881, 3 vols.

Renouf, P. le P., «The Book of the Dead», *P. S. B. A.*, vols. XIV, XV, XVI y siguientes.

EDICIONES DE CAPÍTULOS ESPECIALES Y EXTRACTOS DEL LIBRO DE LOS MUERTOS, ARTÍCULOS EN TEXTOS AFINES, ETC.

Amelineau, E., «Un Tombeau Égyptien», *Revue des Religions*, t. xxiii, p. 137, Paris, 1894.

Birch, S., «On Sepulchral Figures», *Aeg. Zeit.*, 1865, pp. 4-20.

________ «On Formulas relating to the Heart», *Aeg. Zeit.*, 1866, p. 89; 1867, pp. 16 y 54; 1870, pp. 30, 46 y 73.

________ «The Chapter of the Pillow», *Aeg. Zeit.*, 1868, p. 52.

________ «On the Formulas of the Royal Coffins», *Aeg. Zeit.*, 1869, p. 49.

________ «The Amulet of the Tie», *Aeg. Zeit.*, 1871, p. 14.

Brugsch, H., «Die Kapitel der Verwandlungen im Todtenbuch, 76 bis 88», *Aeg. Zeit.*, 1867, p. 21 f.

________ «Zwei Pyramiden mit Inschriften, aus den Zeiten der VIe Dynastie», *Aeg. Zeit.*, 1881, p. I.

Chabas, F., «Notice sur le Pire-em-hrou», *Congrès International des Orientalistes, Compte Rendu*, t. i, Paris, 1876, p. 37 y siguientes.

Deveria, T., «Lettre sur le Chapitre I du Todtenbuch», *Aeg. Zeit.*, 1870, p. 57.

________ «Livre de sortir du jour», *Catalogue des Manuscrits Égyptiens écrits sur papyrus, toile, tablettes et ostraka qui son conservés ou Musée Égyptien du Louvre*, Paris, 1874, pp. 48-129.

________ «L'Expression Màâ-xerou», *Recueil*, t. i, p. II, Paris, 1880.

Ebers, G., «Erklärung eines Abschnittes des XXV. Kapitel des Todtenbuches», *Aeg. Zeit.*, 1871, p. 48.

Erman, A., «Die Entstehung eines "Todtenbuchtextes"», *Aeg. Zeit.*, 1894, p. 2.

________ «Zur Erklärung der Pyramidentexte», *Aeg. Zeit.*, 1891, p. 39; 1894, p. 75.

Golénischeff, W., «Eine ältere Redaction des 108 Kapitels des Todtenbuches», *Aeg. Zeit.*, 1874, p. 83.

________ «Sur un Ancien Chapitre du Livre des Morts», *Congrès International des Orientalistes, Compte Rendu*, t. ii, Paris, 1878, p. 109 y siguientes.

Goddwin, C. W., «On a text of the Book of the Dead belonging to the Old Kingdom», *Aeg. Zeit.*, 1866, p. 53.

________ «On the 112th Chapter of the Ritual», *Aeg. Zeit.*, 1871, p. 144.

________ «On the Symbolic Eye», *Aeg. Zeit.*, 1872, p. 124.

________ «On Chapter 115 of the Book of the Dead», *Aeg. Zeit.*, 1873, p. 104.

Guieyesse, P., *Rituel Funéraire Égyptien*, Paris, 1876.

Hincks, E., «On the Egyptian Stelè or Tablet», *Transactions of the Royal Irisk Academy*, Dublin, 1842, vol. xix, pt. ii.

________ *Catalogue of the Egyptian MSS. in the Library of Trinity College*, Dublin, 1843.

Lauth, J., «Eine mystische Stelle des Todtenbuches», *Aeg. Zeit.*, 1866, p. 19.

Lefébure, E., «Le Chapitre CXV du Livre des Morts», *Mélanges d'Archéologie Égyptienne et Assyrienne*, t. i, p. 156.

Lieblein, J., «The Title of the Book of the Dead», *P. S. B. A.*, vol. vii, p. 187.

________ *Index de tous les Mots contenus dans le Livre des Morts*, Paris, 1875.

________ «On 2 Kings, vii, 6 and the Egyptian Title *per m hru*», *P. S. B. A.*, vol. VIII, p. 74.

Loret, V., «Les Statuettes Funéraires du Musée de Boulaq, *Recueil*, T. iv, p. 89, Paris, 1883; t. v, Paris, 1884, p. 70.

Maspero, G., *Mémoire sur Quelques Papyrus du Louvre*, Paris, 1875.

________ «Le Livre des Morts», *Revue des Religions*, t. xv, p. 265, Paris, 1887.

________ «Les Hypogées royaux de Thébes», *Revue des Religions*, t. xvii, p. 253, Paris, 1888; t. xviii, p. I, Paris, 1889.

________ «Sur une Formule du Livre des Pyramides», *Recueil*, t. xiv, p. 186, Paris, 1892.

Naville, E., «Un Chapitre Inédit du Livre des Morts», *Aeg. Zeit.*, 1873, pp. 25 y 81.

________ «Deux Lignes du Livre des Morts», *Aeg. Zeit.*, 1874, p. 58.

________ «Le Discours d'Horus á Osiris», *Aeg. Zeit.*, 1875, p. 89.

________ «Notes diverses, tirées du Livre des Morts», *Aeg. Zeit.*, 1882, p. 184.

Piehl, K., «Stèle portant une Inscription empruntée au Livre des Morts», *Recueil*, t. ii, p. 71, Paris, 1880.

Pierret, P., «Traduction de chapitre I du Livre des Morts», *Aeg. Zeit.*, 1869, p. 137; 1870, p. 14.

Pleyte, W., «Beiträge zur Kenntniss der Todtenbuchtexte», *Aeg. Zeit.*, 1873, p. 145.

Renouf, P. Le P., «On some Religious Texts of the Early Egyptian Period», *T. S. B. A.*, vol. IX, p. 295; «Egyptian Mythology», *P. S. B. A.*, vol. VIII, p. 198.

Rosellini, J., *Breve notizia intorno un frammento di Papiro funebre Egizio essistente nel ducale Museo di Parma*, Parma, 1838.

Rossi, F., *Illustrazione di un Papiro Funerario del Museo Egizio di Torino*, Turin, 1879.

Rougé, De., «Études sur le Rituel Funéraire des Anciens Égyptiens», *Revue Archéologique*, 1860, pp. 69, 230, 237 y 337.

Schiaparelli, E., «Il Libro dei Funerali in Egitto», *Atti del IV Congreso Internazionale degli Orientalisti*, vol. I, Florencia, 1880.

MONOGRAFÍAS, ARTÍCULOS Y OTROS SOBRE RELIGIÓN, MORALIDAD Y MITOLOGÍA DEL ANTIGUO EGIPTO

Amálineau, E., *La Morale Égyptienne Quinze Siècles avant notre Ère*, Paris, 1892.

Bergmann, E., «Die Osiris-Reliquien in Abydos, Busiris und Mendes», *Aeg. Zeit.*, 1880, p. 87.

________ «Götter-Liste», *Hieratische und Hieratisch-Demotische Texte*, Viena, 1886, pp. 13-16.

Birch, S., «On the Egyptian Belief concerning the Shadow of the Dead», *P. S. B. A.*, vol. VII, p. 45; *T. S. B. A.*, vol. VIII, p. 386.

Brugsch, H., *Die neue Weltordnung nach Vernichtung des sündigen Menschengeschlechtes*, Berlin, 1881.

________ «Das Osiris-Mysterium von Tentyra», *Aeg. Zeit.*, 1881, p. 77.

________ *Religion und Mythologie der alten Aegypter*, Leipzig, 1884.

Chabas, F., «Les Maximes du Scribe Ani», *L'Égyptologie*, Chalons-sur-Saône, 1876.

Goodwin, C. W., «Egyptian Hymn to Amen», *T. S. B. A.*, vol. II, pp. 250 y 353

Grébaut, E., *Hymne á Ammon-Ra*, Paris, 1874.

Hirt, A., *Über die Bildung der aegyptischen Gottheiten*, Berlin, 1821.

Jablonski, P. E., *Pantheon Aegyptiorum*, Frankfort, 1750.

Lanzone, R. V., *Dizionario di Mitologia Egiziana*, Turin, 1881.

Lauth, J., «Die Siebentägige Trauer um Osiris», *Aeg. Zeit.*, 1886, p. 64.

Lefébure, E., «Le Cham et l'Adam Égyptiens», *T. S. B. A.*, vol. IX, p. 167.

________ *Traduction comparée des Hymnes au Soleil*, Paris, 1868.

________ *Le Mythe Osirien*, Paris, 1874.

________ *Les Yeux d'Horus*, Paris, 1874.

________ «L'Étude de la Religion Égyptienne, son état actuel, et ses conditions», *Revue des Religions*, t. xiv, p. 26, Paris, 1885.

________ «L'Oeuf dans la Religion Égyptienne», *Revue des Religions*, t. xvi, p. 16, Paris, 1887.

Lemm, Oscar von, *Das Ritualbuch des Ammondienstes*, Leipzig, 1882.

Lieblein, J., «Étude sur le Nom et le Culte Primitif du Dieu Hébreu Jahvhe», *Congrés Provincial des Orientalistes, Compte Rendu*, t. i, Paris, 1880, p. 265.

________ *Egyptian Religion,* Leipzig, 1884.

Loret, V., «Les Fêtes d'Osiris au Mois de Khoiak», *Recueil*, t. iii, p. 43, Paris, 1882; t. iv, p. 21, Paris, 1883; t. v, p. 85, Paris, 1884.

Mallet, D., *Le culte de Neit à Sais*, Paris, 1888.

Maspero, G., *Hymne au Nil*, Paris, 1868.

________ «The Egyptian Documents relating to the Statues of the Dead», *P. S. B. A.,* 1878-1879, p. 44.

________ «Histoire des Âmes dans l'Égypte Ancienne», *Revue Scientifique*, Paris, 1879.

________ «De quelques Cultes et de quelques Croyances Populaires des Égyptiens», *Recueil,* t. ii, pp. 108, 115 y 116, Paris, 1880.

________ «Sur l'Ennèade», *Revue des Religions*, t. xxiv, p. If., Paris, 1881.

________ «La Religion égyptienne d'aprés les pyramides de la V et de la VI dynastie», *Revue des Religions*, t. xii, p. 123 f., Paris, 1885.

________ «Le rituel du sacrifice funéraire», *Revue des Religions*, t. xv, p. 159 f., Paris, 1887.

________ «La Mythologie Égyptienne», *Revue des Religions*, t. xviii, p. 253 f., Paris, 1888; t. xix, p. I f., Paris, 1889.

________ «Le Nom Antique de la Grande-Oasis et les idées qui s'y rattachent», *Journal Asiatique*, IX série, t. i, pp. 232-240, Paris, 1893.

Naville, E., «La Destruction des Hommes par les Dieux», *T. S. B. A.*, vol. v, p. I.

Pierret, P., *Essai su la mythologie Égyptienne*, Paris, 1879.

________ *Le Panthéon Égyptien*, Paris, 1881.

________ «Religion et Mythologie des anciens Égyptiens, d'aprés les Monuments», *Revue Égyptologique*, t. iv, p. 120, Paris, 1885; t. v, pp. 9 y 128, Paris, 1888.

________ *Le Dogme de la Résurrection chez les anciens Égyptiens*, Paris, 4to.

Prichard, J. C., *An analysis of the Egyptian Mythology*, Londres, 1819.

Ravisi, Textor de, «L'Âme et le Corps d'aprés la Théogonie Égyptienne», *Congrès International des Orientalistes, Compte Rendu*, t. ii, Paris, 1878, pp. 171-414.

________ «Religions Anciennes de l'Égypte», *Congrès Provincial des Orientalistes, Compte Rendu*, t. i, Paris, 1880, p. 234 y siguientes.

Renouf, P. Le P., *Lectures on the Origin and Growth of Religion as illustrated by the Religion of Ancient Egypt*, Londres, 1880.

________ «On the true sense of an important Egyptian Word», *T. S. B. A.*, vol. VI, p. 494.

________ «The Horse in the Book of the Dead», *P. S. B. A.*, vol. VII, p. 41.

________ «The Title of the Book of the Dead», *P. S. B. A.*, vol. VII, p. 210.

________ «The Myth of Osiris Unnefer», *T. S. B. A.*, vol. IX, p. 281.

________ «Two Vignettes of the Book of the Dead», *P. S. B. A.*, vol. XI, p. 26.

Revillout, E., «Les Prières pour les Morts dans l'Épigraphie Égyptienne», *Revue Égyptologique*, t. iv, p. I, Paris, 1885.

Robiou, F., «Les Variations de la Doctrine Osiriaque depuis l'âge des pyramides jusqu'à l'époque Romanie», *Actes du Huitième Congrès International des Orientalistes*, Part. IV, Leyden, 1892, pp. 71-144.

Strauss, V., *Der altaegyptische Götterglaube*, Heidelberg, 1889.

Tiele, C. P., *Beschiedenis van den Godsdienst in de Oudheid top op Alexander den Groote*, Amsterdam, 1893.

Vircy, P., *Études sur le Papyrus Prisse*, Paris, 1887.

Wiedemann, A., «Une stèle du Musèe Égyptien de Florence», *Congrès International des Orientalistes, Compte Rendu*, t. ii, Paris, 1878, p. 146 y siguientes.

________ *Die Religion der alten Aegypter*, Münster, i, W, 1890.

________ *Index der Goetter-und Daemonen-namen*, Leipzig, 1892.

TRABAJOS COPTOS SOBRE LA RELIGIÓN DE LOS EGIPCIOS CRISTIANOS

Amélineau, E., *Étude sur le Christianisme en Égypte au septième siècle*, Paris, 1887.

________ *Étude historique sur Saint Pachome et le Cénobitisme primitif dans la Haute-Égypte d'après les monuments Coptes*, Cairo, 1887.

________ *De historia Lausiaca*, Paris, 1887.

________ *Essai sur le Gnosticisme Égyptien*, Paris, 1887.

________ «La Christianisme chez les anciens Coptes», *Revue de Religions*, t. xiv, p. 308 y siguientes, Paris, 1886; t. xv, p. 52 y siguientes, Paris, 1887.

________ *Contes et Romans de l'ëtypte Chrétienne*, Paris, 1888.

________ *Monuments pour servir à l'histoire de l'Égypte Chrétienne au 4 siècle*, Paris, 1889.

Hyvernat, *Les Actes des Martyrs de l'Égypte*, Paris, 1886.

Schmidt, C., *Gnostische Schriften in koptischer sprache aus dem Codex Brucianus*, Leipzig, 1892.

ÍNDICE